과학기술분야
정부출연
연구기관 정출연
통합편

시대에듀

시대에듀 과학기술분야 정부출연연구기관(정출연) 통합편
NCS + 최종점검 모의고사 4회 + 무료NCS특강

Always **with you**

사람의 인연은 길에서 우연하게 만나거나 함께 살아가는 것만을 의미하지는 않습니다.
책을 펴내는 출판사와 그 책을 읽는 독자의 만남도 소중한 인연입니다.
시대에듀는 항상 독자의 마음을 헤아리기 위해 노력하고 있습니다. 늘 독자와 함께하겠습니다.

머리말 PREFACE

과학기술분야 정부출연연구기관(정출연)은 신입직원을 채용할 예정이다. 전반적인 채용절차는 「입사지원서 접수 ➡ 서류전형 ➡ 통합필기전형 ➡ 면접전형 ➡ 최종 합격자 발표」 순서로 이루어진다. 통합필기전형은 직업기초능력평가로만 진행하고, 2024년에는 피듈형으로 출제되었다. 의사소통능력, 수리능력, 문제해결능력, 자원관리능력, 조직이해능력, 대인관계능력, 정보능력, 기술능력 중 연구기관별로 5개의 영역을 선택해 평가하며, 연구기관별 세부내용은 상이하므로 반드시 확정된 채용공고를 확인해야 한다. 또한, 통합필기전형에서 고득점을 받기 위해 다양한 유형에 대한 폭넓은 학습과 문제풀이능력을 높이는 등 철저한 준비가 필요하다.

과학기술분야 정부출연연구기관(정출연) 합격을 위해 시대에듀에서는 기업별 NCS 시리즈 누적 판매량 1위의 출간 경험을 토대로 다음과 같은 특징을 가진 도서를 출간하였다.

도서의 특징

❶ 기출복원문제를 통한 출제경향 파악!
- 2024년 하반기 주요 공공기관 NCS 기출문제를 복원하여 공공기관별 NCS 출제경향을 파악할 수 있도록 하였다.

❷ 출제 영역 맞춤 문제를 통한 실력 상승!
- 직업기초능력평가 대표기출유형&기출응용문제를 수록하여 유형별로 학습할 수 있도록 하였다.

❸ 최종점검 모의고사를 통한 완벽한 실전 대비!
- 철저한 분석을 통해 실제 유형과 유사한 최종점검 모의고사를 수록하여 자신의 실력을 점검할 수 있도록 하였다.

❹ 다양한 콘텐츠로 최종 합격까지!
- 채용 가이드와 주요 연구기관 면접 기출질문을 수록하여 채용 전반에 대비할 수 있도록 하였다.
- 온라인 모의고사를 무료로 제공하여 통합필기전형을 준비하는 데 부족함이 없도록 하였다.

끝으로 본 도서를 통해 과학기술분야 정부출연연구기관(정출연) 채용을 준비하는 모든 수험생 여러분이 합격의 기쁨을 누리기를 진심으로 기원한다.

SDC(Sidae Data Center) 씀

신입 채용 안내 INFORMATION

◇ **지원자격(공통)**

❶ 국가공무원법 제33조에 따른 결격사유가 없는 자
❷ 부패방지 및 국민권익위원회의 설치와 운영에 관한 법률 제82조에 따른 취업제한대상에 해당하지 않는 자
❸ 법률에 의해 공민권이 정지되거나 박탈되지 않은 자
❹ 병역의무를 기피한 사실이 없는 자
❺ 국가과학기술연구회 및 소관 출연(연)을 포함한 공공기관에서 부정한 방법으로 채용된 사실이 적발되어 채용이 취소된 사실이 없는 자
❻ 임용예정일부터 정상근무가 가능한 자

◇ **통합필기전형**

기관	직종	출제 영역							
		의사소통	수리	문제해결	자원관리	조직이해	대인관계	정보	기술
연구회	행정	○	○	○	○	○			
녹색연	행정	○	○	○	○		○		
KISTI	행정	○	○	○	○	○			
	무기	○		○		○	○	○	
ETRI	실무	○		○		○	○	○	
국보연	행정	○	○	○	○	○			
철도연	행정	○	○	○					○
지자연	기술	○	○	○	○	○			
전기연	행정	○	○	○	○	○			
안전성연	행정	○	○	○	○	○			
원자력연	기술	○	○	○	○	○			
	행정								
	기능								
재료연	행정	○	○	○	○	○			

※ 총 12개 기관 186명 채용
※ 출연(연)별 기준(합격 배수, 최저 기준 점수 등)을 고려한 고득점 순 합격자 선정

❖ 위 채용 안내는 2025년 제1차 채용공고를 기준으로 작성하였으므로 세부내용은 반드시 확정된 채용공고를 확인하기 바랍니다.

2024년 제3차 기출분석 ANALYSIS

총평

과학기술분야 정부출연연구기관(정출연)의 통합필기전형은 5지선다 피듈형으로 출제되었다. 총 75문항을 90분 내에 풀어야 했으며, 연구기관별 5개의 영역이 순서대로 배치되었다. 특히 다른 공공기관의 필기전형과 달리 의사소통능력, 수리능력, 문제해결능력, 조직이해능력에서도 모듈형 문제가 출제되었으므로 모듈 이론에 대한 꼼꼼한 숙지가 필요하다. 더불어 고득점을 받기 위해서는 PSAT형에 대한 폭넓은 학습과 연습도 필요해 보인다. 주어진 시간 내에 문제를 효율적으로 풀이할 수 있도록 반복적인 훈련을 권한다.

◇ 영역별 출제 비중

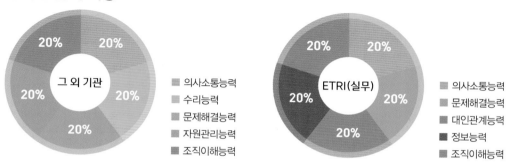

구분	출제 특징
의사소통능력	• 글의 주제 문제가 출제됨 • 접속사 문제가 출제됨 • 한자성어 문제가 출제됨 • 문서의 종류 등 모듈형 문제가 출제됨
수리능력	• 거리, 속력, 시간, 일률 등 응용 수리 문제가 출제됨 • 자료 변환 문제가 출제됨
문제해결능력	• 명제 추론 문제가 출제됨 • 자리 배치, 연차 계산 등 자료 해석 문제가 출제됨 • 논리적 오류 등 모듈형 문제가 출제됨
자원관리능력	• 병원비, 보험료, 환율 등 비용 계산 문제가 출제됨
조직이해능력	• 포터의 경쟁 전략 등 경영 전략 문제가 출제됨 • 조직도 등 조직 구조 문제가 출제됨 • SWOT 분석, 블루오션, 다각화 등 모듈형 문제가 출제됨

PSAT형

▎◀ 수리능력

04 다음은 신용등급에 따른 아파트 보증률에 대한 사항이다. 자료와 상황에 근거할 때, 갑(甲)과 을(乙)의 보증료의 차이는 얼마인가?(단, 두 명 모두 대지비 보증금액은 5억 원, 건축비 보증금액은 3억 원이며, 보증서 발급일로부터 입주자 모집공고 안에 기재된 입주 예정 월의 다음 달 말일까지의 해당 일수는 365일이다)

- (신용등급별 보증료)=(대지비 부분 보증료)+(건축비 부분 보증료)
- 신용평가 등급별 보증료율

구분	대지비 부분	건축비 부분				
		1등급	2등급	3등급	4등급	5등급
AAA, AA	0.138%	0.178%	0.185%	0.192%	0.203%	0.221%
A$^+$		0.194%	0.208%	0.215%	0.226%	0.236%
A$^-$, BBB$^+$		0.216%	0.225%	0.231%	0.242%	0.261%
BBB$^-$		0.232%	0.247%	0.255%	0.267%	0.301%
BB$^+$ ~ CC		0.254%	0.276%	0.296%	0.314%	0.335%
C, D		0.404%	0.427%	0.461%	0.495%	0.531%

※ (대지비 부분 보증료)=(대지비 부분 보증금액)×(대지비 부분 보증료율)×(보증서 발급일로부터 입주자 모집공고 안에 기재된 입주 예정 월의 다음 달 말일까지의 해당 일수)÷365
※ (건축비 부분 보증료)=(건축비 부분 보증금액)×(건축비 부분 보증료율)×(보증서 발급일로부터 입주자 모집공고 안에 기재된 입주 예정 월의 다음 달 말일까지의 해당 일수)÷365

- 기여고객 할인율 : 보증료, 거래기간 등을 기준으로 기여도에 따라 6개 군으로 분류하며, 건축비 부분 요율에서 할인 가능

구분	1군	2군	3군	4군	5군	6군
차감률	0.058%	0.050%	0.042%	0.033%	0.025%	0.017%

〈상황〉

- 갑 : 신용등급은 A$^+$이며, 3등급 아파트 보증금을 내야 한다. 기여고객 할인율에서는 2군으로 선정되었다.
- 을 : 신용등급은 C이며, 1등급 아파트 보증금을 내야 한다. 기여고객 할인율은 3군으로 선정되었다.

① 554,000원
② 566,000원
③ 582,000원
④ 591,000원
⑤ 623,000원

특징
▶ 대부분 의사소통능력, 수리능력, 문제해결능력을 중심으로 출제(일부 기업의 경우 자원관리능력, 조직이해능력을 출제)
▶ 자료에 대한 추론 및 해석 능력을 요구

대행사
▶ 엑스퍼트컨설팅, 커리어넷, 태드솔루션, 한국행동과학연구소(행과연), 휴노 등

모듈형

41 문제해결절차의 문제 도출 단계는 (가)와 (나)의 절차를 거쳐 수행된다. 다음 중 (가)에 대한 설명으로 적절하지 않은 것은?

(가)		(나)
전체 문제를 개별화된 이슈로 세분화	→	문제에 영향력이 큰 핵심이슈를 선정

① 문제의 내용 및 영향 등을 파악하여 문제의 구조를 도출한다.
② 본래 문제가 발생한 배경이나 문제를 일으키는 메커니즘을 분명히 해야 한다.
③ 현상에 얽매이지 말고 문제의 본질과 실제를 봐야 한다.
④ 눈앞의 결과를 중심으로 문제를 바라봐야 한다.
⑤ 문제 구조 파악을 위해서 Logic Tree 방법이 주로 사용된다.

특징
▸ 이론 및 개념을 활용하여 푸는 유형
▸ 채용 기업 및 직무에 따라 NCS 직업기초능력평가 10개 영역 중 선발하여 출제
▸ 기업의 특성을 고려한 직무 관련 문제를 출제
▸ 주어진 상황에 대한 판단 및 이론 적용을 요구

대행사
▸ 인트로맨, 휴스테이션, ORP연구소 등

피듈형(PSAT형 + 모듈형)

07 다음 자료를 근거로 판단할 때, 연구모임 A ~ E 중 세 번째로 많은 지원금을 받는 모임은?

〈지원계획〉
• 지원을 받기 위해서는 한 모임당 5명 이상 9명 미만으로 구성되어야 한다.
• 기본지원금은 모임당 1,500천 원을 기본으로 지원한다. 단, 상품개발을 위한 모임의 경우는 2,000천 원을 지원한다.
• 추가지원금

등급	상	중	하
추가지원금(천 원/명)	120	100	70

※ 추가지원금은 연구 계획 사전평가결과에 따라 달라진다.
• 협업 장려를 위해 협업이 인정되는 모임에는 위의 두 지원금을 합한 금액의 30%를 별도로 지원한다.

특징
▸ 기초 및 응용 모듈을 구분하여 푸는 유형
▸ 기초인지모듈과 응용업무모듈로 구분하여 출제
▸ PSAT형보다 난도가 낮은 편
▸ 유형이 정형화되어 있고, 유사한 유형의 문제를 세트로 출제

대행사
▸ 사람인, 스카우트, 인크루트, 커리어케어, 트리피, 한국사회능력개발원 등

코레일 한국철도공사

지하철 요금 ▶ 키워드

2025년 적중

※ 수원에 사는 H대리는 가족들과 가평으로 여행을 가기로 하였다. 다음은 가평을 가기 위한 대중교통 수단별 운행요금 및 소요시간과 자가용 이용 시 현황에 대한 자료이다. 이어지는 질문에 답하시오. [26~28]

〈대중교통수단별 운행요금 및 소요시간〉

구분	운행요금			소요시간		
	수원역 ~ 서울역	서울역 ~ 청량리역	청량리역 ~ 가평역	수원역 ~ 서울역	서울역 ~ 청량리역	청량리역 ~ 가평역
기차	2,700원	–	4,800원	32분	–	38분
버스	2,500원	1,200원	3,000원	1시간 16분	40분	2시간 44분
지하철	1,850원	1,250원	2,150원	1시간 03분	18분	1시간 17분

※ 운행요금은 어른 편도 요금이다.

〈자가용 이용 시 현황〉

구분	통행료	소요시간	거리
A길	4,500원	1시간 49분	98.28km
B길	4,400원	1시간 50분	97.08km
C길	6,600원	1시간 49분	102.35km

※ 거리에 따른 주유비는 124원/km이다.

조건
- H대리 가족은 어른 2명, 아이 2명이다.
- 아이 2명은 각각 만 12세, 만 4세이다.
- 어린이 기차 요금(만 13세 미만)은 어른 요금의 50%이고, 만 4세 미만은 무료이다.
- 어린이 버스 요금(만 13세 미만)은 어른 요금의 20%이고, 만 5세 미만은 무료이다.
- 어린이 지하철 요금(만 13세 미만)은 어른 요금의 40%이고, 만 6세 미만은 무료이다.

26 수원역에서 가평역까지 소요시간에 상관없이 기차를 반드시 한 번만 이용한다고 할 때, 최소비용으로 가는 방법과 그 비용은 얼마인가?(단, 대중교통만 이용한다)

	교통수단	비용
①	지하철 → 지하철 → 기차	15,750원
②	버스 → 지하철 → 기차	15,800원
③	지하철 → 버스 → 기차	15,850원
④	기차 → 버스 → 지하철	15,900원
⑤	기차 → 지하철 → 지하철	16,260원

서울교통공사

공기질 ▶ 키워드

08 다음은 1호선 지하역사 공기질 측정결과에 대한 자료이다. 〈보기〉 중 옳지 않은 것을 모두 고르면?

〈1호선 지하역사 공기질 측정결과〉

역사명	측정항목 및 기준								
	PM-10	CO_2	HCHO	CO	NO_2	Rn	석면	O_3	TVOC
	$\mu g/m^3$	ppm	$\mu g/m^3$	ppm	ppm	Bq/m^3	이하/cc	ppm	$\mu g/m^3$
기준치	140	1,000	100	9	0.05	148	0.01	0.06	500
1호선 평균	91.4	562	8.4	0.5	0.026	30.6	0.01 미만	0.017	117.7
서울역	86.9	676	8.5	0.6	0.031	25.7	0.01 미만	0.009	56.9
시청	102.0	535	7.9	0.5	0.019	33.7	0.01 미만	0.022	44.4
종각	79.4	562	9.5	0.6	0.032	35.0	0.01 미만	0.016	154.4
종각3가	87.7	495	6.4	0.6	0.036	32.0	0.01 미만	0.008	65.8
종로5가	90.1	591	10.4	0.4	0.020	29.7	0.01 미만	0.031	158.6
동대문	89.4	566	9.2	0.7	0.033	28.5	0.01 미만	0.016	97.7
동묘앞	93.6	606	8.3	0.4	0.018	32.0	0.01 미만	0.023	180.4
신설동	97.1	564	4.8	0.4	0.015	44.5	0.01 미만	0.010	232.1
제기동	98.7	518	8.0	0.5	0.024	12.0	0.01 미만	0.016	98.7
청량리	89.5	503	11.4	0.6	0.032	32.5	0.01 미만	0.014	87.5

보기

㉠ CO가 1호선 평균보다 낮게 측정된 역사는 종로5가역과 신설동역이다.
㉡ HCHO가 가장 높게 측정된 역과 가장 낮게 측정된 역의 평균은 1호선 평균 HCHO 수치보다
   높다.
㉢ 시청역은 PM-10이 가장 높게 측정됐지만, TVOC는 가장 낮게 측정되었다.

국민건강보험공단

AI ▶ 키워드

05
감시용으로만 사용되는 CCTV가 최근에 개발된 신기술과 융합되면서 그 용도가 점차 확대되고 있
다. 대표적인 것이 인공지능(AI)과의 융합이다. CCTV가 지능을 가지게 되면 단순 행동 감지에서
벗어나 객체를 추적해 행위를 판단할 수 있게 된다. 단순히 사람의 눈을 대신하던 CCTV가 사람의
두뇌를 대신하는 형태로 진화하고 있는 셈이다.
인공지능을 장착한 CCTV는 범죄현장에서 이상 행동을 하는 사람을 선별하고, 범인을 추적하거나
도주 방향을 예측해 통합관제센터로 통보할 수 있다. 또 수상한 사람의 행동 패턴에 따라 지속적인
추적이나 감시를 수행하고, 차량번호 및 사람 얼굴 등을 인식해 관련 정보를 분석해 제공할 수 있다.
한국전자통신연구원(ETRI)에서는 CCTV 등의 영상 데이터를 활용해 특정 인물이 어떤 행동을 할지
를 사전에 예측하는 영상분석 기술을 연구 중인 것으로 알려져 있다. 인공지능 CCTV는 범인 추적
뿐만 아니라 자연재해를 예측하는 데 사용할 수도 있다. 장마철이나 국지성 집중호우 때 홍수로 범
람하는 하천의 수위를 감지하는 것은 물론 산이나 도로 등의 붕괴 예측 등 다양한 분야에 적용될
수 있기 때문이다.

① AI와 융합한 CCTV의 진화
② 범죄를 예측하는 CCTV

주요 공공기관 적중 문제 TEST CHECK

한국전력공사

09 K공사에 근무하는 A씨는 사정이 생겨 퇴사하게 되었다. A씨의 근무기간 및 기본급 등의 기본정보가 다음과 같다면, A씨가 받게 되는 퇴직금의 세전금액은 얼마인가?(단, A씨의 퇴직일 이전 3개월간 기타수당은 720,000원이며, 퇴직일 이전 3개월간 총일수는 80일이다)

- 입사일자 : 2021년 9월 1일
- 퇴사일자 : 2023년 9월 4일
- 재직일수 : 730일
- 월기본급 : 2,000,000원
- 월기타수당 : 월별 상이
- 퇴직 전 3개월 임금 총액 계산(세전금액)

퇴직 이전 3개월간 총일수	기본급(3개월분)	기타수당(3개월분)
80일	6,000,000원	720,000원

- (1일 평균임금)=[퇴직일 이전 3개월간에 지급 받은 임금총액(기본급)+(기타수당)]/(퇴직일 이전 3개월간 총일수)
- (퇴직금)=(1일 평균임금)×(30일)×[(재직일수)/365]

① 5,020,000원 ② 5,030,000원
③ 5,040,000원 ④ 5,050,000원
⑤ 5,060,000원

건강보험심사평가원

03 다음 〈보기〉에서 개인정보 유출 방지에 대한 설명으로 옳지 않은 것을 모두 고르면?

보기

ㄱ. 회원 가입 시 개인정보보호와 이용자 권리에 관한 조항을 유심히 읽어야 한다.
ㄴ. 제3자에 대한 정보 제공이 이루어지는 곳에는 개인정보를 제공해서는 안 된다.
ㄷ. 제시된 정보수집 및 이용목적에 적합한 정보를 요구하는지 확인하여야 한다.
ㄹ. 비밀번호는 주기적으로 변경해야 하며, 비밀번호 관리를 위해 동일한 비밀번호를 사용하는 것이 좋다.
ㅁ. 제공한 정보가 가입 해지 시 파기되는지 여부를 확인하여야 한다.

① ㄱ, ㄴ ② ㄱ, ㄷ
③ ㄴ, ㄹ ④ ㄴ, ㅁ

한국수자원공사

맞춤법 ▶ 유형

04 다음 중 밑줄 친 부분의 맞춤법이 옳지 않은 것은?

① 바리스타로서 자부심을 가지고 커피를 내렸다.
② 어제는 왠지 피곤한 하루였다.
③ 용감한 시민의 제보로 진실이 드러났다.
④ 점심을 먹은 뒤 바로 설겆이를 했다.

한국중부발전

비트코인 ▶ 키워드

18 다음 중 김대리가 보낸 메일의 빈칸에 포함될 주의사항으로 보기 어려운 것은?

① 모바일 OS나 인터넷 브라우저 등을 최신 버전으로 유지하십시오.
② 출처가 명확하지 않은 앱이나 프로그램은 설치하지 마십시오.
③ 비트코인 등 전자 화폐를 구입하라는 메시지는 즉시 삭제하고, 유사 사이트에 접속하지 마십시오.
④ 파일이 랜섬웨어에 감염되면 복구 프로그램을 활용해서 최대한 빨리 복구하십시오.

한국주택금융공사

금리 ▶ 키워드

02 다음 글의 내용으로 가장 적절한 것은?

선물환거래란 계약일로부터 일정시간이 지난 뒤, 특정일에 외환의 거래가 이루어지는 것으로, 현재 약정한 금액으로 미래에 결제하게 되기 때문에 선물환계약을 체결하게 되면, 약정된 결제일까지 매매 쌍방 모두 결제가 이연된다. 선물환거래는 보통 환리스크를 헤지(Hedge)하기 위한 목적으로 이용된다. 예를 들어 1개월 이후 달러로 거래 대금을 수령할 예정인 수출한 기업은 1개월 후 달러를 매각하는 대신 원화를 수령하는 선물환계약을 통해 원/달러 환율변동에 따른 환리스크를 헤지할 수 있다.

이외에도 선물환거래는 금리차익을 얻는 것과 투기적 목적 등을 가지고 있다. 선물환거래에는 일방적으로 선물환을 매입하는 것 또는 매도 거래만 발생하는 Outright Forward 거래가 있으며, 선물환거래가 스왑거래의 일부분으로써 현물환거래와 같이 발생하는 Swap Forward 거래가 있다. Outright Forward 거래는 만기 때 실물 인수도가 일어나는 일반 선물환거래와 만기 때 실물의 인수 없이 차액만을 정산하는 차액결제선물환(NDF; Non-Deliverable Forward) 거래로 구분된다.

옵션(Option)이란 거래당사자들이 미리 가격을 정하고, 그 가격으로 미래의 특정시점이나 그 이전에 자산을 사고파는 권리를 매매하는 계약으로, 선도 및 선물, 스왑거래 등과 같은 파생금융상품이다. 옵션은 매입권리가 있는 콜옵션(Call Option)과 매도권리가 있는 풋옵션(Put Option)으로 구분된다. 옵션거래로 매입이나 매도할 수 있는 권리를 가지게 되는 옵션매입자는 시장가격의 변동에 따라

주요 공공기관 적중 문제 TEST CHECK

한국부동산원

27 다음은 조직심리학 수업을 수강한 학생들의 성적이다. 최종점수는 중간시험과 기말시험의 평균점수에서 90%, 출석점수에서 10%가 반영된다. 최종점수를 높은 순으로 나열했을 때, 1 ~ 2등은 A, 3 ~ 5등은 B, 나머지는 C를 받는다. 최종점수, 등수, 등급을 엑셀의 함수기능을 이용하여 작성하려고 할 때, 필요가 없는 함수는?(단, 최종점수는 소수점 둘째 자리에서 반올림한다)

	A	B	C	D	E	F	G
1	이름	중간시험	기말시험	출석	최종점수	등수	등급
2	강하나	97	95	10	87.4	1	A
3	김지수	92	89	10	82.5	3	B
4	이지운	65	96	9	73.4	5	B
5	전이지	77	88	8	75.1	4	B
6	송지나	78	75	8	69.7	6	C
7	최진수	65	70	7	61.5	7	C
8	유민호	89	95	10	83.8	2	A

① IFS
② AVERAGE
③ RANK
④ ROUND
⑤ AVERAGEIFS

한국수력원자력

02 다음은 2022년도 신재생에너지 산업통계에 대한 자료이다. 이를 토대로 작성한 그래프로 옳지 않은 것은?

〈신재생에너지원별 산업 현황〉

(단위 : 억 원)

구분	기업체 수(개)	고용인원(명)	매출액	내수	수출액	해외공장매출	투자액
태양광	127	8,698	75,637	22,975	33,892	18,770	5,324
태양열	21	228	290	290	0	0	1
풍력	37	2,369	14,571	5,123	5,639	3,809	583
연료전지	15	802	2,837	2,143	693	0	47
지열	26	541	1,430	1,430	0	0	251
수열	3	46	29	29	0	0	0
수력	4	83	129	116	13	0	0
바이오	128	1,511	12,390	11,884	506	0	221
폐기물	132	1,899	5,763	5,763	0	0	1,539
합계	493	16,177	113,076	49,753	40,743	22,579	7,966

① 신재생에너지원별 기업체 수(단위 : 개)

140 ⌐ 127   128   132

120 ⌐

한국마사회

승진 ▶ 키워드

02 다음은 H사의 2025년 승진 후보자와 승진 규정이다. 이를 참고할 때, 2025년에 직급이 대리인 사람은?

〈승진 규정〉

- 2024년까지 근속연수가 3년 이상인 자를 대상으로 한다.
- 출산휴가 및 병가 기간은 근속연수에서 제외한다.
- 평가연도 업무평가 점수가 80점 이상인 자를 대상으로 한다.
- 평가연도 업무평가 점수는 직전연도 업무평가 점수에서 벌점을 차감한 점수이다.
- 벌점은 결근 1회당 −10점, 지각 1회당 −5점이다.

〈승진 후보자 정보〉

구분	근무기간	2024년 업무평가	근태현황		기타
			지각	결근	
A사원	1년 4개월	79점	1회	−	−
B주임	3년 1개월	86점	−	1회	출산휴가 35일
C대리	7년 1개월	89점	1회	1회	병가 10일
D과장	10년 3개월	82점	−	−	−

① A
② B
③ C
④ D

강원랜드

근면의 종류 ▶ 유형

01 근면에는 외부로부터 강요당한 근면과 스스로 자진해서 하는 근면 두 가지가 있다. 다음 〈보기〉 중 스스로 자진해서 하는 근면을 모두 고르면?

보기
ㄱ 생계를 유지하기 위해 기계적으로 작업장에서 하는 일
ㄴ 승진을 위해 외국어를 열심히 공부하는 일
ㄷ 상사의 명령에 의해 하는 야근
ㄹ 영업사원이 실적향상을 위해 노력하는 일

① ㄱ, ㄴ
② ㄱ, ㄷ
③ ㄴ, ㄷ
④ ㄴ, ㄹ
⑤ ㄱ, ㄴ, ㄷ

도서 200% 활용하기 STRUCTURES

기출복원문제로 출제경향 파악

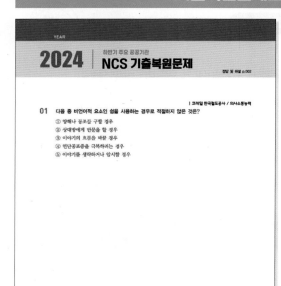

▶ 2024년 하반기 주요 공공기관 NCS 기출문제를 복원하여 공공기관별 NCS 출제경향을 파악할 수 있도록 하였다.

대표기출유형 + 기출응용문제로 NCS 완벽 대비

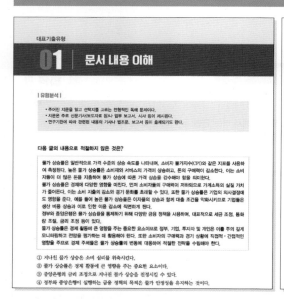

▶ NCS 출제 영역에 대한 대표기출유형&기출응용문제를 수록하여 유형별로 학습할 수 있도록 하였다.

최종점검 모의고사 + OMR을 활용한 실전 연습

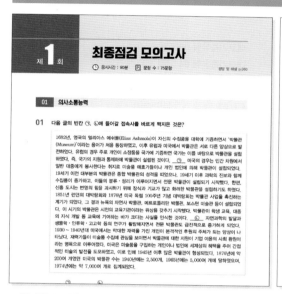

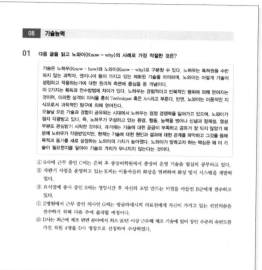

▶ 철저한 분석을 통해 실제 유형과 유사한 최종점검 모의고사를 수록하여 자신의 실력을 점검할 수 있도록 하였다.

▶ 모바일 OMR 답안채점/성적분석 서비스를 제공하여 자동으로 점수를 채점하고 확인할 수 있도록 하였다.

인성검사부터 면접까지 한 권으로 최종 마무리

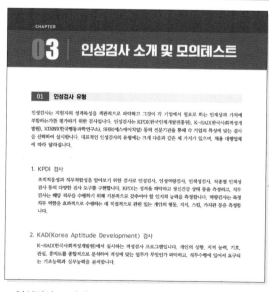

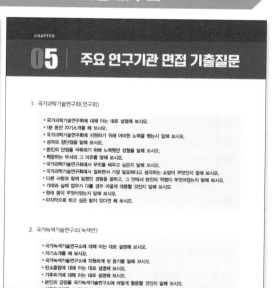

▶ 인성검사 모의테스트를 수록하여 인성검사 유형 및 문항을 확인할 수 있도록 하였다.

▶ 주요 연구기관 면접 기출질문을 수록하여 실제 면접에서 나오는 질문을 미리 파악하고 연습할 수 있도록 하였다.

이 책의 차례 CONTENTS

Add+

2024년 하반기 주요 공공기관 NCS 기출복원문제

┃ 코레일 한국철도공사 / 의사소통능력

01 다음 중 비언어적 요소인 쉼을 사용하는 경우로 적절하지 않은 것은?

① 양해나 동조를 구할 경우

② 상대방에게 반문을 할 경우

③ 이야기의 흐름을 바꿀 경우

④ 연단공포증을 극복하려는 경우

⑤ 이야기를 생략하거나 암시할 경우

┃ 코레일 한국철도공사 / 의사소통능력

02 다음 중 밑줄 친 부분에 해당하는 키슬러의 대인관계 의사소통 유형은?

> 의사소통 시 이 유형의 사람은 따뜻하고 인정이 많고 자기희생적이나 타인의 요구를 거절하지 못하므로 타인과의 정서적인 거리를 유지하는 노력이 필요하다.

① 지배형   ② 사교형

③ 친화형   ④ 고립형

⑤ 순박형

03 다음 글을 통해 알 수 있는 철도사고 발생 시 행동요령으로 적절하지 않은 것은?

철도사고는 지하철, 고속철도 등 철도에서 발생하는 사고를 뜻한다. 많은 사람이 한꺼번에 이용하며 무거운 전동차가 고속으로 움직이는 특성상 철도사고가 발생할 경우 인명과 재산에 큰 피해가 발생한다.

철도사고는 다양한 원인에 의해 발생하며 사고 유형 또한 다양하게 나타나는데, 대표적으로는 충돌사고, 탈선사고, 화재사고가 있다. 이 사고들은 철도안전법에서 철도교통사고로 규정되어 있으며, 많은 인명피해를 야기하므로 철도사업자는 반드시 이를 예방하기 위한 조치를 취해야 한다. 또한 승객들은 위험으로부터 빠르게 벗어나기 위해 사고 시 대피요령을 파악하고 있어야 한다.

국토교통부는 철도사고 발생 시 인명과 재산을 보호하기 위한 국민행동요령을 제시하고 있다. 이 행동요령에 따르면 지하철에서 사고가 발생할 경우 가장 먼저 객실 양 끝에 있는 인터폰으로 승무원에게 사고를 알려야 한다. 만약 화재가 발생했다면 곧바로 119에 신고하고, 여유가 있다면 객실 양 끝에 비치된 소화기로 불을 꺼야 한다. 반면, 화재의 진화가 어려울 경우 입과 코를 젖은 천으로 막고 화재가 발생하지 않은 다른 객실로 이동해야 한다. 전동차에서 대피할 때는 안내방송과 승무원의 안내에 따라 질서 있게 대피해야 하며 이때 부상자, 노약자, 임산부가 먼저 대피할 수 있도록 배려하고 도와주어야 한다. 만약 전동차의 문이 열리지 않으면 반드시 열차가 멈춘 후에 안내방송에 따라 비상핸들이나 비상콕크를 돌려 문을 열고 탈출해야 한다. 전동차가 플랫폼에 멈췄을 경우 스크린도어를 열고 탈출해야 하는데, 손잡이를 양쪽으로 밀거나 빨간색 비상바를 밀고 탈출해야 한다. 반대로 역이 아닌 곳에서 멈췄을 경우 감전의 위험이 있으므로 반드시 승무원의 안내에 따라 반대편 선로의 열차 진입에 유의하며 대피 유도등을 따라 침착하게 비상구로 대피해야 한다.

이와 같이 승객들은 철도사고 발생 시 신고, 질서 유지, 빠른 대피를 중점적으로 유념하여 행동해야 한다. 철도사고는 사고 자체가 일어나지 않도록 철저한 안전관리와 예방이 필요하지만, 다양한 원인으로 예상치 못하게 발생한다. 따라서 철도교통을 이용하는 승객 또한 평소에 안전 수칙을 준수하고 비상 상황에서 침착하게 대처하는 훈련이 필요하다.

① 침착함을 잃지 않고 승무원의 안내에 따라 대피해야 한다.
② 화재사고 발생 시 규모가 크지 않다면 빠르게 진화 작업을 해야 한다.
③ 선로에서 대피할 경우 승무원의 안내와 대피 유도등을 따라 대피해야 한다.
④ 열차에서 대피할 때는 탈출이 어려운 사람부터 대피할 수 있도록 도와야 한다.
⑤ 철도사고 발생 시 탈출을 위해 우선 비상핸들을 돌려 열차의 문을 개방해야 한다.

04 다음 글을 읽고 알 수 있는 하향식 읽기 모형의 사례로 적절하지 않은 것은?

> 글을 읽는 것은 단순히 책에 쓰인 문자를 해독하는 것이 아니라 그 안에 담긴 의미를 파악하는 과정이다. 그렇다면 사람들은 어떤 방식으로 글의 의미를 파악할까? 세상의 모든 어휘를 알고 있는 사람은 없을 것이다. 그러나 대부분의 사람들, 특히 고등교육을 받은 성인들은 자신이 잘 모르는 어휘가 있더라도 글의 전체적인 맥락과 의미를 파악할 수 있다. 이를 설명해 주는 것이 바로 하향식 읽기 모형이다.
>
> 하향식 읽기 모형은 독자가 이미 알고 있는 배경지식과 경험을 바탕으로 글의 전체적인 맥락을 먼저 파악하는 방식이다. 하향식 읽기 모형은 독자의 능동적인 참여를 활용하는 읽기로, 여기서 독자는 단순히 글을 받아들이는 수동적인 존재가 아니라 자신의 지식과 경험을 활용하여 글의 의미를 구성해 나가는 주체적인 역할을 한다. 이때 독자는 글의 내용을 예측하고 추론하며, 심지어 자신의 생각을 더하여 글에 대한 이해를 넓혀갈 수 있다.
>
> 하향식 읽기 모형의 장점은 빠르고 효율적인 독서가 가능하다는 것이다. 글의 전체적인 맥락을 먼저 파악하기 때문에 글의 핵심 내용을 빠르게 파악할 수 있고, 배경지식을 활용하여 더 깊이 있는 이해를 얻을 수 있다. 또한 예측과 추론을 통한 능동적인 독서는 독서에 대한 흥미를 높여 주는 효과도 있다.
>
> 그러나 하향식 읽기 모형은 독자의 배경지식에 의존하여 읽는 방법이므로 배경지식이 부족한 경우 글의 의미를 정확하게 파악하기 어려울 수 있으며, 배경지식에 의존하여 오해를 할 가능성도 크다. 또한 글의 내용이 복잡하다면 많은 배경지식을 가지고 있더라도 글의 맥락을 적극적으로 가정하거나 추측하기 어려운 것 또한 하향식 읽기 모형의 단점이 된다.
>
> 하향식 읽기 모형은 글의 내용을 빠르게 이해하고 독자 스스로 내면화할 수 있으므로 독서 능력 향상에 유용한 방법이다. 그러나 모든 글에 동일하게 적용할 수 있는 읽기 모델은 아니므로 글의 종류와 독자의 배경지식에 따라 적절한 읽기 전략을 사용해야 한다. 따라서 하향식 읽기 모형과 함께 상향식 읽기(문자의 정확한 해독), 주석 달기, 소리 내어 읽기 등 다양한 읽기 전략을 활용하여야 한다.

① 회의 자료를 읽기 전 회의 주제를 먼저 파악하여 회의 안건을 예상하였다.
② 기사의 헤드라인을 먼저 읽어 기사의 내용을 유추한 뒤 상세 내용을 읽었다.
③ 제품 설명서를 읽어 제품의 기능과 각 버튼의 용도를 파악하고 기계를 작동시켰다.
④ 요리법의 전체적인 조리 과정을 파악하고 단계별로 필요한 재료와 순서를 확인하였다.
⑤ 서문이나 목차를 통해 책의 전체적인 흐름을 파악하고 관심 있는 부분을 집중적으로 읽었다.

05 농도가 15%인 소금물 200g과 농도가 20%인 소금물 300g을 섞었을 때, 섞인 소금물의 농도는?

① 17%

② 17.5%

③ 18%

④ 18.5%

⑤ 19%

06 남직원 A ~ C, 여직원 D ~ F 6명이 일렬로 앉고자 한다. 여직원끼리 인접하지 않고, 여직원 D와 남직원 B가 서로 인접하여 앉는 경우의 수는?

① 10가지

② 20가지

③ 40가지

④ 60가지

⑤ 120가지

07 다음과 같이 일정한 규칙으로 수를 나열할 때, 빈칸에 들어갈 수는?

-23	-15	-11	5	13	25	( )	45	157	65

① 49

② 53

③ 57

④ 61

⑤ 65

08 다음은 K시의 유치원, 초·중·고등학교, 고등교육기관의 취학률 및 초·중·고등학교의 상급학교 진학률에 대한 자료이다. 이에 대한 설명으로 옳지 않은 것은?

〈유치원, 초·중·고등학교, 고등교육기관 취학률〉

(단위 : %)

구분	2014년	2015년	2016년	2017년	2018년	2019년	2020년	2021년	2022년	2023년
유치원	45.8	45.2	48.3	50.6	51.6	48.1	44.3	45.8	49.7	52.8
초등학교	98.7	99	98.6	98.9	99.3	99.6	98.1	98.1	99.5	99.9
중학교	98.5	98.6	98.1	98	98.9	98.5	97.1	97.6	97.5	98.2
고등학교	95.3	96.9	96.2	95.4	96.2	94.7	92.1	93.7	95.2	95.6
고등교육기관	65.6	68.9	64.9	66.2	67.5	69.2	70.8	71.7	74.3	73.5

〈초·중·고등학교 상급학교 진학률〉

(단위 : %)

구분	2014년	2015년	2016년	2017년	2018년	2019년	2020년	2021년	2022년	2023년
초등학교	100	100	100	100	100	100	100	100	100	100
중학교	99.7	99.7	99.7	99.7	99.7	99.7	99.7	99.7	99.7	99.6
고등학교	93.5	91.8	90.2	93.2	91.7	90.5	91.4	92.6	93.9	92.8

① 중학교의 취학률은 매년 97% 이상이다.
② 매년 취학률이 가장 높은 기관은 초등학교이다.
③ 고등교육기관의 취학률이 70%를 넘긴 해는 2020년부터이다.
④ 2023년에 중학교에서 고등학교로 진학하지 않은 학생의 비율은 전년 대비 감소하였다.
⑤ 고등교육기관의 취학률이 가장 낮은 해와 고등학교의 상급학교 진학률이 가장 낮은 해는 같다.

09 다음은 A기업과 B기업의 2024년 1 ~ 6월 매출액에 대한 자료이다. 이를 나타낸 그래프로 옳은 것은?

〈2024년 1 ~ 6월 A, B기업 매출액〉

(단위 : 억 원)

구분	2024년 1월	2024년 2월	2024년 3월	2024년 4월	2024년 5월	2024년 6월
A기업	307.06	316.38	315.97	294.75	317.25	329.15
B기업	256.72	300.56	335.73	313.71	296.49	309.85

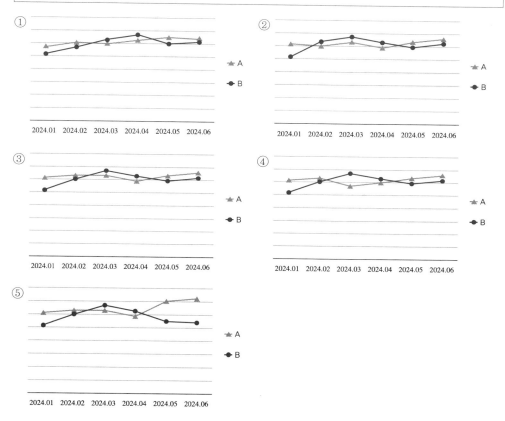

10 다음은 스마트 팜을 운영하는 K사에 대한 SWOT 분석 결과이다. 이에 따른 전략이 나머지와 다른 것은?

〈K사 스마트 팜 SWOT 분석 결과〉

구분		분석 결과
내부환경요인	강점 (Strength)	• 차별화된 기술력 : 기존 스마트 팜 솔루션과 차별화된 센서 기술, AI 기반 데이터 분석 기술 보유 • 젊고 유연한 조직 : 빠른 의사결정과 시장 변화에 대한 적응력 • 정부 사업 참여 경험 : 스마트 팜 관련 정부 사업 참여 가능성
	약점 (Weakness)	• 자금 부족 : 연구개발, 마케팅 등에 필요한 자금 확보 어려움 • 인력 부족 : 다양한 분야의 전문 인력 확보 필요 • 개발력 부족 : 신규 기술 개발 속도 느림
외부환경요인	기회 (Opportunity)	• 스마트 팜 시장 성장 : 스마트 팜에 대한 관심 증가와 이에 따른 정부의 적극적인 지원 • 해외 시장 진출 가능성 : 글로벌 스마트 팜 시장 진출 기회 확대 • 활발한 관련 연구 : 스마트 팜 관련 공동연구 및 포럼, 설명회 등 정보 교류가 활발하게 논의
	위협 (Threat)	• 경쟁 심화 : 후발 주자의 등장과 기존 대기업의 시장 장악 가능성 • 기술 변화 : 빠르게 변화하는 기술 트렌드에 대한 대응 어려움 • 자연재해 : 기후 변화 등 예측 불가능한 자연재해로 인한 피해 가능성

① 정부 지원을 바탕으로 연구개발에 필요한 자금을 확보
② 스마트 팜 관련 공동연구에 참가하여 빠르게 신규 기술을 확보
③ 스마트 팜에 대한 높은 관심을 바탕으로 온라인 펀딩을 통해 자금을 확보
④ 포럼 등 설명회에 적극적으로 참가하여 전문 인력 확충을 위한 인맥을 확보
⑤ 스마트 팜 관련 정부 사업 참여 경험을 바탕으로 정부의 적극적인 지원을 확보

11 다음 대화에서 공통적으로 나타나는 논리적 오류로 가장 적절한 것은?

> A : 반려견 출입 금지라고 쓰여 있는 카페에 갔는데 거절당했어. 반려견 출입 금지면 고양이는 괜찮은 거 아니야?
> B : 어제 직장동료가 "조심히 들어가세요."라고 했는데 집에 들어갈 때만 조심하라는 건가?
> C : 친구가 비가 와서 우울하다고 했는데, 비가 안 오면 행복해지겠지?
> D : 이웃을 사랑하라는 선생님의 가르침을 실천하기 위해 사기를 저지른 이웃을 숨겨 주었어.
> E : 의사가 건강을 위해 채소를 많이 먹으라고 하던데 앞으로는 채소만 먹으면 되겠어.
> F : 긍정적인 생각을 하면 좋은 일이 생기니까 아무리 나쁜 일이 있어도 긍정적으로만 생각하면 될 거야.

① 무지의 오류
② 연역법의 오류
③ 과대해석의 오류
④ 허수아비 공격의 오류
⑤ 권위나 인신공격에 의존한 논증

12 A ~ E열차를 운행거리가 가장 긴 순서대로 나열하려고 한다. 운행시간 및 평균 속력이 다음과 같을 때, C열차는 몇 번째로 운행거리가 긴 열차인가?(단, 열차 대기시간은 고려하지 않는다)

〈A ~ E열차 운행시간 및 평균 속력〉

구분	운행시간	평균 속력
A열차	900분	50m/s
B열차	10시간 30분	150km/h
C열차	8시간	55m/s
D열차	720분	2.5km/min
E열차	10시간	2.7km/min

① 첫 번째
② 두 번째
③ 세 번째
④ 네 번째
⑤ 다섯 번째

13 다음 글에서 나타난 문제해결 절차의 단계로 가장 적절한 것은?

> K대학교 기숙사는 최근 학생들의 불만이 끊이지 않고 있다. 특히, 식사의 질이 낮고, 시설이 노후화되었으며, 인터넷 연결 상태가 불안정하다는 의견이 많았다. 이에 K대학교 기숙사 운영위원회는 문제해결을 위해 긴급회의를 소집했다.
>
> 회의에서 학생 대표들은 식단의 다양성 부족, 식재료의 신선도 문제, 식당 내 위생 상태 불량 등을 지적했다. 또한 시설 관리 담당자는 건물 외벽의 균열, 낡은 가구, 잦은 누수 현상 등 시설 노후화 문제를 강조했다. IT 담당자는 기숙사 내 와이파이 연결 불안정, 인터넷 속도 저하 등 통신환경 문제를 제기했다.
>
> 운영위원회는 이러한 다양한 의견을 종합하여 문제를 더욱 구체적으로 분석하기로 결정했다. 먼저, 식사 문제의 경우 학생들의 식습관 변화에 따른 메뉴 구성의 문제점, 식자재 조달 과정의 비효율성, 조리 시설의 부족 등의 문제점을 파악했다. 시설 문제는 건물의 노후화로 인한 안전 문제, 에너지 효율 저하, 학생들의 편의성 저하 등으로 세분화했다. 마지막으로, 통신환경 문제는 기존 네트워크 장비의 노후화, 학생 수 증가에 따른 네트워크 부하 증가 등의 세부 문제가 제시되었다.

① 문제 인식
② 문제 도출
③ 원인 분석
④ 해결안 개발
⑤ 실행 및 평가

14 다음 중 빈칸에 들어갈 단어로 가장 적절한 것은?

> 감사원의 조사 결과 J공사는 공공사업을 위해 투입된 세금을 본래의 목적에 사용하지 않고 무단으로 _____했음이 밝혀졌다.

① 전용(轉用)
② 남용(濫用)
③ 적용(適用)
④ 활용(活用)
⑤ 준용(遵用)

15 다음 중 비행을 하기 위한 시조새의 신체 조건으로 가장 적절한 것은?

시조새(Archaeopteryx)는 약 1억 5천만 년 전 중생대 쥐라기 시대에 살았던 고대 생물로, 조류와 공룡의 중간 단계에 위치한 생물이다. 1861년 독일 바이에른 지방에 있는 졸른호펜 채석장에서 화석이 발견된 이후, 시조새는 조류의 기원과 공룡에서 새로의 진화 과정을 밝히는 데 중요한 단서를 제공해 왔다. '시조(始祖)'라는 이름에서 알 수 있듯이 시조새는 현대 조류의 조상으로 여겨지며 고생물학계에서 매우 중요한 연구 대상으로 취급된다.

시조새는 오늘날의 새와는 여러 가지 차이점이 있다. 이빨이 있는 부리, 긴 척추뼈로 이루어진 꼬리, 그리고 날개에 있는 3개의 갈고리 발톱은 공룡의 특징을 잘 보여준다. 비록 현대 조류처럼 가슴뼈가 비행에 최적화된 형태로 발달되지는 않았지만, 갈비뼈와 팔에 강한 근육이 붙어 있어 짧은 거리를 활강하거나 나뭇가지 사이를 오르내리며 이동할 수 있었던 것으로 추정된다.

한편, 시조새는 비대칭형 깃털을 가진 최초의 동물 중 하나로, 이는 비행을 하기에 적합한 형태이다. 시조새의 깃털은 현대의 날 수 있는 조류처럼 바람을 맞는 곳의 깃털은 짧고, 뒤쪽은 긴 형태인데, 이러한 비대칭형 깃털은 양력을 제공해 짧은 거리의 활강을 가능하게 했으며, 새의 조상으로서 비행의 초기 형태를 보여준다. 이로 인해 시조새는 공룡에서 새로 이어지는 진화 과정을 이해하는 데 있어 중요한 생물학적 증거로 여겨지고 있다.

시조새의 화석 연구는 당시의 생태계에 대한 정보도 제공하고 있다. 시조새는 열대 우림이나 활엽수림 근처에서 생활하며 나뭇가지를 오르내렸을 가능성이 큰 것으로 추정된다. 시조새의 이동 방식에 대해서는 여러 가설이 존재하지만, 짧은 거리의 활강을 통해 먹이를 찾고 이동했을 것이라는 주장이 유력하다.

결론적으로 시조새는 공룡과 새의 특성을 모두 가진 중간 단계의 생물로, 진화의 과정을 이해하는 데 핵심적인 역할을 한다. 시조새의 다양한 신체적 특징들은 공룡에서 새로 이어지는 진화의 연결고리를 보여주며, 조류 비행의 기원을 이해하는 중요한 증거로 평가된다.

① 날개 사이에 근육질의 익막이 있다.
② 날개에는 3개의 갈고리 발톱이 있다.
③ 날개의 깃털이 비대칭 구조로 형성되어 있다.
④ 척추뼈가 꼬리까지 이어지는 유선형 구조이다.
⑤ 현대 조류처럼 가슴뼈가 비행에 최적화된 구조이다.

16 다음 글의 주제로 가장 적절한 것은?

> 사람들에게 의학을 대표하는 인물을 물어본다면 대부분 히포크라테스(Hippocrates)를 떠올릴 것이다. 히포크라테스는 당시 신의 징벌이나 초자연적인 힘으로 생각되었던 질병을 관찰을 통해 자연적 현상으로 이해하였고, 당시 마술이나 철학으로 여겨졌던 의학을 분리하였다. 이에 따라 의사라는 직업이 과학적인 기반 위에 만들어지게 되었다. 현재에는 의학의 아버지로 불리며 히포크라테스 선서라고 불리는 의사의 윤리적 기준을 저술한 것으로 알려져 있다. 이처럼 히포크라테스는 서양의학의 상징으로 받아들여지지만, 서양의학에 절대적인 영향을 준 사람은 클라우디오스 갈레노스(Claudius Galenus)이다.
>
> 갈레노스는 로마 시대 검투사 담당의에서 황제 마르쿠스 아우렐리우스의 주치의로 활동한 의사로, 해부학, 생리학, 병리학에 걸친 방대한 의학체계를 집대성하여 이후 1,000년 이상 서양의학의 토대를 닦았다. 당시에는 인체의 해부가 금지되어 있었기 때문에 갈레노스는 원숭이, 돼지 등을 사용하여 해부학적 지식을 쌓았으며, 임상 실험을 병행하여 의학적 지식을 확립하였다. 이러한 해부 및 실험을 통해 갈레노스는 여러 장기의 기능을 밝히고, 근육과 뼈를 구분하였으며, 심장의 판막이나 정맥과 동맥의 차이점 등을 밝혀내거나, 혈액이 혈관을 통해 신체 말단까지 퍼져나가며 신진대사를 조절하는 물질을 운반한다고 밝혀냈다. 물론 갈레노스도 히포크라테스가 주장한 4원소에 따른 4체액설(혈액, 담즙, 황담즙, 흑담즙)을 믿거나 피를 뽑아 치료하는 사혈법을 주장하는 등 현대 의학과는 거리가 있지만, 당시에 의학 이론을 해부와 실험을 통해 증명하고 방대한 저술을 남겼다는 놀라운 업적을 가지고 있으며, 이것이 실제로 가장 오랫동안 서양의학을 실제로 지배하는 토대가 되었다.

① 갈레노스의 생애와 의학의 발전
② 고대에서 현대까지 해부학의 발전 과정
③ 히포크라테스 선서에 의한 전문직의 도덕적 기준
④ 히포크라테스와 갈레노스가 서양의학에 끼친 영향과 중요성
⑤ 히포크라테스와 갈레노스의 4체액설이 현대 의학에 끼친 영향

17 다음 중 제시된 단어와 가장 비슷한 단어는?

비상구

① 진입로   ② 출입구

③ 돌파구   ④ 여울목

⑤ 탈출구

18 A열차가 어떤 터널을 진입하고 5초 후 B열차가 같은 터널에 진입하였다. 그로부터 5초 후 B열차가 터널을 빠져나왔고 5초 후 A열차가 터널을 빠져나왔다. A열차가 터널을 빠져나오는 데 걸린 시간이 14초일 때, B열차는 A열차보다 몇 배 빠른가?(단, A열차와 B열차 모두 속력의 변화는 없으며, 두 열차의 길이는 서로 같다)

① 2배   ② 2.5배

③ 3배   ④ 3.5배

⑤ 4배

19 A팀은 5일부터 5일마다 회의실을 사용하고, B팀은 4일부터 4일마다 회의실을 사용하기로 하였으며, 두 팀이 사용하고자 하는 날이 겹칠 경우에는 A, B팀이 번갈아가며 사용하기로 하였다. 어느 날 A팀과 B팀이 사용하고자 하는 날이 겹쳤을 때, 겹친 날을 기준으로 A팀이 9번, B팀이 8번 회의실을 사용했다면, 이때까지 A팀은 회의실을 최대 몇 번 이용하였는가?(단, 회의실 사용일이 첫 번째로 겹친 날에는 A팀이 먼저 사용하였으며, 회의실 사용일은 주말 및 공휴일도 포함한다)

① 61회   ② 62회

③ 63회   ④ 64회

⑤ 65회

20 다음 모스 굳기 10단계에 해당하는 광물 A ~ C가 〈조건〉을 만족할 때, 이에 대한 설명으로 옳은 것은?

〈모스 굳기 10단계〉

단계	1단계	2단계	3단계	4단계	5단계
광물	활석	석고	방해석	형석	인회석
단계	6단계	7단계	8단계	9단계	10단계
광물	정장석	석영	황옥	강옥	금강석

• 모스 굳기 단계의 단계가 낮을수록 더 무른 광물이고, 단계가 높을수록 단단한 광물이다.
• 단계가 더 낮은 광물로 단계가 더 높은 광물을 긁으면 긁힘 자국이 생기지 않는다.
• 단계가 더 높은 광물로 단계가 더 낮은 광물을 긁으면 긁힘 자국이 생긴다.

조건
• 광물 A로 광물 B를 긁으면 긁힘 자국이 생기지 않는다.
• 광물 A로 광물 C를 긁으면 긁힘 자국이 생긴다.
• 광물 B로 광물 C를 긁으면 긁힘 자국이 생긴다.
• 광물 B는 인회석이다.

① 광물 C는 석영이다.
② 광물 A는 방해석이다.
③ 광물 A가 가장 무르다.
④ 광물 B가 가장 단단하다.
⑤ 광물 B는 모스 굳기 단계가 7단계 이상이다.

21 J공사는 지방에 있는 지점 사무실을 공유 오피스로 이전하고자 한다. 다음 사무실 이전 조건을 참고할 때, 〈보기〉 중 이전할 오피스로 가장 적절한 곳은?

〈사무실 이전 조건〉

- 지점 근무 인원 : 71명
- 사무실 예상 이용 기간 : 5년
- 교통 조건 : 역이나 버스 정류장에서 도보 10분 이내
- 시설 조건 : 자사 홍보영상 제작을 위한 스튜디오 필요, 회의실 필요
- 비용 조건 : 다른 조건이 모두 가능한 공유 오피스 중 가장 저렴한 곳(1년 치 비용 선납 가능)

보기

구분	가용 인원수	보유시설	교통 조건	임대비용
A오피스	100인	라운지, 회의실, 스튜디오, 복사실, 탕비실	A역에서 도보 8분	1인당 연간 600만 원
B오피스	60인	회의실, 스튜디오, 복사실	B정류장에서 도보 5분	1인당 월 40만 원
C오피스	100인	라운지, 회의실, 스튜디오	C역에서 도보 7분	월 3,600만 원
D오피스	90인	회의실, 복사실, 탕비실	D정류장에서 도보 4분	월 3,500만 원 (1년 치 선납 시 8% 할인)
E오피스	80인	라운지, 회의실, 스튜디오	E역과 연결된 사무실	월 3,800만 원 (1년 치 선납 시 10% 할인)

① A오피스   ② B오피스

③ C오피스   ④ D오피스

⑤ E오피스

※ 다음은 에너지바우처 사업에 대한 자료이다. 이어지는 질문에 답하시오. [22~23]

〈에너지바우처〉

1. 에너지바우처란?

   국민 모두가 시원한 여름, 따뜻한 겨울을 보낼 수 있도록 에너지 취약계층을 위해 에너지바우처(이용권)를 지급하여 전기, 도시가스, 지역난방, 등유, LPG, 연탄을 구입할 수 있도록 지원하는 제도

2. 신청대상 : 소득기준과 세대원 특성기준을 모두 충족하는 세대

   • 소득기준 : 국민기초생활 보장법에 따른 생계급여 / 의료급여 / 주거급여 / 교육급여 수급자

   • 세대원 특성기준 : 주민등록표 등본상 기초생활수급자(본인) 또는 세대원이 다음 중 어느 하나에 해당하는 경우

   - 노인 : 65세 이상

   - 영유아 : 7세 이하의 취학 전 아동

   - 장애인 : 장애인복지법에 따라 등록한 장애인

   - 임산부 : 임신 중이거나 분만 후 6개월 미만인 여성

   - 중증질환자, 희귀질환자, 중증난치질환자 : 국민건강보험법 시행령에 따라 보건복지부장관이 정하여 고시하는 중증질환, 희귀질환, 중증난치질환을 가진 사람

   - 한부모가족 : 한부모가족지원법에 따른 '모' 또는 '부'로서 아동인 자녀를 양육하는 사람

   - 소년소녀가정 : 보건복지부에서 정한 아동분야 지원대상에 해당하는 사람(아동복지법에 의한 가정위탁보호 아동 포함)

   • 지원 제외 대상 : 세대원 모두가 보장시설 수급자

   • 다음의 경우 동절기 에너지바우처 중복 지원 불가

   - 긴급복지지원법에 따라 동절기 연료비를 지원받은 자(세대)

   - 한국에너지공단의 등유바우처를 발급받은 자(세대)

   - 한국광해광업공단의 연탄쿠폰을 발급받은 자(세대)

   ※ 하절기 에너지바우처를 사용한 수급자가 동절기에 위 사업들을 신청할 경우 동절기 에너지바우처를 중지 처리한 후 신청함(중지사유 : 타동절기 에너지이용권 수급)

   ※ 동절기 에너지바우처를 일부 사용한 경우 위 사업들은 신청 불가함

3. 바우처 지원금액

구분	1인 세대	2인 세대	3인 세대	4인 이상 세대
하절기	55,700원	73,800원	90,800원	117,000원
동절기	254,500원	348,700원	456,900원	599,300원
총액	310,200원	422,500원	547,700원	716,300원

4. 지원방법

   • 요금차감

   - 하절기 : 전기요금 고지서에서 요금을 자동으로 차감

   - 동절기 : 도시가스 / 지역난방 중 하나를 선택하여 고지서에서 요금을 자동으로 차감

   • 실물카드 : 동절기 도시가스, 등유, LPG, 연탄을 실물카드(국민행복카드)로 직접 결제

22 다음 중 에너지바우처에 대한 설명으로 옳지 않은 것은?

① 36개월의 아이가 있는 의료급여 수급자 A는 에너지바우처를 신청할 수 있다.

② 혼자서 아이를 3명 키우는 교육급여 수급자 B는 1년에 70만 원을 넘게 지원받을 수 있다.

③ 보장시설인 양로시설에 살면서 생계급여를 받는 70세 독거노인 C는 에너지바우처를 신청할 수 있다.

④ 에너지바우처 기준을 충족하는 D는 겨울에 연탄보일러를 사용하므로 실물카드를 받는 방법으로 지원을 받아야 한다.

⑤ 희귀질환을 앓고 있는 어머니와 함께 단둘이 사는 생계급여 수급자 E는 에너지바우처를 통해 여름에 전기비에서 73,800원이 차감될 것이다.

23 다음은 A, B가족의 에너지바우처 정보이다. A, B가족이 올해 에너지바우처를 통해 지원받는 금액의 총합은 얼마인가?

〈A, B가족의 에너지바우처 정보〉

구분	세대 인원	소득기준	세대원 특성기준	특이사항
A가족	5명	의료급여 수급자	영유아 2명	연탄쿠폰 발급받음
B가족	2명	생계급여 수급자	소년소녀가정	지역난방 이용

① 190,800원

② 539,500원

③ 948,000원

④ 1,021,800원

⑤ 1,138,800원

24 다음 C 프로그램을 실행하였을 때의 결과로 옳은 것은?

```c
#include <stdio.h>
int main() {
    int result=0;
    while (result<2) {
        result=result+1;
        printf("%d\n",result);
        result=result-1;
    }
}
```

① 실행되지 않는다.

② 0
  1

③ 0
  −1

④ 1
  1

⑤ 1이 무한히 출력된다.

25 다음은 A국과 B국의 물가지수 동향에 대한 자료이다. [E2] 셀에 「=ROUND(D2,−1)」를 입력하였을 때, 출력되는 값은?

〈A, B국 물가지수 동향〉

	A	B	C	D	E
1		A국	B국	평균 판매지수	
2	2024년 1월	122.313	112.36	117.3365	
3	2024년 2월	119.741	110.311	115.026	
4	2024년 3월	117.556	115.379	116.4675	
5	2024년 4월	124.739	118.652	121.6955	
6	⋮	⋮	⋮	⋮	
7					

① 100

② 105

③ 110

④ 115

⑤ 120

26 다음 글의 빈칸에 들어갈 내용으로 가장 적절한 것은?

> 주의력 결핍 과잉행동장애(ADHD)는 학령기 아동에게 흔히 나타나는 질환으로, 주의력 결핍, 과잉행동, 충동성의 증상을 보인다. 이는 아동의 학교 및 가정생활에 큰 영향을 미치며, 적절한 치료와 관리가 필요하다. ADHD의 원인은 신경화학적 요인과 유전적 요인이 복합적으로 작용하는 것으로 여겨진다. 도파민과 노르에피네프린 같은 신경전달물질의 불균형이 주요 원인으로 지목되며, 가족력이 있는 경우 ADHD 발병 확률이 높아진다. 연구에 따르면, ADHD는 상당한 유전적 연관성을 보이며, 부모나 형제 중에 ADHD를 가진 사람이 있을 경우 그 위험이 증가한다.
>
> 환경적 요인도 ADHD 발병에 영향을 미칠 수 있다. 임신 중 음주, 흡연, 약물 사용 등이 위험을 높일 수 있으며, 조산이나 저체중 출산도 연관성이 있다. 이러한 환경적 요인들은 태아의 뇌 발달에 영향을 미쳐 ADHD 발병 가능성을 증가시킬 수 있다. 그러나 이러한 요인들이 단독으로 ADHD를 유발하는 것은 아니며, 다양한 요인이 복합적으로 작용하여 증상이 나타난다.
>
> ADHD 치료는 약물요법과 비약물요법으로 나뉜다. 약물요법에서는 메틸페니데이트 같은 중추신경 자극제가 널리 사용된다. 이 약물은 도파민과 노르에피네프린의 재흡수를 억제해 증상을 완화한다. 이러한 약물은 주의력 향상과 충동성 감소에 효과적이며, 많은 연구에서 그 효능이 입증되었다. 비약물요법으로는 행동개입 요법과 심리사회적 프로그램이 있다. 이는 구조화된 환경에서 집중을 방해하는 요소를 최소화하고, 연령에 맞는 개입방법을 적용한다. 예를 들어 학령기 아동에게는 그룹 부모훈련과 교실 내 행동개입 프로그램이 추천된다.
>
> 가정에서는 부모가 아이가 해야 할 일을 목록으로 작성하도록 돕고, 한 번에 1가지씩 처리하도록 지도해야 한다. 특히 아이의 바람직한 행동에는 칭찬하고, 잘못된 행동에는 책임을 지도록 하는 것이 중요하다. 이러한 방법은 아이의 자존감을 높이고 긍정적인 행동을 강화하는 데 도움이 된다. 학교에서는 과제를 짧게 나누고, 수업이 지루하지 않도록 하며, 규칙과 보상을 일관되게 유지해야 한다. 교사는 ADHD 아동이 주의가 산만해질 수 있는 환경적 요소를 제거하고, 많은 격려와 칭찬을 통해 학습 동기를 유발해야 한다.
>
> ADHD는 완치가 어려운 만성 질환이지만 적절한 치료와 관리를 통해 증상을 개선할 수 있다. 약물 치료와 비약물 치료를 병행하고 가정과 학교에서 적절한 지원이 이루어지면 ADHD 아동도 건강하고 행복한 삶을 영위할 수 있다. 결론적으로, ADHD는 _____ 따라서 다양한 원인에 부합하는 맞춤형 치료와 환경 조성을 통해 아동의 잠재력을 최대한 발휘할 수 있도록 지원해야 한다. 이는 아동이 자신의 능력을 충분히 발휘하고 성공적인 삶을 살아가는 데 중요한 역할을 한다.

① 완벽한 치료가 불가능한 불치병이다.

② 약물 치료를 통해 쉽게 치료가 가능하다.

③ 다양한 원인이 복합적으로 작용하는 질환이다.

④ 아동에게 적극적으로 개입해 충동성을 감소시켜야 하는 질환이다.

27 다음 중 밑줄 친 부분의 맞춤법이 옳지 않은 것은?

① 김주임은 지난 분기 매출을 조사하여 증가량을 <u>백분율</u>로 표기하였다.

② 젊은 세대를 중심으로 빠른 이직 트렌드가 형성되어 <u>이직률</u>이 높아지고 있다.

③ 이번 학기 <u>출석율</u>이 이전보다 크게 향상되어 학생들의 참여도가 높아지고 있다.

④ 이번 시험의 <u>합격률</u>이 역대 최고치를 기록하며 수험생들에게 희망을 안겨주었다.

28 S공사는 2024년 상반기에 신입사원을 채용하였다. 전체 지원자 중 채용에 불합격한 남성 수와 여성 수의 비율은 같으며, 합격한 남성 수와 여성 수의 비율은 2 : 3이라고 한다. 남성 전체 지원자와 여성 전체 지원자의 비율이 6 : 7일 때, 합격한 남성 수가 32명이면 전체 지원자는 몇 명인가?

① 192명   ② 200명

③ 208명   ④ 216명

29 다음은 직장가입자 보수월액보험료에 대한 자료이다. A씨가 〈조건〉에 따라 장기요양보험료를 납부할 때, A씨의 2023년 보수월액은?(단, 소수점 첫째 자리에서 반올림한다)

〈직장가입자 보수월액보험료〉

- 개요 : 보수월액보험료는 직장가입자의 보수월액에 보험료율을 곱하여 산정한 금액에 경감 등을 적용하여 부과한다.
- 보험료 산정 방법
  - 건강보험료는 다음과 같이 산정한다.

    (건강보험료)=(보수월액)×(건강보험료율)

    ※ 보수월액 : 동일사업장에서 당해 연도에 지급받은 보수총액을 근무월수로 나눈 금액
  - 장기요양보험료는 다음과 같이 산정한다.

    2022.12.31. 이전 : (장기요양보험료)=(건강보험료)×(장기요양보험료율)

    2023.01.01. 이후 : (장기요양보험료)=(건강보험료)×$\dfrac{(장기요양보험료율)}{(건강보험료율)}$

〈2020 ~ 2024년 보험료율〉

(단위 : %)

구분	2020년	2021년	2022년	2023년	2024년
건강보험료율	6.67	6.86	6.99	7.09	7.09
장기요양보험료율	10.25	11.52	12.27	0.9082	0.9182

조건
- A씨는 K공사에서 2011년 3월부터 2023년 9월까지 근무하였다.
- A씨는 3개월 후 2024년 1월부터 S공사에서 현재까지 근무하고 있다.
- A씨의 2023년 장기요양보험료는 35,120원이었다.

① 3,866,990원
② 3,974,560원
③ 4,024,820원
④ 4,135,970원

30 다음 중 개인정보보호법에서 사용하는 용어에 대한 정의로 옳지 않은 것은?

① 가명처리 : 추가 정보 없이도 특정 개인을 알아볼 수 있도록 처리하는 것을 말한다.

② 정보주체 : 처리되는 정보에 의하여 알아볼 수 있는 사람으로서 그 정보의 주체가 되는 사람을 말한다.

③ 개인정보 : 살아 있는 개인에 관한 정보로서 성명, 주민등록번호 및 영상 등을 통하여 개인을 알아볼 수 있는 정보를 말한다.

④ 처리 : 개인정보의 수집, 생성, 연계, 연동, 기록, 저장, 보유, 가공, 편집, 검색, 출력, 정정, 복구, 이용, 제공, 공개, 파기, 그 밖에 이와 유사한 행위를 말한다.

31 다음은 생활보조금 신청자의 소득 및 결과에 대한 자료이다. 월 소득이 100만 원 이하인 사람은 보조금 지급이 가능하고, 100만 원을 초과한 사람은 보조금 지급이 불가능할 때, 보조금 지급을 받는 사람의 수를 구하는 함수로 옳은 것은?

〈생활보조금 신청자 소득 및 결과〉

	A	B	C	D	E
1	지원번호	소득(만 원)	결과		
2	1001	150	불가능		
3	1002	80	가능		보조금 지급 인원 수
4	1003	120	불가능		
5	1004	95	가능		
6	⋮	⋮	⋮		
7					

① =COUNTIF(A:C, "< =100")

② =COUNTIF(A:C, < =100)

③ =COUNTIF(B:B, "< =100")

④ =COUNTIF(B:B, < =100)

32 다음은 초등학생의 주차별 용돈에 대한 자료이다. 빈칸에 들어갈 함수를 바르게 짝지은 것은?(단, 한 달은 4주로 한다)

〈초등학생 주차별 용돈〉

	A	B	C	D	E	F
1	학생번호	1주	2주	3주	4주	합계
2	1	7,000	8,000	12,000	11,000	(A)
3	2	50,000	60,000	45,000	55,000	
4	3	70,000	85,000	40,000	55,000	
5	4	10,000	6,000	18,000	14,000	
6	5	24,000	17,000	34,000	21,000	
7	6	27,000	56,000	43,000	28,000	
8	한 달 용돈이 150,000원 이상인 학생 수					(B)

	(A)	(B)
①	$=SUM(B2:E2)$	$=COUNTIF(F2:F7, ">=150,000")$
②	$=SUM(B2:E2)$	$=COUNTIF(B2:E2, ">=150,000")$
③	$=SUM(B2:E2)$	$=COUNTIF(B2:E7, ">=150,000")$
④	$=SUM(B2:E7)$	$=COUNTIF(F2:F7, ">=150,000")$

33 다음 중 빅데이터 분석 기획 절차를 순서대로 바르게 나열한 것은?

① 범위 설정 → 프로젝트 정의 → 위험 계획 수립 → 수행 계획 수립

② 범위 설정 → 프로젝트 정의 → 수행 계획 수립 → 위험 계획 수립

③ 프로젝트 정의 → 범위 정의 → 위험 계획 수립 → 수행 계획 수립

④ 프로젝트 정의 → 범위 설정 → 수행 계획 수립 → 위험 계획 수립

34 다음 중 밑줄 친 부분의 단어가 어법상 옳은 것은?

> K씨는 항상 ㉠ 짜깁기 / 짜집기한 자료로 보고서를 작성했다. 처음에는 아무도 눈치채지 못했지만, 시간이 지나면서 K씨의 작업이 다른 사람들의 것과 비교해 질적으로 떨어지는 것이 분명해졌다. K씨는 결국 동료들 사이에서 ㉡ 뒤처지기 / 뒤쳐지기 시작했고, 격차를 좁히기 위해 더 많은 시간을 투자해야 했다.

	㉠	㉡
①	짜깁기	뒤처지기
②	짜깁기	뒤쳐지기
③	짜집기	뒤처지기
④	짜집기	뒤쳐지기

35 다음 중 공문서 작성 시 유의해야 할 점으로 적절하지 않은 것은?

① 한 장에 담아내는 것이 원칙이다.
② 부정문이나 의문문의 형식은 피한다.
③ 마지막엔 반드시 '끝'자로 마무리한다.
④ 날짜 다음에 괄호를 사용할 경우에는 반드시 마침표를 찍는다.

36 영서가 어머니와 함께 40분 동안 만두를 60개 빚었다고 한다. 어머니가 혼자서 1시간 동안 만두를 빚을 수 있는 개수가 영서가 혼자서 1시간 동안 만두를 빚을 수 있는 개수보다 10개 더 많을 때, 영서는 1시간 동안 만두를 몇 개 빚을 수 있는가?

① 30개   ② 35개
③ 40개   ④ 45개

37 대칭수는 순서대로 읽은 수와 거꾸로 읽은 수가 같은 수를 가리키는 말이다. 예컨대, 121, 303, 1,441, 85,058 등은 대칭수이다. 1,000 이상 50,000 미만의 대칭수는 모두 몇 개인가?

① 180개

② 325개

③ 405개

④ 490개

38 어떤 자연수 '25□'가 3의 배수일 때, □에 들어갈 수 있는 모든 자연수의 합은?

① 12

② 13

③ 14

④ 15

39 바이올린, 호른, 오보에, 플루트 4가지의 악기를 다음 〈조건〉에 따라 좌우로 4칸인 선반에 각각 1대씩 보관하려고 한다. 각 칸에는 한 대의 악기만 배치할 수 있을 때, 왼쪽에서 두 번째 칸에 배치할 수 없는 악기는?

> **조건**
> • 호른은 바이올린 바로 왼쪽에 위치한다.
> • 오보에는 플루트 왼쪽에 위치하지 않는다.

① 바이올린

② 호른

③ 오보에

④ 플루트

40 다음 중 비영리 조직에 해당하지 않는 것은?

① 교육기관

② 자선단체

③ 비정부기구

④ 사회적 기업

41 다음은 D기업의 분기별 재무제표에 대한 자료이다. 2022년 4분기의 영업이익률은 얼마인가?

〈D기업 분기별 재무제표〉

(단위 : 십억 원, %)

구분	2022년 1분기	2022년 2분기	2022년 3분기	2022년 4분기	2023년 1분기	2023년 2분기	2023년 3분기	2023년 4분기
매출액	40	50	80	60	60	100	150	160
매출원가	30	40	70	80	100	100	120	130
매출총이익	10	10	10	( )	−40	0	30	30
판관비	3	5	5	7	8	5	7.5	10
영업이익	7	5	5	( )	−8	−5	22.5	20
영업이익률	17.5	10	6.25	( )	−80	−5	15	12.5

※ (영업이익률)=(영업이익)÷(매출액)×100
※ (영업이익)=(매출총이익)−(판관비)
※ (매출총이익)=(매출액)−(매출원가)

① −30%
② −45%
③ −60%
④ −75%

42 5km/h의 속력으로 움직이는 무빙워크를 이용하여 이동하는 데 36초가 걸렸다. 무빙워크 위에서 무빙워크와 같은 방향으로 4km/h의 속력으로 걸어 이동할 때 걸리는 시간은?

① 10초
② 15초
③ 20초
④ 25초

43 다음 순서도에서 출력되는 result 값은?

〈순서도 기호〉			
기호	설명	기호	설명
	시작과 끝을 나타낸다.		어느 것을 택할 것인지 판단한다.
	데이터를 입력하거나 계산하는 등의 처리를 한다.		선택한 값을 출력한다.

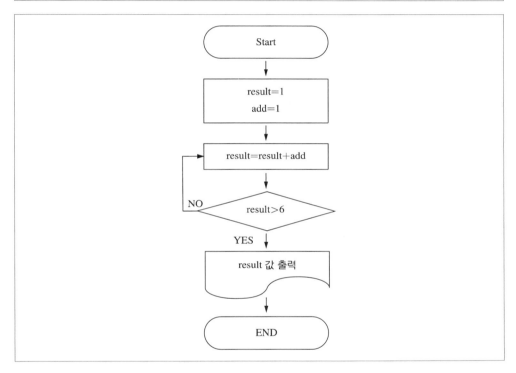

① 11 ② 10
③ 9 ④ 8
⑤ 7

44 다음은 A컴퓨터 A/S센터의 하드디스크 수리 방문접수 과정에 대한 순서도이다. 하드디스크 데이터 복구를 문의할 때, 출력되는 도형은 무엇인가?

〈순서도 기호〉

기호	설명	기호	설명
	시작과 끝을 나타낸다.		어느 것을 택할 것인지 판단한다.
	데이터를 입력하거나 계산하는 등의 처리를 한다.		선택한 값을 출력한다.

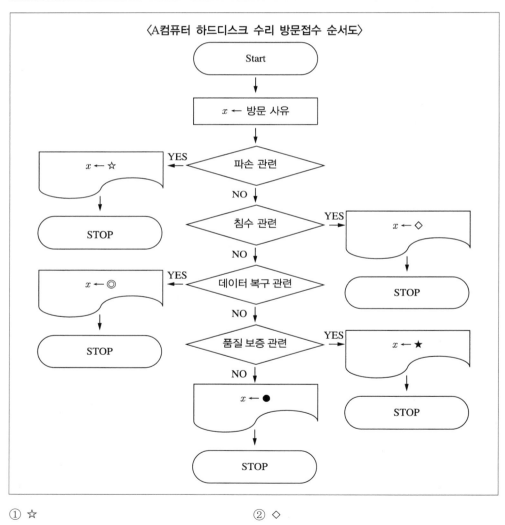

〈A컴퓨터 하드디스크 수리 방문접수 순서도〉

① ☆

② ◇

③ ◎

④ ★

⑤ ●

45 다음은 EAN-13 바코드 부여 규칙에 대한 자료이다. 상품코드의 맨 앞 자릿수가 9일 때, 2 ~ 7번째 자릿수가 '387655'라면 이를 이진코드로 바르게 변환한 것은?

〈EAN-13 바코드 부여 규칙〉

1. 13자리 상품코드의 맨 앞 자릿수에 따라 다음과 같이 변환한다.

상품코드 번호	2 ~ 7번째 자릿수	8 ~ 13번째 자릿수
0	AAAAAA	CCCCCC
1	AABABB	CCCCCC
2	AABBAB	CCCCCC
3	AABBBA	CCCCCC
4	ABAABB	CCCCCC
5	ABBAAB	CCCCCC
6	ABBBAA	CCCCCC
7	ABABAB	CCCCCC
8	ABABBA	CCCCCC
9	ABBABA	CCCCCC

2. A, B, C는 다음과 같이 상품코드 번호를 이진코드로 변환한 값이다.

상품코드 번호	A	B	C
0	0001101	0100111	1110010
1	0011001	0110011	1100110
2	0010011	0011011	1101100
3	0111101	0100001	1000010
4	0100011	0011101	1011100
5	0110001	0111001	1001110
6	0101111	0000101	1010000
7	0111011	0010001	1000100
8	0110111	0001001	1001000
9	0001011	0010111	1110100

	2번째 수	3번째 수	4번째 수	5번째 수	6번째 수	7번째 수
①	0111101	0001001	0010001	0101111	0111001	0110001
②	0100001	0001001	0010001	0000101	0111101	0111101
③	0111101	0110111	0111011	0101111	0111001	0111101
④	0100001	0101111	0010001	0010111	0100111	0001011
⑤	0111101	0011001	0010001	0101111	0011001	0111001

※ 다음은 청소 유형별 청소기 사용 방법 및 고장 유형별 확인 사항에 대한 자료이다. 이어지는 질문에 답하시오. [46~47]

〈청소 유형별 청소기 사용 방법〉

유형	사용 방법
일반 청소	1. 기본형 청소구를 장착해 주세요. 2. 작동 버튼을 눌러 주세요.

틈새 청소	1. 기본형 청소구의 입구 돌출부를 누르고 잡아당기면 좁은 흡입구를 꺼낼 수 있습니다.
	   반대로 돌출부를 누르면서 밀어 넣으면 좁은 흡입구를 안쪽으로 정리할 수 있습니다.
	2. 1.의 좁은 흡입구를 꺼낸 상태에서 돌출부를 시계 방향으로 돌리면 돌출부를 고정할 수 있습니다.
	3. 좁은 흡입구를 고정한 후 작동 버튼을 눌러 주세요.
	   (좁은 흡입구에는 솔이 함께 들어 있습니다)

카펫 청소	1. 별도의 돌기 청소구로 교체해 주세요. (기본형으로도 카펫 청소를 할 수 있으나, 청소 효율이 떨어집니다) 2. 작동 버튼을 눌러 주세요.

스팀 청소	1. 별도의 스팀 청소구로 교체해 주세요.
	2. 스팀 청소구의 물통에 물을 충분히 채운 후 뚜껑을 잠가 주세요.
	   ※ 반드시 전원을 분리한 상태에서 진행해야 함
	3. 걸레판에 걸레를 부착한 후 스팀 청소구의 노즐에 장착해 주세요.
	   ※ 반드시 전원을 분리한 상태에서 진행해야 함
	4. 스팀 청소 버튼을 누르고 안전 스위치를 눌러 주세요.
	   ※ 안전을 위해 안전 스위치를 누르는 동안에만 스팀이 발생함
	   ※ 스팀 청소 작업 도중 및 완료 직후에 청소기를 거꾸로 세우거나 스팀 청소구를 눕히면 뜨거운 물이 새어 나와 화상을 입을 수 있음
	5. 스팀 청소 완료 후 물이 충분히 식은 후 물통 및 스팀 청소구를 분리해 주세요.
	   ※ 충분히 식지 않은 상태에서 분리 시 뜨거운 물이 새어 나와 화상의 위험이 있음

〈고장 유형별 확인 사항〉

유형	확인 사항
흡입력 약화	• 흡입구, 호스, 먼지통, 먼지분리기에 크기가 큰 이물질이 걸려 있는지 확인해 주세요. • 필터를 교체해 주세요. • 먼지통, 먼지분리기, 필터의 조립 상태를 확인해 주세요.
청소기 미작동	• 전원이 제대로 연결되어 있는지 확인해 주세요.
물 보충 램프 깜빡임	• 물통에 물이 충분한지 확인해 주세요. • 물이 충분히 채워졌어도 꺼질 때까지 시간이 다소 걸립니다. 잠시 기다려 주세요.
스팀 안 나옴	• 물통에 물이 충분한지 확인해 주세요. • 안전 스위치를 눌렀는지 확인해 주세요.
바닥에 물이 남음	• 스팀 청소구를 너무 자주 좌우로 기울이면 물이 소량 새어 나올 수 있습니다. • 걸레가 많이 젖었으므로 걸레를 교체해 주세요.
악취 발생	• 제품 기능상의 문제는 아니므로 고장이 아닙니다. • 먼지통 및 필터를 교체해 주세요. • 스팀 청소구의 물통 등 청결 상태를 확인해 주세요.
소음 발생	• 흡입구, 호스, 먼지통, 먼지분리기에 크기가 큰 이물질이 걸려 있는지 확인해 주세요. • 먼지통, 먼지분리기, 필터의 조립 상태를 확인해 주세요.

46 다음 중 청소 유형별 청소기 사용 방법에 대한 설명으로 옳지 않은 것은?

① 기본형 청소구로 카펫 청소가 가능하다.

② 스팀 청소 직후 통을 분리하면 화상의 위험이 있다.

③ 기본형 청소구를 이용하여 좁은 틈새를 청소할 수 있다.

④ 안전 스위치를 1회 누르면 별도의 외부 입력 없이 스팀을 지속하여 발생시킬 수 있다.

⑤ 스팀 청소 시 물 보충 및 걸레 부착 작업은 반드시 전원을 분리한 상태에서 진행해야 한다.

47 다음 중 고장 유형별 확인 사항이 바르게 연결되어 있지 않은 것은?

① 물 보충 램프 깜빡임 : 잠시 기다리기

② 악취 발생 : 스팀 청소구의 청결 상태 확인하기

③ 흡입력 약화 : 먼지통, 먼지분리기, 필터 교체하기

④ 바닥에 물이 남음 : 물통에 물이 너무 많이 있는지 확인하기

⑤ 소음 발생 : 흡입구, 호스, 먼지통, 먼지분리기의 이물질 걸림 확인하기

48 다음 중 동료의 피드백을 장려하기 위한 방안으로 적절하지 않은 것은?

① 행동과 수행을 관찰한다.
② 즉각적인 피드백을 제공한다.
③ 뛰어난 수행성과에 대해서는 인정한다.
④ 간단하고 분명한 목표와 우선순위를 설정한다.
⑤ 긍정적인 상황에서는 피드백을 자제하는 것도 나쁘지 않다.

49 다음 중 내적 동기를 유발하는 방법으로 적절하지 않은 것은?

① 변화를 두려워하지 않는다.
② 업무 관련 교육을 생략한다.
③ 주어진 일에 책임감을 갖는다.
④ 창의적인 문제해결법을 찾는다.
⑤ 새로운 도전의 기회를 부여한다.

50 다음은 갈등 정도와 조직 성과의 관계에 대한 그래프이다. 이에 대한 설명으로 옳지 않은 것은?

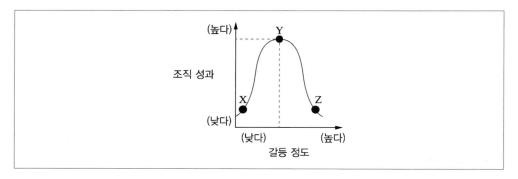

① 갈등이 잦을 경우 낮은 조직 성과를 얻을 수 있다.
② 갈등이 없을 경우 낮은 조직 성과를 얻을 수 있다.
③ 적절한 갈등이 있을 경우 가장 높은 조직 성과를 얻을 수 있다.
④ Y점에서는 갈등의 순기능, Z점에서는 갈등의 역기능이 작용한다.
⑤ 갈등이 없을수록 조직 내부가 결속되어 높은 조직 성과를 보인다.

PART 1

합격의 공식 시대에듀 www.sdedu.co.kr

직업기초능력평가

01

의사소통능력

합격 Cheat Key

의사소통능력은 평가하지 않는 연구기관이 없을 만큼 필기시험에서 중요도가 높은 영역으로, 세부 유형은 문서 이해, 문서 작성, 의사 표현, 경청, 기초 외국어로 나눌 수 있다. 문서 이해·문서 작성과 같은 지문에 대한 주제 찾기, 내용 일치 문제의 출제 비중이 높으며, 문서의 특성을 파악하는 문제도 출제되고 있다.

1 문제에서 요구하는 바를 먼저 파악하라!

의사소통능력에서 가장 중요한 것은 제한된 시간 안에 빠르고 정확하게 답을 찾아내는 것이다. 의사소통능력에서는 지문이 아니라 문제가 주인공이므로 지문을 보기 전에 문제를 먼저 파악해야 하며, 문제에 따라 전략적으로 빠르게 풀어내는 연습을 해야 한다.

2 잠재되어 있는 언어 능력을 발휘하라!

세상에 글은 많고 우리가 학습할 수 있는 시간은 한정적이다. 이를 극복할 수 있는 방법은 다양한 글을 접하는 것이다. 실제 시험장에서 어떤 내용의 지문이 나올지 아무도 예측할 수 없으므로 평소에 신문, 소설, 보고서 등 여러 글을 접하는 것이 필요하다.

3   상황을 가정하라!

업무 수행에 있어 상황에 따른 언어 표현은 중요하다. 같은 말이라도 상황에 따라 다르게 해석될 수 있기 때문이다. 그런 의미에서 자신의 의견을 효과적으로 전달할 수 있는 능력을 평가하는 것이다. 업무를 수행하면서 발생할 수 있는 여러 상황을 가정하고 그에 따른 올바른 언어표현을 정리하는 것이 필요하다.

4   말하는 이의 입장에서 생각하라!

잘 듣는 것 또한 하나의 능력이다. 상대방의 이야기에 귀 기울이고 공감하는 태도는 업무를 수행하는 관계 속에서 필요한 요소이다. 그런 의미에서 다양한 상황에서 듣는 능력을 평가하는 것이다. 말하는 이가 요구하는 듣는 이의 태도를 파악하고, 이에 따른 판단을 할 수 있도록 언제나 말하는 사람의 입장이 되는 연습이 필요하다.

01 | 문서 내용 이해

| 유형분석 |

- 주어진 지문을 읽고 선택지를 고르는 전형적인 독해 문제이다.
- 지문은 주로 신문기사(보도자료 등)나 업무 보고서, 시사 등이 제시된다.
- 연구기관에 따라 관련된 내용의 기사나 법조문, 보고서 등이 출제되기도 한다.

다음 글의 내용으로 적절하지 않은 것은?

물가 상승률은 일반적으로 가격 수준의 상승 속도를 나타내며, 소비자 물가지수(CPI)와 같은 지표를 사용하여 측정된다. 높은 물가 상승률은 소비재와 서비스의 가격이 상승하고, 돈의 구매력이 감소한다. 이는 소비자들이 더 많은 돈을 지출하여 물가 상승에 따른 가격 상승을 감수해야 함을 의미한다.

물가 상승률은 경제에 다양한 영향을 미친다. 먼저 소비자들의 구매력이 저하되므로 가계소득의 실질 가치가 줄어든다. 이는 소비 지출의 감소와 경기 둔화를 초래할 수 있다. 또한 물가 상승률은 기업의 의사결정에도 영향을 준다. 예를 들어 높은 물가 상승률은 이자율의 상승과 함께 대출 조건을 악화시키므로 기업들은 생산 비용 상승과 이로 인한 이윤 감소에 직면하게 된다.

정부와 중앙은행은 물가 상승률을 통제하기 위해 다양한 금융 정책을 사용하며, 대표적으로 세금 조정, 통화량 조절, 금리 조정 등이 있다.

물가 상승률은 경제 활동에 큰 영향을 주는 중요한 요소이므로 정부, 기업, 투자자 및 개인은 이를 주의 깊게 모니터링하고 전망을 평가하는 데 활용해야 한다. 또한 소비자의 구매력과 경기 상황에 직접적·간접적인 영향을 주므로 경제 주체들은 물가 상승률의 변동에 대응하여 적절한 전략을 수립해야 한다.

① 지나친 물가 상승은 소비 심리를 위축시킨다.
② 물가 상승률은 경제 활동에 큰 영향을 주는 중요한 요소이다.
③ 중앙은행의 금리 조정으로 지나친 물가 상승을 진정시킬 수 있다.
④ 정부와 중앙은행이 실행하는 금융 정책의 목적은 물가 안정성을 유지하는 것이다.
⑤ 소비재와 서비스의 가격이 상승하므로 기업의 입장에서는 물가 상승률이 커질수록 이득이다.

정답 ⑤

높은 물가 상승률은 이자율의 상승과 함께 대출 조건을 악화시키므로 기업들은 생산 비용 상승과 이로 인한 이윤 감소에 직면하게 된다.

풀이 전략!

주어진 선택지에서 키워드를 체크한 후, 지문의 내용과 비교해 가면서 내용의 일치 유무를 빠르게 판단한다.

01 다음 글의 내용으로 적절하지 않은 것은?

> 과학기술에 의한 기적이 나타나지 않는다면 우리 인간이 지구상에서 이용할 수 있는 자연 자원과 생활공간은 제한된 것으로 받아들여야 할 것이다. 그렇다면 공간을 이용할 때에 우리는 2가지 한계점을 설정하지 않을 수 없다.
>
> 첫째, 우리는 지구상에서 생물이 서식할 수 있는 전체 공간의 제한성을 전제로 하고 그중에서 인간이 이용할 수 있는 생활공간의 한계를 깨뜨리지 않는 범위 안에서만 인간의 생활공간을 확장시켜 나가야 한다. 이렇게 되면 제한된 공간을 어떻게 나누어서 이용하느냐가 중요한 문제가 되므로 '적정 공간'이라는 개념이 중요한 의미를 갖게 된다. 우리 인간이 차지할 수 있는 전체 생활공간도 생태학적으로 적정 공간이 되어야 할 뿐 아니라, 개인이 차지할 수 있는 공간도 적정 공간의 한계를 벗어나서는 안 된다는 뜻이다.
>
> 둘째, 절대적 생활공간의 한계가 함께 문제가 되는 것은 자연 자원의 한계이므로 우리는 이 문제에서도 공간 이용에 대한 한계점을 설정할 필요가 있다. 지금까지 대부분의 생물들이 살아온 공간이란 태양의 열과 빛, 맑은 공기, 물, 그리고 흙을 이용할 수 있는 자연 환경이었다. 이와 같이 자연 자원에 의존하는 생활공간을 '자연 공간'이라고 한다면, 과학기술을 이용한 인간의 생활공간에는 비자연적인 것이 많다. 인공적인 난방 장치, 냉방 장치, 조명 장치, 환기 장치, 상수도 및 하수도 시설에 절대적으로 의존하는 공간이 모두 그런 것이다.

① 인간은 공간 이용에 대한 한계를 설정할 필요가 있다.
② 인간이 지구상에서 이용할 수 있는 자연 자원은 제한되어 있다.
③ 과학기술을 이용한 인간의 생활공간은 대부분 비자연적인 것이다.
④ 인간이 생활공간을 이용할 때 필요 이상의 공간을 차지해서는 안 된다.
⑤ 공간 활용을 위해 생명체가 서식할 수 없는 공간을 개척하는 것이 중요하다.

02

한국전력 전력연구원이 한전KDN, 한국과학기술원, (주)아이렉스넷과 공동으로 배전계통 부하예측 관리시스템을 개발했다.

안정적인 전력망 운영을 위해서는 전력계통에서 전력의 공급량과 전력의 수요량이 같아야 하는데, 전력 수요량은 계절 및 사회적 요인 등 다양한 원인으로 달라져 예측에 어려움이 있었다. 이에 전력 수요 예측 시스템을 개발하려는 시도는 꾸준히 있었지만, 전력데이터 확보 및 실증의 어려움으로 개발되지 못했다.

전력연구원은 시스템 개발을 위해 먼저 한전의 전력데이터를 활용해 매달 수백억 건의 데이터를 처리하는 빅데이터 시스템을 구축했다. 이를 기반으로 인공지능을 적용한 전력 수요량 예측 시스템인 '배전계통 부하예측 및 관리시스템'을 개발했으며, 전력 수요량의 패턴인식 및 패턴 변화 감지 기반의 재학습 기능을 적용해 태양광, 풍력 등 날씨에 따른 발전량의 급격한 변화에도 예측이 가능하도록 했다. 현재 전국 1만여 전력 선로를 대상으로 실증을 마친 상태이다.

배전계통 부하예측 및 관리시스템은 배전계통의 운전효율 개선 및 설비투자 비용 절감으로 연간 80억 원을 절감할 것으로 기대되며, 고부가 데이터 확보를 통한 직간접 이윤은 연간 100억 원에 달할 것으로 보인다.

전력연구원 관계자는 "능동형 배전계통 관리기술은 설비투자의 관점에서 설비효율 개선의 관점으로의 운영패러다임 변화를 이끌 수 있다."라며 "현 정부에서 추진하는 4차 산업혁명의 과학기술혁신 이행계획에 상당 부분 기여할 것으로 기대한다."라고 말했다.

전력연구원은 개발시스템을 내년까지 한국전력 내 전체 사업소에 보급하고, 기술을 베트남, 미얀마에 수출할 계획이다.

① 개발시스템은 내년까지 전국적으로 확대 보급될 예정이다.
② 전력의 공급량과 수요량이 같으면 안정적인 전력망이 구축된다.
③ 전력 수요량 예측 시스템은 급격한 날씨 변화 상황에서는 예측을 하지 못한다.
④ 전력데이터는 확보가 어렵기 때문에 전력 수요 예측 시스템을 개발하지 못한다.
⑤ 새로 개발한 관리시스템으로 인해 연간 최대 100억 원의 비용을 절감할 것으로 기대된다.

03

상업 광고는 기업은 물론이고 소비자에게도 요긴하다. 기업은 마케팅 활동의 주요한 수단으로 광고를 적극적으로 이용하여 기업과 상품의 인지도를 높이려고 한다. 소비자는 소비 생활에 필요한 상품의 성능, 가격, 판매 조건 등의 정보를 광고에서 얻으려고 한다. 광고를 통해 기업과 소비자가 모두 이익을 얻는다면 이를 규제할 필요는 없을 것이다. 그러나 광고에서 기업과 소비자의 이익이 상충하는 경우도 있고 광고가 사회 전체에 폐해를 낳는 경우도 있어 다양한 규제 방식이 모색되었다. 이때 문제가 된 것은 과연 광고로 인한 피해를 책임질 당사자로서 누구를 상정할 것인가였다. 초기에는 '소비자 책임 부담 원칙'에 따라 광고 정보를 활용한 소비자의 구매 행위에 대해 소비자가 책임을 져야 한다고 보았다. 여기에는 광고 정보가 정직한 것인지와는 상관없이 소비자는 이성적으로 이를 판단하여 구매할 수 있어야 한다는 전제가 있었다. 그래서 기업은 광고에 의존하여 물건을 구매한 소비자가 입은 피해에 대하여 책임을 지지 않았고, 광고의 기만성에 대한 입증 책임도 소비자에게 있었다.

책임 주체로 기업을 상정하여 '기업 책임 부담 원칙'이 부상하게 된 배경은 복합적이다. 시장의 독과점 상황이 광범위해지면서 소비자의 자유로운 선택이 어려워졌고, 상품에 응용된 과학기술이 복잡해지고 첨단화되면서 상품 정보에 대한 소비자의 정확한 이해도 기대하기 어려워졌다. 또한 다른 상품 광고와의 차별화를 위해 통념에 어긋나는 표현이나 장면도 자주 활용되었다. 그리하여 경제적, 사회·문화적 측면에서 광고로부터 소비자를 보호해야 한다는 당위를 바탕으로 기업이 광고에 대해 책임을 져야 한다는 공감대가 확산되었다.

오늘날 행해지고 있는 여러 광고 규제는 이런 공감대에서 나온 것인데, 이는 크게 보아 법적 규제와 자율 규제로 나눌 수 있다. 구체적인 법 조항을 통해 광고를 규제하는 법적 규제는 광고 또한 사회적 활동의 일환이라는 점에 근거한다. 특히 자본주의 사회에서는 기업이 시장점유율을 높여 다른 기업과의 경쟁에서 승리하기 위하여 사실에 반하는 광고나 소비자를 현혹하는 광고를 할 가능성이 높다. 법적 규제는 허위 광고나 기만 광고 등을 불공정 경쟁의 수단으로 간주하여 정부 기관이 규제를 가하는 것이다.

자율 규제는 법적 규제에 대한 기업의 대응책으로 등장했다. 법적 규제가 광고의 역기능에 따른 피해를 막기 위한 강제적 조치라면, 자율 규제는 광고의 순기능을 극대화하기 위한 자율적 조치이다. 광고에 대한 기업의 책임감에서 비롯된 자율 규제는 법적 규제를 보완하는 효과가 있다.

① 광고 주체의 자율 규제가 잘 작동될수록 광고에 대한 법적 규제의 역할도 커진다.

② 기업의 이익과 소비자의 이익이 상충하는 정도가 클수록 법적 규제와 자율 규제의 필요성이 약화된다.

③ 시장 독과점 상황이 심각해지면서 기업 책임 부담 원칙이 약화되고 소비자 책임 부담 원칙이 부각되었다.

④ 첨단 기술을 강조한 상품의 광고일수록 소비자가 광고 내용을 정확히 이해하지 못한 채 상품을 구매할 가능성이 커진다.

⑤ 광고의 기만성을 입증할 책임을 소비자에게 돌리는 이유는 소비자에게 이성적 판단 능력이 있다는 전제를 받아들이지 않기 때문이다.

02 | 글의 주제 · 제목

| 유형분석 |

- 주어진 지문을 파악하여 전달하고자 하는 핵심 주제나 제목을 고르는 문제이다.
- 정보를 종합하고 중요한 내용을 구별하는 능력이 필요하다.
- 설명문부터 주장, 반박문까지 다양한 성격의 지문이 제시되므로 글의 성격별 특징을 알아 두는 것이 좋다.

다음 글의 주제로 가장 적절한 것은?

멸균이란 곰팡이, 세균, 박테리아, 바이러스 등 모든 미생물을 사멸시켜 무균 상태로 만드는 것을 의미한다. 멸균 방법에는 물리적, 화학적 방법이 있으며, 멸균 대상의 특성에 따라 적절한 멸균 방법을 선택하여 실시할 수 있다. 먼저 물리적 멸균법에는 열이나 화학약품을 사용하지 않고 여과기를 이용하여 세균을 제거하는 여과법, 병원체를 불에 태워 없애는 소각법, 100℃에서 10 ~ 20분간 물품을 끓이는 자비소독법, 미생물을 자외선에 직접 노출시키는 자외선 소독법, 160 ~ 170℃의 열에서 1 ~ 2시간 동안 건열 멸균기를 사용하는 건열법, 포화된 고압증기 형태의 습열로 미생물을 파괴시키는 고압증기 멸균법 등이 있다. 다음으로 화학적 멸균법은 화학약품이나 가스를 사용하여 미생물을 파괴하거나 성장을 억제하는 방법으로, E.O 가스, 알코올, 염소 등 여러 가지 화학약품이 사용된다.

① 멸균의 중요성
② 뛰어난 멸균 효과
③ 다양한 멸균 방법
④ 멸균 시 사용하는 약품의 종류
⑤ 멸균 시 발생할 수 있는 부작용

정답 ③

제시문에서는 멸균에 대해 언급하며, 멸균 방법을 물리적 · 화학적으로 구분하여 다양한 멸균 방법에 대해 설명하고 있다. 따라서 글의 주제로는 ③이 가장 적절하다.

풀이 전략!

'결국', '즉', '그런데', '그러나', '그러므로' 등의 접속사 뒤에 주제가 드러나는 경우가 많다는 것에 주의하면서 지문을 읽는다.

01 다음 글의 중심 주제로 가장 적절한 것은?

경제학에서는 한 재화나 서비스 등의 공급이 기업에 집중되는 양상에 따라 시장 구조를 크게 독점시장, 과점시장, 경쟁시장으로 구분하고 있다. 소수의 기업이 공급의 대부분을 차지할수록 독점시장에 가까워지고, 다수의 기업이 공급을 나누어 가질수록 경쟁시장에 가까워진다. 이렇게 시장 구조를 구분하기 위해서 사용하는 지표 중 하나가 바로 '시장집중률'이다.

시장집중률을 이해하기 위해서는 먼저 '시장점유율'에 대한 이해가 있어야 한다. 시장점유율이란 시장 안에서 특정 기업이 차지하고 있는 비중을 의미하는데, 생산량, 매출액 등을 기준으로 측정할 수 있다. K기업의 시장점유율을 생산량 기준으로 측정한다면 '[(K기업의 생산량)÷(시장 내 모든 기업의 생산량의 총합)]×100'으로 나타낼 수 있다.

시장점유율이 시장 내 한 기업의 비중을 나타내 주는 수치라면, 시장집중률은 시장 내 일정 수의 상위 기업들이 차지하는 비중을 나타내 주는 수치, 즉 일정 수의 상위 기업의 시장점유율을 합한 값이다. 몇 개의 상위 기업을 기준으로 삼느냐는 나라마다 자율적으로 결정하고 있는데, 우리나라에서는 상위 3대 기업의 시장점유율을 합한 값을, 미국에서는 상위 4대 기업의 시장점유율을 합한 값을 시장집중률로 채택하여 사용하고 있다. 이렇게 산출된 시장집중률을 통해 시장 구조를 구분해 볼 수 있는데, 시장집중률이 높으면 그 시장은 공급이 소수의 기업에 집중되어 있는 독점시장으로 구분하고, 시장집중률이 낮으면 공급이 다수의 기업에 의해 분산되어 있는 경쟁시장으로 구분한다. 한국개발연구원에서는 어떤 산업에서의 시장집중률이 80% 이상이면 독점시장, 60% 이상 80% 미만이면 과점시장, 60% 미만이면 경쟁시장으로 구분하고 있다.

시장집중률을 측정하는 기준에는 여러 가지가 있기 때문에 어느 것을 기준으로 삼느냐에 따라 측정 결과에 차이가 생기며 이에 대한 경제학적인 해석도 달라진다. 어느 시장의 시장집중률을 '생산량' 기준으로 측정했을 때 A, B, C기업이 상위 3대 기업이고 시장집중률이 80%로 측정되었다고 하더라도, '매출액' 기준으로 측정했을 때는 D, E, F기업이 상위 3대 기업이 되고 시장집중률이 60%가 될 수도 있다.

이처럼 시장집중률은 시장 구조를 구분하는 데 매우 유용한 지표이며, 이를 통해 시장 내의 공급이 기업에 집중되는 양상을 파악해 볼 수 있다.

① 시장 구조의 변천사
② 시장집중률의 개념과 의의
③ 독점시장과 경쟁시장의 비교
④ 우리나라 시장점유율의 특성
⑤ 시장집중률을 확대하기 위한 방안

02 다음 글의 제목으로 가장 적절한 것은?

> 감시용으로만 사용되는 CCTV가 최근에 개발된 신기술과 융합되면서 그 용도가 점차 확대되고 있다. 대표적인 것이 인공지능(AI)과의 융합이다. CCTV가 지능을 가지게 되면 단순 행동 감지에서 벗어나 객체를 추적해 행위를 판단할 수 있게 된다. 단순히 사람의 눈을 대신하던 CCTV가 사람의 두뇌를 대신하는 형태로 진화하고 있는 셈이다.
>
> 인공지능을 장착한 CCTV는 범죄현장에서 이상 행동을 하는 사람을 선별하고, 범인을 추적하거나 도주 방향을 예측해 통합관제센터로 통보할 수 있다. 또한 수상한 사람의 행동 패턴에 따라 지속적인 추적이나 감시를 수행하고, 차량번호 및 사람 얼굴 등을 인식해 관련 정보를 분석하여 제공할 수 있다.
>
> 한국전자통신연구원(ETRI)에서는 CCTV 등의 영상 데이터를 활용해 특정 인물이 어떤 행동을 할지를 사전에 예측하는 영상분석 기술을 연구 중인 것으로 알려져 있다. 인공지능 CCTV는 범인 추적뿐만 아니라 자연재해를 예측하는 데 사용할 수도 있다. 장마철이나 국지성 집중호우 때 홍수로 범람하는 하천의 수위를 감지하는 것은 물론 산이나 도로의 붕괴 예측 등 다양한 분야에 적용될 수 있기 때문이다.

① 범죄를 예측하는 CCTV
② 인공지능과 사람의 공존
③ AI와 융합한 CCTV의 진화
④ CCTV와 AI의 현재와 미래
⑤ 당신을 관찰한다, CCTV의 폐해

03 다음 글의 주제로 가장 적절한 것은?

> 높은 유류세는 자동차를 사용함으로써 발생하는 다음과 같은 문제들을 줄이는 교정적 역할을 수행한다. 첫째, 유류세는 사람들의 대중교통수단 이용을 유도하고, 자가용 사용을 억제함으로써 교통혼잡을 줄여준다. 둘째, 교통사고 발생 시 대형 차량이나 승합차가 중소형 차량에 비해 치명적인 피해를 줄 가능성이 높다. 이와 관련해서 유류세는 유류를 많이 소비하는 대형 차량을 운행하는 사람에게 보다 높은 비용을 치르게 함으로써 교통사고 위험에 대한 간접적인 비용을 징수하는 효과를 가진다. 셋째, 유류세는 유류 소비를 억제함으로써 대기오염을 줄이는 데 기여한다.

① 유류세의 용도
② 에너지 소비 절약
③ 유류세의 지속적 인상
④ 높은 유류세의 정당성
⑤ 휘발유세의 감소 원인

04   다음 글의 제목으로 가장 적절한 것은?

우리는 처음 만난 사람의 외모를 보고, 그를 어떤 방식으로 대우해야 할지를 결정할 때가 많다. 그가 여자인지 남자인지, 얼굴색이 흰지 검은지, 나이가 많은지 적은지 혹은 그의 스타일이 조금은 상류층의 모습을 띠고 있는지 아니면 너무나 흔해서 별 특징이 드러나 보이지 않는 외모를 하고 있는지 등을 통해 그들과 나의 차이를 재빨리 감지한다. 일단 감지가 되면 우리는 둘 사이의 지위 차이를 인식하고 우리가 알고 있는 방식으로 그를 대하게 된다. 한 개인이 특정 집단에 속한다는 것은 단순히 다른 집단의 사람과 다르다는 것뿐만 아니라, 그 집단이 다른 집단보다는 지위가 높거나 우월하다는 믿음을 갖게 한다. 모든 인간은 평등하다는 우리의 신념에도 불구하고 왜 인간들 사이의 이러한 위계화(位階化)를 당연한 것으로 받아들일까? 위계화란 특정 부류의 사람들은 자원과 권력을 소유하고 다른 부류의 사람들은 낮은 사회적 지위를 갖게 되는 사회적이며 문화적인 체계이다. 다음으로 이러한 불평등이 어떠한 방식으로 경험되고 조직화되는지를 살펴보기로 하자.

인간이 불평등을 경험하게 되는 방식은 여러 측면으로 나눌 수 있다. 산업 사회에서의 불평등은 계층과 계급의 차이를 통해서 정당화되는데, 이는 재산, 생산 수단의 소유 여부, 학력, 집안 배경 등등의 요소들의 결합에 의해 사람들 사이의 위계를 만들어 낸다. 또한 모든 사회에서 인간은 태어날 때부터 얻게 되는 인종, 성, 종족 등의 생득적 특성과 나이를 통해 불평등을 경험한다. 이러한 특성들은 단순히 생물학적인 차이를 지칭하는 것이 아니라, 개인의 열등성과 우등성을 가늠하게 만드는 사회적 개념이 되곤 한다.

한편, 불평등이 재생산되는 다양한 사회적 기제들이 때로는 관습이나 전통이라는 이름 아래 특정 사회의 본질적인 문화적 특성으로 간주되고 당연시되는 경우가 많다. 불평등은 체계적으로 조직되고 개인에 의해 경험됨으로써 문화의 주요 부분이 되었고, 그 결과 같은 문화권 내의 구성원들 사이에 권력 차이와 그에 따른 폭력이나 비인간적인 행위들이 자연스럽게 수용될 때가 많다.

문화 인류학자들은 사회 집단의 차이와 불평등, 사회의 관습 또는 전통이라고 얘기되는 문화 현상에 대해 어떤 입장을 취해야 할지 고민을 한다. 문화 인류학자가 이러한 문화 현상은 고유한 역사적 산물이므로 나름대로 가치를 지닌다는 입장만을 반복하거나 단순히 관찰자로서의 입장에 안주한다면, 이러한 차별의 형태를 제거하는 데 도움을 줄 수 없다. 실제로 문화 인류학 연구는 기존의 권력 관계를 유지시켜주는 다양한 문화적 이데올로기를 분석하고, 인간 간의 차이가 우등성과 열등성을 구분하는 지표가 아니라 동등한 다름일 뿐이라는 것을 일깨우는 데 기여해 왔다.

① 차이와 불평등
② 차이의 감지 능력
③ 문화 인류학의 역사
④ 위계화의 개념과 구조
⑤ 관습과 전통의 계승과 창조

03 | 문단 나열

| 유형분석 |

- 각 문단의 내용을 파악하고 논리적 순서에 맞게 나열하는 복합적인 문제이다.
- 전체적인 글의 흐름을 이해하는 것이 중요하며, 각 문장의 지시어나 접속사에 주의한다.

다음 문단을 논리적 순서대로 바르게 나열한 것은?

(가) 여기에 반해 동양에서는 보름달에 좋은 이미지를 부여한다. 예를 들어 우리나라의 처녀귀신이나 도깨비는 달빛이 흐린 그믐 무렵에나 활동하는 것이다. 그런데 최근에는 동서양의 개념이 마구 뒤섞여 보름달을 배경으로 악마의 상징인 늑대가 우는 광경이 동양의 영화에 나오기도 한다.

(나) 동양에서 달은 '음(陰)'의 기운을, 해는 '양(陽)'의 기운을 상징한다는 통념이 자리를 잡았다. 그래서 달을 '태음', 해를 '태양'이라고 불렀다. 동양에서는 해와 달의 크기가 같은 덕에 음과 양도 동등한 자격을 갖춘다. 즉, 음과 양은 어느 하나가 좋고 다른 하나는 나쁜 것이 아니라 서로 보완하는 관계를 이루는 것이다.

(다) 옛날부터 형성된 이러한 동서양 간의 차이는 오늘날까지 영향을 끼치고 있다. 동양에서는 달이 밝으면 달맞이를 하는데, 서양에서는 달맞이를 자살 행위처럼 여기고 있다. 특히 보름달은 서양인들에게 거의 공포의 상징과 같은 존재이다. 예를 들어 13일의 금요일에 보름달이 뜨게 되면 사람들이 외출조차 꺼린다.

(라) 하지만 서양의 경우는 다르다. 서양에서 낮은 신이, 밤은 악마가 지배한다는 통념이 자리를 잡았다. 따라서 밤의 상징인 달에 좋지 않은 이미지를 부여하게 되었다. 이는 해와 달의 명칭을 보면 알 수 있다. 라틴어로 해를 'Sol', 달을 'Luna'라고 하는데 정신병을 뜻하는 단어 'Lunacy'의 어원이 바로 'Luna'이다.

① (가) - (나) - (라) - (다)   ② (나) - (라) - (가) - (다)
③ (나) - (라) - (다) - (가)   ④ (다) - (가) - (나) - (라)
⑤ (다) - (나) - (라) - (가)

정답 ③

제시문은 동양과 서양에서 서로 다른 의미를 부여하고 있는 달에 대해 설명하고 있는 글이다. 따라서 (나) 동양에서 나타나는 해와 달의 의미 → (라) 동양과 상반되는 서양에서의 해와 달의 의미 → (다) 최근까지 지속되고 있는 달에 대한 서양의 부정적 의미 → (가) 동양에서의 변화된 달의 이미지의 순으로 나열하는 것이 적절하다.

풀이 전략!

상대적으로 시간이 부족하다고 느낄 때는 선택지를 참고하여 문장의 순서를 생각해 본다.

※ 다음 문단을 논리적 순서대로 바르게 나열한 것을 고르시오. [1~2]

01

> (가) 르네상스와 종교개혁을 거치면서 성립된 근대 계몽주의는 중세를 지배했던 신(神) 중심의 사고에서 벗어나 합리적 사유에 근거한 인간 해방을 추구하였다.
>
> (나) 하지만 이 같은 문명의 이면에는 환경 파괴와 물질만능주의, 인간소외와 같은 근대화의 병폐가 숨어 있었다.
>
> (다) 또한 계몽주의의 합리적 사고는 자연과학의 성립으로 이어졌으며, 우주와 자연에서 신비로운 요소를 걷어낸 과학기술의 발전은 인류에게 그 어느 때보다 풍요로운 물질적 부를 가져왔다.
>
> (라) 인간의 무지로부터 비롯된 자연에 대한 공포가 종교적 세계관을 낳았지만, 계몽주의는 이성과 합리성을 통해 이를 극복하였다.

① (가) - (나) - (다) - (라)   ② (가) - (다) - (나) - (라)
③ (다) - (라) - (가) - (나)   ④ (라) - (가) - (다) - (나)
⑤ (라) - (나) - (다) - (가)

02

> (가) 그런데 자연의 일양성은 선험적으로 알 수 있는 것이 아니라 경험에 기대어야 알 수 있는 것이다. 즉, '귀납이 정당한 추론이다.'라는 주장은 '자연은 일양적이다.'라는 다른 지식을 전제로 하는데, 그 지식은 다시 귀납에 의해 정당화되어야 하는 경험 지식이므로 귀납의 정당화는 순환 논리에 빠져 버린다는 것이다. 이것이 귀납의 정당화 문제이다.
>
> (나) 귀납은 논리학에서 연역이 아닌 모든 추론, 즉 전제가 결론을 개연적으로 뒷받침하는 모든 추론을 가리킨다. 귀납은 기존의 정보나 관찰 증거 등을 근거로 새로운 사실을 추가하는 지식 확장적 특성을 지닌다.
>
> (다) 이와 관련하여 흄은 과거의 경험을 근거로 미래를 예측하는 귀납이 정당한 추론이 되려면 미래의 세계가 과거에 우리가 경험해 온 세계와 동일하다는 자연의 일양성, 곧 한결같음이 가정되어야 한다고 보았다.
>
> (라) 이 특성으로 인해 귀납은 근대 과학 발전의 방법적 토대가 되었지만, 한편으로 귀납 자체의 논리 한계를 지적하는 문제들에 부딪히기도 한다.

① (가) - (나) - (다) - (라)   ② (가) - (다) - (나) - (라)
③ (나) - (라) - (가) - (다)   ④ (나) - (라) - (다) - (가)
⑤ (다) - (나) - (라) - (가)

03 다음 제시된 문단을 읽고 이어질 문단을 논리적 순서대로 바르게 나열한 것은?

우리는 자본주의 체제에서 살고 있다. '우리는 자본주의라는 체제의 종말보다 세계의 종말을 상상하는 것이 더 쉬운 시대에 살고 있다.'라고 할 만큼 현재 세계는 자본주의의 논리 아래에 굴러가고 있다. 이러한 자본주의는 어떻게 발생하였을까?

(가) 그러나 1920년대에 몰아친 세계 대공황은 자본주의가 완벽하지 않은 체제이며 수정이 필요함을 모든 사람에게 각인시켜줬다. 학문적으로 보자면 대표적으로 존 메이너드 케인스의 『고용·이자 및 화폐에 관한 일반이론』 등의 저작을 통해 수정자본주의가 꾀해졌다.

(나) 애덤 스미스로부터 학문화된 자본주의는 데이비드 리카도의 비교우위론 등의 이론을 포섭해 나가며 자신의 영역을 공고히 했다. 자본의 폐해에 대한 마르크스 등의 경고가 있었지만, 자본주의는 그 위세를 계속 떨칠 것 같이 보였다.

(다) 1950년대에는 중산층의 신화가 이루어지면서 수정자본주의 체제는 영원할 것 같이 보였지만, 오일 쇼크 등으로 인해서 수정자본주의 또한 그 한계를 보이게 되었고, 빈 학파로부터 파생된 신자유주의 이론이 가미되기 시작하였다.

(라) 자본주의의 시작이라 하면 대부분 애덤 스미스의 『국부론』을 떠올리겠지만, 역사학자인 페르낭 브로델에 의하면 자본주의는 16세기 이탈리아에서부터 시작된 것이라고 한다. 이를 학문적으로 정립한 최초의 저작이 『국부론』이다.

① (나) - (라) - (가) - (다)　　　　② (나) - (라) - (다) - (가)
③ (다) - (나) - (가) - (라)　　　　④ (라) - (가) - (다) - (나)
⑤ (라) - (나) - (가) - (다)

04 다음 문단을 논리적 순서대로 바르게 나열한 것은?

> (가) 이러한 과정에서 문제는 압축 정도가 제한된다는 것이다. 만일 기화된 가솔린에 너무 큰 압력을 가하면 멋대로 점화되어 버리는데 이것이 엔진의 노킹 현상이다.
>
> (나) 이전에 오토가 발명한 가솔린 엔진의 효율은 당시에 무척 떨어졌으며, 널리 사용된 증기 기관의 효율 역시 10%에 불과했고 가동 비용도 많이 드는 단점이 있었다.
>
> (다) 이처럼 디젤 기관은 연료의 품질에 민감하지 않고, 연료의 소비 면에서도 경제성이 뛰어나 오늘날 자동차 엔진용으로 확고한 자리를 잡았다.
>
> (라) 환경론자들이 걱정하는 디젤 엔진의 분진 배출 역시 필터 기술이 발전하면서 점차 극복되고 있다.
>
> (마) 이와 달리 디젤 엔진의 기본 원리는 실린더 안으로 공기만을 흡입하여 피스톤으로 강하게 압축시킨 다음 그 압축 공기에 연료를 분사시켜 저절로 점화되도록 하는 것이다.
>
> (바) 독일의 발명가 루돌프 디젤이 새로운 엔진에 대한 아이디어를 내고 특허를 얻은 것은 1892년의 일이었다.
>
> (사) 또 디젤 엔진은 압축 과정에서 연료가 혼합되지 않았기 때문에 가솔린 엔진보다 훨씬 더 높은 25 : 1 정도의 압축 비율을 사용할 수 있다. 압축 비율이 높다는 것은 그만큼 효율이 높다는 것을 의미한다.
>
> (아) 보통의 가솔린 엔진은 기화기에서 공기와 연료를 먼저 혼합하고, 그 혼합 기체를 실린더 속으로 흡입하여 압축한 후, 점화 플러그로 스파크를 일으켜 동력을 얻는다.

① (나) - (라) - (다) - (아) - (가) - (사) - (마) - (바)
② (나) - (라) - (아) - (가) - (마) - (다) - (바) - (사)
③ (라) - (다) - (아) - (나) - (가) - (바) - (마) - (사)
④ (바) - (나) - (아) - (가) - (마) - (사) - (다) - (라)
⑤ (바) - (아) - (가) - (나) - (다) - (사) - (마) - (라)

04 | 빈칸 삽입

| 유형분석 |

- 주어진 지문을 바탕으로 빈칸에 들어갈 내용을 찾는 문제이다.
- 선택지의 내용을 정확하게 확인하고 빈칸 앞뒤 문맥을 파악하는 능력이 필요하다.

다음 글에서 〈보기〉의 문장이 들어갈 위치로 가장 적절한 곳은?

밥상에 오르는 곡물이나 채소가 국내산이라고 하면 그 종자도 우리나라의 것으로 생각하기 쉽다. __(가)__ 하지만 실상은 벼, 보리, 배추 등을 제외한 많은 작물의 종자를 수입하고 있어 그 자급률이 매우 낮다고 한다. __(나)__ 또한 청양고추 종자는 우리나라에서 개발했음에도 현재는 외국 기업이 그 소유권을 가지고 있다. __(다)__ 국내 채소 종자 시장의 경우 종자 매출액의 50%가량을 외국 기업이 차지하고 있다는 조사 결과도 있다. __(라)__ 이런 상황이 지속될 경우, 우리 종자를 심고 키우기 어려워질 것이고 종자를 수입하거나 로열티를 지급하는 데 지금보다 훨씬 많은 비용이 들어가는 상황도 발생할 수 있다. __(마)__ 또한 전문가들은 세계 인구의 지속적인 증가와 기상 이변 등으로 곡물 수급이 불안정하고, 국제 곡물 가격이 상승하는 상황을 고려할 때, 결국에는 종자 문제가 식량 안보에 위협 요인으로 작용할 수 있다고 지적한다.

보기

양파, 토마토, 배 등의 종자 자급률은 약 16%, 포도는 약 1%에 불과하다.

① (가) ② (나)
③ (다) ④ (라)
⑤ (마)

정답 ②

보기의 문장은 우리나라 작물의 낮은 자급률을 보여주는 구체적인 수치이다. 따라서 우리나라 작물의 낮은 자급률을 이야기하는 '하지만 실상은 벼, 보리, 배추 등을 제외한 많은 작물의 종자를 수입하고 있어 그 자급률이 매우 낮다고 한다.'의 뒤인 (나)에 위치하는 것이 가장 적절하다.

풀이 전략!

빈칸 앞뒤의 문맥을 파악한 후 선택지에서 가장 어울리는 내용을 찾는다. 빈칸 앞에 접속사가 있다면 이를 활용한다.

01 다음 글의 빈칸에 들어갈 내용으로 가장 적절한 것은?

> 자연계는 무기적인 환경과 생물적인 환경이 상호 연관되어 있으며, 그것은 생태계로 불리는 한 시스템을 이루고 있음이 밝혀진 이래, 이 이론은 자연을 이해하기 위한 가장 기본이 되는 것으로 받아들여지고 있다. 그동안 인류는 보다 윤택한 삶을 누리기 위하여 산업을 일으키고 도시를 건설하며 문명을 이룩해 왔다. 이로써 우리의 삶은 매우 윤택해졌으나, 우리의 생활환경은 오히려 훼손되고 있다. 환경오염으로 인한 공해가 누적되고 있고, 우리 생활에서 없어서는 안 될 각종 자원도 바닥이 날 위기에 놓이게 되었다. _____ 따라서 우리는 낭비되는 자원, 그리고 날로 황폐해져가는 자연에 대하여 우리가 해야 할 시급한 임무가 무엇인지를 깨닫고, 이를 실천하기 위해 우리 모두의 지혜와 노력을 모아야만 한다.

① 만약 우리가 이 위기를 슬기롭게 극복해내지 못한다면 인류는 머지않아 파멸에 이르게 될 것이다.

② 이러한 위기를 초래하게 된 인류의 무분별한 자연 이용과 자연 정복의 태도는 크게 비판받아 마땅하다.

③ 이처럼 인류가 환경 및 자원의 위기에 놓이게 된 것은 각국이 자국의 이익만을 앞세워 발전을 꾀했기 때문이다.

④ 때문에 과학기술을 이용하여 환경오염 방지 시스템을 신속히 개발해 더 이상의 자연훼손이 일어나지 않도록 막아야 한다.

⑤ 그리고 과학기술을 제 아무리 고도로 발전시킨다 해도 이러한 위기가 근본적으로 해소되기를 기대할 수는 없는 노릇이다.

02 다음 글의 빈칸에 들어갈 문장을 〈보기〉에서 찾아 순서대로 바르게 나열한 것은?

요즘에는 낯선 곳을 찾아갈 때 지도를 해석하며 어렵게 길을 찾지 않아도 된다. 이는 기술력의 발달에 따라 제공되는 공간 정보를 바탕으로 최적의 경로를 탐색할 수 있게 되었기 때문이다. _____ 이처럼 공간 정보가 시간에 따른 변화를 반영할 수 있게 된 것은 정보를 수집하고 분석하는 정보 통신 기술의 발전과 밀접한 관련이 있다.

공간 정보의 활용은 '위치정보시스템(GPS)'과 '지리정보시스템(GIS)' 등의 기술적 발전과 휴대전화나 태블릿 PC 등 정보 통신 기기의 보급을 기반으로 한다. 위치정보시스템은 공간에 대한 정보를 수집하고, 지리정보시스템은 정보를 저장, 분류, 분석한다. 이렇게 분석된 정보는 사용자의 요구에 따라 휴대전화나 태블릿 PC 등을 통해 최적화되어 전달된다.

길 찾기를 예로 들어 이 과정을 살펴보자. 휴대전화 애플리케이션을 이용해 사용자가 가려는 목적지를 입력하고 이동 수단으로 버스를 선택하였다면, 우선 사용자의 현재 위치가 위치정보시스템에 의해 실시간으로 수집된다. 그리고 목적지와 이동 수단 등 사용자의 요구와 실시간으로 수집된 정보에 따라 지리정보시스템은 탑승할 버스 정류장의 위치, 다양한 버스 노선, 최단 시간 등을 분석하여 제공한다. _____ _____ 예를 들어 여행지와 관련한 공간 정보는 여행자의 요구와 선호에 따라 선별적으로 분석되어 활용된다. 나아가 유동 인구를 고려한 상권 분석과 교통의 흐름을 고려한 도시 계획 수립에도 공간 정보 활용이 가능하게 되었다. 획기적으로 발전되고 있는 첨단 기술이 적용된 공간 정보가 국가 차원의 자연재해 예측 시스템에도 활발히 활용된다면 한층 정밀한 재해 예방 및 대비가 가능해질 것이다. 이로 인해 우리의 삶도 더 편리하고 안전해질 것으로 기대된다.

> **보기**
> ㉠ 어떤 곳의 위치 좌표나 지리적 형상에 대한 정보뿐만 아니라 시간에 따른 공간의 변화를 포함한 공간 정보를 이용할 수 있게 되면서 가능해진 것이다.
> ㉡ 더 나아가 교통 정체와 같은 돌발 상황과 목적지에 이르는 경로의 주변 정보까지 분석하여 제공한다.
> ㉢ 공간 정보의 활용 범위는 계속 확대되고 있다.

① ㉠, ㉡, ㉢   ② ㉠, ㉢, ㉡
③ ㉡, ㉠, ㉢   ④ ㉡, ㉢, ㉠
⑤ ㉢, ㉠, ㉡

03 다음 글의 빈칸에 들어갈 내용으로 가장 적절한 것은?

탁월함은 어떻게 습득되는가, 그것을 가르칠 수 있는가? 이 물음에 대하여 아리스토텔레스는 지성의 탁월함은 가르칠 수 있지만, 성품의 탁월함은 비이성적인 것이어서 가르칠 수 없고, 훈련을 통해서 얻을 수 있다고 대답한다.

그는 좋은 성품을 얻는 것을 기술을 습득하는 것에 비유한다. 그에 따르면, 리라(Lyra)를 켬으로써 리라를 켜는 법을 배우며 말을 탐으로써 말을 타는 법을 배운다. 어떤 기술을 얻고자 할 때 처음에는 교사의 지시대로 행동한다. 그리고 반복 연습을 통하여 그 행동이 점점 더 하기 쉽게 되고 마침내 제2의 천성이 된다. 이와 마찬가지로 어린아이는 어떤 상황에서 어떻게 행동해야 진실되고 관대하며 예의를 차리게 되는지 일일이 배워야 한다. 훈련과 반복을 통하여 그런 행위들을 연마하다 보면 그것들을 점점 더 쉽게 하게 되고, 결국에는 스스로 판단할 수 있게 된다.

그는 올바른 훈련이란 강제가 아니고 그 자체가 즐거움이 되어야 한다고 지적한다. 또한 그렇게 훈련받은 사람은 일을 바르게 처리하는 것을 즐기게 되고, 일을 바르게 처리하고 싶어하게 되며, 올바른 일을 하는 것을 어려워하지 않게 된다. 이처럼 성품의 탁월함이란 사람들이 '하는 것'만이 아니라 사람들이 '하고 싶어 하는 것'과도 관련된다. 그리고 한두 번 관대한 행동을 한 것으로 충분하지 않으며, 늘 관대한 행동을 하고 그런 행동에 감정적으로 끌리는 성향을 갖고 있어야 비로소 관대함에 관하여 성품의 탁월함을 갖고 있다고 할 수 있다.

다음과 같은 예를 통해 아리스토텔레스의 견해를 생각해 보자. 갑돌이는 성품이 곧고 자신감이 충만하다. 그가 한 모임에 참석하였는데, 거기서 다수의 사람들이 옳지 않은 행동을 한다고 생각했을 때, 그는 다수의 행동에 대하여 비판의 목소리를 낼 것이며 그렇게 하는 데 별 어려움을 느끼지 않을 것이다. 한편, 수줍어하고 우유부단한 병식이도 한 모임에 참석하였는데, 그 역시 다수의 행동이 잘못되었다는 판단을 했다고 하자. 이런 경우에 병식이는 일어나서 다수의 행동이 잘못되었다고 말할 수 있겠지만, 그렇게 하려면 엄청난 의지를 발휘해야 할 것이고 자신과 힘든 싸움도 해야할 것이다. 그런데도 병식이가 그렇게 행동했다면 우리는 병식이가 용기 있게 행동하였다고 칭찬할 것이다. 그러나 아리스토텔레스의 입장에서 성품의 탁월함을 가진 사람은 갑돌이다. 왜냐하면 _____ 우리가 어떠한 사람을 존경할 것인가가 아니라, 우리 아이를 어떤 사람으로 키우고 싶은가라는 질문을 받는다면 우리는 아리스토텔레스의 견해에 가까워질 것이다. 왜냐하면 우리는 우리 아이들을 갑돌이와 같은 사람으로 키우고 싶어 할 것이기 때문이다.

① 그는 옳은 일을 하는 천성을 타고났기 때문이다.
② 그는 내적인 갈등 없이 옳은 일을 하기 때문이다.
③ 그는 주체적 판단에 따라 옳은 일을 하기 때문이다.
④ 그는 자신이 옳다는 확신을 가지고 옳은 일을 하기 때문이다.
⑤ 그는 다른 사람들의 칭찬을 의식하지 않고 옳은 일을 하기 때문이다.

05 | 문서 작성 · 수정

| 유형분석 |

- 기본적인 어휘력과 어법에 대한 지식을 필요로 하는 문제이다.
- 글의 내용을 파악하고 문맥을 읽을 줄 알아야 한다.

다음 글에서 밑줄 친 ㉠ ~ ㉤의 수정 방안으로 적절하지 않은 것은?

근대화는 전통 사회의 생활양식에 큰 변화를 가져온다. 특히 급속한 근대화로 인해 전통 사회의 해체 과정이 빨라진 만큼 ㉠ <u>급격한 변화를 일으킨다</u>. 생활양식의 급격한 변화는 전통 사회 문화의 해체 과정이라고 보아도 ㉡ <u>무던할</u> 정도이다.

전통문화의 해체는 새롭게 변화하는 사회 구조에 대해서 전통적인 문화가 당면하게 되는 적합성(適合性)의 위기에서 초래되는 현상이다. ㉢ <u>이처럼 근대화 과정에서 외래문화와 전통문화는 숱하게 갈등을 겪었다.</u> ㉣ <u>오랫동안</u> 생활양식으로 유지되었던 전통 사회의 문화가 사회 구조 변화의 속도에 맞먹을 정도로 신속하게 변화할 수는 없다.

㉤ <u>그러나 문화적 전통을 확립한다는 것은</u> 과거의 전통문화가 고유성을 유지하면서도 현재의 변화된 사회에 적합성을 가지는 것이라 할 수 있다.

① ㉠ : 필요한 문장 성분이 생략되었으므로 '급격한' 앞에 '문화도'를 추가한다.
② ㉡ : 문맥에 어울리지 않으므로 '무방할'로 수정한다.
③ ㉢ : 글의 흐름에 어긋나는 내용이므로 삭제한다.
④ ㉣ : 띄어쓰기가 올바르지 않으므로 '오랫 동안'으로 수정한다.
⑤ ㉤ : 앞 문장과의 관계를 고려하여 '따라서'로 수정한다.

정답 ④

'오랫동안'은 부사 '오래'와 명사 '동안'이 결합하면서 사이시옷이 들어간 합성어이다. 따라서 한 단어이므로 붙여 써야 한다.

풀이 전략!

문장에서 주어와 서술어의 호응 관계가 적절한지 주어와 서술어를 찾아 확인해 보는 연습을 하며, 문서 작성의 원칙과 주의사항은 미리 알아 두는 것이 좋다.

01 다음 글에서 밑줄 친 ㉠ ~ ㉤의 수정 방안으로 적절하지 않은 것은?

> 심리학자들은 학습 이후 망각이 생기는 심리적 이유를 다음과 같이 설명하고 있다. 앞서 배운 내용이 나중에 공부한 내용을 밀어내는 순행 억제, 뒤에 배운 내용이 앞에서 배운 내용을 기억의 저편으로 밀어내는 역행 억제, 또한 공부한 두 내용이 서로 비슷해 간섭이 일어나는 유사 억제 등이 작용해 기억을 방해했기 때문이라는 것이다. 이러한 망각을 뇌 속에서 어떤 기억을 잃어버린 것으로 이해해서는 ㉠ 안된다. 기억을 담고 있는 세포들은 내용물을 흘려버리지 않는다. 기억들은 여전히 ㉡ 머리 속에 있는 것이다. 우리가 뭔가 기억해 내려고 애쓰는데도 찾지 못하는 것은 기억들이 ㉢ 혼재해 있기 때문이다. ㉣ 그리고 학습한 내용을 일정한 원리에 따라 ㉤ 짜임새 있게 체계적으로 잘 정리한다면 학습한 내용을 어렵지 않게 기억해 낼 수 있다.

① ㉠ : 띄어쓰기가 올바르지 않으므로 '안 된다'로 수정한다.
② ㉡ : 맞춤법에 어긋나므로 '머릿속에'로 수정한다.
③ ㉢ : 문맥에 어울리지 않으므로 '잠재'로 수정한다.
④ ㉣ : 앞 문장과의 관계를 고려하여 '그러므로'로 수정한다.
⑤ ㉤ : 의미가 중복되므로 '체계적으로'를 삭제한다.

02 자동차 부품회사에 근무하는 K사원은 상사로부터 거래처인 서울자동차에 보낼 문서 두 건에 대한 지시를 받았다. 그 내용은 '만찬 초대에 대한 감사장'과 '부품 가격 인상 건'에 대한 공문이었다. 다음 중 문서 작성 및 처리 방법으로 가장 적절한 것은?

① 두 건의 문서를 별도로 작성하고 따로 발송하였다.
② 두 건의 문서를 별도로 작성하고 1개의 클립으로 집어서 발송하였다.
③ 두 건의 문서를 별도로 작성하고 같은 봉투에 두 장의 문서를 함께 발송하였다.
④ 하나의 문서에 2개의 제목(제목 : 부품가격 인상 건 / 제목 : 초대에 대한 감사)을 쓰고 문서 내용은 1, 2로 작성하였다.
⑤ 문서 두 건은 같은 회사로 보낼 것이므로 "가격인상에 대한 고지 및 초대에 대한 감사"라는 제목으로 사외문서 한 장으로 작성하였다.

PART 1

03 다음 글에서 밑줄 친 ⊙~⑩의 수정 방안으로 가장 적절한 것은?

우울증을 잘 초래하는 성향은 창조성과 결부되어 있기 때문에 생존에 유리한 측면이 있었다. 따라서 우울증과 관련이 있는 유전자는 오랜 역사를 거쳐 오면서도 사멸하지 않고 살아남아 오늘날 현대인에게도 그 유전자가 상당수 존재할 가능성이 있다. 베토벤, 뉴턴, 헤밍웨이 등 위대한 음악가, 과학자, 작가들의 상당수가 우울한 성향을 갖고 있었다. ⊙ <u>천재와 우울증은 어찌 보면 동전의 양면으로</u>, 인류 문명의 진보를 이끈 하나의 동력이자 그 부산물이라 할 수 있을지도 모른다.

우울증은 일반적으로 자기 파괴적인 질환으로 인식되어 왔지만 실은 자신을 보호하고 미래를 준비하기 위한 보호 기제일 수도 있다. 달성할 수 없거나 달성하기 매우 어려운 목표에 도달하기 위해 엄청난 에너지를 소모하는 것은 에너지와 자원을 낭비할 뿐만 아니라, 정신과 신체를 소진시킴으로써 사회적 기능을 수행할 수 없게 한다. 또한 주위의 도움이 없으면 생명을 유지하기 어려운 상태에 ⓒ <u>이르게도 할 수 있다.</u> 이를 막기 위한 기제가 스스로의 자존감을 낮추고 그 목표를 포기하게 만드는 것이다. 이를 통해 고갈된 에너지를 보충하고 다시 도전할 수 있는 기회를 모색할 수 있다. ⓒ <u>또한 지금과 같은 경쟁 사회는 새로운 기술이나 생각에 대한 사회적 요구가 커지기 때문에 정신적 소진 상태를 초래하기 쉬운 환경이 되고 있다.</u>

오늘날 우울증은 왜 이렇게 급격하게 늘어나는 것일까? 창조성이란 그 사회에 존재하고 있는 기술이나 생각에 대한 도전이자 대안 제시이며, 기존의 기술이나 생각을 엮어서 새로운 조합을 만들어 내는 것이다. 과거에 비해 현대 사회는 경쟁이 심화되고 혁신들이 더 가치를 인정받기 때문에 창조성이 있는 사람은 상당히 큰 선택적 이익을 갖게 된다. ⓔ <u>그렇지만</u> 현대 사회처럼 기존에 존재하는 기술이나 생각이 엄청나게 많아 우리의 뇌가 그것을 담기에도 벅찬 경우에는 새로운 조합을 만들어 내는 일은 무척이나 많은 에너지를 요한다. 결국 경쟁은 창조성을 ⑩ <u>발휘하게 하지만</u> 지나친 경쟁은 정신적 소진을 초래하기 때문에 우울증이 많이 발생할 수 있다.

① ⊙ : 첫 번째 문단과 관련 없는 내용이므로 삭제한다.
② ⓒ : 문장의 주어와 호응되지 않으므로 '이른다'로 수정한다.
③ ⓒ : 두 번째 문단의 내용과 어울리지 않으므로 세 번째 문단으로 옮긴다.
④ ⓔ : 뒷 문장이 앞 문장의 결과이므로 '그리하여'로 수정한다.
⑤ ⑩ : 문맥상의 내용과 반대되는 내용이므로 '억제하지만'으로 수정한다.

04 다음 글에서 밑줄 친 ㉠∼㉤의 수정 방안으로 적절하지 않은 것은?

동양의 산수화에는 자연의 다양한 모습을 대하는 화가의 개성 혹은 태도가 ㉠ 드러나 있는데, 이를 표현하는 기법 중의 하나가 준법이다. 준법(皴法)이란 점과 선의 특성을 활용하여 산, 바위, 토파(土坡) 등의 입체감, 양감, 질감, 명암 등을 나타내는 기법으로 산수화 중 특히 수묵화에서 발달하였다. 수묵화는 선의 예술이다. 수묵화에서는 먹(墨)만을 사용하기 때문에 대상의 다양한 모습이나 질감을 ㉡ 표현하는데 한계가 있다. ㉢ 거친 선, 부드러운 선, 곧은 선, 꺾은 선 등 다양한 선을 활용하여 대상에 대한 느낌, 분위기를 표현한다. 이 과정에서 선들이 지닌 특성과 효과 등이 점차 유형화되어 발전된 것이 준법이다.

준법 가운데 보편적으로 쓰이는 것에는 피마준, 수직준, 절대준, 미점준 등이 있다. 일정한 방향과 간격으로 선을 여러 개 그어 산의 등선을 표현하여 부드럽고 차분한 느낌을 주는 것이 피마준이다. 반면, 수직준은 선을 위에서 아래로 죽죽 내려 그어 강하고 힘찬 느낌을 주어 뾰족한 바위산을 표현할 때 주로 사용한다. 절대준은 수평으로 선을 긋다가 수직으로 꺾어 내리는 것을 반복하여 마치 'ㄱ'자 모양이 겹쳐진 듯 표현한 것이다. 이는 주로 모나고 거친 느낌을 주는 지층이나 바위산을 표현할 때 쓰인다. 미점준은 쌀알 같은 타원형의 작은 점을 연속적으로 ㉣ 찍혀 주로 비 온 뒤의 습한 느낌이나 수풀을 표현할 때 사용한다.

㉤ 준법은 화가가 자연에 대해 인식하고 표현하는 수단이다. 화가는 준법을 통해 단순히 대상의 외양뿐만 아니라 대상에 대한 자신의 느낌, 인식의 깊이까지 화폭에 그려내는 것이다.

① ㉠ : 문맥의 흐름을 고려하여 '들어나'로 수정한다.
② ㉡ : 띄어쓰기가 올바르지 않으므로 '표현하는 데'로 수정한다.
③ ㉢ : 문장을 자연스럽게 연결하기 위해 문장 앞에 '그래서'를 추가한다.
④ ㉣ : 목적어와 서술어의 호응 관계를 고려하여 '찍어'로 수정한다.
⑤ ㉤ : 필요한 문장 성분이 생략되었으므로 '표현하는' 앞에 '인식의 결과를'을 추가한다.

06 | 맞춤법 · 어휘

| 유형분석 |

- 맞춤법에 맞는 단어를 찾거나 주어진 지문의 내용에 어울리는 단어를 찾는 문제가 주로 출제된다.
- 단어 사이의 관계에 대한 문제가 출제되므로 뜻이 비슷하거나 반대되는 단어를 함께 학습하는 것이 좋다.
- 자주 출제되는 단어나 헷갈리는 단어에 대한 학습을 꾸준히 하는 것이 좋다.

다음 중 밑줄 친 부분의 맞춤법이 옳은 것은?

① 그는 손가락으로 북쪽을 <u>가르켰다</u>.
② 열심히 하는 것은 좋은데 <u>촛점</u>이 틀렸다.
③ <u>뚝배기</u>에 담겨 나와서 시간이 지나도 식지 않았다.
④ 세영이는 몸이 너무 약해서 보약을 <u>다려</u> 먹어야겠다.
⑤ 벽을 가득 덮고 있는 <u>덩쿨</u> 덕에 여름 분위기가 난다.

정답 ③

'찌개 따위를 끓이거나 설렁탕 따위를 담을 때 쓰는 그릇'을 뜻하는 어휘는 '뚝배기'이다.

오답분석

① '손가락 따위로 어떤 방향이나 대상을 집어서 보이거나 말하거나 알리다.'의 의미를 가진 어휘는 '가리키다'이다.
② '사람들의 관심이나 주의가 집중되는 사물의 중심 부분'의 의미를 가진 어휘는 '초점'이다.
④ '액체 따위를 끓여서 진하게 만들다. 약재 따위에 물을 부어 우러나도록 끓이다.'의 의미를 가진 어휘는 '달이다'이다.
⑤ '길게 뻗어 나가면서 다른 물건을 감기도 하고 땅바닥에 퍼지기도 하는 식물의 줄기'의 의미를 가진 어휘는 '넝쿨', '덩굴'이다.

풀이 전략!

문제에서 물어보는 단어를 정확히 확인해야 하고, 문제에서 다루고 있는 단어의 앞뒤 내용을 읽고 글의 전체적 흐름을 생각하며 문제에 접근해야 한다.

01 다음 글의 밑줄 친 부분과 같은 의미로 쓰인 것은?

> 이 연구는 일반적으로 유권자들의 투표 성향, 즉 투표 참여 태도나 동기 등을 조사하여 이것이 투표 결과와 어떤 상관관계가 있는가를 <u>밝혔다</u>.

① 그는 돈과 지위를 지나치게 <u>밝힌다</u>.
② 그녀는 경찰에게 이름과 신분을 <u>밝혔다</u>.
③ 동생이 불을 <u>밝혔는지</u> 방 안이 환해졌다.
④ 학계에서는 사태의 진상을 <u>밝히기</u> 위해 애썼다.
⑤ 할머니를 간호하느라 가족 모두 뜬눈으로 밤을 <u>밝혔다</u>.

02 다음 중 밑줄 친 부분의 맞춤법이 옳지 않은 것은?

① 5년간의 연구 끝에 신제품 <u>개발</u>에 성공했다.
② 우리 고향이 주요 <u>개발</u> 대상지로 선정되어서 마을 잔치를 했다.
③ 인류는 미래를 위해서 화석 연료 대체 에너지 <u>계발</u>에 힘써야 한다.
④ 평소에 자기 <u>계발</u>을 계속한 사람은 기회가 왔을 때 그것을 잡을 확률이 높다.
⑤ 이 정부가 가장 중점을 두고 있는 부분이 경제 <u>개발</u>이라는 것은 정책을 보면 알 수 있다.

03 다음 글의 빈칸 ㉠, ㉡에 들어갈 접속사를 바르게 짝지은 것은?

> 일반적으로 사람들은 자주 반복하여 접촉한 대상을 더 선호한다는 연구 결과를 바탕으로 일부 학자들이 인종 간의 문제를 해결하기 위한 '접촉(Contact)' 이론을 주장하기도 하였다. 그들 주장의 요지는 서로 다른 인종적 배경을 지닌 사람들을 자주 반복하여 만나게 하면 자연히 서로 좋아하게 될 것이라는 것이었다. ㉠ 그러한 접촉 이론의 타당성을 현실적으로 가장 분명하게 시험할 수 있는 학교 교육의 현실을 살펴보면 오히려 정반대의 현상이 발생하고 있음을 발견하게 된다. ㉡ 흑인과 백인이 함께 다니고 있는 학교에서 인종 간의 편견과 갈등이 더욱 심하게 나타나고 있는 현상을 목격할 수 있다.

	㉠	㉡
①	그러므로	다시 말하자면
②	그럼에도 불구하고	한편
③	그리하여	그러나
④	그러나	즉
⑤	또한	결국

04 다음 글의 밑줄 친 부분과 같은 의미로 쓰인 것은?

> 소속팀의 예선 탈락 소식을 들은 그는 충격을 <u>받았다</u>.

① 그녀는 밝은 색의 옷이 잘 <u>받는다</u>.
② 그녀는 환경 연구 논문으로 학위를 <u>받았다</u>.
③ 네가 원하는 요구 조건을 <u>받아</u> 주기 어렵다.
④ 갑자기 몰려드는 손님을 <u>받느라</u> 정신이 없다.
⑤ 그는 과도한 업무로 인해 많은 스트레스를 <u>받았다</u>.

05 다음 글의 빈칸 ㉠~㉣에 들어갈 단어를 순서대로 바르게 나열한 것은?

> 대중이 급부상한 두 번째 이유는 문명의 __㉠__ 에 있다. 정치사상에 대한 것이든 과학기술에 대한 것이든 지금껏 문명은 꾸준히 발달해 왔다. 자유, 평등의 이념을 바탕으로 __㉡__ 한 사유를 전개하여 만들어 낸 근대 정치사상과 자연에 대한 치밀한 탐구를 통해 발견해 낸 자연 과학적 원리들은 대중의 삶에 __㉢__ 영향을 미쳤다. 그런데 여기서 문제는 대중이 자신들의 삶이 __㉣__ 누리게 된 생활 편의를 아주 당연한 것으로 여기게 되었다는 데 있다.

	㉠	㉡	㉢	㉣
①	퇴보	치열	긍정적인	서서히
②	퇴보	치열	긍정적인	갑자기
③	발달	치열	긍정적인	갑자기
④	발달	치열	부정적인	갑자기
⑤	발달	안일	부정적인	갑자기

06 다음 중 빈칸에 들어갈 단어로 적절하지 않은 것은?

> • 그의 취미는 우표 _____이다.
> • 분리 _____을/를 생활화해야 한다.
> • 올해는 장마 때문에 농작물 _____이/가 작년만 못하다.
> • 형사는 범행 현장에서 범인의 것으로 추측되는 지문을 _____했다.
> • 연구원은 실험을 위해 시료를 _____하고 있다.

① 수집　　　　　　　　　　② 수거
③ 수확　　　　　　　　　　④ 채집
⑤ 채취

07 | 한자성어 · 속담

| 유형분석 |

- 실생활에서 활용되는 한자성어나 속담을 이해할 수 있는지 평가한다.
- 제시된 상황과 일치하는 한자성어나 속담을 고르거나 한자의 훈음·독음을 맞히는 등 다양한 유형이 출제된다.

다음 상황에 가장 적절한 한자성어는?

> K씨는 업무를 정리하다가 올해 초 진행한 프로젝트에 자신의 실수가 있었음을 알게 되었다. 하지만 자신의 실수를 드러내고 싶지 않았고, 그리 큰 문제라고 생각하지 않은 K씨는 이를 무시하였다. 이후 다른 프로젝트를 진행하면서 지난번 실수와 동일한 실수를 다시 저지르게 되었고, 프로젝트에 큰 피해를 입혔다.

① 유비무환(有備無患)

② 유유상종(類類相從)

③ 회자정리(會者定離)

④ 개과불린(改過不吝)

⑤ 개세지재(蓋世之才)

정답 ④

'개과불린(改過不吝)'은 '허물을 고침에 인색하지 말라.'라는 뜻으로, 잘못된 것이 있으면 고치는 데 주저하지 않고 빨리 바로잡아 반복하지 말라는 의미인 한자성어이다.

오답분석

① 유비무환(有備無患) : '준비가 있으면 근심이 없다.'라는 뜻의 한자성어이다.
② 유유상종(類類相從) : '같은 무리끼리 서로 사귄다.'라는 뜻의 한자성어이다.
③ 회자정리(會者定離) : '만남이 있으면 헤어짐도 있다.'라는 뜻의 한자성어이다.
⑤ 개세지재(蓋世之才) : '세상을 마음대로 다스릴 만한 뛰어난 재기(才氣). 또는 그러한 재기(才氣)를 가진 사람'을 뜻하는 한자성어이다.

풀이 전략!

- 한자성어나 속담 문제의 경우 일정 수준 이상의 사전지식을 요구하므로 지원하는 연구기관 관련 기사 및 이슈를 틈틈이 찾아보며 한자성어에 대입하는 연습을 하면 효과적으로 대처할 수 있다.
- 문제에 제시된 한자성어의 의미를 파악하기 어렵다면, 먼저 알고 있는 한자가 있는지 확인한 후 글의 문맥과 상황에 대입하며 선택지를 하나씩 소거해 나가는 것이 효율적이다.

01   다음 중 유래가 낮 또는 밤과 관련된 한자성어는?

① 형설지공(螢雪之功)   ② 명불허전(名不虛傳)
③ 각주구검(刻舟求劍)   ④ 독야청청(獨也靑靑)
⑤ 복경호우(福輕乎羽)

02   다음 글과 가장 관련 있는 한자성어는?

> 우리나라의 200만 개 일자리를 창출 중인 건설업에서 매년 400여 명이 목숨을 잃고 있는 것으로
> 나타났다. 이에 고용노동부 장관은 최근 희생자가 발생한 8개의 건설사 대표이사들을 불러 이 문제
> 에 대한 간담회를 가졌다.
> 간담회에서 이 장관은 단순히 안전 구호를 외치며 안전 체조를 하던 과거 방식은 더 이상 사망사고
> 를 막을 수 없다며, 사망사고를 예방하기 위해서는 각 작업장에서의 위험 요소를 파악하고 이에 대
> 한 안전조치를 파악해 현장 자체를 변화시켜야 한다고 주장했다. 또한 특정 건설사에서 계속하여
> 사망사고가 발생하는 것은 경영자와 본사의 노력이 현장에 미치지 못하고 형식적인 데서만 그치고
> 있는 것이라며 안전경영 리더십을 글이 아닌 직접 행동으로 보여줄 것을 촉구하였다.

① 조삼모사(朝三暮四)   ② 수주대토(守株待兔)
③ 자강불식(自强不息)   ④ 오하아몽(吳下阿蒙)
⑤ 일취월장(日就月將)

03   다음 글과 가장 관련 있는 속담은?

> 한국을 방문한 외국인들을 대상으로 한 설문조사에서 인상 깊은 한국의 '빨리빨리' 문화로 '자판기
> 에 손 넣고 기다리기, 웹사이트가 3초 안에 안 나오면 창 닫기, 엘리베이터 닫힘 버튼 계속 누르기'
> 등이 뽑혔다. 외국인들에게 가장 큰 충격을 준 것은 바로 '가게 주인의 대리 서명'이었다. 외국인들
> 은 가게 주인이 카드 모서리로 대충 사인을 하는 것을 보고 큰 충격을 받았다고 하였다. 외국에서는
> 서명을 대조하여 확인하기 때문에 대리 서명은 상상도 할 수 없다는 것이다.

① 가재는 게 편이다.
② 우물에 가 숭늉 찾는다.
③ 하나를 듣고 열을 안다.
④ 낙숫물이 댓돌을 뚫는다.
⑤ 봇짐 내어 주며 앉으라 한다.

CHAPTER 02

수리능력

합격 Cheat Key

수리능력은 사칙 연산·통계·확률의 의미를 정확하게 이해하고 이를 업무에 적용하는 능력으로, 기초 연산과 기초 통계, 도표 분석 및 작성의 문제 유형으로 출제된다. 수리능력 역시 채택하지 않는 연구기관이 거의 없을 만큼 필기시험에서 중요도가 높은 영역이다.

특히, 난이도가 높은 연구기관의 시험에서는 도표 분석, 즉 자료 해석 유형의 문제가 많이 출제되고 있고, 응용 수리 역시 꾸준히 출제하는 연구기관이 많기 때문에 기초 연산과 기초 통계에 대한 공식의 암기와 자료 해석 능력을 기를 수 있는 꾸준한 연습이 필요하다.

1 응용 수리의 공식은 반드시 암기하라!

응용 수리는 연구기관마다 출제되는 문제는 다르지만, 사용되는 공식은 비슷한 경우가 많으므로 자주 출제되는 공식을 반드시 암기하여야 한다. 문제에서 묻는 것을 정확하게 파악하여 그에 맞는 공식을 적절하게 적용하는 꾸준한 노력과 공식을 암기하는 연습이 필요하다.

2 자료의 해석은 자료에서 즉시 확인할 수 있는 지문부터 확인하라!

수리능력 중 도표 분석, 즉 자료 해석 능력은 많은 시간을 필요로 하는 문제가 출제되므로 증가·감소 추이와 같이 눈으로 확인이 가능한 지문을 먼저 확인한 후 복잡한 계산이 필요한 지문을 확인하는 방법으로 문제를 풀이한다면 시간을 조금이라도 아낄 수 있다. 또한 여러 가지 보기가 주어진 문제 역시 지문을 잘 확인하고 문제를 풀이한다면 불필요한 계산을 생략할 수 있으므로 항상 지문부터 확인하는 습관을 들여야 한다.

3 도표 작성에서 지문에 작성된 도표의 제목을 반드시 확인하라!

도표 작성은 하나의 자료 혹은 보고서와 같은 수치가 표현된 자료를 도표로 작성하는 형식으로 출제되는데, 대체로 표보다는 그래프를 작성하는 형태로 많이 출제된다. 지문을 살펴보면 각 지문에서 주어진 도표에도 소제목이 있는 경우가 대부분이다. 이때 자료의 수치와 도표의 제목이 일치하지 않는 경우 함정이 존재하는 문제일 가능성이 높으므로 도표의 제목을 반드시 확인하는 것이 중요하다.

01 | 응용 수리

| 유형분석 |

- 문제에서 제공하는 정보를 파악한 뒤, 사칙연산을 활용하여 계산하는 전형적인 수리문제이다.
- 문제를 풀기 위한 정보가 산재되어 있는 경우가 많으므로 주어진 조건 등을 꼼꼼히 확인해야 한다.

K사원은 연구기관 근처 카페에서 거래처와 미팅을 갖기로 했다. 처음에는 4km/h로 걸어가다가 약속 시간에 늦을 것 같아서 10km/h로 뛰어서 24분 만에 미팅 장소에 도착했다. 연구기관에서 카페까지의 거리가 2.5km일 때, K사원이 뛴 거리는 얼마인가?

① 0.6km
② 0.9km
③ 1.2km
④ 1.5km
⑤ 1.8km

정답 ④

K사원이 연구기관에서 카페까지 걸어간 거리를 $x$km, 뛴 거리를 $y$km라고 하자.
연구기관에서 카페까지의 거리는 2.5km이므로 걸어간 거리 $x$km와 뛴 거리 $y$km를 합하면 2.5km이다.
$x+y=2.5\cdots$ ㉠

K사원이 연구기관에서 카페까지 24분이 걸렸으므로 걸어간 시간$\left(\dfrac{x}{4}\text{시간}\right)$과 뛰어간 시간$\left(\dfrac{y}{10}\text{시간}\right)$을 합치면 24분이다.

이때 속력은 시간 단위이므로 '분'으로 바꾸어 계산한다.

$\dfrac{x}{4}\times 60+\dfrac{y}{10}\times 60=24 \rightarrow 5x+2y=8\cdots$ ㉡

㉠과 ㉡을 연립하여 ㉡$-(2\times$㉠$)$을 하면 $x=1$이고, 이를 ㉠에 대입하면 $y=1.5$이다.
따라서 K사원이 뛴 거리는 1.5km이다.

풀이 전략!

문제에서 묻는 바를 정확하게 확인한 후, 필요한 조건 또는 정보를 구분하여 신속하게 풀어 나간다. 단, 계산에 착오가 생기지 않도록 유의한다.

01 K빗물펌프장에는 A ~ C관이 있다. 560L의 물을 A관은 35분, B관은 16분, C관은 20분 만에 배수할 수 있다. 560L의 물을 처음 10분은 A관으로만 배수하다가 고장이 나서 B관과 C관을 동시에 열고 배수한다면, 물을 모두 배수하는 데 얼마나 걸리는가?

① $\dfrac{380}{63}$ 분

② $\dfrac{390}{63}$ 분

③ $\dfrac{400}{63}$ 분

④ $\dfrac{380}{73}$ 분

⑤ $\dfrac{390}{73}$ 분

02 0 ~ 4가 적힌 5장의 카드가 있다. A와 B는 이 중 3장의 카드를 뽑아 큰 숫자부터 나열하여 가장 큰 세 자리 숫자를 만든 사람이 이기는 게임을 하기로 했다. A가 0, 2, 3을 뽑았을 때, B가 이길 확률은 얼마인가?

① $\dfrac{5}{10}$

② $\dfrac{6}{10}$

③ $\dfrac{7}{10}$

④ $\dfrac{13}{20}$

⑤ $\dfrac{15}{20}$

03 경언이는 고향인 진주에서 서울로 올라오려고 한다. 오전 8시에 출발하여 우등버스를 타고 340km를 달려 서울 고속터미널에 도착하였는데, 도착 예정시각보다 2시간이 늦어졌다. 도착 예정시각은 평균 100km/h로 달리고 휴게소에서 30분 쉬는 것으로 계산되었으나, 실제로 휴게소에서 36분을 쉬었다고 한다. 이때 진주에서 서울로 이동하는 동안 경언이가 탄 버스의 평균 속도는 약 얼마인가?

① 49km/h

② 53km/h

③ 57km/h

④ 64km/h

⑤ 76km/h

04 희철이는 전체 문항수가 30개이고 문항 배점이 각각 2, 3, 4점인 시험에서 8문제를 틀려 71점을 받았다. 맞힌 3점 문항의 개수가 맞힌 4점 문항의 개수보다 3개 더 많다고 할 때, 희철이가 맞힌 3점 문항의 개수는?

① 9개   ② 10개

③ 11개   ④ 12개

⑤ 13개

05 K서점에서는 책의 정가로 인쇄된 금액보다 10% 할인된 가격으로 판매하고 있다. 만약 책의 원가가 정가보다 20% 낮은 가격이라 한다면, K서점이 얻는 이윤은 몇 %인가?

① 10.5%   ② 11%

③ 11.5%   ④ 12%

⑤ 12.5%

06 용산에서 출발하여 춘천에 도착하는 ITX-청춘열차가 있다. 이 열차가 용산에서 청량리로 가는 길에는 240m 길이의 다리가, 가평에서 춘천으로 가는 길에는 840m 길이의 터널이 있다. 열차가 다리와 터널을 완전히 통과하는 데 각각 16초, 40초가 걸렸다. 이때 열차의 길이는 몇 m인가?(단, 열차의 속력은 일정하다)

① 140m   ② 150m

③ 160m   ④ 170m

⑤ 180m

07 농도가 서로 다른 소금물 A, B가 있다. 소금물 A를 200g, 소금물 B를 300g 섞으면 농도가 9%인 소금물이 되고, 소금물 A를 300g, 소금물 B를 200g 섞으면 농도 10%인 소금물이 된다. 이때 소금물 B의 농도는?

① 7%
② 10%
③ 13%
④ 20%
⑤ 25%

08 K사에서 파견 근무를 나갈 10명을 뽑아 팀을 구성하려고 한다. 새로운 팀 내에서 팀장 1명과 회계 담당 2명을 뽑으려고 할 때, 가능한 경우의 수는 모두 몇 가지인가?

① 300가지
② 320가지
③ 340가지
④ 360가지
⑤ 380가지

09 희경이의 회사는 본사에서 K지점까지의 거리가 총 50km이다. 본사에서 근무하는 희경이가 K지점에서의 미팅을 위해 버스를 타고 60km/h의 속력으로 20km를 갔더니 미팅시간이 얼마 남지 않아 택시로 바꿔 타고 90km/h의 속력으로 갔더니 오후 3시에 도착할 수 있었다. 희경이가 본사에서 나온 시각은 언제인가?(단, 본사에서 나와 버스를 기다린 시간과 버스에서 택시로 바꿔 탄 시간은 고려하지 않는다)

① 오후 1시 40분
② 오후 2시
③ 오후 2시 20분
④ 오후 2시 40분
⑤ 오후 3시

02 | 수열 규칙

| 유형분석 |

- 나열된 수의 규칙을 찾아 해결하는 문제이다.
- 등차·등비수열 등 다양한 수열 규칙에 대한 사전 학습이 요구된다.

다음과 같이 일정한 규칙으로 수를 나열할 때, 빈칸에 들어갈 수는?

| | 24 | 60 | 120 | ( ) | 336 | 504 | 720 | |

① 190   ② 210

③ 230   ④ 250

⑤ 270

정답 ②

제시된 수열은 n을 자연수라고 할 때, n항의 값이 $(n+1) \times (n+2) \times (n+3)$인 수열이다.
따라서 ( )$=(4+1) \times (4+2) \times (4+3)=5 \times 6 \times 7=210$이다.

풀이 전략!

- 수열을 풀이할 때는 다음과 같은 규칙이 적용되는지를 순차적으로 판단한다.
  1) 각 항에 일정한 수를 사칙연산($+$, $-$, $\times$, $\div$)하는 규칙
  2) 홀수 항, 짝수 항 규칙
  3) 피보나치 수열과 같은 계차를 이용한 규칙
  4) 군수열을 활용한 규칙
  5) 항끼리 사칙연산을 하는 규칙

주요 수열 규칙

구분	내용
등차수열	앞의 항에 일정한 수를 더해 이루어지는 수열
등비수열	앞의 항에 일정한 수를 곱해 이루어지는 수열
피보나치 수열	앞의 두 항의 합이 그 다음 항의 수가 되는 수열
건너뛰기 수열	2개 이상의 수열 또는 규칙이 일정한 간격을 두고 번갈아가며 적용되는 수열
계차수열	앞의 항과 차가 일정하게 증가하는 수열
군수열	일정한 규칙성으로 몇 항씩 묶어 나눈 수열

※ 다음과 같이 일정한 규칙으로 수를 나열할 때, 빈칸에 들어갈 수를 고르시오. [1~3]

PART 1

01

| 266 | 250 | ( ) | 251 | 264 | 252 | 263 |

① 245   ② 255
③ 265   ④ 275
⑤ 285

02

| 132 | 156 | 182 | 210 | 240 | ( ) | 306 | 342 |

① 270   ② 272
③ 280   ④ 282
⑤ 290

03

| 94 | 52 | 80 | 62 | ( ) | 72 | 52 | 82 |

① 60   ② 62
③ 64   ④ 66
⑤ 68

03 | 자료 계산

| 유형분석 |

- 문제에 주어진 자료를 분석하여 각 선택지의 값을 계산해 정답 유무를 판단하는 문제이다.
- 주로 그래프와 표로 제시되며, 경영·경제·산업 등과 관련된 최신 이슈를 많이 다룬다.
- 자료 간의 증감률·비율·추세 등을 자주 묻는다.

다음은 시·군지역의 성별 비경제활동 인구를 나타낸 자료이다. 빈칸 (가), (다)에 들어갈 수를 바르게 짝지은 것은?(단, 인구수는 백의 자리에서 반올림하고, 비중은 소수점 첫째 자리에서 반올림한다)

〈성별 비경제활동 인구〉

(단위 : 천 명, %)

구분	총계	남자	비중	여자	비중
시지역	7,800	2,574	(가)	5,226	(나)
군지역	1,149	(다)	33.5	(라)	66.5

	(가)	(다)			(가)	(다)
①	30	385		②	30	392
③	33	378		④	33	385
⑤	33	392				

정답 ④

- (가) : $\dfrac{2,574}{7,800} \times 100 = 33\%$
- (다) : $1,149 \times 0.335 = 385$천 명

풀이 전략!

선택지를 먼저 읽고 필요한 정보를 도표에서 확인하도록 하며, 계산이 필요한 경우에는 실제 수치를 사용하여 복잡한 계산을 하는 대신, 대소 관계의 비교나 선택지의 옳고 그름만을 판단할 수 있을 정도로 간소화하여 계산해 풀이시간을 단축할 수 있도록 한다.

01 다음은 첨단산업 현황에 대한 자료이다. 〈보기〉의 빈칸 (가), (나)에 들어갈 수를 바르게 짝지은 것은?

〈첨단산업 현황〉

(단위 : 억 달러, %)

구분	평판TV	비즈니스 항공기	핸드폰	의료기기	반도체	SW
시장규모	964	1,980	1,689	2,216	2,410	10,090
SW 규모 대비 비중	9.6	19.6	16.7	22	23.9	–

> **보기**
>
> SW산업은 디지털 컨버전스 시대의 신성장동력으로 세계시장 규모, 고용창출 및 부가 가치율 면에서 여타 산업을 압도하고 있다. 시장규모는 10,090억 달러로 반도체시장의 약 __(가)__ 배, 핸드폰시장의 약 __(나)__ 배 규모이다.

　　　(가)　　　(나)
① 　4 　　　　4
② 　4 　　　　6
③ 　5 　　　　5
④ 　5 　　　　7
⑤ 　6 　　　　7

02 서울에서 사는 K씨는 휴일에 가족들과 경기도 맛집에 가기 위해 오후 3시에 집 앞으로 중형 콜택시를 불렀다. 집에서 맛집까지의 거리는 12.56km이며, 집에서 맛집으로 출발하여 4.64km를 이동하면 경기도에 진입한다. 맛집에 도착할 때까지 신호로 인해 택시가 멈췄던 시간은 8분이며, 택시의 속력은 이동 시 항상 60km/h 이상이었다. 다음 자료를 토대로 K씨가 지불하게 될 택시요금은 얼마인가?(단, 콜택시의 예약 비용은 없으며, 신호로 인한 멈춘 시간은 모두 경기도 진입 후이다)

〈서울시 택시요금 계산표〉

구분			신고요금
중형택시	주간	기본요금	2km까지 3,800원
		거리요금	100원당 132m
		시간요금	100원당 30초
	심야	기본요금	2km까지 4,600원
		거리요금	120원당 132m
		시간요금	120원당 30초
	공통사항		− 시간·거리 부분 동시병산(15.33km/h 미만 시) − 시계외 할증 20% − 심야(00:00 ~ 04:00) 할증 20% − 심야·시계외 중복할증 40%

※ '시간요금'이란 속력이 15.33km/h 미만이거나 멈춰 있을 때 적용됨
※ 서울시에서 다른 지역으로 진입 후 시계외 할증(심야 거리 및 시간요금)이 적용됨

① 13,800원　　　　　　　　② 14,000원
③ 14,220원　　　　　　　　④ 14,500원
⑤ 14,920원

03 다음은 연령별 인구수를 나타낸 그래프이다. 연령대를 기준으로 남성 인구가 40% 이하인 연령대 ㉠, 여성 인구가 50% 초과 60% 이하인 연령대 ㉡을 바르게 짝지은 것은?(단, 소수점 둘째 자리에서 반올림한다)

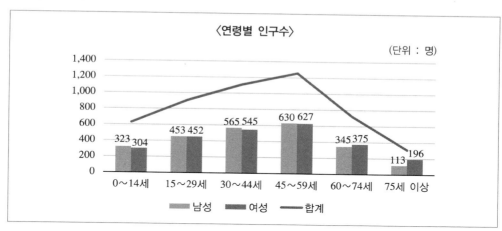

	㉠	㉡
①	0 ~ 14세	15 ~ 29세
②	30 ~ 44세	15 ~ 29세
③	45 ~ 59세	60 ~ 74세
④	75세 이상	45 ~ 59세
⑤	75세 이상	60 ~ 74세

04 | 자료 이해

| 유형분석 |

- 제시된 표를 분석하여 선택지의 정답 유무를 판단하는 문제이다.
- 표의 수치 등을 통해 변화량이나 증감률, 비중 등을 비교하여 판단하는 문제가 자주 출제된다.
- 지원하고자 하는 연구기관이나 관련 산업 자료 등이 문제의 자료로 많이 다뤄진다.

다음은 도시폐기물량 상위 10개국의 도시폐기물량지수와 한국의 도시폐기물량을 나타낸 자료이다. 〈보기〉 중 이에 대한 설명으로 옳은 것을 모두 고르면?

〈도시폐기물량 상위 10개국의 도시폐기물량지수〉

순위	2021년		2022년		2023년		2024년	
	국가	지수	국가	지수	국가	지수	국가	지수
1	미국	12.05	미국	11.94	미국	12.72	미국	12.73
2	러시아	3.40	러시아	3.60	러시아	3.87	러시아	4.51
3	독일	2.54	브라질	2.85	브라질	2.97	브라질	3.24
4	일본	2.53	독일	2.61	독일	2.81	독일	2.78
5	멕시코	1.98	일본	2.49	일본	2.54	일본	2.53
6	프랑스	1.83	멕시코	2.06	멕시코	2.30	멕시코	2.35
7	영국	1.76	프랑스	1.86	프랑스	1.96	프랑스	1.91
8	이탈리아	1.71	영국	1.75	이탈리아	1.76	터키	1.72
9	터키	1.50	이탈리아	1.73	영국	1.74	영국	1.70
10	스페인	1.33	터키	1.63	터키	1.73	이탈리아	1.40

※ (도시폐기물량지수) $= \dfrac{\text{(해당 연도 해당 국가의 도시폐기물량)}}{\text{(해당 연도 한국의 도시폐기물량)}}$

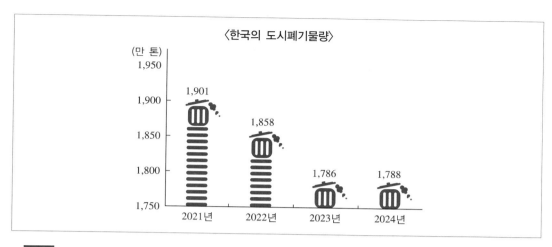

〈한국의 도시폐기물량〉

(만 톤)

- 2021년: 1,901
- 2022년: 1,858
- 2023년: 1,786
- 2024년: 1,788

보기

⊙ 2024년 도시폐기물량은 미국이 일본의 4배 이상이다.
ⓒ 2023년 러시아의 도시폐기물량은 8,000만 톤 이상이다.
ⓒ 2024년 스페인의 도시폐기물량은 2021년에 비해 감소하였다.
⊜ 영국의 도시폐기물량은 터키의 도시폐기물량보다 매년 많다.

① ⊙, ⓒ
② ⊙, ⊜
③ ⓒ, ⓒ
④ ⓒ, ⊜
⑤ ⓒ, ⊜

정답 ①

⊙ 제시된 자료의 각주에 의해 같은 해의 각국의 도시폐기물량지수는 그 해 한국의 도시폐기물량을 기준해 도출된다. 즉, 같은 해의 여러 국가의 도시폐기물량을 비교할 때 도시폐기물량지수로도 비교가 가능하다. 2024년 미국과 일본의 도시폐기물량지수는 각각 12.73, 2.530이며, 2.53×4=10.12<12.73이므로 옳은 설명이다.

ⓒ 2021년 한국의 도시폐기물량은 1,901만 톤이므로 2021년 스페인의 도시폐기물량은 1,901×1.33=2,528.33만 톤이다. 도시폐기물량 상위 10개국의 도시폐기물량지수 자료를 보면 2024년 스페인의 도시폐기물량지수는 상위 10개국에 포함되지 않았음을 확인할 수 있다. 즉, 스페인의 도시폐기물량은 도시폐기물량지수 10위인 이탈리아의 도시폐기물량보다 적다. 2024년 한국의 도시폐기물량은 1,788만 톤이므로 이탈리아의 도시폐기물량은 1,788×1.40=2,503.2만 톤이다. 즉, 2024년 이탈리아의 도시폐기물량은 2021년 스페인의 도시폐기물량보다 적다. 따라서 2024년 스페인의 도시폐기물량은 2021년에 비해 감소했다.

오답분석

ⓒ 2023년 한국의 도시폐기물량은 1,786만 톤이므로 2023년 러시아의 도시폐기물량은 1,786×3.87=6,911.82만 톤이다.
⊜ 2024년의 경우 터키의 도시폐기물량지수는 영국보다 높다. 따라서 2024년 영국의 도시폐기물량은 터키의 도시폐기물량보다 적다.

풀이 전략!

평소 변화량이나 증감률, 비중 등을 구하는 공식을 알아두고 있어야 하며, 지원하는 기관이나 관련 산업에 대한 자료 등을 확인하여 비교하는 연습 등을 한다.

01 다음은 K연구기관에서 아들, 딸 두 자녀가 있는 부모를 대상으로 본인과 자녀의 범죄 피해에 대한 두려움에 대하여 조사한 자료이다. 이에 대한 설명으로 옳지 않은 것은?

〈본인과 자녀의 범죄 피해에 대한 두려움〉

(단위 : %)

응답내용 / 응답자	피해대상	본인	아들	딸
걱정하지 않는다.	아버지	41.2	9.7	5.7
	어머니	16.3	8.0	5.1
그저 그렇다.	아버지	31.7	13.2	4.7
	어머니	25.3	8.6	3.8
걱정한다.	아버지	27.1	77.1	89.6
	어머니	58.4	83.4	91.1

① 본인에 대해 아버지가 걱정하는 비율은 50% 이상이다.
② 아버지와 어머니 모두 아들보다 딸을 걱정하는 비율이 더 높다.
③ 아버지에 비해 어머니는 본인, 아들, 딸에 대해 걱정하는 비율이 더 높다.
④ 본인의 범죄 피해에 대해 걱정하는 어머니보다 걱정하지 않는 어머니의 비율이 더 낮다.
⑤ 어머니가 아들과 딸에 대해 걱정하지 않는 비율의 차이는 아버지가 아들과 딸에 대해 걱정하지 않는 비율의 차이보다 작다.

02 K기관 홍보실의 A사원은 명절 KTX 이용자들의 소비심리를 연구하기 위해 4인 가족(어른 2명, 아동 2명)을 기준으로 귀성길 교통수단별 비용을 작성하였다. 이에 대한 설명으로 옳지 않은 것은?

〈4인 가족 귀성길 교통수단별 비용〉

(단위 : 원)

통행료 　　　 교통수단	경차	중형차	고속버스	KTX
어른요금(2명)	45,600	74,600	68,400	114,600
아동요금(2명)	12,500	25,100	34,200	57,200

※ 아동요금에서 경차는 30% 할인, 중형차는 20% 할인이 적용됨
※ 전체요금에서 고속버스는 20% 할인, KTX는 30% 할인이 적용됨

① 4인 가족이 KTX를 이용할 때 가장 비용이 비싸다.
② 4인 가족이 경차를 이용할 때 가장 비용이 저렴하다.
③ 4인 가족이 중형차를 이용할 경우 94,680원의 비용이 든다.
④ 4인 가족의 경우 중형차를 이용하는 것이 세 번째로 비용이 비싸다.
⑤ 4인 가족의 경우 고속버스를 이용하는 것이 중형차를 이용하는 것보다 더 저렴하다.

03 다음은 모바일 뱅킹 서비스 이용 실적에 대한 분기별 자료이다. 이에 대한 설명으로 옳지 않은 것은?

〈모바일 뱅킹 서비스 이용 실적〉

(단위 : 천 건, %)

구분	2024년				2025년
	1분기	2분기	3분기	4분기	1분기
조회 서비스	817	849	886	1,081	1,106
자금이체 서비스	25	16	13	14	25
합계	842(18.6)	865(2.7)	899(3.9)	1,095(21.8)	1,131(3.3)

※ ( )는 전 분기 대비 증가율임

① 조회 서비스 이용 실적은 매 분기마다 계속 증가하였다.
② 자금이체 서비스 이용 실적은 2024년 2분기에 감소하였다가 다시 증가하였다.
③ 2024년 2분기의 조회 서비스 이용 실적은 전 분기보다 3만 2천 건 증가하였다.
④ 2024년 4분기의 조회 서비스 이용 실적은 자금이체 서비스 이용 실적의 약 77배이다.
⑤ 모바일 뱅킹 서비스 이용 실적의 전 분기 대비 증가율이 가장 높은 분기는 2024년 4분기이다.

04 K소비자단체는 현재 판매 중인 가습기의 표시지 정보와 실제 성능을 비교하기 위해 8개의 제품을 시험하였고, 다음과 같은 결과를 발표하였다. 이에 대한 설명으로 옳은 것은?

〈가습기 성능 시험 결과〉

모델	제조사	구분	가습기 성능					
			미생물 오염도	가습능력	적용 바닥면적 (아파트)	적용 바닥면적 (주택)	소비전력	소음
			CFU/m²	mL/h	m²	m²	W	dB(A)
A가습기	W사	표시지	14	262	15.5	14.3	5.2	26.0
		시험 결과	16	252	17.6	13.4	6.9	29.9
B가습기	L사	표시지	11	223	12.3	11.1	31.5	35.2
		시험 결과	12	212	14.7	11.2	33.2	36.6
C가습기	C사	표시지	19	546	34.9	26.3	10.5	31.5
		시험 결과	22	501	35.5	26.5	11.2	32.4
D가습기	W사	표시지	9	219	17.2	12.3	42.3	30.7
		시험 결과	8	236	16.5	12.5	44.5	31.0
E가습기	C사	표시지	9	276	15.8	11.6	38.5	31.8
		시험 결과	11	255	17.8	13.5	40.9	32.0
F가습기	C사	표시지	3	165	8.6	6.8	7.2	40.2
		시험 결과	5	129	8.8	6.9	7.4	40.8
G가습기	W사	표시지	4	223	14.9	11.4	41.3	31.5
		시험 결과	6	245	17.1	13.0	42.5	33.5
H가습기	L사	표시지	6	649	41.6	34.6	31.5	39.8
		시험 결과	4	637	45.2	33.7	30.6	41.6

① 표시지 정보에 따른 모든 가습기의 가습능력은 실제보다 과대 표시되었다.

② 시험 결과에 따르면 C사의 모든 가습기 소음은 W사의 모든 가습기의 소음보다 더 크다.

③ W사와 L사 가습기의 소비전력은 표시지 정보보다 시험 결과가 더 많은 전력이 소모된다.

④ W사의 모든 가습기는 표시지 정보보다 시험 결과의 미생물 오염도가 더 심한 것으로 나타났다.

⑤ L사의 모든 가습기는 표시지 정보와 시험 결과 모두 아파트 적용 바닥면적이 주택 적용 바닥면적보다 넓다.

05 K연구기관에서는 신소재 물질을 개발하고 있다. 최근 새롭게 연구하고 있는 4가지 물질에 대한 농도를 측정하기 위해 A ~ D기관에 요청하였다. 측정결과가 다음과 같을 때, 이에 대한 설명으로 옳지 않은 것은?(단, 유효농도는 소수점 둘째 자리에서 버림한다)

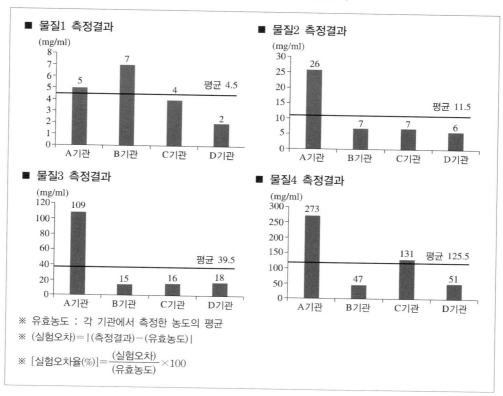

① 물질3에 대한 실험오차율은 A기관이 가장 크다.
② 물질1에 대한 B기관과 D기관의 실험오차율은 동일하다.
③ 물질1에 대한 B기관의 실험오차율은 물질2에 대한 A기관의 실험오차율보다 작다.
④ 물질2에 대한 A기관의 실험오차율은 물질2에 대한 B, C, D기관의 실험오차율 합보다 크다.
⑤ A기관의 측정 결과를 제외하면 4개 물질의 유효농도 값은 모두 제외하기 이전보다 작아진다.

05 | 자료 변환

| 유형분석 |

- 문제에 주어진 자료를 도표로 변환하는 문제이다.
- 주로 자료에 있는 수치와 그래프 또는 표에 있는 수치가 서로 일치하는지의 여부를 판단한다.

갑 ~ 무 5명의 직원을 대상으로 신년회를 위한 A ~ E장소에 대한 만족도 조사를 하였다. 5점 만점을 기준으로 장소별 직원들의 점수를 나타낸 그래프로 옳은 것은?

〈장소별 만족도〉

(단위 : 점)

구분	갑	을	병	정	무	평균
A	2.5	5.0	4.5	2.5	3.5	3.6
B	3.0	4.0	5.0	3.5	4.0	3.9
C	4.0	4.0	3.5	3.0	5.0	3.9
D	3.5	3.5	3.5	4.0	3.0	3.5
E	5.0	3.0	1.0	1.5	4.5	3.0

①
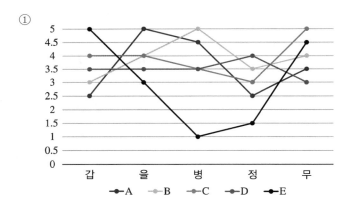

②

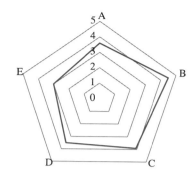

③

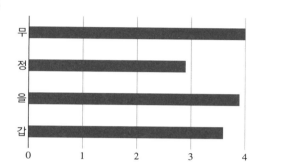

④

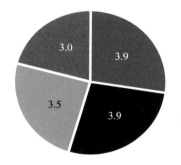

정답 ①

오답분석

② B장소의 평균 만족도가 3.9점이지만 4.0점 이상으로 나타나 있다.

③ 병의 A ~ E장소에 대한 평균 만족도가 없고, 직원별 A ~ E장소 평균 만족도는 자료의 목적과는 거리가 멀다.

④ A ~ E장소에 대한 평균 만족도에서 표와의 수치를 비교해 보면 3.6점인 A장소가 없고, 수치가 각각 어느 장소의 평균 만족도를 나타내는지 알 수 없다.

풀이 전략!

각 선택지에 도표의 제목이 제시된 경우 제목을 먼저 확인한다. 그다음 어떠한 정보가 필요한지 확인한 후, 문제에서 주어진 자료를 빠르게 확인하여 일치 여부를 판단한다.

01 다음은 K기관의 직종별 인력 현황 자료이다. 인력 현황 중 평균 연령을 나타낸 그래프로 옳은 것은?

〈직종별 인력 현황〉

(단위 : 명, 세, 만 원)

구분		2020년	2021년	2022년	2023년	2024년
정원	연구 인력	80	80	85	90	95
	지원 인력	15	15	18	20	25
	합계	95	95	103	110	120
현원	연구 인력	79	79	77	75	72
	지원 인력	12	14	17	21	25
	합계	91	93	94	96	97
박사 학위 소지자	연구 인력	52	53	51	52	55
	지원 인력	3	3	3	3	3
	합계	55	56	54	55	58
평균 연령	연구 인력	42.1	43.1	41.2	42.2	39.8
	지원 인력	43.8	45.1	46.1	47.1	45.5
평균 연봉 지급액	연구 인력	4,705	5,120	4,998	5,212	5,430
	지원 인력	4,954	5,045	4,725	4,615	4,540

① (세)

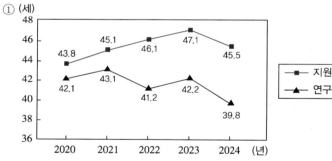

② (세)

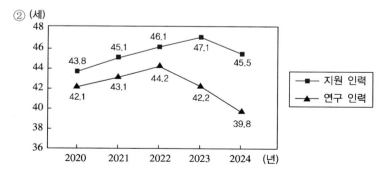

③ (세)

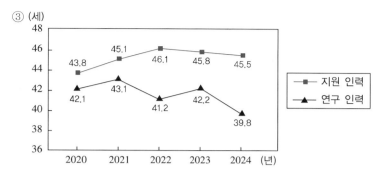

④ (세)

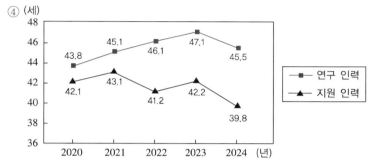

⑤ (세)

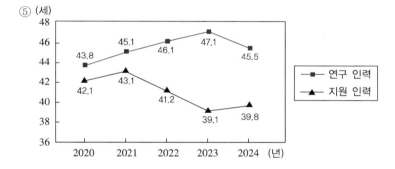

02 다음은 2024년 신재생에너지별 산업 현황 자료이다. 이를 나타낸 그래프로 옳지 않은 것은?

〈신재생에너지원별 산업 현황〉

(단위 : 억 원)

구분	기업체 수(개)	고용인원(명)	매출액	내수	수출액	해외공장 매출	투자액
태양광	127	8,698	75,637	22,975	33,892	18,770	5,324
태양열	21	228	290	290	0	0	1
풍력	37	2,369	14,571	5,123	5,639	3,809	583
연료전지	15	802	2,837	2,143	693	0	47
지열	26	541	1,430	1,430	0	0	251
수열	3	46	29	29	0	0	0
수력	4	83	129	116	13	0	0
바이오	128	1,511	12,390	11,884	506	0	221
폐기물	132	1,899	5,763	5,763	0	0	1,539
합계	493	16,177	113,076	49,753	40,743	22,579	7,966

① 신재생에너지원별 기업체 수(단위 : 개)

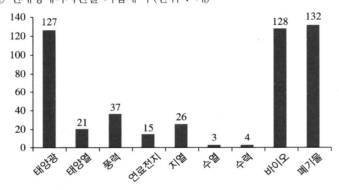

② 신재생에너지원별 고용인원(단위 : 명)

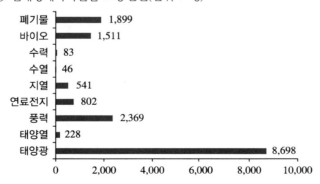

③ 신재생에너지원별 고용인원 비율

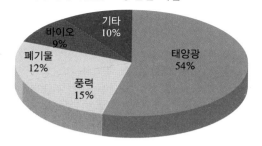

④ 신재생에너지원별 내수 현황(단위 : 억 원)

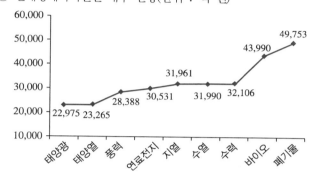

⑤ 신재생에너지원별 해외공장매출 비율

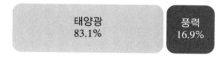

03 다음은 한국인의 주요 사망원인에 대한 자료이다. 인구 10만 명 중 사망원인에 따른 인원수를 나타낸 그래프로 옳은 것은?(단, 모든 그래프의 단위는 '명'이다)

한국인 10만 명 중 무려 185명이나 암으로 사망한다는 통계를 바탕으로 암이 한국인 사망원인 1위로 알려진 가운데, 그 밖의 순위에 대한 관심도 뜨겁다. 2위와 3위는 각각 심장과 뇌 관련 질환으로 알려졌고, 1위와의 차이는 20명 미만일 정도로 크게 차이를 보이지 않아 한국인 주요 3대 사망원인으로 손꼽아진다. 특히 4위는 자살로 알려져 큰 충격을 더하고 있는데, 우리나라의 경우 20대·30대 사망원인 1위가 자살이며, 인구 10만 명당 50명이나 이로 인해 사망한다고 한다. 그 다음으로는 당뇨, 치매, 고혈압의 순서이다.

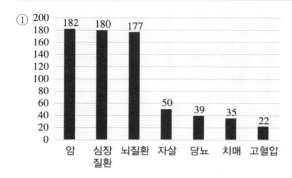

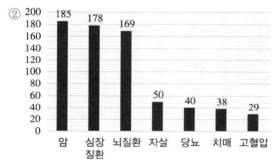

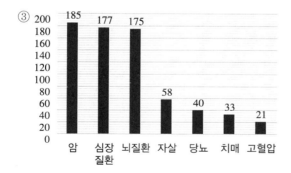

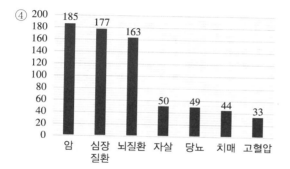

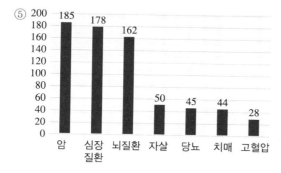

CHAPTER 03

문제해결능력

합격 Cheat Key

문제해결능력은 업무를 수행하면서 여러 가지 문제 상황이 발생하였을 때, 창의적이고 논리적인 사고를 통하여 이를 올바르게 인식하고 적절히 해결하는 능력으로, 하위 능력에는 사고력과 문제처리능력이 있다.

문제해결능력은 NCS 기반 채용을 진행하는 대다수의 연구기관에서 채택하고 있으며, 다양한 자료와 함께 출제되는 경우가 많아 어렵게 느껴질 수 있다. 특히, 난이도가 높은 문제로 자주 출제되기 때문에 다른 영역보다 더 많은 노력이 필요할 수는 있지만 그렇기에 차별화를 할 수 있는 득점 영역이므로 포기하지 말고 꾸준하게 노력해야 한다.

1 질문의 의도를 정확하게 파악하라!

문제해결능력은 문제에서 무엇을 묻고 있는지 정확하게 파악하여 먼저 풀이 방향을 설정하는 것이 가장 효율적인 방법이다. 특히, 조건이 주어지고 답을 찾는 창의적 · 분석적인 문제가 주로 출제되고 있기 때문에 처음에 정확한 풀이 방향이 설정되지 않는다면 문제를 제대로 풀지 못하게 되므로 첫 번째로 출제 의도 파악에 집중해야 한다.

2 중요한 정보는 반드시 표시하라!

출제 의도를 정확히 파악하기 위해서는 문제의 중요한 정보를 반드시 표시하거나 메모하여 하나의 조건, 단서도 잊고 넘어가는 일이 없도록 해야 한다. 실제 시험에서는 시간의 압박과 긴장감으로 정보를 잘못 적용하거나 잊어버리는 실수가 많이 발생하므로 사전에 충분한 연습이 필요하다.

3 반복 풀이를 통해 취약 유형을 파악하라!

문제해결능력은 특히 시간 관리가 중요한 영역이다. 따라서 정해진 시간 안에 고득점을 할 수 있는 효율적인 문제 풀이 방법을 찾아야 한다. 이때 반복적인 문제 풀이를 통해 자신이 취약한 유형을 파악하는 것이 중요하다. 정확하게 풀 수 있는 문제부터 빠르게 풀고 취약한 유형은 나중에 푸는 효율적인 문제 풀이를 통해 최대한 고득점을 맞는 것이 중요하다.

01 | 명제 추론

| 유형분석 |

- 주어진 문장을 토대로 논리적으로 추론하여 참 또는 거짓을 구분하는 문제이다.
- 대체로 연역추론을 활용한 명제 문제가 출제된다.
- 자료를 제시하고 새로운 결과나 자료에 주어지지 않은 내용을 추론해 가는 형식의 문제가 출제된다.

K기관은 공휴일 세미나 진행을 위해 인근의 가게 A ~ F에서 필요한 물품을 구매하고자 한다. 다음 〈조건〉을 토대로 공휴일에 영업하는 가게의 수는?

조건

- C는 공휴일에 영업하지 않는다.
- B가 공휴일에 영업하지 않으면, C와 E는 공휴일에 영업한다.
- E 또는 F가 영업하지 않으면, D는 영업한다.
- B가 공휴일에 영업하면, A와 E는 공휴일에 영업하지 않는다.
- B와 F 중 한 곳만 공휴일에 영업한다.

① 2곳 ② 3곳
③ 4곳 ④ 5곳
⑤ 6곳

정답 ①

주어진 조건을 순서대로 논리 기호화하면 다음과 같다.
- 첫 번째 조건 : $\sim$C
- 두 번째 조건 : $\sim$B $\rightarrow$ (C $\wedge$ E)
- 세 번째 조건 : ($\sim$E $\vee$ $\sim$F) $\rightarrow$ D
- 네 번째 조건 : B $\rightarrow$ ($\sim$A $\wedge$ $\sim$E)
- 다섯 번째 조건 : B $\vee$ F

첫 번째 조건이 참이므로 두 번째 조건의 대우[($\sim$C $\vee$ $\sim$E) $\rightarrow$ B]에 따라 B는 공휴일에 영업한다. 이때 네 번째 조건에 따라 A와 E는 영업하지 않고, 다섯 번째 조건에 따라 F도 영업하지 않는다. 마지막으로 세 번째 조건에 따라 D는 영업한다. 따라서 공휴일에 영업하는 가게는 B와 D 2곳이다.

풀이 전략!

조건과 관련한 기본적인 논법에 대해서는 미리 학습해 두며, 각 문장에 있는 핵심단어 또는 문구를 기호화하여 정리한 후, 선택지와 비교하여 참 또는 거짓을 판단한다. 또한 이를 바탕으로 문제에서 구하고자 하는 내용을 추론 및 분석한다.

01 K연구기관에서는 바이러스를 해결하기 위해 신약 A ~ E를 연구하고 있다. 최종 임상실험에 가 ~ 마 5명이 지원하였다. 그 결과가 다음 〈조건〉과 같을 때, 개발에 성공한 신약은?(단, 성공한 신약을 먹으면 병이 치료된다)

> **조건**
>
> 가 : A와 B를 먹고, C는 먹지 않았다. 나머지는 먹었을 수도, 안 먹었을 수도 있다.
> 나 : C와 D를 먹었다. 나머지는 먹었을 수도, 안 먹었을 수도 있다.
> 다 : A와 B를 먹고, E는 먹지 않았다. 나머지는 먹었을 수도, 안 먹었을 수도 있다.
> 라 : B를 먹고, A와 D는 먹지 않았다. 나머지는 먹었을 수도, 안 먹었을 수도 있다.
> 마 : A와 D를 먹고, B, E는 먹지 않았다. 나머지는 먹었을 수도, 안 먹었을 수도 있다.
>
> ※ 2명만 병이 치료되었음
> ※ 나는 병이 치료되지 않았음

① A
② B
③ C
④ D
⑤ E

02 K기관은 6층 건물의 모든 층을 사용하고 있으며, 건물에는 기획부, 인사운영부, 서비스개선부, 연구·개발부, 복지사업부, 가입지원부가 층별로 위치하고 있다. 다음 〈조건〉을 토대로 항상 옳은 것은?(단, 6개의 부서는 서로 다른 층에 위치하며, 3층 이하에 위치한 부서의 직원은 출근 시 반드시 계단을 이용해야 한다)

> **조건**
>
> • 기획부의 문대리는 복지사업부의 이주임보다 높은 층에 근무한다.
> • 인사운영부는 서비스개선부와 복지사업부 사이에 위치한다.
> • 가입지원부의 김대리는 오늘 아침 엘리베이터에서 서비스개선부의 조대리를 만났다.
> • 6개의 부서 중 건물의 옥상과 가장 가까이에 위치한 부서는 연구·개발부이다.
> • 연구·개발부의 오사원이 인사운영부 박차장에게 휴가 신청서를 제출하기 위해서는 4개의 층을 내려와야 한다.
> • 건물 1층에는 K기관에서 자체적으로 운영하는 커피숍이 함께 있다.

① 인사운영부와 커피숍은 같은 층에 위치한다.
② 기획부의 문대리는 출근 시 반드시 계단을 이용해야 한다.
③ 가입지원부의 김대리는 출근 시 엘리베이터를 타고 5층에서 내린다.
④ 가입지원부의 김대리가 서비스개선부의 조대리보다 엘리베이터에서 먼저 내린다.
⑤ 인사운영부의 박차장은 출근 시 연구·개발부의 오사원을 계단에서 만날 수 없다.

03 카드게임을 하기 위해 A ~ F 6명이 원형 테이블에 앉고자 한다. 다음 〈조건〉에 따라 이들의 좌석을 배치하고자 할 때, F와 이웃하여 앉을 사람은?(단, 좌우 방향은 원탁을 바라보고 앉은 상태를 기준으로 한다)

> **조건**
> • B는 C와 이웃하여 앉는다.
> • A는 E와 마주보고 앉는다.
> • C의 오른쪽에는 E가 앉는다.
> • F는 A와 이웃하여 앉지 않는다.

① A, C ② B, D
③ C, D ④ C, E
⑤ D, E

04 A ~ E 5명이 지원한 연구기관은 서로 다른 가 ~ 마 연구기관 중 한 곳이며, 각 연구기관은 서로 다른 곳에 위치하고 있다. 5명이 모두 서류에 합격하였고, 〈조건〉에 따라 지하철, 버스, 택시 중 하나를 이용하여 연구기관에 가려고 한다. 다음 중 옳지 않은 것은?(단, 1가지 교통수단은 최대 2명까지 이용할 수 있으며, 1명도 이용하지 않는 교통수단은 없다)

> **조건**
> • 택시를 타면 가, 나, 마 연구기관에 갈 수 있다.
> • A는 다 연구기관에 지원했다.
> • E는 어떤 교통수단을 선택해도 지원한 연구기관에 갈 수 있다.
> • 지하철에는 D를 포함한 2명이 타며, 둘 중 1명은 라 연구기관에 지원했다.
> • B가 탈 수 있는 교통수단은 지하철뿐이다.
> • 버스와 택시로 갈 수 있는 연구기관은 가 연구기관을 제외하면 서로 겹치지 않는다.

① A는 버스를 이용한다.
② C는 택시를 이용한다.
③ E는 라 연구기관에 지원했다.
④ B와 D는 함께 지하철을 이용한다.
⑤ C는 나 또는 마 연구기관에 지원했다.

05 K기관의 구내 식당에서는 이번 주 식단표를 짤 때, 쌀밥, 콩밥, 보리밥, 조밥, 수수밥 5가지 종류의 밥을 지난주에 제공된 요일과 겹치지 않게 하려고 한다. 다음 〈조건〉을 토대로 반드시 참인 것은?

> **조건**
> • 월요일부터 금요일까지 5가지의 밥은 겹치지 않게 제공된다.
> • 쌀밥과 콩밥은 지난주 월요일과 목요일에 제공된 적이 있다.
> • 보리밥과 수수밥은 화요일과 금요일에 제공된 적이 있다.
> • 조밥은 이번 주 수요일에 제공된다.
> • 콩밥은 이번 주 화요일에 제공된다.

① 쌀밥은 지난주 화요일에 제공된 적이 있다.
② 콩밥은 지난주 수요일에 제공된 적이 있다.
③ 수수밥은 지난주 목요일에 제공된 적이 있다.
④ 금요일에 먹을 수 있는 것은 보리밥 또는 쌀밥이다.
⑤ 월요일에 먹을 수 있는 것은 보리밥 또는 수수밥이다.

06 다음 〈조건〉을 토대로 〈보기〉에 대한 판단으로 옳은 것은?

> **조건**
> • 영업을 잘하면 기획을 못한다.
> • 편집을 잘하면 영업을 잘한다.
> • 디자인을 잘하면 편집을 잘한다.

> **보기**
> A : 디자인을 잘하면 기획을 못한다.
> B : 편집을 잘하면 기획을 잘한다.

① A만 옳다.
② B만 옳다.
③ A, B 모두 옳다.
④ A, B 모두 틀리다.
⑤ A, B 모두 옳은지 틀린지 판단할 수 없다.

02 | SWOT 분석

| 유형분석 |

- 상황에 대한 환경 분석 결과를 통해 주요 과제를 도출하는 문제이다.
- 주로 3C 분석 또는 SWOT 분석을 활용한 문제들이 출제되고 있으므로 해당 분석도구에 대한 사전 학습이 요구된다.

다음 글을 참고하였을 때 〈보기〉의 K자동차가 취할 수 있는 전략으로 가장 적절한 것은?

'SWOT'는 Strength(강점), Weakness(약점), Opportunity(기회), Threat(위협)의 머리글자를 따서 만든 단어로, 경영 전략을 세우는 방법론이다. SWOT로 도출된 조직의 내·외부 환경을 분석하고, 이 결과를 통해 대응전략을 구상할 수 있다. 'SO전략'은 기회를 활용하기 위해 강점을 사용하는 전략이고, 'WO전략'은 약점을 보완 또는 극복하여 시장의 기회를 활용하는 전략이다. 'ST전략'은 위협을 피하기 위해 강점을 활용하는 방법이며, 'WT전략'은 위협요인을 피하기 위해 약점을 보완하는 전략이다.

보기
- 새로운 정권의 탄생으로 자동차 업계 내 새로운 바람이 불 것으로 예상된다. A당선인이 이번 선거에서 친환경차 보급 확대를 주요 공약으로 내세웠고, 공약에 따라 기관용 친환경차 비율을 70%로 상향시키기로 하고, 친환경차 보조금 확대 등을 통해 친환경차 보급률을 높이겠다는 계획을 세웠다. 또한 최근 환경을 생각하는 국민 의식의 향상과 친환경차의 연비 절감 부분이 친환경차 구매 욕구 상승에 기여하고 있다.
- K자동차는 기존의 전기자동차 모델들을 꾸준히 출시하여 성장세가 두드러지고 있는데다가 고객들의 다양한 구매 욕구를 충족시킬 만한 전기자동차 상품의 다양성을 확보하였다. 또한 K자동차의 전기자동차 미국 수출이 증가하고 있는 만큼 앞으로의 전망도 밝을 것으로 예상된다.

① SO전략   ② WO전략

③ ST전략   ④ WT전략

정답 ①

- Strength(강점) : K자동차는 전기자동차 모델들을 꾸준히 출시하여 성장세가 두드러지고 있는데다가 고객들의 다양한 구매 욕구를 충족시킬 만한 전기자동차 상품의 다양성을 확보하였다.
- Opportunity(기회) : 새로운 정권에서 친환경차 보급 확대에 적극 나설 것으로 보인다는 점과 환경을 생각하는 국민 의식의 향상과 친환경차의 연비 절감 부분이 친환경차 구매 욕구 상승에 기여하고 있으며 K자동차의 미국 수출이 증가하고 있다.
따라서 해당 기사를 분석하면 SO전략이 가장 적절하다.

풀이 전략!

문제에 제시된 분석도구를 확인한 후, 분석 결과를 종합적으로 판단하여 각 선택지의 전략 과제와 일치 여부를 판단한다.

01 K기관에 근무하는 A대리는 국내 자율주행자동차 산업에 대한 SWOT 분석 결과에 따라 국내 자율주행자동차 산업 발달을 위한 방안을 고안하는 중이다. 다음 〈보기〉 중 SWOT 분석에 의한 경영전략에 따른 판단으로 적절하지 않은 것을 모두 고르면?

〈국내 자율주행자동차 산업에 대한 SWOT 분석 결과〉

구분	분석 결과
강점(Strength)	• 민간 자율주행기술 R&D 지원을 위한 대규모 예산 확보 • 국내·외에서 우수한 평가를 받는 국내 자동차기업 존재
약점(Weakness)	• 국내 민간기업의 자율주행기술 투자 미비 • 기술적 안전성 확보 미비
기회(Opportunity)	• 국가의 지속적 자율주행자동차 R&D 지원법안 본회의 통과 • 완성도 있는 자율주행기술을 갖춘 외국 기업들의 등장
위협(Threat)	• 자율주행차에 대한 국민들의 심리적 거부감 • 자율주행차에 대한 국가의 과도한 규제

〈SWOT 분석에 의한 경영 전략〉

• SO전략 : 기회를 이용해 강점을 활용하는 전략
• ST전략 : 강점을 활용하여 위협을 최소화하거나 극복하는 전략
• WO전략 : 기회를 활용하여 약점을 보완하는 전략
• WT전략 : 약점을 최소화하고 위협을 회피하는 전략

보기

ㄱ. 자율주행기술 수준이 우수한 외국 기업과의 기술이전협약을 통해 국내 우수 자동차기업들의 자율주행기술 연구 및 상용화 수준을 향상시키려는 전략은 SO전략에 해당한다.
ㄴ. 민간의 자율주행기술 R&D를 적극 지원하여 자율주행기술의 안전성을 높이려는 전략은 ST전략에 해당한다.
ㄷ. 자율주행자동차 R&D를 지원하는 법률을 토대로 국내 기업의 기술개발을 적극 지원하여 안전성을 확보하려는 전략은 WO전략에 해당한다.
ㄹ. 자율주행기술개발에 대한 국내기업의 투자가 부족하므로 국가기관이 주도하여 기술개발을 추진하는 전략은 WT전략에 해당한다.

① ㄱ, ㄴ
② ㄱ, ㄷ
③ ㄴ, ㄷ
④ ㄴ, ㄹ
⑤ ㄱ, ㄴ, ㄷ

02 다음은 ESG 역량 강화에 대한 SWOT 분석 결과와 이에 의한 경영 전략이다. 빈칸에 들어갈 내용으로 가장 적절한 것은?

〈ESG 역량 강화에 대한 SWOT 분석 결과〉

구분	분석 결과
강점(Strength)	• 환경산업 종합 지원 기능 보유 • 환경산업 성장 단계별 지원 기능과 노하우 보유 • 환경 · 보건 피해 구제 서비스, 안전 관리 역량 보유 • 종합 환경기술 연구 · 개발(R&D) 역량 및 성과 보유 • 인증 제도 운영으로 친환경 제품 보급 및 확산에 기여
약점(Weakness)	• 국가 R&D 및 대행 사업 중심 사업구조 • 사업간 연계 부족으로 시너지 창출 미흡 • 환경기술 R&D 성과의 사업화 · 실용화 미흡 • 녹색금융 · 투자 및 수출 지원 성과 확대 미흡 • 경영평가 – 전략 – 성과(부서/개인) 연계 부족 • 기관 통합 · 순환보직 등 인력 전문성 함양 한계
기회(Opportunity)	• 정부의 통제 · 규제 중심에서 완화 · 시장질서 강조 • 기후변화 대응, 표준화 등 글로벌 협력 체계 강화 • 코로나19 이후 대응에서 예방 · 관리 중심 전환 • 디지털 기술을 적극 활용한 환경기술 혁신 필요성 증대 • 탄소중립 · 기후변화 등 환경 보전에 대한 사회적 관심 증대
위협(Threat)	• 정부의 공공 부문 효율화 정책 강화 • 국내 환경기업 글로벌 경쟁력 확보 취약 • ESG 경영 내재화 및 성과 창출 요구 확대 • 정부 R&D 투자 관리 · 감독 강화로 업무 증가 • 최고 기술국 대비 대기 · 생태 등 환경기술 격차 • 환경기술 · 산업 · 보건(안전) 유사 기관 경쟁 지속 • 코로나19, 러시아 – 우크라이나 전쟁 등 글로벌 경기 침체 지속

〈SWOT 분석에 의한 경영 전략〉

SO전략	• 생활환경 개선 환경기술 개발 확대 • 녹색제품 시장 확대, 친환경 생활문화 촉진
ST전략	• 인증 제품 환경성 및 사후관리 강화 • 조직 역량 강화로 경영 효율성 제고
WO전략	• _____ • 환경 피해 적극 구제 서비스 내실화
WT전략	• 사회적 책임의 충실한 이행 • ESG 경영 기반 녹색 전환 활성화

① 대국민 환경 피해 예방 활동 강화
② 기후위기 대응 환경기술 개발 촉진
③ 환경산업 전(全) 주기에 대한 지원 체계 강화
④ 국내 환경기술 수출 기업에 대한 수출 지원 강화
⑤ 연구 · 개발(R&D) 성과 현장 활용 향상 및 사회 일반으로 성과 확산

03 다음은 국내 화장품 제조 회사에 대한 SWOT 분석 결과이다. 〈보기〉 중 분석에 따른 대응 전략으로 적절한 것을 모두 고르면?

〈국내 화장품 제조 회사에 대한 SWOT 분석 결과〉

강점(Strength)	약점(Weakness)
• 신속한 제품 개발 시스템 • 차별화된 제조 기술 보유	• 신규 생산 설비 투자 미흡 • 낮은 브랜드 인지도
기회(Opportunity)	위협(Threat)
• 해외시장에서의 한국 제품 선호 증가 • 새로운 해외시장의 출현	• 해외 저가 제품의 공격적 마케팅 • 저임금의 개발도상국과 경쟁 심화

보기

ㄱ. 새로운 해외시장의 소비자 기호를 반영한 제품을 개발하여 출시한다.
ㄴ. 국내에 화장품 생산 공장을 추가로 건설하여 제품 생산량을 획기적으로 증가시킨다.
ㄷ. 차별화된 제조 기술을 통해 품질 향상과 고급화 전략을 추구한다.
ㄹ. 브랜드 인지도가 낮으므로 해외 현지 기업과의 인수·합병을 통해 해당 회사의 브랜드로 제품을 출시한다.

① ㄱ, ㄴ
② ㄱ, ㄷ
③ ㄴ, ㄷ
④ ㄴ, ㄹ
⑤ ㄷ, ㄹ

04 K기관의 B팀장은 C사원에게 A공사에 대한 마케팅 전략 보고서를 요청하였다. C사원이 B팀장에게 제출한 SWOT 분석 결과가 다음과 같을 때, 밑줄 친 ㉠ ~ ㉤ 중 SWOT 분석에 들어갈 내용으로 적절하지 않은 것은?

〈SWOT 분석 결과〉

강점(Strength)	• 새롭고 혁신적인 서비스 • ㉠ 직원들에게 가치를 더하는 다양한 측면 • 특화된 마케팅 전문 지식
약점(Weakness)	• 낮은 품질의 서비스 • ㉡ 경쟁자의 시장 철수로 인한 시장 진입 가능성
기회(Opportunity)	• ㉢ 합작회사를 통한 전략적 협력 구축 가능성 • 글로벌 시장으로의 접근성 향상
위협(Threat)	• ㉣ 주력 시장에 나타난 신규 경쟁자 • ㉤ 경쟁 기업의 혁신적 서비스 개발 • 경쟁 기업과의 가격 전쟁

① ㉠
② ㉡
③ ㉢
④ ㉣
⑤ ㉤

03 | 자료 해석

| 유형분석 |

- 주어진 자료를 해석하고 활용하여 풀어가는 문제이다.
- 꼼꼼하고 분석적인 접근이 필요한 다양한 자료들이 출제된다.

다음 중 정수장 수질검사 현황에 대해 바르게 설명한 사람은?

<정수장 수질검사 현황>

급수 지역	항목						검사결과	
	일반세균 100 이하 (CFU/mL)	대장균 불검출 (수/100mL)	NH_3-N 0.5 이하 (mg/L)	잔류염소 4.0 이하 (mg/L)	구리 1 이하 (mg/L)	망간 0.05 이하 (mg/L)	적합	기준 초과
함평읍	0	불검출	불검출	0.14	0.045	불검출	적합	없음
이삼읍	0	불검출	불검출	0.27	불검출	불검출	적합	없음
학교면	0	불검출	불검출	0.13	0.028	불검출	적합	없음
엄다면	0	불검출	불검출	0.16	0.011	불검출	적합	없음
나산면	0	불검출	불검출	0.12	불검출	불검출	적합	없음

① A사원 : 구리가 검출되지 않은 지역은 세 곳이야.
② B사원 : 모든 급수지역에서 일반세균이 나오지 않았어.
③ C사원 : 대장균과 구리가 검출되면 부적합 판정을 받는구나.
④ D사원 : 기준치를 초과한 곳은 없었지만 적합하지 않은 지역은 있어.
⑤ E사원 : 함평읍의 잔류염소는 가장 낮은 수치를 보였고, 기준치에 적합하네.

정답 ②

오답분석
① 구리가 검출되지 않은 지역은 이삼읍과 나산면으로 두 곳이다.
③ 함평읍과 학교면, 엄다면은 구리가 검출되었지만 적합 판정을 받았다.
④ 기준치를 초과한 곳도 없고, 모두 적합 판정을 받았다.
⑤ 잔류염소에서 가장 낮은 수치를 보인 지역은 나산면(0.12mg/L)이고, 함평읍(0.14mg/L)은 세 번째로 낮다.

풀이 전략!

문제 해결을 위해 필요한 정보가 무엇인지 먼저 파악한 후, 제시된 자료를 분석적으로 읽고 해석한다.

01 K기관은 최근 새로운 건물로 이사하면서 팀별 층 배치를 변경하기로 하였다. 층 배치 변경 사항과 현재 층 배치가 다음과 같을 때, 이사 후 층 배치에 대한 설명으로 옳지 않은 것은?

〈층 배치 변경 사항〉

- 인사팀과 생산팀이 위치한 층 사이에 한 팀을 배치합니다.
- 연구팀과 영업팀은 기존 층보다 아래층으로 배치합니다.
- 총무팀은 6층에 배치합니다.
- 탕비실은 4층에 배치합니다.
- 생산팀은 연구팀보다 높은 층에 배치합니다.
- 전산팀은 2층에 배치합니다.

〈현재 층 배치도〉

층수	부서
7층	전산팀
6층	영업팀
5층	연구팀
4층	탕비실
3층	생산팀
2층	인사팀
1층	총무팀

① 생산팀은 7층에 배치될 수 있다.
② 인사팀은 5층에 배치될 수 있다.
③ 영업팀은 3층에 배치될 수 있다.
④ 생산팀은 3층에 배치될 수 있다.
⑤ 연구팀은 1층에 배치될 수 있다.

※ K기관은 기술지원을 위해 파견팀을 구성하고자 한다. 다음은 파견팀장 선발에 대한 자료이다. 이어지는 질문에 답하시오. [2~3]

〈파견팀장 선발 방식〉

- 지원자 중 선발점수가 가장 높은 1인을 파견팀장으로 선발한다.
- 기준에 따라 산정한 학위 점수(30점), 파견근무 점수(30점), 관련 분야 근무경력 점수(30점)에 가점(최대 10점)을 합산하여 선발 점수(100점)를 산정한다.
- 선발 점수 최고점자가 2인 이상인 경우, 관련 분야 근무경력이 더 오래된 지원자를 선발한다.
- 학위 점수(30점)

학사	석사	박사
20	25	30

- 파견근무 점수(30점)

없음	1회	2회	3회	4회 이상
16	21	24	27	30

- 관련 분야 근무경력 점수(30점)

6개월 미만	6개월 이상 1년 미만	1년 이상 3년 미만	3년 이상 5년 미만	5년 이상
10	18	24	28	30

- 가점 사항(최대 10점)

연구 실적 분야 수상실적	업무 실적 분야 수상실적	청렴분야 수상실적	공학계열 석사학위 이상
1개당 2점	1개당 2점	1개당 1점	1점

〈파견팀장 지원자 현황〉

지원자	학위	파견근무 횟수	관련 분야 근무경력	수상경력
A	컴퓨터공학 학사	3회	4년 10개월	연구우수 1회
B	경영학 박사	–	7년 2개월	업무우수 1회
C	철학 석사	6회	1년 1개월	–
D	생명과학 박사	2회	2년 7개월	–
E	전자공학 석사	1회	5년 9개월	청렴 2회

02 다음 중 파견팀장 선발 방식에 따를 때, 파견팀장으로 선발될 지원자는?

① A지원자
② B지원자
③ C지원자
④ D지원자
⑤ E지원자

03 인사위원회의 권고에 따라 관련 분야 근무경력 점수 산정기준이 다음과 같이 변경되었다. 변경된 기준에 따를 때, 파견팀장으로 선발될 지원자는?

〈관련 분야 근무경력 점수 변경사항〉					
12개월 미만	12개월 이상 18개월 미만	18개월 이상 32개월 미만	32개월 이상 50개월 미만	50개월 이상 70개월 미만	70개월 이상
18	22	24	26	28	30

① A지원자
② B지원자
③ C지원자
④ D지원자
⑤ E지원자

※ K기관에서는 직원들의 업무능력 개선을 위해 다음과 같이 연수 프로그램을 실시하고자 한다. 이어지는 질문에 답하시오. [4~5]

<연수 프로그램>

프로그램명	정원(명)	대상
의사결정이론	2	차장 이상
연구협력사례	3	대리 혹은 사원
다각적 대응전략	1	제한 없음
전략적 관리법	2	과장 이하

04 대외팀에는 A부장, B차장, C차장, D과장, E대리, F대리, G사원, H사원 8명이 있다. 대외팀이 이번 연수 프로그램에 참여한다고 할 때, 가능한 경우의 수는 모두 몇 가지인가?

① 4가지   ② 8가지
③ 12가지   ④ 16가지
⑤ 20가지

05 지원팀에는 A차장, B대리, C사원, D사원 4명이 있고, 인사팀에는 甲차장, 乙과장, 丙대리, 丁사원 4명이 있다. 지원팀과 인사팀이 이번 연수 프로그램에 참여하고자 할 때, 다음 <보기> 중 옳은 것을 모두 고르면?

> **보기**
> ㄱ. 연구협력사례 프로그램에 참여할 수 있는 모든 경우의 수는 20가지이다.
> ㄴ. B와 丙이 연구협력사례 프로그램에 참여하면, 丁도 반드시 같은 프로그램에 참여한다.
> ㄷ. D가 다각적 대응전략 프로그램에 참여하면, 乙은 전략적 관리법 프로그램에 참여한다.
> ㄹ. 가능한 모든 경우의 수는 30가지이다.

① ㄱ, ㄴ   ② ㄱ, ㄷ
③ ㄴ, ㄷ   ④ ㄴ, ㄹ
⑤ ㄷ, ㄹ

06 다음은 아동수당에 대한 매뉴얼이다. 〈보기〉 중 고객의 문의에 대한 처리로 적절한 것을 모두 고르면?

〈아동수당〉

- 아동수당은 만 6세 미만 아동의 보호자에게 월 10만 원의 수당을 지급하는 제도이다.
- 아동수당은 보육료나 양육수당과는 별개의 제도로서 다른 복지급여를 받고 있어도 수급이 가능하지만, 반드시 신청을 해야 혜택을 받을 수 있다.
- 6월 20일부터 사전 신청 접수가 시작되고, 9월 21일부터 수당이 지급된다.
- 아동수당 수급대상 아동을 보호하고 있는 보호자나 대리인은 20일부터 아동 주소지 읍·면·동 주민센터에서 방문 신청 또는 복지로 홈페이지 및 모바일 앱에서 신청할 수 있다.
- 아동수당 제도 첫 도입에 따라 초기에 아동수당 신청이 한꺼번에 몰릴 것으로 예상되어 연령별 신청기간을 운영한다(단, 연령별 신청기간은 만 0~1세는 20~25일, 만 2~3세는 26~30일, 만 4~5세는 7월 1~5일, 전 연령은 7월 6일부터이다).
- 아동수당은 신청한 달의 급여분(사전신청은 제외)부터 지급한다. 따라서 9월분 아동수당을 받기 위해서는 9월 말까지 아동수당을 신청해야 한다(단, 소급 적용은 되지 않는다).
- 아동수당 관련 신청서 작성요령이나 수급 가능성 등 자세한 내용은 아동수당 홈페이지에서 확인 가능하다.

보기

고객 : 저희 아이가 만 5세인데요. 아동수당을 지급받을 수 있나요?
(가) : 네, 만 6세 미만의 아동이면 9월 21일부터 10만 원의 수당을 지급받을 수 있습니다.
고객 : 제가 보육료를 지원받고 있는데, 아동수당도 받을 수 있는 건가요?
(나) : 아동수당은 보육료와는 별개의 제도로 신청만 하면 수당을 받을 수 있습니다.
고객 : 그럼 아동수당을 신청하려면 어떻게 해야 하나요?
(다) : 아동 주소지의 주민센터를 방문하거나 복지로 홈페이지 또는 모바일 앱에서 신청하시면 됩니다.
고객 : 따로 정해진 신청기간은 없나요?
(라) : 6월 20일부터 사전 신청 접수가 시작되고, 9월 말까지 아동수당을 신청하면 되지만 소급 적용이 되지 않습니다. 10월에 신청하시면 9월 아동수당은 지급받을 수 없으므로 9월 말까지 신청해 주시면 될 것 같습니다.
고객 : 네, 감사합니다.
(마) : 아동수당 관련 신청서 작성요령이나 수급 가능성 등의 자세한 내용은 메일로 문의해 주세요.

① (가), (나)
② (가), (다)
③ (가), (나), (다)
④ (나), (다), (라)
⑤ (나), (다), (마)

04 | 규칙 적용

| 유형분석 |

- 주어진 상황과 규칙을 종합적으로 활용하여 풀어 가는 문제이다.
- 일정, 비용, 순서 등 다양한 내용을 다루고 있어 유형을 1가지로 단일화하기 어렵다.

K씨는 다음 규칙을 참고하여 알파벳 단어를 숫자로 변환하고자 한다. 규칙을 적용한 〈보기〉의 단어에서 알파벳 Z에 해당하는 자연수들을 모두 더한 값은?

〈규칙〉

① 알파벳 'A'부터 'Z'까지 순서대로 자연수를 부여한다.

　예 A=2라고 하면 B=3, C=4, D=5이다.

② 단어의 음절에 같은 알파벳이 연속되는 경우 ①에서 부여한 숫자를 알파벳이 연속되는 횟수만큼 거듭제곱한다.

　예 A=2이고 단어가 'AABB'이면 AA는 '2^2'이고, BB는 '3^2'이므로 '49'로 적는다.

보기

㉠ AAABBCC는 10000001020110404로 변환된다.

㉡ CDFE는 3465로 변환된다.

㉢ PJJYZZ는 1712126729로 변환된다.

㉣ QQTSR은 625282726으로 변환된다.

① 154　　　　　　　　　　② 176

③ 199　　　　　　　　　　④ 212

⑤ 234

정답 ④

㉠ A=100, B=101, C=102이다. 따라서 Z=125이다.

㉡ C=3, D=4, E=5, F=6이다. 따라서 Z=26이다.

㉢ P가 17임을 볼 때, J=11, Y=26, Z=27이다.

㉣ Q=25, R=26, S=27, T=28이다. 따라서 Z=34이다.

따라서 해당하는 Z값을 모두 더하면 125+26+27+34=212이다.

풀이 전략!

문제에 제시된 조건이나 규칙을 정확히 파악한 후, 선택지나 상황에 적용하여 문제를 풀어 나간다.

01 A팀과 B팀은 보안등급 상에 해당하는 문서를 나누어 보관하고 있다. 이에 따라 두 팀은 보안을 위해 다음과 같은 규칙에 따라 각 팀의 비밀번호를 지정하였다. A팀과 B팀에 들어갈 수 있는 암호 배열은?

> 〈규칙〉
> • 1 ~ 9까지의 숫자로 (한 자릿수)×(두 자릿수)=(세 자릿수)=(두 자릿수)×(한 자릿수) 형식의 비밀번호로 구성한다.
> • 가운데에 들어갈 세 자릿수의 숫자는 156이며 숫자는 중복 사용할 수 없다. 즉, 각 팀의 비밀번호에 1, 5, 6이란 숫자가 들어가지 않는다.
>
>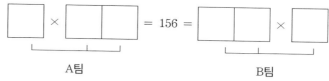

① 29
② 27
③ 29
④ 37
⑤ 39

02 다음 〈조건〉을 토대로 〈보기〉를 계산한 값은?

> **조건**
>
> 연산자 A, B, C, D는 다음과 같이 정의한다.
> • A : 좌우에 있는 두 수를 더한다. 단, 더한 값이 10 미만이면 좌우에 있는 두 수를 곱한다.
> • B : 좌우에 있는 두 수 가운데 큰 수에서 작은 수를 뺀다. 단, 두 수가 같거나 뺀 값이 10 미만이면 두 수를 곱한다.
> • C : 좌우에 있는 두 수를 곱한다. 단, 곱한 값이 10 미만이면 좌우에 있는 두 수를 더한다.
> • D : 좌우에 있는 두 수 가운데 큰 수를 작은 수로 나눈다. 단, 두 수가 같거나 나눈 값이 10 미만이면 두 수를 곱한다.
> ※ 연산은 '( )', '[ ]'의 순으로 함

> **보기**
>
> $$[(1\,A\,5)\,B\,(3\,C\,4)]\,D\,6$$

① 10
② 12
③ 90
④ 210
⑤ 360

03 K기관은 신제품의 품번을 다음 규칙에 따라 정한다고 한다. 제품에 설정된 임의의 영단어가 'INTELLECTUAL'이라면 이 제품의 품번으로 옳은 것은?

〈규칙〉
- 1단계 : 알파벳 A ~ Z를 숫자 1, 2, 3, …으로 변환하여 계산한다.
- 2단계 : 제품에 설정된 임의의 영단어를 숫자로 변환한 값의 합을 구한다.
- 3단계 : 임의의 영단어 속 자음의 합에서 모음의 합을 뺀 값의 절댓값을 구한다.
- 4단계 : 2단계와 3단계의 값을 더한 다음 4로 나누어 2단계의 값에 더한다.
- 5단계 : 4단계의 값이 정수가 아닐 경우에는 소수점 첫째 자리에서 버림한다.

① 120
② 140
③ 160
④ 180
⑤ 200

04 다음은 규칙에 따라 2에서 10까지의 서로 다른 자연수의 관계를 나타낸 그림이다. A ~ C에 해당하는 수의 합은?

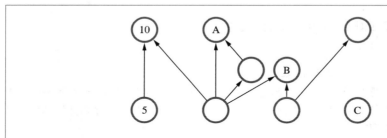

〈규칙〉
- 2에서 10까지의 자연수는 ◯ 안에 1개씩만 사용되고, 사용되지 않는 자연수는 없다.
- 2에서 10까지의 서로 다른 임의의 자연수 3개를 x, y, z라고 할 때 다음과 같다.
  - ⓧ ⟶ ⓨ는 y가 x의 배수임을 나타낸다.
  - 화살표로 연결되지 않은 ⓩ는 z가 x, y와 약수나 배수 관계가 없음을 나타낸다.

① 20
② 21
③ 22
④ 23
⑤ 24

05 A ~ E 5명이 순서대로 퀴즈게임을 해서 벌칙을 받을 사람 1명을 선정하고자 한다. 다음 게임 규칙과 결과에 근거할 때, 〈보기〉 중 항상 옳은 것을 모두 고르면?

- 규칙
  - A → B → C → D → E 순서대로 퀴즈를 1개씩 풀고, 모두 한 번씩 퀴즈를 풀고 나면 한 라운드가 끝난다.
  - 퀴즈 2개를 맞힌 사람은 벌칙에서 제외되고, 다음 라운드부터는 게임에 참여하지 않는다.
  - 라운드를 반복하여 맨 마지막까지 남는 1명이 벌칙을 받는다.
  - 벌칙에서 제외되는 4명이 확정되면 라운드 중이라도 더 이상 퀴즈를 출제하지 않으며, 이 외에는 라운드 끝까지 퀴즈를 출제한다.
  - 게임 중 동일한 문제는 출제하지 않는다.
- 결과
  3라운드에서 A는 참가자 중 처음으로 벌칙에서 제외되었고, 4라운드에서는 오직 B만 벌칙에서 제외되었으며, 벌칙을 받을 사람은 5라운드에서 결정되었다.

보기

ㄱ. 5라운드까지 참가자들이 정답을 맞힌 퀴즈는 총 9개이다.

ㄴ. 게임이 종료될 때까지 총 22개의 퀴즈가 출제되었다면, E는 5라운드에서 퀴즈의 정답을 맞혔다.

ㄷ. 게임이 종료될 때까지 총 21개의 퀴즈가 출제되었다면, 퀴즈를 푸는 순서가 벌칙을 받을 사람 선정에 영향을 미친 것으로 볼 수 있다.

① ㄱ
② ㄴ
③ ㄱ, ㄷ
④ ㄴ, ㄷ
⑤ ㄱ, ㄴ, ㄷ

05 │ 창의적 사고

| 유형분석 |

- 창의적 사고에 대한 개념을 묻는 문제가 출제된다.
- 창의적 사고 개발 방법에 대한 암기가 필요한 문제가 출제되기도 한다.

다음 글에서 설명하고 있는 사고력은?

> 정보에는 주변에서 발견할 수 있는 지식인 내적 정보와 책이나 밖에서 본 현상인 외부 정보의 두 종류가 있다. 이러한 정보를 조합하고 그 조합을 최종적인 해답으로 통합해야 한다.

① 분석적 사고 ② 논리적 사고
③ 비판적 사고 ④ 창의적 사고
⑤ 개발적 사고

정답 ④

창의적 사고란 정보와 정보의 조합이다. 여기에서 말하는 정보에는 주변에서 발견할 수 있는 지식(내적 정보)과 책이나 밖에서 본 현상(외부 정보)의 두 종류가 있다. 이러한 정보를 조합하고 그 조합을 최종적인 해답으로 통합해야 하는 것이 창의적 사고의 첫걸음이다.

풀이 전략!

문제와 관련된 모듈이론에 대한 전반적인 학습을 미리 해두어야 하며, 이를 주어진 문제에 적용하여 빠르게 풀이한다.

01 다음은 창의적 사고를 개발하기 위한 방법인 자유 연상법, 강제 연상법, 비교 발상법을 나타낸 그림이다. (가) ~ (다)에 해당하는 단어를 바르게 짝지은 것은?

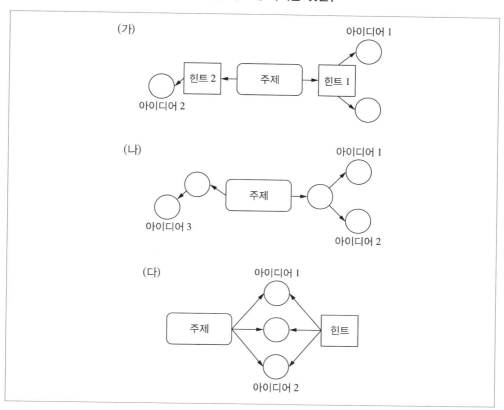

	(가)	(나)	(다)
①	비교 발상법	자유 연상법	강제 연상법
②	강제 연상법	자유 연상법	비교 발상법
③	강제 연상법	비교 발상법	자유 연상법
④	자유 연상법	비교 발상법	강제 연상법
⑤	자유 연상법	강제 연상법	비교 발상법

02 다음 사례 속 최대리에게 해 줄 수 있는 조언으로 적절하지 않은 것은?

> 최대리는 오늘도 기분이 별로이다. 오전부터 팀장에게 싫은 소리를 들었기 때문이다. 늘 하던 일을 하던 방식으로 처리한 것이 빌미였다. 관행에 매몰되지 말고 창의적이고 발전적인 모습을 보여 달라는 게 팀장의 주문이었다. '창의적인 일처리'라는 말을 들을 때마다 주눅이 드는 자신을 발견할 때면 더욱 의기소침해지고 자신감이 없어진다. 어떻게 해야 창의적인 인재가 될 수 있을까 고민해 보지만 뾰족한 수가 보이지 않는다. 자기만 뒤처지는 것 같아 불안하기도 하고 남들은 어떤지 궁금하기도 하다.

① 창의적인 사고는 후천적 노력에 의해서도 개발이 가능하다고 생각해.
② 창의적인 사람은 새로운 경험을 찾아 나서는 사람을 말하는 것 같아.
③ 창의력은 본인 스스로 자신의 틀에서 벗어나도록 노력해야 한다고 생각해.
④ 창의적 사고는 전문지식이 필요하지 않으니 자신의 경험을 바탕으로 생각해 봐.
⑤ 창의적인 사람의 독특하고 기발한 재능은 선천적으로 타고나는 것이라 할 수 있어.

03 다음 중 문제를 해결할 때 필요한 분석적 사고에 대한 설명으로 가장 적절한 것은?

① 가설 지향의 문제는 기대하는 결과를 명시하고 효과적인 달성 방법을 사전에 구상하고 실행에 옮겨야 한다.
② 개별 요소가 나타나는 문제의 해결보다는 조직의 분위기에 부합하는 방향으로만 문제해결 방안을 수립해야 한다.
③ 성과 지향의 문제는 일상 업무에서 일어나는 상식, 편견을 타파하여 사고와 행동을 객관적 사실로부터 시작해야 한다.
④ 전체를 각각의 요소로 나누어 그 요소의 의미를 도출한 다음 우선순위를 부여하고 구체적인 문제해결 방법을 실행하는 것이 요구된다.
⑤ 사실 지향의 문제는 현상 및 원인분석 전에 지식과 경험을 바탕으로 일의 과정이나 결과, 결론을 가정한 다음 검증 후 사실일 경우 다음 단계의 일을 수행해야 한다.

04 다음 글에서 설명하는 창의적 사고를 개발하는 방법으로 가장 적절한 것은?

> '신차 출시'라는 같은 주제에 대해서 판매방법, 판매대상 등의 힌트를 통해 사고 방향을 미리 정해서 발상한다. 이때 판매방법이라는 힌트에 대해서는 '신규 해외 수출 지역을 물색한다.'라는 아이디어를 떠올릴 수 있을 것이다.

① 자유 연상법
② 강제 연상법
③ 비교 발상법
④ 비교 연상법
⑤ 자유 발상법

05 논리적인 사고를 하기 위해서는 생각하는 습관, 상대 논리의 구조화, 구체적인 생각, 타인에 대한 이해, 설득의 5가지 요소가 필요하다. 다음 글을 토대로 설득에 해당하는 것은?

> 논리적 사고의 구성요소 중 설득은 자신의 사상을 강요하지 않고, 자신이 함께 일을 진행하는 상대와 의논하기도 하고 설득해 나가는 가운데 자신이 깨닫지 못했던 새로운 가치를 발견하고 발견한 가치에 대해 생각해 내는 과정을 의미한다.

① 네가 하는 말이 이해가 잘 안 되는데, 내가 이해한 게 맞는지 구체적인 사례를 들어서 한번 얘기해 볼게.

② 네가 왜 그런 생각을 하게 됐는지 이해가 됐어. 너와 같은 경험을 했다면 나도 그렇게 생각했을 것 같아.

③ 네가 아까 했던 말이 이거였구나. 그래, 지금 해 보니 아까 했던 이야기가 무슨 말인지 이해가 될 것 같아.

④ 너는 지금처럼 불안정한 시장 상황에서 무리하게 사업을 확장할 경우 리스크가 너무 크게 발생할 수 있다는 거지?

⑤ 네가 말한 내용이 업무 개선에 좋을 것 같다고 하지만, 명확히 왜 좋은지 알 수 없어 생각해 봐야 할 거 같아.

06 | 논리적 오류

| 유형분석 |

- 논리적 오류에 대한 이론을 바탕으로 하는 문제이다.
- 주로 상황이나 대화를 읽고 나타나는 논리적 오류를 찾는 형식으로 출제된다.

다음 상황에서 나타난 논리적 오류로 가장 적절한 것은?

> 한 법정에서 피의자에 대해 담당 검사는 다음과 같이 주장하였다. "피의자는 과거에 사기 전과가 있으나, 반성하는 기미도 없이 문란한 사생활을 지속해 오고 있습니다. 과거에 마약을 복용하기도 하였으며, 술에 취해 폭력을 가한 적도 있습니다. 따라서 죄질이 나쁘므로 살인 혐의로 기소하고, 법적 최고형을 구형하기 바랍니다."

① 애매성의 오류
② 연역법의 오류
③ 인신공격의 오류
④ 대중에 호소하는 오류
⑤ 허수아비 공격의 오류

정답 ⑤

허수아비 공격의 오류는 상대가 의도하지 않은 것을 강조하거나 허점을 비판하여 자신의 주장을 내세울 때 발생하는 오류이다.

오답분석

① 애매성의 오류 : 논증에 사용된 개념이 여러 가지로 해석될 수 있을 때, 상황에 맞지 않은 의미로 해석하는 오류이다.
② 연역법의 오류 : 삼단논법의 대전제 오류 등과 같이 논거와 논증 자체의 오류, 언어상의 오류를 포함한 심리의 오류이다.
③ 인신공격의 오류 : 상대방의 주장이 아닌 상대방의 인격을 공격하는 오류이다.
④ 대중에 호소하는 오류 : 타당한 논거를 제시하지 않고 많은 사람들이 그렇게 생각하거나 행동한다는 것을 논거로 제시하는 오류이다.

풀이 전략!

주어진 상황이나 대화를 꼼꼼하게 읽고 문제에서 묻는 오류가 무엇인지 빠르게 찾아야 한다. 이때 자주 틀리거나 헷갈리는 오류는 따로 정리하여 반드시 암기하도록 하자.

대표기출유형 06   기출응용문제

01 다음 (가) ~ (다)는 일상생활에서 자주 발견되는 논리적 오류에 대한 글이다. (가) ~ (다)에 해당하는 논리적 오류 유형이 바르게 짝지어진 것은?

> (가) 상대가 의도하지 않은 것을 강조하거나 허점을 비판하여 자신의 주장을 내세운다. 상대방의 주장과 전혀 상관없는 별개의 논리를 만들어 공격하는 경우도 있다.
> (나) 적절한 증거 없이 몇몇 사례만을 토대로 결론을 내린다. 일부를 조사한 통계 자료나 대표성이 없는 불확실한 자료를 사용하기도 한다.
> (다) 타당한 논거보다는 많은 사람들이 수용한다는 것을 내세워 어떤 주장을 정당화하려고 할 때 발생한다.

	(가)	(나)	(다)
①	인신공격의 오류	애매성의 오류	애매성의 오류
②	인신공격의 오류	성급한 일반화의 오류	과대 해석의 오류
③	허수아비 공격의 오류	성급한 일반화의 오류	대중에 호소하는 오류
④	허수아비 공격의 오류	무지의 오류	대중에 호소하는 오류
⑤	애매성의 오류	무지의 오류	허수아비 공격의 오류

02 다음 글에서 범하고 있는 논리적 오류로 가장 적절한 것은?

> 공부를 잘 하는 사람은 무엇이든 잘할 것이다.

① 근접효과   ② 초두효과
③ 최신효과   ④ 후광효과
⑤ 현저성 효과

CHAPTER 04

자원관리능력

합격 Cheat Key

자원관리능력은 현재 NCS 기반 채용을 진행하는 많은 연구기관에서 핵심영역으로 자리 잡아, 일부를 제외한 대부분의 시험에서 출제되고 있다.

세부 유형은 비용 계산, 해외파견 지원금 계산, 주문 제작 단가 계산, 일정 조율, 일정 선정, 행사 대여 장소 선정, 최단거리 구하기, 시차 계산, 소요시간 구하기, 해외파견 근무 기준에 부합하는 또는 부합하지 않는 직원 고르기 등으로 나눌 수 있다.

1 시차를 먼저 계산하라!

시간 자원 관리의 대표유형 중 시차를 계산하여 일정에 맞는 항공권을 구입하거나 회의시 간을 구하는 문제에서는 각각의 나라 시간을 한국 시간으로 전부 바꾸어 계산하는 것이 편리하다. 조건에 맞는 나라들의 시간을 전부 한국 시간으로 바꾸고 한국 시간과의 시차 만 더하거나 빼면 시간을 단축하여 풀 수 있다.

2 선택지를 잘 활용하라!

계산을 해서 값을 요구하는 문제 유형에서는 선택지를 먼저 본 후 자리 수가 몇 단위로 끝나는지 확인해야 한다. 예를 들어 412,300원, 426,700원, 434,100원인 선택지가 있 다고 할 때, 제시된 조건에서 100원 단위로 나올 수 있는 항목을 찾아 그 항목만 계산하는 방법이 있다. 또한 일일이 계산하는 문제가 많다. 예를 들어 640,000원, 720,000원, 810,000원 등의 수를 이용해 푸는 문제가 있다고 할 때, 만 원 단위를 절사하고 계산하여 64, 72, 81처럼 요약하는 방법이 있다.

3 최적의 값을 구하는 문제인지 파악하라!

물적 자원 관리의 대표유형에서는 제한된 자원 내에서 최대의 만족 또는 이익을 얻을 수 있는 방법을 강구하는 문제가 출제된다. 이때 구하고자 하는 값을 x, y로 정하고 연립방정식을 이용해 x, y 값을 구한다. 최소 비용으로 목표생산량을 달성하기 위한 업무 및 인력 할당, 정해진 시간 내에 최대 이윤을 낼 수 있는 업체 선정, 정해진 인력으로 효율적 업무 배치 등을 구하는 문제에서 사용되는 방법이다.

4 각 평가항목을 비교하라!

인적 자원 관리의 대표유형에서는 각 평가항목을 비교하여 기준에 적합한 인물을 고르거나, 저렴한 업체를 선정하거나, 총점이 높은 업체를 선정하는 문제가 출제된다. 이런 유형은 평가항목에서 가격이나 점수 차이에 영향을 많이 미치는 항목을 찾아 1 ~ 2개의 선택지를 삭제하고, 남은 3 ~ 4개의 선택지만 계산하여 시간을 단축할 수 있다.

01 | 시간 계획

| 유형분석 |

- 시간 자원과 관련된 다양한 정보를 활용하여 풀어 가는 유형이다.
- 대체로 교통편 정보나 국가별 시차 정보가 제공되며, 이를 근거로 '현지 도착시간 또는 약속된 시간 내에 도착하기 위한 방안'을 고르는 문제가 출제된다.

해외영업부 K대리는 A부장과 함께 샌프란시스코에 출장을 가게 되었다. 샌프란시스코의 시각은 한국보다 16시간 느리고, 비행시간은 10시간 25분일 때 샌프란시스코 현지 시각으로 11월 17일 오전 10시 35분에 도착하는 비행기를 타려면 한국 시각으로 인천공항에 몇 시까지 도착해야 하는가?

구분	날짜	출발 시각	비행 시간	날짜	도착 시각
인천 → 샌프란시스코	11월 17일		10시간 25분	11월 17일	10:35
샌프란시스코 → 인천	11월 21일	17:30	12시간 55분	11월 22일	22:25

※ 비행기 출발 한 시간 전에 공항에 도착해 티켓팅을 해야 함

① 12:10　　　　　　　　　　　　　② 13:10
③ 14:10　　　　　　　　　　　　　④ 15:10
⑤ 16:10

정답 ④

인천에서 샌프란시스코까지 비행 시간은 10시간 25분이므로 샌프란시스코 도착 시각에서 거슬러 올라가면 샌프란시스코 시각으로 00시 10분에 출발한 것이 된다. 이때 한국은 샌프란시스코보다 16시간 빠르기 때문에 한국 시각으로는 16시 10분에 출발한 것이다. 하지만 비행기 티켓팅을 위해 출발 한 시간 전에 인천공항에 도착해야 하므로 15시 10분까지 공항에 가야 한다.

풀이 전략!

문제에서 묻는 것을 정확히 파악한다. 특히 제한사항에 대해서는 빠짐없이 확인해 두어야 한다. 이후 제시된 정보(시차 등)에서 필요한 것을 선별하여 문제를 풀어 간다.

01 K기관 연구원인 A씨는 휴가철을 맞아 가족여행을 가고자 한다. K기관은 직원들의 복리증진을 위하여 휴가철 항공료를 일부 지원해 주고 있다. 다음 자료와 〈조건〉을 토대로 A씨가 선택할 여행지와 여행기간을 바르게 짝지은 것은?

〈여행지별 항공료와 지원율〉

여행지	1인당 편도 항공료	항공료 지원율
중국	130,000원	10%
일본	125,000원	30%
싱가포르	180,000원	35%

※ 갈 때와 올 때 편도 항공료는 동일함

〈8월 달력〉

일	월	화	수	목	금	토
			1	2	3	4
5	6	7	8	9	10	11
12	13	14	15	16	17	18
19	20	21	22	23	24	25
26	27	28	29	30	31	

※ 8월 3 ～ 4일은 현장부지답사로 휴가가 불가능함
※ 8월 15일은 광복절, 24일은 K기관 창립기념일로 휴일임

조건
- A씨는 아내와 단둘이 여행할 예정이다.
- A씨는 여행경비 중 항공료로 최대 450,000원을 쓸 수 있다.
- K기관의 항공료 지원은 동반한 직계가족까지 모두 적용된다.

	여행지	여행기간
①	중국	9 ～ 11일
②	일본	3 ～ 6일
③	일본	16 ～ 19일
④	싱가포르	15 ～ 18일
⑤	싱가포르	26 ～ 29일

02 해외로 출장을 가는 김대리는 다음 〈조건〉과 같이 이동하려고 계획하고 있다. 연착 없이 계획대로 출장지에 도착했을 때의 현지 시각은?

> **조건**
> • 서울 시각으로 5일 오후 1시 35분에 출발하는 비행기를 타고, 경유지 한 곳을 거쳐 출장지에 도착한다.
> • 경유지는 서울보다 1시간 빠르고, 출장지는 경유지보다 2시간 느리다.
> • 첫 번째 비행은 3시간 45분이 소요된다.
> • 경유지에서 3시간 50분을 대기하고 출발한다.
> • 두 번째 비행은 9시간 25분이 소요된다.

① 오전 5시 35분   ② 오전 6시
③ 오후 5시 35분   ④ 오후 6시
⑤ 오전 7시

03 다음은 K제품의 생산계획을 나타낸 자료이다. 〈조건〉에 따라 공정이 진행될 때, 첫 번째 완제품이 생산되기 위해서는 최소 몇 시간이 소요되는가?

〈K제품 생산계획〉

공정	선행공정	소요시간
A	없음	3
B	A	1
C	B, E	3
D	없음	2
E	D	1
F	C	2

> **조건**
> • 공정별로 1명의 작업 담당자가 공정을 수행한다.
> • A공정과 D공정의 작업 시점은 같다.
> • 공정 간 제품의 이동 시간은 무시한다.

① 6시간   ② 7시간
③ 8시간   ④ 9시간
⑤ 10시간

04 K사원의 팀은 출장근무를 마치고 서울로 복귀하고자 한다. 다음 자료를 참고할 때, 서울에 가장 일찍 도착할 수 있는 예정시각은 언제인가?

〈상황〉

- K사원이 소속된 팀원은 총 4명이다.
- 대전에서 출장을 마치고 서울로 돌아가려고 한다.
- 고속버스터미널에는 은행, 편의점, 화장실, 패스트푸드점 등이 있다.

※ 시설별 소요 시간 : 은행 30분, 편의점 10분, 화장실 20분, 패스트푸드점 25분

〈대화 내용〉

A과장 : 긴장이 풀려서 그런가? 배가 출출하네. 햄버거라도 사서 먹어야겠어.
B대리 : 저도 출출하긴 한데 그것보다 화장실이 더 급하네요. 금방 다녀오겠습니다.
C주임 : 그럼 그사이에 버스표를 사야 하니 은행에 들러 현금을 찾아오겠습니다.
K사원 : 저는 그동안 편의점에 가서 버스 안에서 먹을 과자를 사 오겠습니다.
A과장 : 지금이 16시 50분이니까 다들 각자 볼일 보고 빨리 돌아와. 다 같이 타고 가야 하니까.

〈시외버스 배차정보〉

대전 출발	서울 도착	잔여 좌석수(석)
17:00	19:00	6
17:15	19:15	8
17:30	19:30	3
17:45	19:45	4
18:00	20:00	8
18:15	20:15	5
18:30	20:30	6
18:45	20:45	10
19:00	21:00	16

① 17:45
② 19:15
③ 19:45
④ 20:15
⑤ 20:45

02 │ 비용 계산

| 유형분석 |

- 예산 자원과 관련된 다양한 정보를 활용하여 문제를 풀어간다.
- 대체로 한정된 예산 내에서 수행할 수 있는 업무 및 예산 가격을 묻는 문제가 출제된다.

K사원은 이번 출장을 위해 KTX표를 미리 40% 할인된 가격에 구매하였으나, 출장 일정이 바뀌는 바람에 하루 전날 표를 취소하였다. 다음 환불 규정에 따라 16,800원을 돌려받았을 때, 할인되지 않은 KTX표의 가격은 얼마인가?

〈KTX 환불 규정〉

출발 2일 전	출발 1일 전 ~ 열차 출발 전	열차 출발 후
100%	70%	50%

① 40,000원
② 48,000원
③ 56,000원
④ 67,000원
⑤ 73,000원

정답 ①

할인되지 않은 KTX표의 가격을 x원이라 하면, 표를 40% 할인된 가격으로 구매하였으므로 구매 가격은 $(1-0.4)x=0.6x$원이다. 환불 규정에 따르면 하루 전에 표를 취소하는 경우 70%의 금액을 돌려받을 수 있으므로 다음 식이 성립한다.

$0.6x \times 0.7 = 16,800$
$\rightarrow 0.42x = 16,800$
$\therefore x = 40,000$

따라서 할인되지 않은 KTX표의 가격은 40,000원이다.

풀이 전략!

제한사항인 예산을 고려하여 문제에서 묻는 것을 정확히 파악한 후, 제시된 정보에서 필요한 것을 선별하여 문제를 풀어간다.

01 다음 자료를 보고 K사원이 6월 출장여비로 받을 수 있는 총액을 바르게 구한 것은?

〈출장여비 계산기준〉

• 출장여비는 출장수당과 교통비의 합으로 계산한다.
• 출장수당의 경우 업무추진비 사용 시 1만 원을 차감하며, 교통비의 경우 관용차량 사용 시 1만 원을 차감한다.

〈출장지별 출장여비〉

출장지	출장수당	교통비
A시	10,000원	20,000원
A시 이외	20,000원	30,000원

※ A시 이외 지역으로 출장을 갈 경우 13시 이후 출장 시작 또는 15시 이전 출장 종료 시 출장수당에서 1만 원 차감됨

〈K사원의 6월 출장내역〉

출장일	출장지	출장 시작 및 종료 시각	비고
6월 8일	A시	14 ~ 16시	관용차량 사용
6월 16일	S시	14 ~ 18시	–
6월 19일	B시	09 ~ 16시	업무추진비 사용

① 6만 원
② 7만 원
③ 8만 원
④ 9만 원
⑤ 10만 원

02 흥민이는 베트남 여행을 위해 환전하기로 하였다. 다음은 K환전소의 당일 환율 및 수수료를 나타낸 자료이다. 흥민이가 한국 돈으로 베트남 현금 1,670만 동을 환전한다고 할 때, 수수료까지 포함하여 필요한 돈은 얼마인가?(단, 모든 계산과정에서 구한 값은 일의 자리에서 버림한다)

〈K환전소 환율 및 수수료〉

- 베트남 환율 : 483원/만 동
- 수수료 : 0.5%
- 우대사항 : 50만 원 이상 환전 시 70만 원까지 수수료 0.4%로 인하 적용
  100만 원 이상 환전 시 총금액 수수료 0.4%로 인하 적용

---

① 808,840원　　　　　　　　　　② 808,940원
③ 809,840원　　　　　　　　　　④ 809,940원
⑤ 810,040원

03 K씨는 개인사유로 인해 5년간 재직했던 회사를 그만두게 되었다. K씨에게 지급된 퇴직금이 1,900만 원일 때, K씨의 평균 연봉은 얼마인가?[단, 평균 연봉은 (1일 평균임금)×365이고, 천의 자리에서 올림한다]

〈퇴직금 산정 방법〉

▶ 고용주는 퇴직하는 근로자에게 계속근로기간 1년에 대해 30일분 이상의 평균임금을 퇴직금으로 지급해야 합니다.
 - '평균임금'이란 이를 산정해야 할 사유가 발생한 날 이전 3개월 동안에 해당 근로자에게 지급된 임금의 총액을 그 기간의 총일수로 나눈 금액을 말합니다.
 - 평균임금이 근로자의 통상임금보다 적으면 그 통상임금을 평균임금으로 합니다.
▶ 퇴직금 산정공식
 (퇴직금)=[(1일 평균임금)×30일×(총계속근로기간)]÷365

---

① 4,110만 원　　　　　　　　　　② 4,452만 원
③ 4,650만 원　　　　　　　　　　④ 4,745만 원
⑤ 4,800만 원

04 A씨는 K마트에서 온라인으로 주문을 하려고 한다. 다음과 같이 장바구니에 담아놓은 상품 중 선택한 상품을 구매하려고 할 때, 할인쿠폰을 적용한 최소 주문 금액은 얼마인가?

■ 장바구니

선택	상품	수량	단가
☑	완도 김	⊟ 2 ⊞	2,300원
☑	냉동 블루베리	⊟ 1 ⊞	6,900원
☐	김치	⊟ 3 ⊞	2,500원
☑	느타리버섯	⊟ 1 ⊞	5,000원
☐	냉동 만두	⊟ 2 ⊞	7,000원
☑	토마토	⊟ 2 ⊞	8,500원

■ 할인쿠폰

적용	쿠폰	중복 할인
☐	상품 총액의 10% 할인 쿠폰	불가
☐	배송비 무료 쿠폰	가능
☐	K카드 사용 시 2% 할인 쿠폰	가능

■ 결제 방법

선택
- ☐ K페이
- ☑ 신용카드
  - ↳ 선택
    - ☐ N카드
    - ☑ K카드
    - ☐ L카드

■ 총주문금액

(주문 상품 금액)+3,000원(배송비)

① 31,830원
② 32,830원
③ 33,150원
④ 34,150원
⑤ 35,830원

03 | 품목 확정

| 유형분석 |

- 물적 자원과 관련된 다양한 정보를 활용하여 풀어 가는 문제이다.
- 주로 공정도·제품·시설 등에 대한 가격·특징·시간 정보가 제시되며, 이를 종합적으로 고려하는 문제가 출제된다.

K기관에 근무하는 김대리는 사내시험에서 2점짜리 문제를 8개, 3점짜리 문제를 10개, 5점짜리 문제를 6개 맞혀 총 76점을 받았다. 다음 〈조건〉을 토대로 5점짜리 문제의 총개수와 최대리가 맞힌 문제의 총개수를 더하면 몇 개인가?

〈사내시험 규정〉

문제 수 : 43문제
만점 : 141점
- 2점짜리 문제 수는 3점짜리 문제 수보다 12문제 적다.
- 5점짜리 문제 수는 3점짜리 문제 수의 절반이다.

조건
- 최대리가 맞힌 2점짜리 문제의 개수는 김대리와 동일하며, 이는 2점짜리 문제의 80%이다.
- 최대리의 점수는 총 38점이다.

① 23개   ② 25개
③ 26개   ④ 27개
⑤ 29개

정답 ②

최대리는 2점짜리 문제를 김대리가 맞힌 개수만큼 맞혔으므로 8개, 즉 16점을 획득했다. 최대리가 맞힌 3점짜리와 5점짜리 문제를 합하면 38−16=22점이 나와야 한다. 3점과 5점의 합으로 22가 나오기 위해서는 3점짜리는 4문제, 5점짜리는 2문제를 맞혀야 한다. 그러므로 최대리가 맞힌 문제의 총개수는 8개(2점)+4개(3점)+2개(5점)=14개이다.
또한 김대리와 최대리가 맞힌 2점짜리 문제의 개수는 8개이고 이때 8개가 80%라고 했으므로 2점짜리 문제는 총 10개이다. 따라서 3점짜리 문제의 총개수는 10+12=22개이고, 5점짜리 문제의 총개수는 22×0.5=11개이다.
따라서 5점짜리 문제의 총개수와 최대리가 맞힌 문제의 총개수를 더하면 11+14=25개이다.

풀이 전략!

문제에서 묻고자 하는 바를 정확히 파악하는 것이 중요하다. 문제에서 제시한 물적 자원의 정보를 문제의 의도에 맞게 선별하면서 풀어 간다.

01 K연구기관은 폐수의 정화에 대한 연구를 하고자 한다. 폐수 정화공정에 대한 자료와 실험 내용이 다음과 같을 때, 실험을 마친 폐수에 포함된 P균과 Q균의 양을 바르게 짝지은 것은?(단, 소수점 둘째 자리에서 반올림한다)

〈폐수 정화공정〉

- 폐수 1L당 P균이 400mL, Q균이 200mL 포함되어 있다.
- 각 정화공정에 따른 P균과 Q균의 세균수 변화는 다음과 같다.

구분	P균	Q균
공정 1(150℃ 이상의 온도로 가열)	40% 감소	30% 증식
공정 2(3단 여과기로 물리적 여과)	2/5로 감소	1/3로 감소
공정 3(A형 정화제 투입)	20% 감소	50% 감소

〈실험 내용〉

- 3L의 폐수를 준비하여 다음의 순서로 정화공정을 거친다.
  공정 1 → 공정 2 → 공정 3 → 공정 2

	P균	Q균
①	30.7mL	14.4mL
②	92.2mL	43.3mL
③	92.2mL	130mL
④	230.4mL	43.3mL
⑤	230.4mL	130mL

02 K기관 A팀장은 팀원 50명에게 연말 선물을 하기 위해 물품을 구매하려고 한다. 다음은 업체별 품목 가격과 팀원들의 품목 선호도를 나타낸 자료이다. 〈조건〉에 따라 A팀장이 구매할 물품과 업체를 순서대로 바르게 나열한 것은?

〈업체별 품목 가격〉

구분		한 벌당 가격(원)
A업체	티셔츠	6,000
	카라 티셔츠	8,000
B업체	티셔츠	7,000
	후드 집업	10,000
	맨투맨	9,000

〈팀원 품목 선호도〉

순위	품목
1	카라 티셔츠
2	티셔츠
3	후드 집업
4	맨투맨

조건
- 팀원의 선호도를 우선으로 품목을 선택한다.
- 총구매금액이 30만 원 이상이면 총금액에서 5%를 할인해 준다.
- 차순위 품목이 1순위 품목보다 총금액이 20% 이상 저렴하면 차순위를 선택한다.

① 티셔츠, A업체
② 카라 티셔츠, A업체
③ 티셔츠, B업체
④ 후드 집업, B업체
⑤ 맨투맨, B업체

03 K사진관은 올해 찍은 사진을 모두 모아서 1개의 USB에 저장하려고 한다. 사진의 용량 및 찍은 사진 수가 다음과 같고, USB 1개에 모든 사진을 저장하려고 한다. 최소 몇 GB의 USB가 필요한가?(단, 1MB=1,000KB, 1GB=1,000MB이며, USB 용량은 소수점 이하는 버림한다)

〈올해 찍은 사진 자료〉

구분	크기(cm)	용량	개수
반명함	3×4	150KB	8,000개
신분증	3.5×4.5	180KB	6,000개
여권	5×5	200KB	7,500개
단체사진	10×10	250KB	5,000개

① 3GB   ② 4GB
③ 5GB   ④ 6GB
⑤ 7GB

04 신입사원 K씨는 A ~ E과제 중 어떤 과제를 먼저 수행하여야 하는지를 결정하기 위해 평가표를 작성하였다. 다음 자료를 토대로 가장 먼저 수행할 과제는?(단, 평가 항목 최종 합산 점수가 가장 높은 과제부터 수행한다)

〈과제별 평가표〉

(단위 : 점)

구분	A	B	C	D	E
중요도	84	82	95	90	94
긴급도	92	90	85	83	92
적용도	96	90	91	95	83

※ 과제당 다음과 같은 가중치를 별도 부여하여 계산함
  [(중요도)×0.3]+[(긴급도)×0.2]+[(적용도)×0.1]
※ 항목당 최하위 점수에 해당하는 과제는 선정하지 않음

① A   ② B
③ C   ④ D
⑤ E

CHAPTER 04 자원관리능력 • 95

04 | 인원 선발

| 유형분석 |

- 인적 자원과 관련된 다양한 정보를 활용하여 풀어 가는 문제이다.
- 주로 근무명단, 휴무일, 업무할당 등의 주제로 다양한 정보를 활용하여 종합적으로 풀어 가는 문제가 출제된다.

다음 자료를 토대로 하루 동안 고용할 수 있는 최대 인원은?

총예산	본예산	500,000원
	예비비	100,000원
고용비	1인당 수당	50,000원
	산재보험료	(수당)×0.504%
	고용보험료	(수당)×1.3%

① 10명 ② 11명
③ 12명 ④ 13명
⑤ 14명

정답 ②

(하루 1인당 고용비)=(1인당 수당)+(산재보험료)+(고용보험료)
=50,000+(50,000×0.504%)+(50,000×1.3%)
=50,000+252+650=50,902원
(하루에 고용할 수 있는 인원 수)=[(본예산)+(예비비)]÷(하루 1인당 고용비)
=600,000÷50,902≒11.8
따라서 하루 동안 고용할 수 있는 최대 인원은 11명이다.

풀이 전략!

문제에서 신입사원 채용이나 인력배치 등의 주제가 출제될 경우에는 주어진 규정 혹은 규칙을 꼼꼼히 확인하여야 한다. 이를 근거로 각 선택지가 어긋나지 않는지 검토하며 문제를 풀어 간다.

01 K기관에서는 신입사원 2명을 채용하기 위하여 서류와 필기 전형을 통과한 갑 ~ 정 4명의 최종 면접을 실시하려고 한다. 4개 부서의 팀장이 각각 4명을 모두 면접하여 채용 우선순위를 결정하였다. 다음 〈보기〉 중 옳은 것을 모두 고르면?

〈면접 결과〉

순위 \ 면접관	인사팀장	경영관리팀장	영업팀장	회계팀장
1순위	을	갑	을	병
2순위	정	을	병	정
3순위	갑	정	정	갑
4순위	병	병	갑	을

※ 우선순위가 높은 사람 순으로 2명을 채용함
※ 동점자는 인사, 경영관리, 영업, 회계팀장 순서의 고순위자로 결정함
※ 각 팀장이 매긴 순위에 대한 가중치는 모두 동일함

보기

㉠ 을 또는 정 중 1명이 입사를 포기하면 갑이 채용된다.
㉡ 인사팀장이 을과 정의 순위를 바꿨다면 갑이 채용된다.
㉢ 경영관리팀장이 갑과 병의 순위를 바꿨다면 정은 채용되지 못한다.

① ㉠
② ㉠, ㉡
③ ㉠, ㉢
④ ㉡, ㉢
⑤ ㉠, ㉡, ㉢

K구청은 주민들의 정보화 교육을 위해 정보화 교실을 동별로 시행하고 있고, 주민들은 각자 일정에 맞춰 정보화 교육을 수강하려고 한다. 다음 중 개인 일정상 신청과목을 수강할 수 없는 사람은?(단, 하루라도 수강을 빠진다면 수강이 불가능하다)

〈정보화 교육 일정표〉

교육 날짜	교육 시간	장소	과정명	장소	과정명
화, 목	09:30 ~ 12:00	A동	인터넷 활용하기	C동	스마트한 클라우드 활용
	13:00 ~ 15:30		그래픽 초급 픽슬러 에디터		스마트폰 SNS 활용
	15:40 ~ 18:10		ITQ한글2010(실전반)		–
수, 금	09:30 ~ 12:00		한글 문서 활용하기		Windows10 활용하기
	13:00 ~ 15:30		스마트폰 / 탭 / 패드(기본앱)		스마트한 클라우드 활용
	15:40 ~ 18:10		컴퓨터 기초(윈도우 및 인터넷)		
월	09:30 ~ 15:30		포토샵 기초		사진 편집하기
화 ~ 금	09:30 ~ 12:00	B동	그래픽 편집 달인되기	D동	한글 시작하기
	13:00 ~ 15:30		한글 활용 작품 만들기		사진 편집하기
	15:40 ~ 18:10		–		엑셀 시작하기
월	09:30 ~ 15:30		Windows10 활용하기		스마트폰 사진 편집&앱 배우기

〈개인 일정 및 신청과목〉

구분	개인 일정	신청과목
D동의 홍길동 씨	• 매주 월 ~ 금 08:00 ~ 15:00 편의점 아르바이트 • 매주 월요일 16:00 ~ 18:00 음악학원 수강	엑셀 시작하기
A동의 이몽룡 씨	• 매주 화, 수, 목 09:00 ~ 18:00 학원 강의 • 매주 월 16:00 ~ 20:00 배드민턴 동호회 활동	포토샵 기초
C동의 성춘향 씨	• 매주 수, 금 17:00 ~ 22:00 호프집 아르바이트 • 매주 월 10:00 ~ 12:00 과외	스마트한 클라우드 활용
B동의 변학도 씨	• 매주 월, 화 08:00 ~ 15:00 카페 아르바이트 • 매주 수, 목 18:00 ~ 20:00 요리학원 수강	그래픽 편집 달인되기
A동의 김월매 씨	• 매주 월, 수, 금 10:00 ~ 13:00 필라테스 수강 • 매주 화 14:00 ~ 17:00 제빵학원 수강	인터넷 활용하기

① 홍길동 씨
② 이몽룡 씨
③ 성춘향 씨
④ 변학도 씨
⑤ 김월매 씨

03 다음은 K학교의 성과급 기준표이다. 이를 적용해 K학교 교사들의 성과급 배점을 계산하고자 할 때, 〈보기〉의 A ~ E교사 중 가장 높은 배점을 받을 교사는?

PART 1

〈성과급 기준표〉

구분	평가사항	배점기준	
수업지도	주당 수업시간	24시간 이하	14점
		25시간	16점
		26시간	18점
		27시간 이상	20점
	수업 공개 유무	교사 수업 공개	10점
		학부모 수업 공개	5점
생활지도	담임 유무	담임교사	10점
		비담임교사	5점
담당업무	업무 곤란도	보직교사	30점
		비보직교사	20점
경력	호봉	10호봉 이하	5점
		11 ~ 15호봉	10점
		16 ~ 20호봉	15점
		21 ~ 25호봉	20점
		26 ~ 30호봉	25점
		31호봉 이상	30점

※ 수업지도 항목에서 교사 수업 공개, 학부모 수업 공개를 모두 진행했을 경우 10점으로 배점하며, 수업 공개를 하지 않았을 경우 배점은 없음

보기

구분	주당 수업시간	수업 공개 유무	담임 유무	업무 곤란도	호봉
A교사	20시간	–	담임교사	비보직교사	32호봉
B교사	29시간	–	비담임교사	비보직교사	35호봉
C교사	26시간	학부모 수업 공개	비담임교사	보직교사	22호봉
D교사	22시간	교사 수업 공개	담임교사	보직교사	17호봉
E교사	25시간	교사 수업 공개, 학부모 수업 공개	비담임교사	비보직교사	30호봉

① A교사 ② B교사
③ C교사 ④ D교사
⑤ E교사

조직이해능력

합격 Cheat Key

조직이해능력은 업무를 원활하게 수행하기 위해 조직의 체제와 경영을 이해하고 국제적인 추세를 이해하는 능력이다. 현재 많은 연구기관에서 출제 비중을 높이고 있는 영역이기 때문에 미리 대비하는 것이 중요하다. 실제 업무 능력에서 조직이해능력을 요구하기 때문에 중요도는 점점 높아 질 것이다.

세부 유형은 조직 체제 이해, 경영 이해, 업무 이해, 국제 감각으로 나눌 수 있다. 조직도를 제시하는 문제가 출제되거나 조직의 체계를 파악해 경영의 방향성을 예측하고, 업무의 우선순위를 파악하는 문제가 출제된다.

1 문제 속에 정답이 있다!

경력이 없는 경우 조직에 대한 이해가 낮을 수밖에 없다. 그러나 문제 자체가 실무적인 내용을 담고 있어도 문제 안에는 해결의 단서가 주어진다. 부담을 갖지 않고 접근하는 것이 중요하다.

2 경영 · 경제학원론 정도의 수준은 갖추도록 하라!

지원한 직군마다 차이는 있을 수 있으나, 경영 · 경제이론을 접목시킨 문제가 꾸준히 출제되고 있다. 따라서 기본적인 경영 · 경제이론은 익혀 둘 필요가 있다.

3 지원하는 연구기관의 조직도를 파악하라!

출제되는 문제는 각 연구기관의 세부내용일 경우가 많기 때문에 지원하는 연구기관의 조직도를 파악해 두어야 한다. 조직이 운영되는 방법과 전략을 이해하고, 조직을 구성하는 체제를 파악하고 간다면 조직이해능력에서 조직도가 나올 때 단기간에 문제를 풀 수 있을 것이다.

4 실제 업무에서도 요구되므로 이론을 익혀라!

각 연구기관의 직무 특성상 일부 영역에 중요도가 가중되는 경우가 있어서 많은 취업준비생들이 일부 영역에만 집중하지만, 실제 업무 능력에서 직업기초능력 10개 영역이 골고루 요구되는 경우가 많고, 현재는 필기시험에서도 조직이해능력을 출제하는 기관의 비중이 늘어나고 있기 때문에 미리 이론을 익혀 둔다면 모듈형 문제에서 고득점을 노릴 수 있다.

01 | 경영 전략

| 유형분석 |

- 경영 전략에서 대표적으로 출제되는 문제는 마이클 포터(Michael Porter)의 본원적 경쟁 전략이다.
- 본원적 경쟁 전략의 기본적인 이해와 구조를 물어보는 문제가 자주 출제되므로 전략별 특징 및 개념에 대한 이론 학습이 요구된다.

다음 사례에서 나타난 마이클 포터의 본원적 경쟁 전략으로 가장 적절한 것은?

> 전자제품 시장에서 경쟁회사가 가격을 낮추는 저가 전략을 사용하여 점유율을 높이려고 하자, 이에 맞서 오히려 고급 기술을 적용한 고품질 프리미엄 제품을 선보이고 서비스를 강화해 시장의 점유율을 높였다.

① 차별화 전략   ② 마케팅 전략

③ 집중화 전략   ④ 원가우위 전략

⑤ 비교우위 전략

정답 ①

마이클 포터의 본원적 경쟁 전략

- 차별화 전략 : 조직이 생산품이나 서비스를 차별화하여 고객에게 가치가 있고 독특하게 인식되도록 하는 전략으로, 이를 활용하기 위해서는 연구개발이나 광고를 통하여 술, 품질, 서비스, 브랜드 이미지를 개선할 필요가 있다.
- 원가우위 전략 : 원가절감을 통해 해당 산업에서 우위를 점하는 전략으로, 이를 위해서는 대량생산을 통해 단위 원가를 낮추거나 새로운 생산기술을 개발할 필요가 있다.
- 집중화 전략 : 특정 시장이나 고객에게 한정된 전략으로, 특정 산업을 대상으로 한다. 즉, 경쟁 조직들이 소홀히 하고 있는 한정된 시장을 원가우위나 차별화 전략을 써서 집중 공략하는 방법이다.

풀이 전략!

> 대부분의 기업들은 마이클 포터의 본원적 경쟁 전략을 사용하고 있다. 각 전략에 해당하는 대표적인 기업을 연결하고, 그들의 경영 전략을 상기하며 문제를 풀어보도록 한다.

01 다음은 마이클 포터(Michael E. Porter)의 본원적 경쟁 전략에 대한 글이다. 빈칸 ㉠ ~ ㉢에 들어갈 단어가 바르게 짝지어진 것은?

> 본원적 경쟁 전략은 해당 사업에서 경쟁우위를 확보하기 위한 전략으로, ___㉠___ 전략, ___㉡___ 전략, ___㉢___ 전략으로 구분된다.
>
> ___㉠___ 전략은 원가절감을 통해 해당 산업에서 우위를 점하는 전략으로, 이를 위해서는 대량생산을 통해 단위 원가를 낮추거나 새로운 생산기술을 개발할 필요가 있다. 여기에는 1970년대 우리나라의 섬유업체나 신발업체, 가발업체 등이 미국시장에 진출할 때 취한 전략이 해당한다.
>
> ___㉡___ 전략은 조직이 생산품이나 서비스를 ___㉡___ 하여 고객에게 가치가 있고 독특하게 인식되도록 하는 전략이다. ___㉡___ 전략을 활용하기 위해서는 연구개발이나 광고를 통하여 기술, 품질, 서비스, 브랜드이미지를 개선할 필요가 있다.
>
> ___㉢___ 전략은 특정 시장이나 고객에게 한정된 전략으로, ___㉠___ 나 ___㉡___ 전략이 산업전체를 대상으로 하는데 비해 ___㉢___ 전략은 특정 산업을 대상으로 한다. 즉, ___㉢___ 전략에서는 경쟁조직들이 소홀히 하고 있는 한정된 시장을 ___㉠___ 나 ___㉡___ 전략을 써서 집중적으로 공략하는 방법이다.

	㉠	㉡	㉢
①	원가우위	차별화	집중화
②	원가우위	집중화	차별화
③	차별화	집중화	원가우위
④	집중화	원가우위	차별화
⑤	집중화	차별화	원가우위

02 다음 중 내부 벤치마킹에 대한 설명으로 가장 적절한 것은?

① 다각화된 우량기업의 경우 효과를 보기 어렵다.

② 경쟁 기업을 통해 경영 성과와 관련된 정보를 획득할 수 있다.

③ 문화 및 제도적인 차이로 발생할 수 있는 효과에 대한 검토가 필요하다.

④ 같은 기업 내의 타 부서 간 유사한 활용을 비교 대상으로 삼을 수 있다.

⑤ 벤치마킹 대상의 적대적 태도로 인해 자료 수집에 어려움을 겪을 수 있다.

03 경영이 어떻게 이루어지냐에 따라 조직의 생사가 결정된다고 할 만큼 경영은 조직에 있어서 핵심이다. 다음 중 경영 전략을 추진하는 과정에 대한 설명으로 적절하지 않은 것은?

① 경영 전략은 조직 전략, 사업 전략, 부문 전략으로 분류된다.

② 전략 목표는 비전과 미션으로 구분되는데, 둘 다 있어야 한다.

③ 환경 분석을 할 때는 조직의 내부환경뿐만 아니라 외부환경에 대한 분석도 필수이다.

④ '환경 분석 → 전략 목표 설정 → 경영 전략 도출 → 경영 전략 실행 → 평가 및 피드백'의 과정을 거쳐 이루어진다.

⑤ 경영 전략이 실행됨으로써 세웠던 목표에 대한 결과가 나오는데, 그것에 대한 평가 및 피드백 과정도 생략되어서는 안 된다.

04 K씨는 취업스터디에서 마이클 포터의 본원적 경쟁 전략을 토대로 기업의 경영 전략을 정리하고자 한다. 다음 중 〈보기〉를 바르게 분류한 것은?

- 차별화 전략 : 가격 이상의 가치로 브랜드 충성심을 이끌어 내는 전략이다.
- 원가우위 전략 : 업계에서 가장 낮은 원가로 우위를 확보하는 전략이다.
- 집중화 전략 : 특정 세분시장만 집중공략하는 전략이다.

보기

㉠ I기업은 S/W에 집중하기 위해 H/W의 한글전용 PC분야를 한국계기업과 전략적으로 제휴하고 회사를 설립해 조직체에 위양하였으며 이후 고유분야였던 S/W에 자원을 집중하였다.

㉡ B마트는 재고 네트워크를 전산화하여 원가를 절감하고 양질의 제품을 최저가격에 판매하고 있다.

㉢ A호텔은 5성급 호텔로 하루 숙박비용이 상당히 비싸지만, 환상적인 풍경과 더불어 친절한 서비스를 제공하고 객실 내 제품이 모두 최고급으로 비치되어 있어 이용객들에게 높은 만족도를 준다.

	차별화 전략	원가우위 전략	집중화 전략
①	㉠	㉡	㉢
②	㉠	㉢	㉡
③	㉡	㉠	㉢
④	㉢	㉠	㉡
⑤	㉢	㉡	㉠

05 K기관은 새롭게 개발한 립스틱을 대대적으로 홍보하고 있다. 다음 중 K기관의 사례에 대한 대안으로 가장 적절한 것은?

> K기관 립스틱의 특징은 지속력과 선명한 색상, 그리고 20대 여성을 타깃으로 한 아기자기한 디자인이다. 하지만 립스틱의 홍보가 안 되고 있어 매출이 좋지 않다. 조사결과 저가 화장품이라는 브랜드 이미지 때문인 것으로 드러났다.

① 무료 증정 이벤트를 연다.
② 타깃을 30대 여성으로 바꾼다.
③ 브랜드 이름을 최대한 감추고 홍보한다.
④ 홍보비를 2배로 늘려 더 많이 광고한다.
⑤ 블라인드 테스트를 통해 제품의 질을 인정받는다.

06 다음 글의 밑줄 친 법칙에 해당하는 사례로 가장 적절한 것은?

> 돈이 되는 20%의 고객이나 상품만 있으면 80%의 수익이 보장된다는 파레토 법칙이 그간 진리로 여겨졌다. 그런데 최근 롱테일(Long tail) 법칙이라는 새로운 개념이 자리를 잡고 있다. 이는 하위 80%가 상위 20%보다 더 많은 수익을 낸다는 법칙이다. 한마디로 '티끌 모아 태산'이 가능하다는 것이다.

① A은행은 VIP전용 창구를 확대하였다.
② B기업은 생산량을 늘려 단위당 생산비를 낮추었다.
③ C인터넷 서점은 극소량만 팔리는 책이라도 진열한다.
④ D극장은 주말 요금을 평일 요금보다 20% 인상하였다.
⑤ E학원은 인기가 없는 과목은 더는 강의를 열지 않도록 했다.

02 | 조직 구조

| 유형분석 |

- 조직 구조 유형에 대한 특징을 물어보는 문제가 자주 출제된다.
- 기계적 조직과 유기적 조직의 차이점과 사례 등을 숙지하고 있어야 한다.
- 조직 구조 형태에 따라 기능적 조직, 사업별 조직으로 구분하여 출제되기도 한다.

다음 〈보기〉 중 기계적 조직의 특징으로 적절한 것을 모두 고르면?

보기

㉠ 변화에 맞춰 쉽게 변할 수 있다.
㉡ 상하 간 의사소통이 공식적인 경로를 통해 이루어진다.
㉢ 대표적으로 사내 벤처팀, 프로젝트팀이 있다.
㉣ 구성원의 업무가 분명하게 규정되어 있다.
㉤ 다양한 규칙과 규제가 있다.

① ㉠, ㉡, ㉢   ② ㉠, ㉣, ㉤
③ ㉡, ㉢, ㉣   ④ ㉡, ㉣, ㉤
⑤ ㉢, ㉣, ㉤

정답 ④

오답분석

㉠·㉢ 유기적 조직에 대한 설명이다.

- 기계적 조직
  - 구성원의 업무가 분명하게 규정되어 있고, 많은 규칙과 규제가 있다.
  - 상하 간 의사소통이 공식적인 경로를 통해 이루어진다.
  - 대표적으로 군대, 정부, 공공기관 등이 있다.
- 유기적 조직
  - 업무가 고전되지 않아 업무 공유가 가능하다.
  - 규제나 통제의 정도가 낮아 변화에 맞춰 쉽게 변할 수 있다.
  - 대표적으로 권한위임을 받아 독자적으로 활동하는 사내 벤처팀, 특정한 과제 수행을 위해 조직된 프로젝트팀 등이 있다.

풀이 전략!

조직 구조는 유형에 따라 기계적 조직과 유기적 조직으로 나눌 수 있다. 기계적 조직과 유기적 조직은 서로 상반된 특징을 가지고 있으며, 기계적 조직이 관료제의 특징과 비슷함을 파악하고 있다면, 이와 상반된 유기적 조직의 특징도 수월하게 파악할 수 있다.

01 다음 글에 해당하는 조직체계 구성요소는?

> 조직의 목표나 전략에 따라 수립되며, 조직 구성원들의 활동범위를 제약하고 일관성을 부여하는 기능을 한다.

① 경영자
② 조직 목표
③ 조직 문화
④ 조직 구조
⑤ 규칙 및 규정

02 다음 중 조직 구조의 결정요인에 대한 설명으로 적절하지 않은 것은?

① 대규모 조직은 소규모 조직에 비해 업무의 전문화 정도가 높다.
② 조직 구조의 주요 결정요인은 4가지로 전략, 규모, 기술, 환경이다.
③ 조직 활동의 결과에 대한 만족은 조직의 문화적 특성에 따라 상이하다.
④ 급변하는 환경에서는 유기적 조직보다 원칙이 확립된 기계적 조직이 더 적합하다.
⑤ 일반적으로 소량생산기술을 가진 조직은 유기적 조직 구조를, 대량생산기술을 가진 조직은 기계적 조직 구조를 가진다.

03 다음 중 조직 문화의 특징으로 적절하지 않은 것은?

① 조직 몰입도를 향상시킨다.
② 조직의 안정성을 유지하는 데 기여한다.
③ 구성원들 개개인의 다양성을 강화해준다.
④ 조직 구성원들에게 일체감과 정체성을 준다.
⑤ 구성 요소에는 리더십 스타일, 제도 및 절차, 구성원, 구조 등이 있다.

04 다음 중 조직 목표의 기능에 대한 설명으로 적절하지 않은 것은?

① 조직 구성원의 의사결정 기준의 기능을 한다.
② 조직이 나아갈 방향을 제시해 주는 기능을 한다.
③ 조직을 운영하는 데 융통성을 제공하는 기능을 한다.
④ 조직 구성원의 행동에 동기를 유발시키는 기능을 한다.
⑤ 조직 구조나 운영과정과 같이 조직체제를 구체화할 수 있는 기준이 된다.

05 다음 중 조직 변화의 과정을 순서대로 바르게 나열한 것은?

ㄱ. 환경 변화 인지	ㄴ. 변화 결과 평가
ㄷ. 조직 변화 방향 수립	ㄹ. 조직 변화 실행

① ㄱ - ㄷ - ㄹ - ㄴ
② ㄱ - ㄹ - ㄷ - ㄴ
③ ㄴ - ㄷ - ㄹ - ㄱ
④ ㄹ - ㄱ - ㄷ - ㄴ
⑤ ㄹ - ㄷ - ㄱ - ㄴ

06 다음 〈보기〉 중 조직도에 대해 바르게 설명한 사람을 모두 고르면?

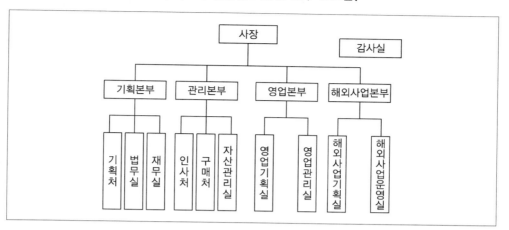

PART 1

보기

A : 조직도를 보면 4개 본부, 3개의 처, 8개의 실로 구성되어 있어.
B : 사장 직속으로 4개의 본부가 있고, 그중 한 본부에서는 인사업무만을 전담하고 있네.
C : 감사실은 사장 직속이지만 별도로 분리되어 있구나.
D : 해외사업기획실과 해외사업운영실은 둘 다 해외사업과 관련이 있으니까 해외사업본부에 소속되어 있는 것이 맞아.

① A, B   ② A, C
③ A, D   ④ B, C
⑤ B, D

03 | 업무 종류

| 유형분석 |

- 부서별 주요 업무에 대해 묻는 문제이다.
- 부서별 특징과 담당 업무에 대한 이해가 필요하다.

다음 상황에서 팀장의 지시를 적절히 수행하기 위하여 오대리가 거쳐야 할 부서명을 순서대로 바르게 나열한 것은?

> 오대리, 내가 내일 출장 준비 때문에 무척 바빠서 그러는데 자네가 좀 도와줘야 할 것 같군. 우선 박비서한테 가서 오후 사장님 회의 자료를 좀 가져다 주게나. 오는 길에 지난주 기자단 간담회 자료 정리가 되었는지 확인해 보고 완료됐으면 한 부 챙겨 오고. 다음 주에 승진자 발표가 있을 것 같은데 우리 팀 승진 대상자 서류가 잘 전달되었는지 그것도 확인 좀 해 줘야겠어. 참, 오후에 바이어가 내방하기로 되어 있는데 공항 픽업 준비는 잘 해 두었지? 배차 예약 상황도 다시 한 번 점검해 봐야 할 거야. 그럼 수고 좀 해 주게.

① 인사팀 – 법무팀 – 총무팀 – 기획팀
② 비서실 – 홍보팀 – 인사팀 – 총무팀
③ 회계팀 – 경영관리팀 – 인사팀 – 총무팀
④ 경영관리팀 – 법무팀 – 총무팀 – 인사팀
⑤ 기획팀 – 홍보팀 – 총무팀 – 경영관리팀

정답 ②

우선 박비서에게 회의 자료를 받아 와야 하므로 비서실을 들러야 한다. 다음으로 기자단 간담회는 대회 홍보 및 기자단 상대 업무를 맡은 홍보팀에서 자료를 정리할 것이므로 홍보팀을 거쳐야 한다. 또한 승진자 인사 발표 소관 업무는 인사팀이 담당한다고 볼 수 있으며, 회사의 차량 배차에 대한 업무는 총무팀과 같은 지원부서의 업무로 보는 것이 적절하다.

풀이 전략!

조직은 목적의 달성을 위해 업무를 효과적으로 분배하고 처리할 수 있는 구조를 확립해야 한다. 조직의 목적이나 규모에 따라 업무의 종류는 다양하지만, 대부분의 조직에서는 총무, 인사, 기획, 회계, 영업으로 부서를 나누어 업무를 담당하고 있다. 따라서 5가지 업무 종류에 대해서는 미리 숙지해야 한다.

01 김부장과 박대리는 K기관의 고객지원실에서 근무하고 있다. 다음 상황에서 김부장이 박대리에게 지시할 사항으로 가장 적절한 것은?

• 부서별 업무분장
- 인사혁신실 : 신규 채용, 부서 / 직무별 교육계획 수립 / 시행, 인사고과 등
- 기획조정실 : 조직 문화 개선, 예산사용계획 수립 / 시행, 대외협력, 법률지원 등
- 총무지원실 : 사무실, 사무기기, 차량 등 업무지원 등

〈상황〉

박대리 : 고객지원실에서 사용하는 A4 용지와 볼펜이 부족해서 비품을 신청해야 할 것 같습니다. 그리고 지난번에 말씀하셨던 고객 상담 관련 사내 교육 일정이 이번에 확정되었다고 합니다. 고객지원실 직원들에게 관련 사항을 전달하려면 교육 일정 확인이 필요할 것 같습니다.

---

① 박대리, 총무지원실에 가서 교육 일정 확인하고, 간 김에 비품 신청도 하고 오세요.
② 박대리, 기획조정실에 가서 교육 일정 확인하고, 인사혁신실에 가서 비품 신청하고 오도록 해요.
③ 박대리, 인사혁신실에 전화해서 비품 신청하고, 전화한 김에 교육 일정도 확인해서 나한테 알려 줘요.
④ 박대리, 총무지원실에 전화해서 비품 신청하고, 기획조정실에서 교육 일정 확인해서 나한테 알려 줘요.
⑤ 박대리, 총무지원실에 전화해서 비품 신청하고, 인사혁신실에서 교육 일정 확인해서 나한테 알려 줘요.

02 K기관 인사총무팀에 근무하는 A사원은 다음과 같은 업무 리스트를 작성한 뒤 우선순위에 맞게 재배열하려고 한다. 업무 리스트를 보고 A사원이 한 생각으로 적절하지 않은 것은?

〈2025년 3월 7일 인사총무팀 A사원의 업무 리스트〉

- 인사총무팀 회식(3월 17일) 장소 예약 확인
- K기관 창립 기념일(3월 20일) 행사 준비
- 경영1팀 비품 주문 [월요일에 배송될 수 있도록 오늘 내 반드시 발주할 것]
- 내일(3월 8일) 당직 근무자 명단 확인 [업무 공백 생기지 않도록 주의]
- 3월 13일자 신입사원 면접 날짜 유선 안내 및 면접 가능 여부 확인

① 내일 당직 근무자 명단 확인을 가장 먼저 해야겠다.
② 영업1팀 비품 주문 후 회식 장소 예약을 확인해야겠다.
③ 신입사원 면접 안내는 여러 변수가 발생할 수 있으니 서둘러 준비해야겠다.
④ 신입사원 면접 안내 통보 후 연락이 안 된 면접자들을 추려서 다시 연락을 취해야겠다.
⑤ K기관 창립 기념일 행사는 전 직원이 다 참여하는 큰 행사인 만큼 첫 번째 줄에 배치해야겠다.

03 직무 전결 규정상 전무이사가 전결인 '과장의 국내출장 건'의 결재를 시행하고자 한다. 박기수 전무이사가 해외출장으로 인해 부재중이어서 직무대행자인 최수영 상무이사가 결재하였다. 다음 〈보기〉 중 옳지 않은 것을 모두 고르면?

> **보기**
> ㄱ. 최수영 상무이사가 결재한 것은 전결이다.
> ㄴ. 공문의 결재표상에는 '과장 최경옥, 부장 김석호, 상무이사 전결, 전무이사 최수영'이라고 표시되어 있다.
> ㄷ. 박기수 전무이사가 출장에서 돌아와서 해당 공문을 검토하는 것은 후결이다.
> ㄹ. 위임 전결받은 사항에 대해서는 원결재자인 대표이사에게 후결을 받는 것이 원칙이다.

① ㄱ, ㄴ
② ㄱ, ㄹ
③ ㄱ, ㄴ, ㄹ
④ ㄴ, ㄷ, ㄹ
⑤ ㄱ, ㄴ, ㄷ, ㄹ

04 조직의 목적이나 규모에 따라 업무는 다양하게 구성될 수 있다. 다음 중 조직 내 일반적인 업무의 종류에 대한 설명으로 적절하지 않은 것은?

① 영업부 : 판매계획, 판매예산의 편성, 시장조사, 광고·선전, 견적 및 계약 등
② 회계부 : 재무상태 및 경영실적 보고, 결산 관련 업무, 재무제표 분석 및 보고 등
③ 기획부 : 교육체계 수립 및 관리, 임금제도, 복리후생제도 및 지원업무, 복무 관리, 퇴직 관리 등
④ 인사부 : 조직기구의 개편 및 조정, 업무분장 및 조정, 인력수급계획 및 관리, 직무 및 정원의 조정 종합, 노사관리 등
⑤ 총무부 : 주주총회 및 이사회개최 관련 업무, 의전 및 비서업무, 집기비품 및 소모품의 구매와 관리, 사무실 임차 및 관리 등

05 다음 지시를 토대로 K사원이 해야 할 업무를 〈보기〉에서 골라 순서대로 바르게 나열한 것은?

> 상사 : 벌써 오후 2시 50분이네. 오후 3시에 팀장 회의가 있어서 지금 업무지시를 할게요. 업무보고는 내일 오전 9시 30분에 받을게요. 업무보고 전 아침에 회의실과 마이크 체크를 한 내용을 업무보고에 반영해 주세요. 내일 오후 3시에 있을 팀장 회의도 차질 없이 준비해야 합니다. 그리고 오늘 P사원이 아파서 조퇴했으니 P사원 업무도 부탁할게요. 간단한 겁니다. 사업 브로슈어에 사장님의 개회사를 추가하는 건데, 브로슈어 인쇄는 2시간밖에 걸리지 않지만 인쇄소가 오전 10시부터 오후 6시까지 하니 비서실에 방문해 파일을 미리 받아 늦지 않게 인쇄소에 넘겨 주세요. 비서실은 본관 15층에 있으니 가는 데 15분 정도 걸릴 거예요. 브로슈어는 다음날 오전 10시까지 준비되어야 하는 거 알죠? 팀장 회의에 사용할 케이터링 서비스는 매번 시키는 A업체로 예약해 주세요. 24시간 전에는 예약해야 하니 서둘러 주세요.

보기

(가) 비서실 방문
(나) 회의실, 마이크 체크
(다) 케이터링 서비스 예약
(라) 인쇄소 방문
(마) 업무보고

---

① (가) - (다) - (라) - (나) - (마)
② (나) - (가) - (라) - (마) - (다)
③ (나) - (다) - (라) - (가) - (마)
④ (다) - (가) - (라) - (나) - (마)
⑤ (다) - (나) - (가) - (라) - (마)

04 | 국제 동향

| 유형분석 |

- 국제 동향을 파악하는 방법에 대해 묻는 문제이다.
- 국제적 식견을 평가하기 위해 다른 문화에 대한 이해 및 커뮤니케이션 방법에 대한 문제도 자주 출제된다.

다음 중 국제 동향을 파악하는 방법으로 적절하지 않은 것은?

① 국제적인 상황 변화에 관심을 두도록 한다.
② 업무와 관련된 국제적 법규나 규정을 숙지한다.
③ 특정 국가의 관련 업무에 대한 동향을 점검한다.
④ 현지인의 의견보다는 국내 전문가의 의견에 따른다.
⑤ 신문, 인터넷 등 각종 매체를 통해 국제적 동향을 파악한다.

정답 ④

국제 동향의 파악 방법
- 관련 분야의 해외사이트를 방문하여 최신 이슈를 확인한다.
- 매일 신문의 국제면을 읽는다.
- 업무와 관련된 국제잡지를 정기 구독한다.
- 고용노동부, 한국산업인력공단, 산업통상자원부, 중소벤처기업부, 상공회의소, 산업별인적자원개발협의체 등의 사이트를 방문해 국제 동향을 확인한다.
- 국제학술대회에 참석한다.
- 업무과 관련된 주요 용어의 외국어를 알아둔다.
- 해외서점 사이트를 방문해 최신 서적 목록과 주요 내용을 파악한다.
- 외국인 친구를 사귀고 대화를 자주 나눈다.

풀이 전략!

활동범위가 세계로 확대되는 글로벌화를 위해서 조직은 세계시장에서 경쟁하고 살아남아야 한다. 이때 필요한 능력이 국제적 식견이다. 따라서 국제 동향을 파악하는 방법을 숙지하고 실천하여 다른 문화에 대해 열린 자세로 수용하는 자세가 필요하다.

01 다음과 같은 비즈니스 에티켓 특징을 가지고 있는 국가로 가장 적절한 것은?

> • 인사 : 중국계의 경우 악수로 시작하는 일반적인 비즈니스 문화를 가지고 있으며, 말레이계의 경우 이성과 악수를 하지 않는 것이 일반적이다. 인도계 역시 이성끼리 악수를 하지 않고 목례를 한다.
> • 약속 : 약속 없이 방문하는 것은 실례이므로 업무상 필수적으로 방문해야 하는 경우에는 약속을 미리 잡아 일정 등에 대한 확답을 받은 후 방문한다. 미팅에서는 부수적인 이야기를 거의 하지 않으며 바로 업무에 대한 이야기를 한다. 이때 상대방의 말을 끝까지 경청해야 한다. 명함을 받을 때도 두 손으로 받는 것이 일반적이다.

① 미국
③ 필리핀
⑤ 인도네시아
② 태국
④ 싱가포르

02 언어적 커뮤니케이션과 달리 상대국의 문화적 배경의 생활양식, 행동규범, 가치관 등을 이해하여 서로 다른 문화적 배경을 지닌 사람과 소통하는 것을 비언어적 커뮤니케이션이라고 한다. 다음 중 비언어적 커뮤니케이션을 위한 행동으로 적절하지 않은 것은?

① 일본에서 칼은 관계의 단절을 의미한다. 따라서 일본인에게 선물할 때 칼은 피하는 것이 좋다.
② 키르기스스탄에서는 왼손을 더러운 것으로 느끼는 풍습이 있다. 따라서 키르기스스탄인에게 명함을 건넬 경우에는 반드시 오른손으로 주도록 한다.
③ 스페인에서는 악수할 때 손을 강하게 잡을수록 반갑다는 의미를 가지고 있다. 따라서 스페인 사람과 첫 협상 시에는 강하게 악수하여 반가움을 표현하는 것이 적절하다.
④ 이탈리아에서는 연회 시 소금이나 후추 등이 다른 사람 손에 거치면 좋지 않다는 풍습이 있다. 따라서 이탈리아에서 연회 참가 시 소금과 후추가 필요할 때는 웨이터를 부르도록 한다.
⑤ 중국에서는 상대방이 선물을 권할 때 선뜻 받기보다는 세 번 정도 거절하는 것이 예의라고 생각한다. 따라서 중국인에게 선물할 때 세 번 거절당하더라도 한 번 더 받기를 권하는 것이 좋다.

대인관계능력

합격 Cheat Key

대인관계능력은 직장생활에서 접촉하는 사람들과 원만한 관계를 유지하고 조직 구성원들에게 도움을 줄 수 있으며 조직 내부 및 외부의 갈등을 원만히 해결하고 고객의 요구를 충족할 수 있는 능력을 의미한다. 또한 직장생활을 포함한 일상에서 스스로를 관리하고 개발하는 능력을 말한다. 세부 유형은 팀워크, 갈등 관리, 협상, 고객 서비스로 나눌 수 있다.

1 일반적인 수준에서 판단하라!

일상생활에서의 대인관계를 생각하면서 문제에 접근하면 어렵지 않게 풀 수 있다. 그러나 수험생들 입장에서 직장 내에서의 상황, 특히 역할(직위)에 따른 대인관계를 묻는 문제는 까다롭게 느껴질 수 있고 일상과는 차이가 있을 수 있기 때문에 이런 유형에 대해서는 따로 알아둘 필요가 있다.

2 이론을 먼저 익혀라!

대인관계능력 이론을 접목한 문제가 종종 출제된다. 물론 상식 수준에서도 풀 수 있지만 정확하고 신속하게 해결하기 위해서는 이론을 정독한 후 자주 출제되는 부분들은 암기를 필수로 해야 한다. 자주 출제되는 부분은 리더십과 멤버십의 차이, 단계별 협상 과정, 고객 불만 처리 프로세스 등이 있다.

3 실제 업무에 대한 이해를 높여라!

출제되는 문제의 수는 많지 않으나, 고객과의 접점에 있는 서비스직군 시험에 출제될 가능성이 높은 영역이다. 특히 상황 제시형 문제들이 많이 출제되므로 실제 업무에 대한 이해를 높여야 한다.

4 애매한 유형의 빈출 문제, 선택지를 파악하라!

대인관계능력의 출제 문제들을 보면 이것도 맞고, 저것도 맞는 것 같은 선택지가 많다. 하지만 정답은 하나이다. 출제자들은 대인관계능력이란 공부를 통해 얻는 것이 아닌 본인의 독립적인 성품으로부터 자연스럽게 나오는 것이라고 생각한다. 수험생들이 선택하는 보기로 그 수험생들을 파악한다. 그러므로 대인관계능력은 빈출 유형의 문제와 선택지를 파악하고 가는 것이 애매한 문제들의 정답률을 높이는 데 도움이 될 것이다. 내가 맞다고 생각하는 선택지가 답이 아닐 가능성이 있기 때문이다.

01 | 팀워크

| 유형분석 |

- 팀워크에 대한 이해를 묻는 문제가 자주 출제된다.
- 직장 내 상황 중에서 구성원으로서 팀워크를 위해 어떤 행동을 해야 하는지 묻는 문제가 출제되기도 한다.

다음 사례에서 알 수 있는 효과적인 팀의 특징으로 가장 적절한 것은?

A, B, C가 함께 운영 중인 커피전문점은 현재 매출이 꾸준히 상승하고 있다. 매출 상승의 원인을 살펴보면 A, B, C는 각자 자신이 해야 할 일이 무엇인지 정확하게 알고 있다. A는 커피를 제조하고 있으며, B는 디저트를 담당하고 있다. 그리고 C는 계산 및 매장관리를 전반적으로 맡고 있다. A는 고객들이 다시 생각나게 할 수 있는 독창적인 커피 맛을 위해 커피 블렌딩을 연구하고 있으며, B는 커피와 적합하고, 고객들의 연령에 맞는 다양한 디저트를 개발 중이다. 그리고 C는 A와 B가 자신의 업무에 집중할 수 있도록 적극적으로 지원하고 있다. 이처럼 A, B, C는 서로의 업무를 이해하면서 즐겁게 일하고 있으며, 이것이 매출 상승의 원인으로 작용하고 있는 것이다.

① 창조적으로 운영된다.
② 결과에 초점을 맞춘다.
③ 개인의 강점을 활용한다.
④ 역할을 명확하게 규정한다.
⑤ 의견의 불일치를 건설적으로 해결한다.

정답 ④

A, B, C는 각자 자신이 해야 할 일이 무엇인지 정확하게 알고 있으며, 서로의 역할도 이해하는 모습을 볼 수 있다. 이처럼 효과적인 팀은 역할을 명확하게 규정한다.

풀이 전략!

제시된 상황을 자신의 입장이라고 생각해 본 후, 가장 모범적이라고 생각되는 것을 찾아야 한다. 이때 지나치게 자신의 생각만 가지고 문제를 풀지 않도록 주의하며, 팀워크에 대한 이론과 연관 지어 답을 찾도록 해야 한다.

01 과거에는 사람의 출세와 성공에 가장 큰 영향을 주는 것은 학교 성적, 즉 공부를 잘하는 것이라고 생각하였다. 그러나 최근의 연구 결과를 보면, 대인관계능력이 높은 사람이 성공하는 경우가 더 많았으며, 학교 성적은 성공과 크게 관련이 없다는 것이 밝혀졌다. 다음 〈보기〉 중 최근의 직장생활에서 성공하기 어려운 사람을 모두 고르면?

> **보기**
>
> - A가 근무하는 부서에 신입사원 B가 입사하였다. 평소 A는 입사 때 회사 선배로부터 일을 제대로 못 배워 동기들보다 승진이 늦어졌다고 생각하였다. B에게 일을 제대로 가르친다는 생각으로 잘한 점은 도외시하고 못한 점만 과장하여 지적하였고, B가 항상 긴장 상태에서 일 처리를 하도록 하였다.
> - C의 입사동기이자 업무능력이 뛰어난 D는 회사의 큰 프로젝트를 담당하고 있다. 이 프로젝트를 성공리에 완수할 경우 올해 말에 C보다 먼저 승진할 가능성이 높았음에도 불구하고, D가 업무 도움을 요청하자 C는 흔쾌히 D의 업무를 도와주었다.
> - E는 자기 팀이 작년 연말평가에서 최하 등급을 받아서 팀 내 분위기가 어수선해지자, 팀의 발전이 자신의 발전이라고 생각하였다. 매일 아침에 모닝커피를 타서 팀원 전체에게 돌리고, 팀 내의 힘들고 궂은일을 솔선수범하여 처리하였다.
> - F는 대인관계에서 가장 중요한 것은 인간관계 기법과 테크닉이라고 생각하였다. 진심에서 우러나오지 않지만 항상 무엇을 말하느냐, 어떻게 행동하느냐를 중시하였다.

① A, C

② A, F

③ C, E

④ C, F

⑤ E, F

02 다음 〈보기〉 중 팀워크를 통한 조직 목표의 개선을 위한 노력으로 적절한 것을 모두 고르면?

보기

ㄱ. A부서는 외부 조직과의 협업에서 문제가 발생할 경우를 대비하여 절차상의 하자 제거를 우선시
함으로써 책임소재를 명확히 한다.
ㄴ. B부서는 추진사업 선정에 있어 부서 내 의견이 불일치하는 경우, 부서장의 의견에 따라 사안을
결정한다.
ㄷ. C부서는 사업 계획단계에서 평가 지표를 미리 선정해 두고, 해당 지표에 따라 사업의 성패 여부
를 판단한다.
ㄹ. D부서는 비효율적인 결재 절차를 간소화하기 위해 팀을 수평적 구조로 재편하였다.

① ㄱ, ㄴ   ② ㄱ, ㄷ
③ ㄴ, ㄷ   ④ ㄴ, ㄹ
⑤ ㄷ, ㄹ

03 다음 〈보기〉 중 K부서에 필요한 팀워크의 핵심 가치로 적절한 것을 모두 고르면?

K부서는 최근 도전적인 프로젝트 진행을 위해 새로운 팀워크 유형을 모델로 삼으려고 한다. 빠른
실천과 피드백이 필요한 만큼 구성원 개인이 거쳐야 하는 결재 절차를 간소화하는 방향의 팀워크
유형을 적용하여 조직 구조를 변화시키고자 한다.

보기

㉠ 일관성   ㉡ 개인적 책임
㉢ 유연성   ㉣ 제한된 조망

① ㉠, ㉡   ② ㉠, ㉢
③ ㉡, ㉢   ④ ㉡, ㉣
⑤ ㉢, ㉣

다음 두 사례를 보고 팀워크에 대해 바르지 않게 분석한 사람은?

〈K사의 사례〉

K사는 1987년부터 1992년까지 품질과 효율향상은 물론 생산 기간을 50%나 단축시키는 성과를 내었다. 모든 부서에서 품질 향상의 경쟁이 치열했고, 그 어느 때보다 좋은 팀워크가 만들어졌다고 평가되었다. 가장 성과가 우수하였던 부서는 미국의 권위 있는 볼드리지(Baldrige) 품질대상을 수상하기도 하였다. 그런데 이러한 개별 팀의 성과가 회사 전체의 성과나 주주의 가치로 잘 연결되지 못했던 것으로 분석되었다. 시장의 PC 표준 규격을 반영하지 않은 새로운 규격으로 인해 호환성 문제가 대두되었고, 대중의 외면을 받아야만 했다. 한 임원은 "아무리 빨리, 제품을 잘 만들어도 고객의 가치를 반영하지 못하거나, 시장에서 고객의 접촉이 제대로 이루어지지 않으면 의미가 없다는 점을 배웠다."라고 말했다.

〈A병원의 사례〉

가장 정교하고 효과적인 팀워크가 요구되는 의료 분야에서 A병원은 최고의 의료 수준과 서비스로 명성을 얻고 있다. A병원의 조직 운영 기본 원칙에는 '우리 지역과 국가, 세계의 환자들의 니즈에 집중하는 최고의 의사, 연구원 및 의료 전문가의 협력을 기반으로 병원을 운영한다.'라고 명시되어 있다. 팀 간의 협력은 물론 전 세계의 고객을 지향하는 웅대한 가치를 공유하고 있는 것이다. A병원이 최고의 명성과 함께 노벨상을 수상하는 실력을 갖출 수 있었던 데는 이러한 팀워크가 중요한 역할을 하였다고 볼 수 있다.

---

① 재영 : 팀워크는 공통된 비전을 공유하고 있어야 해.
② 건우 : 역시 팀워크는 성과를 만드는 데 중요한 역할을 하네.
③ 수정 : 개인의 특성을 이해하고 개인 간의 차이를 중시해야 해.
④ 유주 : 팀워크를 지나치게 강조하다 보면 외부에 배타적인 자세가 될 수 있어.
⑤ 준영 : 개별 팀의 팀워크가 좋다고 해서 반드시 조직의 성과로 이어지는 것은 아니군.

02 | 리더십

| 유형분석 |

- 리더십의 개념을 비교하는 문제가 자주 출제된다.
- 리더의 역할에 대한 문제가 출제되기도 한다.

다음은 리더와 관리자를 비교한 글이다. 리더의 행동으로 적절하지 않은 것은?

> 리더와 관리자의 가장 큰 차이점은 비전이 있고 없음에 있다. 또한 관리자의 역할이 자원을 관리·분배하고, 당면한 과제를 해결하는 것이라면, 리더는 비전을 선명하게 구축하고, 그 비전이 팀원들의 협력 아래 실현되도록 환경을 만들어 주는 것이다.

① 리더는 자신다움을 소중히 하며, 자신의 브랜드 확립에 적극적으로 임한다.
② 리더는 매일 새로운 것을 익혀 변화하는 세계 속에서 의미를 찾도록 노력한다.
③ 리더는 목표의 실현에 관련된 모든 사람들을 중시하며, 약속을 지켜 신뢰를 쌓는다.
④ 리더는 변화하는 세계 속에서 현재의 현상을 유지함으로써 조직이 안정감을 갖도록 한다.
⑤ 리더는 새로운 상황을 창조하며, 내일에 초점을 맞추어 조직이 앞으로 나아가도록 노력한다.

정답 ④

리더는 혁신을 신조로 가지며, 일이 잘 될 때에도 더 좋아지는 방법이 있다면 변화를 추구한다. 반면, 관리자는 현재의 현상과 지금 잘하고 있는 것을 계속 유지하려는 모습을 보인다.

리더와 관리자의 비교

리더	관리자
• 새로운 상황을 창조한다.	• 상황에 수동적이다.
• 혁신지향적이다.	• 유지지향적이다.
• 내일에 초점을 둔다.	• 오늘에 초점을 둔다.
• 사람의 마음에 불을 지핀다.	• 사람을 관리한다.
• 사람을 중시한다.	• 체제나 기구를 중시한다.
• 정신적이다.	• 기계적이다.
• 계산된 리스크를 취한다.	• 리스크를 회피한다.
• '무엇을 할까?'를 생각한다.	• '어떻게 할까?'를 생각한다.

풀이 전략!

> 리더십의 개념을 비교하는 문제가 자주 출제되기 때문에 관련 개념을 정확하게 암기해야 하고, 조직 내에서의 리더의 역할에 대한 이해가 필요하다.

01 다음 글을 읽고 K팀장에게 할 수 있는 조언으로 적절하지 않은 것은?

> K팀장은 팀으로 하여금 기존의 틀에 박힌 업무 방식에서 벗어나게 하고, 변화를 통해 효과적인 업무 방식을 도입하고자 한다. 하지만 변화에 대한 팀원들의 걱정이 염려스럽다. 변화가 일어나면 모든 팀원들이 눈치를 채기 마련이며, 이들은 변화에 대한 소문이 돌거나 변화 내용에 대한 설명을 하기도 전에 그것을 알아차림으로써 불확실하고 의심스러운 분위기가 조성될 수 있기 때문이다. 이로 인해 직원들은 두려움과 스트레스에 시달리며, 사기는 땅으로 떨어질 수 있다.

① 주관적인 자세를 유지한다.
② 변화에 적응할 시간을 준다.
③ 개방적인 분위기를 조성한다.
④ 변화의 긍정적인 면을 강조한다.
⑤ 직원들의 감정을 세심하게 살핀다.

02 다음 중 리더와 관리자를 비교한 내용으로 적절하지 않은 것은?

	리더	관리자
①	계산된 리스크(위험)를 수용한다.	리스크(위험)를 최대한 피한다.
②	'어떻게 할까'를 생각한다.	'무엇을 할까'를 생각한다.
③	사람을 중시한다.	체제·기구를 중시한다.
④	새로운 상황을 만든다.	현재 상황에 집중한다.
⑤	내일에 초점을 둔다.	오늘에 초점을 둔다.

03 다음 글에서 설명하고 있는 리더십은?

로버트 그린리프(Robert K. Greenleaf)는 조직은 조직을 위해 존재하는 사람들을 위해 존재하는 것이라고 생각하였고, 『동방으로의 여행』이라는 책에 등장하는 레오라는 인물을 통해 새로운 리더십 모델을 제시하였다. 레오는 순례단에서 허드렛일을 도맡던 하인 같은 인물로, 갑자기 레오가 사라지자 순례단은 혼란 속에서 여행을 중단하게 된다. 이후 하인 같던 레오가 그 순례단의 훌륭한 리더였음을 깨닫게 되는 부분에서 이 리더십 개념을 고안하였다.

① 슈퍼 리더십   ② 서번트 리더십
③ 지시적 리더십   ④ 변혁적 리더십
⑤ 파트너십 리더십

04 리더십의 핵심 개념 중의 하나인 '임파워먼트(Empowerment)'는 조직 현장의 구성원에게 업무 재량을 위임하고 자주적이고 주체적인 체제 속에서 구성원들의 의욕과 성과를 이끌어 내기 위한 권한 부여, 권한 이양을 의미한다. 다음 중 임파워먼트를 통해 나타나는 특징으로 적절하지 않은 것은?

① 구성원들 스스로 일에 대한 흥미를 느끼도록 한다.
② 구성원들이 자신의 업무가 존중받고 있음을 느끼게 한다.
③ 구성원들 간의 긍정적인 인간관계 형성에 도움을 줄 수 있다.
④ 구성원들이 현상을 유지하고 조직에 순응하는 모습을 기대할 수 있다.
⑤ 구성원들로 하여금 업무에 대해 계속해서 도전하고 성장하도록 유도할 수 있다.

05 다음 중 '터크만 팀 발달 단계'에 필요한 리더십을 바르게 짝지은 것은?

	형성기	혼란기	규범기	성취기
①	참여	코치	위임	지시
②	코치	지시	참여	위임
③	코치	위임	참여	지시
④	지시	참여	코치	위임
⑤	지시	코치	참여	위임

06 K기관의 A팀장은 최근 팀장 회의에서 '관리자가 현상을 유지한다면, 리더는 세상을 바꾼다.'라는 리더와 관리자의 차이에 대한 설명을 듣게 되었다. 이와 관련하여 관리자가 아닌 진정한 리더가 되기 위한 A팀장의 다짐으로 적절하지 않은 것은?

① 위험을 회피하기보다는 계산된 위험을 취하도록 하자.

② 기계적인 모습보다는 정신적으로 따뜻한 모습을 보이자.

③ 사람을 관리하기보다는 사람의 마음에 불을 지피도록 하자.

④ 내일에 초점을 맞추기보다는 오늘에 초점을 맞추도록 하자.

⑤ 상황에 수동적인 모습보다는 새로운 상황을 창조하도록 하자.

PART 1

07 다음은 멤버십 유형별 특징을 정리한 자료이다. 이에 대한 리더의 대처방안으로 가장 적절한 것은?

〈멤버십 유형별 특징〉

소외형	순응형
• 조직에서 자신을 인정해 주지 않음 • 적절한 보상이 없음 • 업무 진행에 있어 불공정하고 문제가 있음	• 기존 질서를 따르는 것이 중요하다고 생각함 • 리더의 의견을 거스르는 것은 어려운 일임 • 획일적인 태도와 행동에 익숙함
실무형	**수동형**
• 조직에서 규정준수를 강조함 • 명령과 계획을 빈번하게 변경함	• 조직이 나의 아이디어를 원치 않음 • 노력과 공헌을 해도 아무 소용이 없음 • 리더는 항상 자기 마음대로 함

① 소외형 사원은 팀을 위해 업무에서 배제시킨다.

② 소외형 사원은 팀에 협조하는 경우에 적절한 보상을 주도록 한다.

③ 순응형 사원에 대해서는 조직을 위해 순응적인 모습을 계속 권장한다.

④ 실무형 사원에 대해서는 징계를 통해 규정준수를 강조한다.

⑤ 수동형 사원에 대해서는 자신의 업무에 대해 자신감을 주도록 한다.

03 | 갈등 관리

| 유형분석 |

- 갈등의 개념이나 원인, 해결방법을 묻는 문제가 자주 출제된다.
- 실제 사례에 적용할 수 있는지를 확인하는 문제가 출제되기도 한다.
- 일반적인 상식으로 해결할 수 있는 문제가 출제되기도 하지만, 자의적인 판단에 주의해야 한다.

K기관에 근무하는 A사원은 최근 자신의 상사인 B대리 때문에 스트레스를 받고 있다. A사원이 공들여 작성한 기획서를 제출하면 B대리가 중간에서 매번 퇴짜를 놓기 때문이다. 이와 동시에 A사원은 자신에 대한 B대리의 감정이 좋지 않은 것 같아 마음이 더 불편하다. 다음 중 A사원이 직장 동료인 C사원에게 이러한 어려움을 토로했을 때, C사원이 A사원에게 해 줄 수 있는 조언으로 적절하지 않은 것은?

① B대리님과 마음을 열고 대화해 볼 필요가 있다.
② B대리님의 입장을 충분히 고려해 볼 필요가 있다.
③ 무엇보다 관계 갈등의 원인을 찾는 것이 중요하다.
④ 걱정되더라도 갈등 해결을 위해 피하지 말고 맞서야 한다.
⑤ B대리님과 누가 옳고 그른지 확실히 논쟁해 볼 필요가 있다.

정답 ⑤

갈등을 성공적으로 해결하기 위해서는 누가 옳고 그른지 논쟁하는 일은 피하는 것이 좋으며, 상대방의 양 측면을 모두 이해하고 배려하는 것이 중요하다.

풀이 전략!

문제에서 물어보는 내용을 정확하게 파악한 뒤, 갈등 관련 이론과 대조해 본다. 특히 자주 출제되는 갈등 해결방법에 대한 이론을 암기해 두면 문제 푸는 속도를 줄일 수 있다.

01 다음은 갈등을 최소화하기 위한 방안에 대한 팀원들 간의 대화 내용이다. 빈칸에 들어갈 내용으로 적절하지 않은 것은?

> A팀원 : 요즘 들어 팀 분위기가 심상치 않아. 어제 팀장님은 회의 중에 한숨까지 쉬시더라고.
> B팀원 : 그러게. 요즘 들어 서로 간의 갈등이 너무 많은 것 같은데, 어떻게 해야 할지 모르겠어.
> C팀원 : 갈등을 최소화하기 위해 지켜야 할 기본 원칙들을 팀 게시판에 올려서 서로 간의 갈등 원인을 생각해 보게 하는 것은 어떨까?
> A팀원 : 좋은 생각이야. 기본 원칙으로는 _____는 내용이 들어가야 해.

① 자신의 책임이 어디서부터 어디까지인지를 명확히 하라
② 의견의 차이를 인정하지 말고 하나의 의견으로 통일하라
③ 조금이라도 의심이 들 때에는 분명하게 말해 줄 것을 요구하라
④ 여러분이 받기를 원하지 않는 형태로 남에게 작업을 넘겨주지 말라
⑤ 불일치하는 쟁점이나 사항이 있다면 다른 사람이 아닌 당사자에게 직접 말하라

02 다음 중 조직에서 갈등을 증폭시키는 행위로 적절하지 않은 것은?

① 갈등이 발견되면 바로 갈등 문제를 즉각적으로 다루려고 한다.
② 팀원 간에 서로 상대보다 더 높은 인사고과를 얻기 위해 경쟁한다.
③ 혼자 돋보이려고 지시받은 업무를 다른 팀원에게 전달하지 않는다.
④ 팀의 공동목표 달성보다는 본인의 승진이 더 중요하다고 생각한다.
⑤ 다른 팀원이 중요한 프로젝트를 맡은 경우에 그 프로젝트에 대해 자신이 알고 있는 노하우를 알려주지 않는다.

03 다음 〈보기〉 중 갈등을 해소하기 위한 방법으로 적절하지 않은 것을 모두 고르면?

> **보기**
> ㉠ A는 B와 사업 방향을 두고 갈등이 생기자 자신의 의견을 명확하게 말하였다.
> ㉡ A는 C와 의견을 나누다 갈등이 생기자 그냥 넘어가면 안 되겠다 싶어 문제에 대해 논쟁을 하였다.
> ㉢ A는 D와의 어려운 문제로 갈등이 생기자 싸우고 싶지 않아 회피하였다.
> ㉣ E와 F가 이번 신상품 개발을 두고 갈등이 생긴 것을 본 A는 E와 F 한쪽 편을 들지 않고 중립을 유지하였다.

① ㉠, ㉡　　　　　　　　　　　② ㉠, ㉢
③ ㉡, ㉢　　　　　　　　　　　④ ㉡, ㉣
④ ㉢, ㉣

04 다음은 접경도로 개선에 대하여 조정합의가 이루어진 사례이다. K시에서 취한 갈등 해소 방법으로 가장 적절한 것은?

> K시와 B시의 경계 부근에 위치한 A중소기업의 사장이 민원을 제기하였다. K시와 B시의 접경지역에는 8개의 중소기업 및 인근 경작지 $300,000m^2$의 통행을 위한 농로가 존재하였으나, 도로폭이 좁아서 차량사고의 위험이 높고, 기업 운영에 애로가 크니 이에 대한 대책을 마련해 달라는 내용이었다.
> K시의 위원회에서는 3차례의 현지 조사를 통해 8개 중소기업의 기업 활동에 애로가 많다고 판단하고 문제의 해결을 위해 K시에서 도로 정비 및 개선에 필요한 부지를 B시와 2분의 1씩 나누어 부담하고, K시에서는 도로 정비 및 개선에 필요한 설계 및 확장·포장 공사를 맡아서 진행하기로 했다. B시는 이에 대해 공사비 60% 부담하는 것을 대안으로 제시하였다. 이후 수십 차례 문제해결 방안을 협의하고, 3차례의 업무 회의 등을 거쳐 피신청기관의 의견을 계속적으로 조율한 결과, K시 위원회가 작성한 조정서의 내용대로 접경도로 개선을 추진하기로 의견이 모아졌고, K시 위원회가 현지조정회의를 개최하여 조정서를 작성하고 조정 합의하였다.

① 나는 이기고 너는 지는 방법
② 나는 지고 너는 이기는 방법
③ 서로 간에 정보를 교환하면서 모두의 목표를 달성할 수 있는 방법
④ 갈등상황을 회피하면서 위협적인 상황을 피하는 데 사용하는 방법
⑤ 서로가 받아들일 수 있는 결정을 하기 위하여 타협적으로 주고받는 방법

05 다음 대화에서 팀원 간 갈등 관계에 있는 사람은 모두 몇 명인가?

> 박팀장 : 오늘은 그동안 논의해 온 의견을 종합하여 기존 제품을 계속 판매할지 아니면 기존 제품을 철수하고 새로운 상품을 출시할지를 결정해야 합니다.
>
> 김대리 : 조주임이 얘기했던 신제품 사업안은 현실성이 떨어집니다. 신제품 부문도 이미 과잉경쟁 상태라 수익을 내기 어렵습니다. 더군다나 얼마 전에 징계를 받은 사람이 완성도 높은 사업안을 구상하기란 쉽지 않습니다.
>
> 변주임 : 신제품 사업안은 초기비용 측면에서 추진이 무척 어렵습니다. 특히나 전염병으로 인해 소비가 침체되어 있는 상황에서 자칫하면 기존 사업과 신사업 모두 잃을 수도 있습니다.
>
> 안주임 : 신제품 사업안은 단순히 시장을 옮겨가는 것이 아니라, 새로운 시장을 개척하는 것입니다. 김대리님은 새로운 사업안의 핵심을 모르고 계시네요.
>
> 최대리 : 변주임이야 김대리의 동문이니 신제품 사업안에 반대하겠지만, 저는 가능성이 무궁무진한 사업이라고 생각합니다.
>
> 조주임 : 기존 시장에서의 수익성이 점점 하락하고 있습니다. 수익성을 상실하기 전에 새로운 제품으로의 도전을 시작해야 합니다.

① 1명

② 2명

③ 3명

④ 4명

⑤ 5명

06 다음 중 갈등의 2가지 유형과 쟁점에 대한 설명으로 적절하지 않은 것은?

① 절차 혹은 책임에 대한 인식의 불일치로 발생하는 갈등은 핵심 문제에 해당한다.
② 동료에 대한 편견에서 생긴 적대적 감정은 해결 불가능한 갈등 유형에 해당한다.
③ 욕망 혹은 가치의 차이에 의한 갈등은 서로에 대한 이해를 통해 해결할 수 있다.
④ 문제를 바라보는 시각의 차이에서 발생하는 갈등은 해결할 수 있는 갈등 유형에 해당한다.
⑤ 상호 간에 인식하는 정보의 차이로 인해 발생하는 갈등은 불필요한 갈등 유형에 해당한다.

04 | 고객 서비스

| 유형분석 |

- 고객불만을 효과적으로 처리하기 위한 과정이나 방법에 대한 문제이다.
- 고객불만 처리 프로세스에 대한 숙지가 필요하다.

다음 글에서 알 수 있는 K씨의 잘못된 고객응대 자세는?

K씨는 대형 마트에서 육류제품의 유통 업무를 담당하고 있다. 전화벨이 울리고 신속하게 인사와 함께 전화를 받았는데 전화는 채소류에 관련된 업무 문의로 K씨는 고객에게 자신은 채소류에 관련된 담당자가 아니라고 설명하고, "지금 거신 전화는 육류에 관련된 부서로 연결되어 있습니다. 채소류 관련 부서로 전화를 연결해드릴 테니 잠시만 기다려 주십시오."라고 말하고 다른 부서로 전화를 돌렸다.

① 신속하게 전화를 받지 않았다.
② 자신의 직위를 밝히지 않았다.
③ 기다려 주신 데 대한 인사를 하지 않았다.
④ 고객의 기다림에 대해 양해를 구하지 않았다.
⑤ 전화를 다른 부서로 돌려도 괜찮은지 묻지 않았다.

정답 ⑤

전화를 다른 부서로 연결할 때 양해를 구하지 않았으며, 다른 부서의 사람이 전화를 받을 수 있는 상황인지를 사전에 확인하지 않았다.

풀이 전략!

제시된 상황이나 고객 유형을 정확하게 파악해야 하고, 고객불만 처리 프로세스를 토대로 갈등을 해결해야 한다.

01 다음 상황에서 나타난 고객 유형에 대한 대처 방법으로 가장 적절한 것은?

> 직원 : 고객님, 반갑습니다. 찾으시는 제품 있으실까요?
> 고객 : 아이가 에어드레서가 필요하다고 해서요. 제품 좀 보러 왔어요.
> 직원 : 그렇군요. 고객님, 그럼 K제품 한번 보시겠어요? 이번에 나온 신제품인데요. 기존 제품들이 살균과 미세먼지 제거 기능 및 냄새 분해 기능만 있었다면, 이 제품은 그 기능에 더하여 바이러스 제거 기능이 추가되었습니다.
> 고객 : 가격이 얼마인가요?
> 직원 : 가격은 기존 제품의 약 1.8배 정도로 ×××만 원이지만, 이번에 저희 매장에서 2025년 신제품은 5%의 할인이 적용되기 때문에 지금 타사 대비 최저가로 구매가 가능합니다.
> 고객 : 아, 비싸네요. 근데 바이러스가 눈에 안 보이는데 정말 제거되는지 믿을 수 있나요? 그냥 신제품이라고 좀 비싸게 파는 건 아닐까 생각이 드네요.

① 잠자코 고객의 의견을 경청하고 사과를 하도록 한다.
② 고객의 이야기를 경청하고, 맞장구치고, 추켜세우고, 설득한다.
③ 분명한 증거나 근거를 제시하여 고객이 확신을 갖도록 유도한다.
④ 과시욕이 충족될 수 있도록 고객의 언행을 제지하지 않고 인정해 준다.
⑤ 의외로 단순하게 생각하는 면이 있으므로 고객의 호감을 얻기 위해 노력한다.

02 A사원은 K기관에서 근무하고 있다. 하루는 같은 팀 B사원이 자료를 보여주면서 보완할 것이 없는지 검토해 달라고 부탁했다. 다음 중 B사원에게 조언해 줄 수 있는 말로 적절하지 않은 것은?

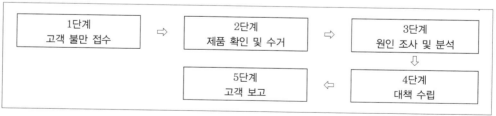

① 고객 보고 후 피드백이 이루어지면 좋겠어요.
② 단계별로 진행 상황을 고객에게 통보해 준다면 좋겠어요.
③ 고객 불만 접수, 고객 보고 단계에 '사과'를 추가하면 좋겠어요.
④ 1단계에서는 고객의 불만을 경청하는 태도가 중요할 것 같아요.
⑤ 대책 수립 후 재발 방지 교육을 실시한 뒤 고객 보고가 이루어지면 좋겠어요.

03 다음 중 '고객만족관리'의 필요성에 대한 설명으로 적절하지 않은 것은?

① 고객만족은 기업의 단골 증대로 이어지며 공생의 개념과 관계가 있다.
② 경제성장으로 인해 고객의 욕구는 더욱 진화하였으며, 기대수준 또한 높아졌다.
③ 기업의 제품이나 서비스에 대해 만족한 고객의 구전이 신규고객의 창출로 이어진다.
④ 기업의 제품이나 서비스의 불만족은 고객이탈로 이어지지 않으나 기업 이미지에 큰 영향을 미친다.
⑤ 불만족 고객의 대부분은 회사가 적극적인 자세로 신속하게 해결해 줄 경우 재거래율이 높아진다.

04 프랜차이즈 커피숍에서 바리스타로 근무하고 있는 K씨는 종종 "가격을 깎아 달라."라는 고객 때문에 고민이 이만저만이 아니다. 이를 본 선배가 K씨에게 도움이 될 만한 몇 가지 조언을 해 주었다. 다음 중 선배가 해 줄 조언으로 가장 적절한 것은?

① 못 본 체하고 다른 손님의 주문을 받으면 됩니다.
② 이번이 마지막이라고 말하면서 한 번만 깎아 주세요.
③ 다음에 오실 때 깎아 드리겠다고 약속드리고 지키면 됩니다.
④ '절대로 안 된다.'라고 딱 잘라 거절하는 태도가 필요합니다.
⑤ 규정상 임의로 깎아 줄 수 없다는 점을 친절하게 설명해 드리세요.

05 다음 중 고객 만족도를 향상시키고 지속적인 상품 구매를 유도하기 위한 상담원의 고객 응대 자세로 적절하지 않은 것은?

① 자신 있는 태도와 음성으로 전문적인 상담을 진행해 고객의 신뢰를 획득해야 한다.
② 설득력 있는 대화와 유용한 정보 제공을 통해 고객의 구매 결정에 도움을 주어야 한다.
③ 상품의 장점과 지속구매 시 이점을 고객에게 충분히 이해시켜 고객의 니즈를 충족시킨다.
④ 수익을 많이 올릴 수 있는 고부가가치의 상품을 중심으로 설명하고 판매하도록 노력한다.
⑤ 고객 관리를 위해 고객 정보나 취향을 데이터 시트에 기록하고, 지속적인 관계 유지를 위해 노력한다.

06 K통신회사에서 상담원으로 근무하는 A사원은 다음과 같은 문의 전화를 받게 되었다. A사원이 고객을 응대하는 방법으로 적절하지 않은 것은?

> A사원 : 안녕하세요. K통신입니다. 무엇을 도와드릴까요?
> 고객 : 인터넷이 갑자기 안 되어서 너무 답답해요. 빨리 좀 해결해 주세요. 지금 당장이요!
> A사원 : 네, 고객님. 최대한 빠르게 처리해 드리겠습니다.
> 고객 : 확실해요? 언제 해결 가능하죠? 빨리 좀 부탁합니다.

① 정중한 어조를 통해 고객의 흥분을 가라앉히도록 노력한다.
② 고객이 문제해결에 대해 의심하지 않도록 확신감을 가지고 말한다.
③ '글쎄요.', '아마'와 같은 표현으로 고객이 흥분을 가라앉힐 때까지 시간을 번다.
④ 현재 업무 절차에 대해 설명해 주면서 시원스럽게 업무를 처리하는 모습을 보여준다.
⑤ 고객의 이야기에 경청하고, 공감해 주면서 업무 진행을 위한 고객의 협조를 유도한다.

07 다음 중 빈칸에 들어갈 단어에 대한 설명으로 적절하지 않은 것은?

> _____(이)란 고객과 서비스 요원 사이의 15초 동안의 짧은 순간에서 이루어지는 서비스로, 이 순간을 진실의 순간(MOT; Moment Of Truth) 또는 결정적 순간이라고 한다.

① 서비스 직원은 찰나의 순간에 모든 역량을 동원하여 고객을 만족시켜야 한다.
② 서비스 직원의 용모와 복장보다는 따뜻한 미소와 친절한 한마디가 서비스의 핵심이다.
③ 고객과 상호작용에 의해서 서비스가 순발력 있게 제공될 수 있는 시스템이 갖추어져야 한다.
④ 짧은 순간에 고객으로 하여금 우리 회사를 선택한 것이 좋은 선택이었다는 것을 입증해야 한다.
⑤ 여러 번의 결정적인 순간에서 단 한 번의 0점 서비스를 받는다면 모든 서비스가 0점이 되어버릴 수 있다.

05 | 협상 전략

| 유형분석 |

• 문제에서 특징을 제시하고 이에 해당하는 협상이 무엇인지 묻는 단순한 형태도 나오지만, 대부분 상황이 주어지는 경우가 더 많다.

다음은 헤밍웨이의 일화이다. 위스키 회사 간부가 헤밍웨이와의 협상을 실패한 이유로 가장 적절한 것은?

어느 날 미국의 한 위스키 회사 간부가 헤밍웨이를 찾아왔다. 헤밍웨이의 비서를 따라 들어온 간부는 헤밍웨이의 턱수염을 보고서 매우 감탄하며 말했다.

"선생님은 세상에서 가장 멋진 턱수염을 가지셨군요! 우리 회사에서 선생님의 얼굴과 이름을 빌려 광고하는 조건으로 4천 달러와 평생 마실 수 있는 술을 제공하려는데 허락해 주시겠습니까?"

그 말을 들은 헤밍웨이는 잠시 생각에 잠겼다. 그 정도 조건이면 훌륭하다고 판단했던 간부는 기다리기 지루한 듯 대답을 재촉했다.

"무얼 그리 망설이십니까? 얼굴과 이름만 빌려주면 그만인데….."

그러자 헤밍웨이는 무뚝뚝하게 말했다.

"유감이지만 그럴 수 없으니 그만 당신의 회사로 돌아가 주시기 바랍니다."

헤밍웨이의 완강한 말에 간부는 당황해하며 돌아가 버렸다. 그가 돌아가자 비서는 헤밍웨이에게 왜 허락하지 않았는지를 물었고, 헤밍웨이는 대답했다.

"그의 무책임한 말을 믿을 수 없었지. 얼굴과 이름을 대수롭지 않게 생각하는 회사에 내 얼굴과 이름을 빌려준다면 어떤 꼴이 되겠나?"

① 협상의 통제권을 갖지 못하였다.
② 협상의 대상을 분석하지 못하였다.
③ 잘못된 사람과 협상을 진행하였다.
④ 자신의 특정 입장만을 고집하였다.
⑤ 상대방에 대해 너무 많은 염려를 하였다.

정답 ②

마지막 헤밍웨이의 대답을 통해 위스키 회사 간부가 협상의 대상인 헤밍웨이를 분석하지 못하였음을 알 수 있다. 헤밍웨이의 특징, 성격 등을 파악하고 헤밍웨이로 하여금 신뢰감을 느낄 수 있도록 협상을 진행하였다면 협상의 성공률은 올라갔을 것이다.

풀이 전략!

사례를 읽으면서 키워드를 찾는 것이 중요하다. 협상 전략마다 특징이 있기 때문에 이를 바탕으로 적절한 협상 전략을 찾아야 한다. 또한 전략 명칭과 각각의 예시가 섞여서 선택지로 제시되는 경우도 있으니 미리 관련 이론을 숙지해야 한다.

01 다음은 협상의 5가지 차원을 설명하는 글이다. 〈보기〉는 협상의 5가지 차원 중 어느 유형에 해당하는가?

- 교섭의 차원에서 볼 때, 협상이란 선호가 서로 다른 협상 당사자들이 합의에 도달하기 위해 공동으로 의사결정하는 과정이라고 할 수 있다.
- 의사소통의 차원에서 볼 때, 협상이란 이해당사자들이 자신들의 욕구를 충족시키기 위해 상대방으로부터 최선의 것을 얻어내기 위해 상대방을 설득하는 커뮤니케이션 과정이다.
- 갈등해결의 차원에서 볼 때, 협상이란 갈등관계에 있는 이해당사자들이 대화를 통해서 갈등을 해결하고자 하는 상호작용과정이다.
- 의사결정의 차원에서 볼 때, 협상이란 둘 이상의 이해당사자들이 여러 대안들 가운데서 이해당사자들 모두가 수용 가능한 대안을 찾기 위한 의사결정과정이라고도 볼 수 있고, 공통적인 이익을 추구하나 서로 입장의 충돌 때문에 이해당사자들 모두에게 수용 가능한 이익의 조합을 찾으려는 개인, 조직, 또는 국가의 상호작용과정이라고도 볼 수 있다.
- 지식과 노력의 차원에서 볼 때, 협상이란 우리가 얻고자 하는 것을 가진 사람의 호의를 쟁취하기 위한 것에 대한 지식이며 노력의 분야이다.

보기

K대리는 다른 사람들보다 빠른 승진과 곧 있을 연봉 협상을 위해 부서장의 신임을 받으려 노력하고 있다.

① 교섭의 차원   ② 의사소통의 차원
③ 갈등해결의 차원   ④ 의사결정의 차원
⑤ 지식과 노력의 차원

※ 다음 글을 읽고 이어지는 질문에 답하시오. [2~3]

서희는 국서를 가지고 소손녕의 영문(營門)으로 갔다. 기를 꺾어 놓을 심산이었던 듯 소손녕은 "나는 대국의 귀인이니 그대가 나에게 뜰에서 절을 해야 한다."라고 우겼다. 거란의 군사가 가득한 적진에서 서희는 침착하게 대답했다. "신하가 임금에게 대할 때는 절하는 것이 예법이나, 양국의 대신들이 대면하는 자리에서 어찌 그럴 수 있겠는가?" 소손녕이 계속 고집을 부리자 서희는 노한 기색을 보이며 숙소로 들어와 움직이지 않았다. 거란이 전면전보다 화의를 원하고 있다는 판단에 가능했던 행동이었다. 결국 소손녕이 서로 대등하게 만나는 예식 절차를 수락하면서 첫 번째 기싸움은 서희의 승리로 돌아갔다.

본격적인 담판이 시작되었다. 먼저 소손녕이 물었다. "당신네 나라는 옛 신라 땅에서 건국하였다. 고구려의 옛 땅은 우리나라에 소속되었는데, 어째서 당신들이 침범하였는가?" 광종이 여진의 땅을 빼앗아 성을 쌓은 일을 두고 하는 말이었다.

이 물음은 이번 정벌의 명분에 대한 것으로, 고구려 땅을 차지하는 정당성에 대한 매우 중요한 논점이었다. 서희는 조목조목 반박했다. "그렇지 않다. 우리나라는 바로 고구려의 후예이다. 그러므로 나라 이름을 고려라 부르고, 평양을 국도로 정한 것 아닌가. 오히려 귀국의 동경이 우리 영토 안에 들어와야 하는데 어찌 거꾸로 침범했다고 하는가?" 한 치의 틈도 없는 서희의 논리에 소손녕의 말문이 막히면서 고구려 후계론 논쟁은 일단락 지어졌다.

마침내 소손녕이 정벌의 본래 목적을 얘기했다. "우리나라와 국경을 접하고 있으면서 바다 건너에 있는 송나라를 섬기고 있는 까닭에 이번에 정벌하게 된 것이다. 만일 땅을 떼어 바치고 국교를 회복한다면 무사하리라." 송과 손을 잡고 있는 고려를 자신들의 편으로 돌아 앉혀 혹시 있을 송과의 전면전에서 배후를 안정시키는 것, 그것이 거란의 본래 목적이었다.

"압록강 안팎도 우리 땅인데, 지금 여진이 그 중간을 점거하고 있어 육로로 가는 것이 바다를 건너는 것보다 왕래하기가 더 곤란하다. 그러니 국교가 통하지 못하는 것은 여진 탓이다. 만일 여진을 내쫓고 우리의 옛 땅을 회복하여 거기에 성과 보를 쌓고 길을 통하게 한다면 어찌 국교가 통하지 않겠는가." 그들이 원하는 것을 알았지만, 서희는 바로 답을 주지 않고 이와 같이 돌려 말했다. 국교를 맺기 위해서는 여진을 내쫓고 그 땅을 고려가 차지해야 가능하다며 조건을 낸 것이다. 소손녕이 회담의 내용을 거란의 임금에게 보내자 고려가 이미 화의를 요청했으니 그만 철군하라는 답이 돌아왔다. 그리고 고려가 압록강 동쪽 280여 리의 영토를 개척하는 데 동의한다는 답서도 보내왔다.

비록 그들의 요구대로 국교를 맺어 이후 일시적으로 사대의 예를 갖추지만, 싸우지 않고 거란의 대군을 돌려보내고, 오히려 이를 전화위복 삼아 영토까지 얻었으니 우리 역사상 가장 실리적으로 성공한 외교라 칭찬받을 만하다.

02 다음 중 윗글의 내용으로 알 수 있는 협상 진행 5단계를 순서대로 바르게 나열한 것은?

① 협상 시작 → 상호 이해 → 실질 이해 → 해결 대안 → 합의
② 협상 시작 → 실질 이해 → 상호 이해 → 해결 대안 → 합의
③ 협상 시작 → 상호 이해 → 실질 이해 → 합의 → 해결 대안
④ 협상 시작 → 실질 이해 → 상호 이해 → 합의 → 해결 대안
⑤ 협상 시작 → 상호 이해 → 해결 대안 → 실질 이해 → 합의

03 다음 중 서희의 협상 전략으로 적절하지 않은 것은?

① 상대방의 숨은 의도를 이끌어 내었다.

② 자신의 요구를 이유와 함께 설명하였다.

③ 적진에서 한 협상에서 기선을 제압하였다.

④ 상대방의 요구를 거부하되, 대안을 제시하였다.

⑤ 상대방과의 명분 싸움에서 논리적으로 대응하였다.

04 다음은 협상 전략의 유형에 대한 글이다. 빈칸 (A) ~ (D)에 들어갈 단어를 바르게 짝지은 것은?

- ___(A)___ : 상대방이 제시하는 것을 일방적으로 수용하여 협상의 가능성을 높이려는 전략이다. 즉, 상대방의 욕구와 주장에 자신의 욕구와 주장을 조정하고 순응시켜 굴복한다.
- ___(B)___ : 자신이 상대방보다 힘에 있어서 우위를 점유하고 있을 때 자신의 이익을 극대화하기 위한 공격적 전략이다. 즉, 상대방의 주장을 무시하고 자신의 힘으로 일방적으로 밀어붙여 상대방에게 자신의 입장을 강요하는 전략이다.
- ___(C)___ : 무행동전략이며, 협상으로부터 철수하는 철수전략이다. 협상을 피하거나 잠정적으로 중단하거나 철수하는 전략이다.
- ___(D)___ : 협상 참여자들이 협동과 통합으로 문제를 해결하고자 하는 협력적 문제해결전략이다. 문제를 해결하는 합의에 이르기 위해서 협상 당사자들이 서로 협력하는 것이다.

	(A)	(B)	(C)	(D)
①	유화전략	협력전략	강압전략	회피전략
②	회피전략	강압전략	유화전략	협력전략
③	유화전략	강압전략	협력전략	회피전략
④	회피전략	협력전략	강압전략	유화전략
⑤	유화전략	강압전략	회피전략	협력전략

CHAPTER 07

정보능력

합격 Cheat Key

정보능력은 업무를 수행함에 있어 기본적인 컴퓨터를 활용하여 필요한 정보를 수집·분석·활용
하는 능력으로, 업무와 관련된 정보를 수집하고, 이를 분석하여 의미 있는 정보를 얻는 능력을 의
미한다. 세부 유형은 컴퓨터 활용, 정보 처리로 나눌 수 있다.

1 **평소에 컴퓨터 활용 스킬을 틈틈이 익혀라!**

윈도우(OS)에서 어떠한 설정을 할 수 있는지, 응용프로그램(엑셀 등)에서 어떠한 기능을
활용할 수 있는지를 평소에 직접 사용해 본다면 문제를 보다 수월하게 해결할 수 있다.
여건이 된다면 컴퓨터 활용 능력에 관련된 자격증 공부를 하는 것도 이론과 실무를 익히
는 데 도움이 될 것이다.

2 **문제의 규칙을 찾는 연습을 하라!**

일반적으로 코드체계나 시스템 논리체계를 제공하고 이를 분석하여 문제를 해결하는 유
형이 출제된다. 이러한 문제는 문제해결능력과 같은 맥락으로 규칙을 파악하여 접근하는
방식으로 연습이 필요하다.

3 **현재 보고 있는 그 문제에 집중하라!**

정보능력의 모든 것을 공부하려고 한다면 양이 너무나 방대하다. 그렇기 때문에 수험서에서 본인이 현재 보고 있는 문제들을 집중적으로 공부하고 기억하려고 해야 한다. 그러나 엑셀의 함수 수식, 연산자 등 암기를 필요로 하는 부분들은 필수적으로 암기를 해서 출제가 되었을 때 오답률을 낮출 수 있도록 한다.

4 **사진·그림을 기억하라!**

컴퓨터 활용 능력을 파악하는 영역이다 보니 컴퓨터 속 옵션, 기능, 설정 등의 사진·그림이 문제에 같이 나오는 경우들이 있다. 그런 부분들은 직접 컴퓨터를 통해서 하나하나 확인을 하면서 공부한다면 더 기억에 잘 남게 된다. 조금 귀찮더라도 한 번씩 클릭하면서 확인해 보도록 한다.

01 | 정보 이해

| 유형분석 |

- 정보능력 전반에 대한 이해를 확인하는 문제이다.
- 정보능력 이론이나 새로운 정보 기술에 대한 문제가 자주 출제된다.

다음 중 정보의 가공 및 활용에 대한 설명으로 적절하지 않은 것은?

① 비디오테이프에 저장된 영상정보는 동적정보에 해당한다.
② 정보는 원형태 그대로 활용하거나 가공하여 활용할 수 있다.
③ 수집된 정보를 가공하여 다른 형태로 재표현하는 방법도 가능하다.
④ 동적정보는 입수하여 처리 후에는 해당 정보를 즉시 폐기해도 된다.
⑤ 정적정보의 경우 이용한 이후에도 장래활용을 위해 정리하여 보존한다.

정답 ①

저장매체에 저장된 자료는 시간이 지나도 언제든지 동일한 형태로 재생이 가능하므로 정적정보에 해당한다.

오답분석

② 정보는 원래 형태 그대로 활용하거나 분석, 정리 등 가공하여 활용할 수 있다.
③ 정보를 가공하는 것뿐 아니라 일정한 형태로 재표현하는 것도 가능하다.
④ 동적정보의 특징은 입수 후 처리한 경우에는 폐기하여도 된다는 것이다. 오히려 시간의 경과에 따라 시의성이 점점 떨어지는 동적정보를 축적하는 것은 비효율적이다.
⑤ 시의성이 사라지면 정보의 가치가 떨어지는 동적정보와 달리, 정적정보의 경우 이용 후에도 장래에 활용을 하기 위해 정리하여 보존하는 것이 좋다.

풀이 전략!

자주 출제되는 정보능력 이론을 확인하고, 확실하게 암기해야 한다. 특히 새로운 정보 기술이나 컴퓨터 전반에 대해 관심을 가지는 것이 좋다.

01 다음 중 최초의 패킷 교환망은?

① CLOUD
② KONET
③ ARPANET
④ INTERNET
⑤ INTRANET

02 다음 글의 빈칸에 공통으로 들어갈 단어로 가장 적절한 것은?

_____은/는 '언제 어디에나 존재한다.'라는 뜻의 라틴어로, 사용자가 컴퓨터나 네트워크를 의식하지 않고 장소에 상관없이 자유롭게 네트워크에 접속할 수 있는 환경을 말한다. 이는 컴퓨터 관련 기술이 생활 구석구석에 스며들어 있음을 뜻하는 '퍼베이시브 컴퓨팅(Pervasive Computing)'과 같은 개념이다.
_____화가 이루어지면 가정·자동차는 물론, 심지어 산 꼭대기에서도 정보기술을 활용할 수 있고, 네트워크에 연결되는 컴퓨터 사용자의 수도 늘어나 정보기술산업의 규모와 범위도 그만큼 커지게 된다. 그러나 _____ 네트워크가 이루어지기 위해서는 광대역통신과 컨버전스 기술의 일반화, 정보기술 기기의 저가격화 등 정보기술의 고도화가 전제되어야 한다. 그러나 _____은/는 휴대성과 편의성뿐 아니라 시간과 장소에 구애받지 않고도 네트워크에 접속할 수 있다는 장점 때문에 현재 세계적인 개발 경쟁이 일고 있다.

① P2P(Peer to Peer)
② 블록체인(Block Chain)
③ 유비쿼터스(Ubiquitous)
④ 딥 러닝(Deep Learning)
⑤ AI(Artificial Intelligence)

03 다음 중 컴퓨터 바이러스에 대한 설명으로 적절하지 않은 것은?

① 소프트웨어뿐만 아니라 하드웨어의 성능에도 영향을 미칠 수 있다.
② 온라인 채팅이나 인스턴트 메신저 프로그램을 통해서 전파되기도 한다.
③ 인터넷의 공개 자료실에 있는 파일을 다운로드하여 설치할 때 감염될 수 있다.
④ 보통 소프트웨어 형태로 감염되나, 메일이나 첨부파일은 감염의 확률이 매우 낮다.
⑤ 사용자가 인지하지 못한 사이 자가 복제를 통해 다른 정상적인 프로그램을 감염시켜 해당 프로그램이나 다른 데이터 파일 등을 파괴한다.

02 | 엑셀 함수

| 유형분석 |

- 컴퓨터 활용과 관련된 상황에서 문제를 해결하기 위한 행동이 무엇인지 묻는 문제이다.
- 주로 업무 수행 중에 많이 활용되는 대표적인 엑셀 함수(COUNTIF, ROUND, MAX, SUM, COUNT, AVERAGE, …)가 출제된다.
- 종종 엑셀시트를 제시하여 각 셀에 들어갈 함수식이 무엇인지 고르는 문제가 출제되기도 한다.

다음 시트에서 판매수량과 추가판매의 합계를 구하기 위해서 [B6] 셀에 들어갈 수식으로 옳은 것은?

	A	B	C
1	일자	판매수량	추가판매
2	06월19일	30	8
3	06월20일	48	
4	06월21일	44	
5	06월22일	42	12
6	합계	184	

① =SUM(B2:B5)

② =LEN(B2:B5, 3)

③ =SUM(B2,C2,C5)

④ =SUM(B2:B5,C2,C5)

⑤ =COUNTIF(B2:B5, “>=12”)

정답 ④

「=SUM(합계를 구할 처음 셀:합계를 구할 마지막 셀)」으로 표시해야 한다. 판매수량과 추가판매를 더하는 것은 비연속적인 셀을 더하는 것이므로 연속하는 영역을 입력하고 ‘,’로 구분해 준 다음 영역을 다시 지정해야 한다. 따라서 [B6] 셀에 작성해야 할 수식으로는 「=SUM(B2:B5,C2,C5)」이 옳다.

풀이 전략!

제시된 상황에서 사용할 엑셀 함수가 무엇인지 파악한 후, 선택지에서 적절한 함수식을 골라 식을 만들어야 한다. 평소 대표적으로 문제에 자주 출제되는 몇몇 엑셀 함수를 익혀두면 풀이시간을 단축할 수 있다.

01 다음은 K기관의 인사부에서 정리한 직원 목록이다. 〈보기〉 중 이에 대한 설명으로 옳은 것을 모두 고르면?

	A	B	C	D
1	사원번호	성명	직위	부서
2	869872	조재영	부장	고객관리처
3	890531	정대현	대리	고객관리처
4	854678	윤나리	사원	고객관리처
5	812365	이민지	차장	기획처
6	877775	송윤희	대리	기획처
7	800123	김가을	사원	기획처
8	856123	박슬기	부장	사업개발처
9	827695	오종민	차장	사업개발처
10	835987	나진원	사원	사업개발처
11	854623	최윤희	부장	인사처
12	847825	이경서	사원	인사처
13	813456	박소미	대리	재무실
14	856123	최영수	사원	재무실

보기

㉠ 부서를 기준으로 내림차순으로 정렬되었다.
㉡ 부서를 우선 기준으로, 직위를 다음 기준으로 정렬하였다.
㉢ 성명을 기준으로 내림차순으로 정렬되었다.

① ㉠   ② ㉡
③ ㉠, ㉡   ④ ㉠, ㉢
⑤ ㉡, ㉢

02 다음은 K기관의 공장별 9월 생산량 현황이다. 각 셀에 들어간 함수의 결괏값으로 옳지 않은 것은?

	A	B	C	D	E	F
1	〈K기관 공장별 9월 생산량 현황〉					
2	구분	생산량	단가	금액	순위	
3					생산량 기준	금액 기준
4	안양공장	123,000	10	1,230,000		
5	청주공장	90,000	15	1,350,000		
6	제주공장	50,000	15	750,000		
7	강원공장	110,000	11	1,210,000		
8	진주공장	99,000	12	1,188,000		
9	합계	472,000		5,728,000		

① E4 : =RANK(B4,B4:B8,0) → 1

② E6 : =RANK(B6,B4:B8,0) → 5

③ E8 : =RANK(B8,B4:B8,0) → 3

④ F4 : =RANK(D4,D4:D8,1) → 4

⑤ F8 : =RANK(D8,D4:D8,0) → 2

03 다음 시트와 같이 월 ~ 금요일까지는 '업무'로, 토요일과 일요일에는 '휴무'로 표시하고자 할 때, [B2] 셀에 입력해야 할 함수식으로 옳지 않은 것은?

	A	B
1	일자	휴무, 업무
2	2025-03-15	휴무
3	2025-03-16	휴무
4	2025-03-17	업무
5	2025-03-18	업무
6	2025-03-19	업무
7	2025-03-20	업무
8	2025-03-21	업무

① =IF(WEEKDAY(A2,2)>=6,"휴무","업무")

② =IF(WEEKDAY(A2,3)>=5,"휴무","업무")

③ =IF(OR(WEEKDAY(A2,1)=1,WEEKDAY(A2,1)=7),"휴무","업무")

④ =IF(OR(WEEKDAY(A2,0)=0,WEEKDAY(A2,0)=6),"휴무","업무")

⑤ =IF(OR(WEEKDAY(A2,2)=6,WEEKDAY(A2,2)=7),"휴무","업무")

※ K씨는 지점별 매출 및 매입 현황을 정리하고 있다. 이어지는 질문에 답하시오. [4~5]

	A	B	C	D	E	F
1	지점명	매출	매입			
2	주안점	2,500,000	1,700,000			
3	동암점	3,500,000	2,500,000		최대 매출액	
4	간석점	7,500,000	5,700,000		최소 매출액	
5	구로점	3,000,000	1,900,000			
6	강남점	4,700,000	3,100,000			
7	압구정점	3,000,000	1,500,000			
8	선학점	2,500,000	1,200,000			
9	선릉점	2,700,000	2,100,000			
10	교대점	5,000,000	3,900,000			
11	서초점	3,000,000	1,900,000			
12	합계					

04 다음 중 매출과 매입의 합계를 구할 때 사용해야 하는 함수로 옳은 것은?

① SUM
② REPT
③ DSUM
④ CHOOSE
⑤ AVERAGE

05 다음 중 [F3] 셀을 구하는 함수식으로 옳은 것은?

① =MIN(B2:B11)
② =MAX(B2:C11)
③ =MIN(C2:C11)
④ =MAX(C2:C11)
⑤ =MAX(B2:B11)

03 | 프로그램 언어(코딩)

| 유형분석 |

- 프로그램의 실행 결과를 코딩을 통해 파악하여 이를 풀이하는 문제이다.
- 대체로 문제에서 규칙을 제공하고 있으며, 해당 규칙을 적용하여 새로운 코드번호를 만들거나 혹은 만들어진 코드번호를 해석하는 등의 문제가 출제된다.

다음 C 프로그램의 실행 결과에서 p의 값으로 옳은 것은?

```
#include <stdio.h>
int main()
{
    int x, y, p;
    x = 3;
    y = x++;
    printf("x = %d y = %d\n", x, y);
    x = 10;
    y = ++x;
    printf("x = %d y = %d\n", x, y);
    p = ++x++y++;
    printf("x = %d y = %d\n", x, y);
    printf("p = %d\n", p);
    return 0;
}
```

① p=22
② p=23
③ p=24
④ p=25
⑤ p=26

정답 ②

x 값을 1 증가하여 x에 저장하고, 변경된 x 값과 y 값을 덧셈한 결과를 p에 저장한 후 y 값을 1 증가하여 y에 저장한다. 따라서 x=10+1=11, y=x+1=12 → p=x+y=23이다.

풀이 전략!

문제에서 실행 프로그램 내용이 주어지면 핵심 키워드를 확인한다. 코딩 프로그램을 통해 요구되는 내용을 알아맞혀 정답 유무를 판단한다.

01 다음 중첩 반복문을 실행할 때 "Do all one can"이 출력되는 횟수는 모두 몇 번인가?

```
for ( i = 0; i < 4; i++)
{
for ( j = 0; j < 6; j++)
{
printf("Do all one can\n");
}
}
```

① 3번
② 6번
③ 12번
④ 18번
⑤ 24번

02 다음 프로그램의 실행 결과로 옳은 것은?

```
#include <stdio.h>
void main() {
    int arr[10] = {1, 2, 3, 4, 5};
    int num = 10;
    int i;

    for (i = 0; i < 10; i++) {
      num += arr[i];
    }
    printf("%d\n", num);
}
```

① 15
② 20
③ 25
④ 30
⑤ 35

기술능력

합격 Cheat Key

기술능력은 업무를 수행함에 있어 도구, 장치 등을 포함하여 필요한 기술에 어떠한 것들이 있는지 이해하고, 실제 업무를 수행함에 있어 적절한 기술을 선택하여 적용하는 능력이다.

세부 유형은 기술 이해·기술 선택·기술 적용으로 나눌 수 있다. 제품설명서나 상황별 매뉴얼을 제시하는 문제 또는 명령어를 제시하고 규칙을 대입할 수 있는지 묻는 문제가 출제되기 때문에 이런 유형들을 공략할 수 있는 전략을 세워야 한다.

1 긴 지문이 출제될 때는 선택지의 내용을 미리 보라!

기술능력에서 자주 출제되는 제품설명서나 상황별 매뉴얼을 제시하는 문제에서는 기술을 이해하고, 상황에 알맞은 원인 및 해결방안을 고르는 문제가 출제된다. 실제 시험장에서 문제를 풀 때는 시간적 여유가 없기 때문에 선택지를 먼저 읽고, 그 다음 긴 지문을 보면서 동시에 선택지와 일치하는 내용이 나오면 확인해 가면서 푸는 것이 좋다.

2 모듈형에도 대비하라!

모듈형 문제의 비중이 늘어나는 추세이므로 공기업을 준비하는 취업준비생이라면 모듈형 문제에 대비해야 한다. 기술능력의 모듈형 이론 부분을 학습하고 모듈형 문제를 풀어보고 여러 번 읽으며 이론을 확실히 익혀두면 실제 시험장에서 이론을 묻는 문제가 나왔을 때 단번에 답을 고를 수 있다.

3 전공 이론도 익혀 두어라!

지원하는 직렬의 전공 이론이 기술능력으로 출제되는 경우가 많기 때문에 전공 이론을 익혀두는 것이 좋다. 깊이 있는 지식을 묻는 문제가 아니더라도 출제되는 문제의 소재가 전공과 관련된 내용일 가능성이 크기 때문에 최소한 지원하는 직렬의 전공 용어는 확실히 익혀 두어야 한다.

4 쉽게 포기하지 말라!

직업기초능력에서 주요 영역이 아니면 소홀한 경우가 많다. 시험장에서 기술능력을 읽어 보지도 않고 포기하는 경우가 많은데 차근차근 읽어보면 지문만 잘 읽어도 풀 수 있는 문제들이 출제되는 경우가 있다. 이론을 모르더라도 풀 수 있는 문제인지 파악해 보자.

01 | 기술 이해

| 유형분석 |

- 업무 수행에 필요한 기술의 개념 및 원리, 관련 용어에 대한 문제가 자주 출제된다.
- 기술 시스템의 개념과 발전 단계에 대한 문제가 출제되므로 각 단계의 순서와 그에 따른 특징을 숙지하여야 하며, 단계별로 요구되는 핵심 역할이 다름에 유의한다.

다음 〈보기〉 중 기술선택에 대한 설명으로 적절하지 않은 것을 모두 고르면?

보기

ㄱ. 상향식 기술선택은 기술경영진과 기술기획자들의 분석을 통해 기업이 필요한 기술 및 기술수준을 결정하는 방식이다.
ㄴ. 하향식 기술선택은 전적으로 기술자들의 흥미 위주로 기술을 선택하여 고객의 요구사항과는 거리가 먼 제품이 개발될 수 있다.
ㄷ. 수요자 및 경쟁자의 변화와 기술 변화 등을 분석해야 한다.
ㄹ. 기술능력과 생산능력, 재무능력 등의 내부 역량을 고려하여 기술을 선택한다.
ㅁ. 기술선택 시 최신 기술로 진부화될 가능성이 적은 기술을 최우선순위로 결정한다.

① ㄱ, ㄴ, ㄹ   ② ㄱ, ㄴ, ㅁ
③ ㄴ, ㄷ, ㄹ   ④ ㄴ, ㄹ, ㅁ
⑤ ㄷ, ㄹ, ㅁ

정답 ②

ㄱ. 하향식 기술선택에 대한 설명이다.
ㄴ. 상향식 기술선택에 대한 설명이다.
ㅁ. 기술선택을 위한 우선순위는 다음과 같다.
  ① 제품의 성능이나 원가에 미치는 영향력이 큰 기술
  ② 기술을 활용한 제품의 매출과 이익 창출 잠재력이 큰 기술
  ③ 쉽게 구할 수 없는 기술
  ④ 기업 간 모방이 어려운 기술
  ⑤ 기업이 생산하는 제품 및 서비스에 보다 광범위하게 활용할 수 있는 기술
  ⑥ 최신 기술로 진부화될 가능성이 적은 기술

풀이 전략!

문제에 제시된 내용만으로는 풀이가 어려울 수 있으므로 사전에 관련 기술 이론을 숙지하고 있어야 한다. 자주 출제되는 개념을 확실하게 암기하여 빠르게 문제를 풀 수 있도록 하는 것이 좋다.

01   다음 글을 읽고 추론할 수 있는 기술혁신의 특성으로 가장 적절한 것은?

> 인간의 개별적인 지능과 창의성, 상호학습을 통해 발생하는 새로운 지식과 경험은 빠른 속도로 축적
> 되고 학습되지만, 이러한 지식은 문서화되기 어렵기 때문에 다른 사람들에게 쉽게 전파될 수 없다.
> 따라서 연구개발에 참가한 연구원과 엔지니어들이 그 기업을 떠나는 경우 기술과 지식의 손실이 크
> 게 발생하여 기술개발을 지속할 수 없는 경우가 종종 발생한다.

① 기술혁신은 조직의 경계를 넘나든다.
② 기술혁신은 지식 집약적인 활동이다.
③ 기술혁신은 장기간의 시간을 필요로 한다.
④ 기술혁신은 그 과정 자체가 매우 불확실하다.
⑤ 기술혁신 과정의 불확실성과 모호함은 기업 내에서 많은 갈등을 유발할 수 있다.

02   다음 글을 이해한 내용으로 가장 적절한 것은?

> 최근 환경오염의 주범이었던 화학회사들이 환경 보호 정책을 표방하고 나섰다. 기업의 분위기가 변
> 하면서 대학의 엔지니어뿐만 아니라 기업에 고용된 엔지니어들도 점차 대체기술, 환경기술, 녹색
> 디자인 등을 추구하는 방향으로 전환해 가고 있는 것이다.
> 또한 각광받고 있는 3R의 구호[줄이고(Reduce), 재사용하고(Reuse), 재처리하자(Recycle)]는 엔
> 지니어들로 하여금 미래 사회를 위한 자신들의 역할에 대해 방향을 제시해 주고 있다.

① 기술이나 자금을 위한 개발수입의 사례이다.
② 자연과학기술에 대한 연구개발의 사례로 적절하다.
③ 기업의 생산능률을 위한 조직개발의 사례로 볼 수 있다.
④ 균형과 조화를 위한 지속가능한 개발의 사례로 볼 수 있다.
⑤ 개발이라는 이름으로 행해지는 개발독재의 사례로 볼 수 있다.

03   다음 중 상향식 기술선택과 하향식 기술선택에 대한 설명으로 적절하지 않은 것은?

① 하향식 기술선택은 단기적인 목표를 설정하고 달성하기 위해 노력한다.
② 상향식 기술선택은 연구자나 엔지니어들이 자율적으로 기술을 선택한다.
③ 상향식 기술선택은 기술 개발자들의 창의적인 아이디어를 활용할 수 있다.
④ 상향식 기술선택은 기업 간 경쟁에서 승리할 수 없는 기술이 선택될 수 있다.
⑤ 하향식 기술선택은 기업이 획득해야 하는 대상 기술과 목표 기술 수준을 결정한다.

02 | 산업 재해

| 유형분석 |

- 산업 재해의 의미 및 원인, 관련 용어에 대한 문제가 자주 출제된다.
- 산업 재해의 예방대책 단계에 대한 문제가 출제되므로 각 단계의 순서를 숙지하여야 하며, 단계별로 요구되는 내용이 다름에 유의한다.

다음은 산업 재해를 예방하기 위해 제시되고 있는 하인리히의 법칙에 대한 글이다. 산업 재해의 예방을 위해 조치를 취해야 하는 단계는 무엇인가?

> 1931년 미국의 한 보험회사에서 근무하던 하인리히는 회사에서 접한 수많은 사고를 분석하여 하나의 통계적 법칙을 발견하였다. '1 : 29 : 300 법칙'이라고도 부르는 이 법칙은 큰 사고로 인해 산업 재해가 발생하면 이 사고가 발생하기 이전에 같은 원인으로 발생한 작은 사고 29번, 잠재적 사고 징후가 300번이 있었다는 것을 나타낸다.
> 하인리히는 이처럼 심각한 산업 재해의 발생 전에 여러 단계의 사건이 도미노처럼 발생하기 때문에 앞 단계에서 적절히 대처한다면 산업 재해를 예방할 수 있다고 주장했다.

① 기술적 결함이 나타난 단계
② 개인 능력의 부족이 보이는 단계
③ 사회 환경적 문제가 발생한 단계
④ 작업 관리상 문제가 나타난 단계
⑤ 불안전한 행동 및 상태가 나타난 단계

정답 ⑤

하인리히의 법칙은 큰 사고로 인해 산업 재해가 일어나기 전에 작은 사고나 징후인 '불안전한 행동 및 상태'가 보인다는 것이다.

풀이 전략!

사전에 관련 이론을 숙지하여 빠르게 문제를 풀 수 있도록 하는 것이 좋다.

01 다음 글에 나타난 산업 재해의 원인으로 가장 적절한 것은?

> 원유저장탱크에서 탱크 동체 하부에 설치된 믹서 임펠러의 날개깃이 파손됨에 따라 과진동(과하중)
> 이 발생하여 믹서의 지지부분(볼트)이 파손되어 축이 이탈되면서 생긴 구멍으로 탱크 내부의 원유가
> 대량으로 유출되었다. 분석에 따르면 임펠러 날개깃의 파손이 피로 현상에 의해 발생되어 표면에
> 응력집중을 일으킬 수 있는 결함이 존재하였을 가능성이 높다고 한다.

① 교육적 원인   ② 기술적 원인
③ 고의적인 악행   ④ 불안전한 행동
⑤ 작업 관리상 원인

02 다음 중 산업 재해의 예방대책 단계를 순서대로 바르게 나열한 것은?

① 사실 발견 → 안전 관리 조직 → 원인 분석 → 시정책 선정 → 시정책 적용 및 뒤처리
② 사실 발견 → 원인 분석 → 시정책 선정 → 안전 관리 조직 → 시정책 적용 및 뒤처리
③ 안전 관리 조직 → 원인 분석 → 사실 발견 → 시정책 선정 → 시정책 적용 및 뒤처리
④ 안전 관리 조직 → 사실 발견 → 원인 분석 → 시정책 선정 → 시정책 적용 및 뒤처리
⑤ 안전 관리 조직 → 원인 분석 → 시정책 선정 → 사실 발견 → 시정책 적용 및 뒤처리

03 다음 글에 나타난 산업 재해의 원인으로 적절하지 않은 것은?

> 전선 제조 사업장에서 고장난 변압기 교체를 위해 K전력 작업자가 변전실에서 작업을 준비하던 중
> 특고압 배전반 내 충전부 COS 1차 홀더에 접촉 감전되어 치료 도중 사망하였다. 증언에 따르면 변
> 전실 TR-5 패널의 내부는 협소하고, 피재해자의 키에 비하여 경첩의 높이가 높아 문턱 위에 서서
> 불안전한 작업자세로 작업을 실시하였다고 한다. 또한 피재해자는 전기 관련 자격이 없었으며, 복장
> 은 일반 안전화, 면장갑, 패딩점퍼를 착용한 상태였다.

① 기술적 원인   ② 불안전한 상태
③ 불안전한 행동   ④ 작업 관리상 원인
⑤ 작업 준비 불충분

03 | 기술 적용

| 유형분석 |

- 주어진 자료를 해석하고 기술을 적용하여 풀어가는 문제이다.
- 자료 등을 읽고 제시된 문제 상황에 적절한 해결 방법을 찾는 문제가 자주 출제된다.
- 지문의 길이가 길고 복잡하므로 문제에서 요구하는 정보를 놓치지 않도록 주의해야 한다.

K사원은 다음 제품 설명서를 보고 직원들을 위해 '사용 전 꼭 읽어야 할 사항'을 만들려고 한다. 작성할 내용으로 적절하지 않은 것은?

[사용 전 알아두어야 할 사항]
1. 물통 또는 제품 내부에 절대 의류 외에 다른 물건을 넣지 마십시오.
2. 제품을 작동시키기 전 문이 제대로 닫혔는지 확인하십시오.
3. 필터는 제품 사용 전후로 반드시 청소해 주십시오.
4. 제품의 성능유지를 위해서 물통을 자주 비워 주십시오.
5. 겨울철이거나 건조기가 설치된 곳의 기온이 낮을 경우 건조시간이 길어질 수 있습니다.
6. 과도한 건조물을 넣고 기계를 작동시키면 완벽하게 건조되지 않거나 의류에 구김이 생길 수 있습니다. 최대용량 5kg 이내로 의류를 넣어 주십시오.
7. 가죽, 슬립, 전기담요, 마이크로 화이바 소재 의류, 이불, 동·식물성 충전재 사용 제품은 사용을 피해 주십시오.

[동결 시 조치방법]
1. 온도가 낮아지게 되면 물통이나 호스가 얼 수 있습니다.
2. 동결 시 작동 화면에 'ER' 표시가 나타납니다. 이 경우 일시정지 버튼을 눌러 작동을 멈춰 주세요.
3. 물통이 얼었다면, 물통을 꺼내 따뜻한 물에 20분 이상 담가 주세요.
4. 호스가 얼었다면, 호스 안의 이물질을 모두 꺼내고, 호스를 따뜻한 물 또는 따뜻한 수건으로 20분 이상 녹여 주세요.

① 사용 전후로 필터는 꼭 청소해 주세요.
② 건조기에 넣은 의류는 5kg 이내로 해 주세요.
③ 사용이 불가한 의류 제품 목록을 꼭 확인해 주세요.
④ 화면에 ER 표시가 떴을 때는 전원을 끄고 작동을 멈춰 주세요.
⑤ 호스가 얼었다면 호스를 따뜻한 물 또는 따뜻한 수건으로 20분 이상 녹여 주세요.

정답 ④

제시문의 동결 시 조치방법에서는 화면에 'ER' 표시가 나타나면 전원 버튼이 아닌 일시정지 버튼을 눌러 작동을 멈추라고 설명하고 있다.

오답분석

① 필터는 제품 사용 전후로 반드시 청소해 주라고 설명하고 있다.

② 과도한 건조물을 넣고 기계를 작동시키면 완벽하게 건조되지 않거나 의류에 구김이 생길 수 있으니 최대용량 5kg 이내로 의류를 넣어 주라고 설명하고 있다.

③ 건조기 사용이 불가한 제품 목록이 설명되어 있다.

⑤ 호스가 얼었다면 호스 안의 이물질을 모두 꺼내고, 호스를 따뜻한 물 또는 따뜻한 수건으로 20분 이상 녹여 주라고 설명하고 있다.

풀이 전략!

문제에 제시된 자료 중 필요한 정보를 빠르게 파악하는 것이 중요하다. 질문을 먼저 읽고 문제 상황을 파악한 뒤 제시된 선택지를 하나씩 소거하며 문제를 푸는 것이 좋다.

※ K기관에서는 화장실의 청결을 위해 비데를 구매하고 화장실과 가까운 곳에 위치한 A씨에게 비데를 설치하도록 지시하였다. 다음 제품 설명서를 보고 이어지는 질문에 답하시오. [1~2]

〈설치방법〉

1) 비데 본체의 변좌와 변기의 앞면이 일치되도록 전후로 고정하십시오.
2) 비데용 급수호스를 정수필터와 비데 본체에 연결한 후 급수밸브를 열어 주십시오.
3) 전원을 연결하십시오(반드시 전용 콘센트를 사용하십시오).
4) 비데가 작동하는 소리가 들린다면 설치가 완료된 것입니다.

〈주의사항〉

• 전원은 반드시 AC220V에 연결하십시오(반드시 전용 콘센트를 사용하십시오).
• 변좌에 걸터앉지 말고 항상 중앙에 앉고, 변좌 위에 어떠한 것도 놓지 마십시오(착좌센서가 동작하지 않을 수도 있습니다).
• 정기적으로 수도필터와 정수필터를 청소 또는 교환해 주십시오.
• 급수밸브를 꼭 열어 주십시오.

〈A/S 신청 전 확인 사항〉

현상	원인	조치방법
물이 나오지 않을 경우	급수밸브가 잠김	매뉴얼을 참고하여 급수밸브를 열어 주세요.
	정수필터가 막힘	매뉴얼을 참고하여 정수필터를 교체해 주세요(A/S상담실로 문의하세요).
	본체 급수호스 등이 동결	더운물에 적신 천으로 급수호스 등의 동결부위를 녹여 주세요.
기능 작동이 되지 않을 경우	수도필터가 막힘	흐르는 물에 수도필터를 닦아 주세요.
	착좌센서 오류	착좌센서에서 의류, 물방울, 이물질 등을 치워 주세요.
수압이 약할 경우	수도필터에 이물질이 낌	흐르는 물에 수도필터를 닦아 주세요.
	본체의 호스가 꺾임	호스의 꺾인 부분을 펴 주세요.
노즐이 나오지 않을 경우	착좌센서 오류	착좌센서에서 의류, 물방울, 이물질을 치워 주세요.
본체가 흔들릴 경우	고정 볼트가 느슨해짐	고정 볼트를 다시 조여 주세요.
비데가 작동하지 않을 경우	급수밸브가 잠김	매뉴얼을 참고하여 급수밸브를 열어 주세요.
	급수호스의 연결문제	급수호스의 연결상태를 확인해 주세요. 계속 작동하지 않는다면 A/S상담실로 문의하세요.
변기의 물이 샐 경우	급수호스가 느슨해짐	급수호스 연결부분을 조여 주세요. 계속 샐 경우 급수밸브를 잠근 후 A/S상담실로 문의하세요.

01 A씨는 지시에 따라 비데를 설치하였다. 일주일이 지난 뒤, 동료 B씨로부터 기능 작동이 되지 않는다는 사실을 접수하였다. 다음 중 A씨가 해당 문제점에 대한 원인을 파악하기 위해 확인해야 할 사항으로 가장 적절한 것은?

① 비데의 고정 여부
② 수도필터의 청결 상태
③ 정수필터의 청결 상태
④ 급수밸브의 연결 상태
⑤ 급수밸브의 잠김 여부

02 01번 문제에서 확인한 사항이 추가로 다른 문제를 일으킬 수 있는지 미리 점검하고자 한다. 다음 중 가장 적절한 행동은?

① 수압이 약해졌는지 확인한다.
② 본체가 흔들리는지 확인한다.
③ 물이 나오지 않는지 확인한다.
④ 변기의 물이 새는지 확인한다.
⑤ 노즐이 나오지 않는지 확인한다.

※ K씨가 근무하는 기술자격팀에서 작년부터 연구해 온 데이터의 흐름도가 완성되었다. 다음 자료와 〈조건〉을 보고 이어지는 질문에 답하시오. [3~4]

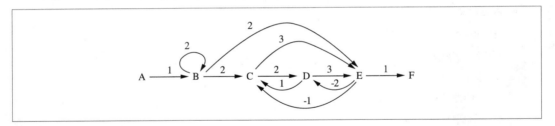

조건

- 데이터는 화살표 방향으로만 이동할 수 있으며, 같은 경로를 여러 번 반복해서 이동할 수 있다.
- 화살표 위의 숫자는 그 경로를 통해 데이터가 1회 이동할 때마다 데이터에 곱해지는 수치를 의미한다.
- 각 경로를 따라 데이터가 이동할 때, 1회 이동 시간은 1시간이며, 데이터의 총 이동 시간은 10시간을 초과할 수 없다.
- 데이터의 대소 관계는 [음수<0<양수]의 원칙에 따른다.

03 다음 중 A에서 1이 입력되었을 때, F에서의 결과가 가장 크게 되는 값은?

① 256 ② 384

③ 432 ④ 864

⑤ 1,296

04 다음 중 A에 100이 입력되었을 때, F에서의 결과가 가장 작은 경로는?

① A－B－B－C－E－D－E－D－E－F

② A－B－B－E－D－C－E－C－E－F

③ A－B－C－D－E－D－C－D－E－F

④ A－B－C－D－E－D－E－D－E－F

⑤ A－B－E－D－C－E－C－D－E－F

05 기술개발팀에서 근무하는 K씨는 차세대 로봇에 사용할 주행 알고리즘을 개발하고 있다. 다음 주행 알고리즘과 예시를 참고하였을 때, 로봇의 이동 경로로 옳은 것은?

〈주행 알고리즘〉

회전과 전진만이 가능한 로봇이 미로에서 목적지까지 길을 찾아가도록 구성하였다. 미로는 (4단위)× (4단위)의 정방형 단위구역(Cell) 16개로 구성되며 미로 중앙부에는 1단위구역 크기의 도착지점이 있다. 도착지점에 이르기 전 로봇은 각 단위구역과 단위구역 사이를 이동할 때 벽의 유무를 탐지하여 벽이 없음이 감지되는 방향으로 주행한다. 로봇은 주명령을 수행하고, 이에 따라 주행할 수 없을 때만 보조명령을 따른다.

• 주명령 : 현재 단위구역(Cell)에서 로봇은 왼쪽, 앞쪽, 오른쪽 순서로 벽의 유무를 탐지하여 벽이 없음이 감지되는 방향의 단위구역을 과거에 주행한 기록이 없다면 해당 방향으로 한 단위구역만큼 주행한다.

• 보조명령 : 현재 단위구역에서 로봇이 왼쪽, 앞쪽, 오른쪽, 뒤쪽 순서로 벽의 유무를 탐지하여 벽이 없음이 감지되는 방향의 단위구역에 벽이 없음이 감지되는 방향과 반대 방향의 주행기록이 있을 때만, 로봇은 그 방향으로 한 단위구역만큼 주행한다.

〈예시〉

로봇이 A → B → C → B → A로 이동한다고 가정할 때, A에서 C로의 이동은 주명령에 의한 것이고 C에서 A로의 이동은 보조명령에 의한 것이다.

① 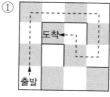   ②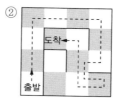

③ 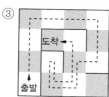   ④

⑤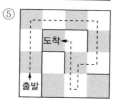

아이들이 답이 있는 질문을 하기 시작하면
그들이 성장하고 있음을 알 수 있다.

– 존 J. 플롬프 –

PART **2**

최종점검 모의고사

제1회
최종점검 모의고사

※ 과학기술분야 정부출연연구기관(정출연) 통합편 최종점검 모의고사는 2025년 제1차 채용공고와 2024년 제3차 필기 후기를 기준으로 구성한 것으로, 실제 시험과 다를 수 있습니다.
※ 응시 연구기관에 맞춰 해당하는 영역을 선택하여 학습하기 바랍니다.

■ 취약영역 분석

번호	O/×	영역		번호	O/×	영역		번호	O/×	영역
01		의사소통능력		11		문제해결능력		06		대인관계능력
02				12				07		
03				13				08		
04				14				09		
05				15				10		
06				01		자원관리능력		11		
07				02				12		
08				03				13		
09				04				14		
10				05				15		
11				06				01		정보능력
12				07				02		
13				08				03		
14				09				04		
15				10				05		
01		수리능력		11				06		
02				12				07		
03				13				08		
04				14				09		
05				15				10		
06				01		조직이해능력		11		
07				02				12		
08				03				13		
09				04				14		
10				05				15		
11				06				01		기술능력
12				07				02		
13				08				03		
14				09				04		
15				10				05		
01		문제해결능력		11				06		
02				12				07		
03				13				08		
04				14				09		
05				15				10		
06				01		대인관계능력		11		
07				02				12		
08				03				13		
09				04				14		
10				05				15		

평가문항	75문항	평가시간	90분
시작시간	:	종료시간	:
취약영역			

최종점검 모의고사

🕐 응시시간 : 90분　　📋 문항 수 : 75문항　　　　　정답 및 해설 p.060

01 　의사소통능력

01 다음 글의 빈칸 ㉠, ㉡에 들어갈 접속사를 바르게 짝지은 것은?

> 1682년, 영국의 엘리아스 에쉬몰(Elias Ashmole)이 자신의 수집품을 대학에 기증하면서 '박물관 (Museum)'이라는 용어가 처음 등장하였고, 이후 유럽과 미국에서 박물관은 서로 다른 양상으로 발전하였다. 유럽의 경우 주로 개인이 소장품을 국가에 기증하면 국가는 이를 바탕으로 박물관을 설립하였다. 즉, 국가의 지원과 통제하에 박물관이 설립된 것이다. ___㉠___ 미국의 경우는 민간 차원에서 일반 대중에게 봉사한다는 취지로 미술품 애호가들이나 개인 법인에 의해 박물관이 설립되었다. 19세기 이전 대부분의 박물관은 종합 박물관의 성격을 띠었으나, 19세기 이후 과학의 진보와 함께 수집품이 증가하고, 이들의 분류·정리가 이루어지면서 전문 박물관이 설립되기 시작했다. 한편, 신흥 도시는 번영의 힘을 과시하기 위해 장식과 기교가 많고 화려한 박물관을 설립하기도 하였다. 1851년 런던의 대박람회와 1876년 미국 독립 100주년 기념 대박람회는 박물관 사업을 촉진하는 계기가 되었다. 그 결과 뉴욕의 자연사 박물관, 메트로폴리탄 박물관, 보스턴 미술관 등이 설립되었다. 이 시기의 박물관은 시민의 교육기관이라는 위상을 갖추기 시작했다. 박물관이 학생 교육, 대중의 지식 개발 등 교육에 기여하는 바가 크다는 사실을 인식한 것이다. ___㉡___ 자연과학의 발달과 생물학·인류학·고고학 등의 연구가 활발해지면서 전문 박물관도 급진적으로 증가하게 되었다. 1930 ~ 1940년대 미국에서는 막대한 재력을 가진 개인이 본격적인 후원의 주체가 되는 양상이 나타났다. 재력가들이 미술품 수집에 관심을 보이면서 박물관에 대한 지원이 기업 이윤의 사회 환원이라는 명목으로 이루어졌다. 미국은 미술품을 구입하는 개인이나 법인에 세제상의 혜택을 주어 간접적인 미술의 발전을 도모하였고, 이로 인해 1945년 이후 많은 박물관이 형성되었다. 1876년에 200여 개였던 미국의 박물관 수는 1940년에는 2,500개, 1965년에는 5,000여 개에 달하였으며, 1974년에는 약 7,000개로 집계되었다.

	㉠	㉡
①	그러므로	그러나
②	그러므로	또한
③	반면	또한
④	반면	따라서
⑤	반면	그러나

02 다음 글을 통해 알 수 있는 내용으로 적절하지 않은 것은?

어느덧 전자공학 121주년이다. 영국의 과학자 존 앰브로즈 플레밍이 2극 진공관을 발명한 것이 1904년인데, 이것은 곧 정류·증폭·발진이 가능한 3극 진공관으로, 3극 진공관은 반도체 트랜지스터로 이어졌기 때문이다. 반도체 트랜지스터가 전기·전자·컴퓨터의 혁명을 가져오고, 우리의 삶을 완전히 바꾸었다는 사실은 새삼 재론할 필요가 없다.

플레밍의 2극 진공관 발명은 우리에게 시사하는 점이 많다. 1880년대에 널리 보급된 전구는 그 내부가 검게 탄화되어 효율이 떨어졌다. '에디슨 효과'라고 불린 이 현상 때문에 에디슨은 골머리를 앓았고, 당시 영국 에디슨사의 과학 고문이던 플레밍은 이 문제의 원인을 규명하고 해결책을 찾기 위해 연구에 착수했다. 전구 내부에 또 다른 전극을 삽입하고 실험을 하던 중 플레밍은 이 전극과 전구의 필라멘트 사이에 전류가 항상 일정한 방향으로만 흐른다는 흥미로운 사실을 발견했다. 이 발견은 과학적으로 새로운 것이었지만, 당시엔 아무런 실용적 가치도 없었다. 그렇지만 나중에 플레밍은 이 원리를 마르코니의 무선 전신 수신기에 응용할 수 있다는 아이디어를 떠올렸고, 이는 곧바로 2극 진공관의 발명으로 이어졌다.

기초과학이 왜 중요한가? 플레밍의 사례가 보여주는 답은 기초과학의 발전이 기술의 발전을 낳고, 기술의 발전이 경제의 동력으로 국가 경쟁력의 고양을 가져오기 때문이라는 것이다. 이는 우리가 잘 알고 있는 모범답안이다. 그런데 이렇게 경제 논리로만 과학을 생각할 때 빠지기 쉬운 함정이 있다. 우선 과학 연구가 기술과 산업으로 이어지는 데 시간의 차이는 물론 불확실성이 존재한다. 플레밍의 기초연구는 1889년에 이뤄졌는데, 2극 진공관은 1904년에 발명됐다. 15년이라는 시간의 차이가 존재했다. 이는 지금의 기초과학 연구에도 그대로 적용된다. 줄기세포 연구, 양자 컴퓨터 연구도 모든 문제가 술술 풀리면 몇 년이면 응용 가능할 수 있지만, 운이 없으면 영영 상용화되지 않을 수도 있다. '과학은 기술을 낳는다.'라는 측면만 강조하다 보면, 정부와 기업은 당장 기술로 이어지지 않는 과학을 선뜻 지원하지 않는다.

국가가 경제 논리에서 벗어나 당장 기술 개발과 상대적으로 무관해 보이는 기초과학 연구까지도 지원해야 하는 데는 다음과 같은 2가지 이유가 있다. 우선 과학은 과학문화로서의 가치가 있다. 과학문화는 과학적 세계관을 고양하고 합리적 비판 정신을 높게 사며, 현대 사회가 만들어내는 여러 문제에 대해 균형 잡힌 전문가를 키우는 데 결정적으로 중요하다. 우주론, 진화론, 입자물리학과 이론과학의 연구는 우리의 세계관을 형성하며, 권위에 맹목적으로 의존하지 않고 새로움을 높게 사는 과학의 정신은 합리성의 원천이 된다. 토론을 통해 합의에 이르는 과학의 의사소통 과정은 바람직한 전문성의 모델을 제공한다.

그리고 기초연구는 교육을 위해서도 중요하다. 대학에서 즉각적으로 기술과 산업에 필요한 내용만 교육한다면 이런 지식은 당장은 쓸모가 있겠지만, 기술의 발전과 변화에 무력하다. 결국 과학기술이 빠르게 발전하면 할수록 학생들에게 근본에 대해 깊게 생각하게 하고, 이를 바탕으로 창의적인 연구 결과를 내는 경험을 하도록 만드는 것이 중요하다. 남이 해놓은 것을 조금 개량하는 데 머무르지 않고 정말 새롭고 혁신적인 것을 만들기 위해서는 결국 펀더멘털의 수준에서 창의적일 수 있는 교육이 이뤄져야 하며, 이러한 교육은 기초과학 연구가 제공할 수 있다.

기초과학과 기초연구가 왜 중요한가? 토대이기 때문이다. 창의적 기술, 문화, 교육이 그 위에 굳건한 집을 지을 수 있는 토대.

① 2극 진공관의 발명 시기
② 2극 진공관의 발명 원리
③ 2극 진공관 발명 과정의 문제점
④ 기초과학과 기초연구의 중요성
⑤ 기초과학 연구에 대한 지원의 필요성

03 다음 중 문서의 종류에 대한 설명으로 적절하지 않은 것은?

① 기획서 : 제품의 특징과 활용도에 대해 세부적으로 언급하는 문서이다.

② 기안서 : 회사의 업무에 대한 협조를 구하거나 의견을 전달할 때 작성하는 문서이다.

③ 보도자료 : 각종 단체 등이 언론을 상대로 자신들의 정보가 기사로 보도되도록 하기 위해 보내는 문서이다.

④ 보고서 : 특정한 일에 대한 현황이나 그 진행 상황 또는 연구·검토 결과 등을 보고하고자 할 때 작성하는 문서이다.

⑤ 설명서 : 상품의 특성이나 사물의 가치, 작동 방법이나 과정에 대해 소비자에게 설명하는 것을 목적으로 작성한 문서이다.

04 다음 글의 빈칸에 들어갈 내용으로 가장 적절한 것은?

> 어떻게 그 공이 3가지가 있다고 말하는가. 그 하나는 직통(直通)이요, 다른 하나는 합통(合通)이요, 또 다른 하나는 추통(推通)이다. 직통(直通)이라는 것은 많은 여러 물건을 일일이 취하되 순수하고 섞이지 않는 것이다. 합통(合通)이라는 것은 두 물건을 화합하여 아울러서 거두되 그렇고 그렇지 않은 것을 분별한다. 추통(推通)이라는 것은 이 물건으로써 전 물건에 합하고 또 다른 물건에 유추하는 것이다. 직통(直通)은 모두 참되고 오류가 없으니, 하나의 사물이 스스로 하나의 사물이 되기 때문이다. 합통(合通)과 추통(推通)은 참도 있고 오류도 있으니, 이것으로써 저것에 합하고 맞는 것도 있고 맞지 않은 것도 있다. _____, 더욱 많으면 맞지 않은 경우가 있기 때문이다.
>
> — 최한기, 『기학』

① 무릇 추통은 다만 사람은 가능하지만 금수는 추통을 하지 못하니

② 무릇 추통은 다만 사람만이 가능하고 유추하는 데는 위험이 더욱 적으니

③ 이것으로써 저것에 합하는 것은 맞지 않는 것보다 맞는 것이 더욱 많으니

④ 이것으로써 저것에 합하고 또 다른 것을 유추하는 데는 위험이 더욱 많으니

⑤ 이것으로 저것에 합하는 것은 참이고, 이것으로 저것을 분별하는 것은 거짓이니

05 다음 글을 통해 추론할 수 없는 것은?

> 제약 연구원이란 제약 회사에서 약을 만드는 과정에 참여하는 사람을 말한다. 제약 연구원은 이러한 모든 단계에 참여하지만, 특히 신약 개발 단계와 임상 시험 단계에서 가장 중점적인 역할을 한다. 일반적으로 약을 만드는 과정은 새로운 약품을 개발하는 신약 개발 단계, 임상 시험을 통해 개발된 신약의 약효를 확인하는 임상 시험 단계, 식약처에 신약이 판매될 수 있도록 허가를 요청하는 약품 허가 요청 단계, 마지막으로 의료진과 환자를 대상으로 신약에 대해 홍보하는 영업 및 마케팅의 단계로 나눈다.
>
> 제약 연구원이 되기 위해서는 일반적으로 약학을 전공해야 한다고 생각하기 쉽지만, 약학 전공자 이외에도 생명 공학, 화학 공학, 유전 공학 전공자들이 제약 연구원으로 활발하게 참여하고 있다. 만일 신약 개발의 전문가가 되고 싶다면 해당 분야에서 오랫동안 연구한 경험이 필요하기 때문에 대학원에서 석사나 박사 학위를 취득하는 것이 유리하다.
>
> 제약 연구원이 되기 위해서는 전문적인 지식도 중요하지만, 사람의 생명과 관련된 일인 만큼, 무엇보다도 꼼꼼함과 신중함, 책임 의식이 필요하다. 또한 제약 회사라는 공동체 안에서 일을 하는 것이므로 원만한 일의 진행을 위해서 의사소통 능력도 필수적으로 요구된다. 오늘날 제약 분야가 빠르게 성장하고 있다는 점을 고려할 때, 일에 대한 도전 의식, 호기심과 탐구심 등도 제약 연구원에게 필요한 능력으로 꼽을 수 있다.

① 제약 연구원은 약품 허가 요청 단계에 참여한다.

② 오늘날 제약 연구원에게 요구되는 능력이 많아졌다.

③ 생명이나 유전 공학 전공자도 제약 연구원으로 일할 수 있다.

④ 신약 개발 전문가가 되려면 반드시 석사나 박사를 취득해야 한다.

⑤ 제약 연구원과 관련된 정보가 부족하다면 약학을 전공해야만 제약 연구원이 될 수 있다고 생각할 수 있다.

06 다음 글의 밑줄 친 부분과 뜻이 같은 한자성어는?

> 노작(勞作)의 결정체인 서적을 읽으면, 저자의 장구한 기간의 체험이나 연구를 독자는 극히 짧은 시일에 자기 것으로 만들 수 있게 된다. 그뿐만 아니라 서적에서 얻은 지식이나 암시에 의하여 <u>그 저자보다 한 걸음 더 나아가는</u> 새로운 지식을 터득하게 되는 일이 많다. 그렇기 때문에 서적은 어두운 거리에 등불이 되는 것이며 험한 나루에 훌륭한 배가 된다.

① 갑남을녀(甲男乙女)

② 청출어람(靑出於藍)

③ 온고지신(溫故知新)

④ 타산지석(他山之石)

⑤ 오월동주(吳越同舟)

07 다음 글에서 밑줄 친 ㉠~㉤의 수정 방안으로 적절하지 않은 것은?

문화 융성 시대가 도래함에 따라 공공도서관의 ㉠ 역할이 증대되고 있다. 지식 정보 인프라 구축의 중요성, ㉡ 지역주민 문화 복지 관심 증가 및 정부의 공공도서관 건립 지원 확대로 최근 4~5년간 공공도서관 건립이 꾸준하게 증가하고 있다. ㉢ 그래서 국가도서관통계시스템에 따르면 우리나라 공공도서관의 1관당 인구는 64,547명(2011년)으로, 주요 국가들의 공공도서관 1관당 인구보다 많은 인구를 서비스 대상으로 하고 있다. 이는 우리나라 도서관 인프라가 여전히 열악한 상황이라는 것을 알려준다. ㉣ 이런 상황을 개선되기 위해 정부는 '도서관발전종합계획(2009~2013년)'을 마련하여 진행하였다. 종합계획에 따르면 도서관 접근성 향상과 서비스 환경 개선을 위해 1인당 장서 보유량을 2013년까지 1.6권으로 높여 국제 기준에 맞도록 장서를 확충한다. 또한 도서관을 통한 창의적인 인재양성을 위해 정보 활용 교육과 도서관 활용 수업을 제도화하고 학교 도서관 전담 인력을 학생 1,500명당 1명으로 증원한다. ㉤ 정보 활용 교육과 도서관 활용 수업과 학교 도서관 전담 인력을 학생 1,500명당 1명으로 증원한다. 이와 함께 지식 정도 격차 해소를 위해 병영 도서관, 교도소 도서관 환경을 전면적으로 개선하고 장애인, 고령자, 다문화 가정을 위한 도서관 프로그램도 확대한다. 한편, 국가지식 정보 활용을 위해 세계의 최신 정보를 집약한 과학기술·농학·의학·국립도서관 설립을 추진하고 국가 대표 도서관인 국립중앙도서관은 장서를 1,100만 권으로 확충할 예정이다. 이를 통해 국립중앙도서관이 세계 8위 수준의 장서 소장 국가 도서관이 될 것을 기대하고 있다고 도서관정보정책위원회는 밝혔다.

① ㉠ : '자기가 마땅히 하여야 할 맡은 바 직책이나 임무'를 의미하는 '역활'로 수정한다.
② ㉡ : 명사를 지나치게 많이 나열했으므로 '지역주민의 문화 복지에 대한 관심 증가'로 수정한다.
③ ㉢ : 앞뒤 문장 간의 관계로 볼 때 뒤의 문장이 앞 문장의 결과가 아니므로 '그럼에도 불구하고'로 수정한다.
④ ㉣ : 문장성분 사이의 호응이 어색하므로 '이런 상황을 개선하기 위해'로 수정한다.
⑤ ㉤ : 서술어가 잘못 생략되었으므로 '정보 활용 교육과 도서관 활용 수업을 제도화하고 학교 도서관 전담 인력을 학생 1,500명당 1명으로 증원한다.'로 수정한다.

08 다음 글의 내용으로 적절하지 않은 것은?

스마트 팜은 사물인터넷이나 빅데이터 등의 정보통신기술을 활용해 농업시설의 생육환경을 원격 또는 자동으로 제어할 수 있는 농장으로, 노동력과 생산비 절감효과가 커 네덜란드와 같은 농업 선진 국에서도 적극적으로 활용되고 있다. 관련 핵심 직업으로는 농장의 설계·구축·운영 등을 조언하고 지도하는 '스마트 팜 컨설턴트'와 농업인을 대상으로 스마트 팜을 설치하고 소프트웨어를 개발하는 '스마트 팜 구축가'가 있다.

바이오헬스는 바이오기술과 정보를 활용해 질병 예방·진단·치료·건강증진에 필요한 제품과 서비스를 생산하는 의약·의료산업이다. 국내 바이오헬스의 전체 기술력은 최고 기술국인 미국 대비 78% 수준으로 약 3.8년의 기술격차가 있다. 해외에서는 미국뿐만 아니라 영국·중국·일본 등이 글로벌 시장 선점을 위해 경쟁적으로 투자를 늘리고 있다. 관련 핵심 직업으로는 생물학·의약 등의 이론 연구로 다양한 생명현상을 탐구하는 '생명과학연구원', IT 건강관리 서비스를 기획하는 '스마트헬스케어 전문가' 등이 있다. 자연·의약학 계열의 전문 지식이 필요한 생명과학연구원은 향후 10년간 고용이 증가할 것으로 예측되며, 의료·IT·빅데이터의 지식이 필요한 스마트헬스케어 전문가도 연평균 20%씩 증가할 것으로 전망되는 시장규모에 따라 성장 가능성이 높을 것으로 보인다.

한편, 스마트시티는 건설과 정보통신 신기술을 활용해 다양한 서비스를 제공하는 도시로, 국내에서는 15개 지자체를 대상으로 U-City 사업이 추진되는 등 민간과 지자체의 아이디어를 도입하고 있다. 관련 직업으로는 토지 이용계획을 수립하고 설계하는 '도시계획가', 교통상황 및 영향요인을 분석하는 '교통전문가' 등이 있으며, 도시공학·교통공학 등의 지식이 필요하다.

① 현재 국내 15개 지자체에서 U-City 사업이 추진되고 있다.
② 미국은 우리나라보다 3년 이상 앞서 바이오헬스 산업에 투자하기 시작했다.
③ 정보통신기술을 활용한 스마트 팜을 통해 노동력과 생산비를 절감할 수 있다.
④ 스마트시티와 관련된 직업을 갖기 위해서는 도시공학·교통공학 등의 지식이 필요하다.
⑤ 바이오헬스 관련 직업인 생명과학연구원이 되려면 자연·의약학 계열의 전문 지식이 필요하다.

PART 2

09 다음 중 빈칸에 들어갈 단어로 적절하지 않은 것은?

• 회사 앞 사거리의 신호등이 고장 나 큰 교통 _____이/가 일어났다.
• 급격한 과학기술의 발달은 가치관의 _____을/를 가져오기도 한다.
• 학급에 비슷한 이름의 학생이 많아 선생님은 가끔 학생의 이름을 _____할 때가 있다.
• 정부의 개혁은 실패했고 나라는 정치적 _____ 상태에 빠졌다.

① 혼동
② 혼돈
③ 혼잡
④ 혼란
⑤ 혼미

10 다음 글의 내용으로 적절하지 않은 것은?

길을 걷고, 한강을 달리고, 손을 흔들고, 책장을 넘기는 것과 같은 인체의 작은 움직임(주파수 2 ~5Hz)도 스마트폰이나 웨어러블(안경, 시계, 의복 등과 같이 신체에 착용하는 제품) 기기들의 전기 에너지원으로 사용될 수 있다. 이러한 인체의 움직임처럼 버려지는 운동 에너지로부터 전기를 생산하는 기술을 '에너지 하베스팅'이라 한다.

최근 과학기술의 발전과 더불어 피트니스・헬스케어 모니터링 같은 다기능 휴대용・웨어러블 스마트 전자기기가 일상생활에서 많이 사용되고 있다. 동시에 사물인터넷(IoT)의 발달로 센서의 사용 또한 크게 늘고 있다. 이러한 스마트 전자기기 및 센서들은 소형이고 경량이며, 이동성 및 내구성을 갖춘 전원 공급원이 반드시 필요하다.

교체 및 충전식 전기 화학 배터리는 전원의 공급에는 탁월하지만 수명이 짧다. 또한 재충전 및 교체가 어렵다. 나아가 배터리 폐기로 인해 환경오염을 유발한다는 단점도 있다. 그러나 인체 움직임과 같은 작은 진동에너지 기반의 친환경 에너지 하베스팅 기술은 스마트폰 및 웨어러블 스마트기기를 위한 지속 가능한 반영구적 전원으로서 활용될 수 있다.

진동은 우리의 일상생활에 존재하며 버려지는 가장 풍부한 기계적 움직임 중 하나이다. 진동은 여러 유형과 넓은 범위의 주파수 및 진폭을 가지고 있다. 기계적 진동원은 움직이는 인체, 자동차, 진동 구조물, 물이나 공기의 흐름에 의한 진동 등을 모두 포함한다. 따라서 진동에너지를 효율적으로 수확하고 이를 전기에너지로 변환하기 위해서는 에너지 하베스팅 소자를 진동의 특성에 맞도록 설계해 제작해야 한다. 기계적 진동에너지 수집은 몇 가지 변환 메커니즘에 의해 이루어진다. 가장 활발하게 연구가 이루어지고 있는 진동 기반 에너지 하베스팅 기술에는 압전기력, 전자기력, 마찰전기 에너지 등이 활용된다. 압전기력 기반은 압전 효과를 이용하여 기계적 진동에너지를 전기에너지로 변환하는 기술이다. 압전 소재와 적절한 기판을 사용하여 제작되며, 높은 출력 전압을 발생시키지만 발생된 전류는 상대적으로 낮다. 전자기력 기반은 코일과 자석 사이의 상대적 움직임으로부터 얻어지는 기전력(패러데이의 유도법칙)을 이용하여 전기를 생산하는 기술이다. 낮은 주파수의 기계적 에너지를 전기에너지로 변환하는 매우 효율적인 방법이다. 마찰전기 기반은 맥스웰의 변위 전류를 이용하여 전기를 생산하는 기술이다. 저주파 진동 범위에서 높은 출력 전압을 수확하는 데 매우 효율적이다.

① 물이나 공기의 흐름 역시 진동원의 하나가 될 수 있다.
② 디지털 기술이 발달함에 따라 센서의 사용은 감소하는 추세이다.
③ 3Hz의 소량의 주파수도 전자기기의 에너지원으로 사용될 수 있다.
④ 전기를 충전해야 하는 배터리 기술은 사용 기간이 짧다는 단점을 가지고 있다.
⑤ 패러데이의 유도법칙을 이용하면 낮은 주파수의 에너지를 효율적으로 사용할 수 있다.

11 다음 글의 밑줄 친 ㉠ ~ ㉤ 중 어법상 옳지 않은 것은?

> 훈민정음은 크게 '예의'와 '해례'로 ㉠ <u>나뉘어져</u> 있다. 예의는 세종이 직접 지었는데 한글을 만든 이유와 한글의 사용법을 간략하게 설명한 글이다. 해례는 집현전 학사들이 한글의 자음과 모음을 만든 원리와 용법을 상세하게 설명한 글이다.
>
> 서문을 포함한 예의 부분은 무척 간략해『세종실록』과『월인석보』등에도 실리며 전해져 왔지만, 한글 창제 원리가 ㉡ <u>밝혀져</u> 있는 해례는 전혀 알려져 있지 않았다. 그런데 예의와 해례가 모두 실려 있는 훈민정음 정본이 1940년에야 ㉢ <u>발견됐다</u>. 그것이『훈민정음 해례본』이다. 그러나 이『훈민정음 해례본』이 대중에게 그리고 한글학회 간부들에게 공개된 것은 해방 후에 이르러서였다.
>
> 하나의 나라, 하나의 민족정신을 담는 그릇은 바로 그들의 언어이다. 언어가 사라진다는 것은 세계를 바라보는 방법, 즉 세계관이 사라진다는 것과 ㉣ <u>진배없다</u>. 일제강점기 일제의 민족말살정책 중 가장 악랄했던 것 중 하나가 바로 우리말과 글에 대한 탄압이었다. 일제는 진정으로 우리말과 글이 사라지길 ㉤ <u>바랐다</u>. 18세기 조선의 실학 연구자들은 중국의 중화사관에서 탈피하여 우리 고유의 문물과 사상에 대한 연구를 본격화했다. 이때 실학자들의 학문적 성과가 바로 훈민정음 해례를 한글로 풀어쓴 언해본의 발견이었다. 일제는 그것을 18세기에 만들어진 위작이라는 등 허구로 몰아갔고, 해례본을 찾느라 혈안이 되어 있었다. 해례본을 없앤다면 세종의 한글 창제를 완벽히 허구화할 수 있기 때문이었다.

① ㉠　　　　　　　　　　　　　　② ㉡
③ ㉢　　　　　　　　　　　　　　④ ㉣
⑤ ㉤

12 다음 글의 밑줄 친 부분과 같은 의미로 쓰인 것은?

> 갈수록 환경오염 <u>문제</u>의 심각성이 커지고 있다.

① 이것은 인간의 존엄성에 대한 <u>문제</u>이다.
② 농촌의 인구 고령화 <u>문제</u>에 대해 알아보자.
③ 이번 프로젝트 진행에 커다란 <u>문제</u>가 생겼다.
④ 철수는 항상 <u>문제</u>만 일으키는 학생으로 낙인찍혔다.
⑤ 이번 전공 시험에서 <u>문제</u>가 생각보다 어렵지 않았어.

13 다음 글의 핵심 내용으로 가장 적절한 것은?

지구 내부는 끊임없이 운동하며 막대한 에너지를 지표면으로 방출하고, 이로 인해 지구 표면에서는 지진이나 화산 등의 자연 현상이 일어난다. 그런데 이러한 자연 현상을 예측하기란 매우 어렵다. 그 이유는 무엇일까?

지구 내부는 지각, 상부 맨틀, 하부 맨틀, 외핵, 내핵이 층상 구조를 이루고 있다. 지구 내부로 들어갈수록 온도가 증가하기 때문에 외핵은 액체 상태로 존재한다. 고온의 외핵이 하부 맨틀의 특정 지점을 가열하면 이 부분의 중심부 물질은 상승류를 형성하여 움직이기 시작한다. 아주 느린 속도로 맨틀을 통과한 상승류는 지표면 가까이에 있는 판에 부딪치게 된다. 판은 매우 단단한 암석으로 이루어져 있어 거대한 상승류도 쉽게 뚫지 못한다. 그러나 간혹 상승류가 판의 가운데 부분을 뚫고 곧바로 지표면으로 나오기도 하는데, 이곳을 열점이라 한다. 열점에서는 지진과 화산 활동이 활발히 일어난다.

한편, 딱딱한 판을 만난 상승류는 꾸준히 판에 힘을 가하여 거대한 길이의 균열을 만들기도 한다. 결국 판이 완전히 갈라지면 이 틈으로 아래의 물질이 주입되어 올라오고, 올라온 물질은 지표면에서 옆으로 확장되면서 새로운 판을 형성한다. 상승류로 인해 판이 갈라지는 이 부분에서도 지진과 화산 활동이 일어난다.

새롭게 생성된 판은 오랜 세월 천천히 이동하는 동안 식으면서 밀도가 높아지는데, 이미 존재하고 있던 다른 판 중 밀도가 낮은 판과 충돌하면 그 아래로 가라앉게 된다. 가라앉는 판이 상부 맨틀의 어느 정도 깊이까지 들어가면 용융 온도가 낮은 일부 물질은 녹는데, 이 물질이 이미 존재하던 판의 지표면으로 상승하면서 지진을 동반한 화산 활동이 일어나기도 한다. 그러나 녹지 않은 대부분의 물질은 위에서 내리누르는 판에 의해 큰 흐름을 만들면서 맨틀을 통과한다. 이 하강류는 핵과 하부 맨틀 경계면까지 내려와 외핵의 한 부분을 누르게 된다. 외핵은 액체로 되어 있으므로 한 부분을 누르면 다른 부분이 위로 솟아오르는데, 솟아오른 이 지점에서 또 다른 상승류가 시작된다. 그런데 하강류가 규칙적으로 발생하지 않으므로 상승류가 언제 어디서 발생하는지 알기 어렵다.

지금까지 살펴본 바처럼 화산과 지진 등의 자연 현상은 맨틀의 상승류와 하강류로 인해 일어난다. 맨틀의 상승류와 하강류는 흘러가는 동안 여러 장애물을 만나게 되고 이로 인해 그 흐름이 불규칙하게 진행된다. 그런데 현대 과학기술로 지구 내부에 있는 이 장애물의 성질과 상태를 모두 밝혀내기는 어렵다. 바로 이것이 지진이나 화산과 같은 자연 현상을 쉽게 예측할 수 없는 이유이다.

① 판의 분포
② 지각의 종류
③ 지구 내부의 구조
④ 내핵의 구성 성분
⑤ 우리나라 화산의 종류

14 다음 글에서 제시하고 있는 '융합'의 사례로 보기 어려운 것은?

> 1980년 이후에 등장한 과학기술분야의 가장 강력한 트렌드는 컨버전스, 융합, 잡종의 트렌드이다. 기존의 분야들이 합쳐져서 새로운 분야가 만들어지고, 이렇게 만들어진 몇 가지 새로운 분야가 또 합쳐져서 시너지 효과를 낳는다. 이러한 트렌드를 볼 때 미래에는 과학과 기술, 순수과학과 응용과학의 경계가 섞이면서 새롭게 만들어진 분야들이 연구를 주도한다는 것이다. 나노 과학기술, 생명공학, 물질공학, 뇌과학, 인지과학 등이 이러한 융합의 예이다. 연구대학과 국립연구소의 흥망성쇠는 이러한 융합의 경향에 기존의 학문 분과 제도를 어떻게 접목시키느냐에 달려 있다.
>
> 이러한 융합은 과학기술분야 사이에서만이 아니라 과학기술과 다른 문화적 영역에서도 일어난다. 과학기술과 예술, 과학기술과 철학, 과학기술과 법 등 20세기에는 서로 다른 영역 사이의 혼성이 강조될 것이다. 이는 급격히 바뀌는 세상에 대한 새로운 철학과 도덕, 법률의 필요성에서 기인한다. 인간의 유전자를 가진 동물이 만들어지고, 동물의 장기가 인간의 몸에 이식도 되고 있다. 생각만으로 기계를 작동시키는 인간 - 기계의 인터페이스도 실험의 수준을 지나 곧 현실화되는 단계에 와 있다. 인간 - 동물 - 기계의 경계가 무너지는 세상에서 철학, 법, 과학기술의 경계도 무너지는 것이다. 20년 후 과학기술의 세부 내용을 지금 예측하기는 쉽지 않다. 하지만 융합 학문과 학제 간 연구의 지배적 패러다임화, 과학과 타 문화의 혼성화, 사회를 위한 과학기술의 역할 증대, 국제화와 합동 연구의 증가라는 트렌드는 미래 과학기술을 특징짓는 뚜렷한 트렌드가 될 것이다.
>
> – 홍성욱, 『20년 후의 미래 과학기술 트렌드』

① 유전공학, 화학 독성물, 태아의 권리 등의 법적 논쟁에 대한 날카로운 분석을 담은 책

② 과학자들이 이룬 연구 성과들이 어떻게 재판의 사실 인정 기준에 영향을 주는가를 탐색하고 있는 책

③ 과학기술과 법이 만나고 충돌하는 지점들을 탐구하고, 미래의 지속 가능한 사회를 위한 둘 사이의 새로운 관계를 제시한 책

④ 과학은 신이 부여한 자연법칙을 발견하는 것이며, 사법 체계도 보편적인 자연법의 토대 위에 세워진 것이라는 주장을 펴는 책

⑤ 과학자는 과학의 발전 외에 인류의 행복이나 복지 등에는 그리 관심이 많지 않다는 전제하에 과학기술에 대해 평가할 수 있도록 법조인에게 과학 교육이 필요함을 주장한 책

15 다음 글을 〈보기〉와 같은 순서로 재구성하려고 할 때, 논리적 순서대로 바르게 나열한 것은?

(가) 최근 전자 상거래 시장에서 소셜 커머스 열풍이 거세게 불고 있다. 할인율 50%라는 파격적인 조건으로 검증된 상품을 구매할 수 있다는 입소문이 나면서 국내 소셜 커머스 시장의 규모가 급성장하고 있다. 시장 규모가 커지다 보니 개설된 소셜 커머스 사이트가 수백 개에 달하고, 소셜 커머스 모임 사이트까지 등장할 정도로 소셜 커머스의 인기가 날로 높아지고 있다.

(나) 현재 국내 소셜 커머스는 일정 수 이상의 구매자가 모일 경우 파격적인 할인가로 상품을 판매하는 방식의 소셜 쇼핑이 주를 이루고 있다. 그러나 소셜 쇼핑 외에도 SNS상에 개인화된 쇼핑 환경을 만들거나 상거래 전용 공간을 여는 방식의 소셜 커머스도 등장하고 있다. 소셜 커머스의 소비자는 판매자(생산자)의 상품을 사는 데서 그치지 않고 판매자들로 하여금 자신들이 원하는 물건을 판매하도록 유도할 수 있으며, 자신들 스스로가 새로운 소비자를 끌어 모을 수도 있다. 이러한 소비자의 변모는 소비자의 역할뿐만 아니라 상거래 지형이 크게 변화할 것임을 시사한다. 소셜 커머스 시대에는 소비자가 상거래의 주도권을 잡는 일이 가능할 것이다.

(다) 소셜 커머스란 소셜 네트워크 서비스(SNS)를 통하여 이루어지는 전자 상거래를 가리키는 말이다. 소셜 커머스는 상품의 구매를 원하는 사람들이 할인을 성사하기 위하여 공동 구매자를 모으는 과정을 주로 SNS를 이용하는 데서 그 명칭이 유래되었다. 소셜 커머스는 2005년 '야후(Yahoo)'의 장바구니 공유 서비스인 '쇼퍼스피어(Shopersphere)'같은 사이트를 통하여 처음 소개되었다.

> **보기**
>
> 국내 소셜 커머스의 현황 → 소셜 커머스의 명칭의 유래 및 등장 배경 → 소셜 커머스의 유형 및 전망

① (가) – (나) – (다)　　　　　　　② (가) – (다) – (나)
③ (나) – (가) – (다)　　　　　　　④ (나) – (다) – (가)
⑤ (다) – (가) – (나)

01 다음은 로봇 생산에 대한 자료이다. 이에 대한 설명으로 옳지 않은 것은?

〈국내 로봇 업체 수출 현황〉

(단위 : 억 원)

구분	2020년	2021년	2022년	2023년	2024년
제조용	5,965	6,313	6,768	6,806	8,860
전문서비스	18	54	320	734	191
개인서비스	1,186	831	708	788	861
로봇 부품	207	265	362	1,007	1,072
총계	7,376	7,464	8,159	9,336	10,984

〈국내 부문별 설비 투자 현황〉

(단위 : 억 원)

구분	2020년	2021년	2022년	2023년	2024년
연구개발	159	391	545	270	1,334
생산	278	430	768	740	1,275
기타	48	196	281	154	451
총계	485	1,017	1,594	1,164	3,060

① 제조용 로봇의 수출 비중이 가장 높은 해는 2021년이다.
② 전체 수출액 중 로봇 부품이 차지하는 비율은 매년 증가하고 있다.
③ 2024년에 처음으로 국내 로봇 업체 전체 수출액이 1조 원을 돌파하였다.
④ 2024년 연구개발 설비 투자 금액이 생산 설비 투자 금액보다 59억 원 더 많다.
⑤ 2020년부터 2023년까지 전체 투자 금액 중 생산 설비에 투자한 비중이 가장 높다.

02 K출판사에 분당 100자를 칠 수 있는 A사원과 분당 150자를 칠 수 있는 B사원이 있다. 총 15,000
자 분량의 원고를 2명이 동시에 치는 데 걸리는 시간은?

① 1시간   ② 2시간
③ 3시간   ④ 4시간
⑤ 5시간

※ 다음은 2만 명을 대상으로 주요 직업군별 주 평균 여가시간을 조사한 자료이다. 이어지는 질문에 답하시오. [3~4]

〈주요 직업군별 주 평균 여가시간〉

구분	1시간 미만	1시간 이상 3시간 미만	3시간 이상 5시간 미만	5시간 이상	응답자 수
일반회사직	22%	45%	20%	13%	4,400명
자영업직	36%	35%	25%	4%	1,800명
공교육직	4%	12%	39%	45%	2,800명
사교육직	36%	35%	25%	4%	2,500명
교육 외 공무직	32%	28%	22%	18%	3,800명
연구직	69%	1%	7%	23%	2,700명
의료직	52%	5%	2%	41%	2,000명

03 다음 중 자료에 대한 설명으로 옳지 않은 것은?

① '3시간 이상 5시간 미만'에 가장 많이 응답한 직업군은 없다.
② 전체 응답자 중 교육에 종사하는 사람이 차지하는 비율은 27% 미만이다.
③ 연구직 종사자와 의료직 종사자의 응답 비율의 차가 가장 큰 응답 시간은 '5시간 이상'이다.
④ 일반회사직 종사자와 자영업직 종사자 모두 주 평균 여가시간이 '1시간 이상 3시간 미만'이라고 응답한 비율이 가장 높다.
⑤ 공교육직 종사자의 응답 비율이 높은 순서대로 나열한 것과 교육 외 공무직 종사자의 응답 비율이 높은 순서대로 나열한 것은 반대의 추이를 보인다.

04 다음 〈보기〉 중 자료에 대한 설명으로 옳은 것을 모두 고르면?

보기
㉠ 전체 응답자 중 공교육직 종사자가 차지하는 비율은 연구직 종사자가 차지하는 비율보다 1.5%p 더 높다.
㉡ 공교육직 종사자의 응답 비율이 가장 높은 시간의 응답자 수는 사교육직 종사자의 응답 비율이 가장 높은 시간의 응답자 수의 1.5배이다.
㉢ '5시간 이상'이라고 응답한 교육 외 공무직 종사자의 응답 비율은 연구직 종사자의 응답 비율보다 낮지만, 응답자 수는 더 많다.

① ㉠
② ㉡
③ ㉢
④ ㉠, ㉡
⑤ ㉡, ㉢

05 다음은 2020년부터 2024년까지 K기관의 매출액과 원가 및 판관비에 대한 자료이다. 이를 나타낸 그래프로 옳은 것은?(단, 영업이익률은 소수점 둘째 자리에서 반올림한다)

〈매출액과 원가 및 판관비〉

(단위 : 억 원)

구분	2020년	2021년	2022년	2023년	2024년
매출액	1,485	1,630	1,410	1,860	2,055
매출원가	1,360	1,515	1,280	1,675	1,810
판관비	30	34	41	62	38

※ (영업이익)=(매출액)−[(매출원가)+(판관비)]
※ (영업이익률)=(영업이익)÷(매출액)×100

① 2020 ~ 2024년 영업이익

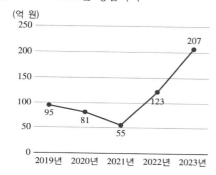

② 2020 ~ 2024년 영업이익

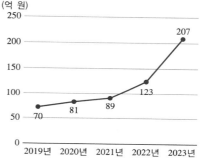

③ 2020 ~ 2024년 영업이익률

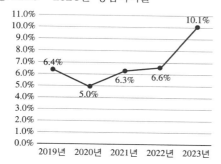

④ 2020 ~ 2024년 영업이익률

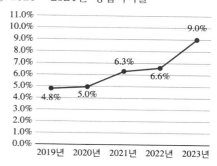

⑤ 2020 ~ 2024년 영업이익률

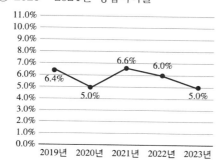

※ 다음은 주요산업국의 연도별 연구개발비 추이에 대한 자료이다. 이어지는 질문에 답하시오. **[6~8]**

〈주요산업국 연도별 연구개발비 추이〉

(단위 : 백만 달러)

구분	2019년	2020년	2021년	2022년	2023년	2024년
한국	23,587	28,641	33,684	31,304	29,703	37,935
중국	29,898	37,664	48,771	66,430	84,933	–
일본	151,270	148,526	150,791	168,125	169,047	–
독일	69,317	73,737	84,148	97,457	92,552	92,490
영국	39,421	42,693	50,016	47,138	40,291	39,924
미국	325,936	350,923	377,594	403,668	401,576	–

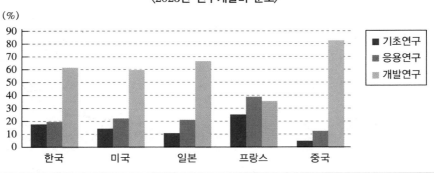

〈2023년 연구개발비 분포〉

06 다음 〈보기〉 중 자료에 대한 설명으로 옳은 것을 모두 고르면?

보기

ㄱ. 2023년 연구개발비가 전년 대비 감소한 국가는 4개이다.
ㄴ. 2019년 대비 2023년 연구개발비의 증가율이 가장 높은 국가는 중국이고, 가장 낮은 국가는 일본이다.
ㄷ. 전년 대비 2021년 한국의 연구개발비의 증가율은 독일보다 높고, 중국보다 낮다.

① ㄱ   ② ㄱ, ㄴ
③ ㄱ, ㄷ   ④ ㄴ, ㄷ
⑤ ㄱ, ㄴ, ㄷ

07 다음 중 2023년 미국의 개발연구비는 한국의 응용연구비의 몇 배인가?(단, 소수점 둘째 자리에서 반올림한다)

① 40.2배
② 40.4배
③ 40.6배
④ 40.8배
⑤ 41배

08 다음 〈보기〉 중 2023년 연구개발비 분포에 대한 설명으로 옳은 것을 모두 고르면?

> **보기**
>
> ㄱ. 기초연구비 비율이 가장 높은 국가가 응용연구비 비율도 가장 높다.
> ㄴ. 개발연구비 비율이 가장 높은 국가와 가장 낮은 국가의 비율 차이보다 기초연구비 비율이 가장 높은 국가와 가장 낮은 국가의 비율 차이가 더 크다.
> ㄷ. 기초연구비 비율이 두 번째로 높은 국가가 개발연구비 비율도 두 번째로 높다.

① ㄱ
② ㄷ
③ ㄱ, ㄴ
④ ㄴ, ㄷ
⑤ ㄱ, ㄴ, ㄷ

09 다음 설명에 해당하는 그래프는?

> • 원 그래프의 일종으로, 거미줄 그래프라고도 한다.
> • 비교하는 수량을 지름 또는 반지름으로 나누어 원의 중심에서 거리에 따라 각 수량의 관계를 나타낸다.
> • 주로 계절별 매출액 등의 변동을 비교하거나 경과 등을 나타낼 때 사용한다.

① 점 그래프
② 선 그래프
③ 막대 그래프
④ 층별 그래프
⑤ 방사형 그래프

10 100L짜리 물통에 물을 채우기 위해 큰 호스로 물을 부었더니 30분 만에 물통이 가득 찼다. 이 물통에 물을 좀 더 빨리 채우기 위해 큰 호스와 1시간에 50L의 물을 부을 수 있는 작은 호스로 동시에 물을 채우면 물통에 물이 가득 차는 데 얼마나 걸리겠는가?

① 16분　　　　　　　　　　　　② 20분

③ 24분　　　　　　　　　　　　④ 28분

⑤ 32분

11 다음과 같이 일정한 규칙으로 수를 나열할 때, 빈칸에 들어갈 수는?

| −81 | −30 | −27 | −21 | −9 | −12 | ( ) |

① −3　　　　　　　　　　　　② −1

③ 0　　　　　　　　　　　　④ 1

⑤ 3

12 지혜와 주헌이가 함께 기숙사에서 나와 회사를 향해 분당 150m의 속력으로 출근하고 있다. 30분 정도 걸었을 때, 지혜는 집에 두고 온 중요한 서류를 가지러 분당 300m의 속력으로 집에 갔다가 같은 속력으로 다시 회사를 향해 뛰어간다고 한다. 주헌이가 그 속력 그대로 20분 뒤에 회사에 도착할 때, 지혜는 주헌이가 회사에 도착하고 나서 몇 분 후에 회사에 도착하는가?

① 20분　　　　　　　　　　　　② 25분

③ 30분　　　　　　　　　　　　④ 35분

⑤ 40분

13 다음은 분야별 공공분야 국가연구개발 사업비 집행 추이에 대한 자료이다. 〈조건〉에 따라 빈칸 B, D에 들어갈 분야를 바르게 짝지은 것은?

〈분야별 공공분야 국가연구개발 사업비 집행 추이〉

구분	2022년		2023년		2024년	
	금액	비중	금액	비중	금액	비중
건강	15,152	12.3	15,298	12.4	15,957	12.5
A	25,356	20.5	26,460	21.4	28,861	22.6
사회구조 및 관계	968	0.8	1,025	0.8	1,124	0.9
B	15,311	12.4	13,332	10.8	11,911	9.3
우주개발 및 탐사	5,041	4.1	5,373	4.3	5,069	4.0
C	3,256	2.6	3,388	2.7	3,043	2.4
교통 / 정보통신 / 기타 기반시설	1,563	1.3	1,649	1.3	3,614	2.8
환경	4,914	4.0	5,192	4.2	5,579	4.4
D	1,245	1.0	1,341	1.1	1,711	1.3
문화 / 여가증진 / 종교	861	0.7	902	0.7	903	0.7
교육 및 인력양성	9,986	8.1	10,452	8.5	11,287	8.8
지식의 진보(비목적 연구)	15,443	12.5	15,212	12.3	15,567	12.2
기타 공공목적	24,324	19.7	23,999	19.5	23,137	18.1
합계	123,420	100.0	123,623	100.0	127,763	100.0

조건

• 2022년부터 2024년까지 사회질서 및 안전 분야의 국가연구개발 사업비는 매년 증가하였다.

• 2023 ~ 2024년 국방 분야의 국가연구개발 사업비는 우주개발 및 탐사 분야의 국가연구개발 사업 비와 환경 분야의 국가연구개발 사업비의 합의 2배보다 크다.

• 2022년과 2024년에 지구개발 및 탐사 분야와 우주개발 및 탐사 분야의 국가연구개발 사업비의 합은 에너지 분야의 국가연구개발 사업비보다 작다.

• 2024년 국가연구개발 사업비가 전년 대비 감소한 분야는 에너지, 우주개발 및 탐사, 지구개발 및 탐사, 기타 공공목적이다.

• 빈칸 A ~ D는 에너지, 사회질서 및 안전, 국방, 지구개발 및 탐사 분야 중 하나이다.

	B	D
①	국방	에너지
②	에너지	지구개발 및 탐사
③	에너지	사회질서 및 안전
④	사회질서 및 안전	국방
⑤	사회질서 및 안전	에너지

14 다음은 분야별 환경보호 관련 지출 및 수입에 대한 자료이다. 이에 대한 설명으로 옳지 않은 것은?

〈분야별 환경보호 관련 지출 및 수입〉

(단위 : 백만 원, %)

구분	투자지출	내부 경상지출	보조금	부산물 수입	부담금	지출 합계	수입 합계
대기보호	1,345,897 (16.5)	1,624,621 (16.2)	456 (8.0)	38,947 (6.0)	144,180 (2.8)	2,970,974 (16.3)	183,127 (3.2)
폐수관리	3,767,561 (46.1)	2,631,914 (26.3)	0 (0.0)	16,808 (2.6)	1,824,371 (35.9)	6,399,475 (35.2)	1,841,179 (32.1)
폐기물관리	1,153,593 (14.1)	4,193,745 (41.9)	83 (1.5)	591,270 (90.5)	2,911,455 (57.3)	5,347,421 (29.4)	3,502,725 (61.1)
토양·수질 보호	337,874 (4.1)	320,435 (3.2)	273 (4.8)	521 (0.1)	39,379 (0.8)	658,582 (3.6)	39,900 (0.7)
소음·진동 방지	140,846 (1.7)	71,290 (0.7)	0 (0.0)	63 (0.0)	17,229 (0.3)	212,136 (1.2)	17,292 (0.3)
생태계보호	987,942 (12.1)	447,740 (4.5)	2,590 (45.3)	0 (0.0)	33,494 (0.7)	1,438,272 (7.9)	33,494 (0.6)
방사선피해 방지	51,544 (0.6)	105,305 (1.1)	0 (0.0)	0 (0.0)	28,696 (0.6)	156,849 (0.9)	28,696 (0.5)
연구개발	237,482 (2.9)	169,624 (1.7)	0 (0.0)	350 (0.1)	4,227 (0.1)	407,106 (2.2)	4,577 (0.1)
기타 환경보호	142,592 (1.7)	439,788 (4.4)	2,312 (40.4)	5,471 (0.8)	74,814 (1.5)	584,692 (3.2)	80,285 (1.4)
합계	8,165,331 (100.0)	10,004,462 (100.0)	5,714 (100.0)	653,430 (100.0)	5,077,845 (100.0)	18,175,507 (100.0)	5,731,275 (100.0)

① 투자지출액이 가장 많은 분야는 폐수관리이다.

② 대기보호 분야의 투자지출액은 이 분야 전체 지출의 40% 미만이다.

③ 생태계보호 분야의 투자지출액은 이 분야 전체 지출액의 70% 미만이다.

④ 부산물 수입이 10% 미만인 분야가 보조금이 10% 미만인 분야보다 많다.

⑤ 환경보호 관련 지출액이 가장 많은 분야는 폐수관리이고, 수입액이 가장 많은 분야는 폐기물관리이다.

15 다음은 라임사태 판매현황에 대한 자료이다. 이를 나타낸 판매사별 판매액 그래프로 옳은 것은? (단, 모든 그래프의 단위는 '억 원'이다)

최근 논란이 된 라임사태 관련 라임자산운용 상품은 총 4조 3천억 원 규모가 판매되었다고 알려졌다. 해당 상품 판매사 20여 곳 중 판매 비중이 큰 순서대로 판매사 4곳을 나열하면 D사, W사, S사, K사 순으로, 이 중 상위 3개사의 판매액 합계는 전체의 40%를 차지하는 것으로 나타났다. 더구나 최근 판매사 평가에서 해당 3개사의 펀드 판매실태가 불량한 것으로 알려져 각별한 주의가 필요할 것으로 판단된다.

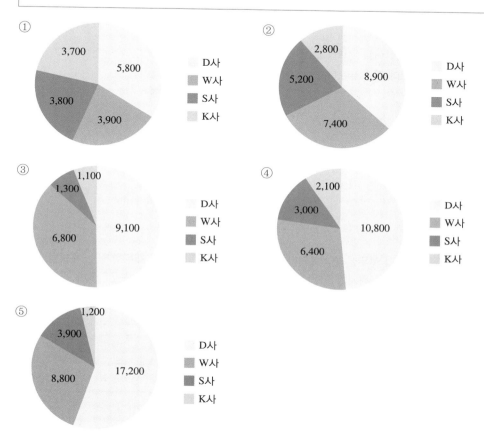

01 어느 요리를 만들기 위해서는 가 ~ 사 7가지 재료를 정해진 순서대로 넣어야 한다. 다음 〈조건〉을 토대로 마지막에 넣는 재료가 가일 때, 두 번째로 넣어야 할 재료는 무엇인가?

> **조건**
> • 모든 재료는 차례로 한 번씩만 넣는다.
> • 가 바로 앞에 넣는 재료는 라이다.
> • 사는 라보다는 먼저 넣지만, 나보다 늦게 넣는다.
> • 마는 다와 나의 사이에 넣는 재료이다.
> • 다는 마보다 먼저 넣는다.
> • 바는 다보다 먼저 넣는다.

① 다   ② 라
③ 마   ④ 바
⑤ 아

02 다음은 K기관의 사무실 배치도이다. 회장실, 응접실, 탕비실과 재무회계팀, 홍보팀, 법무팀, 연구개발팀, 인사팀의 위치가 다음 〈조건〉에 따를 때, 인사팀의 위치는?

	A	B	C	D	회의실 1
출입문	복도				
	E	F	G	H	회의실 2

> **조건**
> • A ~ H에는 빈 곳 없이 회장실, 응접실, 탕비실, 모든 팀 중 하나가 위치해 있다.
> • 회장실은 출입문과 가장 가까운 위치에 있다.
> • 회장실 맞은편은 응접실이다.
> • 재무회계팀은 회장실 옆에 있고, 응접실 옆에는 홍보팀이 있다.
> • 법무팀은 항상 홍보팀 옆에 있다.
> • 연구개발팀은 회의실 2와 같은 줄에 있다.
> • 탕비실은 법무팀 맞은편에 있다.

① B   ② C
③ D   ④ G
⑤ H

※ 다음 글을 읽고 이어지는 질문에 답하시오. [3~4]

〈상황〉

기획팀에서 설탕과 프림을 넣지 않은 고급 인스턴트 블랙커피를 커피믹스와 같은 스틱 형태로 선보이겠다는 아이디어를 제시하였지만, 인스턴트 커피를 제조하고 판매하는 K회사 경영진의 반응은 차가웠다. K회사의 커피믹스가 성황리에 판매되고 있었기 때문이었다.

〈회의 내용〉

기획팀 부장 : 신제품 개발과 관련된 회의를 진행하도록 하겠습니다. 이 자리는 누구에게 책임이 있는지를 묻는 회의가 아닙니다. 신제품 개발에 대한 서로의 상황을 인지하고 문제 상황을 해결하자는 데 그 의미가 있습니다. 먼저 신제품 개발과 관련하여 마케팅팀 의견을 제시해 주십시오.

마케팅 부장 : A제품이 생산될 수 있도록 연구소 자체 공장에 파일럿 라인을 만들어 샘플을 생산하였으면 합니다.

연구소 소장 : 성공 여부가 불투명한 신제품을 위한 파일럿 라인을 만들기는 어렵습니다.

기획팀 부장 : 조금이라도 신제품 개발을 위해 생산현장에서 무언가 협력할 방안은 없을까요?

마케팅 부장 : 고급 인스턴트 커피의 생산이 가능한지를 먼저 알아본 후 한 단계씩 전진하면 어떨까요?

기획팀 부장 : 좋은 의견인 것 같습니다. 소장님은 어떻게 생각하십니까?

연구소 소장 : 커피 전문점 수준의 고급 인스턴트 커피를 만들기 위해서는 최대한 커피 전문점이 만드는 커피와 비슷한 과정을 거쳐야 할 것 같습니다.

마케팅 부장 : 그렇습니다. 하지만 100% 커피전문점 원두커피를 만드는 것이 아닙니다. 전문점 커피를 100%로 봤을 때, 80 ~ 90% 정도 수준이면 됩니다.

연구소 소장 : 퀄리티는 높이고 일회용 스틱 형태의 제품인 믹스의 사용 편리성은 그대로 두자는 이야기죠?

마케팅 부장 : 그렇습니다. 우선 커피를 추출하는 장비가 필요합니다. 또한 액체인 커피를 봉지에 담지 못하니 동결건조방식을 활용해야 할 것 같습니다.

연구소 소장 : 보통 믹스커피는 하루 1t 분량의 커피를 만들 수 있는데, 이야기한 방법으로는 하루에 100kg도 못 만듭니다.

마케팅 부장 : 예, 잘 알겠습니다. 그 부분에 대해서는 조금 더 논의가 필요할 것 같습니다. 검토해 보겠습니다.

---

03 다음 중 마케팅 부장이 취하고 있는 문제해결 방법은?

① 창의적 사고
② 비판적 사고
③ 퍼실리테이션
④ 하드 어프로치
⑤ 소프트 어프로치

04 다음 중 K회사의 신제품 개발과 관련하여 가장 필요했던 것은?

① 전략적 사고
② 분석적 사고
③ 발상의 전환
④ 성과지향 사고
⑤ 내・외부자원의 효과적 활용

※ K기관은 상수도 설비 효율화를 위한 연구개발 과제를 다음과 같이 공모하였다. 이어지는 질문에 답하시오. [5~6]

<hr>

〈상수도 설비 효율화를 위한 연구개발 과제 공모〉

1. 공모과제
   - 수도권 상수도 설비 효율화 방안 수립

2. 평가 및 선정 방식
   - 연구계획서 평가 결과에 따라 다음과 같이 100점 만점으로 계획 점수를 부여한다.

연구 실적	합리성 점수	구체성 점수	실현가능성
20점	30점	30점	20점

   - 계획 점수가 가장 높은 연구팀을 선정한다.
   - 실현가능성 점수가 14점 이하이면 선정 대상에서 제외한다.

3. 연구비 및 연구팀 인건비
   - 선정된 연구팀의 계획 점수에 따라 연구팀에 등급을 부여한다.

90점 이상 100점 이하	80점 이상 90점 미만	70점 이상 80점 미만	70점 미만
A등급	B등급	C등급	D등급

   - 연구비와 연구팀 인건비는 선정된 연구팀의 등급에 따라 다음과 같이 지급된다.
     - 연구비(만 원)

A등급	B등급	C등급	D등급
4,000	3,500	3,000	2,500

     - 연구팀 인건비(만 원)

구분	A등급	B등급	C등급	D등급
박사	1,000	900	800	700
석사	800	700	500	400
학사 이하	500	450	400	300

05 다음은 K기관의 연구개발 과제에 지원한 갑 ~ 정의 연구계획서에 대한 평가 결과이다. 연구팀으로 선정될 팀과 계획 점수가 바르게 짝지어진 것은?

〈지원팀별 연구계획서 평가 결과〉

(단위 : 점)

평가항목	갑	을	병	정
연구 실적	18	16	17	17
합리성 점수	25	27	24	22
구체성 점수	22	21	24	25
실현가능성	16	15	10	16

	선정될 연구팀	계획 점수
①	갑	80점
②	갑	81점
③	을	79점
④	병	79점
⑤	정	81점

06 다음은 K기관의 연구개발 과제에 지원한 갑 ~ 정의 인원에 대한 자료이다. **05**번 문제에서 연구팀으로 선정된 팀이 지원받을 연구비와 연구팀 인건비의 합은?

〈지원팀별 인원〉

(단위 : 명)

구분	갑	을	병	정
박사	1	2	1	1
석사	4	3	2	4
학사 이하	4	2	5	3

① 6,900만 원

② 7,700만 원

③ 8,550만 원

④ 9,000만 원

⑤ 10,200만 원

07 다음은 K기관 인턴들의 직업선호 유형 및 책임자의 관찰 사항에 대한 자료이다. 소비자들의 불만을 접수해서 처리하는 업무를 맡기기에 가장 적합한 인턴은?

〈직업선호 유형 및 책임자의 관찰 사항〉

구분	유형	유관 직종	책임자의 관찰 사항
A인턴	RI	DB개발, 요리사, 철도기관사, 항공기 조종사, 직업군인, 운동선수, 자동차 정비원	부서 내 기기 사용에 문제가 생겼을 때 해결 방법을 잘 찾아냄
B인턴	AS	배우, 메이크업 아티스트, 레크리에이션 강사, 광고기획자, 디자이너, 미술교사, 사회복지사	자기주장이 강하고 아이디어가 참신한 경우가 종종 있었음
C인턴	CR	회계사, 세무사, 공무원, 비서, 통역가, 영양사, 사서, 물류전문가	무뚝뚝하지만 잘 흥분하지 않으며, 일처리가 신속하고 정확함
D인턴	SE	사회사업가, 여행안내원, 교사, 한의사, 응급구조 요원, 스튜어디스, 헤드헌터, 국회의원	부서 내에서 인기가 있지만, 일처리는 조금 늦은 편임
E인턴	IA	건축설계, 게임기획, 번역, 연구원, 프로그래머, 의사, 네트워크엔지니어	분석적이지만 부서 내에서 잘 융합되지 못하고, 겉도는 것처럼 보임

① A인턴
② B인턴
③ C인턴
④ D인턴
⑤ E인턴

08 다음 〈조건〉을 바탕으로 할 때, 〈보기〉에 대한 판단으로 옳은 것은?

조건
• 사각 테이블에 사장과 A, B, C부서의 임원이 2명씩 앉아 있다.
• 사장은 사각 테이블의 어느 한 면에 혼자 앉아 있다.
• A부서의 임원들은 나란히 앉아 있다.
• C부서의 임원은 서로 마주보고 있으며, 그중 한 임원은 B부서의 임원 사이에 있다.
• 사각 테이블의 한 면에는 최대 4명이 앉을 수 있다.

보기
A : C부서의 한 임원은 어느 한 면에 혼자 앉아 있다.
B : 테이블의 어느 한 면은 항상 비어 있다.

① A만 옳다.
② B만 옳다.
③ A, B 모두 옳다.
④ A, B 모두 틀리다.
⑤ A, B 모두 옳은지 틀린지 판단할 수 없다.

09 K기관은 업무를 통해 쉽게 발생할 수 있는 논리적 오류를 조심하자는 의미로 다음과 같이 3가지 논리적 오류를 소개하였다. 3가지 논리적 오류에 해당하지 않는 것은?

> • 권위에 호소하는 오류
>   – 논지와 직접적인 관련이 없는 권위자의 견해를 신뢰하여 발생하는 오류
> • 인신공격의 오류
>   – 주장이나 반박을 할 때 관련된 내용을 근거로 제시하지 않고, 성격이나 지적 수준, 사상, 인종 등과 같이 주장과 무관한 내용을 근거로 사용할 때 발생하는 오류
> • 대중에 호소하는 오류
>   – 많은 사람들이 생각하거나 선택했다는 이유로 자신의 결론이 옳다고 주장할 때 발생하는 오류

① S사원이 제시한 기획서 내용은 잘못되었다고 생각해. S사원은 평소에 이해심이 없기로 유명하거든.

② 인사부 최부장님께 의견을 여쭤보았는데, 우리 다음 도서의 디자인은 A안으로 가는 것이 좋겠어.

③ 최근 많은 사람들이 의학용 대마초가 허용되는 것에 찬성하고 있습니다. 따라서 우리 회사도 대마 초와 관련된 의약개발에 투자해야 합니다.

④ 우리 회사의 세탁기는 조사 결과, 소비자의 80%가 사용하고 있다는 점에서 성능이 매우 뛰어나다 는 것을 알 수 있습니다. 주저하지 마시고 우리 회사 세탁기를 구매해 주시기 바랍니다.

⑤ 최근 일본의 예법을 주제로 한 자료를 보면 알 수 있듯이, 일본인들 대부분은 예의가 바르다고 할 수 있습니다. 따라서 우리 회사의 효도상품을 일본 시장에 진출시킬 필요가 있습니다.

10 홍보팀, 총무팀, 연구개발팀, 고객지원팀, 법무팀, 디자인팀으로 구성된 K기관이 체육대회를 실시 하였다. 6팀이 참가한 경기가 다음 〈조건〉과 같을 때, 항상 참인 것은?

> **조건**
> • 체육대회는 모두 4종목이며, 모든 팀은 적어도 1종목에 참가해야 한다.
> • 이어달리기 종목에 참가한 팀은 5팀이다.
> • 홍보팀은 모든 종목에 참가하였다.
> • 연구개발팀은 2종목에 참가하였다.
> • 총무팀이 참가한 어떤 종목은 4팀이 참가하였다.
> • 연구개발팀과 디자인팀은 같은 종목에 참가하지 않는다.
> • 고객지원팀과 법무팀은 모든 종목에 항상 같이 참가하였거나 같이 참가하지 않았다.
> • 디자인팀은 족구 종목에 참가하였다.

① 참가하는 종목이 가장 적은 팀은 디자인팀이다.

② 연구개발팀과 법무팀이 참가한 종목의 수는 같다.

③ 홍보팀과 고객지원팀이 동시에 참가하지 않는 종목은 없다.

④ 연구개발팀과 디자인팀이 동시에 참가하지 않는 종목은 없다.

⑤ 총무팀이 참가한 종목의 수와 법무팀이 참가한 종목의 수는 같다.

11 다음은 K시 지역 산업단지에 대한 SWOT 분석 결과와 이를 토대로 세운 경영 전략이다. 밑줄 친 ㉠ ~ ㉤ 중 적절하지 않은 것은?

〈SWOT 분석 결과〉

구분	분석 결과
강점(Strength)	• 산업단지 관리 주체(한국산업단지공단 등)의 존재 • ESG 경영에 대한 한국산업단지공단의 강한 의지 • K시 지역 지산학(지자체 – 산업업계 – 대학) 협력 거버넌스 구축 • 지속가능 발전계획 등 K시의 다양한 환경 부문 계획 및 추진
약점(Weakness)	• K시 ESG 전담 조직의 부재 • 산업단지 입주 업체의 미흡한 ESG 준비도 • 산업단지 입주 업체의 낮은 ESG 인식 수준 • 산업단지 입주 업체의 영세성 및 ESG 선도기업의 부재
기회(Opportunity)	• 국내・외 ESG 트렌드의 부상 • 정부의 ESG 관련 정책과 관련법 제정 • K시가 아닌 다른 지자체의 ESG 정책 추진 • ESG 관련 규제 강화 및 투자자의 ESG 요구 증대
위협(Threat)	• ESG 경영 자체의 복잡성 • ESG 경영의 차별화 부족 • ESG 경영에 대한 기업의 부담 가중 • ESG 경영이 일시적인 유행에 그칠 가능성

〈SWOT 분석에 의한 경영 전략〉

SO전략	ST전략
• ESG 포럼 • ESG 위원회 설치 • ㉠ <u>ESG 조례 제정</u> • ESG 경영지원센터 설립・운영	• ESG 경영 관련 인증 • ESG 우수 기업 지정 • ㉡ <u>ESG 관련 포털 운영</u>
WO전략	**WT전략**
• ESG 펀드 조성 • ESG 교육 및 인재 양성 • ESG 프로젝트 발굴 및 지원 • ㉢ <u>ESG 자가진단 및 컨설팅 지원</u> • ㉣ <u>ESG 경영 관련 정책 홍보 강화</u>	• ESG 기본계획 수립 • K시형 ESG 경영 지표 • 그린산업단지 조성 확대 • ㉤ <u>공공기관 ESG 경영평가</u> • ESG 경영 생태계 활성화 계획

① ㉠
② ㉡
③ ㉢
④ ㉣
⑤ ㉤

〈성과급 평가 결과〉

구분	업무기여도 (30%)	연구성과 (40%)	자기개발(10%)		태도 (20%)	결과
			자격증(6%)	영어(4%)		
갑	56점	82점	1개	495점	92점	( )
을	70점	43점	2개	830점	88점	( )
병	81점	73점	3개	645점	63점	( )
정	67점	55점	0개	900점	95점	( )
무	75점	60점	1개	780점	85점	( )

※ 자격증취득개수 ┬ 0개 : 20점
                ├ 1 ~ 2개 : 40점
                └ 3개 ~ : 60점

※ 영어취득점수 ┬ ~ 500점 : 20점
   (토익 기준) ├ 501 ~ 700점 : 40점
                ├ 701 ~ 800점 : 70점
                └ 801점 ~ : 100점

※ 자격증 점수는 60점 만점이므로 100점 만점으로 환산하여 적용함(단, 소수점 첫째 자리에서 반올림함)

〈점수별 성과급 지급액〉

점수	~ 50점	~ 65점	~ 70점	~ 75점	~ 85점	86점 ~
성과급	100만 원	110만 원	130만 원	150만 원	180만 원	200만 원

12 다음 중 성과급 점수의 총합이 가장 높은 사람은?

① 갑   ② 을
③ 병   ④ 정
⑤ 무

13 K기관은 영어점수가 자기개발에 큰 도움이 되지 않는다고 생각하여 영어점수를 평가항목에서 삭제하고 업무기여도 30%, 연구성과 40%, 태도 30%로 평가 비율을 변경하였다. 또한 자격증은 개수에 상관없이 취득하면 무조건 10만 원을 추가로 지급하기로 하였다. 성과급을 가장 많이 받는 사람의 지급액은 얼마인가?

① 210만 원   ② 190만 원
③ 170만 원   ④ 150만 원
⑤ 130만 원

※ K유통업체는 유통대상의 정보에 따라 다음과 같이 12자리로 구성된 분류코드를 부여하여 관리하고 있다. 이어지는 질문에 답하시오. [14~15]

〈분류코드 생성 방법〉

• 분류코드는 1개 상품당 하나가 부과된다.
• 분류코드는 '발송코드 − 배송코드 − 보관코드 − 운송코드 − 서비스코드'가 순서대로 연속된 12자리 숫자로 구성되어 있다.
• 발송지역

발송지역	발송코드	발송지역	발송코드	발송지역	발송코드
수도권	a1	강원	a2	경상	b1
전라	b2	충청	c4	제주	t1
기타	k9	−	−	−	−

※ 수도권은 서울, 경기, 인천 지역임
• 배송지역

배송지역	배송코드	배송지역	배송코드	배송지역	배송코드
서울	011	인천	012	강원	021
경기	103	충남	022	충북	203
경남	240	경북	304	전남	350
전북	038	제주	040	광주	042
대구	051	부산	053	울산	062
대전	071	세종	708	기타	009

• 보관구분

보관구분	보관코드	보관구분	보관코드	보관구분	보관코드
냉동	FZ	냉장	RF	파손주의	FG
고가품	HP	일반	GN	−	−

• 운송수단

운송수단	운송코드	운송수단	운송코드	운송수단	운송코드
5톤 트럭	105	15톤 트럭	115	30톤 트럭	130
항공운송	247	열차수송	383	기타	473

• 서비스 종류

배송서비스	서비스코드	배송서비스	서비스코드	배송서비스	서비스코드
당일 배송	01	지정일 배송	02	일반 배송	10

14 다음 중 분류코드로 알 수 있는 정보로 적절하지 않은 것은?

c4304HP11501

① 해당 제품은 고가품이다.
② 냉장 보관이 필요한 제품이다.
③ 15톤 트럭에 의해 배송될 제품이다.
④ 당일 배송 서비스가 적용된 제품이다.
⑤ 해당 제품은 충청지역에서 발송되어 경북지역으로 배송되는 제품이다.

PART 2

15 다음 〈조건〉에 따라 제품 A에 부여될 분류코드로 옳은 것은?

> **조건**
> • A는 Q업체가 7월 5일에 경기도에서 울산지역에 위치한 구매자에게 발송한 제품이다.
> • 수산품인 만큼 냉동 보관이 필요하며, 발송자는 택배 도착일을 7월 7일로 지정하였다.
> • A는 5톤 트럭을 이용해 배송된다.

① k9062RF10510　　　　　　② a1062FZ10502
③ a1062FZ11502　　　　　　④ a1103FZ10501
⑤ a1102FZ10502

01 다음 중 1분기 예산서에서 간접비의 총액은 얼마인가?

1분기 예산서		
비목	금액	세목
( )	930,000원	가. 인건비(5명) - 1월 : 300,000원 - 2월 : 250,000원 - 3월 : 380,000원
( )	4,500,000	나. 장비 및 재료비 - 프로그램 구입비 : 1,000,000원 - 컴퓨터 구입비 : 1,500,000원 - 시제품 제작비 : 2,000,000원
( )	1,200,000원	다. 활동비 - 조사비 : 800,000원 - 인쇄비 : 400,000원
( )	1,000,000원	라. 프로젝트 추진비 - 여비 : 700,000원 - 회의비 : 300,000원
( )	7,500,000원	마. 일반관리비 - 공과금 : 4,000,000 - 건물관리비 : 3,500,000원
합계	15,130,000원	-

① 7,500,000원

② 8,630,000원

③ 9,700,000원

④ 10,700,000원

⑤ 11,130,000원

02 K연구기관은 같은 온실에서 A ~ E식물을 하나씩 동시에 재배하는 실험을 시행한 후 식물 재배 온도를 결정하려고 한다. 5가지 식물의 재배 가능 온도와 상품가치가 다음과 같을 때, 가장 많은 식물을 재배할 수 있는 온도와 상품가치의 총합이 가장 큰 온도를 바르게 짝지은 것은?(단, K연구 기관은 온도만 조절할 수 있으며, 주어진 조건 외에 다른 조건은 고려하지 않는다)

〈식물별 재배 가능 온도와 상품가치〉

식물	재배 가능 온도(℃)	상품가치(원)
A	0 이상 20 이하	10,000
B	5 이상 15 이하	25,000
C	25 이상 55 이하	50,000
D	15 이상 30 이하	15,000
E	15 이상 25 이하	35,000

※ 식물의 상품가치를 결정하는 유일한 기준은 온도임
※ 온실의 온도는 0℃를 기준으로 5℃ 간격으로 조절할 수 있고, 한 번 설정하면 변경할 수 없음

	가장 많은 식물을 재배할 수 있는 온도	상품가치의 총합이 가장 큰 온도
①	15℃	15℃
②	15℃	20℃
③	15℃	25℃
④	20℃	20℃
⑤	20℃	25℃

03 다음과 같이 지점별 수요량과 공급량 및 지점 간 수송비용이 주어졌을 때, 최소 수송비의 합은 얼마인가?(단, 제시된 금액은 톤당 수송비용을 나타낸다)

공급지 \ 수요지	A	B	C	D	공급 합계
X	7만 원	9만 원	6만 원	5만 원	70톤
Y	5만 원	8만 원	7만 원	6만 원	100톤
Z	6만 원	7만 원	9만 원	8만 원	80톤
수요 합계	100톤	80톤	50톤	20톤	250톤

① 1,360만 원
② 1,460만 원
③ 1,560만 원
④ 1,660만 원
⑤ 1,760만 원

04 K기관은 사원들에게 사택을 제공하고 있다. 사택 신청자 A ~ E 중 2명만이 사택을 제공받을 수 있다. 추첨은 조건별 점수에 따라 이뤄진다고 할 때, 〈보기〉 중 사택을 제공받을 수 있는 사람을 모두 고르면?

<사택 제공 조건별 점수>

근속연수	점수	직위	점수	부양가족 수	점수	직종	점수
1년 이상	1점	차장	5점	5명 이상	10점	연구직	10점
2년 이상	2점	과장	4점	4명	8점	기술직	10점
3년 이상	3점	대리	3점	3명	6점	영업직	5점
4년 이상	4점	주임	2점	2명	4점	서비스직	5점
5년 이상	5점	사원	1점	1명	2점	사무직	3점

※ 근속연수는 휴직기간을 제외하고 1년마다 1점씩 적용하여 최대 5점까지 받을 수 있음. 단, 해고 또는 퇴직 후 일정기간을 경과하여 재고용된 경우에는 이전에 고용되었던 기간(개월)을 통산하여 근속연수에 포함하며, 근속연수 산정은 2025. 01. 01을 기준으로 함
※ 부양가족 수의 경우 배우자는 제외됨
※ 무주택자의 경우 10점의 가산점을 받음
※ 동점일 경우 부양가족 수가 많은 사람이 우선순위로 선발됨

보기

구분	직위	직종	입사일	가족 구성	주택 유무	비고
A	대리	영업직	2021. 08. 20	남편	무주택자	–
B	사원	기술직	2023. 09. 17	아내, 아들 1명, 딸 1명	무주택자	–
C	과장	연구직	2020. 02. 13	어머니, 남편, 딸 1명	유주택자	• 2021. 12. 17 퇴사 • 2022. 05. 15 재입사
D	주임	사무직	2023. 03. 03	아내, 아들 1명, 딸 2명	무주택자	–
E	차장	영업직	2018. 05. 06	아버지, 어머니, 아내, 아들 1명	유주택자	• 2020. 05. 03 퇴사 • 2021. 06. 08 재입사

① A대리, C과장　　　　　　　　② A대리, E차장

③ B사원, C과장　　　　　　　　④ B사원, D주임

⑤ D주임, E차장

05 K씨는 밤도깨비 야시장에서 푸드 트럭을 운영하기로 계획하고 있다. 다음 자료를 토대로 순이익이 가장 높은 메인 메뉴 1개를 선정하려고 할 때, K씨가 선정할 메뉴로 가장 적절한 것은?

〈메뉴별 판매 정보〉

메뉴	예상 월간 판매량(개)	생산 단가(원)	판매 가격(원)
A	500	3,500	4,000
B	300	5,500	6,000
C	400	4,000	5,000
D	200	6,000	7,000
E	150	3,000	5,000

① A
② B
③ C
④ D
⑤ E

06 K기관 자재관리팀에 근무 중인 A사원은 행사에 사용할 배너를 제작하는 업무를 맡았다. 다음 중 팀장의 추가 지시에 따라 계산한 현수막 제작 총비용은?

■ 행사 장소를 나타낸 도면

■ 배너 제작 비용(배너 거치대 포함)
 - 일반 배너 한 장당 15,000원
 - 양면 배너 한 장당 20,000원

■ 현수막 제작 비용
 - 기본 크기(세로×가로) : 1m×3m → 5,000원
 - 기본 크기에서 추가 시 → 1m²당 3,000원씩 추가

■ 행사 장소 : 본 건물 3관

팀장 : 행사장 위치를 명확하게 알리려면 현수막도 설치하는 것이 좋을 것 같네요. 정문하고 후문에 하나씩 걸고, 2관 건물 입구에도 하나를 답시다. 정문하고 후문에는 3m×8m 크기로 하고, 2관 건물 입구에는 1m×4m 크기가 적당할 것 같아요. 견적 좀 부탁할게요.

① 84,000원
② 98,000원
③ 108,000원
④ 120,000원
⑤ 144,000원

다음은 K기관의 성과급에 대한 자료이다. 〈보기〉 중 S등급에 해당하는 사람은?

〈성과급 점수별 등급〉

S등급	A등급	B등급	C등급
90점 이상	80점 이상	70점 이상	70점 미만

〈역량평가 반영 비율〉

구분	기본역량	리더역량	직무역량
차장	20%	30%	50%
과장	30%	10%	60%
대리	50%	–	50%
사원	60%	–	40%

※ 성과급 점수는 역량 점수(기본역량, 리더역량, 직무역량)를 직급별 해당 역량평가 반영 비율에 적용한 합산 점수임

보기

구분	직급	기본역량 점수	리더역량 점수	직무역량 점수
A	대리	85점	–	90점
B	과장	100점	85점	80점
C	사원	95점	–	85점
D	차장	80점	90점	85점
E	과장	100점	85점	80점

① A대리　　　　　　　　　② B과장
③ C사원　　　　　　　　　④ D차장
⑤ E과장

08 K씨는 정원이 12명이고 개인 회비가 1인당 20,000원인 모임의 총무이다. 정기 모임을 카페에서 열기로 했는데, 음료를 1잔씩 주문하고 음료와 곁들일 디저트도 2인에 1개씩 주문할 예정이다. 다음 〈조건〉에 따라 가장 저렴하게 먹을 수 있는 방법으로 메뉴를 주문한 후 잔액은 얼마인가?(단, 2명은 커피를 마시지 못한다)

COFFEE		NON – COFFEE		DESSERT	
아메리카노	3,500원	그린티라테	4,500원	베이글	3,500원
카페라테	4,100원	밀크티라테	4,800원	치즈케이크	4,500원
카푸치노	4,300원	초코라테	5,300원	초코케이크	4,700원
카페모카	4,300원	곡물라테	5,500원	티라미수	5,500원

조건

- 10잔 이상의 음료 또는 디저트를 구매하면 4,500원 이하의 음료 2잔이 무료로 제공된다.
- 세트 메뉴로 음료와 디저트를 구매하면 해당 메뉴 금액의 10%가 할인된다.

① 175,000원
② 178,500원
③ 180,500원
④ 187,500원
⑤ 188,200원

09 다음 글의 빈칸에 들어갈 내용으로 가장 적절한 것은?

효과적인 물적자원관리 과정을 거쳐 물품을 보관할 장소까지 선정하게 되면 차례로 정리를 하게 된다. 이때 중요한 것은 _____을 지켜야 한다는 것이다. 이는 입·출하의 빈도가 높은 품목을 출입구 가까운 곳에 보관하는 것을 말한다. 즉, 물품의 활용 빈도가 상대적으로 높은 것은 가져다 쓰기 쉬운 위치에 먼저 보관해야 한다. 이렇게 하면 물품을 활용하는 것도 편리할 뿐만 아니라 활용한 후 다시 보관하는 것 역시 편리하게 할 수 있다.

① 통로 대면의 원칙
② 중량 특성의 원칙
③ 선입 선출의 원칙
④ 네트워크 보관의 원칙
⑤ 회전 대응 보관의 원칙

※ 다음은 K기관의 국제 포럼에 대한 자료이다. 이어지는 질문에 답하시오. [10~12]

K기관 인사팀 김과장은 다음 주에 열리는 국제 포럼에 참석하기 위해 각 부서에서 참석 가능 인원에 대한 명단을 받았다. 김과장은 이를 참고하여 국제 포럼 참석 가능 인원을 배정하였다.

〈국제 포럼 참석 방법〉
• 월~금요일에 시간대별로 1명의 직원이 포럼 프로그램에 참석한다.
• 1명의 직원이 하루에 3개의 포럼 프로그램에 참석하지는 않는다.
• 직원의 참석 가능 시간이 겹칠 경우 경력이 긴 직원이 먼저 참석한다.

〈국제 포럼 참석 가능 인원〉

이름	경력	참석 가능 시간
김인영	10년	월 10:00 ~ 18:00 / 금 17:00 ~ 20:00
나지환	7년	월 10:00 ~ 20:00 / 화, 목, 금 17:00 ~ 20:00
민도희	7년	화 10:00 ~ 20:00 / 수 17:00 ~ 20:00 / 목 10:00 ~ 18:00
구지엽	5년	월, 금 10:00 ~ 20:00
임영우	4년	목, 금 10:00 ~ 14:00
채연승	3년	수, 목 10:00 ~ 18:00

〈국제 포럼 일정〉

구분	시간	월	화	수	목	금
1타임	10:00 ~ 14:00	스마트팩토리 패러다임	직업윤리와 의사소통	스마트팩토리 패러다임	직업윤리와 의사소통	스마트팩토리 패러다임
2타임	14:00 ~ 17:00	나노 기술의 활용 사례	나노 기술의 활용 사례	나노 기술의 활용 사례	직장에 필요한 젠더감수성	직장에 필요한 젠더감수성
3타임	17:00 ~ 20:00	5G와 재택근무	인공지능과 딥러닝	인공지능과 딥러닝	5G와 재택근무	5G와 재택근무

10 다음 중 김과장이 '5G와 재택근무' 프로그램에 배정할 수 있는 사람과 요일은?

① 나지환, 월요일　　　　　　　② 민도희, 목요일

③ 구지엽, 금요일　　　　　　　④ 임영우, 목요일

⑤ 채연승, 금요일

11 다음 중 한 주 동안 국제 포럼에 참석한 사람의 총 참석 시간으로 옳지 않은 것은?

① 김인영, 10시간　　　　　　　② 나지환, 9시간

③ 민도희, 17시간　　　　　　　④ 구지엽, 14시간

⑤ 채연승, 7시간

12 다음 중 K기관의 국제 포럼 참석 인원에 대한 설명으로 옳은 것은?

① 국제 포럼에 가장 많은 시간을 참석하는 사람은 민도희이다.

② '직업윤리와 의사소통' 프로그램에 참석하게 되는 사람은 2명이다.

③ 국제 포럼 참석 가능 인원 6명은 모두 국제 포럼에 1번 이상은 참석한다.

④ 구지엽의 경력이 9년이라면 구지엽은 3타임 프로그램에 2번 이상 참석하게 된다.

⑤ 국제 포럼 참석자 중에서 같은 프로그램에 2번 이상 참석하게 된 사람은 나지환 1명이다.

13 K기관의 해외사업부는 7월 중에 2박 3일로 워크숍을 떠나려고 한다. 단합을 위해 일정은 주로 야외 활동으로 잡았다. 다음 7월 미세먼지 예보와 〈조건〉을 고려했을 때, 워크숍 일정으로 가장 적절한 날짜는?

〈미세먼지 PM₁₀ 등급〉

구간	좋음	보통	약간 나쁨	나쁨	매우 나쁨
예측농도(μg/m^3 · 일)	0 ~ 30	31 ~ 80	81 ~ 120	121 ~ 200	201 이상

〈7월 미세먼지 예보〉

일	월	화	수	목	금	토
	1 204μg/m^3	2 125μg/m^3	3 123μg/m^3	4 25μg/m^3	5 132μg/m^3	6 70μg/m^3
7 10μg/m^3	8 115μg/m^3	9 30μg/m^3	10 200μg/m^3	11 116μg/m^3	12 121μg/m^3	13 62μg/m^3
14 56μg/m^3	15 150μg/m^3	16 140μg/m^3	17 135μg/m^3	18 122μg/m^3	19 98μg/m^3	20 205μg/m^3
21 77μg/m^3	22 17μg/m^3	23 174μg/m^3	24 155μg/m^3	25 110μg/m^3	26 80μg/m^3	27 181μg/m^3
28 125μg/m^3	29 70μg/m^3	30 85μg/m^3	31 125μg/m^3			

조건
- 첫째 날과 둘째 날은 예측농도가 '좋음 ~ 약간 나쁨' 사이여야 한다.
- 워크숍 일정은 평일로 하되 불가피할 시 토요일을 워크숍 마지막 날로 정할 수 있다.
- 매달 2, 4주 수요일은 기획회의가 있다.
- 셋째 주 금요일 저녁에는 우수성과팀 시상식이 있다.
- 7월 29 ~ 31일은 중국 현지에서 열리는 콘퍼런스에 참여한다.

① 1 ~ 3일
② 8 ~ 10일
③ 17 ~ 19일
④ 25 ~ 27일
⑤ 29 ~ 31일

※ 다음은 K기관의 원재료 정리에 대한 자료이다. 이어지는 질문에 답하시오. [14~15]

〈원재료 재고 현황〉

원재료	입고 일시	무게(kg)	원재료	입고 일시	무게(kg)
ⓐ	2025.03.26 09:00	5	ⓐ	2025.03.26 16:14	2
ⓑ	2025.03.26 10:12	7	ⓒ	2025.03.26 16:49	3
ⓒ	2025.03.26 13:15	4	ⓐ	2025.03.26 17:02	5
ⓑ	2025.03.26 14:19	6	ⓑ	2025.03.26 17:04	4
ⓒ	2025.03.26 15:20	8	ⓒ	2025.03.26 19:04	8
ⓐ	2025.03.26 15:30	6	ⓑ	2025.03.26 21:49	5

〈보관 방식〉

• 원재료 ⓐ, ⓑ, ⓒ를 받으면 무게에 따라 상자에 담아 포장한 후 보관한다.
• 원재료 ⓐ, ⓑ, ⓒ는 1개의 상자에 같이 포장이 가능하지만, 1개의 상자는 12kg을 초과할 수 없다.
• 원재료 ⓐ, ⓑ, ⓒ는 입고될 때 무게 그대로 분리하지 않고 포장한다.

14 다음 중 보관 방식에 따라 입고 순서대로 원재료를 상자에 담아 보관할 때 필요한 상자의 개수는?

① 6개
② 7개
③ 8개
④ 9개
⑤ 10개

15 다음 중 원재료를 무게 순으로 하여 무거운 것부터 보관 방식에 따라 보관한다면, 4번째 상자에 있는 원재료는?

① ⓐ
② ⓐ, ⓑ
③ ⓐ, ⓒ
④ ⓑ, ⓒ
⑤ ⓐ, ⓑ, ⓒ

01   다음 〈보기〉 중 레드오션 전략을 사용한 사례로 가장 적절한 것은?

> **보기**
>
> ㉠ 카카오는 데이터 기반의 메신저 앱인 카카오톡을 제공하였고, 카카오톡은 대부분의 국민이 사용하는 국민 앱으로 자리잡았다.
> ㉡ 위니아는 자동차와 건물의 냉방시스템 기술을 접목시킨 김치냉장고 딤채를 개발하여 국내 가전제품 사상 처음으로 대성공을 거두었다.
> ㉢ 빽다방은 경쟁사에 비해 저렴한 가격 정책과 소비자들이 인정하는 맛을 개발하여 커피시장에서 성공하였다.
> ㉣ 해태제과는 기존의 과자에서 맛볼 수 없었던 달콤한 버터맛의 감자칩인 허니버터칩을 개발하여 전국에서 제품의 품귀 현상이 일어나는 성공을 거두었다.
> ㉤ 롯데제과는 기존의 껌이 치아에 나쁘다는 인식이 강해지자 치아 건강에 좋은 자일리톨 껌을 만들어 껌 시장의 새로운 패러다임을 열었다.

① ㉠
② ㉡
③ ㉢
④ ㉣
⑤ ㉤

02   같은 말이나 행동도 나라에 따라서 다르게 받아들여질 수 있기 때문에 직업인은 국제 매너를 갖춰야 한다. 다음 〈보기〉 중 국제 매너에 대한 설명으로 적절한 것을 모두 고르면?

> **보기**
>
> ㉠ 미국 바이어와 악수를 할 때는 눈이나 얼굴을 보면서 손끝만 살짝 잡거나 왼손으로 상대방의 왼손을 힘주어서 잡았다가 놓아야 한다.
> ㉡ 이라크 사람들은 시간을 돈과 같이 생각해서 시간엄수를 중요하게 생각하므로 약속 시간에 늦지 않게 주의해야 한다.
> ㉢ 러시아와 라틴아메리카 사람들은 친밀함의 표시로 포옹을 한다.
> ㉣ 명함은 받으면 구기거나 계속 만지지 않고, 한 번 보고 나서 탁자 위에 보이는 채로 대화를 하거나 명함집에 넣는다.
> ㉤ 수프는 바깥쪽에서 몸 쪽으로 숟가락을 사용한다.
> ㉥ 생선요리는 뒤집어 먹지 않는다.
> ㉦ 빵은 아무 때나 먹어도 관계없다.

① ㉠, ㉢, ㉣
② ㉡, ㉢, ㉣
③ ㉢, ㉣, ㉥
④ ㉢, ㉤, ㉦
⑤ ㉣, ㉥, ㉦

※ 다음은 K기관의 주요 사업별 연락처이다. 이어지는 질문에 답하시오. **[3~4]**

〈주요 사업별 연락처〉

주요 사업	담당부서	연락처
고객지원	고객지원팀	012-410-7001
감사, 부패방지 및 지도점검	감사실	012-410-7011
국제협력, 경영평가, 예산기획, 규정, 이사회	전략기획팀	012-410-7023
인재개발, 성과평가, 교육, 인사, ODA사업	인재개발팀	012-410-7031
복무노무, 회계관리, 계약 및 시설	경영지원팀	012-410-7048
품질평가 관리, 품질평가 관련 민원	평가관리팀	012-410-7062
가공품 유통 전반(실태조사, 유통정보), 컨설팅	유통정보팀	012-410-7072
기관 마케팅, 홍보관리, CS, 브랜드인증	고객홍보팀	012-410-7082
이력관리, 역학조사지원	이력관리팀	012-410-7102
유전자분석, 동일성검사	유전자분석팀	012-410-7111
연구사업 관리, 기준개발 및 보완, 시장조사	연구개발팀	012-410-7133
홈페이지 운영, 대외자료제공, 정보보호	정보사업팀	012-410-7000

03 다음 중 K기관의 주요 사업별 연락처를 본 직원의 반응으로 적절하지 않은 것은?

① 부패방지를 위해 부서를 따로 두었구나.

② 1개의 실과 11개의 팀으로 이루어져 있구나.

③ 홈페이지 운영은 고객홍보팀에서 마케팅과 함께 하는구나.

④ 예산기획과 경영평가는 같은 팀에서 종합적으로 관리하는구나.

⑤ 평가업무라 하더라도 평가 특성에 따라 담당하는 팀이 달라지는구나.

04 다음 민원인의 요청을 듣고 민원을 해결하기 위해 연결해야 할 부서로 가장 적절한 것은?

> 민원인 : 얼마 전 신제품 관련 평가 신청을 했습니다. 신제품 품질에 대한 등급에 대해 이의가 있습니다. 관련 건으로 담당자분과 통화하고 싶습니다.
> 상담원 : 불편을 드려서 죄송합니다. ＿＿＿＿＿＿＿＿＿＿＿ 연결해 드리겠습니다. 잠시만 기다려 주십시오.

① 품질평가를 관리하는 평가관리팀으로

② 지도점검 업무를 담당하고 있는 감사실로

③ 연구사업을 관리하고 있는 연구개발팀으로

④ 이력관리 업무를 담당하고 있는 이력관리팀으로

⑤ 기관의 홈페이지 운영을 전담하고 있는 정보사업팀으로

05 인사팀 K부장은 신입사원들을 대상으로 조직의 의미를 다음과 같이 설명하였을 때, 조직이라고 볼 수 없는 것은?

> 조직은 특정한 목적을 추구하기 위하여 의도적으로 구성된 사람들의 집합체로서 외부 환경과 여러 가지 상호 작용을 하는 사회적 단위라고 말할 수 있지. 이러한 상호 작용이 유기적인 협력체제에서 행해지면서 조직이 추구하는 목적을 달성하기 위해서는 내부적인 구조가 있어야만 해. 업무와 기능의 분배, 권한과 위임을 통하여 어떤 특정한 조직 구성원들의 공통된 목표를 달성하기 위하여 여러 사람의 활동을 합리적으로 조정한 것이야말로 조직의 정의를 가장 잘 나타내주는 말이라고 할 수 있다네.

① 영화 촬영을 위해 모인 스태프와 배우들
② 열띤 응원을 펼치고 있는 야구장의 관중들
③ 미국까지 가는 비행기 안에 탑승한 기장과 승무원들
④ 야간자율학습을 하고 있는 K고등학교 3학년 2반 학생들
⑤ 주말을 이용해 춘천까지 다녀오기 위해 모인 자전거 동호회원들

06 다음 중 마이클 포터의 본원적 경쟁 전략에 대한 설명으로 가장 적절한 것은?

① 차별화 전략은 특정 산업을 대상으로 한다.
② 해당 사업에서 경쟁우위를 확보하기 위한 전략이다.
③ 원가우위 전략에서는 연구개발이나 광고를 통하여 기술, 품질, 서비스 등을 개선할 필요가 있다고 본다.
④ 집중화 전략에서는 대량생산을 통해 단위 원가를 낮추거나 새로운 생산기술을 개발할 필요가 있다고 본다.
⑤ 집중화 전략은 1970년대 우리나라의 섬유산업이나 신발업체, 가발업체 등이 미국시장에 진출할 때 취한 전략이다.

07 다음 회의록을 참고할 때, 고객지원팀의 강대리가 해야 할 일로 적절하지 않은 것은?

〈회의록〉			
회의일시	2025년 ○○월 ○○일	부서	기획팀, 시스템개발팀, 고객지원팀
참석자	기획팀 김팀장, 박대리 / 시스템개발팀 이팀장, 김대리 / 고객지원팀 유팀장, 강대리		
회의안건	홈페이지 내 이벤트 신청 시 발생하는 오류로 인한 고객 불만에 따른 대처방안		
회의내용	• 홈페이지 고객센터 게시판 내 이벤트 신청 오류 관련 불만 글 확인 • 이벤트 페이지 내 오류 발생 원인에 대한 확인 필요 • 상담원의 미숙한 대응으로 고객들의 불만 증가(대응 매뉴얼 부재) • 홈페이지 고객센터 게시판에 사과문 게시 • 고객 불만 대응 매뉴얼 작성 및 이벤트 신청 시스템 개선 • 추후 유사한 이벤트 기획 시 기획안 공유 필요		

① 홈페이지 내 사과문 게시
② 고객센터 게시판 모니터링
③ 상담원 대상으로 CS 교육 실시
④ 민원 처리 및 대응 매뉴얼 작성
⑤ 오류 발생 원인 확인 및 신청 시스템 개선

08 다음 글에 제시된 조직의 특징으로 가장 적절한 것은?

> K기관의 사내 봉사 동아리에 소속된 70여 명의 임직원이 연탄 나르기 봉사활동을 펼쳤다. 이날 임직원들은 지역 주민들이 보다 따뜻하게 겨울을 날 수 있도록 연탄 총 3,000장과 담요를 직접 전달했다. 사내 봉사 동아리에 소속된 김대리는 "매년 진행하는 연말 연탄 나눔 봉사활동을 통해 지역사회에 도움의 손길을 전할 수 있어 기쁘다."라며 "오늘의 작은 손길이 큰 불씨가 되어 많은 분들이 따뜻한 겨울을 보내길 바란다."라고 말했다.

① 공익을 요구하지 않는 조직
② 이윤을 목적으로 하는 조직
③ 인간관계에 따라 형성된 자발적인 조직
④ 규모와 기능 그리고 규정이 조직화되어 있는 조직
⑤ 조직 구성원들의 행동을 통제할 장치가 마련되어 있는 조직

09 K기관의 연구용역 업무를 담당하는 정대리는 연구비 총액 6,000만 원이 책정된 용역업체와의 계약을 체결하였다. 상사 최부장은 계약 체결건에 대해 확인하기 위해 정대리에게 전화를 걸었다. 밑줄 친 ⊙~⑩ 중 적절하지 않은 것은?

〈규정〉

용역발주의 방식(제1조)
연구비 총액 5,000만 원 이상의 연구용역은 경쟁입찰 방식을 따르되, 그 외의 연구용역은 담당자에 의한 수의계약 방식으로 발주한다.

용역방침결정서(제2조)
용역 발주 전에 담당자는 용역방침결정서를 작성하여 부서장의 결재를 받아야 한다.

임연구원의 자격(제3조)
연구용역의 연구원 중에 책임연구원은 대학교수 또는 박사학위 소지자이어야 한다.

계약실시요청 공문작성(제4조)
연구자가 결정된 경우, 담당자는 연구용역 계약실시를 위해 용역수행계획서와 예산계획서를 작성하여 부서장의 결재를 받아야 한다.

보안성 검토(제5조)
담당자는 연구용역에 참가하는 모든 연구자에게 보안서약서를 받아야 하며, 총액 3,000만 원을 초과하는 연구용역에 대해서는 감사원에 보안성 검토를 의뢰해야 한다.

계약실시요청제(제6조)
담당자는 용역방침결정서, 용역수행계획서, 예산계획서, 보안성 검토결과를 첨부하여 운영지원과에 연구용역 계약실시요청 공문을 발송해야 한다.

계약의 실시(제7조)
운영지원과는 연구용역 계약실시를 요청받은 경우 지체 없이 계약업무를 개시하여야 하며, 계약과정에서 연구자와의 협의를 통해 예산계획서상 예산을 10% 이내의 범위에서 감액할 수 있다.

정대리 : 네, ××과 정○○ 대리입니다.
최부장 : 이번에 연구용역 계약 체결은 다 완료되었나?
정대리 : ⊙ 경쟁입찰 방식으로 용역 발주하였습니다. 용역방침결정서도 부서장님께 결재받았습니다.
최부장 : 연구원들은 모두 몇 명이나 되나?
정대리 : ⓒ ××대학교 교수님이 책임연구원으로 계시고, 밑에 석사과정생 3명이 있습니다.
최부장 : 예산은 어느 정도로 책정되었나?
정대리 : ⓒ 처음에 6,000만 원으로 책정되었는데 계약과정에서 연구자와 협의해 보니 5,000만 원까지 감액할 수 있을 것 같습니다.
최부장 : 운영지원과에 공문은 발송했나?
정대리 : ⓔ 아직 감사원으로부터 보안성 검토결과가 오지 않아 발송하지 못했고, 오는 대로 공문 발송하겠습니다.
최부장 : 그럼 업무는 언제부터 시작하나?
정대리 : ⓜ 운영지원과에 연구용역 계약실시요청 공문을 발송한 즉시 바로 업무 개시될 예정입니다.

① ㉠
② ㉡
③ ㉢
④ ㉣
⑤ ㉤

※ 다음은 K기관 조직도의 일부이다. 이어지는 질문에 답하시오. [10~11]

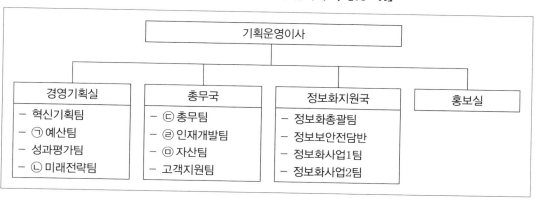

10 다음 중 K기관의 부서와 업무의 연결이 적절하지 않은 것은?

① ㉠ : 수입·지출 예산 편성 및 배정 관리

② ㉡ : 기관사업 관련 연구과제 개발 및 추진

③ ㉢ : 복무관리 및 보건·복리 후생

④ ㉣ : 임직원 인사, 상훈, 징계

⑤ ㉤ : 예산집행 조정, 통제 및 결산 총괄

11 다음 중 정보보안전담반의 업무로 적절하지 않은 것은?

① 직원 개인정보보호 의식 향상 교육

② 개인정보종합관리시스템 구축·운영

③ 정보보안 및 개인정보보호 계획 수립

④ 전문자격 시험 출제정보 관리시스템 구축·운영

⑤ 정보보안기본지침 및 개인정보보호지침 제·개정 관리

12 다음 중 업무상 미국인 C씨와 만나야 하는 B대리가 알아 두어야 할 예절로 적절하지 않은 것은?

> A부장 : B대리, K기업 C씨를 만날 준비는 다 되었습니까?
> B대리 : 네, 부장님. 필요한 자료는 다 준비했습니다.
> A부장 : 그래요. 우리 회사는 해외 진출이 경쟁사에 비해 많이 늦었는데 K기업과 파트너만 된다면
> 큰 도움이 될 겁니다. 아, 그런데 업무 관련 자료도 중요하지만 우리랑 문화가 다르니까
> 실수하지 않도록 준비 잘하세요.
> B대리 : 네, 알겠습니다.

① 명함은 악수를 한 후 교환한다.
② 무슨 일이 있어도 시간은 꼭 지켜야 한다.
③ 악수를 할 때 눈을 똑바로 보는 것은 실례이다.
④ 어떻게 부를 것인지 상대방에게 미리 물어봐야 한다.
⑤ 인사하거나 이야기할 때 어느 정도의 거리를 두어야 한다.

13 다음은 K기관의 해외시장 진출 및 지원 확대를 위한 전략과제의 필요성을 제시한 자료이다. 이를
통해 도출된 과제의 추진방향으로 적절하지 않은 것은?

> 〈전략과제 필요성〉
> • 해외시장에서 기관이 수주할 수 있는 산업 발굴
> • 국제사업 수행을 통한 경험축적 및 컨소시엄을 통한 기술·노하우 습득
> • 해당 산업 관련 민간기업의 해외진출 활성화를 위한 실질적 지원

① 국제기관의 다양한 자금을 활용하여 사업을 발굴하고, 해당 사업의 해외진출을 위한 기술역량을
강화한다.
② 해당 산업 민간(중소)기업을 대상으로 입찰 정보제공, 사업전략 상담, 동반 진출 등을 통한 실질적
지원을 확대한다.
③ 국제경쟁입찰의 과열 경쟁 심화와 컨소시엄 구성 시 민간기업과 업무배분, 이윤추구성향 조율에
서 어려움이 예상된다.
④ 해외봉사활동 등과 연계하여 기관 이미지 제고 및 사업에 대한 사전조사, 시장조사를 통한 선제적
마케팅 활동을 추진한다.
⑤ 국제사업에 참여하여 경험을 축적시키고, 컨소시엄을 통해 습득한 기술 등을 재활용할 수 있는
사업을 구상하고 연구진을 지원한다.

※ 다음 글을 읽고 이어지는 질문에 답하시오. [14~15]

> 과거에는 기업 자체적으로 기업 내부의 자원을 총 동원하여 모든 문제를 해결하고 기업 혼자만의 기술과 능력으로 사업을 추진하는 것이 대세였다면 이제는 대부분의 기업과 스타트업에 있어 ___㉠___ 이/가 거부할 수 없는 필수요소가 되었다.
>
> 개방형 혁신 또는 열린 혁신으로 불리는 ___㉠___ 은/는 일반적으로 기업들이 자체 연구개발 또는 사업화 과정에서 대학이나 타기업 및 연구소 등의 외부 기술과 지식을 접목하고 도입하거나 이를 활용하여 사업화함으로써 성과와 효율성을 극대화하려는 경영 전략이다. 기업에 필요한 기술과 아이디어를 외부에서 조달하는 한편, 기업 내부의 자원을 외부와 공유하면서 혁신적인 새로운 제품이나 서비스를 만들어 내는 것을 ___㉠___ (이)라고 할 수 있다. 이는 기업의 사업 환경이 빠르게 변화하면서 신속하게 대응하는 기업들의 생존방식이라고도 할 수 있다.
>
> ___㉠___ 의 추진과정에서 ___㉡___ 은/는 빼 놓을 수 없는 필수요소이다. ___㉡___ (이)란 오스번에 의해 처음 소개되었으며 특정한 주제에 대해 두뇌에서 폭풍이 휘몰아치듯이 생각나는 아이디어를 가능한 모두 내놓는 것이다. 짧은 시간에 많은 아이디어를 생성해 내는 것이 목적이고 주로 집단의 회의, 토의, 토론 등에서 사용할 수 있다. 업무의 추진과정에서 접하게 될 예측가능한 모든 사안에 대하여 가능한 모든 원인을 찾아내는 데도 ___㉡___ 처럼 유용한 것은 없다. 대부분의 다국적 기업들은 모든 문제해결과 외부자원을 활용하고자 할 때 ___㉡___ 을/를 통해 성과를 내고 있기도 하다.

14 다음 중 윗글의 빈칸 ㉠에 해당하는 사례로 적절하지 않은 것은?

① A사는 하드웨어 생산은 아웃소싱하지만 제품 개발은 철저히 비밀리에 내부적으로 진행하고 있다.
② L장난감은 사이트를 통해 사용자의 디자인 평가와 새로운 아이디어를 공유, 신제품 개발에 활용하고 있다.
③ 국내 K사는 직원과 외부인 5~6명으로 팀을 구성해 새로운 제품을 개발하고 있으며 크게 파트너십과 벤처, 액셀러레이터, 인수 합병(M&A)의 4가지 카테고리를 통해 전략을 운용하고 있다.
④ 일본 S맥주는 수제맥주를 직접 만들고 싶은 소비자들을 웹사이트에서 모집해 삿포로 직원과 함께 컬래버 제품을 개발하고 있다. 이미 10종류의 맥주가 탄생했으며, S맥주는 이 중 일부를 연내 출시할 예정이다.
⑤ 국내 D제약은 줄기세포를 처음부터 개발한 게 아니라 대학이나 연구소에서 개발하던 것을 발굴하여 과감히 라이센스인한 것이다. 뿐만 아니라 하버드대학과 콜럼비아대학에서 스핀아웃된 회사의 기술도 얻어 좀 더 나은 개발을 할 수 있도록 협력하고 있다.

15 다음 중 윗글의 빈칸 ㉡과 같은 형태의 회의에 대한 특징으로 볼 수 없는 것은?

① 고정관념을 버린다.
② 자유로운 분위기를 조성한다.
③ 의사결정에 있어 양보다 질을 추구한다.
④ 다른 사람이 아이디어를 제시할 때 비판하지 않는다.
⑤ 여러 사람의 아이디어를 활용하여 더 좋은 대안을 도출한다.

01 다음은 K기관의 부서별 협상 과정에 대한 글이다. 〈보기〉 중 이에 대한 설명으로 적절하지 않은 것을 모두 고르면?

> 운영팀은 사내 추계 체육대회를 계획하고 있다. 운영팀은 구체적인 일시와 함께 운동장 대여 및 경품과 도시락 경비 등으로 총 800만 원이 소요되는 경비계획을 포함한 추진안을 재무팀에 전달하였다. 운영팀은 추계 체육대회를 반드시 추진하고자 하며, 이를 위해서는 재무팀의 동의가 반드시 필요하다.
> 하지만 재무팀은 체육대회 추진은 가능하지만, 경비로 560만 원 이내의 금액이 소요되어야 한다는 점을 전달하였다. 그러나 운영팀은 기존 경비계획을 일부만 수정하여 총 경비가 740만 원이 소요되는 안을 다시 제출하였고, 재무팀은 동일한 이유로 불가하다는 의견을 전달하였다.
> 그러나 운영팀은 계속하여 600만 원을 초과하는 안을 제출하였고, 재무팀은 이에 해당 안들에 대해 어떠한 추가 의견도 전달하지 않고 있다.

보기

ㄱ. 재무팀은 추계 체육대회 추진안과 관련하여 운영팀과의 협상에서 회피전략을 취하고 있다.
ㄴ. 운영팀은 유화전략에 비해 합의도출이 상대적으로 어려운 전략을 취하고 있다.
ㄷ. 재무팀은 결과보다는 상대방과의 우호적 관계 유지를 목표로 하여 협상에 임하고 있다.
ㄹ. 운영팀은 협력전략을 통해 재무팀의 동의를 이끌어내고자 하고 있다.

---

① ㄱ, ㄴ
② ㄱ, ㄷ
③ ㄴ, ㄷ
④ ㄴ, ㄹ
⑤ ㄷ, ㄹ

02 다음은 팀워크(Teamwork)와 응집력의 정의를 나타낸 글이다. 팀워크의 사례로 적절하지 않은 것은?

> 팀워크(Teamwork)란 '팀 구성원이 공동의 목적을 달성하기 위하여 상호관계성을 가지고 협력하여 업무를 수행하는 것'으로 볼 수 있다. 반면, 응집력은 '사람들로 하여금 집단에 머물도록 느끼게끔 만들고, 그 집단의 멤버로서 계속 남아 있기를 원하게 만드는 힘'으로 볼 수 있다.

① 연구원 G와 S는 효과적인 의약품을 개발하기 위해 함께 연구하기로 했다.
② K사의 S사원과 C사원은 내일 진행될 행사 준비를 위해 함께 야근할 예정이다.
③ D고등학교 학생인 A와 B는 내일 있을 시험 준비를 위해 도서관에서 공부하기로 했다.
④ 같은 배에서 활약 중인 D와 E는 곧 있을 조정경기 시합을 위해 열심히 연습하고 있다.
⑤ 다음 주 조별 발표 준비를 위해 같은 조원인 A와 C는 각자 주제를 나누어 조사하기로 했다.

03 다음 상황에서 나타난 협상 전략으로 가장 적절한 것은?

> K먹자골목에 있는 상가들은 수십 년간 역사를 이어온 상가들이 대부분이다 보니 서로 부모님은 물론 조부모님까지 아는 사이들이 대다수이다. 이로 인해 상가들끼리는 관계가 매우 돈독해 손님들이 지나가도 과도한 고객행위를 하지 않고 영업을 하는 비교적 조용한 골목이었다. 하지만 최근에 근처에 신도시가 들어서면서 많은 상가들이 들어와 K먹자골목에는 손님들이 눈에 띄게 줄어들었다. 이에 대부분의 상가들이 적자를 보는 상황임에도 불구하고 타지역처럼 손님들에게 과도한 호객행위를 하는 대신 상가들끼리 힘을 합쳐 K먹자골목 거리를 손님들이 방문하고 싶도록 새롭게 바꾸기로 하였다.

① 협력전략
② 유화전략
③ 회피전략
④ 경쟁전략
⑤ 무행동전략

※ 다음은 집단심층면접 조사에 대한 공고이다. 이어지는 질문에 답하시오. [4~5]

〈집단심층면접(FGI; Focus Group Interview) 조사 공고〉

고객님께 더 나은 서비스를 제공하고자 고객만족도 제고를 위한 집단심층면접 조사를 실시하게 되어 이를 공고합니다.

• 조사개요
  – 조사명 : 고객만족도 제고를 위한 집단심층면접 조사
  – 조사 대상 : 서비스 이용 고객
  – 조사 기간 : 2025년 4월
• 조사목적 및 내용
  – 선별된 주요 고객과의 심층 인터뷰를 통해 고객의 불만 해소, 니즈 파악, 사업 관련 정보 입수
  – 사업별 만족 요인 심층 조사
  – 전반적인 서비스 만족 / 불만족 주요 요인에 대한 심층 조사
  – 개선이 필요한 서비스 심층 조사

---

04 다음 중 자료에 대한 설명으로 적절하지 않은 것은?

① 평균치 계산으로 많은 목적이 달성된다.
② 고객에 대한 개선이 필요한 서비스를 조사하는 목적이다.
③ 고객에 대한 대응 및 고객과의 관계 유지 파악 목적이다.
④ 고객심리 및 평가의 결정요인에 대한 해명 등이 분석의 대상이다.
⑤ 고객만족도 수준은 어떠한 상황에 있는지, 어떠한 요인에 의해 결정되는지 등 전체적인 관점에서 조사한다.

05 다음 중 자료에 나타난 조사 방법에 대한 설명으로 적절하지 않은 것은?

① 인터뷰 결과를 사실과 다르게 해석할 수 있다.
② 비교적 빠른 시간 내에 조사를 실시할 수 있다.
③ 다른 방법을 통해 포착할 수 없는 심층적이고, 독특한 정보를 경험적으로 얻을 수 있다.
④ 여러 응답자들을 모아놓고 조사하고자 하는 주제에 대해 서로 토론하도록 하는 방법이다.
⑤ 조사자와 응답자 간의 대면접촉에 의해 응답자의 잠재적 동기, 신념, 태도 등을 발견하는 데 사용된다.

06 다음은 자신의 소속 부서에 대한 K주임의 생각을 나타낸 글이다. K주임에 대한 설명으로 적절하지 않은 것은?

> 조직은 항상 나에게 규정을 준수할 것을 강조한다. 리더와 조직 구성원 간의 인간관계에는 비인간적 풍토가 자리 잡고 있으며, 조직의 계획과 리더의 명령은 빈번하게 변경된다.

① K주임은 조직의 운영방침에 매우 민감할 것이다.
② 리더는 K주임에게 업무를 맡길 경우 감독이 필수적이라고 생각할 것이다.
③ K주임은 다른 유형의 직원에 비해 균형적 시각에서 사건을 판단할 것이다.
④ 리더는 K주임이 자기 이익을 극대화하기 위한 흥정에 능하다고 볼 것이다.
⑤ 동료들은 K주임에 대하여 평범한 수완으로 업무를 수행한다고 평가할 것이다.

07 다음 상황에서 K대리가 G대리에게 해 줄 수 있는 조언으로 가장 적절한 것은?

> G대리 : 나 참, A과장님 왜 그러시는지 이해를 못하겠네.
> K대리 : 무슨 일이야?
> G대리 : 아니, 어제 내가 회식자리에서 A과장님께 장난을 좀 쳤거든. 근데 A과장님께서 내 장난을 잘 받아 주셔서 아무렇지 않게 넘어갔는데, 오늘 A과장님께서 나에게 어제 일로 화를 내시는 거 있지?

① 부하직원인 우리가 참고 이해하는 것이 좋을 것 같아.
② 본인이 실수했다고 느꼈을 때는 바로 사과하는 것이 중요해.
③ A과장님께 본인이 무엇을 잘못했는지 확실히 물어보는 것이 어때?
④ 직원회의 시간에 이 문제에 대해 확실히 짚고 넘어가는 것이 좋겠어.
⑤ 업무에 성과를 내서 A과장님의 기분을 풀어드리는 것이 좋을 것 같아.

08 다음 중 불만족 고객에 대한 설명으로 적절하지 않은 것은?

① 거만형 유형을 상대할 경우 정중하게 대하는 것이 좋다.
② 의심형 유형을 상대할 경우 분명한 증거나 근거를 제시한다.
③ 고객의 불평은 서비스를 개선하는 데 중요한 정보를 제공하기도 한다.
④ 빨리빨리 유형을 상대할 경우 잠자코 고객의 의견을 경청하고 사과를 한다.
⑤ 트집형 유형을 상대할 경우 이야기를 경청하고 맞장구치며 상대를 설득해간다.

※ 다음은 K기관의 부서별 리더십에 대한 글이다. 이어지는 질문에 답하시오. [9~10]

(가) 최근 생산부서는 새로운 생산 장비를 도입하여 기존의 일하는 방식은 모두 배제한 채, 새로운 업무 방식을 구축해야 하는 상황에 놓여 있다. 처음부터 새로 시작해야 하는 상황에 생산팀의 직원들은 모두 침울해 하고 있다. 생산팀의 박팀장은 이를 개선하기 위해 직원들에게 명확한 비전과 목표를 제시하고, 직원들을 격려하였다.

(나) 기획부서의 최부장은 업무를 수행하는 데 있어서 본인이 원하는 방향대로 진행해야 직성이 풀리는 타입이다. 이런 상황에서 기획부서의 직원들은 부서에서 진행하는 일의 큰 그림에 대한 정보는 알지 못한 채, 자신에게 주어진 업무만 수행하고 있다.

(다) 마케팅부서는 김팀장의 주재하에 매주 금요일 의견 공유 회의를 진행하고 있다. 회의에서는 그 주의 주요 업무에 대해서 결정사항에 대해 팀원들이 모두 토의를 나누곤 한다. 의견 제시 및 발언권은 모두에게 동등하게 주어지고 있어 회의에서는 다양한 아이디어가 제시되기도 한다.

(라) 고객상담부서의 팀장과 팀원은 모두 성과와 책임을 분담·공유하고 있다. 이는 한팀장의 가치관으로부터 비롯되었는데, 한팀장은 자신이 팀장이긴 하나 팀을 구성하는 팀원 중 1명이라는 생각을 하고 있다. 그는 자신이 다른 팀원보다 유달리 더 뛰어나거나 더 비중이 있어야 한다고 생각하지 않는다.

(마) 시설팀의 강팀장은 본인이 맡은 업무를 직원들에게 떠넘기기 일쑤고 문제가 발생해도 관여하거나 휘말리지 않고 무사히 퇴직 시까지 버텨보고자 한다. 이런 상황에서 직원들은 문제가 생겨도 강팀장에게 보고하는 대신 직원들이 서로 논의해서 문제를 해결하려고 한다.

09 다음 중 (가) ~ (마) 사례에 나타난 리더십 유형의 연결로 가장 적절한 것은?

① (가) : 파트너십 유형의 리더십으로, 소규모 조직에서 경험, 재능을 소유한 조직원이 있을 때 발휘하는 리더십이다.

② (나) : 민주주의 유형의 리더십으로, 팀원의 참여도가 높으며 토론을 장려하며, 최종결정(거부)권은 리더에게만 허용되는 유형의 리더십이다.

③ (다) : 독재자 유형의 리더십으로, 질문을 금지하고 실수를 용납하지 않으며, 리더가 정보를 독점하는 유형의 리더십이다.

④ (라) : 파트너십 유형의 리더십으로, 집단의 비전을 공유하면서 조직 구성원 간 평등하고 책임을 공유하는 조직에서 발휘되는 리더십이다.

⑤ (마) : 변혁적 유형의 리더십으로, 개개인과 팀이 유지해 온 이제까지의 업무 수행 상태를 뛰어넘고자 하는 리더십이다.

10 다음 〈보기〉 중 (가) 사례에서 박팀장이 보일 수 있는 리더의 행동으로 적절한 것을 모두 고르면?

> **보기**
>
> ㉠ 카리스마   ㉡ 팀원을 향한 풍부한 칭찬
> ㉢ 질문 금지   ㉣ 정보 독점

① ㉠, ㉡   ② ㉠, ㉣
③ ㉡, ㉢   ④ ㉡, ㉣
⑤ ㉢, ㉣

11 K기관에 근무하는 A부장은 현재 자신의 부서에 팀워크가 부족하다는 것을 느끼고 있다. 이를 해결하기 위해 A부장은 아침회의 전에 부서원들에게 훌륭한 팀워크를 위해 조언하고자 할 때, 조언 내용으로 가장 적절한 것은?

① 자기중심적인 개인주의가 필요합니다.
② 솔직한 대화로 서로를 이해해야 합니다.
③ 강한 자신감보다는 신중함이 필요합니다.
④ 부서원들 간의 사고방식 차이는 있을 수 없습니다.
⑤ 조직에 대한 이해보다는 나 자신을 이해해야 합니다.

12 다음 중 효과적인 팀의 특징으로 가장 적절한 것은?

① 결과에 초점을 맞춘다.
② 주관적인 결정을 내린다.
③ 의견의 불일치를 배제한다.
④ 구성원 간의 의존도가 높지 않다.
⑤ 갈등의 존재를 개방적으로 다루지 않는다.

※ 다음 글을 읽고 이어지는 질문에 답하시오. [13~14]

협상에 사용될 협상 전략의 형태는 다양하다. 당사자는 자신의 목적과 상대방의 목적 그리고 상황적 요인에 따라 다양하게 협상 전략을 구사할 수 있다. 협상 전략의 형태로는 협력전략, 유화전략, 회피전략, 강압전략이 있다. 협력전략은 협상 참여자들이 협동과 통합으로 문제를 해결하고자 하는 협력적 전략이다. 유화전략은 상대방이 제시하는 것을 일방적으로 수용하여 협상의 가능성을 높이려는 전략이다. 회피전략은 협상을 피하거나 잠정적으로 중단 및 철수하는 전략이다. 강압전략은 자신이 상대방보다 힘에 있어서 우위를 점유하고 있을 때 자신의 이익을 극대화하기 위한 공격적 전략이다.

〈사례〉

최근 전통시장 현대화 건물 입주를 둘러싸고 전통시장 상인들과 K기관 간 갈등이 깊어지고 있다. 전통시장은 1980년대 시장이 건축된 이후 한 번도 재개발을 하지 않아 시설이 많이 노후화되어 있다. 이에 따라 현대화의 필요성이 제기되었고 정부의 노력을 통해 10년 만에 현대화 건물이 완공되었다. 하지만 이전 상인들은 판매자리가 좁아지고 임대료 가격이 2배 이상 올랐기 때문에 입주를 하지 않으려고 한다. 그에 따라 기존 입주 기간보다 2개월 정도 늦어지게 되었고 상인들과 K기관은 끝내 합의점을 찾지 못했다.
이러한 문제를 해결하기 위해 K기관의 임원들은 협상 전략을 세우기로 한다. 문제를 해결하는 합의에 이르기 위해 협상 당사자들이 서로 협력하는 전략으로, 나도 잘되고 상대방도 잘되어 모두가 잘되는 전략이다. 이 전략을 사용하려면 협상 참여자들이 신뢰에 기반을 두고 있어야 한다.

13 다음 중 윗글의 사례에 해당하는 협상 전략에 대한 설명으로 가장 적절한 것은?

① 일방적인 의사소통으로 일방적인 양보를 받아낸다.
② 합의도출이 어렵거나 자신의 실질적 결과를 극대화하고자 할 때 사용될 수 있다.
③ 협상으로 인해 돌아올 결과보다는 상대방과의 우호관계 중시가 우선시될 때 활용한다.
④ 협상을 중단하고자하여 상대방에게 심리적 압박감을 주어 필요한 양보를 얻어내고자 할 때 사용한다.
⑤ 협상 당사자들은 자신들의 목적이나 우선순위에 대한 정보를 서로 교환하고 통합하여 문제를 해결하고자 노력한다.

14 다음 중 윗글의 사례에 나타난 협상의 차원으로 적절하지 않은 것은?

① 교섭 차원　　　　　　　　② 갈등해결 차원
③ 의사소통 차원　　　　　　④ 의사결정 차원
⑤ 지식과 노력 차원

15 다음 글에서 유추할 수 있는 갈등 관리에 대해 바르게 설명하고 있는 사람을 〈보기〉에서 모두 고르면?

PART 2

일반적으로 호텔에 미리 예약을 하지 않고 오는 손님들의 경우 예약을 한 손님보다 훨씬 더 많은 비용을 지불해야 하는데, Mandy씨의 호텔의 경우 그 예약을 받은 리셉션 직원에게 인센티브를 주는 제도가 있다고 한다. 따라서 리셉션에서 근무하는 직원들 간에 그 경쟁이 치열했는데, 특히 한국인 직원들과 중국인 직원들 간에 갈등이 생긴 상태에서 중국인 직원들이 한국인 직원들의 고객을 빼앗는 일이 여러 번 발생한 것이다. 한국인 직원들은 더 이상 참기 어렵다며 관련된 명확한 규정을 만들어 달라고 요구했지만, 상사로부터 돌아온 대답은 '알아서 하라.'라는 것뿐이었다.

그러던 중 4년 이상 호텔을 이용해 온 한국인 고객이 아침 뷔페 메뉴에 대해 컴플레인 하는 일이 발생하였다. 그 호텔은 이미 몇 년 째 아침 뷔페 메뉴가 단 한 번도 바뀐 적이 없었던 것이다. 더욱이 그 질이 매우 떨어진다는 것도 문제였다. 빵 종류에는 아예 유통기한이라는 게 없었고, 전날 제공되었던 과일이 다음날 샐러드로 다시 제공되는 일도 빈번했다. 리셉션 부서 직원들은 직접 고객을 담당하고 상대하는 업무를 다루기 때문에 이 문제에 대해 고객만큼 그 심각함을 인지하고 있었다. 이미 최근 1년간 리셉션 부서의 직원들은 그들의 상사인 GM에게 수차례 보고해 왔지만, 시정의 기미조차 보이지 않았다. 우선 그가 문제 해결의 의지를 가지고 있지 않았고, 부서 직원들과 최상의 가치도 달랐기에 대면해결법이 전혀 효과가 없었던 것이다. GM은 매번 고려해 보겠다고는 했지만, 알고 보니 그것은 그 순간을 회피하기 위한 말일 뿐이었지 사실은 전혀 문제를 해결할 생각이 없었다고 한다. 왜냐하면 GM은 그의 최고 가치를 경제적 이익 창출에 두고 있었기 때문이다. 즉, 지금까지의 상태를 유지하고도 고객 수는 계속 증가하는 추세이고, 식사부와의 대립은 물론 관련 규정을 새로이 하는 데는 아주 많은 비용이 들기 때문에 할 수 없다는 것이었다.

그러던 중 한 중국인 직원이 Mandy씨에게 '당신이 오너에게 직접 말해 보는 것은 어떻겠냐.'라고 제안했다. 그녀와 같은 한국인 직원이라면, 오너와도 소통할 수 있었기 때문이다. 결국 모든 부서 사람들이 지지하는 가운데 Mandy씨를 비롯한 한국인 동료들은 리셉션 직원들의 뜻을 직접 오너에게 전했고, 결과는 성공적이었다. 적정한 수준에서 식사부에 변화가 일어났고, 과도하지 않은 요구와 오너의 적극적인 지원으로 예상했던 부서 간의 갈등이나 또 다른 문제가 발생하지 않고도 잘 해결될 수 있었던 것이다.

이 사건 이후로 그간 한국인과 중국인 직원들끼리 갈등을 빚어왔던 리셉션 부서에도 변화가 생겼다. 더 이상 서로의 고객을 빼앗는 일도 없어졌고, 식사 또한 함께하게 된 것이다. 중국인 직원들은 한국인 직원들이 가진 특수성을 인정하게 되었고, 자신들에게 해로울 줄만 알았던 상황이 모두에게 어떻게 긍정적인 영향을 미칠 수 있는지를 아침 뷔페 사건을 통해 확인함으로써 그들 사이의 갈등은 자연스럽게 해결양상에 접어들었다.

보기

은영 : 갈등 당사자가 서로 상대방의 관심사를 만족시키기를 원하고 있어.
혜민 : 상대방이 받을 충격에 상관없이 자기 자신의 이익만을 만족시키려고 하고 있어.
권철 : 갈등의 당사자들이 서로 적당한 수준의 타협을 추구하고 있는 것 같아.
주하 : 상대방의 관심사를 자신의 관심사보다 우선시하고 있어.
승후 : 갈등으로부터 철회하거나 갈등을 억누르려고 하는 경우인 것 같아.

① 은영, 혜민   ② 은영, 권철
③ 혜민, 주하   ④ 권철, 주하
⑤ 주하, 승후

01 다음 글에서 요리연구가 K씨가 사용한 방법은?

> 요리연구가 K씨는 수많은 요리를 개발하면서 해당 요리의 조리방법을 기록해 왔다. 몇 년에 걸쳐 진행한 결과 K씨가 연구해 온 요리가 수백 개에 달했고, 이에 K씨가 해당 요리에 대한 내용을 찾으려고 할 때 상당한 시간이 걸렸다. K씨는 고민 끝에 요리방법을 적은 문서를 분류하기로 하였고 이를 책으로 출판하였다. 책은 각 요리에서 주재료로 사용된 재료를 기준으로 요리방법이 분류되었으며, 해당 재료에 대한 내용이 서술되어 있는 페이지도 같이 기술하였다.

① 목록 　　　　　　　　　　② 목차
③ 분류 　　　　　　　　　　④ 초록
⑤ 색인

02 다음 중 온라인에서의 개인정보 오남용으로 인한 피해를 예방하기 위한 행동으로 적절하지 않은 것은?

① 아무 자료나 함부로 다운로드하지 않는다.
② 온라인에 자료를 올릴 때 개인정보가 포함되지 않도록 한다.
③ 회원가입을 하거나 개인정보를 제공할 때 개인정보 취급방침 및 약관을 꼼꼼히 살핀다.
④ 회원가입 시 비밀번호를 타인이 유추하기 어렵도록 설정하고 이를 주기적으로 변경한다.
⑤ 금융거래 시 금융정보 등은 암호화하여 저장하고, 되도록 PC방이나 공용 컴퓨터 등 개방 환경을 이용한다.

※ 다음은 K사원이 2025년에 구입 예정인 물품을 엑셀로 정리한 자료이다. 이어지는 질문에 답하시오.
[3~5]

〈2025년 구입 예정 물품〉

	A	B	C	D	E
1					
2					
3					
4		구분	단가	수량	금액
5		대용량 하드	1,000,000	100	100,000,000
6		대형 프린트	1,500,000	210	(A)
7		본체	1,350,000	130	175,500,000
8		노트북	2,000,000	40	80,000,000
9		합계		(B)	(C)

03 다음 중 (A)에 들어갈 금액을 산출하기 위한 방법으로 옳지 않은 것은?

① [C6] 셀과 [D6] 셀의 값을 곱한다.
② [E6] 셀에 「＝C6*D6」을 입력한다.
③ [E6] 셀에 「＝C6×D6」을 입력한다.
④ [E6] 셀에 「＝1,500,000*210」을 입력한다.
⑤ [E6] 셀에 「＝PRODUCT(C6,D6)」를 입력한다.

04 다음 중 (A)에 값이 입력되어 있을 때, (C)의 값을 4개 부서에서 공평하게 분담하는 금액을 산출하는 방법으로 옳은 것은?

① [E9] 셀에 「＝E9/D9」를 입력한다.
② [E9] 셀에 「＝SUM(E5:E8)/D9」을 입력한다.
③ [E9] 셀에 「＝(E5＋E6＋E7＋E8)/D9」를 입력한다.
④ [E9] 셀에 「＝SUM(E5:E8)/SUM(D5:D8)」을 입력한다.
⑤ [E5] 셀부터 [E8] 셀을 드래그하여 우측 하단 상태표시줄의 평균값을 확인한다.

05 다음 중 (B)에 들어갈 수량의 합계를 구하기 위한 방법으로 옳지 않은 것은?

① SUM 함수를 활용한다.
② 자동합계 기능을 활용한다.
③ 〈Ctrl〉＋〈Alt〉를 활용한다.
④ '＋' 기호와 '＝' 기호를 활용한다.
⑤ 〈Alt〉＋〈H〉＋〈U〉＋〈S〉를 활용한다.

06 K기관 인사부에 근무하는 김대리는 신입사원들의 교육점수를 다음과 같이 정리한 후 VLOOKUP 함수를 이용해 교육점수별 등급을 입력하려고 한다. [E2:F8]의 데이터 값을 이용해 (A)에 함수식을 입력한 후 자동 채우기 핸들로 사원들의 교육점수별 등급을 입력할 때, (A)에 입력해야 할 수식으로 옳은 것은?

◢	A	B	C	D	E	F
1	사원	교육점수	등급		교육점수	등급
2	최○○	100	(A)		100	A
3	이○○	95			95	B
4	김○○	95			90	C
5	장○○	70			85	D
6	정○○	75			80	E
7	소○○	90			75	F
8	신○○	85			70	G
9	구○○	80				

① $=VLOOKUP(B2, E2:F8, 2, 1)$

② $=VLOOKUP(B2, E2:F8, 2, 0)$

③ $=VLOOKUP(B2, \$E\$2:\$F\$8, 2, 0)$

④ $=VLOOKUP(B2, \$E\$2:\$F\$8, 1, 0)$

⑤ $=VLOOKUP(B2, \$E\$2:\$F\$8, 1, 1)$

07 다음 C 프로그램의 실행 결과로 옳은 것은?

```
#include <stdio.h>
int main()
{
    int sum = 0;
    int x;
    for(x = 1;x <= 100;x++)
        sum += x;
    printf("1 + 2 + ... + 100 = %d\n", sum);
        return 0;
}
```

① 5020

② 5030

③ 5040

④ 5050

⑤ 5060

08 귀하는 주변 동료로부터 컴퓨터 관련 능력이 우수하다고 평가받고 있다. 최근 옆 부서의 A대리로부터 "곧 신입사원이 들어와요. 그래서 컴퓨터 설치를 했는데, 프린터 연결은 어떻게 해야 하는지 몰라서 설정을 못했어요. 좀 부탁드립니다."라는 요청을 받았다. 다음 중 윈도우 운영체제에서 프린터를 연결할 때 옳지 않은 것은?

① 한 대의 프린터를 네트워크로 공유하면 여러 대의 PC에서 사용할 수 있다.

② 네트워크 프린터를 사용할 때, 프린터의 공유 이름과 프린터가 연결된 PC 이름을 알아야 한다.

③ 네트워크 프린터를 설치하면 다른 PC에 연결된 프린터를 내 PC에 연결된 것과 같이 사용할 수 있다.

④ [프린터 추가 마법사]를 실행하면 로컬 프린터와 네트워크 프린터로 구분하여 새로운 프린터를 설치할 수 있다.

⑤ 한 대의 PC에는 로컬 프린터를 한 대만 설치할 수 있으며, 여러 대의 프린터가 설치되면 충돌이 일어나 올바르게 작동하지 못한다.

PART 2

09 다음 시트에서 [B9] 셀에 [B2:C8] 영역의 평균을 계산하고 올림하여 천의 자리까지 표시하는 함수 식으로 옳은 것은?

	A	B	C
1	1분기	2분기	3분기
2	91,000	91,000	91,000
3	81,000	82,000	83,000
4	71,000	72,000	73,000
5	61,000	62,000	63,000
6	51,000	52,000	53,000
7	41,000	42,000	43,000
8	91,000	91,000	91,000
9			

① = ROUND(AVERAGE(B2:C8),3)

② = ROUND(AVERAGE(B2:C8), − 3)

③ = ROUND(AVERAGE(B2:C8), − 1)

④ = ROUNDUP(AVERAGE(B2:C8),3)

⑤ = ROUNDUP(AVERAGE(B2:C8), − 3)

※ 다음 자료를 보고 이어지는 질문에 답하시오. [10~11]

	A	B	C	D	E	F	G
1							
2		구분	매입처수	매수	공급가액(원)	세액(원)	합계
3		전자세금계산서	12	8	11,096,174	1,109,617	12,205,791
4		수기종이계산서	1	0	69,180		76,098
5		합계	13	8	11,165,354	1,116,535	

10 K씨는 VAT(부가가치세) 신고를 준비하기 위해 엑셀 파일을 정리하고 있다. 세액은 공급가액의 10%이다. 다음 중 수기종이계산서의 '세액(원)'인 [F4] 셀을 채우려고 할 때 필요한 수식은?

① =E3*0.1

② =E4*0.1

③ =E4+0.1

④ =E3*10%

⑤ =E3*0.001

11 다음 중 합계인 [G5] 셀을 채울 때 필요한 함수식과 결괏값이 바르게 짝지어진 것은?

	함수식	결괏값
①	=AVERAGE(G3:G4)	12,281,890
②	=SUM(G3:G4)	12,281,889
③	=AVERAGE(E5:F5)	12,281,890
④	=SUM(E3:F5)	12,281,889
⑤	=SUM(E5:F5)	12,281,888

※ 다음 글을 읽고 이어지는 질문에 답하시오. [12~13]

정보는 전 세계에 산재해 있는 자료들 중에 필요한 것만을 골라내어 얻을 수도 있지만, 경우에 따라 전문가들의 손에 의해 자료들을 가공하고 처리해야만 '정보'로서의 가치를 얻을 수 있는 것들도 많다. 예를 들어 우리나라에서 한 해 동안 소비되는 담배의 양이 얼마나 되는지를 알기 위해서는 각 시·도에서 소비되는 담배의 양에 대한 자료를 수집하여 집계를 해야 한다. 이렇게 집계된 결과는 우리가 얻고자 하는 '정보'가 되고, 각 시·도의 담배 소비량은 정보를 얻기 위해 입력한 '자료'가 된다. 따라서 자료(Data)와 정보 (Information)와 지식(Knowledge)은 본질적으로 구분되어 있는 서로 다른 것이 아니기 때문에 떼려야 뗄 수 없는 불가분의 관계로 보아야 한다.
정보화 사회란 이 세상에서 필요로 하는 정보가 사회의 중심이 되는 사회로, 컴퓨터 기술과 정보통신 기술을 활용하여 사회 각 분야에서 필요로 하는 가치 있는 정보를 창출하고, 보다 유익하고 윤택한 생활을 영위하는 사회를 뜻한다. 이러한 정보화 사회에서는 정보 검색, 정보 관리, 정보 전파가 반드시 필요하다.

12 다음 중 자료, 정보, 지식에 대한 설명으로 적절하지 않은 것은?

① 자료란 정보 작성을 위해 필요한 데이터를 말한다.
② 정보란 특정한 목적을 달성하는 데 필요하거나 특정한 의미가 있는 것이다.
③ 지식이란 어떤 특정한 목적을 달성하기 위해 과학적으로 구체화되거나 정립된 정보를 뜻한다.
④ 자료란 특정의 목적에 대하여 평가되지 않은 상태의 숫자나 문자들이 단순한 나열을 의미한다.
⑤ 지식은 어떤 대상에 대하여 원리적·통일적으로 조직되어 객관적 타당성을 요구할 수 있는 판단의 체계를 제시한다.

13 다음 중 윗글에서 밑줄 친 정보 검색의 단계를 바르게 나열한 것은?

① 검색주제 선정 → 검색식 작성 → 정보원 선택 → 결과 출력
② 검색주제 선정 → 정보원 선택 → 검색식 작성 → 결과 출력
③ 정보원 선택 → 검색식 작성 → 검색주제 선정 → 결과 출력
④ 정보원 선택 → 검색주제 선정 → 검색식 작성 → 결과 출력
⑤ 검색식 작성 → 검색주제 선정 → 정보원 선택 → 결과 출력

14 짝수 행에만 배경색과 글꼴 스타일 '굵게'를 설정하는 조건부 서식을 지정하고자 한다. 다음 중 이를 위해 [새 서식 규칙] 대화상자에 입력할 수식으로 옳은 것은?

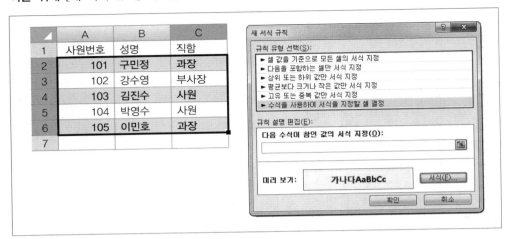

① =MOD(ROW(),2)=1 ② =MOD(ROW(),2)=0

③ =MOD(COLUMN(),2)=1 ④ =MOD(COLUMN(),2)=0

⑤ =MOD(COLUMN(),1)=1

15 다음 프로그램의 실행 결과로 옳은 것은?

```
#include 〈stdio.h〉
void main() {
    int a = 10;
    float b = 1.3;
    double c;
    c = a + b;
    printf("%.2lf", c);
}
```

① 11 ② 11.3

③ 11.30 ④ .30

⑤ .3

01 다음 글을 읽고 노와이(Know – why)의 사례로 가장 적절한 것은?

> 기술은 노하우(Know – how)와 노와이(Know – why)로 구분할 수 있다. 노하우는 특허권을 수반하지 않는 과학자, 엔지니어 등이 가지고 있는 체화된 기술을 의미하며, 노와이는 어떻게 기술이 성립하고 작용하는가에 대한 원리적 측면에 중심을 둔 개념이다.
>
> 이 2가지는 획득과 전수방법에 차이가 있다. 노하우는 경험적이고 반복적인 행위에 의해 얻어지는 것이며, 이러한 성격의 지식을 흔히 Technique 혹은 Art라고 부른다. 반면, 노와이는 이론적인 지식으로서 과학적인 탐구에 의해 얻어진다.
>
> 오늘날 모든 기술과 경험이 공유되는 시대에서 노하우는 점점 경쟁력을 잃어가고 있으며, 노와이가 점차 각광받고 있다. 즉, 노하우가 구성하고 있는 환경, 행동, 능력을 벗어나 신념과 정체성, 영성 부분도 관심받기 시작한 것이다. 과거에는 기술에 대한 공급이 부족하고 공유가 잘 되지 않았기 때문에 노하우가 각광받았지만, 현재는 기술에 대한 원인과 결과에 대한 관계를 파악하고 그것을 통해 목적과 동기를 새로 설정하는 노와이의 가치가 높아졌다. 노와이가 말하고자 하는 핵심은 왜 이 기술이 필요한지를 알아야 기술의 가치가 무너지지 않는다는 것이다.

① S사에 근무 중인 C씨는 은퇴 후 중장비학원에서 중장비 운영 기술을 열심히 공부하고 있다.

② 자판기 사업을 운영하고 있는 K씨는 이용자들의 화상을 염려하여 화상 방지 시스템을 개발하였다.

③ 요식업에 종사 중인 S씨는 영업시간 후 자신의 초밥 만드는 비법을 아들인 B군에게 전수하고 있다.

④ Z병원에서 근무 중인 의사인 G씨는 방글라데시의 의료진에게 자신이 가지고 있는 선진의술을 전수하기 위해 다음 주에 출국할 예정이다.

⑤ D사는 최근에 제조 관련 분야에서 최소 20년 이상 근무해 제조 기술에 있어 장인 수준의 숙련도를 가진 직원 4명을 D사 명장으로 선정하여 수상하였다.

02 상담원인 K씨는 전자파와 관련된 고객의 문의전화를 받았다. 다음 가이드라인을 참고할 때, 상담 내용으로 적절하지 않은 것을 모두 고르면?

〈가전제품 전자파 절감 가이드라인〉

오늘날 전자파는 우리 생활을 풍요롭고 편리하게 해주는 떼려야 뗄 수 없는 존재가 되었습니다. 일상생활에서 사용하는 가전제품의 전자파 세기는 매우 미약하고 안전하지만 여전히 걱정된다고요? 그렇다면 일상생활에서 전자파를 줄이는 가전제품 사용 가이드라인에 대해 알려 드리겠습니다.

1. 가전제품 사용 시에는 가급적 30cm 이상 거리를 유지하세요.
   - 가전제품의 전자파는 30cm 거리를 유지하면 밀착하여 사용할 때보다 1/10로 줄어듭니다.
2. 전기장판은 담요를 깔고, 낮은 온도로 사용하고, 온도조절기는 멀리하세요.
   - 전기장판의 자기장은 3 ~ 5cm 두께의 담요나 이불을 깔고 사용하면 밀착 시에 비해 50% 정도 줄어듭니다.
   - 전기장판의 자기장은 저온(취침모드)으로 낮추면 고온으로 사용할 때에 비해 50% 줄어듭니다.
   - 온도조절기와 전원접속부는 전기장판보다 전자파가 많이 발생하니 가급적 멀리 두고 사용하세요.
3. 전자레인지 동작 중에는 가까운 거리에서 들여다보지 마세요.
   - 사람의 눈은 민감하고 약한 부위이므로 전자레인지 동작 중에는 가까운 거리에서 내부를 들여다보는 것을 삼가는 것이 좋습니다.
4. 헤어드라이기를 사용할 때에는 커버를 분리하지 마세요.
   - 커버가 없을 경우 사용부위(머리)와 가까워져 전자파에 2배 정도 더 노출됩니다.
5. 가전제품은 필요한 시간만 사용하고 사용 후에는 항상 전원을 뽑으세요.
   - 가전제품을 사용한 후 전원을 뽑으면 불필요한 전자파를 줄일 수 있습니다.
6. 시중에서 판매되고 있는 전자파 차단 필터는 효과가 없습니다.
7. 숯, 선인장 등은 전자파를 줄이거나 차단하는 효과가 없습니다.

상담원 : 안녕하십니까. 고객상담팀 김○○입니다.

고객 : 안녕하세요. 문의할 게 있어서 전화했습니다. 이번에 전기장판을 사용하는데 윙윙거리는 전자파 소리가 들려서 도저히 불안해서 사용할 수가 없네요. 전기장판에서 발생하는 전자파는 어느 정도인가요?

상담원 : ⊙ 일상생활에서 사용하는 모든 가전제품에서는 전자파가 나오지만 그 세기는 매우 미약하고 안전하니 걱정하지 않으셔도 됩니다.

고객 : 하지만 괜히 몸도 피곤하고 전기장판에서 자면 개운하지 않은 것 같아서요.

상담원 : ⊙ 혹시 온도조절기가 몸과 가까이 있지 않나요? 온도조절기와 전원접속부는 전기장판보다 전자파가 더 많이 발생하니 멀리 두고 사용하면 전자파를 줄일 수 있습니다.

고객 : 네, 온도조절기가 머리 가까이 있었는데 위치를 바꿔야겠네요.

상담원 : ⊙ 또한 전기장판은 저온으로 장시간 이용하는 것보다 고온으로 온도를 올리고 있다가 저온으로 낮춰 사용하는 것이 전자파 절감에 더 효과가 있습니다.

고객 : 그럼 혹시 핸드폰에서 발생하는 전자파를 절감할 수 있는 방법도 있나요?

상담원 : ⊙ 핸드폰의 경우 시중에 판매하는 전자파 차단 필터를 사용하시면 50% 이상의 차단 효과를 보실 수 있습니다.

---

① ⊙, ⊙   ② ⊙, ⊙

③ ⊙, ⊙   ④ ⊙, ⊙

⑤ ⊙, ⊙

※ 다음 글을 읽고 이어지는 질문에 답하시오. [3~4]

K연구기관은 지난달 10여 명이 부상을 입은 A역 에스컬레이터의 역주행 사고는 내부 모터의 감속기를 연결하는 연결부 부분에 우수의 유입 및 부품 노후화 등으로 인한 마모가 원인이 된 것으로 보인다고 밝혔다. 모터의 동력 전달 불량으로 제동장치가 작동하지 않았고 탑승객 하중을 견디지 못하여 역주행 사고가 발생하였다고 추정한 것이다. K연구기관에서는 사고의 정확한 원인을 밝히기 위해 이상이 발생한 부품을 수거하여 정밀 감식을 진행한 후 정확한 원인을 밝힐 것이라고 말했다.

03 다음 사고예방대책의 원리 5단계 중 윗글에 해당하는 단계는 무엇인가?

① 사실의 발견
② 평가 및 분석
③ 시정책의 적용
④ 시정책의 선정
⑤ 안전 관리 조직

04 사고의 정밀 감식 결과, 사고의 원인은 에스컬레이터에서 걷거나 뛰는 행위로 인한 반복적이고 지속적인 충격하중으로 밝혀졌다. 다음 중 이 재해의 원인에 해당하는 것은?

① 사람(Man)
② 매체(Media)
③ 기계(Mechanic)
④ 기술(Engineering)
⑤ 규제(Enforcement)

※ 다음 글을 읽고 이어지는 질문에 답하시오. [5~7]

세상의 급격한 변화를 나타내기 위해 수없이 많은 말들이 만들어지고 있다. 컴퓨터 혁명, 인터넷 혁명, 정보 혁명, 지식기반 사회, 탈산업 사회, 포스트모더니즘 등이 대표적인 예이다. 그러나 이런 개념들에는 허점이 많다. 컴퓨터 혁명이나 인터넷 혁명은 과학기술의 발전에만 지나치게 주목하고, 정보 혁명이나 지식기반 사회는 정보와 지식이 인간과 무관하게 세상을 바꾼다는 인상을 주며, 산업과 근대의 의미를 간과하고 있다. 하지만 1가지 확실한 것은 '네트워크 혁명'은 시대의 흐름이다. 네트워크 혁명은 기술적 측면과 사회적 측면을 동시에 포괄하는 장점을 가지고 있다. 누구나 쉽게 네트워크를 활용할 수 있는 기술이 있어야 하고 그 기술을 바탕으로 사람과 사람이 연결되어 정보가 전달되어야 하는 것이다. 둘 중에 1가지가 결여되어 있다면 혁명적 현상은 발생할 수 없다. 또한 1가지 측면에만 주목하는 논의는 특정한 집단의 이해를 대변하는 경우가 많다.

네트워크 혁명을 잘 나타내는 것으로는 몇 가지 법칙이 있다. 먼저 무어의 법칙은 컴퓨터 반도체 성능이 18 ~ 24개월마다 2배씩 증가한다는 법칙이다. 두 번째로 메트칼피의 법칙은 네트워크의 가치가 사용자 수의 제곱에 비례한다는 법칙이다. 마지막으로 카오의 법칙은 창조성이 네트워크에 접속되어 있는 다양성에 지수함수로 비례한다는 법칙이다.

전 세계의 사람들과 이들의 지식, 활동이 연결되면서 자신의 지식과 활동이 지구 반대편에 있는 사람에게 미치는 영향의 범위와 정도가 증대되고, 반대로 지구 반대쪽에서 내려진 결정이 자신에게 영향을 미칠 수 있는 가능성도 커졌다. 이 중에는 내가 예측할 수 있고 내게 도움이 되는 것도 있지만, 그렇지 못한 것도 많다. 즉, 역기능 또한 존재한다는 뜻이다. 범세계적인 상호영향이 보편화되면서 사회의 위험과 개인의 불안이 증가한다고 볼 수 있다. 네트워크의 역기능에는 디지털 격차, 정보화에 따른 실업의 문제, 인터넷 게임과 채팅 중독, 범죄 및 반사회적인 사이트의 활성화, 정보기술을 이용한 감시 등이 있다. 이러한 문제들이 반드시 인터넷 때문에 생겼다고 보기는 힘들지만, 인터넷이 사람들을 연결하고 정보의 유통을 용이하게 함으로써 이러한 문제가 쉽게 결합되고 증폭되고 있다.

05 다음은 네트워크 혁명과 관련된 법칙 중 하나의 사례이다. 이에 적용된 법칙으로 가장 적절한 것은?

1971년 공개된 '인텔의 4004' 프로세서는 불과 740KHz 클럭으로 구동됐으나, 2017년 판매된 '인텔 코어 i7-7700K' 프로세서는 무려 4.2GHz 클럭으로 구동되었다. 헤르츠(Hz) 단위로 보면 74만 Hz에서 42억 Hz로 속도가 빨라진 셈이다. 작동속도가 올라간다는 것은 같은 단위의 시간이어도 더 많이 명령어를 처리할 수 있다는 뜻이다.

① 무어의 법칙
② 길더의 법칙
③ 카오의 법칙
④ 메트칼피의 법칙
⑤ 메라비언의 법칙

06 윗글을 바탕으로 다음 글이 시사하는 네트워크의 역기능으로 가장 적절한 것은?

> 컴퓨터를 사용하는 학생 A가 소셜네트워크에서 사생활을 교류하다 원치 않는 정보가 사람들에게 노출되었다. 또한 일부 SNS는 자신이 글을 올린 장소를 알려주기 때문에 자신의 위치 정보도 노출되었다.

① 디지털 격차
② 정보기술을 이용한 감시
③ 인터넷 게임과 채팅 중독
④ 정보화에 따른 실업의 문제
⑤ 범죄 및 반사회적인 사이트의 활성화

07 다음 중 네트워크 혁명의 역기능이 발생하는 근본적인 네트워크의 속성으로 가장 적절한 것은?

① 사용자의 움직임은 네트워크의 진화 방향을 결정한다.
② 인터넷을 이용하지 않고서는 원활한 네트워크 활용이 어렵다.
③ 환경과 인권 문제를 동반한 기술적 가치를 제공하고 있지 못하다.
④ 학습을 통한 전문성 배양을 필요로 하며 실생활과의 친밀도가 부족하다.
⑤ 인터넷과 연계하여 원격으로 온라인 침투가 용이하고, 누구나 접근 가능한 개방시스템이다.

08 다음 중 산업 재해에 해당되는 사례가 아닌 것은?

① 산업활동 중의 사고로 인해 사망하는 경우
② 근로자가 휴가 기간 중 사고로 부상당한 경우
③ 회사에 도보로 통근을 하는 도중 교통사고를 당하는 경우
④ 일용직, 계약직, 아르바이트생이 산업활동 중 부상당하는 경우
⑤ 유해 물질에 의한 중독 등으로 직업성 질환에 걸리거나 신체적 장애를 가져오는 경우

09 다음은 제품 매뉴얼과 업무 매뉴얼에 대한 글이다. 이를 이해한 내용으로 적절하지 않은 것은?

> 제품 매뉴얼이란 사용자를 위해 제품의 특징이나 기능 설명, 사용방법과 고장 조치방법, 유지 보수 및 A/S, 폐기까지 제품에 관련된 모든 서비스에 대해 소비자가 알아야 할 모든 정보를 제공하는 것을 말한다.
> 다음으로 업무 매뉴얼이란 어떤 일의 진행 방식, 지켜야 할 규칙, 관리상의 절차 등을 일관성 있게 여러 사람이 보고 따라할 수 있도록 표준화하여 설명하는 지침서이다.

① '재난대비 국민행동 매뉴얼'은 업무 매뉴얼의 사례로 볼 수 있다.
② 제품 매뉴얼은 제품의 설계상 결함이나 위험 요소를 대변해야 한다.
③ 제품 매뉴얼은 혹시 모를 사용자의 오작동까지 고려하여 만들어져야 한다.
④ 제품 매뉴얼과 업무 매뉴얼 모두 필요한 정보를 빨리 찾을 수 있도록 구성되어야 한다.
⑤ 제품 매뉴얼은 제품의 의도된 안전한 사용과 사용 중 해야 할 일 또는 하지 말아야 할 일까지 정의해야 한다.

10 다음 글에서 설명하는 단어로 가장 적절한 것은?

> 기술혁신은 신기술이 발생, 발전, 채택되고, 다른 기술에 의해 사라질 때까지의 일정한 패턴을 가지고 있다. 기술의 발달은 처음에는 서서히 시작되다가 성과를 낼 수 있는 힘이 축적되면 급속한 진전을 보인다. 그리고 기술의 한계가 오면 성과는 점차 줄어들게 되고, 한계가 온 기술은 다시 성과를 내는 단계로 상승할 수 없으며, 혁신적인 새로운 기술이 출현한다. 혁신적인 새로운 기술은 기존의 기술이 한계에 도달하기 전에 출현하는 경우가 많으며, 기존에 존재하는 시장의 요구를 만족시키면서 전혀 새로운 지식을 기반으로 하는 기술이다. 이러한 예로 필름 카메라에서 디지털카메라로, 콤팩트디스크(Compact Disk)에서 엠피쓰리플레이어(MP3 Player)로의 기술 전환 등을 들 수 있다.

① 기술경영
② 빅3 법칙
③ 바그너 법칙
④ 생산비의 법칙
⑤ 기술의 S곡선

11 다음 〈보기〉 중 지속가능한 기술의 사례로 적절한 것을 모두 고르면?

> **보기**
>
> ㉠ A사는 카메라를 들고 다니지 않으면서도 사진을 찍고 싶어 하는 소비자들을 위해 일회용 카메라 대신 재활용이 쉽고, 재사용도 가능한 카메라를 만들어내는 데 성공했다.
>
> ㉡ 잉크, 도료, 코팅에 쓰이던 유기 용제 대신에 물로 대체한 수용성 수지를 개발한 B사는 휘발성 유기화합물의 배출이 줄어듦과 동시에 대기오염 물질을 줄임으로써 소비자들로부터 찬사를 받고 있다.
>
> ㉢ C사는 가구처럼 맞춤 제작하는 냉장고를 선보였다. 맞춤 양복처럼 가족수와 식습관, 라이프스타일, 주방 형태 등을 고려해 1도어부터 4도어까지 8가지 타입의 모듈을 자유롭게 조합하고, 세 가지 소재와 9가지 색상을 매치해 공간에 어울리는 나만의 냉장고를 꾸밀 수 있게 된 것이다.
>
> ㉣ D사는 기존에 소각처리해야 했던 석유화학 옥탄올 공정을 변경하여 폐수처리로 전환하고, 공정 최적화를 통해 화약 제조 공정에 발생하는 질소의 양을 원천적으로 감소시키는 공정 혁신을 이루었다. 이로 인해 연간 4천 톤의 오염 물질 발생량을 줄였으며, 약 60억 원의 원가도 절감했다.
>
> ㉤ 등산 중 갑작스러운 산사태를 만나거나 길을 잃어서 조난 상황이 발생한 경우 골든타임 확보가 무척 중요하다. 이를 위해 E사는 조난객의 상황 파악을 위한 5G 통신 모듈이 장착된 비행선을 선보였다. 이 비행선은 현재 비행거리와 시간이 짧은 드론과 비용과 인력 소모가 많이 드는 헬기에 비해 매우 효과적일 것으로 기대하고 있다.

① ㉠, ㉡, ㉤   ② ㉠, ㉡, ㉣

③ ㉠, ㉢, ㉣   ④ ㉡, ㉢, ㉣

⑤ ㉡, ㉢, ㉤

12 다음 글에서 설명하는 벤치마킹으로 가장 적절한 것은?

> 프로세스에 있어 최고로 우수한 성과를 보유한 동일업종의 비경쟁적 기업을 대상으로 한다. 접근 및 자료 수집이 용이하고, 비교 가능한 업무 / 기술 습득이 상대적으로 용이한 반면, 문화 및 제도적인 차이로 발생되는 효과에 대한 검토가 없을 경우 잘못된 분석결과의 발생 가능성이 높다는 단점이 있다.

① 내부 벤치마킹   ② 경쟁적 벤치마킹

③ 간접적 벤치마킹   ④ 글로벌 벤치마킹

⑤ 비경쟁적 벤치마킹

※ 다음은 음식물건조처리기 에밀리의 사용설명서이다. 이어지는 질문에 답하시오. **[13~15]**

〈음식물건조처리기 에밀리 사용설명서〉

■ **설치방법**

1. 제품을 올려놓을 자리에 수평을 맞춥니다.
- 에밀리는 프리스탠딩타입으로, 어느 곳이든 공간과 전원코드만 있다면 설치가 가능합니다.
- 콘센트를 연결하시고, 수평만 잘 맞추어 주시면 누구나 손쉽게 설치할 수 있습니다.
- 냄새나 소음이 감지되었을 경우에 환기가 잘 되는 베란다 등에 설치할 수도 있습니다.
- 수평이 맞지 않으면 제품의 진동에 의해 소음이 발생됩니다.

2. 콘센트에 전원플러그를 꽂아 주시고 전원램프를 확인합니다.
- 전원플러그를 꽂고 전원버튼을 누른 후 램프가 켜지는지를 확인합니다.
- 전원램프가 켜지면 '3HOURS', '6HOURS', '8HOURS' 중 하나를 선택하여 누른 후 버튼의 램프도 켜지는지를 확인합니다.
- 두 버튼의 램프 중 하나라도 켜지지 않으면 소비자 상담실에 문의하십시오.

3. 원활한 공기 흐름을 위하여 뒷면을 벽면에서 10cm 이상 틈을 주십시오.
- 에밀리의 건조처리 시스템은 외부공기를 안으로 유입시켜 열풍으로 변환하여 건조시키는 방식으로, 공기의 흐름이 원활하게 이루어져야 건조율이 좋습니다. 공기의 원활한 공급을 위하여 벽면에서 최소 10cm 이상 떨어지게 하여 주십시오.

■ **사용방법**

1. 건조바스켓에 남은 음식들을 담아 제품 안에 넣습니다.
- 제품 안의 물받이와 건조바스켓을 꺼내 싱크대거름망에 걸러진 남은 음식물을 넣습니다.
- 건조바스켓에 표시된 용량에 의한 시간에 맞추어 '3HOURS', '6HOURS', '8HOURS' 중 하나를 눌러 줍니다.
- 상단의 'MAX'라고 표기된 선을 넘기면 작동되지 않으니 반드시 그 아래까지만 채우고 작동하십시오.

2. 전원버튼을 누르고 시간버튼을 누르면 작동이 됩니다.
- 전원버튼을 누르고 남은 음식물 양에 맞춰 시간버튼을 누르면 작동이 됩니다.
- 문이 닫혀야 작동이 되며, 작동 중에 문을 열면 작동이 멈추게 됩니다.
- 최초 작동 시 히터부분이 작동을 하며, 5분 정도 후에 열풍팬이 작동이 되는 시스템입니다.
- 처리가 끝난 이후에도 냉각팬이 30분 정도 더 작동됩니다. 전원버튼이 꺼졌을 때 바스켓을 꺼내십시오.

3. 고기, 전분류 등 건조가 잘 되지 않는 남은 음식물의 처리
- 남은 음식물의 양이 적다 하더라도 기름기 많은 고기류, 전분이 함유된 중국 음식물 등은 다른 음식물에 비해 건조가 잘 되지 않으니 '6 ~ 8HOURS' 버튼을 눌러 작동시켜 주시고, 기름기가 너무 많아 8시간에도 건조처리가 잘 안 되었을 경우에는 3시간만 더 건조시키면 완전히 해결됩니다.

4. 건조처리가 끝나면 전용용기에 따로 보관하십시오.
- 처리된 건조물은 별도의 보관용기에 모아 두었다가 한 번에 버리시면 됩니다. 가급적 처리가 끝나고 바로 보관용기에 비워 주십시오.
- 처리된 건조물은 비닐봉지에 넣어 두 손으로 가볍게 비벼 주시면 부피가 더 줄어들어 많은 양을 보관할 수 있습니다.
- 에밀리는 타제품에 비해 건조상태가 월등하여 한번 건조된 건조물은 일정기간 동안 다시 부패되지 않습니다.

5. 건조처리 전에 굳이 이물질을 골라낼 필요가 없습니다.
- 건조처리 전에 지저분하게 음식물 속에서 굳이 먼저 골라낼 필요가 없습니다. 완전 건조 후 이물질을 편하게 골라내면 됩니다.
- 밥이나 전분류가 뭉쳐있으면 건조가 잘 안 될 수가 있으니 가급적 틀을 이용하여 흩뜨려서 바스켓에 넣어 주세요.

6. 건조바스켓의 청소
- 건조바스켓을 비우고 바스켓에 붙은 이물질은 물을 담은 용기에 30분 정도 담가 놓은 후 꺼내서 수세미로 가볍게 문지르면 깨끗하게 처리됩니다.

- 조개껍데기, 계란껍데기, 과일껍질, 조리하지 않은 채소류(마늘껍질, 파 뿌리, 양파 등의 껍질이나 다발) 등은 일반쓰레기로 분류됩니다.
- 수박이나 과일, 채소 등 부피가 큰 것들은 최대한 잘게 잘라서 넣어야 더 많은 양을 건조시킬 수 있으며 더욱 빨리 처리할 수 있습니다.

13 에밀리를 설치하여 사용하던 중 진동에 의한 소음이 발생하였을 때, 다음 중 해결 방법으로 가장 적절한 것은?

① 이물질을 골라낸다.
② 음식물의 양을 줄인다.
③ 에밀리의 수평을 맞춘다.
④ 전원램프가 켜졌는지 확인한다.
⑤ 벽면에서 10cm 이상 떨어지게 한다.

14 다음 중 에밀리를 사용하여 음식물을 건조하는 과정에 대한 설명으로 적절하지 않은 것은?

① 수박은 최대한 잘게 잘라 넣는다.
② 마늘껍질은 일반쓰레기로 처리한다.
③ 음식물 건조처리 전에 이물질을 골라낸다.
④ 건조처리가 잘 안 되었을 경우 3시간 더 건조시킨다.
⑤ 기름이 많은 고기류는 '6 ~ 8HOURS' 버튼을 눌러 작동시킨다.

15 에밀리에 남은 음식물을 넣어 전원램프를 확인한 후 시간버튼을 눌렀는데 작동되지 않을 때, 다음 중 해결 방법으로 가장 적절한 것은?

① 바스켓을 청소한다.
② 음식물의 양을 줄인다.
③ 소비자 상담실에 문의한다.
④ 전원코드가 꽂혀있는지 확인한다.
⑤ 틀을 이용하여 음식물을 흩뜨린다.

제2회
최종점검 모의고사

※ 과학기술분야 정부출연연구기관(정출연) 통합편 최종점검 모의고사는 2025년 제1차 채용공고와 2024년 제3차 필기 후기를 기준으로 구성한 것으로, 실제 시험과 다를 수 있습니다.

※ 응시 연구기관에 맞춰 해당하는 영역을 선택하여 학습하기 바랍니다.

※ 모바일 OMR 답안채점 / 성적분석 서비스

의수문자조

의수문자대

의문조대정

의수문자기

■ 취약영역 분석

번호	O/×	영역	번호	O/×	영역	번호	O/×	영역
01			11			06		
02			12			07		
03			13		문제해결능력	08		
04			14			09		
05			15			10		
06			01			11		대인관계능력
07			02			12		
08		의사소통능력	03			13		
09			04			14		
10			05			15		
11			06			01		
12			07			02		
13			08		자원관리능력	03		
14			09			04		
15			10			05		
01			11			06		
02			12			07		
03			13			08		정보능력
04			14			09		
05			15			10		
06			01			11		
07			02			12		
08		수리능력	03			13		
09			04			14		
10			05			15		
11			06			01		
12			07			02		
13			08		조직이해능력	03		
14			09			04		
15			10			05		
01			11			06		
02			12			07		
03			13			08		기술능력
04			14			09		
05			15			10		
06		문제해결능력	01			11		
07			02			12		
08			03		대인관계능력	13		
09			04			14		
10			05			15		

평가문항	75문항	평가시간	90분
시작시간	:	종료시간	:
취약영역			

01	의사소통능력

01 다음 글의 제목으로 가장 적절한 것은?

> 4차 산업혁명은 인공지능이 기존의 자동화 시스템과 연결되어 효율이 극대화되는 산업 환경의 변화를 의미한다. 이는 2016년 세계경제포럼에서 언급되어 유행처럼 번지는 용어가 되었다. 학자에 따라 바라보는 견해는 다르지만 대체로 기계학습과 인공지능의 발달이 그 수단으로 꼽힌다.
>
> 2010년대 중반부터 드러나기 시작한 4차 산업혁명은 현재진행형이며, 그 여파는 사회 곳곳에서 드러나고 있다. 현재도 기계와 인공지능이 사람을 대체하고 있으며, 일자리의 80 ~ 99%까지 대체될 것이라고 보는 견해도 있다.
>
> 만약 우리가 현재의 경제 구조를 유지한 채 이와 같은 극단적인 노동 수요 감소를 맞게 된다면, 전후 미국의 대공황과는 차원이 다른 끔찍한 대공황이 발생할 것이다. 일자리가 줄어들수록 중·하위 계층은 사회에서 밀려날 수밖에 없는데, 자본주의 사회의 특성상 많은 비용을 수반하는 과학기술의 연구는 자본에 종속될 수밖에 없기 때문이다. 물론 지금도 이러한 현상이 없는 것은 아니지만, 아직까지는 단순노동이 필요하기 때문에 노동력을 제공하는 중·하위층들도 불합리한 부분들에 파업과 같은 실력 행사를 할 수 있었다. 그러나 앞으로 자동화가 더욱 진행되어 노동의 필요성이 사라진다면 그들을 배려해야 할 당위성은 법과 제도가 아닌 도덕이나 인권과 같은 윤리적인 영역에만 남게 되는 것이다.
>
> 반면, 이를 긍정적으로 생각한다면 이처럼 일자리가 없어졌을 때 극소수에 해당하는 경우를 제외한 나머지 사람들은 노동에서 완전히 해방되어, 인공지능이 제공하는 무제한적인 자원을 마음껏 향유할 수도 있을 것이다. 하지만 이러한 미래는 지금의 자본주의보다는 사회주의 경제 체제에 가깝다. 이 때문에 많은 경제학자와 미래학자들은 4차 산업혁명 이후의 미래를 장밋빛으로 바꾸기 위해 기본소득제 도입과 같은 고민들을 이어가고 있다.

① 4차 산업혁명의 의의

② 4차 산업혁명의 시작

③ 4차 산업혁명의 위험성

④ 4차 산업혁명에 대한 준비

⑤ 4차 산업혁명의 빛과 그늘

02 다음 대화에서 밑줄 친 ㉠ ~ ㉢ 중 보고서 작성 시 유의사항에 대한 설명으로 적절하지 않은 것을 모두 고르면?

> A주임 : 이번 연구는 지금 시점에서 보고하는 것이 좋을 것 같습니다. 간략하게 연구별로 한 장씩 요약하여 작성할까요?
>
> B대리 : ㉠성의가 없어 보이니 한 장에 1개의 사안을 담는 것은 좋지 않아.
>
> C사원 : 맞습니다. ㉡꼭 필요한 내용이 아니어도 관련된 참고자료는 이해가 쉽도록 모두 첨부하도록 하시죠.
>
> D대리 : ㉢양이 많으면 단락별 핵심을 하위 목차로 요약하는 것이 좋겠어. 그리고 ㉣연구비 금액은 개략적으로만 제시하고 정확히 하지 않아도 괜찮아.

① ㉠, ㉡

② ㉠, ㉢

③ ㉠, ㉡, ㉢

④ ㉠, ㉡, ㉣

⑤ ㉡, ㉢, ㉣

03 다음 글의 빈칸에 들어갈 접속사로 가장 적절한 것은?

> '딥페이크(Deepfake)'란 딥러닝(Deep Learning)과 페이크(Fake)의 합성어로, 인공지능(AI)을 이용해 제작된 가짜 동영상 또는 가짜 동영상 제작 프로세스 자체를 의미한다. 생성적 적대 신경망 (GAN)이라는 기계학습 기술을 사용하여 사진이나 영상을 원본 영상에 겹쳐서 만들어낸다. 이는 미국의 한 네티즌이 온라인 소셜 커뮤니티인 '레딧(Reddit)'에 할리우드 배우의 얼굴과 포르노 영상 속 인물의 얼굴을 악의적으로 합성한 편집물을 올리면서 시작되었다. 연예인이나 정치인 등 유명인뿐만 아니라 일반인도 딥페이크의 피해자가 될 수 있다는 우려가 커지면서 사회적 문제가 되고 있다.
>
> _____ 딥페이크 기술을 유용하게 쓰는 방안도 등장했다. 과학기술 전문지 〈뉴 사이언티스트〉에 따르면 이스라엘의 기업인 '캐니 인공지능(Canny AI)'은 동영상을 여러 다른 언어로 더빙하는 데 딥페이크 기술을 이용하고 있다. 이 기업은 유명 연예인이 촬영한 광고나 홍보 동영상을 다양한 언어로 더빙하는 데 딥페이크 기술을 활용하고 있으며, 향후 텔레비전 프로그램이나 영화 더빙에 이를 확대 적용할 예정이다.

① 즉

② 한편

③ 그래서

④ 그러므로

⑤ 이를 통해

04 다음 글의 내용으로 가장 적절한 것은?

1492년 10월 12일은 스페인 왕실의 후원을 받은 이탈리아 출신 탐험가 크리스토퍼 콜럼버스가 그해 8월 3일, 서쪽으로 가는 인도 항로를 개척하러 떠났다가 신대륙, 정확히는 산살바도르섬을 발견한 날이다. 구대륙에 국한됐던 유럽인의 시야가 신대륙 아메리카로 확장된 결정적인 순간이다. 그러나 콜럼버스는 아메리카 대륙에 첫발을 내디딘 유럽인이 아닌 데다 1506년 죽을 때까지 자신이 발견한 땅을 인도로 알았다. 아메리고 베스푸치가 1507년 2차례 항해한 끝에 그 땅이 유럽인들이 몰랐던 신대륙이라는 것을 확인했다. 그래서 신대륙은 아메리고의 이름을 따 아메리카로 불리게 됐다.

하지만 콜럼버스가 남긴 업적 하나는 분명하다. 콜럼버스의 신대륙 발견 이후 유럽인의 세계관이 이전과는 완전히 달라졌다는 것이다. 동떨어져 살던 문명 간의 접촉은 다양한 교류와 교환으로 이어진다. 콜럼버스의 신대륙 발견 이후 일어난 생물과 인구의 급격한 이동을 '콜럼버스의 교환'이라고 부른다.

신대륙에서만 자라던 옥수수, 감자, 고구마, 강낭콩, 땅콩, 고추 등이 유럽으로 전해졌다. 특히 감자는 유럽인의 주식 중 하나가 됐다. 감자가 유럽인의 식탁에 올라오면서 감자에 대한 의존도가 높아져 생긴 비극이 아일랜드의 '감자 대기근'이다. 1845 ~ 1852년 감자가 말라죽는 역병이 돌아 수확을 망치자 아일랜드에서 약 100만 명이 굶어 죽었다.

구대륙에서 신대륙으로 전해진 것도 많다. 밀, 쌀, 보리, 양파, 당근, 올리브, 후추, 계피, 사과, 복숭아, 배, 바나나, 오렌지, 레몬, 키위, 커피 등은 신대륙에 없었다. 콜럼버스의 교환이 가져온 최대 이점은 인류를 기아에서 구한 것이다.

낙타과 동물인 알파카 외에는 이렇다 할 가축이 없었던 신대륙은 콜럼버스의 교환 이후에 천혜의 가축 사육지로 떠올랐다. 구대륙의 소, 말, 돼지, 염소, 양, 닭, 토끼, 낙타 등이 신대륙으로 전파됐다. 이를 통해 원주민들은 동물 고기를 먹을 수 있을 뿐만 아니라 운송 및 이동수단으로 활용하게 됐다.

① 자원의 가치는 지역과 문화에 따라 달라진다.
② 대부분의 자원은 재생 불가능한 고갈 자원으로 가채 연수가 짧다.
③ 자원의 가치는 고정된 것이 아니라 과학기술의 발달에 따라 달라진다.
④ 자원을 이용하는 속도에 비해 자원이 생성되어 보충되는 속도가 느리다.
⑤ 대부분의 자원은 매장량이 한정되어 있어 사용할 수 있는 양에 한계가 있다.

05 다음 글에서 밑줄 친 ㉠ ~ ㉤의 수정 방안으로 적절하지 않은 것은?

> 어떤 연구원이 사람의 키와 몸무게는 반드시 정비례한다고 주장하였다. ㉠ <u>그는 키와 몸무게가 비례한다고 강조한다.</u> 그에 따르면 키가 클수록 필연적으로 몸무게가 많이 나가고, 키카 작을수록 몸무게가 적게 나간다고 한다. 그런데 어느 날 키가 작고 뚱뚱한 사람과 키가 크고 마른 사람이 이 ㉡ <u>학자</u>를 찾아왔다. ㉢ <u>2명은 마주 보고 있었다.</u> 연구원은 2명을 보는 순간 ㉣ <u>생각다 못해</u> 당황할 수밖에 없었다. 키와 몸무게에 대한 자신의 주장이 틀렸음을 알게 되었기 때문이다. ㉤ <u>오히려</u> 충분한 사례를 검토하지 않고 일반화하는 것은 위험하다.

① ㉠ : 앞 문장과 의미가 중복되므로 삭제한다.
② ㉡ : 하나의 글 안에서 지칭을 다르게 쓰고 있으므로 '연구원'으로 통일한다.
③ ㉢ : 통일성을 깨뜨리는 문장이므로 삭제한다.
④ ㉣ : 문장 내에서 '당황하다'와 의미상 어울리지 않으므로 삭제한다.
⑤ ㉤ : 앞뒤 내용을 자연스럽게 이어주지 못하므로 '그런데'로 수정한다.

06 다음 문단을 논리적 순서대로 바르게 나열한 것은?

> (가) 이는 대부분의 족보가 처음 편찬된 조선 중기나 후기까지는 적어도 '단군'이라는 공통의 조상을 모신 단일 민족이라는 의식이 별로 없었다는 증거가 된다.
> (나) 우리는 1명의 조상으로부터 퍼져 나온 단일 민족일까? 고대부터 고려 초에 이르기까지 대규모로 인구가 유입된 사례는 수없이 많다.
> (다) 각 성씨의 족보를 보더라도 자기 조상이 중국으로부터 도래했다고 주장하는 귀화 성씨가 적지 않다. 또 한국의 토착 성씨인 김씨나 박씨를 보더라도 그 시조는 알에서 태어났지 단군의 후손임을 표방하지는 않는다.
> (라) 또한 엄격한 신분제가 유지된 전통 사회에서 천민과 지배층이 같은 할아버지의 자손이라는 의식은 존재할 여지가 없다.

① (가) – (나) – (라) – (다)　　　　② (나) – (가) – (다) – (라)
③ (나) – (다) – (가) – (라)　　　　④ (나) – (라) – (다) – (가)
⑤ (다) – (라) – (나) – (가)

07 다음 글을 읽고 알 수 있는 내용으로 적절하지 않은 것은?

온실가스를 배출하지 않는 진정한 수소경제를 구축하기 위해 그린수소 생산은 '수전해*' 설비 없이는 불가능하다. 따라서 우리나라뿐만 아니라 세계 주요국들이 수전해 설비 개발과 확충에 총력을 기울이고 있다. 특히 재생에너지의 증가와 이에 따른 잉여전력의 대용량, 장기간 저장 방식으로 수전해 기술혁신이 더욱 요구되고 있다. 즉, 수전해와 연료전지 응용 분야, 장기간 에너지 저장장치는 상호 연관성이 큰 기술들로 부가가치 창출효과가 크기 때문에 미래 유망 기술들에 대한 선제적 대응이 필요하다.

정부와 기업은 차세대 그린수소 분야의 국산 수전해 설비 기술 경쟁력을 높이고 관련 시장을 확대하여 비용 절감에 더욱 힘써야 할 것이다. 현재 우리나라는 수전해 기술 관련 연구개발 역사가 짧고 아직 관련 시장이 크지 않기 때문에 국산 수전해 설비의 효율이 경쟁국에 비해 낮고 핵심 소재 기술도 부족한 실정이다. 이에 국가 주도의 기술개발 및 육성을 위한 지원이 필요한 상황으로 과학기술정보통신부는 수전해 기술을 포함해 친환경적인 방법으로 수소를 생산하고 효과적으로 저장하는 기술에 2021년 33억 원을 포함하여 향후 6년간 총 253억 원을 투입하고 연료전지 핵심기술 개발에도 예산을 지원할 방침이다.

국내 연구기관들은 수전해 셀 구성 재료의 저가화와 고효율, 고내구성 등 기계적·안정적 측면에서 실용화 연구 중심으로 적극적으로 검토하고, 기업들은 MW급 대용량 전해조 시스템 개발과 투자비를 현저히 낮출 수 있는 기술 개발에 박차를 가해야 할 것이다.

또한 국제표준 선점을 위한 수소기술 관련 핵심 가스산업기술 표준화와 같이 재생에너지원을 이용한 그린수소 제조 기술의 표준화 프로세스와 안전 기준의 체계적 구축이 필요하다.

그리고 국내 그린수소 생산을 위한 지리적인 제약 요인으로 2030년부터는 해외 그린수소 수입이 불가피한 상황이기 때문에 해외 기술교류 및 해외 공동 사업을 적극 추진할 필요가 있다. 수소시장 참여자 간 전략적 제휴 모색과 해외 수전해 사업 참여, 국제협력 네트워크 구축 강화 노력이 결합될 때 더 저렴한 그린수소 생산이 가능할 것이다.

* 수전해 : 수소의 생산 방법 중 하나로, 물을 전기분해하여 수소를 추출하는 것을 뜻함. 추출 과정에서 이산화탄소를 전혀 배출하지 않아 친환경 에너지 기술로 주목받고 있음

① 수소를 생산하기 위해서는 수전해 설비의 구축이 필요하다.

② 수전해 기술의 상용화를 위해서는 비용을 낮추는 것이 핵심이다.

③ 과학기술정보통신부는 수전해 기술 발전을 위해 2021년에만 253억 원을 지원했다.

④ 우리나라는 다른 나라에 비해 수전해와 관련된 기술이 부족하고 경쟁력을 갖추지 못했다.

⑤ 우리나라는 지리적으로 제약 요건이 많기 때문에 필연적으로 다른 나라와 협업을 통해 문제를 해결해야 한다.

08 다음 글의 밑줄 친 부분과 관련 있는 속담으로 적절하지 않은 것은?

> 아이를 낳으면 엄마는 정신이 없어지고 지적 능력이 감퇴한다는 것이 일반 상식이었다. 그러나 이것에 반기를 드는 실험 결과가 발표되었다.
>
> 최근 보스턴 글로브지에 보도된 바에 의하면 킹슬리 박사팀은 몇 개의 실험을 통하여 흥미로운 결과를 발표하였다. 그들의 실험에 따르면 엄마 쥐는 처녀 쥐보다 후각능력과 시각능력이 급증하고 먹잇감을 처녀 쥐보다 3배나 빨리 찾았다. 엄마 쥐가 되면 엄마의 두뇌는 에스트로겐, 코티졸 등에 의해 마치 목욕을 한 것처럼 된다. 그런데 주목할 것은 엄마 쥐 혼자 내적으로 두뇌의 변화가 오는 것이 아니라 새끼와 상호작용하는 것이 두뇌 변화에 큰 영향을 준다는 것이다. 새끼를 젖먹이고 다루는 과정에서 감각적 민감화와 긍정적 변화가 일어나고 인지적 능력이 향상된다.
>
> 그러면 인간에게서는 어떨까? 대개 엄마가 되면 너무 힘들고 일에 부대껴서 결국은 지적 능력도 떨어진다고 생각한다. 그러나 이런 현상은 상당 부분 사회공동체적 자기암시로부터 온 것이라고 봐야 한다. 오하이오 신경심리학자 줄리에 수어는 임신한 여성들을 두 집단으로 나누어 A집단에게는 "임신이 기억과 과제 수행에 어떤 영향을 주는가를 알아보기 위해서 검사를 한다."라고 하고, B집단에게는 설명 없이 그 과제를 주었다. 그 결과 A집단의 여성들이 B집단보다 과제 수행점수가 현저히 낮았다. A집단은 임신하면 머리가 나빠진다는 부정적인 고정관념의 영향을 받은 것이다.
>
> 연구 결과들에 의하면 엄마가 된다는 것은 감각·인지 능력 및 용감성 등을 높여준다. 지금껏 연구는 주로 쥐를 중심으로 이루어졌지만, 인간에게도 같은 원리가 적용될 가능성은 크다.

① 암탉이 울면 집안이 망한다.
② 여자 팔자는 뒤웅박 팔자다.
③ 미꾸라지 한 마리가 온 물을 흐린다.
④ 여자는 제 고을 장날을 몰라야 팔자가 좋다.
⑤ 어머니가 반중매쟁이가 되어야 딸을 살린다.

09 다음 글의 내용으로 적절하지 않은 것은?

2050년 탄소중립 실현을 목표로 태양광·풍력 등 에너지 기술을 확보하기 위한 국가 전략이 확정됐다. 정부는 한국의 경우 탄소 배출량이 많은 석탄 발전과 제조업 비중이 높아 이를 해결할 기술혁신이 무엇보다 시급하다고 진단했다. 과기부, 산업통상자원부, 기획재정부 등에서 추천한 산·학·연전문가 88명이 참여해 우리나라에 필요한 10대 핵심기술을 선정했다.

10대 핵심기술의 첫 번째는 태양광·풍력 기술이다. 태양광의 경우 중국의 저가 기술 공세에 맞서 발전효율을 27%에서 2030년까지 35%로 높인다. 풍력의 경우 대형풍력의 국산화를 통해 발전용량을 5.5MW급에서 2030년까지 15MW급으로 늘린다.

수소와 바이오에너지 기술 수준도 높인다. 충전해 사용하는 방식인 수소는 충전단가를 kg당 7,000원에서 2030년까지 4,000원으로 절반 가까이 낮춘다. 단가가 화석연료의 1.5배 수준인 바이오에너지도 2030년까지 화석연료 수준으로 낮춘다.

제조업의 탄소 배출을 줄이기 위한 신공정 개발에도 나선다. 철강·시멘트·석유화학·반도체·디스플레이 등 산업이 포함된다. 철강의 경우 2040년까지 탄소 배출이 없는 수소환원제철 방식만으로 철강 전량을 생산한다. 반도체 공정에 필요한 불화가스를 대체해 온실가스 배출을 최적화한다. 자동차 등 모빌리티 분야에서도 무탄소 기술을 개발·적용해 주행거리를 406km에서 2045년까지 975km로 늘릴 계획이다. 태양광 등으로 에너지를 자체 생산하고 추가 소비하지 않는 제로에너지 건물 의무화, 통신·데이터 저전력화, 탄소포집(CCUS) 기술 상용화 등도 10대 핵심기술에 포함되었다.

반면, 원자력 관련 기술은 10대 핵심기술에서 제외됐다. 한국처럼 탄소중립을 선언한 일본, 중국이 화석연료의 비중을 낮추고 에너지 공백의 일부를 메우기 위해 탄소 배출이 없는 원자력의 비중을 높이기로 한 것과 대조된다.

규제 완화 등 정책 지원도 나선다. 탄소중립 관련 신기술의 상용화를 앞당기기 위해 관련 규제자유특구를 11개에서 2025년까지 20개로 확대한다. 탄소중립 분야 창업을 촉진하기 위한 '녹색금융' 지원도 확대한다. 현재 탄소중립 기술의 수준이 상대적으로 낮다는 점도 고려한다. 민간 기업이 탄소중립 기술을 도입할 경우 기존 기술보다 떨어질 경제성을 보상하기 위해 인센티브 제도를 연내 마련한다. 세액공제, 매칭투자, 기술료 부담 완화 등 지원책도 검토 중이다.

철강·시멘트·석유화학·미래차 등 7개 분야의 탄소중립을 이끌 고급 연구인력을 양성하기 위해 내년에 201억 원을 지원한다. 탄소중립에 대한 국민의 이해도를 높이기 위해 과학관 교육과 전시를 확대하고 과학의 달에는 '탄탄대로(탄소중립, 탄소제로, 대한민국 과학기술로)' 캠페인을 추진한다. 또한 '기후변화대응 기술개발촉진법'을 제정하고 '기후대응기금'을 신설해 이런 지원을 위한 행정·제도적 기반을 만든다.

관계자는 "2050년 탄소중립 실현을 위해 시급한 기술혁신 과제들이 산재한 상황이다."라며 "과기부가 범부처 역량을 종합해 이번 전략을 선제적으로 마련했다."라고 말했다. 이어 "전략이 충실히 이행되어 탄소중립 실현을 견인할 수 있도록 관계부처와 긴밀히 협업해 나가겠다."라고 했다.

① 제조업은 이산화탄소가 많이 배출된다.
② 현재 기업이 탄소 중립 기술을 도입할 경우 경제적으로 타격을 입게 된다.
③ 규제 완화를 위한 자유특구를 11개에서 2025년까지 20개로 늘릴 예정이다.
④ 탄소중립을 실현하기 위한 10대 핵심기술에는 태양광, 풍력, 원자력 등이 있다.
⑤ 풍력은 2030년까지 발전용량을 현재 수준보다 2배 이상 늘리는 것을 목표로 한다.

10 다음 글에 대한 비판으로 가장 적절한 것은?

사회 현상을 볼 때는 돋보기로 세밀하게 그리고 때로는 멀리 떨어져서 전체 속에 어떻게 위치하고 있는가를 동시에 봐야 한다. 숲과 나무는 서로 다르지만 따로 떼어 생각할 수 없기 때문이다. 현대 사회 현상의 최대 쟁점인 과학기술에 대해 평가할 때도 마찬가지이다. 로봇 탄생의 숲을 보면 그 로봇 개발에 투자한 사람과 로봇을 개발한 사람들의 의도가 드러난다. 그리고 나무인 로봇을 세밀히 보면 그 로봇이 생산에 이용되는지 아니면 감옥의 죄수들을 감시하기 위한 것인지 그 용도를 알 수 있다. 이 광범한 기술의 성격을 객관적이고 물질적이어서 가치관이 없다고 쉽게 생각하면 로봇에 당하기 십상이다.

자동화는 자본주의의 실업을 늘려 실업자에 대해 생계의 위협을 가하는 측면뿐 아니라, 기존 근로자에 대한 감시를 더욱 효율적으로 해내는 역할도 수행한다. 자동화를 적용하는 기업 측에서는 자동화가 인간의 삶을 증대시키는 이미지로 일반 사람들에게 인식되기를 바란다. 그래야 자동화 도입에 대한 노동자의 반발을 무마하고 기업가의 구상을 관철시킬 수 있기 때문이다. 그러나 자동화나 기계화 도입으로 인해 실업을 두려워하고, 업무 내용이 바뀌는 것을 탐탁치 않아 했던 유럽의 노동자들은 자동화 도입에 대해 극렬히 반대한 경험들을 갖고 있다.

지금도 자동화·기계화는 좋은 것이라는 고정관념을 가진 사람들이 많고, 현실에서 이러한 고정관념이 가져오는 파급 효과는 의외로 크다. 예를 들어 은행에 현금을 자동으로 세는 기계가 등장하면서 은행원들이 현금을 세는 작업량은 줄어들었다. 손님들도 기계가 현금을 재빨리 세는 것을 보고 감탄하면서 은행원이 세는 것보다 더 많은 신뢰를 보냈다. 그러나 현금 세는 기계의 도입에는 이익 추구라는 의도가 숨어 있다. 현금 세는 기계는 은행원의 수고를 덜어 준다. 그러나 현금 세는 기계를 들여옴으로써 실업자가 생기고 만다. 사람이 잘만 이용하면 잘 써먹을 수 있을 것만 같은 기계가 엄청나게 혹독한 성품을 지닌 프랑켄슈타인으로 돌변하는 것이다.

자동화와 정보화를 추진하는 핵심 조직이 기업이란 것에서도 알 수 있듯이 기업은 이윤 추구에 도움이 되지 않는 행위는 무가치하다고 판단한다. 그러므로 자동화는 그 계획 단계에서부터 기업의 의도가 스며들어 탄생된다. 또한 그 의도대로 자동화나 정보화가 진행되면 다른 한편으로 의도하지 않은 결과를 초래한다. 자동화와 같은 과학기술이 풍요를 생산하는 수단이라고 생각하는 것은 하나의 고정관념에 불과하다.

채플린이 제작한 영화 〈모던 타임즈〉에 나타난 것처럼 초기 산업화 시대에는 기계에 종속된 인간의 모습이 가시적으로 드러날 수밖에 없었다. 그래서 이러한 종속에 저항하고자 하는 인간의 노력도 적극적인 모습을 보였다. 그러나 현대의 자동화기기는 그 첨병이 정보 통신기기로 바뀌면서 문제는 질적으로 달라진다. 무인 생산까지 진전된 자동화나 정보 통신화는 인간에게 단순 노동을 반복시키는 모습을 보이지 않는다. 그래서인지는 몰라도 정보 통신은 별 무리 없이 어느 나라에서나 급격하게 개발·보급되고 보편화되어 있다. 그런데 문제는 이 자동화기기가 생산에만 이용되는 것이 아니라 노동자를 감시하거나 관리하는 데도 이용될 수 있다는 것이다. 오히려 정보 통신의 발달로 사람들은 이전보다 더 많은 감시와 통제를 받게 되었다.

① 기업의 이윤 추구가 사회 복지 증진과 직결될 수 있음을 간과하고 있다.
② 기계화·정보화가 인간의 삶의 질 개선에 기여하고 있음을 경시하고 있다.
③ 기계화를 비판하는 주장만 되풀이할 뿐, 구체적인 근거를 제시하지 않고 있다.
④ 화제의 부분적 측면에 관계된 이론을 소개하여 편향적 시각을 갖게 하고 있다.
⑤ 현대의 기술 문명이 가져다 줄 수 있는 긍정적인 측면을 과장하여 강조하고 있다.

11 다음 글을 읽고 추론한 반응으로 가장 적절한 것은?

> 환경 결정론을 간단히 정의하면 모든 인간의 행동, 노동과 창조 등은 환경 내의 자연적 요소들에 의해 미리 결정되거나 통제된다는 것이다. 이에 대하여 환경 가능론은 자연 환경은 단지 인간이 반응할 수 있는 다양한 가능성의 기회를 제공할 뿐이며, 인간은 환경을 변화시킬 수 있는 능동적인 힘을 가지고 있다고 반박한다.
>
> 환경 결정론 사조 형성에 영향을 준 사상은 1859년에 발표된 다윈의 진화론이다. 다윈의 진화 사상과 생물체가 환경에 적응한다는 개념은 인간도 특정 환경에 적응해야 한다는 것으로 수용되었다. 이러한 철학적 배경하에 형성되기 시작한 환경 결정론의 발달에 공헌한 사람으로는 라첼, 드모랭, 샘플 등이 있다. 라첼은 인간도 자연 법칙 아래에서 살고 있다고 보았으며, 문화의 형태도 자연적 조건에 의해 결정되고 적응한 결과로 간주하였다. 드모랭은 보다 극단적으로 사회 유형은 환경적 힘의 산물로 보고 초원 지대의 유목 사회, 지중해 연안의 상업 사회를 환경 결정론적 사고에 입각하여 해석하였다.
>
> 환경 결정론이 인간의 의지와 선택의 자유를 인정하지 않는다는 점이 문제라면 환경 가능론은 환경이 제공한 많은 가능성 중 왜 어떤 가능성이 선택되어야 하는가를 설명하기 힘들다. 과학기술의 발달에 의해 인간이 자연의 많은 장애물을 극복하게 된 것은 사실이지만, 실패로 인해 고통받는 사례도 많다. 사실 결정론이냐 가능론이냐 결론을 내리는 것은 그리 중요하지 않다. 인간과 환경의 관계는 매우 복잡하며, 지표상의 경관은 자연적인 힘과 문화적인 힘에 의해 이루어지기 때문에 어떤 1가지 결정 인자를 과소평가하거나 과장하면 안 된다. 인간 활동의 결과로 인한 총체적인 환경 파괴 문제가 현대 문명 전반의 위기로까지 심화되는 오늘날, 인간과 자연의 진정한 상호 관계는 어떠해야 할지 생각해야 할 것이다. 이제 자연이 부여한 여러 가지 가능성 중에서 자연 환경과 조화를 이룰 수 있는 가능성을 선택해야 할 때이다.

① 인간과 자연은 항상 대립하고 있어. 자연의 위력 앞에서 우리는 맞서 싸워야 해.
② 자연의 힘은 대단해. 몇 해 전 동남아 대해일을 봤지? 인간이 얼마나 무력한지 알겠어.
③ 우리는 잘 살기 위해서 자연을 너무 훼손했어. 이제는 자연과 공존하는 삶을 생각해야 해.
④ 인간은 자연의 위대함 앞에 굴복해야 해. 인간의 끝없는 욕망이 오늘의 재앙을 불러왔다고 봐야 해.
⑤ 인간의 능력은 초자연적이야. 이런 능력을 잘 살려 나간다면 에너지 부족 사태쯤이야 충분히 해결 가능할 거야.

12 다음 글의 밑줄 친 부분과 같은 의미로 쓰인 것은?

> 해당 보고서에는 중요한 연구 결과가 <u>빠져</u> 있었다.

① 벌써 머리카락이 <u>빠지기</u> 시작했어.
② 어디에 내놓아도 <u>빠지지</u> 않을 실력이야.
③ 떠나기 전에 <u>빠진</u> 물건이 없는지 꼼꼼히 살펴봐.
④ 며칠 동안 마음고생을 했더니 살이 조금 <u>빠졌다</u>.
⑤ 자꾸 이런 식으로 한다면 다음부터 나는 이 일에서 <u>빠지겠어</u>.

13 다음 글의 빈칸에 들어갈 내용으로 가장 적절한 것은?

> 중세 이전에는 예술가와 장인의 경계가 분명치 않았다. 화가들도 당시에는 왕족과 귀족의 주문을 받아 제작하는 일종의 장인 취급을 받아왔다. 근대에 접어들면서 예술은 독창적인 창조 활동으로 존중받게 되었고, 아름다움의 가치를 만들어 내는 예술가들의 독창성이 인정받게 된 것이다. 그리고 이 가치의 중심에 작가가 있다. 작가가 담려 했던 의도, 그것이 바로 아름다움을 창조하는 예술의 가치인 셈이다. 예술작품은 작가의 의도를 담고 있고, 작가의 의도가 없다면 작품은 만들어질 수 없다. 이것이 작품에 포함된 작가의 권위를 인정해야 하는 이유이다.
>
> 또한 예술은 예술가가 표현하고자 하는 것을 창작해 내는 그 과정 자체로 완성되는 것이지 독자의 해석으로 완성되는 게 아니다. 설사 작품을 감상하고 해석해 줄 독자가 없어도 예술은 그 자체로 가치 있는 법이다. 예술가는 독자를 위해 작품을 창작하는 것이 아니라 자신의 열정과 열망으로 표현하고자 하는 바를 표현해 내는 것이다. 물론 예술작품을 해석하고 이해하는 데 독자의 역할도 분명 존재하고 필요한 것이 사실이다. 하지만 그렇다고 해도 이는 예술적 가치가 있는 작품에서 파생된 2차적인 활동이지 작품을 새롭게 완성하는 창조적 활동이라고 보기 어렵다. 따라서 독자의 수용과 이해는 _____

① 권위가 높은 작가의 작품에서 더욱 다양하게 나타난다.
② 작가의 의도와 작품을 왜곡하지 않는 범위에서 이루어져야 한다.
③ 작품이 만들어진 시대적 배경과 문화적 배경을 고려하여야 한다.
④ 독자가 가지고 있는 작품에 대한 사전 정보에 따라 다르게 나타날 것이다.
⑤ 작품에 담긴 아름다움의 가치를 독자가 나름대로 해석하는 활동으로 볼 수 있다.

14 다음 글을 읽고 추론한 내용으로 가장 적절한 것은?

한 연구원이 어떤 실험을 계획하고 참가자들에게 이렇게 설명했다.

"여러분은 지금부터 둘씩 조를 지어 함께 일하게 됩니다. 여러분의 파트너는 다른 작업장에서 여러분과 똑같은 일을, 똑같은 노력을 기울여야 할 것입니다. 이번 실험에 대한 보수는 한 조당 5만 원입니다."

실험 참가자들이 작업을 마치자 연구원은 참가자들을 세 부류로 나누어 각각 2만 원, 2만 5천 원, 3만 원의 보수를 차등 지급하고, 그들이 다른 작업장에서 파트너가 받은 액수를 제외한 나머지 보수를 받은 것으로 믿게 하였다.

그 후 연구원은 실험 참가자들에게 몇 가지 설문을 했다. '보수를 받고 난 후에 어떤 기분이 들었는지, 나누어 받은 돈이 공정하다고 생각하는지'를 묻는 것이었다. 연구원은 설문을 하기 전에 3만 원을 받은 참가자가 가장 행복할 것이라고 예상했다. 그런데 결과는 예상과 달랐다. 3만 원을 받은 사람은 2만 5천 원을 받은 사람보다 덜 행복해했다. 자신이 과도하게 보상을 받아 부담을 느꼈기 때문이다. 2만 원을 받은 사람도 덜 행복해한 것은 마찬가지였다. 받아야 할 만큼 충분히 받지 못했다고 생각했기 때문이다.

① 인간은 타인과 협력할 때 더 행복해한다.
② 인간은 공평한 대우를 받을 때 더 행복해한다.
③ 인간은 남보다 능력을 더 인정받을 때 더 행복해한다.
④ 인간은 자신이 설정한 목표를 달성했을 때 가장 행복해한다.
⑤ 인간은 상대를 위해 자신의 몫을 양보했을 때 더 행복해한다.

15 다음 글의 밑줄 친 ㉠ ~ ㉤ 중 쓰임이 적절하지 않은 것은?

컴퓨터가 인간의 지능 활동을 ㉠창조할 수 있도록 하는 것을 인공지능이라 한다. 즉, 인간의 지능이 할 수 있는 사고 · 학습 · 자기 계발 등을 컴퓨터가 할 수 있도록 연구하는 컴퓨터공학 및 정보기술 분야를 말한다. 초기의 인공지능은 게임 · 바둑 등의 분야에 사용되는 정도였지만, 실생활에 ㉡응용되기 시작하면서 지능형 로봇 등 활용 분야가 ㉢비약적으로 발전하였다. 또한 인공지능은 그 자체만으로 존재하는 것이 아니라 컴퓨터과학의 다른 분야와 직간접으로 많은 ㉣관련을 맺고 있다. 특히 현대에는 정보기술의 여러 분야에서 인공지능적 요소를 도입해 그 분야의 문제해결에 활용하려는 ㉤시도가 활발히 이루어지고 있다.

① ㉠
② ㉡
③ ㉢
④ ㉣
⑤ ㉤

01 다음은 서울특별시의 직종별 구인·구직·취업 현황을 나타낸 자료이다. 이에 대한 설명으로 옳지 않은 것은?

〈서울특별시 구인·구직·취업 현황〉

(단위 : 명)

구분	구인	구직	취업
관리직	993	2,951	614
경영·회계·사무 관련 전문직	6,283	14,350	3,400
금융보험 관련직	637	607	131
교육 및 자연과학·사회과학 연구 관련직	177	1,425	127
법률·경찰·소방·교도 관련직	37	226	59
보건·의료 관련직	688	2,061	497
사회복지 및 종교 관련직	371	1,680	292
문화·예술·디자인·방송 관련직	1,033	3,348	741
운전 및 운송 관련직	793	2,369	634
영업원 및 판매 관련직	2,886	3,083	733
경비 및 청소 관련직	3,574	9,752	1,798
미용·숙박·여행·오락·스포츠 관련직	259	1,283	289
음식서비스 관련직	1,696	2,936	458
건설 관련직	3,659	4,825	656
기계 관련직	742	1,110	345

① 취업자 수가 구인자 수를 초과한 직종도 있다.
② 구인자 수가 구직자 수를 초과한 직종은 1개이다.
③ 구직 대비 취업률이 가장 높은 직종은 기계 관련직이다.
④ 영업원 및 판매 관련직의 구직 대비 취업률은 25% 이상이다.
⑤ 구직자가 가장 많이 몰리는 직종은 경영·회계·사무 관련 전문직이다.

02 A연구원과 K연구원은 공동으로 연구를 끝내고 보고서를 제출하려고 한다. 이 연구를 혼자 하면 A연구원은 8일이 걸리고, K연구원은 14일이 걸린다. 처음 이틀은 같이 연구하고, 이후에는 K연구원 혼자 연구를 하다가 보고서 제출 이틀 전부터 같이 연구하였다. 보고서를 제출할 때까지 총 며칠이 걸렸는가?

① 6일   ② 7일
③ 8일   ④ 9일
⑤ 10일

※ 다음은 20·30대의 직업군별 평균지출 현황을 나타낸 자료이다. 이어지는 질문에 답하시오. **[3~4]**

〈직업군별 평균지출 현황〉

구분	일반회사직	자영업	공무직	연구직	기술직	전문직
월평균소득	380만 원	420만 원	360만 원	350만 원	400만 원	450만 원
월평균지출	323만 원	346.5만 원	270만 원	273만 원	290만 원	333만 원
주거	10%	25%	5%	10%	15%	15%
교통	10%	7%	5%	5.5%	7.5%	12.5%
외식·식자재	25%	27.5%	12.5%	10%	7.5%	10%
의류·미용	27.5%	7.5%	10.5%	7.5%	5.5%	17.5%
저축	5%	12%	22.5%	17.5%	20%	7.5%
문화생활	15%	5.5%	12%	5%	2.5%	7%
자기계발	2.5%	2.5%	11%	30.5%	27.5%	15.5%
경조사	1%	10.5%	15%	9%	8%	12.5%
기타	4%	2%	6%	6%	6%	2%

03 다음 중 자료에 대한 설명으로 옳지 않은 것은?

① 월평균소득이 가장 높은 직업군은 월평균지출도 가장 높다.
② 월평균지출 중 저축의 비중은 기술직이 일반회사직의 4배이다.
③ 자영업은 지출의 절반 이상을 주거와 외식·식자재에 사용한다.
④ 연구직은 다른 직업군 대비 자기계발에 지출하는 비중이 가장 높다.
⑤ 일반회사직의 월평균소득 대비 월평균지출이 차지하는 비율은 공무직보다 10%p 높다.

04 다음 중 자료에 대한 설명으로 옳은 것은?

① 전문직의 월평균지출은 월평균소득의 75% 이상이다.
② 일반회사직과 전문직의 월평균지출 중 가장 많은 비중을 차지하는 항목은 동일하다.
③ 전문직을 제외한 타 직업군의 월평균지출 중 교통이 차지하는 비중은 10% 미만이다.
④ 월평균지출 중 문화생활이 차지하는 비율이 큰 순서대로 나열하면 일반회사직, 공무직, 전문직, 연구직, 자영업, 기술직 순이다.
⑤ 월평균지출이 가장 높은 직업군과 가장 낮은 직업군의 지출액 차이는 월평균소득이 가장 높은 직업군과 가장 낮은 직업군의 소득액 차이의 75.5%이다.

※ 다음은 현 직장 만족도에 대해 조사한 자료이다. 이어지는 질문에 답하시오. **[5~6]**

<현 직장 만족도>

구분	직장 유형	2023년	2024년
전반적 만족도	기업	6.9	6.3
	공공연구기관	6.7	6.5
	대학	7.6	7.2
임금과 수입	기업	4.9	5.1
	공공연구기관	4.5	4.8
	대학	4.9	4.8
근무시간	기업	6.5	6.1
	공공연구기관	7.1	6.2
	대학	7.3	6.2
사내 분위기	기업	6.3	6.0
	공공연구기관	5.8	5.8
	대학	6.7	6.2

05 2023년 3개 기관의 전반적 만족도의 합은 2024년 3개 기관의 임금과 수입 만족도의 합의 몇 배인가?(단, 소수점 둘째 자리에서 반올림한다)

① 1.4배   ② 1.6배

③ 1.8배   ④ 2배

⑤ 2.2배

06 다음 중 자료에 대한 설명으로 옳지 않은 것은?(단, 비율은 소수점 둘째 자리에서 반올림한다)

① 현 직장에 대한 전반적 만족도는 대학 유형에서 가장 높다.

② 2024년 근무시간 만족도는 공공연구기관과 대학의 만족도가 동일하다.

③ 사내 분위기에서 2023년과 2024년 공공연구기관의 만족도는 동일하다.

④ 전년 대비 2024년 근무시간 만족도의 감소율은 대학 유형이 가장 크다.

⑤ 전년 대비 2024년에 모든 유형의 직장에서 임금과 수입 만족도는 증가했다.

07 다음은 연도별 영·유아 사망률에 대한 자료이다. 이를 나타낸 그래프로 옳은 것은?(단, 모든 그래프의 단위는 '%'이다)

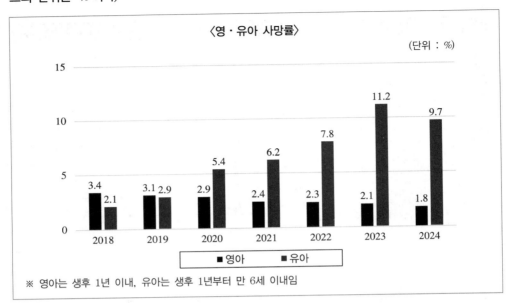

①
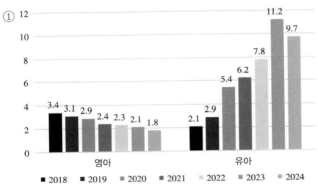

②
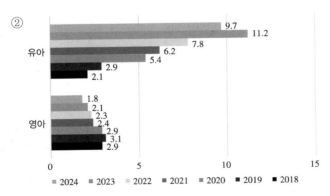

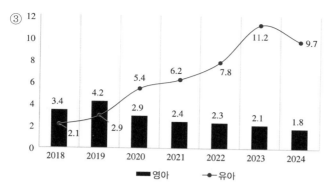

③

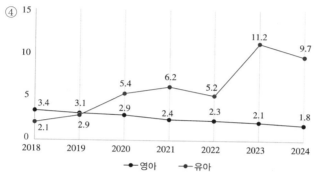

④

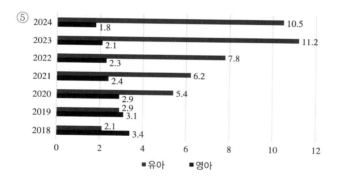

⑤

PART 2

※ 다음은 통계청에서 발표한 부처별 및 지역별 국가연구개발사업 집행 추이에 대한 자료이다. 이어지는 질문에 답하시오. [8~9]

〈부처별 국가연구개발사업 집행 추이〉

구분	2022년		2023년		2024년	
	금액(억 원)	비중(%)	금액(억 원)	비중(%)	금액(억 원)	비중(%)
교육부	15,987	9.1	16,494	8.7	17,114	9.0
국방부	299	0.2	353	0.2	409	0.2
국토교통부	4,107	2.3	4,421	2.3	4,442	2.3
농림축산식품부	1,832	1.0	2,014	1.1	1,969	1.0
문화체육관광부	660	0.4	772	0.4	821	0.4
미래창조과학부	60,467	34.3	64,696	34.3	65,246	34.3
보건복지부	4,508	2.6	5,042	2.7	5,191	2.7
산업통상자원부	31,900	18.1	34,348	18.2	34,184	18.0
해양수산부	5,424	3.1	5,780	3.1	5,640	3.0
환경부	2,929	1.7	3,203	1.7	3,005	1.6

〈지역별 국가연구개발사업 집행 추이〉

구분	수도권		대전광역시		지방		합계	
	금액(억 원)	비중(%)	금액(억 원)	비중(%)	금액(억 원)	비중(%)	금액(억 원)	비중(%)
2020년	64,635	42.5	44,052	29.0	43,294	28.5	151,980	100.0
2021년	68,594	42.4	47,122	29.1	46,178	28.5	161,893	100.0
2022년	67,744	40.2	49,823	29.5	51,083	30.3	168,649	100.0
2023년	66,771	36.7	54,584	30.0	60,452	33.3	181,807	100.0
2024년	64,051	34.9	56,115	30.6	63,190	34.5	183,355	100.0

08 다음 중 부처별 국가연구개발사업 집행 추이에 대한 설명으로 옳지 않은 것은?

① 2022년에 전체 부처의 국가연구개발사업 총 집행 금액은 2023년보다 많다.

② 2024년 보건복지부의 국가연구개발사업 집행 금액은 2022년 대비 10% 이상 증가하였다.

③ 한 해 동안 집행한 국가연구개발사업 금액이 가장 많은 부처는 2023년과 2024년에 동일하다.

④ 해양수산부의 국가연구개발사업 집행 금액은 2022년부터 2024년까지 매년 환경부의 2배 미만이었다.

⑤ 2023년과 2024년 산업통상자원부와 농림축산식품부의 국가연구개발사업 집행 금액의 전년 대비 증감 추이는 동일하다.

09 다음 〈보기〉 중 자료에 대한 설명으로 옳은 것을 모두 고르면?

> **보기**
>
> ㄱ. 2020년 이후 지방의 국가연구개발사업 집행 금액이 대전광역시를 추월한 첫해에 수도권의 국
> 가연구개발사업 집행 금액의 비중은 전체의 40% 이상이다.
> ㄴ. 2024년에는 문화체육관광부와 지방의 국가연구개발사업 집행 금액이 모두 전년 대비 10% 이
> 상 증가하였다.
> ㄷ. 수도권의 국가연구개발사업 집행 금액은 2023년에 2020년 대비 10% 이상 증가하였다.

① ㄱ
② ㄴ
③ ㄱ, ㄷ
④ ㄴ, ㄷ
⑤ ㄱ, ㄴ, ㄷ

10 철수는 오후 3시에 집에서 출발하여 평지를 지나 언덕 꼭대기까지 갔다가 같은 길을 되돌아와 그날 저녁 9시에 집에 도착했다. 평지에서는 시속 4km로 걸었고, 언덕을 올라갈 때는 시속 3km, 언덕을 내려올 때는 시속 6km로 걸었다면 철수는 총 몇 km를 걸었는가?(단, 철수는 쉬지 않고 걸었다)

① 6km
② 12km
③ 18km
④ 24km
⑤ 30km

11 다음 글에서 설명하는 그래프는?

> 읽기 능력이란 문자 텍스트에만 국한된 것이 아니라 통계표, 도표(그래프), 그림이나 사진 등 다양
> 한 형태의 텍스트가 나왔을 때 이를 읽어낼 수 있는 능력을 포함한다. 이 그래프는 주로 시간의 흐름
> 에 따라 변하는 모습 등 복잡한 통계 자료를 나타낼 때 이를 정리해서 간단한 숫자의 표로 정리하고,
> 이를 더 보기 쉽도록 그림으로 나타낸다. 이렇게 그림으로 나타낸 것을 우리는 도표, 즉 그래프라고
> 부른다.

① 원 그래프
② 띠 그래프
③ 막대 그래프
④ 그림 그래프
⑤ 꺾은선 그래프

12 다음은 K국가의 2024년 월별 반도체 수출 동향을 나타낸 자료이다. 이를 나타낸 그래프로 옳지 않은 것은?(단, 그래프 단위는 모두 '백만 달러'이다)

〈2024년 월별 반도체 수출액 동향〉

(단위 : 백만 달러)

기간	수출액	기간	수출액
1월	9,681	7월	10,383
2월	9,004	8월	11,513
3월	10,804	9월	12,427
4월	9,779	10월	11,582
5월	10,841	11월	10,684
6월	11,157	12월	8,858

① 2024년 월별 반도체 수출액

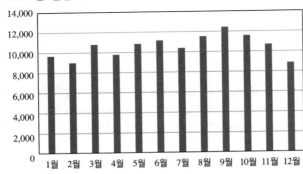

② 2024년 월별 반도체 수출액

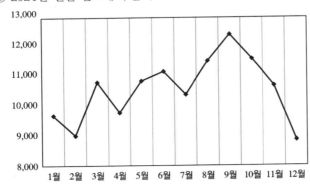

③ 2024년 월별 반도체 수출액

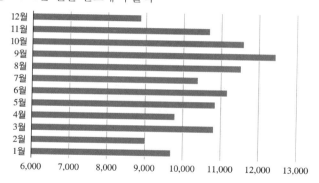

④ 2 ~ 12월 전월 대비 반도체 수출 증감액

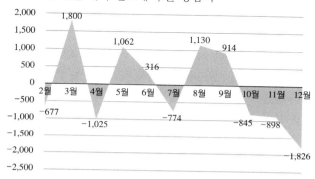

⑤ 2 ~ 12월 전월 대비 반도체 수출 증감액

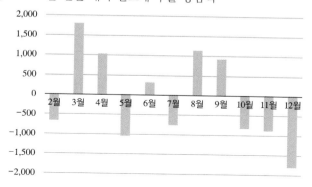

13 다음은 국가별 연구비에 대한 부담원 및 사용조직을 나타낸 자료이다. 이에 대한 설명으로 옳은 것은?

〈국가별 연구비 부담원 및 사용조직〉

(단위 : 억 엔)

부담원	사용조직 \ 국가	일본	미국	독일	프랑스	영국
정부	정부	8,827	33,400	6,590	7,227	4,278
	산업	1,028	71,300	4,526	3,646	3,888
	대학	10,921	28,860	7,115	4,424	4,222
산업	정부	707	0	393	52	472
	산업	81,161	145,000	34,771	11,867	16,799
	대학	458	2,300	575	58	322

① 독일 정부가 부담하는 연구비는 미국 정부가 부담하는 연구비의 약 절반이다.

② 정부 부담 연구비 중에서 산업 조직의 사용 비율이 가장 높은 국가는 프랑스이다.

③ 정부가 부담하는 연구비를 정부 조직이 가장 높은 비율로 사용하는 국가는 영국이다.

④ 산업이 부담하는 연구비를 산업 조직이 가장 높은 비율로 사용하는 국가는 프랑스이다.

⑤ 미국의 대학 조직이 사용하는 연구비는 일본의 대학 조직이 사용하는 연구비의 2배 미만이다.

14 다음과 같이 일정한 규칙으로 수를 나열할 때, 빈칸에 들어갈 수는?

1 2 8 ( ) 148 765 4,626

① 77   ② 66

③ 55   ④ 44

⑤ 33

15 어떤 물통에 물을 가득 채우는 데 A관은 10분, B관은 15분이 걸린다. 이 물통에 물을 A관으로 4분 동안 채운 후 남은 양을 B관으로 채우려고 할 때, B관은 몇 분 동안 물을 틀어야 하는가?

① 7분   ② 8분

③ 9분   ④ 10분

⑤ 11분

01 업무 수행에서 발생하는 문제를 발생형, 탐색형, 설정형 3가지로 분류할 때, 다음 〈보기〉를 문제 유형에 따라 바르게 구분한 것은?

> **보기**
>
> ㉠ 제품을 배송하는 과정에서 고객의 개인정보를 잘못 기입하는 바람에 배송이 지연되고 있다.
> ㉡ 제약업계는 개발의 효율성 및 성과를 위해 매출액 가운데 상당 부분을 연구·개발에 투자하고 있으나, 기대만큼의 성과를 도출하지 못하고 있다.
> ㉢ 제품에서 기준치를 초과한 발암물질이 검출됨에 따라 회사는 전 제품에 대한 리콜을 고민하고 있다.
> ㉣ 연구팀은 제품 개발에 필수적인 제작 과정을 획기적으로 줄일 수 있는 기술을 개발할 것을 요청받았다.
> ㉤ 회사는 10대 전략 과제를 선정하고 부서별 역할과 세부추진계획을 점검하기로 하였다.
> ㉥ 정부의 사업 허가 기준이 강화될 것이라는 예측에 따라 새로운 사업 계획서 작성 방향에 대해 기업의 고민도 커질 것으로 예상된다.

	발생형	탐색형	설정형
①	㉠, ㉢	㉡, ㉣	㉤, ㉥
②	㉠, ㉢	㉡, ㉥	㉣, ㉤
③	㉡, ㉢	㉠, ㉣	㉤, ㉥
④	㉢, ㉣	㉠, ㉤	㉡, ㉥
⑤	㉣, ㉤	㉡, ㉥	㉠, ㉢

02 다음 대화에서 민철이가 범한 논리적 오류로 가장 적절한 것은?

> 상호 : 어제 무슨 일 있었어?
> 민철 : 어제 새로 개장한 놀이공원으로 여자친구와 데이트를 하러 갔는데 사람이 너무 많아서 놀이기구는 거의 타지도 못하고 기다리다 걷기만 했어. 모든 놀이공원은 이렇게 사람만 많고 정작 놀거리는 없는 곳이야. 앞으로 데이트할 때는 놀이공원 말고 다른 곳을 가야겠어.

① 인신공격의 오류
② 복합 질문의 오류
③ 순환 논증의 오류
④ 허수아비 공격의 오류
⑤ 성급한 일반화의 오류

03 다음은 국내 신재생에너지 산업에 대한 SWOT 분석 결과이다. 〈보기〉 중 분석에 따른 대응 전략으로 적절하지 않은 것을 모두 고르면?

〈국내 신재생에너지 산업에 대한 SWOT 분석 결과〉

구분	분석 결과
강점(Strength)	• 해외 기관과의 협업을 통한 풍부한 신재생에너지 개발 경험 • 에너지 분야의 우수한 연구개발 인재 확보
약점(Weakness)	• 아직까지 화석연료 대비 낮은 전력 효율성 • 도입 필요성에 대한 국민적 인식 저조
기회(Opportunity)	• 신재생에너지에 대한 연구가 세계적으로 활발히 추진 • 관련 정부부처로부터 충분한 예산 확보
위협(Threat)	• 신재생에너지 특성상 설비 도입 시의 높은 초기 비용

보기

㉠ SO전략 : 개발 경험을 통해 쌓은 기술력을 바탕으로 향후 효과적인 신재생에너지 산업 개발 가능
㉡ ST전략 : 우수한 연구개발 인재들을 활용하여 초기비용 감축방안 연구 추진
㉢ WO전략 : 확보한 예산을 토대로 우수한 연구원 채용
㉣ WT전략 : 세계의 신재생에너지 연구를 활용한 전력 효율성 개선

① ㉠, ㉡
② ㉠, ㉢
③ ㉡, ㉢
④ ㉡, ㉣
⑤ ㉢, ㉣

04 직장생활 중 지속적으로 요구되는 논리적 사고는 사고의 전개에 있어서 전후의 관계가 일치하고 있는가를 살피고, 아이디어를 평가하는 능력을 의미한다. 이러한 논리적 사고는 다른 사람을 공감시켜 움직일 수 있게 하며, 짧은 시간에 헤매지 않고 사고할 수 있게 한다. 다음 중 논리적 사고를 하기 위해 필요한 5가지 요소에 해당하지 않는 것은?

① 생각하는 습관
② 구체적인 생각
③ 논리에 대한 확신
④ 타인에 대한 이해
⑤ 상대 논리의 구조화

05 다음은 K기관의 성과급 지급 기준이다. 이에 따라 연구원들에게 성과급을 지급할 때, 〈보기〉 중 가장 많은 성과급을 지급받을 사람은?

〈성과급 지급 기준〉

• 성과급은 전년도 연구 종합기여도에 따른 지급률에 기본급을 곱한 금액을 지급한다.

종합기여도	A등급	B등급	C등급	D등급
지급률	40%	35%	25%	20%

• 연구원 학위별 기본급은 다음과 같다.

학위	학사	석사	박사
성과급	200만 원	240만 원	300만 원

• 전년도 종합기여도는 성과점수 구간에 따라 다음과 같이 산정된다.

성과점수	90점 이상 100점 이하	80점 이상 90점 미만	72점 이상 80점 미만	72점 미만
종합기여도	A등급	B등급	C등급	D등급

• 성과점수는 개인연구점수, 팀연구점수, 전략기여점수 가점 및 벌점을 합산하여 산정한다.
  – 개인연구점수, 팀연구점수는 각각 100점 만점으로 산정된다.
• 전략기여점수는 참여한 중점전략 프로젝트의 개수에 3을 곱하여 산정한다.
  – 성과점수는 '[(개인연구점수)×60%]+[(팀연구점수)×40%]+(전략기여점수)+(가점)−(벌점)'이다.
• 가점 및 벌점 부여기준
  – 전년도 수상내역 1회당 가점 1점을, 신규획득 자격증 1개당 가점 2점을 부여한다.
  – 전년도 징계내역 1회당 다음에 따른 벌점을 부여한다.

징계	경고	감봉	정직
벌점	1점	2점	4점

보기

(단위 : 점, 개)

구분	학위	개인연구점수	팀연구점수	중점전략 프로젝트 참여 개수	전년도 가점·벌점
A연구원	석사	75	85	2	경고 1회
B연구원	박사	80	80	1	–
C연구원	석사	65	85	0	자격증 1개
D연구원	학사	90	75	0	–
E연구원	학사	75	60	3	수상 1개

① A연구원 ② B연구원
③ C연구원 ④ D연구원
⑤ E연구원

※ K기관은 기술개발 R&D에서 우수한 성과를 보인 협력사에게 포상을 수여하고자 한다. 다음은 포상수여 기준과 협력사별 정보에 대한 자료이다. 이어지는 질문에 답하시오. [6~7]

<포상수여 기준>

- 포상점수가 가장 높은 협력사 두 곳에 포상을 수여한다.
- 포상점수는 기술개선점수(35점), 실용화점수(30점), 경영점수(15점), 성실점수(20점)를 합산하여 산출한다.
- 기술개선점수
  - 기술개선점수는 출원점수와 등록점수를 합산하여 산출한다.

출원특허개수	0개	1 ~ 10개	11 ~ 20개	21개 이상
출원점수	0점	5점	10점	15점

등록특허개수	0개	1 ~ 5개	6 ~ 10개	11개 이상
등록점수	0점	10점	15점	20점

- 실용화점수
  - 실용화점수는 상품화 단계에 따라 부여한다.

상품화 단계	연구단계	상품개발단계	국내출시단계	수출개시단계
실용화점수	5점	15점	25점	30점

- 경영점수
  - 경영점수는 건전성 등급에 따라 부여한다.

건전성 등급	A등급	B등급	C등급	D등급
경영점수	20점	15점	10점	0점

- 성실점수
  - 성실점수는 성과제출 성실도에 따라 부여한다.

성과제출 성실도	기한 내 제출	기한 미준수	미제출
성실점수	20점	10점	0점

<협력사별 정보>

구분	출원특허개수	등록특허개수	상품화 단계	건전성 등급	성과제출 성실도
A사	13개	11개	상품개발단계	B등급	기한 내 제출
B사	8개	5개	연구단계	A등급	기한 미준수
C사	21개	9개	상품개발단계	B등급	기한 미준수
D사	3개	3개	수출개시단계	C등급	기한 내 제출
E사	16개	9개	국내출시단계	A등급	미제출

06 다음 중 포상수여 기준에 따라 포상을 수여할 협력사 두 곳을 선정할 때, 포상을 받을 협력사는 어디인가?

① A사, B사
② A사, D사
③ B사, C사
④ B사, E사
⑤ D사, E사

07 포상수여 기준에서 기술개선점수, 성실점수가 다음과 같이 변경되고, 동점 업체 처리 기준이 추가되었다 한다. 변경된 포상수여 기준에 따라 포상을 수여할 협력사 두 곳을 선정할 때, 포상을 받을 협력사는 어디인가?

- 기술개선점수
  - 기술개선점수는 출원점수와 등록점수를 합산하여 산출한다.

출원특허개수	0개	1 ~ 5개	6 ~ 15개	16개 이상
출원점수	0점	10점	15점	20점

등록특허개수	0개	1 ~ 10개	11 ~ 20개	20개 이상
등록점수	0점	5점	10점	15점

- 성실점수
  - 성실점수는 성과제출 성실도에 따라 부여한다.

성과제출 성실도	기한 내 제출	기한 미준수	미제출
성실점수	20점	15점	10점

- 포상점수가 동점인 경우, 기술개선점수가 더 높은 협력사를 선정한다.

① A사, D사
② A사, E사
③ B사, C사
④ B사, D사
⑤ D사, E사

08 다음은 의류 생산공장의 생산 코드 부여 방식에 대한 자료이다. 〈보기〉에 해당하지 않는 생산 코드는 무엇인가?

〈의류 생산 코드〉

• 생산 코드 부여 방식
[종류] – [색상] – [제조일] – [공장지역] – [수량] 순으로 16자리이다.

• 종류

티셔츠	스커트	청바지	원피스
OT	OH	OJ	OP

• 색상

검정색	붉은색	푸른색	노란색	흰색	회색
BK	RD	BL	YL	WH	GR

• 제조일

연도	월	일
마지막 두 자리 숫자 예 2025 → 25	01 ~ 12	01 ~ 31

• 공장지역

서울	수원	전주	창원
475	869	935	753

• 수량

100벌 이상 150벌 미만	150장 이상 200벌 미만	200장 이상 250벌 미만	250장 이상	50벌 추가 생산
aaa	aab	aba	baa	ccc

〈예시〉

– 2025년 3월 26일에 수원 공장에서 검정 청바지 170벌을 생산하였다.
– 청바지 생산 코드 : OJBK – 250326 – 869aab

보기

㉠ 2022년 12월 4일에 붉은색 스커트를 창원 공장에서 120벌 생산했다.
㉡ 회색 티셔츠를 추가로 50벌을 서울 공장에서 2023년 1월 24일에 생산했다.
㉢ 생산날짜가 2022년 7월 5일인 푸른색 원피스는 창원 공장에서 227벌 생산되었다.
㉣ 흰색 청바지를 전주 공장에서 265벌을 납품일(2023년 7월 23일) 전날에 생산했다.
㉤ 티셔츠와 스커트를 노란색으로 178벌씩 수원 공장에서 2023년 4월 30일에 생산했다.

① OPGR – 230124 – 475ccc
② OJWH – 230722 – 935baa
③ OHRD – 221204 – 753aaa
④ OHYL – 230430 – 869aab
⑤ OPBL – 220705 – 753aba

09 K기관의 영업팀과 홍보팀에서 근무 중인 9명(A ~ I)의 사원은 워크숍을 가려고 하는데, 한 층당 4개의 객실로 이루어져 있는 호텔을 1층부터 3층까지 사용한다. 다음 〈조건〉을 토대로 항상 옳은 것은?(단, 직원 1명당 하나의 객실을 사용하며, 2층 이상의 객실은 반드시 엘리베이터를 이용해야 한다)

> **조건**
> • 202호는 현재 공사 중이라 사용할 수 없다.
> • 영업팀 A사원은 홍보팀 B, E사원과 같은 층에 묵는다.
> • 3층에는 영업팀 C, D, F사원이 묵는다.
> • 홍보팀 G사원은 같은 팀 H사원의 바로 아래층 객실에 묵는다.
> • I사원은 101호에 배정받았다.

① 홍보팀 G사원은 2층에 묵는다.
② 영업팀은 총 5명의 사원이 워크숍에 참석했다.
③ 영업팀 C사원의 객실 바로 아래층은 빈 객실이다.
④ 엘리베이터를 이용해야 하는 사원의 수는 영업팀보다 홍보팀이 더 많다.
⑤ 홍보팀 E사원이 객실에 가기 위해서는 반드시 엘리베이터를 이용해야 한다.

10 아마추어 야구 리그에서 활동하는 A ~ D팀은 빨간색, 노란색, 파란색, 보라색 중에서 매년 상징하는 색을 바꾸고 있다. 다음 〈조건〉을 토대로 반드시 참인 것은?

> **조건**
> • 하나의 팀은 하나의 상징색을 갖는다.
> • 이전에 사용했던 상징색을 다시 사용할 수는 없다.
> • A팀과 B팀은 빨간색을 사용한 적이 있다.
> • B팀과 C팀은 보라색을 사용한 적이 있다.
> • D팀은 노란색을 사용한 적이 있고, 올해는 파란색을 선택하였다.

① D팀은 보라색을 사용한 적이 있다.
② C팀은 파란색을 사용한 적이 있다.
③ C팀의 상징색은 빨간색이 될 것이다.
④ A팀의 상징색은 노란색이 될 것이다.
⑤ A팀은 파란색을 사용한 적이 있어 다른 색을 골라야 한다.

※ 다음은 바이오에너지에 대한 자료이다. 이어지는 질문에 답하시오. [11~12]

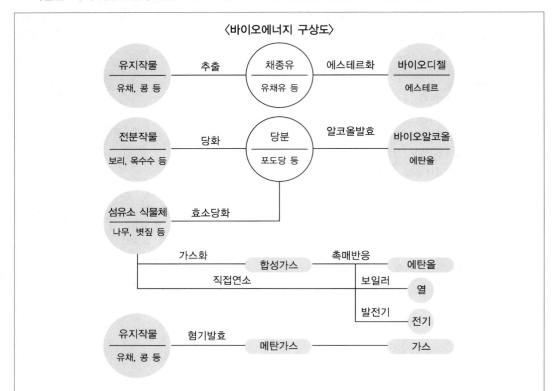

〈바이오에너지 구상도〉

바이오매스(Biomass)란?

식물이나 미생물 등을 에너지원으로 이용하는 생물체이다. 바이오매스에 들어 있는 석유 성분을 추출하거나, 사람이나 동물의 배설물을 메테인발효거나, 특수한 해조나 폐기물 바이오매스를 메테인발효 또는 알코올발효 등에 의하여 연료로 만드는 것 등이 바이오매스를 에너지로 사용하는 방법이다.

생물체를 열분해하거나 발효하여 메테인·에탄올·수소와 같은 연료, 즉 바이오매스 에너지를 채취하는 방법도 연구되고 있다. 브라질은 사탕수수와 카사바(마조카)에서 알코올을 채취하여 자동차 연료로 쓰고 있고, 미국은 켈프라는 거대한 다시마를 바다에서 재배하여 거기서 메테인을 만드는 연구를 하였다.

이처럼 바이오매스는 지역의 특색을 살릴 수 있기 때문에 로컬에너지에 속한다.

〈공정 단계별 점수〉

구분	추출	에스테르화	당화	알코올발효	효소당화	가스화	혐기발효
점수	5점	5점	10점	3점	7점	8점	6점

※ 공정 단계별 점수에 따라 다음과 같이 가격을 매김
 1점 이상 4점 미만 : 20,000원/점
 4점 이상 8점 미만 : 30,000원/점
 8점 이상 11점 미만 : 40,000원/점

11 바이오매스 물질을 연료로 바꾸기 위해서는 다양한 공정이 필요하다. 공정 과정에 필요한 단계에 따라 가격을 책정했을 때, 최종 공정이 끝난 후 가격으로 옳지 않은 것은?

	에너지원	연료	공정 가격
①	보리	바이오알코올	460,000원
②	나무	바이오알코올	270,000원
③	콩	가스	180,000원
④	유채	바이오디젤	180,000원
⑤	옥수수	바이오알코올	460,000원

12 다음 중 바이오에너지에 대한 설명으로 적절하지 않은 것은?

① 보리와 옥수수는 당화 과정이 필요하다.
② 바이오매스 에너지에는 액체, 가스, 전기, 열에너지 등이 있다.
③ 섬유소 식물체로는 한 종류의 바이오매스 에너지만 만들 수 있다.
④ 바이오매스는 지역의 특색을 살릴 수 있으므로 로컬에너지에 속한다.
⑤ 유채, 콩은 추출을 하느냐 혐기발효를 하느냐에 따라 최종 에너지가 달라진다.

13 K연구원은 성과조사를 위해 특수사업소를 방문하고자 한다. 다음 〈조건〉에 따라 방문할 특수사업소를 결정할 때, 이에 대한 설명으로 옳은 것은?

> **조건**
> • 인재개발원은 반드시 방문해야 한다.
> • 생활연구원을 방문하면 설비진단처는 방문하지 않는다.
> • 전력기반센터와 인재개발원 중 한 곳만 방문한다.
> • 인재개발원을 방문하면 경영지원처는 방문하지 않는다.
> • ICT인프라처를 방문하면 자재검사처는 방문하지 않는다.
> • 설비진단처, 경영지원처, ICT인프라처 중에 최소한 두 곳은 반드시 방문한다.

① 생활연구원을 방문한다.
② ICT인프라처를 방문하지 않는다.
③ 경영지원처와 전력기반센터를 모두 방문한다.
④ 자재검사처는 방문하고, 설비진단처는 방문하지 않는다.
⑤ ICT인프라처는 방문하지만, 생활연구원은 방문하지 않는다.

14 다음은 K광역시에서 작성한 환경에 대한 SWOT 분석 결과이다. 〈보기〉 중 이에 대한 설명으로 적절하지 않은 것을 모두 고르면?

〈환경에 대한 SWOT 분석 결과〉

구분	분석 결과
강점(Strength)	• 환경 지표 건전성에 의한 환경 정책 의지 증가 • 산책로, 자전거도로 등 녹색 인프라 건설 확대 • 3,000만 그루 나무 심기 완료로 산림 및 녹지 공간 확대 • 하천 생태 복원 등 3대 하천 생태공원 사업 완료로 하천의 친수 기능 확대 • 도심 곳곳에 징검다리형 숲 조성을 통해 곤충과 새들의 중간 기착형 생태통로 확보 • K광역시 둘레길을 중심으로 ○○산, △△산, ××산. ◇◇산에 자연휴식년제 실시로 자연형 숲의 보전
약점(Weakness)	• 녹색기술과 녹색산업과의 연계성 부족 • 기후변화 및 녹색성장 관련 대규모 기업 부재 • 지리적으로 통과 차량이 많고, 시내 교통량도 많은 K광역시 • K광역시의 에너지 소비량 대비 신재생에너지 생산량은 매우 미미한 수준 • 하수처리장의 노후화로 인해 악취의 확산, 배출수의 안정적인 처리 및 연계 환경 기초시설의 동일 부지에 입지 등 어려움
기회(Opportunity)	• K광역시가 경쟁우위에 있는 과학연구단지 등으로 인한 녹색기술 적용 유리 • 시민과 함께하고 시민이 이끌어가는 시민 거버넌스(그린스타트 등) 공감대 확산 • 인접한 A시와는 상하수도, 신재생에너지 등 환경·에너지 부문 인프라를 공동 이용할 수 있는 환경 분야 상생 가능성 증가 • 환경보전에 대한 K광역시 주민의 요구 수준이 높아져 환경 기초시설 운영의 효율화, 악취 저감 등 친환경적 조성 확대
위협(Threat)	• 생태적 공공 건물 및 에코 건물 부재 • 녹색성장 및 기후변화 분야 중복 투자 • 탄소 농도 증가로 인해 도시 전체의 온도 상승 우려 • 인구·건물의 지속적 증가와 밀집으로 인해 도시 내 녹지 공간 감소 불가피 • 웰빙문화 및 산림 트레킹 등으로 인한 인간의 간섭으로 산림 파괴 및 자연환경 상태 변화의 심각성 • 화석연료의 고갈 위기와 가격 상승 등에 의해 에너지 부족 및 에너지 수요 체계에 악영향 발생 가능성 농후 • 저소득층을 대상으로 한 다양한 에너지 복지 사업에도 불구하고 경기침체와 사회 양극화 심화로 에너지 빈곤층 증가 추세

보기

㉠ 상하수도 시설 및 둘레길 잇기 등 K광역시와 A시가 상생할 수 있는 환경 사업을 확대하고 지속적으로 사업을 개발하려는 방안은 약점(W)을 개선하는 전략에 해당한다.

㉡ 시민이 살고 싶어 하는 친환경 도시 구현을 위해 시민이 함께할 수 있는 양방향 환경 정책을 최우선으로 선정하려는 방안은 위협(T)으로 인한 피해를 최소화하는 전략에 해당한다.

㉢ '울창한 산림으로 둘러싸인 숲의 도시 만들기'를 환경 정책의 목표로 설정하고, 나무와 숲을 이용한 건강 치유 시스템을 구축하려는 방안은 강점(S)을 기반으로 한 전략에 해당한다.

㉣ 교통량 조사, 시민 여론조사 결과에 따른 자동차 없는 도로를 지속적으로 확보하는 한편, 이렇게 확보한 도로 주변을 산림공원으로 조성하려는 방안은 약점(W)을 보완하는 전략에 해당한다.

㉤ 태양열, 태양광, 풍력, 수력, 바이오매스, 지열 등 자연 에너지 가용잠재량을 최대한 활용하는 도시 에너지 수급 체계 구축으로 화석연료 소비를 획기적으로 줄이려는 방안은 위협(T)으로 인한 피해를 최소화하는 전략에 해당한다.

① ㉠, ㉡
② ㉡, ㉤
③ ㉢, ㉣
④ ㉠, ㉢, ㉣
⑤ ㉢, ㉣, ㉤

15 철수는 장미에게 "43 41 54"의 문자를 전송하였다. 장미는 문자가 16진법으로 표현된 것을 발견하였고, 아스키 코드표를 이용하여 해독을 진행하려고 한다. 다음 중 철수가 장미에게 보낸 문자의 의미로 옳은 것은?

문자	아스키	문자	아스키	문자	아스키	문자	아스키
A	65	H	72	O	79	V	86
B	66	I	73	P	80	W	87
C	67	J	74	Q	81	X	88
D	68	K	75	R	82	Y	89
E	69	L	76	S	83	Z	90
F	70	M	77	T	84	–	–
G	71	N	78	U	85	–	–

① BEE
② CAT
③ CUP
④ SIX
⑤ SUN

01　다음 자료를 토대로 A ~ E연구회 중 두 번째로 많은 지원금을 받는 연구회의 금액은?

〈지원 계획〉

• 지원을 받기 위해서는 연구회당 6명 이상 9명 미만으로 구성되어야 한다.
• 기본지원금은 연구회당 1,500천 원을 기본으로 지원한다. 단, 상품개발을 위한 연구회는 2,000천 원을 지원한다.
• 추가지원금

등급	상	중	하
추가지원금(천 원/명)	120	100	70

※ 추가지원금은 연구 계획 사전평가 결과에 따라 달라짐
• 협업 장려를 위해 협업이 인정되는 연구회는 위의 두 지원금을 합한 금액의 30%를 별도로 지원한다.

〈연구회 현황 및 평가 결과〉

연구회	상품개발 여부	구성원 수(명)	연구 계획 사전평가 결과	협업 인정 여부
A	○	5	상	○
B	×	6	중	×
C	×	8	상	○
D	○	7	중	×
E	×	9	하	×

① 2,100천 원
② 2,300천 원
③ 2,500천 원
④ 2,700천 원
⑤ 2,900천 원

02 K대리는 세미나에 참석하기 위해 10월 21일부터 23일까지 2박 3일 동안 대전으로 출장을 갈 예정이다. 다음 출장 조건과 호텔 예약 정보에 따라 숙소를 예약하고자 할 때, K대리가 예약 가능한 숙소로 옳은 것은?

〈출장 조건〉
- K대리가 숙소 예약 및 세미나실 대여에 사용 가능한 총경비는 200,000원이다.
- 10월 22일에는 A팀장과 B주임, C주임, D사원이 방문하여 K대리로부터 중간보고를 받을 예정이므로 세미나실이 필요하다.
- K대리의 숙소는 K대리 혼자 이용한다.
- 숙소 예약과 세미나실 대여는 동일한 호텔에서 한다.

〈호텔 예약 정보〉

구분	가격 (원/1박)	숙박 기준인원	세미나실 대여비용 (원/1일)	비고
글래드 대전	78,000	1명	4인실(25,000) 8인실(48,000)	숙박 기준인원 초과 시 초과인원 1인당 10,000원 추가 지불
호텔 아뜰리에	81,000	2명	4인실(40,000) 10인실(70,000)	보수공사로 인해 10인 세미나실 이용 불가 (9월 30일부터 10월 23일까지)
스카이뷰 호텔	80,000	2명	6인실(50,000)	연박 시 1박당 10% 할인
대전 베일리쉬	92,000	1명	4인실(32,000)	10주년 기념 1박당 8% 할인 (10월 22일부터 11월 2일까지)
이데아 호텔	85,000	1명	6인실(30,000) 8인실(45,000)	출장목적 투숙객 1박당 5% 할인
대전 하운드	80,000	2명	10인실(80,000)	세미나실 대여 시 대여료 40% 할인 (2박 이상 투숙객 대상)

① 글래드 대전, 호텔 아뜰리에
② 글래드 대전, 스카이뷰 호텔
③ 스카이뷰 호텔, 이데아 호텔
④ 대전 베일리쉬, 대전 하운드
⑤ 이데아 호텔, 대전 하운드

03 K기관 인력지원부의 A사원은 직원들의 근무평정 업무를 수행하고 있다. 가점평정 기준표를 토대로 A사원이 H과장에게 부여해야 할 가점은?

〈가점평정 기준표〉

구분		내용	가점	인정 범위	비고
근무경력		본부 근무 1개월 (본부, 연구원, 인재개발원 또는 정부부처 파견 근무기간 포함)	0.03점 (최대 1.8점)	1.8점	동일 근무기간에 다른 근무경력 가점과 원거리, 장거리 및 특수지
		지역본부 근무 1개월 (지역본부 파견 근무기간 포함)	0.015점 (최대 0.9점)	1.8점	가점이 중복될 경우 원거리, 장거리 및 특수지 근무가점은 $\frac{1}{2}$만 인정
		원거리 근무 1개월	0.035점 (최대 0.84점)		
		장거리 근무 1개월	0.025점 (최대 0.6점)		
		특수지 근무 1개월	0.02점 (최대 0.48점)		
내부평가		내부평가결과 최상위 10%	월 0.012점	0.5점	현 직급에 누적됨 (승진 후 소멸)
		내부평가결과 차상위 10%	월 0.01점		
제안	제안상 결정 시	금상	0.25점	0.5점	수상 당시 직급에 한정함
		은상	0.15점		
		동상	0.1점		
	시행 결과평가	탁월	0.25점	0.5점	제안상 수상 당시 직급에 한정함
		우수	0.15점		

〈H과장 가점평정 사항〉

- 입사 후 36개월 동안 본부에서 연구원으로 근무
- 지역본부에서 24개월 근무
  - 지역본부에서 24개월 근무 중 특수지에서 12개월 동안 파견 근무
- 본부로 복귀 후 현재까지 총 23개월 근무
- 팀장(직급 : 과장)으로 승진 후 현재까지
  - 내부평가결과 최상위 10% 총 12회
  - 내부평가결과 차상위 10% 총 6회
  - 금상 2회, 은상 1회, 동상 1회 수상
  - 시행결과평가 탁월 2회, 우수 1회

① 3.284점
② 3.454점
③ 3.604점
④ 3.854점
⑤ 3.974점

04 K마트에서는 배추를 한 포기당 3,000원에 판매하고 있다. 산지별 배추 유통 과정을 토대로 최대의 이익을 내고자 할 때, K마트에서 선택할 산지와 배추 한 포기당 얻을 수 있는 수익은 얼마인가?(단, 소수점 첫째 자리에서 반올림한다)

〈산지별 배추 유통 과정〉

구분	X산지	Y산지
재배원가	1,000원	1,500원
산지 → 경매인	재배원가에 20%의 이윤을 붙여서 판매한다.	재배원가에 10%의 이윤을 붙여서 판매한다.
경매인 → 도매상인	산지가격에 25%의 이윤을 붙여서 판매한다.	산지가격에 10%의 이윤을 붙여서 판매한다.
도매상인 → 마트	경매가격에 30%의 이윤을 붙여서 판매한다.	경매가격에 10%의 이윤을 붙여서 판매한다.

	산지	수익
①	X	1,003원
②	X	1,050원
③	Y	1,003원
④	Y	1,050원
⑤	Y	1,053원

05 K기관 A과장은 내년에 해외근무 신청을 위해서 의무 교육이수 기준을 만족해야 한다. A과장이 지금까지 글로벌 경영 17시간, 해외사무영어 50시간, 국제회계 24시간을 이수하였다면, 의무 교육이수 기준에 미달인 과목과 그 과목의 부족한 점수는 몇 점인가?

〈의무 교육이수 기준〉

(단위 : 점)

구분	글로벌 경영	해외사무영어	국제회계
이수 완료 점수	15	60	20
시간당 점수	1	1	2

※ 초과 이수 시간은 시간당 0.2점으로 환산하여 해외사무영어 점수에 통합함

	과목	점수
①	글로벌 경영	7.8점
②	해외사무영어	7.8점
③	해외사무영어	6.8점
④	국제회계	6.8점
⑤	국제회계	5.8점

※ 다음은 시간 관리 실패에 대한 글이다. 이어지는 질문에 답하시오. [6~7]

영업부 김대리는 오늘 오전에 K회사 구매팀과 미팅이 잡혀 있다. 그래서 이를 준비하려는데 K회사로부터 클레임 전화가 걸려 왔다. 오늘 아침까지 배송 요청한 책상이 아직 도착하지 않아 오늘부터 출근하는 신입사원의 책상이 없어 일을 할 수 없다는 전화였다. 김대리는 어제 퇴근 전에 배송 상황을 확인하지 않은 것이 떠올라 K회사의 담당자에게 손이 닳도록 용서를 구한 다음 곧 창고의 출고 사항을 체크하고 배송업자에게 문의 전화를 넣었다. 그런데 하필 담당자가 외출 중이어서 현재 상황을 확인하기 어려웠다. 김대리는 어떠한 조치든 하지 않으면 안 되겠다 싶어 여기저기로 연락을 취했고, 시간은 계속 흘러가고 있었다. 겨우 상황이 확인되어 K회사에 확인 사항을 알리는 전화를 걸었을 때는 K회사 구매팀과 약속한 미팅 시간이 불과 30~40분밖에 남지 않은 상태였다. 평소 닥쳐서 일을 처리하는 습관이 있는 김대리는 미리 준비하지 않았던 ⊙ 미팅 자료를 만들기 위해 워크스테이션의 책자와 최근 OA기기 최신기종 카달로그를 찾기 시작했다. 김대리는 "있잖아요. 그 표지가 파란 것."이라는 설명과 함께 카달로그 준비를 안사원에게 부탁했지만 안사원은 이를 알아듣지 못했다. 찾는 자료에 대해 설명하는 동안 시간이 10분이 흘렀다. 우왕좌왕하면서도 김대리는 어떻게든 자료와 카달로그를 찾아 미팅 자료를 만들기 시작했을 때에는 미팅 시간이 20분밖에 남지 않게 되었다. 미팅 장소까지는 빨리 가도 30분이 걸린다. 김대리의 등에는 땀이 흘러내리기 시작했다.

06 다음 중 윗글에서 김대리가 시간을 낭비한 요인으로 보기 어려운 것은?

① 일이 닥쳐야 처리한다.
② 불완전한 정보를 제공한다.
③ 우선순위가 없이 일을 한다.
④ 일을 미리 끝내지 않고 남겨둔다.
⑤ 업무를 진행하면서 기다리는 시간이 많다.

07 다음 중 윗글의 밑줄 친 ⊙과 유사한 사고방식을 가진 사람은?

① 효신 : 시간 관리는 창의적인 일을 하는 나에게는 잘 맞지 않아.
② 지우 : 기한을 지키기만 하면 업무의 완성도는 그렇게 중요하지 않다고 생각해.
③ 해인 : 나는 회사에서 일을 잘하고 있기 때문에 시간 관리도 잘한다고 말할 수 있지.
④ 진영 : 나는 시간에 쫓기면 일에 집중할 수가 없어. 미리 여유를 가지고 처리하고 있지.
⑤ 보검 : 달력에 표시해둔 약속 장소와 해야 할 일을 기록한 목록만으로도 시간 관리는 충분해.

08 다음 글의 빈칸 ㉠ ～ ㉢에 들어갈 단어를 바르게 짝지은 것은?

> 배치의 유형에는 3가지가 있다. 먼저 양적 배치는 작업량과 조업도, 여유 또는 부족 인원을 감안하여 소요인원을 결정하여 배치하는 것을 말한다. 반면, 질적 배치는 효과적인 인력배치의 3가지 원칙 중 ___㉠___ 주의에 따른 배치를 말하며, ___㉡___ 배치는 팀원의 ___㉢___ 및 흥미에 따라 배치하는 것을 말한다.

	㉠	㉡	㉢
①	균형	적성	능력
②	적재적소	균형	능력
③	적재적소	적성	적성
④	능력	적성	적성
⑤	능력	균형	적성

09 K기관은 한국 현지 시각 기준으로 오후 4시부터 5시까지 외국 지사와 화상회의를 진행하려고 한다. 모든 지사는 각국 현지 시각으로 오전 8시부터 오후 6시까지 근무한다고 한다. 다음 중 회의에 참석할 수 없는 지사는?(단, 서머타임을 시행하는 국가는 +1:00을 반영한다)

국가	시차	국가	시차
파키스탄	−4:00	불가리아	−6:00
호주	+1:00	영국	−9:00
싱가포르	−1:00	−	−

※ 오후 12시부터 1시까지는 점심시간이므로 회의를 진행하지 않음
※ 서머타임 시행 국가 : 영국

① 파키스탄 지사
② 불가리아 지사
③ 호주 지사
④ 영국 지사
⑤ 싱가포르 지사

10 A와 B는 각각 해외에서 직구로 물품을 구매하였다. 해외 관세율이 다음과 같을 때, A와 B 중 어떤 사람이 더 관세를 많이 냈으며, 그 금액은 얼마인가?

〈해외 관세율〉

(단위 : %)

품목	관세	부가세
책	5	5
유모차, 보행기	5	10
노트북	8	10
스킨, 로션 등 화장품	6.5	10
골프용품, 스포츠용 헬멧	8	10
향수	7	10
커튼	13	10
카메라	8	10
신발	13	10
TV	8	10
휴대폰	8	10

※ 향수 화장품의 경우 개별소비세 7%, 농어촌특별세 10%, 교육세 30%가 추가됨
※ 100만 원 이상 전자제품(TV, 노트북, 카메라, 핸드폰 등)은 개별소비세 20%, 교육세 30%가 추가됨

〈구매 품목〉

A : TV(110만 원), 화장품(5만 원), 휴대폰(60만 원), 스포츠용 헬멧(10만 원)
B : 책(10만 원), 카메라(80만 원), 노트북(110만 원), 신발(10만 원)

① A, 91.5만 원
② B, 90.5만 원
③ A, 93.5만 원
④ B, 92.5만 원
⑤ A, 95.5만 원

11 다음 글에서 나타난 K씨의 문제 상황에 대한 이유로 적절하지 않은 것은?

> K씨는 홈쇼핑이나 SNS 광고를 보다가 혹하여 구매를 자주 하는데, 이는 지금 당장은 필요 없지만 추후에 필요할 경우가 반드시 생길 것이라 생각하기 때문이다. 이렇다 보니 쇼핑 중독 수준에 이르러 집에는 포장도 뜯지 않은 박스들이 널브러져 있었다. 이에 K씨는 오늘 모든 물품들을 정리하였는데, 지금 당장 필요한 것만 빼놓고 나머지를 창고에 마구잡이로 올려놓는 식이었다. 며칠 뒤 K씨는 전에 샀던 물건이 필요하게 되어 창고를 들어갔지만, 물건이 순서 없이 쌓여져 있는 탓에 찾다가 포기하고 돌아서 나오다가 옆에 있던 커피머신을 떨어뜨려 고장냈다.

① 물품을 분실한 경우
② 물품이 훼손된 경우
③ 물품을 목적 없이 구입한 경우
④ 물품을 정리하지 않고 보관한 경우
⑤ 물품의 보관 장소를 파악하지 못하는 경우

12 K기관에서 직원들에게 자기계발 교육비용을 일부 지원하기로 하였다. 인사팀 직원 A ~ E가 다음과 같이 교육 프로그램을 신청하였을 때, K기관에서 인사팀 직원들에게 지원해야 하는 총교육비는 얼마인가?

〈자기계발 수강료 및 지원 금액〉

구분	영어회화	컴퓨터 활용능력	세무회계
수강료	7만 원	5만 원	6만 원
지원 금액 비율	50%	40%	80%

〈신청한 교육 프로그램〉

직원 \ 구분	영어회화	컴퓨터 활용능력	세무회계
A	○	–	○
B	○	○	○
C	–	○	○
D	○	–	–
E	–	○	–

① 307,000원
② 308,000원
③ 309,000원
④ 310,000원
⑤ 311,000원

※ 다음은 K회사 대표이사의 인터뷰 내용이다. 이어지는 질문에 답하시오. [13~14]

Q : 어떻게 이렇게 빠르게 제품을 개발하고 급성장할 수 있었나?
A : 아무래도 우리가 이렇게 급성장할 수 있었던 비결은 좋은 직원 덕분인 것 같다. 사람을 잘 뽑은 것이 첫 번째, 두 번째, 세 번째 이유이다. 우리 회사의 직원 수는 8,000명이다. 이 사람들의 재능과 열정, 이것이 우리 속도의 비밀이자 성공의 이유이다. 처음 시작할 때는 작은 소모임으로 시작했다. 서로 함께 부대끼며 의견을 공유하고 창의력을 키웠다. 재능 있는 사람들은 재능 있는 사람들과 일하고 싶어 한다. 이들은 자신이 전공한 분야에서 최고가 되어 세상을 바꾸고 싶어 하고, 세상에 변혁을 일으킬 수 있는 걸 만들고 싶어 한다. 우리는 그런 인재를 뽑아 능력을 뽐낼 수 있도록 적극적으로 지원했다. 직급에 상관없이 성과에 따라 인센티브를 제공하였으며, 틀에 얽매인 사고방식을 타파하기 위해 자유로운 분위기를 유지하고 있다. 직원 1명을 뽑더라도 계약직으로 쓰지 않는다. K회사라는 가치 아래 모두가 자발적으로 모여 일을 하고 있는 것이다. 우리는 이제 우리 분야에서 가장 우수한 성적을 거두고 있으며, 최고의 전문가라고 자부하고 있다. 그래서 재능 있는 사람들이 우리 회사에 매력을 느껴 지원하게 된다. 우리는 우리 분야에서 더 확장하여 PC, 서버, 클라우드 등에 진출하고 있다. 한 분야에서 최고의 자리에 올랐으며, 이제는 영역을 넘어서 무한히 뻗어갈 준비가 되어 있다.

13 다음 중 K회사의 대표이사가 강조하고 있는 자원관리능력으로 가장 적절한 것은?

① 인공자원의 중요성
② 시간 관리능력의 필요성
③ 인적자원 관리의 중요성
④ 예산 관리 절차에 의한 효율성
⑤ 물적자원 관리에 따른 자원의 확보

14 A회사의 인사팀이 K회사를 벤치마킹하여 합리적인 인사관리원칙을 수립하려고 한다. 다음 중 적절하지 않은 것은?

① 해당 직무수행에 가장 적합한 인재를 뽑아 배치한다.
② 틀에 얽매인 사고방식을 타파하기 위해 자유로운 분위기를 유지하게 한다.
③ 직장에서 신분이 보장되고 안정적으로 근무할 수 있다는 믿음을 갖게 한다.
④ 가족, 친구, 선후배 등의 관계를 형성하고 있는 사람들을 선별하여 일할 수 있는 환경을 만든다.
⑤ 근로자가 창의력을 발휘할 수 있도록 새로운 제안의 기회를 주고, 적절한 보상을 위해 인센티브를 제공한다.

15 A씨는 여행을 가기 위해 K자동차를 대여하려고 한다. 다음 2월 달력과 〈조건〉을 토대로 K자동차를 대여할 수 없는 요일은?

〈2월 달력〉

일	월	화	수	목	금	토
	1	2	3	4	5	6
7	8	9	10	11 설 연휴	12 설 연휴	13 설 연휴
14	15	16	17	18	19	20
21	22	23	24	25	26	27
28						

조건

- 2월에 주말을 포함하여 3일 동안 연속으로 대여한다.
- 설 연휴에는 대여하지 않는다.
- 설 연휴가 끝난 다음 주 월요일과 화요일에 출장이 있다(단, 출장 중에 대여하지 않는다).
- K자동차는 첫째 주 짝수 날에는 점검이 있어 대여할 수 없다.
- K자동차는 24일부터 3일간 B씨가 대여를 예약해 두었다.
- 설 연휴가 있는 주의 화요일과 수요일은 업무를 마쳐야 하므로 대여하지 않는다.

① 수요일　　　　　　　　② 목요일
③ 금요일　　　　　　　　④ 토요일
⑤ 일요일

01 조직 구조의 형태 중 사업별 조직 구조는 제품이나 고객별로 부서를 구분한다. 다음 중 사업별 조직 구조의 형태로 적절하지 않은 것은?

※ 다음은 교육 홍보물의 일부를 발췌한 자료이다. 이어지는 질문에 답하시오. **[2~3]**

··· 상략 ···

▶ 신청 자격 : 중소기업 재직자, 중소기업 관련 협회·단체 재직자
 － 성공적인 기술 연구개발을 통해 기술 경쟁력을 강화하고자 하는 중소기업
 － 정부의 중소기업 지원 정책을 파악하고 국가 연구개발 사업에 신청하고자 하는 중소기업
▶ 교육비용 : 100% 무료교육(교재 및 중식 제공)
▶ 교육일자 : 모든 교육과정은 2일 16시간 과정, 선착순 60명 마감

과정명	교육내용	교육일자	교육장소	접수마감
정규(일반)	연구개발의 성공을 보장하는 R&D 기획서 작성	5.19(목) ~ 5.20(금)	B대학교	5.18(수)
정규(종합)	R&D 기획서 작성 및 사업화 연계	5.28(토) ~ 5.29(일)	C센터	5.23(월)

※ 선착순 모집으로 접수마감일 전 정원 초과 시 조기 마감될 수 있음

본 교육과 관련하여 보다 자세한 정보를 원하시면 K사원(123-4567)에게 문의하여 주시기 바랍니다.

02 다음 중 K사원이 속해 있을 부서의 업무로 적절하지 않은 것은?

① R&D 사업화 연계·지원 관리
② R&D 교육 관련 전문 강사진 관리
③ 중소기업 R&D 지원 사업 기획 및 평가·관리
④ R&D 관련 장비 활용 지원 사업 기획 및 평가·관리
⑤ 연구개발 기획 역량 개발 지원 사업 기획·평가·관리

03 다음 중 교육 홍보물에서 공지한 교육과 관련된 고객의 질문에 대해 K사원이 대답하기 어려운 질문은?

① 일반과 종합과정을 모두 신청하는 것도 가능합니까?
② 교육과정을 신청할 때 한 기업에서 참여할 수 있는 인원 수 제한이 있습니까?
③ 접수 마감일인 18일 현재 신청이 마감되었습니까? 혹시 추가 접수도 가능합니까?
④ 이 전 차수에서 동일한 교육과정을 이수했을 경우 이번 교육은 참여가 불가능합니까?
⑤ 본 교육의 내용을 바탕으로 기획서를 작성한다면 저희 기업도 개발 지원이 가능합니까?

04 다음 중 국제 매너에 대한 설명으로 적절하지 않은 것은?

① 미국 사람들은 시간 약속을 매우 중요하게 생각한다.

② 미국에서 택시 탑승 시에는 가급적 운전자 옆자리에 앉지 않는다.

③ 인도에서는 악수가 보편화되어 남녀 상관없이 악수를 청할 수 있다.

④ 아프리카에서 상대방의 눈을 바라보며 대화하는 것은 예의에 어긋난다.

⑤ 라틴아메리카 사람들은 약속시간보다 조금 늦게 도착하는 것이 예의라고 생각한다.

05 다음은 K제품 출시를 위한 대화 내용이다. 빈칸 ㉠, ㉡에 들어갈 단어가 바르게 짝지어진 것은?

> 김부장 : 이번 K제품 출시는 ___㉠___ 으로 추진하는 게 좋을 것 같아. 지금은 제품 단위당 비용이
> 너무 많이 들어.
> 이차장 : 그럼 연구개발실에 새로운 생산기술을 개발하도록 전달하겠습니다.
> 김부장 : 시간이 많지 않으니 새 기술을 개발해서 적용하기보다는 생산을 ___㉡___ 시키는 게 좋을
> 것 같아.
> 이차장 : 네, 알겠습니다. 그럼 생산계획을 조정해 보겠습니다.

	㉠	㉡
①	차별화 전략	유지
②	차별화 전략	증대
③	원가우위 전략	증대
④	원가우위 전략	감소
⑤	집중화 전략	감소

06 다음 중 조직의 변화에 대한 설명으로 가장 적절한 것은?

① 조직의 변화전략은 실현 가능할 뿐 아니라 구체적이어야 한다.

② 조직의 변화와 관련된 환경의 변화는 조직에 영향이 없는 변화들도 모두 포함한다.

③ 조직 구성원들이 현실에 안주하고 변화를 기피하는 경향이 약할수록 환경 변화를 인지하지 못한다.

④ 변화를 실행하고자 하는 조직은 기존의 규정 내에서 환경에 대한 최적의 적응방안을 모색해야 한다.

⑤ 조직의 변화는 '조직 변화 방향 수립 – 조직 변화 실행 – 변화 결과 평가 – 환경 변화 인지' 순으로 이루어진다.

PART 2

07 다음은 직무전결표의 일부이다. 이에 따른 문서의 결재선으로 가장 적절한 것은?

〈직무전결표〉

직무 내용	위임전결권자			대표이사
	부서장	상무	부사장	
주식관리 – 명의개서 및 제신고		○		
기업공시에 대한 사항				○
주식관리에 대한 위탁계약 체결				○
문서이관 접수	○			
인장의 보관 및 관리	○			
4대 보험 관리		○		
직원 국내출장			○	
임원 국내출장				○

① 주식의 명의개서를 위한 결재처리 – 주임 신은현 / 부장 전결 최병수

② 신입직원의 고용보험 가입신청을 위한 결재처리 – 대리 김철민 / 부장 전결 박경석

③ 박경석 상무의 국내출장을 위한 결재처리 – 대리 서민우 / 부장 박경석 / 상무 전결 최석우

④ 임원변경에 따른 기업공시를 위한 결재처리 – 부장 최병수 / 상무 임철진 / 부사장 전결 신은진

⑤ 최병수 부장의 국내출장을 위한 결재처리 – 대리 서민우 / 부장 박경석 / 상무 대결 최석우 / 부사장 전결

※ 다음은 K기관의 조직도 및 부서별 업무에 대한 자료이다. 이어지는 질문에 답하시오. [8~9]

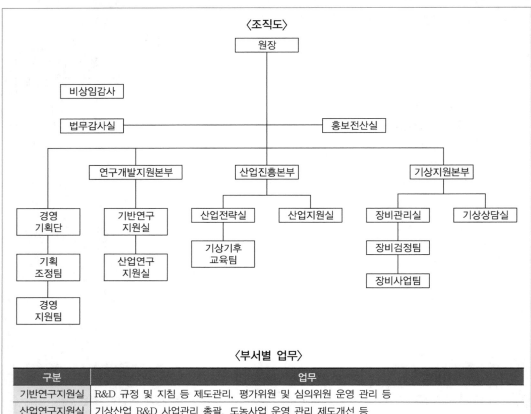

〈조직도〉

원장

비상임감사

법무감사실 ─────────── 홍보전산실

연구개발지원본부 / 산업진흥본부 / 기상지원본부

경영기획단 / 기반연구지원실 / 산업전략실 / 산업지원실 / 장비관리실 / 기상상담실

기획조정팀 / 산업연구지원실 / 기상기후교육팀 / 장비검정팀

경영지원팀 / 장비사업팀

〈부서별 업무〉

구분	업무
기반연구지원실	R&D 규정 및 지침 등 제도관리, 평가위원 및 심의위원 운영 관리 등
산업연구지원실	기상산업 R&D 사업관리 총괄, 도농사업 운영 관리 제도개선 등
산업전략실	날씨경영 지원사업, 기상산업 통계 관리 및 분석, 날씨경영우수기업 선정제도 운영 등
기상기후교육팀	교육사업 기획 및 사업비 관리, 기상산업 전문인력 양성사업, 교육 현장 관리 등
산업지원실	부서 중장기 기획 및 사업운영, 산업육상 사업 기획 및 운영, 개도국 기상기후 공적사업 운영, 국제협력 사업 운영 및 관리 등
장비검정팀	지상기상관측장비 유지보수 관리, 기상장비 실내검정, 비교 관측 및 개발·관리, 지역별 현장검정 및 유지 보수 관리 등
장비사업팀	기상관측장비 구매·유지보수 관리, 기상관측선 및 해양기상기지 유지보수지원, 항공 업무보조 등
기상상담실	기상예보해설 및 상담업무 지원, 기상상담실 상담품질관리, 대국민 기상상담 등

08 다음은 K기관에서 제공하고 있는 교육훈련과정 안내 중 일부이다. 이와 가장 관련이 높은 부서는 무엇인가?

- 주요내용 : 기상산업 R&D 정책 및 사업화 추진 전략
- 교육대상 : 국가 R&D지원 사업 종사자 및 참여 예정자 등
- 모집인원 : ○○명
- 교육일수 및 시간 : 2일, 총 16시간

일자	시간	교육 내용
1일차	09:00 ~ 09:50 10:00 ~ 13:50 14:00 ~ 17:50	• 기상산업 R&D 정책 및 추진현황 • R&D 기술수요조사 활용 전략 • R&D 사업 제안서 작성
2일차	09:00 ~ 11:50 13:00 ~ 17:50	• R&D 지식재산권 확보, 활용 전략 • R&D 성과 사업화 추진 전략

① 경영기획단
② 기상상담실
③ 기반연구지원실
④ 산업연구지원실
⑤ 기상기후교육팀

09 다음은 어느 입찰공고의 일부이다. 이와 가장 관련이 높은 부서는 무엇인가?

1. 입찰에 부치는 사항

구매관리번호 : 12162-0194-00
수 요 기 관 : 한국기상산업진흥원
계 약 방 법 : 제한경쟁(총액)
품   명 : 기타수리서비스
수량 및 단위 : 1식
인 도 조 건 : 과업내역에 따름
분 할 납 품 : 가능
입 찰 방 법 : 제한(총액) / 협상에 의한 계약
납 품 기 한 : 2025.11.30
추 정 가 격 : 36,363,636원(부가세 별도)
입 찰 건 명 : 2025년 항만기상관측장비 유지보수 · 관리 용역
입 찰 방 식 : 전자입찰
※ 가격개찰은 수요기관의 제안서 평가 후 진행함

① 장비검정팀
② 산업전략실
③ 산업지원실
④ 장비사업팀
⑤ 법무감사실

10 새로운 조직 개편 기준에 따라 조직도 (가)를 조직도 (나)로 변경하려고 한다. 다음 중 조직도 (나)의 빈칸에 들어갈 팀으로 적절하지 않은 것은?

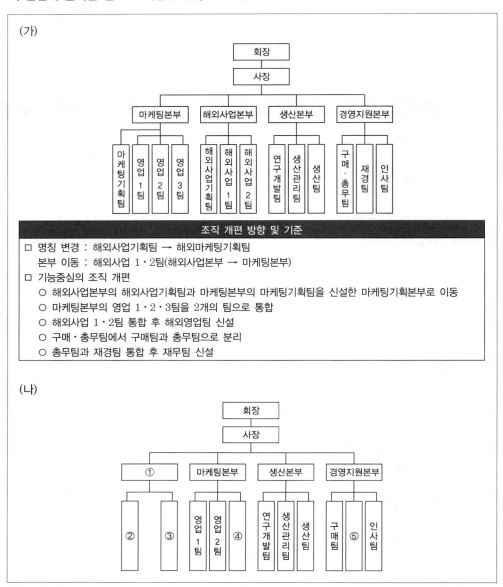

① 마케팅기획본부

② 해외마케팅기획팀

③ 영업 3팀

④ 해외영업팀

⑤ 재무팀

11 국제문화를 접할 때 완전히 다른 문화환경이나 새로운 사회환경을 접함으로써 감정의 불안을 느끼거나 무엇을 어떻게 해야 하는지 모르는 판단의 부재 상태에 놓일 수 있는데, 이를 문화충격이라고 한다. 다음 중 문화충격을 예방하는 방법으로 적절하지 않은 것은?

① 다른 문화에 대한 정보를 미리 습득하도록 한다.

② 다른 문화환경에 대한 개방적인 태도를 갖도록 한다.

③ 새롭고 다른 것을 경험하는 데 적극적인 자세를 취하도록 한다.

④ 자신이 속한 문화를 기준으로 다른 문화를 평가하지 않도록 한다.

⑤ 새로운 사회환경에 적응하기 위해서 자신의 정체성은 포기하도록 한다.

12 K팀장은 급하게 지방 출장을 떠나면서 A대리에게 다음과 같은 메모를 남겨두었다. 다음 중 A대리가 가장 먼저 처리해야 할 일은 무엇인가?

> A대리, 내가 지금 급하게 지방 출장을 가야 해서 오늘 처리해야 하는 것들 메모 남겨요.
> 오후 2시에 거래처와 미팅 있는 거 알고 있죠? 오전 내로 거래처에 전화해서 다음 주 중으로 다시 미팅날짜 잡아 줘요. 그리고 오늘 신입사원들과 점심 식사하기로 한 거 난 참석하지 못하니까 다른 직원들이 참석해서 신입사원들 고충도 좀 들어 주고 해요. 식당은 지난번 갔었던 한정식집이 좋겠네요. 점심 때 많이 붐비니까 오전 10시까지 예약전화하는 것도 잊지 말아요. 식비는 법인카드로 처리하도록 하고, 오후 5시에 진행할 회의 PPT는 거의 다 준비되었다고 알고 있는데 바로 나한테 메일로 보내 줘요. 확인하고 피드백할게요. 아, 그 전에 내가 중요한 자료를 안 가지고 왔어요. 그것부터 메일로 보내 줘요. 고마워요.

① 회의 자료를 준비한다.

② 점심 예약전화를 한다.

③ 메일로 회의 PPT를 보낸다.

④ 거래처에 미팅날짜 변경 전화를 한다.

⑤ 메일로 K팀장이 요청한 자료를 보낸다.

※ 다음은 마이클 포터(Michael E. Porter)의 본원적 경쟁 전략과 관련된 사례이다. 이어지는 질문에 답하시오. **[13~14]**

〈본원적 경쟁 전략〉

마이클 포터가 산업 내에서 효과적으로 경쟁할 수 있는 일반적인 형태의 전략을 제시한다.

구분	저원가	차별화
광범위한 시장	비용우위 전략	차별화 전략
좁은 시장	집화 전략	

〈사례 1〉

포트 하워드 페이퍼(Fort Howard Paper)는 광고경쟁이나 계속적인 신제품 공급으로 타격을 받기 쉬운 일반용품을 파는 대신, 몇 종류의 한정된 산업용지 생산에만 노력을 기울였으며, 포터 포인트(Porter Point)는 손수 집을 칠하는 아마추어용 페인트 대신 직업적인 페인트 공을 대상으로 한 페인트나 서비스를 제공하는 데 주력했다. 서비스 형태는 적합한 페인트 선택을 위한 전문적 조언이나 아무리 적은 양이라도 작업장까지 배달해주는 일, 또는 직접 판매장에서 접대실을 갖추어 커피를 무료로 대접하는 일 등이 있다.

〈사례 2〉

토요타는 재고로 쌓이는 부품량을 최소화하기 위해 1990년대 초 'JIT'라는 혁신적인 생산시스템을 도입했다. 그 결과 부품을 필요한 시기에 필요한 수량만큼 공급받아 재고비용을 대폭 줄일 수 있었다. 하지만 일본 대지진으로 위기를 겪고 이 시스템을 모든 공장에 적용하기에는 무리가 있다고 판단하여 기존 강점이라고 믿던 JIT 시스템을 개혁하여 재고를 필요에 따라 유동적으로 조절하는 방식을 채택했다. 그 결과 부품공급 사슬과 관련한 정보습득 능력이 높은 수준으로 개선되어 빈번한 자연재해에도 공장의 가동에 전혀 지장을 주지 않았고, 빠른 대응이 가능 하게 되었다.

---

13 다음 중 사례 1에서 알 수 있는 내용으로 적절하지 않은 것은?

① 특정 목표에 대해 차별화될 수 있는 결과를 얻거나 낮은 원가를 실현할 수 있다.

② 특화된 제품을 사용하기를 원하는 소비자에 초점을 맞춘다면 경쟁력을 갖출 수 있다.

③ 특정 시장을 공략할 경우, 수익성이 크게 떨어져 의도와는 다른 결과가 나타날 수도 있다.

④ 특정 지역에 집중적으로 자원을 투입하면 그 지역에 적합한 제품이나 서비스를 제공함으로써 차별화할 수 있다.

⑤ 대체품과의 경쟁가능성이 희박한 부문이나 경쟁기업들의 가장 취약한 부문을 선택해서 집중적인 노력을 기울여 그 산업 내에서 평균 이상의 수익을 달성할 잠재력을 지닐 수 있다.

14 다음 〈보기〉 중 사례 2와 관련 있는 것을 모두 고르면?

> **보기**
>
> ㉠ MP3 플레이어는 급격한 기술변화에 의해 무용지물이 되어 스마트폰이 MP3를 대신하게 되었다.
> ㉡ A자동차 회사는 승용차 부문은 포기하고 상용차 부문만 집중적으로 공략하고 있다.
> ㉢ B전자회사는 저가 전략뿐만 아니라 공격적인 투자를 통해 기술적인 차별화 전략을 함께 병행하고 있다.
> ㉣ 하르니쉬페거는 부품의 규격화와 여러 가지 형태 변화, 원자재 투입량의 감소 등을 통해 제작과 조작이 용이하게 크레인 설계를 변형했다.

① ㉠, ㉡
② ㉠, ㉣
③ ㉡, ㉣
④ ㉢, ㉣
⑤ ㉠, ㉡, ㉢

15 다음 중 빈칸 ㉠ ~ ㉢에 들어갈 단어를 바르게 짝지은 것은?

> • __㉠__ : 이미 잘 알려져 있어서 경쟁이 매우 치열한 시장을 말한다. 같은 목표와 같은 고객을 가지고 치열하게 경쟁한다.
> • __㉡__ : 현재 존재하지 않거나 잘 알려져 있지 않아 경쟁자가 없는 유망한 시장을 말한다. 높은 수익과 빠른 성장을 가능하게 하는 엄청난 기회가 존재한다.
> • __㉢__ : 기존의 ㉠에서 발상의 전환을 통하여 새로운 가치의 시장을 만드는 경영 전략을 말한다.

	㉠	㉡	㉢
①	퍼플오션	블루오션	레드오션
②	퍼플오션	레드오션	블루오션
③	레드오션	퍼플오션	블루오션
④	레드오션	블루오션	퍼플오션
⑤	블루오션	레드오션	퍼플오션

01 다음 중 팀워크의 활성화 방안에 대한 토의에서 적절하지 않은 말을 한 사람은?

> A대리 : 서로에 대한 활발한 피드백은 팀워크 개선에 큰 도움이 됩니다.
> B주임 : 세부사항에 대한 의사결정을 할 때에도 적극적인 참여가 필요합니다.
> C사원 : 업무 수행 과정에 있어서도 다른 구성원의 적극적인 동참이 필요합니다.
> D대리 : 내부에서 갈등이 발생한 경우에는 소모적인 논쟁을 피하기 위해 당사자에게 해결을 맡기는 것이 좋습니다.
> E사원 : 불필요한 절차를 최소화하여 팀워크를 활성화할 수 있는 환경을 조성하여야 합니다.

① A대리
② B주임
③ C사원
④ D대리
⑤ E사원

02 다음 중 협상 단계에 대한 설명으로 적절하지 않은 것은?

> 협상 전 단계 → 협상진행 단계 → 협상 후 단계

① 협상진행 단계에서 합의문 작성 등 협상의 내용적 종결이 이루어진다.
② 협상의 절차에 대해 계획하는 단계는 협상 전 단계에서 완료되어야 한다.
③ 협상 후 단계에서는 협의 내용을 확인하는 과정과 분석평가 과정이 이루어진다.
④ 협상 참여자들은 협상진행 단계에서 상호 간에 정보를 교환하고 협상 전략을 구사한다.
⑤ 협상 참여자들은 협상진행 단계에 들어간 직후 협상 형태를 파악하고 상황에 맞는 협상 전략을 수립한다.

03 다음 〈보기〉 중 Win – Win 전략의 갈등 해결에 대한 설명으로 적절하지 않은 것을 모두 고르면?

> **보기**
> ㄱ. 갈등 당사자들이 부정적인 접근 방식으로 갈등의 원인을 찾는다.
> ㄴ. 원만한 갈등해결을 위하여 자신의 의도를 명확히 하는 것이 중요하다.
> ㄷ. 갈등 당사자는 상대방이 드러낸 관심사에만 집중하여 해결에 임하여야 한다.
> ㄹ. 상호 동의하는 부분과 차이점을 인정하는 것이 전제되어야 한다.

① ㄱ, ㄴ   ② ㄱ, ㄷ
③ ㄴ, ㄷ   ④ ㄴ, ㄹ
⑤ ㄷ, ㄹ

04 다음 글에서 설명하는 설득전략으로 가장 적절한 것은?

> 어떤 과학적인 논리보다도 동료를 비롯한 사람들의 말과 행동으로 상대방을 설득하는 것이 협상과정에서 생기는 갈등을 해결하기가 더 쉽다는 것이다. 즉, 사람은 과학적 이론보다 자신의 동료나이웃의 말이나 행동에 의해서 쉽게 설득된다는 것이다. 예를 들어 광고를 내보내서 고객들로 하여금자신의 제품을 구매하도록 설득하는 것보다 소위 '입소문'을 통해서 설득하는 것이 매출에 더 효과적임을 알 수 있다.

① 희소성 해결 전략   ② 사회적 입증 전략
③ 헌신과 일관성 전략   ④ 호혜 관계 형성 전략
⑤ See – Feel – Change 전략

05 K기관 총무부에 근무하는 A팀장은 최근 몇 년 동안 반복되는 업무로 지루함을 느끼는 팀원들 때문에 고민에 빠져 있다. 팀원들은 반복되는 업무로 인해 업무에 대한 의미를 잃어가고 있으며, 이는 업무의 효율성에 막대한 손해를 가져올 것으로 예상된다. 이러한 상황에서 A팀장에게 할 수 있는 조언으로 가장 적절한 것은?

① 팀원들을 칭찬하고 격려한다.
② 팀원들을 지속적으로 교육한다.
③ 팀원들의 업무에 대해 코칭한다.
④ 팀원들을 책임감으로 철저히 무장시킨다.
⑤ 팀원들에게 새로운 업무의 기회를 부여한다.

K기업의 대외홍보팀은 K기업이 조직 개편을 하면서 신설된 팀으로, 신설된 지 2개월밖에 되지 않았다. 업무 수행을 위한 체계는 어느 정도 갖추어졌지만, 최근 팀원 간의 마찰과 갈등이 수차례 발생하고 있다. 최선우 팀장은 팀원 1명씩 면담을 진행하여 팀의 발전방안에 대한 의견을 나누었다.

연우진 대리는 팀의 갈등 원인이 자기중심적인 팀원들 때문이라고 말하였다. 그는 팀원들이 모두 개인성과에 집중하여 각자의 성과를 올리기 위해 노력하고 경쟁하지만, 선의의 경쟁이 되지 못하고 서로가 서로를 경계하고 본인에게 도움이 되지 않는다고 하였다. 그래서 서로를 돕지 않고 협업이 발생하지 않는 상황이라고 설명하였다.

김성주 사원은 팀의 갈등 원인이 조직의 정체성 때문이라고 말하였다. 그는 팀원 모두가 '대외홍보팀'이라는 팀에서는 무엇을 목표로 무엇을 해야 하는지 잘 이해하지 못하고 있어 자신이 무엇을 해야 하는지 잘 모르겠다고 하였다. 무엇을 해야 하는지 모르니 역할 분담과 책임 분담도 잘 되지 않아 갈등이 발생할 수밖에 없는 상황이라고 하였다.

정형권 대리는 현재 팀이 자신의 아이디어를 원치 않고, 노력과 공헌을 해도 아무런 소용과 보상이 없으니 동기부여가 잘 되지 않는다고 말하였다. 팀원들이 자신에 대해 하는 일이 없고 제 몫을 하지 않는다고 생각할 것이지만, 동기부여가 되지 않으니 어쩔 수 없다고 하였다.

최선우 팀장은 팀원들의 의견을 듣고 효과적인 팀을 위해 ㉠ 팀의 사명과 목표를 명확하게 기술하여 조직의 정체성과 업무 목표를 명확하기로 하였다. 또 ㉡ 개인의 강점을 토대로 역할과 책임을 명료화하여 팀원들의 업무와 책임 분담을 확실히 하기로 하였다. ㉢ 개방적인 의사소통을 통해 의견 불일치를 건설적으로 해결하는 팀 문화를 조성하기로 하였다. 뿐만 아니라 효과적인 팀을 구성하기 위해 ㉣ 자신이 가지고 있는 리더십을 다른 팀원들에게 공유하는 방법도 고려하고 있다. 팀원에게 각각 리더로서 능력을 발휘할 기회를 제공하면 팀원들이 감독자의 역할을 이해할 수 있게 되며, 팀원 개인의 역량 또한 향상될 수 있을 것이라고 기대하고 있다. 또한 서로 다른 업무 수행 방식을 시도하고 의도적인 모험을 강행하여 실패하더라도 두려워하지 않음으로써 유연하고 창조적인 운영이 될 것을 생각하고 있다.

06 다음 중 K기업의 대외홍보팀은 팀의 발전 단계 중 어느 단계에 해당하는가?

① 형성기 ② 격동기

③ 규범기 ④ 해지기

⑤ 통합기

07 다음 〈보기〉 중 연우진 대리와 김성주 사원이 언급한 팀워크의 저해 요소를 모두 고르면?

> **보기**
> ㉠ 사고방식의 차이에 대한 무시
> ㉡ 자기중심적인 이기주의
> ㉢ 조직에 대한 이해 부족
> ㉣ 질투나 시기로 인한 파벌주의

① ㉠, ㉡　　　　　　　　　　　② ㉠, ㉣

③ ㉡, ㉢　　　　　　　　　　　④ ㉡, ㉣

⑤ ㉢, ㉣

08 다음 중 정형권 대리가 해당하는 멤버십 유형은 무엇인가?

① 소외형 멤버십　　　　　　　　② 순응형 멤버십

③ 실무형 멤버십　　　　　　　　④ 수동형 멤버십

⑤ 주도형 멤버십

09 최선우 팀장은 팀장은 팀워크 향상을 위해 다음과 같은 문서를 팀원들에게 공유하고 이를 숙지하도록 하였다. 이는 윗글의 밑줄 친 ㉠ ～ ㉤ 중 무엇에 해당하는가?

2025년 팀의 비전	• 모두에게 영감을 줄 수 있는 대외마케팅의 실현
2025년 팀의 목표	• 올해의 광고 상 수상 • 대외마케팅으로 기업 이미지 향상 • 전년도 대비 광고 노출 수 120% 향상

① ㉠　　　　　　　　　　　　　② ㉡

③ ㉢　　　　　　　　　　　　　④ ㉣

⑤ ㉤

10 다음은 갈등해결 방법에서 명심해야 할 점이다. 9가지 행동 중 적절하지 않은 것은 모두 몇 가지인가?

<갈등해결 방법에서 명심해야 할 점>

- 다른 사람들의 입장을 이해한다.
- 어려운 문제는 피하도록 한다.
- 자신의 의견을 명확하게 밝히고 지속적으로 강화한다.
- 사람들과 눈을 자주 마주치지 않도록 한다.
- 마음을 열어놓고 적극적으로 경청한다.
- 타협하려 애쓴다.
- 어느 한쪽으로 치우치지 않는다.
- 논쟁하고 싶은 유혹을 떨쳐낸다.
- 존중하는 자세로 사람들을 대한다.

① 1가지   ② 2가지
③ 3가지   ④ 4가지
⑤ 5가지

11 다음은 고객 불만 처리 프로세스 8단계를 나타낸 자료이다. (A) ~ (E)에 대한 설명으로 적절하지 않은 것은?

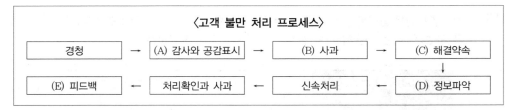

<고객 불만 처리 프로세스>

경청 → (A) 감사와 공감표시 → (B) 사과 → (C) 해결약속
↓
(E) 피드백 ← 처리확인과 사과 ← 신속처리 ← (D) 정보파악

① (A) : 고객이 일부러 시간을 내서 해결의 기회를 준 것에 대한 감사를 표시한다.
② (B) : 고객의 이야기를 듣고 문제점에 대한 인정과 잘못된 부분에 대해 사과한다.
③ (C) : 고객이 납득할 수 있도록 신중하고 천천히 문제를 해결할 것임을 약속한다.
④ (D) : 문제해결을 위해 꼭 필요한 질문만 하여 정보를 얻는다.
⑤ (E) : 고객 불만 사례를 전 직원에게 알려 다시는 동일한 문제가 발생하지 않도록 한다.

12 다음 중 C팀장에게서 나타난 갈등 관리법으로 가장 적절한 것은?

> A팀원 : 팀장님, 죄송합니다. 팀원들의 의견을 종합해서 오늘 오전 중으로 보고 드리려고 했지만, B팀원의 의견을 늦게 받아서 보고가 늦었습니다.
>
> C팀장 : B팀원에게 의견을 늦게 받은 이유가 무엇입니까?
>
> A팀원 : B팀원이 업무로 바빠보였고, 이로 인해 저의 요청을 계속해서 무시하는 것 같아서 B팀원에게 의견을 요청하기가 꺼려졌던 것 같습니다.
>
> B팀원 : 저는 A팀원이 제 의견이 중요하지 않다고 생각한다고 보았고, 저를 무시한다고 생각했는데 서로 오해가 있었던 것 같습니다.
>
> C팀장 : 자자, 말 그대로 서로 오해가 있었던 것 같군요. 우선 A팀원의 경우 B팀원이 바빠 보이고 자신을 무시한다고 생각했다는 이유로, B팀원에게 의견을 요청하지 않은 점은 적절하지 않았다고 보여집니다. B팀원이 바빠 보이더라도 B팀원의 의견이 꼭 필요하다는 이유를 B팀원에게 상세하게 설명하여 모두의 의견을 종합하는 것이 중요합니다. B팀원 역시 아무리 업무가 바쁘더라도 A팀원이 요청하면 경청하는 자세를 갖고 팀의 업무에 참석하는 모습을 보여야 합니다. 혹시 부재 중이거나 구두로 설명하기 힘든 경우에는 메신저를 통해서 서로 소통하는 모습을 보였으면 합니다.

① 경쟁 관리법
② 간접 관리법
③ 출구 관리법
④ KISS 관리법
⑤ Win – Win 관리법

13 다음 중 고객만족도 조사에 대한 설명으로 적절하지 않은 것은?

① 고객만족도를 조사하기 위한 설문지는 고객들이 쉽게 이해할 수 있는 문항으로 구성해야 한다.

② 조사 결과를 어떻게 활용할 것인지 활용 계획을 설정해 놓으면 조사 방향에 일관성을 가질 수 있다.

③ 단순히 한 번 실시하는 조사보다 연속해서 시행하는 조사를 통해 더 정확한 조사 결과를 얻을 수 있다.

④ 특정 대상을 추출하여 조사하는 것보다 모든 고객을 대상으로 임의로 추출하여 조사하는 것이 더욱 효율적이다.

⑤ 고객만족도 조사에 사용되는 심층 면접법은 비교적 긴 시간이 소요되지만, 심층적인 정보를 얻을 수 있어 고객의 동기·태도 등을 발견할 수 있다.

※ 다음 글을 읽고 이어지는 질문에 답하시오. [14~15]

K대리는 새로 추진하고 있는 중요한 프로젝트의 팀장을 맡았다. 그런데 어느 날부턴가 점점 사무실 분위기가 심상치 않다. K대리는 프로젝트의 원활한 진행을 위해서는 동료 간 화합이 무엇보다 중요하다고 생각하기 때문에 팀원들의 업무 행태를 관심 있게 지켜보기 시작했다. 그 결과 A사원이 사적인 약속 등을 핑계로 업무를 미루거나 주변의 눈치를 살피며 불성실한 자세로 근무하는 모습을 발견하였다. 또한 발생한 문제에 대해 변명만 늘어놓는 태도로 일관해 프로젝트를 함께 진행하는 동료 직원들의 불만은 점점 쌓여만 가고 있다.

14 '썩은 사과의 법칙'에 의하면, 팀 내 리더는 팀워크를 무너뜨리는 썩은 사과가 있을 때는 먼저 문제 상황에 대해 대화를 나누어 스스로 변화할 기회를 주어야 한다. 하지만 그 후로도 변화하지 않는다면 결단력을 가지고 썩은 사과를 내보내야 한다. '썩은 사과의 법칙'의 관점에서 팀장으로서 취해야 할 K대리의 행동으로 적절하지 않은 것은?

① K대리는 팀장으로서 먼저 A사원과 문제 상황에 대하여 대화를 나눠야 한다.
② A사원의 업무 행태가 끝내 변화하지 않을 경우 A사원을 팀에서 내보내야 한다.
③ 직원의 문제에 대해 명확한 지적보다는 간접적으로 인지하게 하여 스스로 변화할 기회를 준다.
④ A사원은 조직의 비전이나 방향은 생각하지 않고 자기중심적으로 행동하며 조직에 방해가 되는 사람이다.
⑤ 성실하지 못한 A사원의 행동으로 인해 업무에 상당한 지장이 발생하고 있다고 할지라도 A사원에게 변화할 기회를 주어야 한다.

15 멤버십 유형을 나누는 2가지 축은 마인드를 나타내는 독립적 사고 축과 행동을 나타내는 적극적 실천 축으로 나누어진다. 이에 따라 멤버십 유형은 수동형·실무형·소외형·순응형·주도형으로 구분된다. 직장 동료와 팀장의 시각으로 볼 때 A사원이 속하는 멤버십 유형으로 가장 적절한 것은?

① 소외형   ② 순응형
③ 실무형   ④ 수동형
⑤ 주도형

01 다음 글을 토대로 1차 자료에 해당하지 않는 것은?

> 정보는 기업이나 어떤 조직을 운영하는 데 있어서 중요한 자원으로, 의사결정을 하거나 문제의 답을 알아내고자 할 때 활용하는데, 이러한 정보는 1차 자료와 2차 자료로 구분된다. 1차 자료란 원래의 연구 성과가 기록된 것이며, 2차 자료란 이러한 1차 자료를 효과적으로 찾아보기 위해 1차 자료의 정보를 압축하여 정리한 것이다.

① 신문
② 단행본
③ 연구보고서
④ 정기간행물
⑤ 학술지 논문

02 강연회나 세미나, 연구발표 등에서 각종 그림이나 도표, 그래프, 소리, 동영상, 애니메이션 등 다양한 멀티미디어 효과를 부여하여 슬라이드처럼 단계별로 표시하는 발표 전문 프로그램은?

① 엑셀
② 데이터베이스
③ 프레젠테이션
④ 스프레드시트
⑤ 워드프로세서

03 다음은 4차 산업혁명에 대한 글이다. 빈칸에 들어갈 단어를 순서대로 나열한 것은?

> 4차 산업혁명이란 사물인터넷, 인공지능, 빅데이터, 블록체인 등 정보통신기술의 _____으로 새로운 서비스와 산업이 창출되는 차세대 혁명이다. 이 용어는 2016년 _____에서 클라우스 슈밥 회장이 처음 사용하면서 이슈화됐다. 경제 산업 전반에 정보화, 자동화를 통한 생산성 증대뿐 아니라 자율주행차, 무인점포 등 일상생활에 획기적 변화를 가져다주고 있다. 예를 들면 미래 사회에는 사물과 인간, 사물과 사물 간 자유자재로 연결되고 정보를 공유하며, 인공지능의 발달로 우리의 실생활 곳곳에 인공지능 로봇이 자리를 잡으면서 산업분야의 경계가 허물어질 수 있다.

① 융합, IMD
② 융합, WEF
③ 복합, IMD
④ 복합, WEF
⑤ 집합, WEF

04 다음 중 워드프로세서의 하이퍼텍스트(Hypertext)에 대한 설명으로 적절하지 않은 것은?

① Windows의 도움말이나 인터넷 웹 페이지에 사용된다.

② 하이퍼텍스트에서 다른 문서 간의 연결을 링크(Link)라고 한다.

③ 하나의 문서를 보다가 내용 중의 특정 부분과 관련된 다른 부분을 쉽게 참조할 수 있다.

④ 문서와 문서가 순차적인 구조를 가지고 있어서 관련된 내용을 차례대로 참조하는 기능이다.

⑤ 하이퍼텍스트 구조를 멀티미디어까지 이용 범위를 확장시켜 정보를 활용하는 방법을 하이퍼미디어(Hyper – Media)라고 한다.

05 다음 시트에서 가입 인원 순위를 [F2:F6] 영역처럼 표시하려고 할 때, [F5] 셀에 입력할 수식으로 옳은 것은?

	A	B	C	D	E	F
1	카페이름	주제	가입 인원	즐겨찾기 멤버	전체글	순위
2	영카	영화	172,789	22,344	827,581	4
3	농산물	건강	679,497	78,293	1,074,510	3
4	북카페	문화	71,195	8,475	891,443	5
5	강사모	반려동물	1,847,182	283,602	10,025,638	1
6	부동산	경제	1,126,853	183,373	784,700	2

① =RANK(C2,C2:C6)

② =RANK(C5,C2:C6)

③ =RANK(F5,F2:F6)

④ =RANK.EQ(C2,C2:C6)

⑤ =IF(RANK(C5,C2:C6)<=1,RANK(F5,F2:H6)," ")

06 K기관에서 근무하고 있는 A사원은 2025년 3월 발전소별 생산실적을 엑셀을 이용해 정리하려고 한다. 다음 중 (A) ~ (E) 셀에 입력해야 할 함수로 옳지 않은 것은?

	A	B	C	D	E	F	G
1							
2				2025년 3월 발전소별 생산실적			
3							
4		구분	열용량(Gcal)	전기용량(MW)	열생산량(Gcal)	발전량(MWh)	발전량의 순위
5		파주	404	516	144,600	288,111	(B)
6		판교	172	146	94,657	86,382	
7		광교	138	145	27,551	17	
8		수원	71	43	42,353	321,519	
9		화성	407	512	141,139	6,496	
10		청주	105	61	32,510	4,598	
11		대구	71	44	46,477	753	
12		삼송	103	99	2,792	4,321	
13		평균		(A)	(E)		
14							
15					열용량의 최댓값(Gcal)	열생산량 중 세 번째로 높은 값(Gcal)	
16					(C)	(D)	

① (A) : =AVERAGE(D5:D12)

② (B) : =RANK(F5,$F$5:$F$12,1)

③ (C) : =MAX(C5:C12)

④ (D) : =LARGE(E5:E12,3)

⑤ (E) : =AVERAGE(E5:E12)

정보는 기업이나 어떤 조직을 운영하는 데 중요한 자원이다. 정보의 활용은 의사결정을 하거나 문제의 답을 알아내고자 할 때 가지고 있는 정보로는 부족하여 새로운 정보가 필요하다는 상황을 인식하는 순간부터 시작된다. 필요한 정보가 무엇인지 구체적으로 인식하게 되면 찾고자 하는 정보를 어디서 수집할 수 있을지 탐색하게 될 것이다.

흔히 필요한 정보를 수집할 수 있는 원천을 '정보원'이라 부른다. 정보원은 정보를 수집하는 사람의 입장에서 볼 때 공개된 것은 물론이고 비공개된 것도 포함되며, 수집자의 주위에 있는 유형의 객체 가운데서 발생시키는 모든 것이 정보원이라 할 수 있다. 이러한 정보원은 1차 자료와 2차 자료로 구분할 수 있다. 1차 자료는 원래의 연구 성과가 기록된 자료를 의미한다. 2차 자료는 1차 자료를 효과적으로 찾아보기 위한 자료 혹은 1차 자료에 포함되어 있는 정보를 압축·정리해서 읽기 쉬운 형태로 제공하는 자료를 의미한다.

정보 분석이란 여러 정보를 상호관련지어 새로운 정보를 생성해 내는 활동이다. 정보를 분석함으로써 1개의 정보로 불분명한 사항을 다른 정보로 명백히 할 수 있으며, 서로 상반되거나 큰 차이가 있는 정보의 글을 판단해서 새로운 해석을 할 수도 있다.

한 주제나 문제 상황에 대하여 필요한 정보를 찾아 활용하고 나면 다시 그 정보를 이용할 경우가 없는 경우도 있겠지만, 대부분 같은 정보를 다시 이용할 필요가 발생하게 된다. 특히 직장인처럼 특정 업무 분야가 정해져 있다면 특정 주제 분야의 정보를 지속적으로 이용하게 될 것이다. 따라서 한번 이용했던 정보를 이용한 후에 버리는 것이 아니라 ㉠ 정보 관리를 잘 하는 것은 정보 활용의 중요한 과정에 속한다.

07 다음 〈보기〉 중 1차 자료인 것을 모두 고르면?

> **보기**
> ㉠ 편람 　　　　　　　　　　　㉡ 단행본
> ㉢ 학술지 　　　　　　　　　　㉣ 학위논문
> ㉤ 백과사전

① ㉠, ㉡, ㉢　　　　　　　　　　② ㉠, ㉢, ㉤
③ ㉡, ㉢, ㉣　　　　　　　　　　④ ㉡, ㉣, ㉤
⑤ ㉢, ㉣, ㉤

08 다음 중 윗글의 밑줄 친 ㉠의 원칙으로 적절하지 않은 것은?

① 목적성　　　　　　　　　　　② 보안성
③ 용이성　　　　　　　　　　　④ 유용성
⑤ 없음

09 다음 프로그램의 실행 결과로 옳은 것은?

```
#include <stdio.h>
void main( ) {
    char arr[ ] = "hello world";
    printf("%d\n",strlen(arr));
}
```

① 11

② 12

③ 13

④ 14

⑤ 15

10 K교사는 학생들의 상·벌점을 관리하고 있다. 학생들에 대한 상·벌점 영역인 [B3:B9]에 [셀 서식] – [사용자 지정 형식] 기능을 이용하여 양수는 파란색으로, 음수는 빨간색으로 표현하고자 할 때, 표시 형식으로 옳은 것은?(단, [B3:B9]의 영역의 표시결과는 그대로 나타나야 한다)

	A	B
1	〈상·벌점 현황〉	
2	이름	상·벌점
3	감우성	10
4	김지훈	8
5	김채연	−12
6	나선정	−5
7	도지환	15
8	도현수	7
9	모수빈	13

① [빨강]#;[파랑]#

② [파랑]#;[빨강]#

③ [빨강]#;[파랑]−#

④ [파랑]#;[빨강]−#

⑤ [파랑]+#;[빨강]−#

※ K기관에 근무 중인 A사원은 체육대회에서 사용할 물품 비용을 다음과 같이 엑셀로 정리하였다. 이어지는 질문에 답하시오. [11~12]

	A	B	C	D	E
1	구분	물품	개수	단가(원)	비용(원)
2	의류	A팀 체육복	15	20,000	300,000
3	식품류	과자	40	1,000	40,000
4	식품류	이온음료수	50	2,000	100,000
5	의류	B팀 체육복	13	23,000	299,000
6	상품	수건	20	4,000	80,000
7	상품	USB	10	10,000	100,000
8	의류	C팀 체육복	14	18,000	252,000
9	식품류	김밥	30	3,000	90,000

11 A사원이 테이블에서 단가가 두 번째로 높은 물품의 금액을 알고자 한다. 다음 중 입력해야 할 함수로 옳은 것은?

① =MID(D2:D9, 2) ② =MIN(D2:D9, 2)

③ =MAX(D2:D9, 2) ④ =LARGE(D2:D9, 2)

⑤ =INDEX(D2:D9, 2)

12 A사원은 구입물품 중 의류의 총개수를 파악하고자 한다. 다음 중 입력해야 할 함수로 옳은 것은?

① =COUNTIF(C2:C9, C2)

② =SUMIF(A2:A9, A2, C2:C9)

③ =VLOOKUP(A2, A2:A9, 1, 0)

④ =HLOOKUP(A2, A2:A9, 1, 0)

⑤ =AVERAGEIF(A2:A9, A2, C2:C9)

※ 다음 글을 읽고 이어지는 질문에 답하시오. [13~14]

(가) K대학교 무역학과 학생대표 A군은 마지막 학기를 맞이해 무역학과 학생회 임원들과 졸업 여행을 추진하고자 한다. 임원들의 의견을 받기 위해 단체 문자 발송을 준비하고 있다. 현재 A군은 무역학과 임원들의 인원수, 성별, 이름, 나이, 전화번호 등 무역학과 학생들의 자료를 보유하고 있다. A군은 이 자료를 활용하여 학생들 중 남학생이 선호하는 장소, 여학생이 선호하는 장소, 출발 날짜, 각종 행사, 숙박시설 등을 결정하고자 한다. 이를 분석하여 무역학과 학생들이 선호하는 졸업 여행 장소와 많은 인원이 참석 가능한 날짜, 재미있게 즐길 수 있는 행사, 숙소를 정할 수 있다.

(나) K사의 인사부서에서 근무하는 B과장의 업무는 직원들의 개인정보 관리이다. 직원의 수는 만 명 이상이기 때문에 B과장은 주요 키워드나 주제어를 가지고 직원들의 정보를 구분하고 관리한다.

13 다음 중 (가)를 토대로 자료와 정보, 지식에 대한 설명으로 가장 적절한 것은?

① 학생들이 보내 준 여행 장소, 여행이 가능한 날짜는 지식이다.

② 학생들의 이름, 나이, 주소, 성별, 전화번호도 정보라고 볼 수 있다.

③ 정보는 아직 특정한 목적에 대하여 평가되지 않은 상태의 숫자나 문자를 의미한다.

④ A군은 기존에 보유하고 있던 자료를 졸업 여행 기획서를 작성하기 위한 것으로 가공하여 활용하였다.

⑤ 지식은 자료를 일정한 프로그램에 따라 컴퓨터가 처리·가공함으로써 특정한 목적을 달성하는 데 필요하거나 유의미한 자료를 가리킨다.

14 다음 중 (나)를 토대로 B과장이 하고 있는 정보 관리 방법으로 가장 적절한 것은?

① 분류를 활용한 정보 관리

② 목록을 활용한 정보 관리

③ 색인을 활용한 정보 관리

④ 병합을 활용한 정보 관리

⑤ 1:1 매칭을 활용한 정보 관리

15 다음은 숫자를 처리하는 C 프로그램이다. 빈칸 ㉠, ㉡에 들어갈 내용과 "3 2 1 4"를 입력하였을 때의 출력 결과를 바르게 짝지은 것은?(단, 프로그램에 문법적 오류는 없다고 가정한다)

```
#include <stdio.h>
#include <stdlib.h>

void a (int n, int *num) {
    for (int i=0; i < n; i++)
        scanf("%d", &(num[i]));
}
void c(int *a, int *b) {
    int t;
    t=*a; *a=*b; *b=t;
}
void b(int n, int *lt) {
    int a, b;
    for (a=0; a < n-1; a++)
        for (b=a+1; b < n; b++)
            if (lt[a] > lt[b]) c ( ㉠, ㉡ ) ;
}
int main( ) {
    int n;
    int *num;
    printf("How many numbers?");
    scanf("%d", &n);
    num=(int *)malloc(sizeof(int) *n);
    a(n, num);
    b(n, num);
    for (int i=0; i < n; i++)
        printf("%d ", num[i]);
}
```

	㉠	㉡	출력 결과
①	lt+a	lt+b	1 2 3 4
②	lt+a	lt+b	1 2 4
③	lt[a]	lt[b]	4 3 2 1
④	lt[a]	lt[b]	4 2 1
⑤	lt[a]	lt+b	4 2 1

01 다음 글을 읽고 이해한 내용으로 가장 적절한 것은?

> 1892년 영국의 병리학자인 로널드 로스(Ronald Ross) 박사에 의해서 모기가 말라리아를 옮긴다는 사실이 발견된 후, 말라리아를 없애는 방법으로 모기 박멸이 추진되었다. 이 과정에서 스위스의 과학자 파울 뮬러(Paul Hermann Müller)가 나방을 잡기 위해 제조했던 네오사이드라는 약품을 개량하여 강력한 살충제 DDT를 개발했다. DDT는 뿌린 지 1년이 지난 뒤에도 모기를 죽일 수 있을 만큼 강력했으며, 인간에게는 별로 해롭지 않은 것으로 간주되었다. DDT를 사용한 뒤에 유럽, 북아메리카, 말레이시아에서 말라리아를 거의 근절하는 데 성공했고, 열대 지방에서도 발병률이 현저하게 저하되었다. 그렇지만 DDT에 저항력을 가진 모기들이 나타나면서 말라리아가 다시 발생하기 시작했으며, 1969년 세계보건기구(WHO)는 모기 박멸 계획이 실패했음을 공식적으로 인정하고, 모기 박멸에서 모기 통제로 전략을 수정했다.
> 생물학자 겸 작가 레이첼 카슨(Rachel Carson)은 1962년 저서 『침묵의 봄』을 통해 DDT가 안전하다는 당시의 보편적인 주장에 정면으로 도전했다. 그녀는 DDT가 특정 조류의 감소와 연관되어 있고, 살충제를 취급했던 노동자들의 건강이 악화되었으며, 살충제에 노출되었던 물고기들의 간암 발생률이 높아졌고, 심지어 DDT가 모유에서도 발견되어 아기의 몸에 축적될 수 있다는 사실을 지적했다. 이후 DDT를 금지하는 법안들이 통과되기 시작했을 뿐만 아니라, 많은 사람들이 특정 약품에 의한 생태계 파괴 혹은 인간 생명에 대한 위협에 대해서 경각심을 가지게 되었다. DDT의 사례는 인간의 행복과 복지를 위해 만들어진 기술이 예상했던 대로 작동하지 않았을 뿐 아니라 오히려 위험을 증대시켰음을 잘 보여준다.

① 기술의 잠재적 위험과 불확실성을 설명한 사례이다.
② 기술 개발에 필요한 투자를 면밀히 검토해야 함을 설명하고 있다.
③ 기술실패를 은폐하거나 반복하는 것이 얼마나 위험한지 보여주고 있다.
④ 기술 전문 인력을 효과적으로 운용할 수 있는 능력이 얼마나 중요한지 알 수 있다.
⑤ 과학기술과 학문 분야가 결합하여 시너지 효과가 얼마나 극대화되는지를 알 수 있다.

현대사회는 기술혁신과 사회적 패러다임의 변화에 따라 인간 공존, 삶의 질 향상을 이룩하기 위해 새로운 '지능형 로봇' 개념이 나타나고 있다. 지능형 로봇은 최근 IT 기술의 융복합화와 지능화 추세에 따라 네트워크를 통한 로봇의 기능 분산, 가상공간 내에서의 동작 등 IT를 융합한 '네트워크 기반 로봇'의 개념을 포함한다. 이것은 야지 및 험지에서 감시정찰과 위험물 탐지를 할 수 있는 지능형 로봇, 노약자 및 장애자를 위한 도우미 로봇, 물자 이송 기능이 통합된 민·군 겸용의 다목적 견마형 로봇 등으로 활용되고 있다.

IT 융합형 미래형 로봇은 환경 및 인간과 공존하는 네트워크 기반 로봇이라고 정의할 수 있다. 미래형 로봇 컴퓨터는 로봇 산업과 IT 산업의 융합을 통한 미래의 새로운 고부가가치 신산업 창출이 가능하다. 또한 기존의 PC 시장을 새로운 신산업으로 재편하고 이를 통한 고부가가치 산업 창출이 가능하다. 이 기술은 세계적으로도 시장이 형성되지 않은 단계이므로 우선 고유의 성장잠재력을 바탕으로 범국가적 역량에 집중한다면 선도적 위치 확보가 가능할 것이다. 이를 바탕으로 우선 각 나라의 군사적 측면에서 크게 활성화될 예정이다. 활성화를 통해 만들어진 차륜형 로봇은 각 군의 소요에 따라 정찰, 수송, 경계 등의 임무를 수행할 수 있으며, 장착된 GPS와 자세 제어 장치, 안정화 감시 장치 및 음성정보를 취합하는 기능 등을 통해 모든 정보를 지휘소로 전달 할 수 있다.

더 나아가 최근에는 완전한 가상 세계가 아닌 현실과 가상이 자연스럽게 연결된 스마트 환경을 사용자에게 제공하여 풍부한 체험을 하도록 돕는다. 일기 예보나 뉴스 전달을 위한 방송국 가상 스튜디오, 스마트폰이나 스마트안경에서 촬영한 영상을 보여주는 지도 정보, 항공기 가상훈련, 가상으로 옷을 입어볼 수 있는 거울 등 다양한 분야에서 사용된다. 이것은 가상 세계와 현실 세계를 합쳐서 새로운 환경이나 시각화 등 새로운 정보를 만들어 낸다. 특히 현실과 가상에 존재하는 것 사이에서 실시간으로 상호작용할 수 있는 것을 말할 때 이 개념을 사용한다.

이러한 기술력을 바탕으로 우리의 일상생활에서 생산·관리·가공·유통·활용하거나 다른 정보나 기술과 융합하여 시스템을 구축하거나 서비스를 제공하는 산업, 지리 정보 시스템, 전자 지도, 글로벌 위치 추적, 위치 기반 서비스를 제공할 수 있다.

02 다음 중 '네트워크 기반 로봇'에 대한 설명으로 적절하지 않은 것은?

① 야지 및 험지에서 감시정찰과 위험물 탐지를 할 수 있는 지능형 로봇이 있다.

② 현실과 가상이 자연스럽게 연결된 스마트 환경을 사용자에게 제공해 풍부한 체험을 하도록 돕는다.

③ 네트워크 기반 로봇은 네트워크로 연결되어 움직이므로 독립형 로봇보다 제한적인 기능을 가지고 있다.

④ 노약자 및 장애자를 위한 도우미 로봇, 물자 이송 기능이 통합된 민·군 겸용의 다목적 견마형 로봇이 있다.

⑤ 차륜형 로봇은 각 군의 소요에 따라 정찰, 수송, 경계 등의 임무를 수행할 수 있으며, 장착된 GPS와 자세 제어 장치, 안정화 감시 장치 및 음성정보를 취합하는 기능 등을 통해 모든 정보를 지휘소로 전달할 수 있다.

03 다음 중 공간정보 산업이 일상생활에 융합된 사례로 보기 어려운 것은?

① 지하철 역사, 극장, 백화점, 전시장, 공항 등에서 사용자와 상호작용하는 안내 서비스 로봇

② 블루투스를 활용한 무선 이어폰과 파일 전송 시스템을 통한 정보 공유 방식의 개선 및 자원 교류 채널의 민간 보급

③ 사용자가 SNS를 통해 자신의 위치를 다른 사람들과 공유하고 주변 매장 정보를 얻거나 할인 쿠폰을 제공받는 것

④ GIS와 융합하여 주거, 교통, 환경 등의 전반적인 생활환경을 개선하여 시민들에게 편리하고 풍요로운 생활을 제공하는 미래형 첨단도시

⑤ 연안 해역 감시를 비롯해 산불 감시, 태풍 및 지진 감시, 실시간 지형정보 생성, 조난자 수색 등 공공 및 민간 기업에서 활용되는 무인 항공기

04 다음 중 산업 재해의 예방대책 단계를 순서대로 바르게 나열한 것은?

ㄱ. 시정책 적응 및 뒤처리	ㄴ. 사실 발견
ㄷ. 원인 분석	ㄹ. 시정책 선정
ㅁ. 안전 관리 조직	

① ㄱ - ㄴ - ㄷ - ㅁ - ㄹ

② ㄱ - ㄹ - ㄷ - ㄴ - ㅁ

③ ㄹ - ㄱ - ㅁ - ㄷ - ㄴ

④ ㅁ - ㄴ - ㄷ - ㄹ - ㄱ

⑤ ㅁ - ㄹ - ㄷ - ㄴ - ㄱ

※ K유치원에서는 유아 교육자료 제작을 위해 코팅기를 구입하였다. 다음 설명서를 보고 이어지는 질문에 답하시오. [5~7]

■ 사용방법
1) 앞면에 있는 스위치를 'ON'으로 돌리면 파란불이 들어오며 예열을 시작합니다.
2) 3~5분 정도의 예열이 끝나면 예열 표시등이 빨간불로 바뀌고 코팅을 할 수 있습니다.
3) 코팅할 서류를 코팅지에 넣고, 봉합된 변까지 밀어 넣습니다.
   – 각 변에 최소 3~5mm 여유 공간을 남겨 주십시오.
   – 두께가 160micron 이상이거나 100micron 이하인 코팅지를 사용하지 마십시오.
4) 서류를 넣은 코팅지는 봉합된 부분부터 평행으로 코팅 투입구에 넣습니다.
5) 코팅지는 코팅기를 통과하며 기기 뒷면 코팅 배출구에서 나옵니다.
   – 임의로 코팅지를 잡아 당기지 마십시오.
6) 코팅지가 전부 나온 후 기기에서 분리합니다.
7) 사용 완료 후 스위치를 'OFF'로 돌립니다.
   – 사용 후 1~2시간 정도 열을 식혀 주십시오.

■ 코팅지 걸림 발생 시
1) 코팅지가 기기에 걸렸을 경우 앞면의 스위치를 'OFF'로 돌린 다음 기기 전원을 차단시킵니다.
2) 기기 뒷면에 있는 'REMOVE' 스위치를 화살표 방향으로 밀면서 코팅 서류를 조심스럽게 당겨 뽑습니다.

■ 주의사항
   – 기기가 작동 중일 때 표면이 매우 뜨거우므로 손으로 만지지 마십시오.
   – 기기를 사용한 후 기계 플러그를 뽑고, 열이 충분히 식은 후에 이동 및 보관하십시오.
   – 기기 위에 무겁거나 날카로운 물건을 두지 마십시오.
   – 기기 내부에 물을 떨어뜨리지 마십시오.
   – 기기에 다른 물질을 넣지 마십시오.
   – 전문가의 도움 없이 절대 분해하거나 재조립 또는 수리하지 마십시오.
   – 기기를 장시간 사용하지 않을 경우 전원 코드를 뽑아 주십시오.
   – 사용 중 기기가 과열되거나 이상한 냄새가 나거나 종이 걸림이 있을 경우 신속히 전원을 끄십시오.

■ 문제해결

고장	원인	해결
코팅 중에 코팅물이 나오지 않을 때	• 필름을 잘라서 사용했을 경우 • 두께를 초과하는 용지로 코팅했을 경우 • 과도하게 용지를 투입했을 경우 • 코팅지가 롤러에 말린 경우	• 전원을 끄고 'REMOVE' 스위치를 화살표 방향으로 밀면서 말린 필름을 제거합니다.
필름을 투입했지만, 필름이 들어가지 않고 멈춰 있을 때	• 투입 불량으로 접착액이 다량으로 붙어 있는 경우	• 전원을 끄고 냉각시킨 다음 다시 시도해 봅니다.
전원 지시등이 켜지지 않을 때	• 기기 전원 스위치가 접속되어 있지 않은 경우	• 전원코드 및 기기 스위치가 'ON'으로 되어 있는지 확인합니다.

05 A교사는 연구수업에 쓰일 교육자료 제작을 위해 코팅기를 사용하였다. 다음 중 A교사의 행동으로 가장 적절한 것은?

① 120micron 코팅지에 코팅할 서류를 넣었다.
② 사용 완료 후 기기 전원을 끄고 바로 보관함 상자에 넣었다.
③ 코팅기를 통과하면서 나오는 코팅지를 뒷면에서 잡아 당겼다.
④ 코팅기 앞면의 스위치를 'ON'으로 놓자마자 코팅지를 투입하였다.
⑤ 코팅지를 평행으로 놓고, 봉합된 부분의 반대 방향부터 투입구에 넣었다.

06 B원장은 기기 관리를 위해 교사들에게 코팅기 사용 시 주의사항에 대해 안내하고자 한다. 다음 중 코팅기 사용 시 주의해야 할 사항으로 적절하지 않은 것은?

① 기기 위에 무거운 물건이나 날카로운 물건을 올리지 마세요.
② 사용 중 이상한 냄새가 날 경우 신속히 전원을 끄도록 합니다.
③ 사용 후에는 스위치를 'OFF'로 돌리고, 퇴근 시에는 전원코드를 뽑아 주세요.
④ 기기 사용 중에는 표면이 많이 뜨거우므로 아이들의 손이 닿지 않도록 주의하세요.
⑤ 사용 중 기기에 코팅지가 걸릴 경우 기기 앞면에서 코팅 서류를 조심스럽게 꺼냅니다.

07 C교사가 코팅기를 사용하는데 코팅물이 나오지 않았다. 다음 중 문제의 원인으로 적절하지 않은 것은?

① 코팅지가 롤러 사이에 말려 있었다.
② 코팅 필름을 잘라서 코팅기에 넣었다.
③ 접착액이 코팅지 주변으로 붙어 있었다.
④ 두꺼운 코팅 필름을 사용해 코팅기에 넣었다.
⑤ 코팅물이 빠져나오지 않은 상태에서 새로운 코팅물을 넣었다.

08 다음은 기술의 특징을 설명하는 글이다. 이를 이해한 내용으로 적절하지 않은 것은?

> 일반적으로 기술에 대한 특징은 다음과 같이 정의될 수 있다.
> 첫째, 하드웨어나 인간에 의해 만들어진 비자연적인 대상, 혹은 그 이상을 의미한다.
> 둘째, 기술은 노하우(Know – how)를 포함한다. 즉, 기술을 설계하고, 생산하고, 사용하기 위해 필요한 정보, 기술, 절차를 갖는 데 노하우(Know – how)가 필요한 것이다.
> 셋째, 기술은 하드웨어를 생산하는 과정이다.
> 넷째, 기술은 인간의 능력을 확장시키기 위한 하드웨어와 그것의 활용을 뜻한다.
> 다섯째, 기술은 정의 가능한 문제를 해결하기 위해 순서화되고 이해 가능한 노력이다.
> 이와 같은 기술이 어떻게 형성되는가를 이해하는 것과 사회에 의해 형성되는 방법을 이해하는 것은 2가지 원칙에 근거한다. 먼저 기술은 사회적 변화의 요인이다. 기술체계는 의사소통의 속도를 증가시켰으며, 이는 개인으로 하여금 현명한 의사결정을 할 수 있도록 도와준다. 또한 사회는 기술 개발에 영향을 준다. 사회적, 역사적, 문화적 요인은 기술이 어떻게 활용되는가를 결정하는 것이다.
> 기술은 2개의 개념으로 구분될 수 있다. 하나는 모든 직업 세계에서 필요로 하는 기술적 요소들로 이루어지는 광의의 개념이고, 다른 하나는 구체적 직무수행능력 형태를 의미하는 협의의 개념이다.

① 영국에서 시작된 산업혁명 역시 기술 개발에 영향을 주었다고 볼 수 있다.
② 미래 산업을 위해 인간의 노동을 대체할 로봇을 활용하는 것 역시 기술이라고 볼 수 있다.
③ 컴퓨터의 발전은 기술체계가 개인으로 하여금 현명한 의사결정을 할 수 있는 사례로 볼 수 있다.
④ 전기산업기사, 건축산업기사, 정보처리산업기사 등의 자격 기술은 기술의 광의의 개념으로 볼 수 있다.
⑤ 기술은 건물, 도로, 교량, 전자장비 등 인간이 만들어 낸 모든 물질적 창조물을 생산하는 과정으로 볼 수 있다.

09 다음 글에서 나타난 산업 재해의 원인으로 가장 적절한 것은?

> K씨는 퇴근하면서 회사 엘리베이터를 이용하던 중 갑자기 엘리베이터가 멈춰 그 안에 20분 동안 갇히는 사고를 당하였다. 20분 후 K씨는 실신한 상태로 구조되었고 바로 응급실로 옮겨졌다. 이후 K씨는 응급실로 옮겨져 의식을 되찾았지만, 극도의 불안감과 공포감을 느껴 결국 병원에서는 K씨에게 공황장애 진단을 내렸다.

① 교육적 원인
② 기술적 원인
③ 불안전한 상태
④ 불안전한 행동
⑤ 작업 관리상 원인

10 K기관에 입사한 A씨는 시스템 모니터링 및 관리 업무를 담당하게 되었다. 다음 자료를 토대로 〈보기〉의 빈칸에 들어갈 코드로 옳은 것은?

다음 모니터에 나타나는 정보를 이해하고 시스템 상태를 판독하여 코드를 입력하는 방식을 파악하시오.

```
system is processing requests...
system Code is S
Run...

Error Found!
Index BREXIT of File DEVGRU

Final Code? Lind
```

항목	세부사항
Index ◇◇◇ of File ◇◇◇	• 오류 문자 : Index 뒤에 나타나는 문자 • 오류 발생 위치 : File 뒤에 나타나는 문자
Error Value	• 오류 문자와 오류 발생 위치를 의미하는 문자에 사용된 알파벳을 비교하여 일치하는 알파벳의 개수를 확인
Final Code	• Error Value를 통하여 시스템 상태 판단

판단 기준	Final Code
일치하는 알파벳의 개수＝0	Svem
0＜일치하는 알파벳의 개수≤1	Atur
1＜일치하는 알파벳의 개수≤3	Lind
3＜일치하는 알파벳의 개수≤5	Nugre
일치하는 알파벳의 개수＞5	Qutom

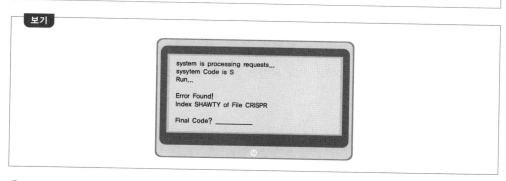

```
system is processing requests...
sysytem Code is S
Run...

Error Found!
Index SHAWTY of File CRISPR

Final Code? _____
```

① Svem ② Atur
③ Lind ④ Nugre
⑤ Qutom

※ K레스토랑에서는 영유아 손님들을 위해 유아용 식탁 의자를 구비하였다. 다음 자료를 보고 이어지는 질문에 답하시오. [11~12]

우리 회사의 유아용 식탁 의자는 아이가 도움 없이 혼자 앉을 수 있는 6 ~ 7개월부터 사용할 수 있습니다.

■ 안전에 대한 유의사항
  – 압사의 방지를 위해 사용 전 모든 플라스틱 커버를 제거하고, 유아 및 아동의 손이 닿지 않는 곳에 두세요.
  – 항상 벨트를 채워 주세요.
  – 아이가 혼자 있지 않도록 해 주세요.
  – 모든 구성 요소가 제대로 장착되어 있지 않으면 의자 사용을 삼가세요.
  – 부품이 망가지거나 부서지면 의자 사용을 삼가세요.
  – 강한 열원이나 난로가 있는 곳에서는 의자 사용을 삼가세요.
  – 아이가 의자 근처에서 놀거나 의자에 올라가지 못하도록 해 주세요.
  – 의자가 항상 평평하고 안정된 상태에서 사용될 수 있도록 해 주세요.
  – 식탁 의자는 계단, 층계, 창문, 벽과는 거리를 두고 비치해 주세요.
  – 의자에 충격이 가해지면 안정성을 해칠 우려가 있고 의자가 뒤집어질 수 있습니다.
  – 아이가 앉아 있는 동안에는 의자의 높낮이를 조정하지 마세요.

■ 청소 및 유지
  – 젖은 천이나 중성 세제로 유아용 의자나 액세서리를 청소할 수 있습니다.
  – 재료를 손상시킬 수 있는 연마 세제나 용제는 사용하지 마세요.
  – 알루미늄 식탁 다리는 부식이 되지 않지만, 충격이나 긁힘으로 손상될 수 있습니다.
  – 햇빛에 지속적으로 장시간 노출되면 여러 부품의 색이 변할 수 있습니다.
  – 손상을 파악하기 위해 정기적으로 검사하세요.

11 다음 중 레스토랑 내 유아용 식탁 의자를 비치할 장소 선정 시 고려해야 할 사항으로 적절하지 않은 것은?

① 난방기구가 있는 곳은 피하도록 한다.
② 계단이나 창문이 있는 곳은 피하도록 한다.
③ 의자에 충격이 가해질 수 있는 장소는 피하도록 한다.
④ 아이를 식탁 의자에 혼자 두지 않으며, 항상 벨트를 채워야 한다.
⑤ 바닥이 평평하여 안정된 상태로 의자가 서 있을 수 있는지 확인한다.

12 다음 중 직원들에게 안내할 유아용 식탁 의자 청소 및 관리법으로 적절하지 않은 것은?

① 사용 후 젖은 천을 사용해 깨끗하게 닦는다.

② 정기적인 검사를 통해 손상 여부를 파악한다.

③ 더러운 부분은 연마 세제를 이용해서 닦는다.

④ 식탁 의자 사용 후에는 햇볕이 들지 않는 곳에 보관한다.

⑤ 이동 시 식탁 다리가 부딪히거나 긁히지 않도록 주의한다.

13 다음은 매뉴얼 작성 규칙과 해외여행 중 자연재해에 대한 행동 매뉴얼이다. 밑줄 친 (가) ~ (마) 중 매뉴얼 작성 규칙에 위배되는 것은?

〈매뉴얼 작성 규칙〉

• 매뉴얼의 서술은 가능한 단순하고 간결해야 하며, 비전문가도 쉽게 이해할 수 있어야 한다.
• 매뉴얼 내용 서술에 애매모호한 단어 사용을 금지해야 한다.
• 추측성 내용의 서술은 금물이다.
• 이용자로 하여금 알기 쉬운 문장으로 쓰여야 한다.

〈해외여행 중 자연재해 행동 매뉴얼〉

(가) 재외공관에 연락하여 본인의 소재지 및 여행 동행자의 정보를 남기고, 공관의 안내에 따라 신속히 현장을 빠져나와야 합니다.

(나) 지진이 일어났을 경우, 비교적 안전한 위치에서 자세를 낮추고 머리 등 신체 주요부위를 보호합니다. 그리고 엘리베이터 대신 가급적 계단을 이용해야 하며, 엘리베이터 이용 중 지진이 일어난 경우에는 가까운 층을 눌러 대피합니다.

(다) 해일이 발생할 경우, 가능한 높은 지대로 이동합니다. 이때 목조건물로 대피할 경우 급류에 쓸려갈 수 있으므로 가능한 철근콘크리트 건물로 이동해야 합니다.

(라) 태풍·호우 시 큰 나무를 피하고, 고압선 가로등 등을 피하면 감전의 위험을 줄일 수도 있습니다.

(마) 자연재해 발생 시 TV·라디오 등을 켜두어 중앙행정기관에서 발표하는 위기대처방법을 숙지합니다.

① (가)   ② (나)

③ (다)   ④ (라)

⑤ (마)

14 다음 글을 읽고 이해한 내용으로 적절하지 않은 것은?

> 기술선택이란 기업이 어떤 기술에 대하여 외부로부터 도입하거나 그 기술을 자체 개발하여 활용할 것인가를 결정하는 것이다. 기술을 선택하는 데 의사결정은 다음과 같이 2가지 방법이 있다.
> 먼저 상향식 기술선택(Bottom Up Approach)은 기업 전체 차원에서 필요한 기술에 대한 체계적인 분석이나 검토 없이 연구자나 엔지니어들이 자율적으로 기술을 선택하도록 하는 것이다.
> 다음으로 하향식 기술선택(Top – Down Approach)은 기술경영진과 기술기획담당자들에 의한 체계적인 분석을 통해 기업이 획득해야 하는 대상기술과 목표기술수준을 결정하는 것이다.

① 상향식 기술선택은 경쟁기업과의 경쟁에서 승리할 수 없는 기술이 선택될 수 있다.

② 상향식 기술선택은 기술자들의 창의적인 아이디어를 얻기 어려운 단점을 볼 수 있다.

③ 상향식 기술선택은 시장의 고객들이 요구하는 제품이나 서비스를 개발하는 데 부적합한 기술이 선택될 수 있다.

④ 하향식 기술선택은 먼저 기업이 직면하고 있는 외부환경과 보유 자원에 대한 분석을 통해 중장기적인 사업목표를 설정하는 것이다.

⑤ 하향식 기술선택은 사업전략의 성공적인 수행을 위해 필요한 기술들을 열거하고, 각각의 기술에 대한 획득의 우선순위를 결정하는 것이다.

15 다음 글에 나타난 산업 재해의 원인으로 가장 적절한 것은?

> K지역에 위치한 기업에서 올해 들어 직원 3명의 사망사고가 발생하였다. '등대'라는 단어는 잦은 야근으로 인해 자정에 가까운 시간에도 사무실에서 불빛이 환하게 밝혀져 있는 모습에서 나온, 지금은 공공연해진 은어이다. 이처럼 계속된 과로사 문제로 인해 고용노동부의 근로 감독이 이루어졌으나, 여전히 시정되지는 못하고 있는 실정이다.

① 교육적 원인 : 충분하지 못한 OJT

② 불안전한 행동 : 작업 내용 미저장 및 하드웨어 미점검

③ 작업 관리상 원인 : 초과 근무를 장려하는 관리 운영 지침

④ 불안전한 상태 : 시설물 자체 결함 및 복장·보호구의 결함

⑤ 기술적 원인 : 노후화된 기기의 오작동으로 인한 작업 속도 저하

PART **3**

채용 가이드

01 | 블라인드 채용 소개

1. 블라인드 채용이란?

채용 과정에서 편견이 개입되어 불합리한 차별을 야기할 수 있는 출신지, 가족관계, 학력, 외모 등의 편견요인은 제외하고, 직무능력만을 평가하여 인재를 채용하는 방식입니다.

2. 블라인드 채용의 필요성

- 채용의 공정성에 대한 사회적 요구
  - 누구에게나 직무능력만으로 경쟁할 수 있는 균등한 고용기회를 제공해야 하나, 아직도 채용의 공정성에 대한 불신이 존재
  - 채용상 차별금지에 대한 법적 요건이 권고적 성격에서 처벌을 동반한 의무적 성격으로 강화되는 추세
  - 시민의식과 지원자의 권리의식 성숙으로 차별에 대한 법적 대응 가능성 증가
- 우수인재 채용을 통한 기업의 경쟁력 강화 필요
  - 직무능력과 무관한 학벌, 외모 위주의 선발로 우수인재 선발기회 상실 및 기업경쟁력 약화
  - 채용 과정에서 차별 없이 직무능력중심으로 선발한 우수인재 확보 필요
- 공정한 채용을 통한 사회적 비용 감소 필요
  - 편견에 의한 차별적 채용은 우수인재 선발을 저해하고 외모·학벌 지상주의 등의 심화로 불필요한 사회적 비용 증가
  - 채용에서의 공정성을 높여 사회의 신뢰수준 제고

3. 블라인드 채용의 특징

편견요인을 요구하지 않는 대신 직무능력을 평가합니다.

※ 직무능력중심 채용이란?
기업의 역량기반 채용, NCS기반 능력중심 채용과 같이 직무수행에 필요한 능력과 역량을 평가하여 선발하는 채용방식을 통칭합니다.

4. 블라인드 채용의 평가요소

직무수행에 필요한 지식, 기술, 태도 등을 과학적인 선발기법을 통해 평가합니다.

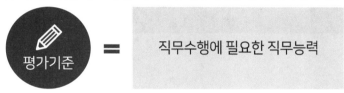

평가기준 = 직무수행에 필요한 직무능력

※ 과학적 선발기법이란?
직무분석을 통해 도출된 평가요소를 서류, 필기, 면접 등을 통해 체계적으로 평가하는 방법으로 입사지원서, 자기소개서, 직무수행능력평가, 구조화 면접 등이 해당됩니다.

5. 블라인드 채용 주요 도입 내용

- 입사지원서에 인적사항 요구 금지
  - 인적사항에는 출신지역, 가족관계, 결혼여부, 재산, 취미 및 특기, 종교, 생년월일(연령), 성별, 신장 및 체중, 사진, 전공, 학교명, 학점, 외국어 점수, 추천인 등이 해당
  - 채용 직무를 수행하는 데 있어 반드시 필요하다고 인정될 경우는 제외
    예 특수경비직 채용 시 : 시력, 건강한 신체 요구
       연구직 채용 시 : 논문, 학위 요구 등
- 블라인드 면접 실시
  - 면접관에게 응시자의 출신지역, 가족관계, 학교명 등 인적사항 정보 제공 금지
  - 면접관은 응시자의 인적사항에 대한 질문 금지

6. 블라인드 채용 도입의 효과성

- 구성원의 다양성과 창의성이 높아져 기업 경쟁력 강화
  - 편견을 없애고 직무능력 중심으로 선발하므로 다양한 직원 구성 가능
  - 다양한 생각과 의견을 통하여 기업의 창의성이 높아져 기업경쟁력 강화
- 직무에 적합한 인재선발을 통한 이직률 감소 및 만족도 제고
  - 사전에 지원자들에게 구체적이고 상세한 직무요건을 제시함으로써 허수 지원이 낮아지고, 직무에 적합한 지원자 모집 가능
  - 직무에 적합한 인재가 선발되어 직무이해도가 높아져 업무효율 증대 및 만족도 제고
- 채용의 공정성과 기업이미지 제고
  - 블라인드 채용은 사회적 편견을 줄인 선발 방법으로 기업에 대한 사회적 인식 제고
  - 채용과정에서 불합리한 차별을 받지 않고 실력에 의해 공정하게 평가를 받을 것이라는 믿음을 제공하고, 지원자들은 평등한 기회와 공정한 선발과정 경험

02 | 서류전형 가이드

01 채용공고문

1. 채용공고문의 변화

기존 채용공고문	변화된 채용공고문
• 취업준비생에게 불충분하고 불친절한 측면 존재 • 모집분야에 대한 명확한 직무관련 정보 및 평가기준 부재 • 해당분야에 지원하기 위한 취업준비생의 무분별한 스펙 쌓기 현상 발생	• NCS 직무분석에 기반한 채용공고를 토대로 채용전형 진행 • 지원자가 입사 후 수행하게 될 업무에 대한 자세한 정보 공지 • 직무수행내용, 직무수행 시 필요한 능력, 관련된 자격, 직업기초능력 제시 • 지원자가 해당 직무에 필요한 스펙만을 준비할 수 있도록 안내
• 모집부문 및 응시자격 • 지원서 접수 • 전형절차 • 채용조건 및 처우 • 기타사항	• 채용절차 • 채용유형별 선발분야 및 예정인원 • 전형방법 • 선발분야별 직무기술서 • 우대사항

2. 지원 유의사항 및 지원요건 확인

채용 직무에 따른 세부사항을 공고문에 명시하여 지원자에게 적격한 지원 기회를 부여함과 동시에 채용과정에서의 공정성과 신뢰성을 확보합니다.

구성	내용	확인사항
모집분야 및 규모	고용형태(인턴 계약직 등), 모집분야, 인원, 근무지역 등	채용직무가 여러 개일 경우 본인이 해당되는 직무의 채용규모 확인
응시자격	기본 자격사항, 지원조건	지원을 위한 최소자격요건을 확인하여 불필요한 지원을 예방
우대조건	법정·특별·자격증 가점	본인의 가점 여부를 검토하여 가점 획득을 위한 사항을 사실대로 기재
근무조건 및 보수	고용형태 및 고용기간, 보수, 근무지	본인이 생각하는 기대수준에 부합하는지 확인하여 불필요한 지원을 예방
시험방법	서류·필기·면접전형 등의 활용방안	전형방법 및 세부 평가기법 등을 확인하여 지원전략 준비
전형일정	접수기간, 각 전형 단계별 심사 및 합격자 발표일 등	본인의 지원 스케줄을 검토하여 차질이 없도록 준비
제출서류	입사지원서(경력·경험기술서 등), 각종 증명서 및 자격증 사본 등	지원요건 부합 여부 및 자격 증빙서류 사전에 준비
유의사항	임용취소 등의 규정	임용취소 관련 법적 또는 기관 내부 규정을 검토하여 해당여부 확인

직무기술서란 직무수행의 내용과 필요한 능력, 관련 자격, 직업기초능력 등을 상세히 기재한 것으로 입사 후 수행하게 될 업무에 대한 정보가 수록되어 있는 자료입니다.

1. 채용분야

설명

NCS 직무분류 체계에 따라 직무에 대한 「대분류 – 중분류 – 소분류 – 세분류」 체계를 확인할 수 있습니다. 채용 직무에 대한 모든 직무기술서를 첨부하게 되며 실제 수행 업무를 기준으로 세부적인 분류정보를 제공합니다.

채용분야	분류체계			
사무행정	대분류	중분류	소분류	세분류
분류코드	02. 경영 · 회계 · 사무	03. 재무 · 회계	01. 재무	01. 예산
				02. 자금
			02. 회계	01. 회계감사
				02. 세무

2. 능력단위

설명

직무분류 체계의 세분류 하위능력단위 중 실질적으로 수행할 업무의 능력만 구체적으로 파악할 수 있습니다.

능력단위	(예산)	03. 연간종합예산수립 05. 확정예산 운영	04. 추정재무제표 작성 06. 예산실적 관리
	(자금)	04. 자금운용	
	(회계감사)	02. 자금관리 05. 회계정보시스템 운용 07. 회계감사	04. 결산관리 06. 재무분석
	(세무)	02. 결산관리 07. 법인세 신고	05. 부가가치세 신고

3. 직무수행내용

설명

세분류 영역의 기본정의를 통해 직무수행내용을 확인할 수 있습니다. 입사 후 수행할 직무내용을 구체적으로 확인할 수 있으며, 이를 통해 입사서류 작성부터 면접까지 직무에 대한 명확한 이해를 바탕으로 자신의 희망직무 인지 아닌지, 해당 직무가 자신이 알고 있던 직무가 맞는지 확인할 수 있습니다.

직무수행내용	(예산) 일정기간 예상되는 수익과 비용을 편성, 집행하며 통제하는 일
	(자금) 자금의 계획 수립, 조달, 운용을 하고 발생 가능한 위험 관리 및 성과평가
	(회계감사) 기업 및 조직 내 · 외부에 있는 의사결정자들이 효율적인 의사결정을 할 수 있도록 유용한 정보를 제공, 제공된 회계정보의 적정성을 파악하는 일
	(세무) 세무는 기업의 활동을 위하여 주어진 세법범위 내에서 조세부담을 최소화시키는 조세전략을 포함하고 정확한 과세소득과 과세표준 및 세액을 산출하여 과세당국에 신고 · 납부하는 일

4. 직무기술서 예시

태도	(예산) 정확성, 분석적 태도, 논리적 태도, 타 부서와의 협조적 태도, 설득력
	(자금) 분석적 사고력
	(회계 감사) 합리적 태도, 전략적 사고, 정확성, 적극적 협업 태도, 법률준수 태도, 분석적 태도, 신속성, 책임감, 정확한 판단력
	(세무) 규정 준수 의지, 수리적 정확성, 주의 깊은 태도
우대 자격증	공인회계사, 세무사, 컴퓨터활용능력, 변호사, 워드프로세서, 전산회계운용사, 사회조사분석사, 재경관리사, 회계관리 등
직업기초능력	의사소통능력, 문제해결능력, 자원관리능력, 대인관계능력, 정보능력, 조직이해능력

5. 직무기술서 내용별 확인사항

항목	확인사항
모집부문	해당 채용에서 선발하는 부문(분야)명 확인 예 사무행정, 전산, 전기
분류체계	지원하려는 분야의 세부직무군 확인
주요기능 및 역할	지원하려는 기업의 전사적인 기능과 역할, 산업군 확인
능력단위	지원분야의 직무수행에 관련되는 세부업무사항 확인
직무수행내용	지원분야의 직무군에 대한 상세사항 확인
전형방법	지원하려는 기업의 신입사원 선발전형 절차 확인
일반요건	교육사항을 제외한 지원 요건 확인(자격요건, 특수한 경우 연령)
교육요건	교육사항에 대한 지원요건 확인(대졸 / 초대졸 / 고졸 / 전공 요건)
필요지식	지원분야의 업무수행을 위해 요구되는 지식 관련 세부항목 확인
필요기술	지원분야의 업무수행을 위해 요구되는 기술 관련 세부항목 확인
직무수행태도	지원분야의 업무수행을 위해 요구되는 태도 관련 세부항목 확인
직업기초능력	지원분야 또는 지원기업의 조직원으로서 근무하기 위해 필요한 일반적인 능력사항 확인

1. 입사지원서의 변화

기존지원서		능력중심 채용 입사지원서
직무와 관련 없는 학점, 개인신상, 어학점수, 자격, 수상경력 등을 나열하도록 구성	VS	해당 직무수행에 꼭 필요한 정보들을 제시할 수 있도록 구성

직무기술서

직무수행내용

요구지식 / 기술

관련 자격증

사전직무경험

인적사항	성명, 연락처, 지원분야 등 작성 (평가 미반영)
교육사항	직무지식과 관련된 학교교육 및 직업교육 작성
자격사항	직무관련 국가공인 또는 민간자격 작성
경력 및 경험사항	조직에 소속되어 일정한 임금을 받거나(경력) 임금 없이(경험) 직무와 관련된 활동 내용 작성

2. 교육사항

- 지원분야 직무와 관련된 학교 교육이나 직업교육 혹은 기타교육 등 직무에 대한 지원자의 학습 여부를 평가하기 위한 항목입니다.
- 지원하고자 하는 직무의 학교 전공교육 이외에 직업교육, 기타교육 등을 기입할 수 있기 때문에 전공 제한 없이 직업교육과 기타교육을 이수하여 지원이 가능하도록 기회를 제공합니다.
  (기타교육 : 학교 이외의 기관에서 개인이 이수한 교육과정 중 지원직무와 관련이 있다고 생각되는 교육내용)

구분	교육과정(과목)명	교육내용	과업(능력단위)

PART 3

3. 자격사항

- 채용공고 및 직무기술서에 제시되어 있는 자격 현황을 토대로 지원자가 해당 직무를 수행하는 데 필요한 능력을 가지고 있는지를 평가하기 위한 항목입니다.
- 채용공고 및 직무기술서에 기재된 직무관련 필수 또는 우대자격 항목을 확인하여 본인이 보유하고 있는 자격사항을 기재합니다.

자격유형	자격증명	발급기관	취득일자	자격증번호

4. 경력 및 경험사항

- 직무와 관련된 경력이나 경험 여부를 표현하도록 하여 직무와 관련한 능력을 갖추었는지를 평가하기 위한 항목입니다.
- 해당 기업에서 직무를 수행함에 있어 필요한 사항만을 기록하게 되어 있기 때문에 직무와 무관한 스펙을 갖추지 않아도 됩니다.
- 경력 : 금전적 보수를 받고 일정기간 동안 일했던 경우
- 경험 : 금전적 보수를 받지 않고 수행한 활동

※ 기업에 따라 경력 / 경험 관련 증빙자료 요구 가능

구분	조직명	직위 / 역할	활동기간(년 / 월)	주요과업 / 활동내용

> **Tip**
>
> 입사지원서 작성 방법
>
> ○ 경력 및 경험사항 작성
> - 직무기술서에 제시된 지식, 기술, 태도와 지원자의 교육사항, 경력(경험)사항, 자격사항과 연계하여 개인의 직무역량에 대해 스스로 판단 가능
>
> ○ 인적사항 최소화
> - 개인의 인적사항, 학교명, 가족관계 등을 노출하지 않도록 유의
>
> ---
>
> 부적절한 입사지원서 작성 사례
> - 학교 이메일을 기입하여 학교명 노출
> - 거주지 주소에 학교 기숙사 주소를 기입하여 학교명 노출
> - 자기소개서에 부모님이 재직 중인 기업명, 직위, 직업을 기입하여 가족관계 노출
> - 자기소개서에 석·박사 과정에 대한 이야기를 언급하여 학력 노출
> - 동아리 활동에 대한 내용을 학교명과 더불어 언급하여 학교명 노출

1. 자기소개서의 변화

- 기존의 자기소개서는 지원자의 일대기나 관심 분야, 성격의 장·단점 등 개괄적인 사항을 묻는 질문으로 구성되어 지원자가 자신의 직무능력을 제대로 표출하지 못합니다.
- 능력중심 채용의 자기소개서는 직무기술서에 제시된 직업기초능력(또는 직무수행능력)에 대한 지원자의 과거 경험을 기술하게 함으로써 평가 타당도의 확보가 가능합니다.

1. 우리 회사와 해당 지원 직무분야에 지원한 동기에 대해 기술해 주세요.

2. 자신이 경험한 다양한 사회활동에 대해 기술해 주세요.

3. 지원 직무에 대한 전문성을 키우기 위해 받은 교육과 경험 및 경력사항에 대해 기술해 주세요.

4. 인사업무 또는 팀 과제 수행 중 발생한 갈등을 원만하게 해결해 본 경험이 있습니까? 당시 상황에 대한 설명과 갈등의 대상이 되었던 상대방을 설득한 과정 및 방법을 기술해 주세요.

5. 과거에 있었던 일 중 가장 어려웠던(힘들었었던) 상황을 고르고, 어떤 방법으로 그 상황을 해결했는지를 기술해 주세요.

Tip

자기소개서 작성 방법

① 자기소개서 문항이 묻고 있는 평가 역량 추측하기

┌ 예시 ┐
- 팀 활동을 하면서 갈등 상황 시 상대방의 니즈나 의도를 명확히 파악하고 해결하여 목표 달성에 기여했던 경험에 대해서 작성해 주시기 바랍니다.
- 다른 사람이 생각해내지 못했던 문제점을 찾고 이를 해결한 경험에 대해 작성해 주시기 바랍니다.

② 해당 역량을 보여줄 수 있는 소재 찾기(시간×역량 매트릭스)

┌ 예시 ┐

시간 →

평가역량	2022년	2023년	2024년	2025년
도전정신	대학 발표수업	대학 발표수업	~~다이어트 (헬스)~~	
대인관계	대학 발표수업	대학 발표수업		경영 동아리
의사소통	편의점 아르바이트	~~군대 작업~~	봉사 동아리	
직무역량			경영 동아리	Book Study
…				

③ 자기소개서 작성 Skill 익히기
- 두괄식으로 작성하기
- 구체적 사례를 사용하기
- '나'를 중심으로 작성하기
- 직무역량 강조하기
- 경험 사례의 차별성 강조하기

03 | 인성검사 소개 및 모의테스트

01 인성검사 유형

인성검사는 지원자의 성격특성을 객관적으로 파악하고 그것이 각 기업에서 필요로 하는 인재상과 가치에 부합하는가를 평가하기 위한 검사입니다. 인성검사는 KPDI(한국인재개발진흥원), K-SAD(한국사회적성개 발원), KIRBS(한국행동과학연구소), SHR(에스에이치알) 등의 전문기관을 통해 각 기업의 특성에 맞는 검사 를 선택하여 실시합니다. 대표적인 인성검사의 유형에는 크게 다음과 같은 세 가지가 있으며, 채용 대행업체 에 따라 달라집니다.

1. KPDI 검사

조직적응성과 직무적합성을 알아보기 위한 검사로 인성검사, 인성역량검사, 인적성검사, 직종별 인적성 검사 등의 다양한 검사 도구를 구현합니다. KPDI는 성격을 파악하고 정신건강 상태 등을 측정하고, 직무 검사는 해당 직무를 수행하기 위해 기본적으로 갖추어야 할 인지적 능력을 측정합니다. 역량검사는 특정 직무 역할을 효과적으로 수행하는 데 직접적으로 관련 있는 개인의 행동, 지식, 스킬, 가치관 등을 측정합 니다.

2. KAD(Korea Aptitude Development) 검사

K-SAD(한국사회적성개발원)에서 실시하는 적성검사 프로그램입니다. 개인의 성향, 지적 능력, 기호, 관심, 흥미도를 종합적으로 분석하여 적성에 맞는 업무가 무엇인가 파악하고, 직무수행에 있어서 요구되 는 기초능력과 실무능력을 분석합니다.

3. SHR 직무적성검사

직무수행에 필요한 종합적인 사고 능력을 다양한 적성검사(Paper and Pencil Test)로 평가합니다. SHR 의 모든 직무능력검사는 표준화 검사입니다. 표준화 검사는 표본집단의 점수를 기초로 규준이 만들어진 검사이므로 개인의 점수를 규준에 맞추어 해석·비교하는 것이 가능합니다. S(Standardized Tests), H(Hundreds of Version), R(Reliable Norm Data)을 특징으로 하며, 직군·직급별 특성과 선발 수준에 맞추어 검사를 적용할 수 있습니다.

02　인성검사와 면접

인성검사는 특히 면접질문과 관련성이 높습니다. 면접관은 지원자의 인성검사 결과를 토대로 질문을 하기 때문입니다. 일관적이고 이상적인 답변을 하는 것이 가장 좋지만, 실제 시험은 매우 복잡하여 전문가라 해도 일정 성격을 유지하면서 답변을 하는 것이 힘듭니다. 또한 인성검사에는 라이 스케일(Lie Scale) 설문이 전체 설문 속에 교묘하게 섞여 들어가 있으므로 겉치레적인 답을 하게 되면 회답태도의 허위성이 그대로 드러나게 됩니다. 예를 들어 '거짓말을 한 적이 한 번도 없다.'에 '예'로 답하고, '때로는 거짓말을 하기도 한다.'에 '예'라고 답하여 라이 스케일의 득점이 올라가게 되면 모든 회답의 신빙성이 사라지고 '자신을 돋보이게 하려는 사람'이라는 평가를 받을 수 있으므로 주의해야 합니다. 따라서 모의테스트를 통해 인성검사의 유형과 실제 시험 시 어떻게 문제를 풀어야 하는지 연습해 보고 체크한 부분 중 자신의 단점과 연결되는 부분은 면접에서 질문이 들어왔을 때 어떻게 대처해야 하는지 생각해 보는 것이 좋습니다.

03　유의사항

1. 기업의 인재상을 파악하라!

인성검사를 통해 개인의 성격 특성을 파악하고 그것이 기업의 인재상과 가치에 부합하는지를 평가하는 시험이기 때문에 해당 기업의 인재상을 먼저 파악하고 시험에 임하는 것이 좋습니다. 모의테스트에서 인재상에 맞는 가상의 인물을 설정하고 문제에 답해 보는 것도 많은 도움이 됩니다.

2. 일관성 있는 대답을 하라!

짧은 시간 안에 다양한 질문에 답을 해야 하는데, 그 안에는 중복되는 질문이 여러 번 나옵니다. 이때 앞서 자신이 체크했던 대답을 잘 기억해뒀다가 일관성 있는 답을 하는 것이 중요합니다.

3. 모든 문항에 대답하라!

많은 문제를 짧은 시간 안에 풀려다 보니 다 못 푸는 경우도 종종 생깁니다. 하지만 대답을 누락하거나 끝까지 다 못했을 경우 좋지 않은 결과를 가져올 수도 있으니 최대한 주어진 시간 안에 모든 문항에 답할 수 있도록 해야 합니다.

※ 모의테스트는 질문 및 답변 유형 연습을 위한 것으로 실제 시험과 다를 수 있습니다.
※ 인성검사는 정답이 따로 없는 유형의 검사이므로 결과지를 제공하지 않습니다.

번호	내용	예	아니요
001	나는 솔직한 편이다.	☐	☐
002	나는 리드하는 것을 좋아한다.	☐	☐
003	법을 어겨서 말썽이 된 적이 한 번도 없다.	☐	☐
004	거짓말을 한 번도 한 적이 없다.	☐	☐
005	나는 눈치가 빠르다.	☐	☐
006	나는 일을 주도하기보다는 뒤에서 지원하는 것을 선호한다.	☐	☐
007	앞일은 알 수 없기 때문에 계획은 필요하지 않다.	☐	☐
008	거짓말도 때로는 방편이라고 생각한다.	☐	☐
009	사람이 많은 술자리를 좋아한다.	☐	☐
010	걱정이 지나치게 많다.	☐	☐
011	일을 시작하기 전 재고하는 경향이 있다.	☐	☐
012	불의를 참지 못한다.	☐	☐
013	처음 만나는 사람과도 이야기를 잘 한다.	☐	☐
014	때로는 변화가 두렵다.	☐	☐
015	나는 모든 사람에게 친절하다.	☐	☐
016	힘든 일이 있을 때 술은 위로가 되지 않는다.	☐	☐
017	결정을 빨리 내리지 못해 손해를 본 경험이 있다.	☐	☐
018	기회를 잡을 준비가 되어 있다.	☐	☐
019	때로는 내가 정말 쓸모없는 사람이라고 느낀다.	☐	☐
020	누군가 나를 챙겨주는 것이 좋다.	☐	☐
021	자주 가슴이 답답하다.	☐	☐
022	나는 내가 자랑스럽다.	☐	☐
023	경험이 중요하다고 생각한다.	☐	☐
024	전자기기를 분해하고 다시 조립하는 것을 좋아한다.	☐	☐

PART 3

025	감시받고 있다는 느낌이 든다.	☐	☐
026	난처한 상황에 놓이면 그 순간을 피하고 싶다.	☐	☐
027	세상엔 믿을 사람이 없다.	☐	☐
028	잘못을 빨리 인정하는 편이다.	☐	☐
029	지도를 보고 길을 잘 찾아간다.	☐	☐
030	귓속말을 하는 사람을 보면 날 비난하고 있는 것 같다.	☐	☐
031	막무가내라는 말을 들을 때가 있다.	☐	☐
032	장래의 일을 생각하면 불안하다.	☐	☐
033	결과보다 과정이 중요하다고 생각한다.	☐	☐
034	운동은 그다지 할 필요가 없다고 생각한다.	☐	☐
035	새로운 일을 시작할 때 좀처럼 한 발을 떼지 못한다.	☐	☐
036	기분 상하는 일이 있더라도 참는 편이다.	☐	☐
037	업무능력은 성과로 평가받아야 한다고 생각한다.	☐	☐
038	머리가 맑지 못하고 무거운 느낌이 든다.	☐	☐
039	가끔 이상한 소리가 들린다.	☐	☐
040	타인이 내게 자주 고민상담을 하는 편이다.	☐	☐

※ 모의테스트는 질문 및 답변 유형 연습을 위한 것으로 실제 시험과 다를 수 있습니다.
※ 인성검사는 정답이 따로 없는 유형의 검사이므로 결과지를 제공하지 않습니다.

※ 이 성격검사의 각 문항에는 서로 다른 행동을 나타내는 네 개의 문장이 제시되어 있습니다. 이 문장들을 비교하여, 자신의 평소 행동과 가장 가까운 문장을 'ㄱ' 열에 표기하고, 가장 먼 문장을 'ㅁ' 열에 표기하십시오.

01 나는 _____

	ㄱ	ㅁ
A. 실용적인 해결책을 찾는다.	☐	☐
B. 다른 사람을 돕는 것을 좋아한다.	☐	☐
C. 세부 사항을 잘 챙긴다.	☐	☐
D. 상대의 주장에서 허점을 잘 찾는다.	☐	☐

02 나는 _____

	ㄱ	ㅁ
A. 매사에 적극적으로 임한다.	☐	☐
B. 즉흥적인 편이다.	☐	☐
C. 관찰력이 있다.	☐	☐
D. 임기응변에 강하다.	☐	☐

03 나는 _____

	ㄱ	ㅁ
A. 무서운 영화를 잘 본다.	☐	☐
B. 조용한 곳이 좋다.	☐	☐
C. 가끔 울고 싶다.	☐	☐
D. 집중력이 좋다.	☐	☐

04 나는 _____

	ㄱ	ㅁ
A. 기계를 조립하는 것을 좋아한다.	☐	☐
B. 집단에서 리드하는 역할을 맡는다.	☐	☐
C. 호기심이 많다.	☐	☐
D. 음악을 듣는 것을 좋아한다.	☐	☐

05 나는 _____

	ㄱ	ㅁ
A. 타인을 늘 배려한다.	☐	☐
B. 감수성이 예민하다.	☐	☐
C. 즐겨하는 운동이 있다.	☐	☐
D. 일을 시작하기 전에 계획을 세운다.	☐	☐

06 나는 _____

	ㄱ	ㅁ
A. 타인에게 설명하는 것을 좋아한다.	☐	☐
B. 여행을 좋아한다.	☐	☐
C. 정적인 것이 좋다.	☐	☐
D. 남을 돕는 것에 보람을 느낀다.	☐	☐

07 나는 _____

	ㄱ	ㅁ
A. 기계를 능숙하게 다룬다.	☐	☐
B. 밤에 잠이 잘 오지 않는다.	☐	☐
C. 한 번 간 길을 잘 기억한다.	☐	☐
D. 불의를 보면 참을 수 없다.	☐	☐

08 나는 _____

	ㄱ	ㅁ
A. 종일 말을 하지 않을 때가 있다.	☐	☐
B. 사람이 많은 곳을 좋아한다.	☐	☐
C. 술을 좋아한다.	☐	☐
D. 휴양지에서 편하게 쉬고 싶다.	☐	☐

09 나는 _____

	ㄱ	ㅁ
A. 뉴스보다는 드라마를 좋아한다.	☐	☐
B. 길을 잘 찾는다.	☐	☐
C. 주말엔 집에서 쉬는 것이 좋다.	☐	☐
D. 아침에 일어나는 것이 힘들다.	☐	☐

10 나는 _____

	ㄱ	ㅁ
A. 이성적이다.	☐	☐
B. 할 일을 종종 미룬다.	☐	☐
C. 어른을 대하는 게 힘들다.	☐	☐
D. 불을 보면 매혹을 느낀다.	☐	☐

11 나는 _____

	ㄱ	ㅁ
A. 상상력이 풍부하다.	☐	☐
B. 예의 바르다는 소리를 자주 듣는다.	☐	☐
C. 사람들 앞에 서면 긴장한다.	☐	☐
D. 친구를 자주 만난다.	☐	☐

12 나는 _____

	ㄱ	ㅁ
A. 나만의 스트레스 해소 방법이 있다.	☐	☐
B. 친구가 많다.	☐	☐
C. 책을 자주 읽는다.	☐	☐
D. 활동적이다.	☐	☐

04 | 면접전형 가이드

01 면접유형 파악

1. 면접전형의 변화

기존 면접전형에서는 일상적이고 단편적인 대화나 지원자의 첫인상 및 면접관의 주관적인 판단 등에 의해서 입사 결정 여부를 판단하는 경우가 많았습니다. 이러한 면접전형은 면접 내용의 일관성이 결여되거나 직무 관련 타당성이 부족하였고, 면접에 대한 신뢰도에 영향을 주었습니다.

기존 면접(전통적 면접)		능력중심 채용 면접(구조화 면접)

• 일상적이고 단편적인 대화
• 인상, 외모 등 외부 요소의 영향
• 주관적인 판단에 의존한 총점 부여
 	
⇩
 	
• 면접 내용의 일관성 결여
• 직무관련 타당성 부족
• 주관적인 채점으로 신뢰도 저하
	VS	• 일관성
		  – 직무관련 역량에 초점을 둔 구체적 질문 목록
		  – 지원자별 동일 질문 적용
		• 구조화
		  – 면접 진행 및 평가 절차를 일정한 체계에 의해 구성
		• 표준화
		  – 평가 타당도 제고를 위한 평가 Matrix 구성
		  – 척도에 따라 항목별 채점, 개인 간 비교
		• 신뢰성
		  – 면접진행 매뉴얼에 따라 면접위원 교육 및 실습

2. 능력중심 채용의 면접 유형

① 경험 면접
  • 목적 : 선발하고자 하는 직무 능력이 필요한 과거 경험을 질문합니다.
  • 평가요소 : 직업기초능력과 인성 및 태도적 요소를 평가합니다.
② 상황 면접
  • 목적 : 특정 상황을 제시하고 지원자의 행동을 관찰함으로써 실제 상황의 행동을 예상합니다.
  • 평가요소 : 직업기초능력과 인성 및 태도적 요소를 평가합니다.
③ 발표 면접
  • 목적 : 특정 주제와 관련된 지원자의 발표와 질의응답을 통해 지원자 역량을 평가합니다.
  • 평가요소 : 직무수행능력과 인지적 역량(문제해결능력)을 평가합니다.
④ 토론 면접
  • 목적 : 토의과제에 대한 의견수렴 과정에서 지원자의 역량과 상호작용능력을 평가합니다.
  • 평가요소 : 직무수행능력과 팀워크를 평가합니다.

1. 경험 면접

① 경험 면접의 특징

- 주로 직업기초능력에 관련된 지원자의 과거 경험을 심층 질문하여 검증하는 면접입니다.
- 직무능력과 관련된 과거 경험을 평가하기 위해 심층 질문을 하며, 이 질문은 지원자의 답변에 대하여 '꼬리에 꼬리를 무는 형식'으로 진행됩니다.

> - 능력요소, 정의, 심사 기준
>   - 평가하고자 하는 능력요소, 정의, 심사기준을 확인하여 면접위원이 해당 능력요소 관련 질문을 제시합니다.
> - Opening Question
>   - 능력요소에 관련된 과거 경험을 유도하기 위한 시작 질문을 합니다.
> - Follow-up Question
>   - 지원자의 경험 수준을 구체적으로 검증하기 위한 질문입니다.
>   - 경험 수준 검증을 위한 상황(Situation), 임무(Task), 역할 및 노력(Action), 결과(Result) 등으로 질문을 구분합니다.

경험 면접의 형태

[면접관 1]　[면접관 2]　[면접관 3]

[면접관 1]　[면접관 2]　[면접관 3]

[지원자]

〈일대다 면접〉

[지원자 1]　[지원자 2]　[지원자 3]

〈다대다 면접〉

② 경험 면접의 구조

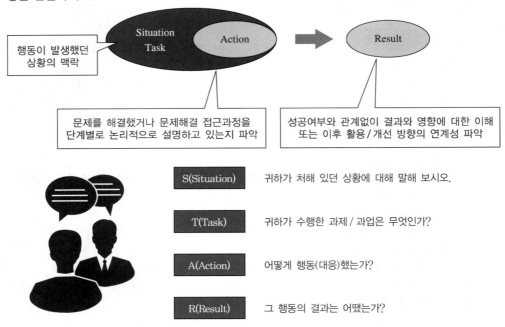

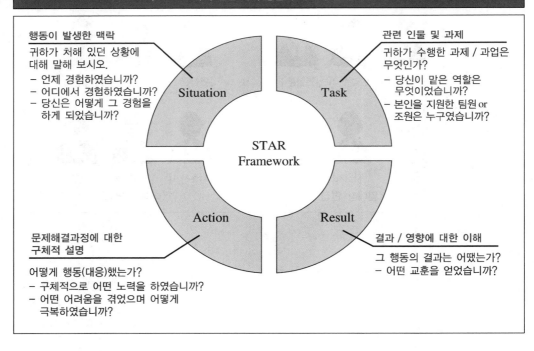

③ 경험 면접 질문 예시(직업윤리)

시작 질문	
1	남들이 신경 쓰지 않는 부분까지 고려하여 절차대로 업무(연구)를 수행하여 성과를 낸 경험을 구체적으로 말해 보시오.
2	조직의 원칙과 절차를 철저히 준수하며 업무(연구)를 수행한 것 중 성과를 향상시킨 경험에 대해 구체적으로 말해 보시오.
3	세부적인 절차와 규칙에 주의를 기울여 실수 없이 업무(연구)를 마무리한 경험을 구체적으로 말해 보시오.
4	조직의 규칙이나 원칙을 고려하여 성실하게 일했던 경험을 구체적으로 말해 보시오.
5	타인의 실수를 바로잡고 원칙과 절차대로 수행하여 성공적으로 업무를 마무리하였던 경험에 대해 말해 보시오.

후속 질문		
상황 (Situation)	상황	구체적으로 언제, 어디에서 경험한 일인가?
		어떤 상황이었는가?
	조직	어떤 조직에 속해 있었는가?
		그 조직의 특성은 무엇이었는가?
		몇 명으로 구성된 조직이었는가?
	기간	해당 조직에서 얼마나 일했는가?
		해당 업무는 몇 개월 동안 지속되었는가?
	조직규칙	조직의 원칙이나 규칙은 무엇이었는가?
임무 (Task)	과제	과제의 목표는 무엇이었는가?
		과제에 적용되는 조직의 원칙은 무엇이었는가?
		그 규칙을 지켜야 하는 이유는 무엇이었는가?
	역할	당신이 조직에서 맡은 역할은 무엇이었는가?
		과제에서 맡은 역할은 무엇이었는가?
	문제의식	규칙을 지키지 않을 경우 생기는 문제점 / 불편함은 무엇인가?
		해당 규칙이 왜 중요하다고 생각하였는가?
역할 및 노력 (Action)	행동	업무 과정의 어떤 장면에서 규칙을 철저히 준수하였는가?
		어떻게 규정을 적용시켜 업무를 수행하였는가?
		규정은 준수하는 데 어려움은 없었는가?
	노력	그 규칙을 지키기 위해 스스로 어떤 노력을 기울였는가?
		본인의 생각이나 태도에 어떤 변화가 있었는가?
		다른 사람들은 어떤 노력을 기울였는가?
	동료관계	동료들은 규칙을 철저히 준수하고 있었는가?
		팀원들은 해당 규칙에 대해 어떻게 반응하였는가?
		규칙에 대한 태도를 개선하기 위해 어떤 노력을 하였는가?
		팀원들의 태도는 당신에게 어떤 자극을 주었는가?
	업무추진	주어진 업무를 추진하는 데 규칙이 방해되진 않았는가?
		업무수행 과정에서 규정을 어떻게 적용하였는가?
		업무 시 규정을 준수해야 한다고 생각한 이유는 무엇인가?

결과 (Result)	평가	규칙을 어느 정도나 준수하였는가?
		그렇게 준수할 수 있었던 이유는 무엇이었는가?
		업무의 성과는 어느 정도였는가?
		성과에 만족하였는가?
		비슷한 상황이 온다면 어떻게 할 것인가?
	피드백	주변 사람들로부터 어떤 평가를 받았는가?
		그러한 평가에 만족하는가?
		다른 사람에게 본인의 행동이 영향을 주었다고 생각하는가?
	교훈	업무수행 과정에서 중요한 점은 무엇이라고 생각하는가?
		이 경험을 통해 느낀 바는 무엇인가?

2. 상황 면접

① 상황 면접의 특징

직무 관련 상황을 가정하여 제시하고 이에 대한 대응능력을 직무관련성 측면에서 평가하는 면접입니다.

- 상황 면접 과제의 구성은 크게 2가지로 구분
  - 상황 제시(Description) / 문제 제시(Question or Problem)
- 현장의 실제 업무 상황을 반영하여 과제를 제시하므로 직무분석이나 직무전문가 워크숍 등을 거쳐 현장성을 높임
- 문제는 상황에 대한 기본적인 이해능력(이론적 지식)과 함께 실질적 대응이나 변수 고려능력(실천적 능력) 등을 고르게 질문해야 함

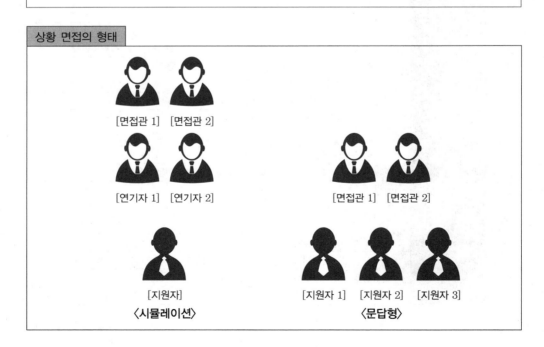

② 상황 면접 예시

상황 제시	인천공항 여객터미널 내에는 다양한 용도의 시설(사무실, 통신실, 식당, 전산실, 창고 면세점 등)이 설치되어 있습니다.	실제 업무 상황에 기반함
	금년에 소방배관의 누수가 잦아 메인 배관을 교체하는 공사를 추진하고 있으며, 당신 은 이번 공사의 담당자입니다.	배경 정보
	주간에는 공항 운영이 이루어져 주로 야간에만 배관 교체 공사를 수행하던 중, 시공하 는 기능공의 실수로 배관 연결 부위를 잘못 건드려 고압배관의 소화수가 누출되는 사고가 발생하였으며, 이로 인해 인근 시설물에 누수에 의한 피해가 발생하였습니다.	구체적인 문제 상황
문제 제시	일반적인 소방배관의 배관연결(이음)방식과 배관의 이탈(누수)이 발생하는 원인 에 대해 설명해 보시오.	문제 상황 해결을 위한 기본 지식 문항
	담당자로서 본 사고를 현장에서 긴급히 처리하는 프로세스를 제시하고, 보수완료 후 사후적 조치가 필요한 부분 및 재발방지 방안에 대해 설명해 보시오.	문제 상황 해결을 위한 추가 대응 문항

3. 발표 면접

① 발표 면접의 특징
- 직무관련 주제에 대한 지원자의 생각을 정리하여 의견을 제시하고, 발표 및 질의응답을 통해 지원자
  의 직무능력을 평가하는 면접입니다.
- 발표 주제는 직무와 관련된 자료로 제공되며, 일정 시간 후 지원자가 보유한 지식 및 방안에 대한
  발표 및 후속 질문을 통해 직무적합성을 평가합니다.

> - 주요 평가요소
>   - 설득적 말하기 / 발표능력 / 문제해결능력 / 직무관련 전문성
> - 이미 언론을 통해 공론화된 시사 이슈보다는 해당 직무분야에 관련된 주제가 발표면접의 과제로 선
>   정되는 경우가 최근 들어 늘어나고 있음
> - 짧은 시간 동안 주어진 과제를 빠른 속도로 분석하여 발표문을 작성하고 제한된 시간 안에 면접관에
>   게 효과적인 발표를 진행하는 것이 핵심

발표 면접의 형태

[면접관 1]　[면접관 2]

[지원자]

〈개별 과제 발표〉

[면접관 1]　[면접관 2]

[지원자 1]　[지원자 2]　[지원자 3]

〈팀 과제 발표〉

※ 면접관에게 시각적 효과를 사용하여 메시지를 전달하는 쌍방향 커뮤니케이션 방식
※ 심층면접을 보완하기 위한 방안으로 최근 많은 기업에서 적극 도입하는 추세

② 발표 면접 예시

1. 지시문

> 당신은 현재 A사에서 직원들의 성과평가를 담당하고 있는 팀원이다. 인사팀은 지난주부터 사내 조직문화관련 인터뷰를 하던 도중 성과평가제도에 관련된 개선 니즈가 제일 많다는 것을 알게 되었다. 이에 팀장님은 인터뷰 결과를 종합하려 성과평가제도 개선 아이디어를 A4용지에 정리하여 신속 보고할 것을 지시하셨다. 당신에게 남은 시간은 1시간이다. 자료를 준비하는 대로 당신은 팀원들이 모인 회의실에서 5분 간 발표할 것이며, 이후 질의응답을 진행할 것이다.

2. 배경자료

> <성과평가제도 개선에 대한 인터뷰>
>
> 최근 A사는 회사 사세의 급성장으로 인해 작년보다 매출이 두 배 성장하였고, 직원 수 또한 두 배로 증가하였다. 회사의 성장은 임금, 복지에 대한 상승 등 긍정적인 영향을 주었으나 업무의 불균형 및 성과보상의 불평등 문제가 발생하였다. 또한 수시로 입사하는 신입직원과 경력직원, 퇴사하는 직원들까지 인원들의 잦은 변동으로 인해 평가해야 할 대상이 변경되어 현재의 성과평가제도로는 공정한 평가가 어려운 상황이다.
>
> [생산부서 김상호]
> 우리 팀은 지난 1년 동안 생산량이 급증했기 때문에 수십 명의 신규인력이 급하게 채용되었습니다. 이 때문에 저희 팀장님은 신규 입사자들의 이름조차 기억 못할 때가 많이 있습니다. 성과평가를 제대로 하고 있는지 의문이 듭니다.
>
> [마케팅 부서 김흥민]
> 개인의 성과평가의 취지는 충분히 이해합니다. 그러나 현재 평가는 실적기반이나 정성적인 평가가 많이 포함되어 있어 객관성과 공정성에는 의문이 드는 것이 사실입니다. 이러한 상황에서 평가제도를 재수립하지 않고, 인센티브에 계속 반영한다면, 평가제도에 대한 반감이 커질 것이 분명합니다.
>
> [교육부서 홍경민]
> 현재 교육부서는 인사팀과 밀접하게 일하고 있습니다. 그럼에도 인사팀에서 실시하는 성과평가제도에 대한 이해가 부족한 것 같습니다.
>
> [기획부서 김경호 차장]
> 저는 저의 평가자 중 하나가 연구부서의 팀장님인데, 일 년에 몇 번 같이 일하지 않는데 어떻게 저를 평가할 수 있을까요? 특히 연구팀은 저희가 예산을 배정하는데, 저에게는 좋지만….

4. 토론 면접

① 토론 면접의 특징
- 다수의 지원자가 조를 편성해 과제에 대한 토론(토의)을 통해 결론을 도출해가는 면접입니다.
- 의사소통능력, 팀워크, 종합인성 등의 평가에 용이합니다.

> - 주요 평가요소
>   - 설득적 말하기, 경청능력, 팀워크, 종합인성
> - 의견 대립이 명확한 주제 또는 채용분야의 직무 관련 주요 현안을 주제로 과제 구성
> - 제한된 시간 내 토론을 진행해야 하므로 적극적으로 자신 있게 토론에 임하고 본인의 의견을 개진할 수 있어야 함

토론 면접의 형태

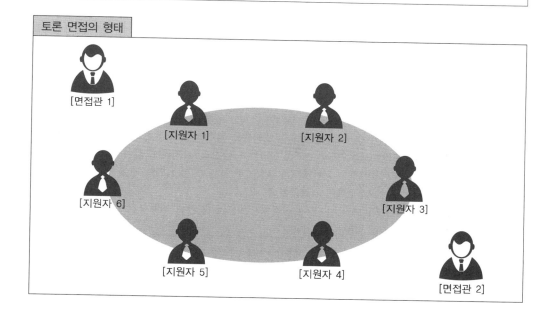

② 토론 면접 예시

고객 불만 고충처리

1. 들어가며

최근 우리 상품에 대한 고객 불만의 증가로 고객고충처리 TF가 만들어졌고 당신은 여기에 지원해 배치받았다. 당신의 업무는 불만을 가진 고객을 만나서 애로사항을 듣고 처리해 주는 일이다. 주된 업무로는 고객의 니즈를 파악해 방향성을 제시해 주고 그 해결책을 마련하는 일이다. 하지만 경우에 따라서 고객의 주관적인 의견으로 인해 제대로 된 방향으로 의사결정을 하지 못할 때가 있다. 이럴 경우 설득이나 논쟁을 해서라도 의견을 관철시키는 것이 좋을지 아니면 고객의 의견대로 진행하는 것이 좋을지 결정해야 할 때가 있다. 만약 당신이라면 이러한 상황에서 어떤 결정을 내릴 것인지 여부를 자유롭게 토론해 보시오.

2. 1분 자유 발언 시 준비사항

• 당신은 의견을 자유롭게 개진할 수 있으며 이에 따른 불이익은 없습니다.
• 토론의 방향성을 이해하고, 내용의 장점과 단점이 무엇인지 문제를 명확히 말해야 합니다.
• 합리적인 근거에 기초하여 개선방안을 명확히 제시해야 합니다.
• 제시한 방안을 실행 시 예상되는 긍정적·부정적 영향요인도 동시에 고려할 필요가 있습니다.

3. 토론 시 유의사항

• 토론 주제문과 제공해드린 메모지, 볼펜만 가지고 토론장에 입장할 수 있습니다.
• 사회자의 지정 또는 발표자가 손을 들어 발언권을 획득할 수 있으며, 사회자의 통제에 따릅니다.
• 토론회가 시작되면, 팀의 의견과 논거를 정리하여 1분간의 자유발언을 할 수 있습니다. 순서는 사회자가 지정합니다. 이후에는 자유롭게 상대방에게 질문하거나 답변을 하실 수 있습니다.
• 핸드폰, 서적 등 외부 매체는 사용하실 수 없습니다.
• 논제에 벗어나는 발언이나 지나치게 공격적인 발언을 할 경우, 위에서 제시한 유의사항을 지키지 않을 경우 불이익을 받을 수 있습니다.

1. 면접 Role Play 편성

- 교육생끼리 조를 편성하여 면접관과 지원자 역할을 교대로 진행합니다.
- 지원자 입장과 면접관 입장을 모두 경험해 보면서 면접에 대한 적응력을 높일 수 있습니다.

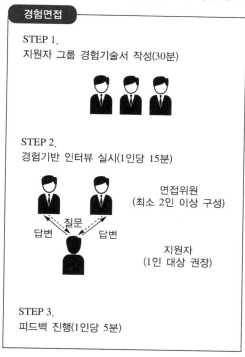

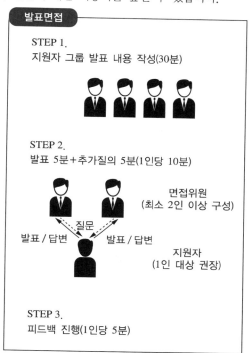

Tip

면접 준비하기

1. 면접 유형 확인 필수
   - 기업마다 면접 유형이 상이하기 때문에 해당 기업의 면접 유형을 확인하는 것이 좋음
   - 일반적으로 실무진 면접, 임원면접 2차례에 거쳐 면접을 실시하는 기업이 많고 실무진 면접과 임원 면접에서 평가요소가 다르기 때문에 유형에 맞는 준비방법이 필요
2. 후속 질문에 대한 사전 점검
   - 블라인드 채용 면접에서는 주요 질문과 함께 후속 질문을 통해 지원자의 직무능력을 판단
     → STAR 기법을 통한 후속 질문에 미리 대비하는 것이 필요

05 | 주요 연구기관 면접 기출질문

1. 국가과학기술연구회(연구회)

- 국가과학기술연구회에 대해 아는 대로 설명해 보시오.
- 1분 동안 자기소개를 해 보시오.
- 국가과학기술연구회에 지원하기 위해 어떠한 노력을 했는지 말해 보시오.
- 성격의 장단점을 말해 보시오.
- 본인의 단점을 극복하기 위해 노력했던 경험을 말해 보시오.
- 희망하는 부서와 그 이유를 말해 보시오.
- 국가과학기술연구회에서 무엇을 배우고 싶은지 말해 보시오.
- 국가과학기술연구회에서 일하면서 가장 필요하다고 생각하는 소양이 무엇인지 말해 보시오.
- 다른 사람과 함께 일했던 경험을 말하고, 그 안에서 본인의 역할이 무엇이었는지 말해 보시오.
- 기대와 실제 업무가 다를 경우 어떻게 대응할 것인지 말해 보시오.
- 원래 꿈이 무엇이었는지 말해 보시오.
- 마지막으로 하고 싶은 말이 있다면 해 보시오.

2. 국가녹색기술연구소(녹색연)

- 국가녹색기술연구소에 대해 아는 대로 설명해 보시오.
- 자기소개를 해 보시오.
- 국가녹색기술연구소에 지원하게 된 동기를 말해 보시오.
- 탄소중립에 대해 아는 대로 설명해 보시오.
- 기후위기에 대해 아는 대로 설명해 보시오.
- 본인의 강점을 국가녹색기술연구소에 어떻게 활용할 것인지 말해 보시오.
- 기후위기대응, 녹색성장, 순환경제, 탄소중립 4가지 단어를 조합하여 1분 안에 3～4줄짜리 문장을 만들어 보시오.

3. 한국과학기술정보연구원(KISTI)

- 한국과학기술정보연구원에 대해 아는 대로 설명해 보시오.
- 다른 사람과의 갈등을 해결했던 경험을 말해 보시오.
- 지원한 분야에 관심을 갖게 된 동기를 말해 보시오.
- 입사 후 연구 성과를 어떻게 도출할 것인지 구체적으로 말해 보시오.
- 한국과학기술정보연구원에서 운영하는 서비스 플랫폼을 사용해 본 경험을 말해 보시오.
- 한국과학기술정보연구원의 인재상에 본인이 적합한지 말해 보시오.
- 상사와 갈등이 생길 경우 어떻게 대응할 것인지 말해 보시오.
- 매일 하고 있는 것이 있다면 말해 보시오.
- 본인의 강점을 한국과학기술정보연구원에 어떻게 활용할 것인지 말해 보시오.

4. 한국전자통신연구원(ETRI)

- 한국전자통신연구원에 대해 아는 대로 설명해 보시오.
- 자기소개를 해 보시오.
- 본인의 강점이 무엇인지 말해 보시오.
- 학창시절 동아리 활동 경험을 말해 보시오.
- 참신한 아이디어로 무언가를 기획했던 경험을 말해 보시오.
- 중장기적인 목표가 무엇인지 말해 보시오.
- 본인만의 스트레스 해소 방법을 말해 보시오.
- 상사와 소통이 잘 되지 않을 경우 어떻게 대응할 것인지 말해 보시오.
- 본인의 단점이 무엇인지 말하고, 이를 극복하기 위해 노력했던 경험을 말해 보시오.

5. 국가보안기술연구소(국보연)

- 국가보안기술연구소에 대해 아는 대로 설명해 보시오.
- 자기소개를 해 보시오.
- 국가보안기술연구소에 지원하게 된 동기를 말해 보시오.
- 성격의 장단점을 말해 보시오.
- 마지막으로 하고 싶은 말이 있다면 해 보시오.

6. 한국철도기술연구원(철도연)

- 한국철도기술연구원에 대해 아는 대로 설명해 보시오.
- 한국철도기술연구원에 지원하게 된 동기를 말해 보시오.
- 연구원의 장점에 대해 아는 대로 설명해 보시오.
- 조직 내에서 협력을 이끌었던 경험을 말해 보시오.
- 상사가 불합리한 업무를 지시했을 경우 어떻게 대응할 것인지 말해 보시오.
- 철도산업의 미래에 대해 어떻게 생각하는지 말해 보시오.
- 본인의 전공과 관련된 경험을 말해 보시오.
- 본인이 한국철도기술연구원에 기여할 수 있는 분야가 무엇인지 말해 보시오.

7. 한국지질자원연구원(지자연)

- 한국지질자원연구원에 대해 아는 대로 설명해 보시오.
- 1분 동안 자기소개를 해 보시오.
- 다른 기관에 지원한 경과를 말해 보시오.
- 가장 인상 깊게 읽었던 책이 무엇인지 말해 보시오.
- 본인이 했던 연구 중 가장 기억에 남는 것이 무엇인지 말해 보시오.
- 입사 후 본인이 할 수 있는 역할이 무엇인지 말해 보시오.
- 상사가 과중한 업무를 부여할 경우 어떻게 대응할 것인지 말해 보시오.
- 실험을 진행할 때 정확성과 신속성 중 더 중요하다고 생각하는 것이 무엇인지 말해 보시오.

8. 한국전기연구원(전기연)

- 한국전기연구원에 대해 아는 대로 설명해 보시오.
- 상사가 부당한 지시를 할 경우 어떻게 대응할 것인지 말해 보시오.
- 졸업 논문에 적힌 내용을 초등학생에게 설명하듯이 쉽게 설명해 보시오.
- 성격의 장단점을 말해 보시오.
- 지원한 분야에 대해 아는 대로 설명해 보시오.
- 한국전기연구원에 지원하게 된 동기를 말해 보시오.
- 입사 후 포부를 영어로 말해 보시오.
- 정출연과 공공기관의 차이를 아는 대로 설명해 보시오.
- 업무수행에 있어서 본인의 강점이 무엇인지 말해 보시오.
- 연구와 시험의 차이를 아는 대로 설명해 보시오.
- 재료역학에 대해 아는 대로 설명해 보시오.
- 어려움을 극복했던 경험을 말해 보시오.
- 메타버스 사회경제대응정책 제도와 관련된 연구원의 발전 방향에 대해 말해 보시오.

9. 안전성평가연구소(안전성연)

- 안전성평가연구소에 대해 아는 대로 설명해 보시오.
- 안전성평가연구소의 발전을 위해 필요하다고 생각하는 연구가 무엇인지 말해 보시오.
- 안전성평가연구소의 인재상에 본인이 적합한지 말해 보시오.
- 입사 후 어느 분야의 연구를 하고 싶은지 말해 보시오.
- 안전성평가연구소에 지원하게 된 동기를 말해 보시오.
- 본인이 좋아하지 않는 부류의 사람을 만날 경우 어떻게 대응할 것인지 말해 보시오.
- 다른 사람과 협업했던 경험을 말해 보시오.

10. 한국원자력연구원(원자력연)

- 한국원자력연구원에 대해 아는 대로 설명해 보시오.
- 방사선 원자력에 대해 아는 대로 설명해 보시오.
- 연구윤리에 대해 아는 대로 설명해 보시오.
- 로봇을 개발했던 경험을 말해 보시오.
- 상사가 비윤리적인 연구를 권유할 경우 어떻게 대응할 것인지 말해 보시오.
- 리더십과 팔로워십 중 더 중요하다고 생각하는 것이 무엇인지 말해 보시오.
- 한국원자력연구원에서 일하면서 가장 중요하다고 생각하는 능력이 무엇인지 2가지를 말해 보시오.
- 현재 원자력계의 문제점과 그 해결방안을 말해 보시오.

11. 한국재료연구원(재료연)

- 한국재료연구원에 대해 아는 대로 설명해 보시오.
- 본인의 강점이 무엇인지 말해 보시오.
- 본인의 생각과 다른 업무를 맡게 될 경우 어떻게 대응할 것인지 말해 보시오.
- 한국재료연구원에서 수행하는 연구 중 가장 관심 있는 분야가 무엇인지 말해 보시오.
- 프로젝트를 진행하면서 예상치 못한 문제가 발생했을 경우 어떻게 대응할 것인지 말해 보시오.
- 연구에서 가장 중요한 요소가 무엇이라고 생각하는지 말해 보시오.
- 한국재료연구원이 국내 재료산업에서 갖는 역할은 무엇이라고 생각하는지 말해 보시오.
- 5년 후 본인의 연구 방향을 어떻게 설정하고 있는지 말해 보시오.

12. 한국식품연구원(식품연)

- 한국식품연구원에 대해 아는 대로 설명해 보시오.
- 순환보직에 대해 어떻게 생각하는지 말해 보시오.
- 한국식품연구원에 지원하게 된 동기를 말해 보시오.
- 식품에 대해 아는 대로 설명해 보시오.
- '정출연'의 의미에 대해 아는 대로 설명해 보시오.
- 희망하는 부서와 그 이유를 말해 보시오.
- 고령친화식품에 대해 아는 대로 설명해 보시오.
- 레오미터를 사용했던 경험을 말해 보시오.
- 마지막으로 하고 싶은 말이 있다면 해 보시오.

13. 한국생명공학연구원(생명연)

- 한국생명공학연구원에 대해 아는 대로 설명해 보시오.
- 자기소개를 짧게 해 보시오.
- LMO와 GMO의 차이를 아는 대로 설명해 보시오.
- 한국생명공학연구원에 지원하게 된 동기를 말해 보시오.
- 바이오산업화에서 본인이 할 수 있는 역할이 무엇인지 말해 보시오.
- 성격의 장단점을 말해 보시오.
- 공고문을 어떻게 접하게 됐는지 말하고, 직무명세서에 적힌 역량 중 무엇이 본인에게 있는지 말해 보시오.
- 가장 자신 있는 업무와 가장 자신 없는 업무가 무엇인지 말해 보시오.
- 업무수행에 있어서 본인의 강점이 무엇인지 말해 보시오.
- 본인을 뽑아야 하는 이유를 말해 보시오.

14. 한국생산기술연구원(생기원)

- 한국생산기술연구원에 대해 아는 대로 설명해 보시오.
- 어떠한 문제를 직면했을 경우 어떻게 해결하는 편인지 말해 보시오.
- 대학교에서 경험했던 프로젝트에 대해 구체적으로 설명해 보시오.
- 운전 경력이 어느 정도인지 말해 보시오.
- CMP 공정에 대해 아는 대로 설명해 보시오.
- HMDS의 원리가 무엇인지 아는 대로 설명해 보시오.
- 1분 동안 자기소개를 해 보시오.
- 위층에 층간소음이 발생했을 경우 올라가서 항의하는 상황을 시뮬레이션 해 보시오.
- 성격의 장단점을 말해 보시오.
- 특별히 어필하고 싶은 역량이 있다면 말해 보시오.

15. 한국에너지기술연구원(에기연)

- 한국에너지기술연구원에 대해 아는 대로 설명해 보시오.
- 역선택에 대해 아는 대로 설명해 보시오.
- 대체에너지에 대해 아는 대로 설명해 보시오.
- 노조에 대해 어떻게 생각하는지 말해 보시오.
- 가장 감명 깊게 읽었던 책이 무엇인지 말해 보시오.
- 본인의 강점을 한국에너지기술연구원에 어떻게 활용할 것인지 말해 보시오.
- 본인의 전공에서 배운 내용을 말해 보시오.
- 최근에 힘든 일을 겪었던 경험을 말해 보시오.
- 성격의 장단점을 말해 보시오.

16. 한국표준과학연구원(표준연)

- 한국표준과학연구원에 대해 아는 대로 설명해 보시오.
- 자기소개를 해 보시오.
- 무언가를 성취했던 경험을 말해 보시오.
- 지원한 분야에서 특히 기대하는 것이 무엇인지 말해 보시오.
- 한국표준과학연구원에 지원하게 된 동기를 말해 보시오.
- 본인만의 스트레스 해소 방법을 말해 보시오.
- 본인의 강점을 한국표준과학연구원에 어떻게 활용할 것인지 말해 보시오.
- 마지막으로 하고 싶은 말이 있다면 해 보시오.

17. 한국항공우주연구원(항우연)

- 한국항공우주연구원에 대해 아는 대로 설명해 보시오.
- 2분 동안 자기소개를 해 보시오.
- 취미가 무엇인지 말해 보시오.
- 정형화된 업무와 비정형화된 업무 중 더 선호하는 것이 무엇인지 말해 보시오.
- 본인과 잘 맞지 않는 동료가 있을 경우 어떻게 대응할 것인지 말해 보시오.
- 성격의 장단점을 말해 보시오.
- 연구윤리에 대해 어떻게 생각하는지 말해 보시오.
- OA 활용 능력이 어느 정도인지 말해 보시오.
- 업무에서 가장 중요하게 생각하는 것이 무엇인지 말해 보시오.
- 연구원으로서 성장 계획이 무엇인지 말해 보시오.
- 입사 후 주도적으로 진행하고 싶은 프로그램이 무엇인지 말해 보시오.

답안채점 • 성적분석 서비스

모바일 OMR

 → → →  → → →

도서 내 모의고사
우측 상단에 위치한
QR코드 찍기

로그인
하기

'시작하기'
클릭

'응시하기'
클릭

나의 답안을
모바일 OMR
카드에 입력

'성적분석 & 채점결과'
클릭

현재 내 실력
확인하기

도서에 수록된 모의고사에 대한
객관적인 결과(정답률, 순위)를
종합적으로 분석하여 제공합니다.

※OMR 답안채점 / 성적분석 서비스는 등록 후 30일간 사용 가능합니다.

시대에듀

공기업 취업을 위한 NCS
직업기초능력평가 시리즈

NCS부터 전공까지 완벽 학습 "통합서" 시리즈

공기업 취업의 기초부터 차근차근! 취업의 문을 여는 **Master Key!**

NCS 영역 및 유형별 체계적 학습 "집중학습" 시리즈

영역별 이론부터 유형별 모의고사까지! 단계별 학습을 통한 **Only Way!**

과학기술분야 정부출연연구기관 정출연

통합편

편저 | SDC(Sidae Data Center)

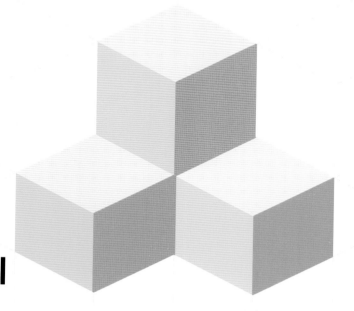

NCS+
최종점검 모의고사 4회

정답 및 해설

시대에듀

Add+

2024년 하반기
주요 공공기관 NCS
기출복원문제

2024 | 하반기 주요 공공기관 NCS 기출복원문제

01	02	03	04	05	06	07	08	09	10	11	12	13	14	15	16	17	18	19	20
④	③	⑤	③	③	③	④	④	③	⑤	③	④	②	①	③	④	⑤	④	③	④
21	22	23	24	25	26	27	28	29	30	31	32	33	34	35	36	37	38	39	40
⑤	③	②	⑤	⑤	③	③	③	①	①	③	①	②	①	④	③	④	④	④	④
41	42	43	44	45	46	47	48	49	50										
②	③	⑤	③	①	④	④	④	②	⑤										

01 정답 ④

쉼이란 대화 도중에 잠시 침묵하는 것을 말한다. 쉼을 사용하는 대표적인 경우는 다음과 같다.
• 이야기의 전이 시(흐름을 바꾸거나 다른 주제로 넘어갈 때)
• 양해, 동조, 반문의 경우
• 생략, 암시, 반성의 경우
• 여운을 남길 때
위와 같은 목적으로 쉼을 활용함으로써 논리성, 감정 제고, 동질감 등을 확보할 수 있다.
반면, 연단공포증은 면접이나 발표 등 청중 앞에서 이야기할 때 가슴이 두근거리고, 입술이 타고, 식은땀이 나고, 얼굴이 달아오르는 생리적인 현상으로, 쉼과는 관련이 없다. 연단공포증은 90% 이상의 사람들이 호소하는 불안이므로 극복하기 위해서는 연단공포증에 대한 걱정을 떨쳐내고 이러한 심리현상을 잘 통제하여 의사 표현하는 것을 연습해야 한다.

02 정답 ③

미국의 심리학자인 도널드 키슬러는 대인관계 의사소통 방식을 체크리스트로 평가하여 8가지 유형으로 구분하였다. 이 중 친화형은 따뜻하고 배려심이 깊으며, 타인과의 관계를 중시하는 유형이다. 또한 협동적이고 조화로운 성격으로, 자기희생적인 경향이 강하다.

키슬러의 대인관계 의사소통 유형
• 지배형 : 자신감이 있고 지도력이 있으나 논쟁적이고 독단이 강하여 대인 갈등을 겪을 수 있으므로 타인의 의견을 경청하고 수용하는 자세가 필요하다.
• 실리형 : 이해관계에 예민하고 성취 지향적으로 경쟁적인 데다 자기중심적이어서 타인의 입장을 배려하고 관심을 갖는 자세가 필요하다.
• 냉담형 : 이성적인 의지력이 강하고 타인의 감정에 무관심하며 피상적인 대인관계를 유지하므로 타인의 감정 상태에 관심을 가지고 긍정적인 감정을 표현하는 것이 필요하다.
• 고립형 : 혼자 있는 것을 선호하고 사회적 상황을 회피하며 지나치게 자신의 감정을 억제하므로 대인관계의 중요성을 인식하고 타인에 대한 비현실적인 두려움의 근원을 성찰하는 것이 필요하다.
• 복종형 : 수동적이고 의존적이며 자신감이 없으므로 적극적인 자기표현과 주장이 필요하다.
• 순박형 : 단순하고 솔직하며 자기주관이 부족하므로 자기주장을 하는 노력이 필요하다.
• 친화형 : 따뜻하고 인정이 많고 자기희생적이나 타인의 요구를 거절하지 못하므로 타인과의 정서적인 거리를 유지하는 노력이 필요하다.
• 사교형 : 외향적이고 인정하는 욕구가 강하며, 타인에 대한 관심이 많아서 간섭하는 경향이 있고 흥분을 잘 하므로 심리적 안정과 지나친 인정욕구에 대한 성찰이 필요하다.

03

정답 ⑤

철도사고는 달리는 도중에도 발생할 수 있으므로 먼저 인터폰을 통해 승무원에게 사고를 알리고, 열차가 멈춘 후에 안내방송에 따라 비상핸들이나 비상콕크를 돌려 문을 열고 탈출해야 한다. 만일 화재가 발생했을 경우에는 승무원에게 사고를 알리고 곧바로 119에도 신고를 해야 한다.

[오답분석]

① 침착함을 잃고 패닉에 빠지게 되면, 적절한 행동요령에 따라 대피하기 어렵다. 따라서 사고현장에서 대피할 때는 승무원의 안내에 따라 질서 있게 대피해야 한다.
② 화재사고 발생 시 승객들은 여유가 있을 경우 전동차 양 끝에 비치된 소화기를 통해 초기 진화를 시도해야 한다.
③ 역이 아닌 곳에서 열차가 멈췄을 경우 감전의 위험이 있으므로 반드시 승무원의 안내에 따라 반대편 선로의 열차 진입에 유의하며 대피 유도등을 따라 침착하게 비상구로 대피해야 한다.
④ 전동차에서 대피할 때는 부상자, 노약자, 임산부 등 탈출이 어려운 사람부터 먼저 대피할 수 있도록 배려하고 도와주어야 한다.

04

정답 ③

하향식 읽기 모형은 독자의 배경지식을 바탕으로 글의 맥락을 먼저 파악하는 읽기 전략이다. ③의 경우 제품 설명서를 통해 세부 기능과 버튼별 용도를 파악하고 기계를 작동시켰으므로 상향식 읽기를 수행한 사례이다. 제품 설명서를 하향식으로 읽는다면 제품 설명서를 읽기 전 제품을 보고 배경지식을 바탕으로 어떤 기능이 있는지 예측하고, 해당 기능을 수행하는 세부 방법을 제품 설명서를 통해 찾아봐야 한다.

[오답분석]

① 회의의 주제에 대한 배경지식을 가지고 회의 안건을 예상한 후 회의 자료를 파악하였으므로 하향식 읽기 모형에 해당한다.
② 헤드라인을 먼저 읽어 배경지식을 바탕으로 전체적인 내용을 파악하고 상세 내용을 읽었으므로 하향식 읽기 모형에 해당한다.
④ 요리에 대한 경험과 지식을 바탕으로 요리 과정을 파악하였으므로 하향식 읽기 모형에 해당한다.
⑤ 해당 분야에 대한 기본적인 지식을 바탕으로 서문이나 목차를 통해 책의 전체적인 흐름을 파악하였으므로 하향식 읽기 모형에 해당한다.

05

정답 ③

농도가 15%인 소금물 200g의 소금의 양은 $200 \times \frac{15}{100} = 30$g이고, 농도가 20%인 소금물 300g의 소금의 양은 $300 \times \frac{20}{100} = 60$g이다. 따라서 두 소금물을 섞었을 때의 농도는 $\frac{30+60}{200+300} \times 100 = \frac{90}{500} \times 100 = 18$%이다.

06

정답 ③

여직원끼리 인접하지 않는 경우는 남직원과 여직원이 번갈아 앉는 경우뿐이다. 이때 여직원 D의 자리를 기준으로 남직원 B가 옆에 앉는 경우를 다음과 같이 나눌 수 있다.

• 첫 번째, 여섯 번째 자리에 여직원 D가 앉는 경우
  남직원 B가 여직원 D 옆에 앉는 경우는 1가지뿐으로, 남은 자리에 남직원, 여직원이 번갈아 앉아 경우의 수는 $2 \times 1 \times 2! \times 2! = 8$가지이다.
• 두 번째, 세 번째, 네 번째, 다섯 번째 자리에 여직원 D가 앉는 경우
  각 경우에 대하여 남직원 B가 여직원 D 옆에 앉는 경우는 2가지이다. 남은 자리에 남직원, 여직원이 번갈아 앉으므로 경우의 수는 $4 \times 2 \times 2! \times 2! = 32$가지이다.

따라서 구하고자 하는 경우의 수는 $8 + 32 = 40$가지이다.

07

정답 ④

제시된 수열은 홀수 항일 때 +12, +24, +48, …씩 증가하고, 짝수 항일 때 +20씩 증가하는 수열이다.
따라서 빈칸에 들어갈 수는 13+48=61이다.

08

정답 ④

2022년에 중학교에서 고등학교로 진학한 학생의 비율은 99.7%이고, 2023년 중학교에서 고등학교로 진학한 학생의 비율은 99.6%이다. 따라서 진학한 비율이 감소하였으므로 중학교에서 고등학교로 진학하지 않은 학생의 비율은 증가하였음을 알 수 있다.

오답분석
① 중학교의 취학률이 가장 낮은 해는 97.1%인 2020년이다. 이는 97% 이상이므로 중학교의 취학률은 매년 97% 이상이다.
② 매년 초등학교의 취학률이 가장 높다.
③ 고등교육기관의 취학률은 2020년 이후로 계속해서 70% 이상을 기록하였다.
⑤ 고등교육기관의 취학률이 가장 낮은 해는 2016년이고, 고등학교의 상급학교 진학률이 가장 낮은 해 또한 2016년이다.

09

정답 ③

오답분석
① B기업의 매출액이 가장 많은 때는 2024년 3월이지만, 그래프에서는 2024년 4월의 매출액이 가장 많은 것으로 나타났다.
② 2024년 2월에는 A기업의 매출이 더 많지만, 그래프에서는 B기업이 더 많은 것으로 나타났다.
④ A기업의 매출액이 가장 적은 때는 2024년 4월이지만, 그래프에서는 2024년 3월의 매출액이 가장 적은 것으로 나타났다.
⑤ A기업과 B기업의 매출액의 차이가 가장 큰 때는 2024년 1월이지만, 그래프에서는 2024년 5월과 6월의 매출액 차이가 더 큰 것으로 나타났다.

10

정답 ⑤

스마트 팜 관련 정부 사업 참여 경험은 K사의 강점 요인이다. 또한 정부의 적극적인 지원은 스마트 팜 시장 성장에 따른 기회 요인이다. 따라서 스마트 팜 관련 정부 사업 참여 경험을 바탕으로 정부의 적극적인 지원을 확보하는 것은 내부의 강점을 통해 외부의 기회 요인을 극대화하는 SO전략에 해당한다.

오답분석
①·②·③·④ 모두 외부의 기회를 이용하여 내부의 약점을 보완하는 WO전략에 해당한다.

11

정답 ③

A~F 모두 문맥을 무시하고 일부 문구에만 집착하여 뜻을 해석하고 있으므로 '과대해석의 오류'를 범하고 있다. 과대해석의 오류는 전체적인 상황이나 맥락을 고려하지 않고 특정 단어나 문장에만 집착하여 의미를 해석하는 오류로, 글의 의미를 지나치게 확대하거나 축소하여 생각하고, 문자 그대로의 의미에만 너무 집착하여 다른 가능성이나 해석을 배제하게 되는 논리적 오류이다.

오답분석
① 무지의 오류 : '신은 존재하지 않는다가 증명되지 않았으므로 신은 존재한다.'처럼 증명되지 않았다고 해서 그 반대의 주장이 참이라고 생각하는 오류이다.
② 연역법의 오류 : '조류는 날 수 있다. 펭귄은 조류이다. 따라서 펭귄은 날 수 있다.'처럼 잘못된 삼단논법에 의해 발생하는 논리적 오류이다.
④ 허수아비 공격의 오류 : '저 사람은 과거에 거짓말을 한 적이 있으니 이번에 일어난 사기 사건의 범인이다.'처럼 개별적 인과관계를 입증하지 않고 전혀 상관없는 별개의 논리를 만들어 공격하는 논리적 오류이다.
⑤ 권위나 인신공격에 의존한 논증 : '제정신을 가진 사람이면 그런 주장을 할 수가 없다.'처럼 상대방의 주장 대신 인격을 공격하거나, '최고 권위자인 A교수도 이런 말을 했습니다.'처럼 자신의 논리적인 약점을 권위자를 통해 덮으려는 논리적 오류이다.

12

A ~ E열차의 운행시간 단위를 시간 단위로, 평균 속력의 단위를 시간당 운행거리로 통일하여 정리하면 다음과 같다.

구분	운행시간	평균 속력	운행거리
A열차	900분=15시간	$50m/s=(50\times60\times60)m/h=180km/h$	$15\times180=2,700km$
B열차	10시간 30분=10.5시간	$150km/h$	$10.5\times150=1,575km$
C열차	8시간	$55m/s=(55\times60\times60)m/h=198km/h$	$8\times198=1,584km$
D열차	720분=12시간	$2.5km/min=(2.5\times60)km/h=150km/h$	$12\times150=1,800km$
E열차	10시간	$2.7km/min=(2.7\times60)m/h=162km/h$	$10\times162=1,620km$

따라서 C열차의 운행거리는 네 번째로 길다.

13

K대학교 기숙사 운영위원회는 단순히 '기숙사에 문제가 있다.'라는 큰 문제에서 벗어나 식사, 시설, 통신환경이라는 3가지 주요 문제를 파악하고 문제별로 다시 세분화하여 더욱 구체적으로 인과관계 및 구조를 파악하여 분석하고 있다. 따라서 제시문에서 나타난 문제해결 절차는 '문제 도출'이다.

문제해결 절차 5단계
1. 문제 인식 : 해결해야 할 전체 문제를 파악하여 우선순위를 정하고 선정 문제에 대한 목표를 명확히 하는 단계
2. 문제 도출 : 선정된 문제를 분석하여 해결해야 할 것이 무엇인지를 명확히 하는 단계로, 현상에 대한 문제를 분해하여 인과관계 및 구조를 파악하는 단계
3. 원인 분석 : 파악된 핵심 문제에 대한 분석을 통해 근본 원인을 도출해 내는 단계
4. 해결안 개발 : 문제로부터 도출된 근본 원인을 효과적으로 해결할 수 있는 최적의 해결 방안을 수립하는 단계
5. 실행 및 평가 : 해결안 개발을 통해 만들어진 실행 계획을 실제 상황에 적용하는 단계로, 해결안을 통해 문제의 원인들을 제거해 나가는 단계

14

공공사업을 위해 투입된 세금을 본래의 목적에 사용하지 않고 무단으로 다른 곳에 쓴 상황이므로 '예정되어 있는 곳에 쓰지 아니하고 다른 데로 돌려서 씀'을 의미하는 '전용(轉用)'이 가장 적절한 단어이다.

오답분석
② 남용(濫用) : 일정한 기준이나 한도를 넘어서 함부로 씀
③ 적용(適用) : 알맞게 이용하거나 맞추어 씀
④ 활용(活用) : 도구나 물건 따위를 충분히 잘 이용함
⑤ 준용(遵用) : 그대로 좇아서 씀

15

시조새는 비대칭형 깃털을 가진 최초의 동물로, 현대의 날 수 있는 조류처럼 바람을 맞는 곳의 깃털은 짧고, 뒤쪽은 긴 형태로 이루어졌으며, 이와 같은 비대칭형 깃털이 양력을 제공하여 짧은 거리의 활강을 가능하게 하였다. 따라서 비행을 하기 위한 시조새의 신체 조건은 날개의 깃털이 비대칭 구조로 형성되어 있는 것이다.

오답분석
① 제시문에서 언급하지 않은 내용이다.
②·④ 3개의 갈고리 발톱과 척추뼈가 꼬리까지 이어지는 구조는 공룡의 특징을 보여주는 신체 조건이다.
⑤ 시조새는 현대 조류처럼 가슴뼈가 비행에 최적화된 형태로 발달되지 않았다고 언급하고 있다.

16

제시문은 서양의학에 중요한 영향을 준 히포크라테스와 갈레노스에 대해 소개하고 있다. 히포크라테스는 자연적 관찰을 통해 의사를 과학적인 기반 위의 직업으로 만들었으며, 히포크라테스 선서와 같이 전문직업으로써의 윤리적 기준을 마련한 서양의학의 상징이라고 소개하고 있으며, 갈레노스는 실제 해부와 임상 실험을 통해 의학 이론을 증명하고 방대한 저술을 남겨 후대 의학 발전에 큰 영향을 주었음을 설명하고 있다. 따라서 '히포크라테스와 갈레노스가 서양의학에 끼친 영향과 중요성'이 제시문의 주제이다.

오답분석
① 갈레노스의 의사로서의 이력은 언급하고 있지만, 생애에 대해 구체적으로 밝히는 글은 아니다.
② 갈레노스가 해부와 실험을 통해 의학 이론을 증명하였음을 설명할 뿐이며, 해부학의 발전 과정에 대해 설명하는 글은 아니다.
③ 히포크라테스 선서는 히포크라테스가 서양의학에 남긴 중요한 윤리적 기준이지만, 이를 중심으로 설명하는 글은 아니다.
⑤ 히포크라테스와 갈레노스 모두 4체액설과 같은 부분에서는 현대 의학과는 거리가 있었음을 밝히고 있다.

17

'비상구'는 '화재나 지진 따위의 갑작스러운 사고가 일어날 때에 급히 대피할 수 있도록 특별히 마련한 출입구'이다. 따라서 이와 가장 비슷한 단어는 '갇힌 곳에서 빠져나가거나 도망하여 나갈 수 있는 출구'를 의미하는 '탈출구'이다.

오답분석
① 진입로 : 들어가는 길
② 출입구 : 나갔다가 들어왔다가 하는 어귀나 문
③ 돌파구 : 가로막은 것을 쳐서 깨뜨려 통과할 수 있도록 뚫은 통로나 목
④ 여울목 : 여울물(강이나 바다 따위의 바닥이 얕거나 폭이 좁아 물살이 세게 흐르는 곳의 물)이 턱진 곳

18

A열차의 속력을 V_a, B열차의 속력을 V_b라 하고, 터널의 길이를 l, 열차의 전체 길이를 x라 하자.

A열차가 터널을 진입하고 빠져나오는 데 걸린 시간은 $\frac{l+x}{V_a}=14$초이다. B열차가 A열차보다 5초 늦게 진입하고 5초 빠르게 빠져나왔으므로 터널을 진입하고 빠져나오는 데 걸린 시간은 $14-5-5=4$초이다. 그러므로 $\frac{l+x}{V_b}=4$초이다.

따라서 $V_a=14(l+x)$, $V_b=4(l+x)$이므로 $\frac{V_a}{V_b}=\frac{14(l+x)}{4(l+x)}=3.5$배이다.

19

A팀은 5일마다, B팀은 4일마다 회의실을 사용하므로 두 팀이 회의실을 사용하고자 하는 날은 20일마다 겹친다. 첫 번째 겹친 날에 A팀이 먼저 사용했으므로 20일 동안 A팀이 회의실을 사용한 횟수는 4회이다. 두 번째 겹친 날에는 B팀이 사용하므로 40일 동안 A팀이 회의실을 사용한 횟수는 7회이고, 세 번째로 겹친 날에는 A팀이 회의실을 사용하므로 60일 동안 A팀은 회의실을 11회 사용하였다. 이를 표로 정리하면 다음과 같다.

겹친 횟수	첫 번째	두 번째	세 번째	네 번째	다섯 번째	…	$(n-1)$번째	n번째
회의실 사용 팀	A팀	B팀	A팀	B팀	A팀	…	A팀	B팀
A팀의 회의실 사용 횟수	4회	7회	11회	14회	18회	…		

겹친 날을 기준으로 A팀은 9회, B팀은 8회를 사용하였으므로 다음으로는 B팀이 회의실을 사용할 순서이다. 이때 B팀이 m번째로 회의실을 사용할 순서라면 A팀이 이때까지 회의실을 사용한 횟수는 $7m$회이다. 따라서 B팀이 겹친 날을 기준으로 회의실을 8회까지 사용하였고, 9번째로 사용할 순서이므로 이때까지 A팀이 회의실을 사용한 횟수는 최대 $7\times9=63$회이다.

20

④

마지막 조건에 따라 광물 B는 인회석이고, 광물 B로 광물 C를 긁었을 때 긁힘 자국이 생기므로 광물 C는 인회석보다 무른 광물이다. 한편, 광물 A로 광물 C를 긁었을 때 긁힘 자국이 생기므로 광물 A는 광물 C보다 단단하고, 광물 A로 광물 B를 긁었을 때 긁힘 자국이 생기지 않으므로 광물 A는 광물 B보다는 무른 광물이다. 따라서 가장 단단한 광물은 B이며, 그다음으로 A, C 순으로 단단하다.

[오답분석]

① 광물 C는 인회석보다 무른 광물이므로 석영이 아니다.
② 광물 A는 인회석보다 무른 광물이지만, 방해석인지는 확인할 수 없다.
③ 가장 무른 광물은 C이다.
⑤ 광물 B는 인회석이므로 모스 굳기 단계는 5단계이다.

21

정답 ⑤

J공사의 지점 근무 인원이 71명이므로 가용 인원수가 부족한 B오피스는 제외된다. 또한 시설 조건에서 스튜디오와 회의실이 필요하다고 했으므로 스튜디오가 없는 D오피스도 제외된다. 나머지 A, C, E오피스는 모두 교통 조건을 충족하므로 임대비용만 비교하면 된다. A, C, E오피스의 5년 임대비용은 다음과 같다.

• A오피스 : 600만×71×5=213,000만 원 → 21억 3천만 원
• C오피스 : 3,600만×12×5=216,000만 원 → 21억 6천만 원
• E오피스 : (3,800만×12×0.9)×5=205,200만 원 → 20억 5천 2백만 원

따라서 사무실 이전 조건을 바탕으로 가장 저렴한 공유 오피스인 E오피스로 이전한다.

22

정답 ③

에너지바우처를 신청하기 위해서는 소득기준과 세대원 특성기준을 모두 충족해야 한다. C는 생계급여 수급자이므로 소득기준을 충족하고, 65세 이상이므로 세대원 특성기준도 충족한다. 그러나 C의 경우 보장시설인 양로시설에 거주하는 보장시설 수급자이므로 지원 제외 대상이다. 따라서 C는 에너지바우처를 신청할 수 없다.

[오답분석]

① A의 경우 의료급여 수급자이므로 소득기준을 충족하고, 7세 이하의 영유아가 있으므로 세대원 특성기준도 충족한다. 따라서 에너지바우처를 신청할 수 있다.
② B의 경우 교육급여 수급자이므로 소득기준을 충족하고, 한부모가족이므로 세대원 특성기준도 충족한다. 또한 4인 이상 세대에 해당하므로 바우처 지원금액은 716,300원으로 70만 원 이상이다.
④ 동절기 에너지바우처 지원방법은 요금차감과 실물카드 2가지 방법이 있다. 이 중 D의 경우 연탄보일러를 이용하고 있으므로 실물카드를 받아 연탄을 직접 결제하는 방식으로 지원받아야 한다.
⑤ E의 경우 생계급여 수급자이므로 소득기준을 충족하고, 희귀질환을 앓고 있는 어머니가 세대원으로 있으므로 세대원 특성기준도 충족한다. 또한 2인 세대에 해당하므로 하절기 바우처 지원금액인 73,800원이 지원된다. 이때 하절기는 전기요금 고지서에서 요금을 자동으로 차감해 주므로 전기비에서 73,800원이 차감될 것이다.

23

정답 ②

A가족과 B가족 모두 소득기준과 세대원 특성기준이 에너지바우처 신청기준을 충족한다. A가족의 경우 5명이므로 총 716,300원을 지원받을 수 있다. 그러나 이미 연탄쿠폰을 발급받았으므로 동절기 에너지바우처는 지원받을 수 없다. 따라서 하절기 지원금액인 117,000원을 지원받는다. B가족의 경우 2명이므로 총 422,500원을 지원받을 수 있으며, 지역난방을 이용 중이므로 하절기와 동절기 모두 요금차감의 방식으로 지원받는다. 따라서 두 가족의 에너지바우처 지원 금액은 117,000+422,500=539,500원이다.

24

제시된 프로그램은 'result'의 초기 값을 0으로 정의한 후 'result' 값이 2를 초과할 때까지 하위 명령을 실행하는 프로그램이다. 이때 'result' 값을 1 증가시킨 후 그 값을 출력하고, 다시 1을 빼므로 0 → 1 → 1 출력 → 0 → 1 → 1 출력 → 0 → 1 → 1 출력 → … 과정을 무한히 반복하게 된다. 따라서 1이 무한히 출력된다.

25

ROUND 함수는 인수를 지정한 자릿수로 반올림한 값을 구하는 함수로, 「=ROUND(인수,자릿수)」로 표현한다. 이때 자릿수는 다음과 같이 나타낸다.

만의 자리	천의 자리	백의 자리	십의 자리	일의 자리	소수점 첫째 자리	소수점 둘째 자리	소수점 셋째 자리
-4	-3	-2	-1	0	1	2	3

따라서 「=ROUND(D2,-1)」는 [D2] 셀에 입력된 117.3365의 값을 십의 자리로 반올림하여 나타내므로 출력되는 값은 120이다.

26

제시문은 ADHD의 원인과 치료 방법에 대한 글이다. 첫 번째 문단에서는 ADHD가 유전적 원인에 의해 발생한다고 설명하고, 두 번째 문단에서는 환경적 원인에 의해 발생한다고 설명하고 있다. 이를 종합하면 ADHD가 다양한 원인이 복합적으로 작용하는 질환임을 알 수 있다. 또한 빈칸 뒤에서도 다양한 원인에 부합하는 맞춤형 치료와 환경 조성이 필요하다고 하였으므로 빈칸에 들어갈 내용으로 가장 적절한 것은 ③이다.

27

~율/률의 앞 글자가 'ㄱ' 받침을 가지고 있으므로 '출석률'이 옳은 표기이다.

> **~율과 ~률의 구분**
> • ~율 : 앞 글자의 받침이 없거나 받침이 'ㄴ'인 경우 → 비율, 환율, 백분율
> • ~률 : 앞 글자의 받침이 있는 경우(단, 'ㄴ' 받침 제외) → 능률, 출석률, 이직률, 합격률

28

남성 합격자 수와 여성 합격자 수의 비율이 2 : 3이므로 여성 합격자는 48명이다.
남성 불합격자 수와 여성 불합격자 수가 모두 a명이라 하면 다음과 같이 정리할 수 있다.

(단위 : 명)

구분	합격자	불합격자	전체 지원자
남성	$2b=32$	a	$a+2b$
여성	$3b=48$	a	$a+3b$

남성 전체 지원자 수는 $(a+32)$명이고, 여성 전체 지원자 수는 $(a+48)$명이다.
$(a+32):(a+48)=6:7$
→ $6\times(a+48)=7\times(a+32)$
→ $a=(48\times6)-(32\times7)$
∴ $a=64$
따라서 전체 지원자 수는 $2a+5b=(64\times2)+(16\times5)=128+80=208$명이다.

29

정답 ①

A씨는 2023년에는 9개월 동안 K공사에 근무하였다.

(건강보험료)=(보수월액)×(건강보험료율)이고, 2023년 1월 1일 이후 (장기요양보험료)=(건강보험료)×$\dfrac{(장기요양보험료율)}{(건강보험료율)}$이므로

(장기요양보험료)=(보수월액)×(건강보험료율)×$\dfrac{(장기요양보험료율)}{(건강보험료율)}$이다. 그러므로 (보수월액)=$\dfrac{(장기요양보험료)}{(장기요양보험료율)}$이다.

따라서 A씨의 2023년 장기요양보험료는 35,120원이므로 보수월액은 $\dfrac{35,120}{0.9082\%}=\dfrac{35,120}{0.9082}\times100≒3,866,990$원이다.

30

정답 ①

'가명처리'란 개인정보의 일부를 삭제하거나 일부 또는 전부를 대체하는 등의 방법으로 추가 정보가 없이는 특정 개인을 알아볼 수 없도록 처리하는 것을 말한다(개인정보보호법 제2조 제1의2호).

[오답분석]
② 개인정보보호법 제2조 제3호
③ 개인정보보호법 제2조 제1호 가목
④ 개인정보보호법 제2조 제2호

31

정답 ③

「=COUNTIF(범위,조건)」 함수는 조건을 만족하는 범위 내 인수의 개수를 셈하는 함수이다. 이때 열 전체에 적용하려면 해당 범위에서 숫자를 제외하면 된다. 따라서 B열에서 값이 100 이하인 셀의 개수를 구하는 함수는 「=COUNTIF(B:B,"<=100")」이다.

32

정답 ①

• (A) : 초등학생의 한 달 용돈의 합계는 B열부터 E행까지 같은 열에 있는 금액의 합이다. 따라서 옳은 함수는 「=SUM(B2:E2)」이다.
• (B) : 한 달 용돈이 150,000원 이상인 학생 수는 [F2] 셀부터 [F7] 셀까지 금액이 150,000원 이상인 셀의 개수로 구할 수 있다. 따라서 옳은 함수는 「=COUNTIF(F2:F7,">=150,000")」이다.

33

정답 ②

빅데이터 분석을 기획하고자 할 때는 먼저 범위를 설정한 다음 프로젝트를 정의해야 한다. 그 후에 수행 계획을 수립하고 위험 계획을 수립해야 한다.

34

정답 ①

㉠ 짜깁기 : 기존의 글이나 영화 따위를 편집하여 하나의 완성품으로 만드는 일
㉡ 뒤처지다 : 어떤 수준이나 대열에 들지 못하고 뒤로 처지거나 남게 되다.

[오답분석]
• 짜집기 : 짜깁기의 비표준어형
• 뒤쳐지다 : 물건이 뒤집혀서 젖혀지다.

35

공문서에서 날짜를 작성할 때 날짜 다음에 괄호를 사용할 경우에는 마침표를 찍지 않아야 한다.

> **공문서 작성 시 유의사항**
> • 한 장에 담아내는 것이 원칙이다.
> • 마지막엔 반드시 '끝'자로 마무리한다.
> • 날짜 다음에 괄호를 사용할 경우에는 마침표를 찍지 않는다.
> • 복잡한 내용은 항목별로 구분한다('-다음-', 또는 '-아래-').
> • 대외문서이며 장기간 보관되는 문서이므로 정확하게 기술한다.

36

영서가 1시간 동안 빚을 수 있는 만두의 수를 x개, 어머니가 1시간 동안 빚을 수 있는 만두의 수를 y개라 할 때 다음 식이 성립한다.

$\frac{2}{3}(x+y)=60 \cdots$ ㉠

$y=x+10 \cdots$ ㉡

㉠$\times\frac{3}{2}$에 ㉡을 대입하면

$x+(x+10)=90$

$\rightarrow 2x=80$

$\therefore x=40$

따라서 영서는 혼자서 1시간 동안 40개의 만두를 빚을 수 있다.

37

• 1,000 이상 10,000 미만

맨 앞과 맨 뒤의 수가 같은 경우는 1~9의 수가 올 수 있으므로 9가지이고, 각각의 경우에 따라 두 번째 수와 네 번째 수로 0~9의 수가 올 수 있으므로 경우의 수는 10가지이다. 그러므로 모든 네 자리 대칭수의 개수는 9×10=90개이다.

• 10,000 이상 50,000 미만

맨 앞과 맨 뒤의 수가 같은 경우는 1, 2, 3, 4의 수가 올 수 있으므로 4가지이고, 각각의 경우에 따라 두 번째 수와 네 번째 수로 0~9의 수가 올 수 있으므로 경우의 수는 10가지, 그 각각의 경우에 따라 세 번째에 올 수 있는 수 또한 0~9의 수가 올 수 있으므로 경우의 수는 10가지이다. 그러므로 10,000~50,000 사이의 대칭수의 개수는 4×10×10=400개이다.

따라서 1,000 이상 50,000 미만의 모든 대칭수의 개수는 90+400=490개이다.

38

어떤 자연수의 모든 자릿수의 합이 3의 배수일 때, 그 자연수는 3의 배수이다. 그러므로 2+5+□의 값이 3의 배수일 때, 25□는 3의 배수이다. 2+5=7이므로 7+□의 값이 3의 배수가 되도록 하는 □의 값은 2, 5, 8이다. 따라서 가능한 모든 수의 합은 2+5+8=15이다.

39

정답 ④

바이올린(V), 호른(H), 오보에(O), 플루트(F) 중 첫 번째 조건에 따라 호른과 바이올린을 묶었을 때 가능한 경우는 $3!=6$가지로 다음과 같다.
- (HV) − O − F
- (HV) − F − O
- F − (HV) − O
- O − (HV) − F
- F − O − (HV)
- O − F − (HV)

이때 두 번째 조건에 따라 오보에는 플루트 왼쪽에 위치하지 않으므로 (HV) − O − F, O − F − (HV) 2가지는 제외된다.
따라서 왼쪽에서 두 번째 칸에는 바이올린, 호른, 오보에만 위치할 수 있으므로 플루트는 배치할 수 없다.

40

정답 ④

사회적 기업은 수익 창출을 통해 자립적인 운영을 추구하고, 사회적 문제 해결과 경제적 성장을 동시에 달성하려는 특징을 가진 기업 모델로, 영리 조직에 해당한다.

영리 조직과 비영리 조직
- 영리 조직 : 이윤 추구를 주된 목적으로 하는 집단으로, 일반적인 사기업이 해당된다.
- 비영리 조직 : 사회적 가치 실현을 위해 공익을 추구하는 집단으로 자선단체, 의료기관, 교육기관, 비정부기구(NGO) 등이 해당된다.

41

정답 ②

(영업이익률)$=\dfrac{(영업이익)}{(매출액)}\times100$이고, 영업이익을 구하기 위해서는 매출총이익을 먼저 계산해야 한다. 따라서 2022년 4분기의 매출총이익은 $60-80=-20$십억 원이고, 영업이익은 $-20-7=-27$십 억 원이므로 영업이익률은 $-\dfrac{27}{60}\times100=-45\%$이다.

42

정답 ③

1시간은 3,600초이므로 36초는 $36초\times\dfrac{1시간}{3,600초}=0.01$시간이다. 그러므로 무빙워크의 전체 길이는 $5\times0.01=0.05$km이다.

따라서 무빙워크와 같은 방향으로 4km/h의 속력으로 걸을 때의 속력은 $5+4=9$km/h이므로 걸리는 시간은 $\dfrac{0.05}{9}=\dfrac{5}{900}=\dfrac{5}{900}$ $\times\dfrac{3,600초}{1시간}=20$초이다.

43

정답 ⑤

제시된 순서도는 result 값이 6을 초과할 때까지 2씩 증가하고, result 값이 6을 초과하면 그 값을 출력하는 순서도이다.
따라서 result 값이 5일 때 2를 더하여 $5+2=7$이 되어 6을 초과하므로 출력되는 값은 7이다.

44

정답 ③

방문 사유 → 파손 관련(NO) → 침수 관련(NO) → 데이터 복구 관련(YES) → ◎ 출력 → STOP
따라서 출력되는 도형은 ◎이다.

45

정답 ①

상품코드의 맨 앞 자릿수가 '9'이므로 2 ~ 7번째 자릿수의 이진코드 변환 규칙은 'ABBABA'를 따른다. 이를 변환하면 다음과 같다.

3	8	7	6	5	5
A	B	B	A	B	A
0111101	0001001	0010001	0101111	0111001	0110001

따라서 주어진 수를 이진코드로 바르게 변환한 것은 ①이다.

46

정답 ④

안전 스위치를 누르는 동안에만 스팀이 나온다고 하였으므로 안전 스위치를 누르는 등의 외부 입력이 없다면 스팀은 발생하지 않는다.

오답분석
① 기본형 청소구로 카펫를 청소하면 청소 효율이 떨어질 뿐이며, 카펫 청소는 가능하다고 언급되어 있다.
② 스팀 청소 완료 후 충분히 식지 않은 상태에서 통을 분리하면 뜨거운 물이 새어 나와 화상의 위험이 있다고 언급되어 있다.
③ 기본형 청소구의 돌출부를 누른 상태에서 잡아당기면 좁은 흡입구를 꺼낼 수 있다고 언급되어 있다.
⑤ 스팀 청소구의 물통에 물을 채우는 작업, 걸레판에 걸레를 부착하는 작업 모두 반드시 전원을 분리한 상태에서 진행해야 한다고 언급되어 있다.

47

정답 ④

바닥에 물이 남는다면 스팀 청소구를 좌우로 자주 기울이지 않도록 주의하거나 젖은 걸레를 교체해야 한다.

48

정답 ⑤

팀 목표를 달성하도록 팀원을 격려하는 환경을 조성하기 위해서는 동료의 피드백이 필요하다. 긍정이든 부정이든 피드백이 없다면 팀원들은 개선을 이루거나 탁월한 성과를 내고자 하는 노력을 게을리하게 된다.

동료의 피드백을 장려하는 4단계
1. 간단하고 분명한 목표와 우선순위를 설정하라.
2. 행동과 수행을 관찰하라.
3. 즉각적인 피드백을 제공하라.
4. 뛰어난 수행성과에 대해 인정하라.

49

정답 ②

업무적으로 내적 동기를 유발하기 위해서는 업무 관련 교육을 꾸준히 하여야 한다.

> **내적 동기를 유발하는 방법**
> • 긍정적 강화법 활용하기
> • 새로운 도전의 기회 부여하기
> • 창의적인 문제해결법 찾기
> • 자신의 역할과 행동에 책임감 갖기
> • 팀원들을 지도 및 격려하기
> • 변화를 두려워하지 않기
> • 지속적인 교육 실시하기

50

정답 ⑤

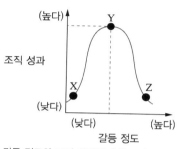

갈등 정도와 조직 성과에 대한 그래프에서 갈등이 X점 수준일 때에는 조직 내부의 의욕이 상실되고 환경의 변화에 대한 적응력도 떨어져 조직 성과가 낮아진다. 갈등이 Y점 수준일 때에는 갈등의 순기능이 작용하여 조직 내부에 생동감이 넘치고 변화 지향적이며 문제해결능력이 발휘되어 조직 성과가 높아진다. 반면, 갈등이 Z점 수준일 때에는 오히려 갈등의 역기능이 작용하여 조직 내부에 혼란과 분열이 발생하고 조직 구성원들이 비협조적이 되어 조직 성과는 낮아지게 된다.

작은 기회로부터 종종 위대한 업적이 시작된다.

- 데모스테네스 -

PART 1

합격의 공식 시대에듀 www.sdedu.co.kr

직업기초능력평가

CHAPTER 01	의사소통능력
CHAPTER 02	수리능력
CHAPTER 03	문제해결능력
CHAPTER 04	자원관리능력
CHAPTER 05	조직이해능력
CHAPTER 06	대인관계능력
CHAPTER 07	정보능력
CHAPTER 08	기술능력

01 | 의사소통능력

대표기출유형 01   기출응용문제

01
정답 ⑤

제시문은 인간이 지구상에서 이용할 수 있는 생활공간은 제한되어 있기 때문에 인간이 이용할 수 있는 생활공간의 한계를 깨뜨리지 않는 범위 안에서만 인간의 생활공간을 확장시켜야 한다고 언급하고 있다. 따라서 제시문의 내용으로 적절하지 않은 것은 ⑤이다.

02
정답 ②

안정적인 전력망 운영을 위해서는 전력계통에서 전력의 공급량과 전력의 수요량이 같아야 한다.

오답분석

① 개발시스템은 내년까지 한국전력 내 전체 사업소에 보급할 계획이다.
③ '배전계통 부하예측 관리시스템'은 날씨에 따른 발전량의 급격한 변화에도 예측이 가능하게 설계됐다.
④ 전력데이터 확보 및 실증의 어려움으로 개발에 어려움이 있었던 건 맞으나, 한전의 전력데이터를 활용한 '배전계통 부하예측 관리시스템'을 개발했다.
⑤ 연간 80억 원의 비용을 절감할 것으로 기대되며, 100억 원은 예상되는 직간접 이윤에 해당한다.

03
정답 ④

제시문의 세 번째 문단에서 '상품에 응용된 과학기술이 복잡해지고 첨단화되면서 상품 정보에 대한 소비자의 정확한 이해도 기대하기 어려워졌다.'라고 하였다. 따라서 제시문의 내용으로 가장 적절한 것은 ④이다.

대표기출유형 02   기출응용문제

01
정답 ②

제시문의 세 번째 문단에서 '시장집중률은 시장 내 일정 수의 상위 기업들이 차지하는 비중을 나타내 주는 수치, 즉 일정 수의 상위 기업의 시장점유율을 합한 값이다.'라고 시장집중률의 개념을 설명하고 있다. 그리고 이를 통해 시장 구조를 구분하여 설명하고, 시장 내의 공급이 기업에 집중되는 양상을 파악할 수 있다는 의의를 밝히고 있다. 따라서 제시문의 중심 주제로 가장 적절한 것은 ②이다.

02
정답 ③

제시문은 CCTV가 인공지능(AI)과 융합되면 기대할 수 있는 효과들(범인 추적, 자연재해 예측)에 대해 설명하고 있다. 따라서 제시문의 제목으로는 'AI와 융합한 CCTV의 진화'가 가장 적절하다.

03
정답 ④

제시문은 높은 유류세로 인해 발생하는 장점을 열거함으로써 유류세 인상을 정당화하고 있다. 따라서 제시문의 주제로는 '높은 유류세의 정당성'이 가장 적절하다.

04
정답 ④

제시문의 첫 번째 문단에서 위계화의 개념을 설명하고, 이어지는 문단에서 이러한 불평등의 원인과 구조에 대해 살펴보고 있다. 따라서 제시문의 제목으로 가장 적절한 것은 ④이다.

대표기출유형 03 | 기출응용문제

01
정답 ④

제시문은 종교 해방을 위해 나타난 계몽주의의 발현 배경과 계몽주의가 추구한 방향에 대해 설명하고, 그 결과 나타난 긍정적 요소와 부정적 요소를 설명하는 글이다. 따라서 (라) 인간의 종교와 이를 극복하게 한 계몽주의 → (가) 계몽주의의 추구 방향 → (다) 계몽주의의 결과로 나타난 효과 → (나) 계몽주의의 결과로 나타난 역효과의 순서로 나열되어야 한다.

02
정답 ④

먼저 귀납에 대해 설명하고 있는 (나) 문단이 오는 것이 적절하며, 특성으로 인한 귀납의 논리적 한계가 나타난다는 (라) 문단이 그다음으로 오는 것이 적절하다. 이후 이러한 한계에 대한 흄의 의견인 (다) 문단과 구체적인 흄의 주장과 이에 따라 귀납의 정당화 문제에 대해 설명하는 (가) 문단이 차례로 오는 것이 적절하다.

03
정답 ⑤

제시문은 자본주의의 발생과 한계, 그로 인한 수정자본주의의 탄생과 수정자본주의의 한계로 인한 신자유주의의 탄생에 대해 다루고 있다. 제시된 문단의 마지막 문장인 '이러한 자본주의는 어떻게 발생하였을까?'를 통해 이어질 내용이 자본주의의 역사임을 유추할 수 있다. 따라서 (라) 자본주의의 태동 → (나) 자본주의의 학문화를 통한 영역의 공고화 → (가) 고전적 자본주의의 문제점을 통한 수정자본주의의 탄생 → (다) 수정자본주의의 문제점을 통한 신자유주의의 탄생의 순서로 나열해야 한다.

04
정답 ④

제시문은 디젤 엔진과 가솔린 엔진을 비교하며, 디젤 엔진의 특징과 효율성을 설명하고 있다. 따라서 (바) 루돌프 디젤의 새로운 엔진 개발 → (나) 기존 가솔린 엔진의 단점 → (아) 가솔린 엔진의 기본 원리 → (가) 가솔린 엔진의 노킹 현상 → (마) 디젤 엔진의 기본 원리 → (사) 디젤 엔진의 높은 압축 비율 → (다) 오늘날 자동차 엔진으로 자리 잡은 디젤 엔진 → (라) 기술 발전으로 디젤 엔진의 문제 극복의 순으로 나열하는 것이 적절하다.

01

정답　①

빈칸의 앞부분에서는 위기 상황을 제시하였고, 뒷부분에서는 인류의 각성을 촉구하는 내용을 다루고 있다. 빈칸 앞뒤의 내용을 논리적으로 자연스럽게 연결하기 위해서는 각성의 당위성을 이끌어내는 데 필요한 전제가 들어가야 하므로 빈칸에 들어갈 내용으로는 ①이 가장 적절하다.

02

정답　①

• 첫 번째 빈칸 : 공간 정보가 정보 통신 기술의 발전으로 시간에 따른 변화를 반영할 수 있게 되었다는 빈칸 뒤의 내용을 통해 빈칸에는 시간에 따른 공간의 변화를 포함한 공간 정보를 이용할 수 있게 되면서 '최적의 경로 탐색'이 가능해졌다는 내용의 ㉠이 적절함을 알 수 있다.
• 두 번째 빈칸 : ㉡은 빈칸 앞 문장의 '탑승할 버스 정류장의 위치, 다양한 버스 노선, 최단 시간 등을 분석하여 제공하는' 지리정보시스템이 '더 나아가' 제공하는 정보에 대해 이야기한다. 따라서 빈칸에는 ㉡이 적절하다.
• 세 번째 빈칸 : 빈칸 뒤의 내용에서는 공간 정보가 활용되고 있는 다양한 분야와 앞으로 활용될 수 있는 분야를 이야기하고 있으므로 빈칸에는 공간 정보의 활용 범위가 계속 확대되고 있다는 ㉢이 적절함을 알 수 있다.

03

정답　②

갑돌이의 성품이 탁월하다고 볼 수 있는 것은 그의 성품이 곧고 자신감이 충만하며, 다수의 옳지 않은 행동에 대하여 비판의 목소리를 낼 것이고 그렇게 하는 데 별 어려움을 느끼지 않을 것이기 때문이다. 또한 세 번째 문단에 따르면 탁월한 성품은 올바른 훈련을 통해 올바른 일을 바르고 즐겁게 그리고 어려워하지 않으며 처리할 수 있는 능력을 뜻한다. 그러므로 아리스토텔레스의 입장에서는 '엄청난 의지를 발휘'하고 자신과의 '힘든 싸움'을 해야 했던 병식이보다는 잘못된 일에 '별 어려움' 없이 '비판의 목소리'를 내는 갑돌이의 성품을 탁월하다고 여길 것이다. 따라서 빈칸에는 ②가 가장 적절하다.

01

정답　③

제시문의 맥락상 '뒤섞이어 있음'을 의미하는 '혼재(混在)'가 적절하다.
• 잠재(潛在) : 겉으로 드러나지 않고 속에 잠겨 있거나 숨어 있음

02

정답　①

두 건의 문서는 같은 거래처로 발송될 것이지만, 두 건의 내용의 연관성이 적으므로 별도로 작성하여 별도의 봉투에 넣어 발송하는 것이 바람직하다.

03

제시문의 두 번째 문단은 우울증의 긍정적인 면모인 보호 기제로서의 측면에 대한 내용을 다루고 있다. ⓒ은 지금의 경쟁사회가 정신적인 소진 상태를 초래하기 쉬운 환경이라는 내용이므로 오늘날 우울증이 급격히 늘어나는 원인을 설명하고 있는 세 번째 문단의 마지막 문장 바로 앞에 들어가는 것이 더 적절하다.

오답분석

① 우울증과 창조성의 관계를 설명하면서 그 예시로 우울증을 갖고 있었던 위대한 인물들을 들고 있다. 따라서 천재와 우울증이 동전의 양면과 같으므로 인류 문명의 진보를 이끌었다고 볼 수 있다는 내용의 ⓐ은 첫 번째 문단의 결론이므로 삭제할 필요가 없다.
② 문장의 주어가 '엄청난 에너지를 소모하는 것', 즉 행위이므로 이 행위는 어떤 상태에 이르게 '만드는' 것이 되어야 자연스럽다. 따라서 문장의 주어와 호응하는 것은 '이르게도 할 수 있다'이다.
④ ⓔ을 기준으로 앞 문장은 새로운 조합을 만들어내는 창조성 있는 사람이 이익을 갖게 된다는 내용이고, 뒤 문장은 새로운 조합을 만들어내는 일이 많은 에너지를 요하는 어려운 일이라는 내용이다. 따라서 뒤 문장이 앞 문장의 결과라고 보기 어렵다.
⑤ 세 번째 문단 앞 부분의 내용에 따르면 경쟁사회에서 창조성 있는 사람이 이익을 얻는다. 따라서 ⓜ을 '억제하지만'으로 바꾸는 것은 적절하지 않다.

04

제시문의 문맥상 '겉에 나타나 있거나 눈에 띄다.'의 의미를 지닌 '드러나다'의 쓰임은 적절하다. '들어나다'는 사전에 등록되어 있지 않은 단어로, '드러나다'의 잘못된 표현이다.

대표기출유형 06   기출응용문제

01

제시문의 '밝히다'와 ④는 '진리, 가치, 옳고 그름 따위를 판단하여 드러내 알리다.'의 의미이다.

오답분석

① 드러나게 좋아하다.
② 드러나지 않거나 알려지지 않은 사실, 내용, 생각 따위를 드러내 알리다.
③ 빛을 내는 물건에 불을 켜다.
⑤ 자지 않고 지내다.

02

'새로운 물건을 만들거나 새로운 생각을 내어놓음'을 뜻하는 어휘는 '개발'이다.

03

• ⓐ : 앞뒤 문장은 서로 반대되는 내용이므로 역접 접속사인 '그럼에도 불구하고'나 '그러나'가 들어가는 것이 적절하다.
• ⓑ : 앞 문장은 뒤 문장에서 구체적 예시를 들어 부연하고 있으므로 '즉'이 들어가는 것이 적절하다.

04

제시문의 '받다'와 ⑤는 '다른 사람이나 대상이 가하는 행동, 심리적인 작용 따위를 당하거나 입다.'의 의미이다.

오답분석
① 색깔이나 모양이 어떤 것에 어울리다.
② 점수나 학위 따위를 따다.
③ 다른 사람의 어리광, 주정 따위에 무조건 응하다.
④ 사람을 맞아들이다.

05

• ㉠ : 앞뒤 문장의 호응을 고려할 때 '발달'이 적절하다.
• ㉡ : 뒤의 '자연에 대한 치밀한 탐구'라는 내용과 호응해야 하므로 '치열'이 적절하다.
• ㉢ : 앞의 맥락이 긍정적이므로 '긍정적인'이 적절하다.
• ㉣ : 첫 문장에 '급부상'이라는 단어가 있으므로 '갑자기'가 적절하다.

06

• 그의 취미는 우표 (수집)이다.
• 분리 (수거)를 생활화해야 한다.
• 올해는 장마 때문에 농작물 (수확)이 작년만 못하다.
• 형사는 범행 현장에서 범인의 것으로 추측되는 지문을 (채취)했다.
• 연구원은 실험을 위해 시료를 (채취)하고 있다.

• 채집 : 널리 찾아서 얻거나 캐거나 잡아 모으는 일

오답분석
① 수집 : 취미나 연구를 위하여 여러 가지 물건이나 재료를 찾아 모음. 또는 그 물건이나 재료
② 수거 : 거두어 감
③ 수확 : 익은 농작물을 거두어들임. 또는 거두어들인 농작물
⑤ 채취 : 풀, 나무, 광석 따위를 찾아 베거나 캐거나 하여 얻어 냄

대표기출유형 07 기출응용문제

01

'형설지공(螢雪之功)'은 '고생하면서 공부하여 이뤄낸 성공'이란 뜻으로, 밤에 반딧불을 모아 반딧불의 불빛으로 책을 읽었다는 중국 차윤과 겨울밤에 눈에 비친 빛으로 책을 읽었다는 중국 손강의 일화를 합쳐 만든 한자성어이다.

오답분석
② 명불허전(名不虛傳) : '이름은 헛되이 전해지지 않는다.'라는 뜻으로, 사마천이 맹상군을 평가할 때 '세지전맹상군호객자희 명불허의'라는 평에서 유래한 한자성어이다.
③ 각주구검(刻舟求劍) : '고지식하고 융통성이 없는 사람 또는 자세'라는 뜻으로, 중국 초나라 사람들이 배를 타고 가다 칼이 물에 빠지자 칼자국을 내어 표시했다가 나중에 배가 움직인 것은 생각하지 않고 칼을 찾았다는 데서 유래한 한자성어이다.
④ 독야청청(獨也靑靑) : '홀로 꺾이지 않는 변함없는 절개와 신의'를 비유적으로 이르는 한자성어이다.
⑤ 복경호우(福輕乎羽) : '복은 새의 날개보다 가볍다.'라는 뜻으로, 마음가짐을 어떻게 가지느냐에 따라 행복하게 된다는 의미인 한자성어이다.

02

정답 ②

'수주대토(守株待兔)'는 '이전부터 행해지던 관습이나 사례들을 융통성 없이 계속하여 따르는 발전 없는 사람'을 일컫는 한자성어이다. 이는 제시문에서 단순히 안전 구호를 외치며 안전 체조를 하던 과거 방식을 고집하는 일부 건설사와 관련된다.

오답분석
① 조삼모사(朝三暮四) : '간사한 꾀로 남을 속여 희롱함'을 이르는 말이다. 먹이를 아침에 3개, 저녁에 4개씩 주겠다는 말에는 원숭이들이 적다고 화를 내더니 아침에 4개, 저녁에 3개씩 주겠다는 말에는 좋아하였다는 데서 유래한 한자성어이다.
③ 자강불식(自强不息) : '스스로 강인하게 매진하여 쉬지 않고 끊임없이 목표를 향해 나아가는 것'을 의미하는 한자성어이다.
④ 오하아몽(吳下阿蒙) : '힘은 있으나 배워서 얻은 지식이 없는 사람'을 비웃는 말로 쓰이는 한자성어이다.
⑤ 일취월장(日就月將) : '하루가 다르게 더 좋은 상태로 나아간다.'라는 의미의 한자성어이다.

03

정답 ②

제시문은 모든 일에는 지켜야 할 질서와 차례가 있음에도 불구하고 이를 무시한 채 무엇이든지 빠르게 처리하려는 한국의 '빨리빨리' 문화에 대해 설명하고 있다. 따라서 이와 관련 있는 속담으로는 '일의 순서도 모르고 성급하게 덤빔'을 의미하는 '우물에 가 숭늉 찾는다.'가 가장 적절하다.

오답분석
① 모양이나 형편이 서로 비슷하고 인연이 있는 것끼리 서로 잘 어울리고, 사정을 보아주며, 감싸주기 쉬움을 비유적으로 이르는 말이다.
③ 한마디 말을 듣고 여러 가지 사실을 미루어 알아낼 정도로 매우 총기가 있다는 말이다.
④ 작은 힘이라도 꾸준히 계속하면 큰일을 이룰 수 있음을 비유적으로 이르는 말이다.
⑤ '속으로는 가기를 원하면서 겉으로는 만류하는 체한다.'라는 뜻으로, 속생각은 전혀 다르면서도 말로만 그럴듯하게 인사치레함을 비유적으로 이르는 말이다.

02 | 수리능력

대표기출유형 01 | 기출응용문제

01

정답 ③

A관은 1분에 $560 \div 35 = 16$L, B관은 1분에 $560 \div 16 = 35$L, C관은 1분에 $560 \div 20 = 28$L를 배수할 수 있다.
처음 10분은 A관으로 배수했으므로 남은 물의 양은 $560 - (10 \times 16) = 400$L이다.

따라서 남은 물을 B관과 C관으로 같이 배수하면 $400 \div (35 + 28) = \dfrac{400}{63}$분이 걸린다.

02

정답 ③

A는 0, 2, 3을 뽑았으므로 만들 수 있는 가장 큰 세 자리 숫자는 320이다.
카드 5장 중 3장을 뽑을 때 카드의 순서를 고려하지 않고 뽑는 전체 경우의 수는 $_5C_2 = 10$가지이다.
이때 B가 이기려면 4가 적힌 카드를 뽑거나 1, 2, 3의 카드를 뽑아야 한다.
4가 적힌 카드를 뽑는 경우의 수는 4가 한 장을 차지하고 나머지 2장의 카드를 뽑아야 한다.

따라서 $_4C_2 = 6$가지이고, 1, 2, 3카드를 뽑는 경우는 1가지이므로 B가 이길 확률은 $\dfrac{7}{10}$이다.

03

정답 ④

340km를 100km/h로 달리면 3.4시간이 걸린다.
휴게소에서 쉰 시간 30분(0.5시간)을 더해 예정에는 3.9시간 뒤에 서울 고속터미널에 도착해야 한다.
하지만 도착 예정시각보다 2시간 늦게 도착했으므로 실제 걸린 시간은 5.9시간이 되고, 휴게소에서 예정인 30분보다 6분(0.1시간)을 더 쉬었으니 쉬는 시간을 제외한 버스의 이동시간은 5.3시간이다.
따라서 실제 경언이가 탄 버스의 평균 속도는 $340 \div 5.3 = 64$km/h이다.

04

정답 ③

정답을 맞힌 2점 문항의 개수를 x개, 3점 문항의 개수를 y개라고 하면 4점 문항의 개수는 $(y-3)$개이다.
희철이가 받은 점수가 71점이므로 다음 식이 성립한다.
$x + y + (y-3) = 22 \rightarrow x + 2y = 25 \cdots \bigcirc$
$2x + 3y + 4(y-3) = 71 \rightarrow 2x + 7y = 83 \cdots \bigcirc\!\!\bigcirc$
$\bigcirc$, $\bigcirc\!\!\bigcirc$을 연립하면 $x = 3$, $y = 11$이다.
따라서 정답을 맞힌 3점 문항의 개수는 11개이다.

05

정답 ⑤

정가를 x원이라 하면 판매가는 $x \times \left(1 - \dfrac{1}{10}\right) = 0.9x$원이고, 원가는 $x \times \left(1 - \dfrac{2}{10}\right) = 0.8x$원이다.

이윤은 (판매가)−(원가)이므로 $0.9x - 0.8x = 0.1x$원이고, K서점이 얻는 이윤은 $\dfrac{0.1x}{0.8x} \times 100 = 12.5\%$이다.

06

정답 ③

열차의 길이를 xm라고 하자.
열차가 다리 또는 터널을 지날 때의 이동거리는 (열차의 길이)+(다리 또는 터널의 길이)이다.
열차의 속력은 일정하므로 다리를 통과할 때 속력과 터널을 통과할 때의 속력은 같으므로 다음 식이 성립한다.

$$\frac{(x+240)}{16} = \frac{(x+840)}{40}$$

$\rightarrow 5(x+240) = 2(x+840)$

$\rightarrow 3x = 480$

$\therefore x = 160$

따라서 열차의 길이는 160m이다.

07

정답 ①

소금물 A의 농도를 $x\%$, 소금물 B의 농도를 $y\%$라고 하면 다음 식이 성립한다.

$\dfrac{x}{100} \times 200 + \dfrac{y}{100} \times 300 = \dfrac{9}{100} \times 500 \rightarrow 2x + 3y = 45 \cdots \bigcirc$

$\dfrac{x}{100} \times 300 + \dfrac{y}{100} \times 200 = \dfrac{10}{100} \times 500 \rightarrow 3x + 2y = 50 \cdots \bigcirc$

$\bigcirc$, $\bigcirc$을 연립하면 $x = 12$, $y = 7$이다.
따라서 소금물 A의 농도는 12%이고, 소금물 B의 농도는 7%이다.

08

정답 ④

• 팀장 1명을 뽑는 경우의 수 : $_{10}\mathrm{C}_1 = 10$가지

• 회계 담당 2명을 뽑는 경우의 수 : $_9\mathrm{C}_2 = \dfrac{9 \times 8}{2!} = 36$가지

따라서 구하고자 하는 경우의 수는 $10 \times 36 = 360$가지이다.

09

정답 ③

희경이가 본사에서 나온 시각은 오후 3시에서 본사에서 K지점까지 걸린 시간만큼을 빼면 된다.

따라서 본사에서 K지점까지 가는 데 걸린 시간은 $\dfrac{20}{60} + \dfrac{30}{90} = \dfrac{2}{3}$시간, 즉 40분이므로 희경이는 오후 2시 20분에 본사에서 나왔다.

01

정답 ③

제시된 수열은 앞의 항에 -16, $+15$, -14, $+13$, -12, $\cdots$를 더하는 수열이다.
따라서 (　)=$250+15=265$이다.

02

정답 ②

제시된 수열은 n을 자연수라고 할 때, n항의 값이 $(n+10)\times(n+11)$인 수열이다.
따라서 (　)=$(6+10)\times(6+11)=16\times17=272$이다.

03

정답 ④

제시된 수열은 홀수 항은 -14, 짝수 항은 $+10$의 규칙을 갖는 수열이다.
따라서 (　)=$80-14=66$이다.

대표기출유형 03　기출응용문제

01

정답 ②

• (가) : 반도체시장과 SW시장은 $2,410:10,090$이므로 약 4배이다.
• (나) : 핸드폰시장과 SW시장은 $1,689:10,090$이므로 약 6배이다.

02

정답 ⑤

K씨는 휴일 오후 3시에 택시를 타고 서울에서 경기도 맛집으로 이동 중이다. 택시요금 계산표에 따라 경기도 진입 전까지 기본요금으로 2km까지 3,800원이며, $4.64-2=2.64$km는 주간 거리요금으로 계산하면 $\dfrac{2,640}{132}\times100=2,000$원이 나온다. 경기도에 진입한 후 맛집까지의 거리는 $12.56-4.64=7.92$km로 시계외 할증이 적용되어 심야 거리요금으로 계산하면 $\dfrac{7,920}{132}\times120=7,200$원이고, 경기도 진입 후 택시가 멈춰 있었던 8분의 시간요금은 $\dfrac{8\times60}{30}\times120=1,920$원이다. 따라서 K씨가 가족과 맛집에 도착하여 지불하게 될 택시요금은 $3,800+2,000+7,200+1,920=14,920$원이다.

03

정답 ⑤

연령대를 기준으로 남성과 여성의 인구비율을 계산하면 다음과 같다.

구분	남성	여성
0 ~ 14세	$\frac{323}{627} \times 100 = 51.5\%$	$\frac{304}{627} \times 100 = 48.5\%$
15 ~ 29세	$\frac{453}{905} \times 100 = 50.1\%$	$\frac{452}{905} \times 100 = 49.9\%$
30 ~ 44세	$\frac{565}{1,110} \times 100 = 50.9\%$	$\frac{545}{1,110} \times 100 = 49.1\%$
45 ~ 59세	$\frac{630}{1,257} \times 100 = 50.1\%$	$\frac{627}{1,257} \times 100 = 49.9\%$
60 ~ 74세	$\frac{345}{720} \times 100 = 47.9\%$	$\frac{375}{720} \times 100 = 52.1\%$
75세 이상	$\frac{113}{309} \times 100 = 36.6\%$	$\frac{196}{309} \times 100 = 63.4\%$

남성 인구가 40% 이하인 연령대는 75세 이상(36.6%)이며, 여성 인구가 50% 초과 60% 이하인 연령대는 60 ~ 74세(52.1%)이다. 따라서 바르게 짝지은 것은 ⑤이다.

대표기출유형 04 | 기출응용문제

01

정답 ①

본인에 대해 아버지가 걱정하는 비율은 27.1%이므로 50% 미만이다.

[오답분석]

② 아버지가 아들보다 딸을 걱정하는 비율이 89.6−77.1=12.5%p 더 높고, 어머니가 아들보다 딸을 걱정하는 비율이 91.1−83.4 =7.7%p 더 높다.

③ 아버지가 본인, 아들, 딸에 대해 걱정하는 비율은 각각 27.1%, 77.1%, 89.6%인 반면, 어머니가 본인, 아들, 딸에 대해 걱정하는 비율은 58.4%, 83.4%, 91.1%이다. 따라서 아버지에 비해 어머니의 비율이 더 높다.

④ 본인의 범죄 피해에 대해 걱정하는 어머니는 58.4%, 걱정하지 않는 어머니는 16.3%이므로 옳은 설명이다.

⑤ 어머니가 아들과 딸에 대해 걱정하지 않는 비율의 차이는 8.0−5.1=2.9%p이고, 아버지가 아들과 딸에 대해 걱정하지 않는 비율의 차이는 9.7−5.7=4%p이다. 따라서 어머니의 비율 차이가 아버지의 비율 차이보다 작다.

02

정답 ④

4인 가족의 경우 경차는 54,350원, 중형차는 94,680원, 고속버스는 82,080원, KTX는 120,260원의 비용이 든다. 따라서 중형차는 두 번째로 비용이 비싸다.

[오답분석]

① 4인 가족이 KTX를 이용할 때 (114,600+57,200)×0.7=120,260원으로 가장 비용이 비싸다.

② 4인 가족이 경차를 이용할 때 45,600+(12,500×0.7)=54,350원으로 가장 비용이 저렴하다.

③ 4인 가족이 중형차를 이용할 경우 74,600+(25,100×0.8)=94,680원의 비용이 든다.

⑤ 4인 가족의 경우 중형차를 이용할 때 94,680원의 비용이 들며, 고속버스를 이용할 때는 (68,400+34,200)×0.8=82,080원의 비용이 든다. 따라서 고속버스가 중형차보다 더 저렴하다.

03

자금이체 서비스 이용 실적은 2024년 3분기에도 감소하였다.

오답분석
① 조회 서비스 이용 실적은 매 분기마다 계속 증가한 것을 확인할 수 있다.
③ 2024년 2분기 조회 서비스 이용 실적은 849천 건이고, 전 분기의 이용 실적은 817천 건이므로 849-817=32, 즉 3만 2천 건 증가하였다.
④ 2024년 4분기의 조회 서비스 이용 실적은 자금이체 서비스 이용 실적의 $\frac{1,081}{14}≒77$배이므로 옳은 설명이다.
⑤ 모바일 뱅킹 서비스 이용 실적의 전 분기 대비 증가율이 가장 높은 분기는 2024년 4분기인 것을 확인할 수 있다.

04

L사의 가습기 B와 H의 경우 모두 표시지 정보와 시험 결과에서 아파트 적용 바닥면적이 주택 적용 바닥면적보다 넓다.

오답분석
① D가습기와 G가습기의 실제 가습능력은 표시지 정보보다 더 나음을 알 수 있다.
② W사의 G가습기 소음은 33.5dB(A)로, C사의 C가습기와 E가습기보다 소음이 더 크다.
③ L사의 H가습기는 표시지 정보보다 시험 결과의 전력 소모가 덜함을 알 수 있다.
④ W사의 D가습기는 표시지 정보보다 시험 결과의 미생물 오염도가 덜함을 알 수 있다.

05

실험오차가 절댓값이라는 점에 유의해 물질2에 대한 4개 기관의 실험오차율은 다음과 같다.
- A기관의 실험오차율 : $\frac{|26-11.5|}{11.5}\times100=\frac{14.5}{11.5}\times100$
- B기관의 실험오차율 : $\frac{|7-11.5|}{11.5}\times100=\frac{4.5}{11.5}\times100$
- C기관의 실험오차율 : $\frac{|7-11.5|}{11.5}\times100=\frac{4.5}{11.5}\times100$
- D기관의 실험오차율 : $\frac{|6-11.5|}{11.5}\times100=\frac{5.5}{11.5}\times100$

A기관의 실험오차율과 나머지 기관의 실험오차율의 합과 비교하면 다음과 같다.
$$\frac{14.5}{11.5}\times100=\left(\frac{4.5}{11.5}+\frac{4.5}{11.5}+\frac{5.5}{11.5}\right)\times100$$
따라서 두 비교대상이 같음을 알 수 있다.

오답분석
① 물질3에 대한 4개 기관의 실험오차율은 다음과 같다.
- A기관 : $\frac{|109-39.5|}{39.5}\times100=\frac{69.5}{39.5}\times100$
- B기관 : $\frac{|15-39.5|}{39.5}\times100=\frac{24.5}{39.5}\times100$
- C기관 : $\frac{|16-39.5|}{39.5}\times100=\frac{23.5}{39.5}\times100$
- D기관 : $\frac{|18-39.5|}{39.5}\times100=\frac{21.5}{39.5}\times100$

따라서 물질3에 대한 실험오차율은 A기관이 가장 크다.

② 물질1에 대한 B기관과 D기관의 실험오차율은 다음과 같다.

- B기관의 실험오차율 : $\dfrac{|7-4.5|}{4.5}\times 100=\dfrac{2.5}{4.5}\times 100$

- D기관의 실험오차율 : $\dfrac{|2-4.5|}{4.5}\times 100=\dfrac{2.5}{4.5}\times 100$

따라서 물질1에 대한 B기관과 D기관의 실험오차율은 동일하다.

③ 물질1에 대한 B기관의 실험오차율과 물질2에 대한 A기관의 실험오차율은 다음과 같다.

- 물질1에 대한 B기관의 실험오차율 : $\dfrac{|7-4.5|}{4.5}\times 100=\dfrac{2.5}{4.5}\times 100$

- 물질2에 대한 A기관의 실험오차율 : $\dfrac{|26-11.5|}{11.5}\times 100=\dfrac{14.5}{11.5}\times 100$

따라서 $\dfrac{2.5}{4.5}<\dfrac{14.5}{11.5}$ 이므로 물질1에 대한 B기관의 실험오차율은 물질2에 대한 A기관의 실험오차율보다 작다.

⑤ 4개 물질에 대한 A기관의 측정결과를 제외한 이후의 유효농도와 제외하기 이전의 유효농도를 비교하면 다음과 같다.

- 물질1 : $\dfrac{7+4+2}{3}=\dfrac{13}{3}\fallingdotseq 4.3<4.5$

- 물질2 : $\dfrac{7+7+6}{3}=\dfrac{20}{3}\fallingdotseq 6.6<11.5$

- 물질3 : $\dfrac{15+16+18}{3}=\dfrac{49}{3}\fallingdotseq 16.3<39.5$

- 물질4 : $\dfrac{47+131+51}{3}=\dfrac{229}{3}\fallingdotseq 76.3<125.5$

따라서 A기관의 실험 결과를 제외하면 4개 물질의 유효농도 값은 모두 제외하기 이전보다 작아진다.

01

정답 ①

오답분석
② 2022년 연구 인력의 평균 연령 수치는 41.2세이다.
③ 2023년 지원 인력의 평균 연령 수치는 47.1세이다.
④ 범주가 바뀌었다.
⑤ 범주가 바뀌었으며, 일부 수치도 옳지 않다.

02

정답 ④

그래프에서는 내수 현황을 누적으로 나타내었으므로 옳지 않다.

오답분석
①·② 제시된 자료를 통해 알 수 있다.
③ 신재생에너지원별 고용인원 비율을 구하면 다음과 같다.

- 태양광 : $\frac{8,698}{16,177} \times 100 = 54\%$

- 풍력 : $\frac{2,369}{16,177} \times 100 = 15\%$

- 폐기물 : $\frac{1,899}{16,177} \times 100 = 12\%$

- 바이오 : $\frac{1,511}{16,177} \times 100 = 9\%$

- 기타 : $\frac{1,700}{16,177} \times 100 = 10\%$

⑤ 신재생에너지원별 해외공장매출 비율을 구하면 다음과 같다.

- 태양광 : $\frac{18,770}{22,579} \times 100 = 83.1\%$

- 풍력 : $\frac{3,809}{22,579} \times 100 = 16.9\%$

03

정답 ②

사망원인이 높은 순서대로 나열하면 '암, 심장질환, 뇌질환, 자살, 당뇨, 치매, 고혈압'이며, 암은 10만 명당 185명이고, 심장질환과 뇌질환은 각각 암으로 인한 사망자와 20명 미만의 차이다. 또한 자살은 10만 명당 50명이다.

오답분석
① 사망원인 중 암인 사람은 185명이다.
③ 자살로 인한 사망자는 50명이다.
④·⑤ 뇌질환 사망자가 암 사망자와 20명 이상 차이난다.

03 | 문제해결능력

대표기출유형 01 | 기출응용문제

01

정답 ⑤

주어진 조건을 정리하면 다음과 같다.

구분	A	B	C	D	E
가	○	○	×	?	?
나	?	?	○	○	?
다	○	○	?	?	×
라	×	○	?	×	?
마	○	×	?	○	×

나는 병이 치료되지 않았기 때문에 C와 D는 성공한 신약이 아니다.

• A가 신약인 경우

구분	A(신약)	B	C	D	E
가	○	○	×	?	?
나	×	?	○	○	×
다	○	○	?	?	×
라	×	○	?	×	?
마	○	×	?	○	×

3명이 치료되므로 신약이 될 수 없다.

• B가 신약인 경우

구분	A	B(신약)	C	D	E
가	○	○	×	?	?
나	?	×	○	○	×
다	○	○	?	?	×
라	×	○	?	×	?
마	○	×	?	○	×

3명이 치료되므로 신약이 될 수 없다.

• E가 신약인 경우

구분	A	B	C	D	E(신약)
가	○	○	×	?	?
나	?	?	○	○	×
다	○	○	?	?	×
라	×	○	?	×	?
마	○	×	?	○	×

가와 라 2명이 치료될 수 있으므로 선공한 신약이 될 수 있다.

02

주어진 조건에 따라 부서별 위치를 정리하면 다음과 같다.

구분	경우 1	경우 2
6층	연구·개발부	연구·개발부
5층	서비스개선부	가입지원부
4층	가입지원부	서비스개선부
3층	기획부	기획부
2층	인사운영부	인사운영부
1층	복지사업부	복지사업부

따라서 3층에 위치한 기획부의 문대리는 출근 시 반드시 계단을 이용해야 하므로 ②는 항상 옳다.

오답분석

① 커피숍과 같은 층에 위치한 부서는 복지사업부이다.
③ 경우 1에서 가입지원부의 김대리는 출근 시 엘리베이터를 타고 4층에서 내린다.
④ 경우 2에서 가입지원부의 김대리는 서비스개선부의 조대리보다 엘리베이터에서 나중에 내린다.
⑤ 엘리베이터 이용에만 제한이 있을 뿐 계단 이용에는 층별 이용 제한이 없다.

03

원형 테이블은 회전시켜도 좌석 배치가 동일하다. 따라서 좌석에 인원수만큼의 번호 1 ~ 6번을 임의로 붙이고, A가 1번 좌석에 앉았다고 가정해 배치하면 다음과 같다.

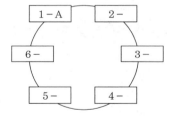

• 두 번째 조건에 따라 E는 A와 마주보는 4번 자리에 앉는다.
• 세 번째 조건에 따라 C는 E 기준으로 왼쪽인 5번 자리에 앉는다.
• 첫 번째 조건에 따라 B는 C와 이웃한 자리 중 비어 있는 6번 자리에 앉는다.
• 네 번째 조건에 따라 F는 A와 이웃하지 않는 자리인 3번 자리에 앉는다.
• D는 남은 좌석인 2번 자리에 앉게 된다.
위 내용을 정리하면 다음과 같다.

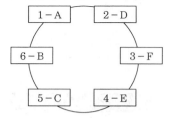

따라서 F와 이웃하여 앉는 사람은 D, E이다.

04

정답 ③

주어진 조건에 따르면 지하철에는 D를 포함한 2명이 타는데, B가 탈 수 있는 교통수단은 지하철뿐이므로 지하철에는 D와 B가 타며, 둘 중 1명은 라 연구기관에 지원했다. 또한 어떤 교통수단을 선택해도 지원한 연구기관에 갈 수 있는 E는 버스와 택시로 서로 겹치는 연구기관인 가 연구기관에 지원했음을 알 수 있다. 한편, A는 다 연구기관에 지원했고 버스나 택시를 타야 하는데, 택시를 타면 다 연구기관에 갈 수 없으므로 A는 버스를 탄다. 즉, C는 나 또는 마 연구기관에 지원했음을 알 수 있으며, 택시를 타면 갈 수 있는 연구기관 중 가 연구기관을 제외하면 버스로 갈 수 있는 연구기관과 겹치지 않으므로 C는 택시를 이용한다. 따라서 E가 라 연구기관에 지원했다는 ③은 옳지 않다.

05

정답 ⑤

주어진 조건을 정리하면 다음과 같다.

구분	월	화	수	목	금
경우 1	보리밥	콩밥	조밥	수수밥	쌀밥
경우 2	수수밥	콩밥	조밥	보리밥	쌀밥

따라서 항상 참인 것은 ⑤이다.

오답분석

①·②·③ 주어진 조건만으로는 판단하기 힘들다.
④ 금요일에 먹을 수 있는 것은 쌀밥이다.

06

정답 ①

A와 B를 기준으로 주어진 조건을 정리하면 다음과 같다.
- A : 디자인을 잘하면 편집을 잘하고, 편집을 잘하면 영업을 잘한다. 영업을 잘하면 기획을 못한다.
- B : 편집을 잘하면 영업을 잘한다. 영업을 잘하면 기획을 못한다.
따라서 조건에 따르면 A만 옳다.

대표기출유형 02 기출응용문제

01

정답 ④

ㄴ. 민간의 자율주행기술 R&D를 지원하여 기술적 안정성을 높이는 전략은 위협을 최소화하는 내용은 포함하지 않고 약점만 보완하는 것이므로 ST전략이라 할 수 없다.
ㄹ. 국내기업의 자율주행기술 투자가 부족한 약점을 국가기관의 주도로 극복하려는 것은 약점을 최소화하고 위협을 회피하려는 WT전략으로 적합하지 않다.

오답분석

ㄱ. 높은 수준의 자율주행기술을 가진 외국 기업과의 기술이전협약 기회를 통해 국내·외에서 우수한 평가를 받는 국내 자동차기업의 수준을 향상시켜 국내 자율주행자동차 산업의 강점을 강화하는 전략은 SO전략에 해당한다.
ㄷ. 국가가 지속적으로 자율주행차 R&D를 지원하는 법안이 본회의를 통과한 기회를 토대로 기술개발을 지원하여 국내 자율주행자동차 산업의 약점인 기술적 안전성을 확보하려는 전략은 WO전략에 해당한다.

02

정답 ⑤

연구·개발(R&D) 성과를 산업 현장에 활용하고 그 성과를 사회적으로 확산시키는 것은 환경기술 R&D 성과를 사업화·실용화하는데 미흡하다는 내부의 약점(W)을 보완하고, 환경 보전에 대한 사회적 관심이 증대되고 있다는 외부로부터의 기회(O)를 활용하려는 전략이므로 WO전략에 해당한다.

오답분석

① 국민들의 환경 피해를 예방하는 활동을 강화하는 것은 환경 피해 구제 서비스 관리 역량 보유라는 내부의 강점(S)을 토대로 코로나19 이후 대응에서 예방으로 중심 전환이라는 외부로부터의 기회(O)를 활용하려는 전략이므로 SO전략에 해당한다.

② 기후위기에 대응할 수 있는 환경기술 개발을 촉진하는 것은 환경기술 R&D 역량·성과와 환경산업 종합 지원 기능 보유 등 내부의 강점(S)을 토대로 탄소중립과 기후변화에 대한 사회적 관심 증대, 디지털 기술을 활용한 환경기술 혁신 필요성 증대 등 외부로부터의 기회(O)를 활용하려는 전략이므로 SO전략에 해당한다.

③ 환경산업 전(全) 주기에 대한 지원 체계를 강화하는 것은 환경산업 종합 지원 기능 및 성장 단계별 지원 기능·노하우 보유, 친환경 제품 보급·확산에 기여한 경험 등 내부의 강점(S)을 토대로 국내 환경산업의 취약한 글로벌 경쟁력, 국내 환경산업에 대한 ESG 경영 내재화 및 성과 창출 요구 확대, 정부의 관리·감독 강화로 인한 업무 증가, 최고 기술국 대비 환경기술 격차, 코로나19·전쟁으로 인한 글로벌 경기 침체 지속 등 외부로부터의 위협(T)에 대응하려는 전략이므로 ST전략에 해당한다.

④ 환경기술을 수출하는 국내 환경기업에 대한 수출 지원을 강화하는 것은 국내 수출 지원 성과 확대의 미흡이라는 내부의 약점(W)을 보완하고, 국내 환경기업의 취약한 글로벌 경쟁력, 최고 기술국과의 환경기술 격차 등 외부로부터의 위협(T)에 대응하려는 전략이므로 WT전략에 해당한다.

03

정답 ②

ㄱ. 회사가 가지고 있는 신속한 제품 개발 시스템의 강점을 활용하여 새로운 해외시장의 소비자 기호를 반영한 제품을 개발하는 것은 강점을 통해 기회를 포착하는 SO전략에 해당한다.

ㄷ. 공격적 마케팅을 펼치고 있는 해외 저가 제품과 달리 오히려 회사가 가지고 있는 차별화된 제조 기술을 활용하여 고급화 전략을 추구하는 것은 강점으로 위협을 회피하는 ST전략에 해당한다.

오답분석

ㄴ. 저임금을 활용한 개발도상국과의 경쟁 심화와 해외 저가 제품의 공격적 마케팅을 고려하면 국내에 화장품 생산 공장을 추가로 건설하는 것은 적절한 전략으로 볼 수 없다. 약점을 보완하여 위협을 회피하는 전략을 활용하기 위해서는 오히려 저임금의 개발도상국에 공장을 건설하여 가격 경쟁력을 확보하는 것이 더 적절하다.

ㄹ. 낮은 브랜드 인지도가 약점이기는 하나, 해외시장에서의 한국 제품에 대한 선호가 증가하고 있는 점을 고려하면 현지 기업의 브랜드로 제품을 출시하는 것은 적절한 전략으로 볼 수 없다. 약점을 보완하여 기회를 포착하는 전략을 활용하기 위해서는 오히려 한국 제품임을 강조하는 홍보 전략을 세우는 것이 더 적절하다.

04

정답 ②

경쟁자의 시장 철수로 인한 새로운 시장으로의 진입 가능성은 K기관이 가지고 있는 내부환경의 약점이 아닌 외부환경에서 비롯되는 기회에 해당한다.

01

먼저 층이 정해진 부서를 배치하고, 나머지 부서들의 층수를 결정해야 한다. 변경사항에서 연구팀은 기존 5층보다 아래층으로 내려가고, 영업팀은 기존 6층보다 아래층으로 내려간다. 또한 생산팀은 연구팀보다 위층에 배치되어야 하지만 인사팀과의 사이에는 하나의 부서만 가능하므로 6층에 총무팀을 기준으로 5층 또는 7층 배치가 가능하다. 따라서 다음과 같이 4가지의 경우가 나올 수 있다.

층수	경우 1	경우 2	경우 3	경우 4
7층	인사팀	인사팀	생산팀	생산팀
6층	총무팀	총무팀	총무팀	총무팀
5층	생산팀	생산팀	인사팀	인사팀
4층	탕비실	탕비실	탕비실	탕비실
3층	연구팀	영업팀	연구팀	영업팀
2층	전산팀	전산팀	전산팀	전산팀
1층	영업팀	연구팀	영업팀	연구팀

따라서 생산팀은 어느 경우에도 3층에 배치될 수 없다.

02

파견팀장 선발 방식에 따라 지원자들의 선발 점수를 산출하면 다음과 같다.

(단위 : 점)

지원자	학위 점수	파견근무 점수	관련 분야 근무경력 점수	가점	선발 점수
A	20	27	28	2	77
B	30	16	30	2	78
C	25	30	24	–	79
D	30	24	24	–	78
E	25	21	30	$(1 \times 2) + 1$	79

따라서 선발 점수 최고점자가 C와 E 2인 이상이므로 관련 분야 근무경력이 더 오래된 E를 파견팀장으로 선발한다.

03

변경된 관련 분야 근무경력 점수 산정기준에 따라 지원자들의 선발 점수를 산출하면 다음과 같다.

(단위 : 점)

지원자	학위 점수	파견근무 점수	관련 분야 근무경력 점수	가점	선발 점수
A	20	27	28	2	77
B	30	16	30	2	78
C	25	30	22	–	77
D	30	24	24	–	78
E	25	21	28	$(1 \times 2) + 1$	77

따라서 선발 점수 최고점자가 B와 D 2인 이상이므로 관련 분야 근무경력이 더 오래된 B를 파견팀장으로 선발한다.

04

③

- 의사결정이론 : A, B, C 중 2명이 참여할 수 있으므로 $_3C_2=3$가지
- 연구협력사례 : E, F, G, H 중 3명이 참여할 수 있으므로 $_4C_3=4$가지
- 다각적 대응전략 : A, B, C 중 의사결정이론 프로그램에 참여하지 않는 1명이 참여(∵ 전략적 관리법은 과장 이하)
- 전략적 관리법 : D와 E, F, G, H 중 연구협력사례 프로그램에 참여하지 않는 1명이 참여하여 총 2명이 참여

따라서 가능한 경우의 수는 3×4=12가지이다.

05

정답 ⑤

- 의사결정이론 : A, 甲 2명이 참여
- 연구협력사례 : B, C, D, 丙, 丁 중 3명이 참여할 수 있으므로 $_5C_3=10$가지
- 다각적 대응전략 : 의사결정이론 프로그램과 연구협력사례 프로그램에 참여하지 않는 나머지 직원(乙과장 포함) 중 2명이 참여할 수 있으므로 $_3C_2=3$가지
- 전략적 관리법 : 세 프로그램에 참여하지 않는 나머지 1명이 참여
- ㄷ. 전략적 관리법 프로그램에 참여 가능한 사람은 乙과 B, C, D, 丙, 丁 중 연구협력사례 프로그램에 참여하지 않는 2명이다. 이 중 대리 혹은 사원이 다각적 대응전략 프로그램에 참여한다면, 乙은 연구협력사례 프로그램에 참여할 수 없으므로 반드시 전략적 관리법 프로그램에 참여해야 한다.
- ㄹ. 가능한 경우의 수는 10×3=30가지이다.

오답분석

- ㄱ. 연구협력사례 프로그램에 참여할 수 있는 사람은 B, C, D, 丙, 丁 중 3명이므로 가능한 경우의 수는 10가지이다.
- ㄴ. B와 丙이 연구협력사례 프로그램에 참여하더라도 丁은 다른 프로그램에 참여할 수 있다.

06

정답 ③

오답분석

(라) 아동수당 제도 첫 도입에 따라 초기에 아동수당 신청이 한꺼번에 몰릴 것으로 예상되어 연령별 신청기간을 운영한다. 따라서 만 5세 아동은 7월 1~5일 사이에 접수를 하거나 연령에 관계없는 7월 6일 이후에 신청하는 것으로 안내하는 것이 적절하다.

(마) 아동수당 관련 신청서 작성요령이나 수급 가능성 등 자세한 내용은 아동수당 홈페이지에서 확인 가능한데, 어떤 홈페이지로 접속해야 하는지 안내를 하지 않았다. 따라서 적절하지 않은 답변이다.

대표기출유형 04   기출응용문제

01

정답 ⑤

규칙에 따라 사용할 수 있는 숫자는 1, 5, 6을 제외한 나머지 2, 3, 4, 7, 8, 9로 총 6개이다. (한 자릿수)×(두 자릿수)=156이 되는 수를 알기 위해서는 156의 소인수를 구하면 된다. 156의 소인수는 3, 2^2, 13으로 여기서 156이 되는 수의 곱 중에 조건을 만족하는 것은 2×78과 4×39이다. 따라서 A팀 또는 B팀에 들어갈 수 있는 암호배열은 '39'이다.

02

정답 ①

조건에 따라 소괄호 안에 있는 부분을 순서대로 풀이하면 다음과 같다.

'1 A 5'에서 A는 좌우의 두 수를 더하는 것이지만, 더한 값이 10 미만이면 좌우에 있는 두 수를 곱해야 한다. $1+5=6$으로 10 미만이므로 두 수를 곱하여 5가 된다.

'3 C 4'에서 C는 좌우의 두 수를 곱하는 것이지만 곱한 값이 10 미만일 경우 좌우에 있는 두 수를 더한다. 이 경우 $3\times4=12$로 10 이상이므로 12가 된다.

중괄호를 풀어보면 '5 B 12'이다. B는 좌우에 있는 두 수 가운데 큰 수에서 작은 수를 빼는 것이지만, 두 수가 같거나 뺀 값이 10 미만이면 두 수를 곱한다. $12-5=7$로 10 미만이므로 두 수를 곱해야 한다. 따라서 60이 된다.

'60 D 6'에서 D는 좌우에 있는 두 수 가운데 큰 수를 작은 수로 나누는 것이지만, 두 수가 같거나 나눈 값이 10 미만이면 두 수를 곱해야 한다. 이 경우 나눈 값이 10이 되므로 답은 '10'이다.

03

정답 ④

알파벳 순서에 따라 숫자로 변환하면 다음과 같다.

A	B	C	D	E	F	G	H	I	J	K	L	M
1	2	3	4	5	6	7	8	9	10	11	12	13
N	O	P	Q	R	S	T	U	V	W	X	Y	Z
14	15	16	17	18	19	20	21	22	23	24	25	26

'INTELLECTUAL'의 품번을 규칙에 따라 정리하면 다음과 같다.

• 1단계 : 9(I), 14(N), 20(T), 5(E), 12(L), 12(L), 5(E), 3(C), 20(T), 21(U), 1(A), 12(L)
• 2단계 : $9+14+20+5+12+12+5+3+20+21+1+12=134$
• 3단계 : $|(14+20+12+12+3+20+12)-(9+5+5+21+1)|=|93-41|=52$
• 4단계 : $(134+52)\div4+134=46.5+134=180.5$
• 5단계 : 180.5를 소수점 첫째 자리에서 버림하면 180이다.

따라서 제품의 품번은 '180'이다.

04

정답 ②

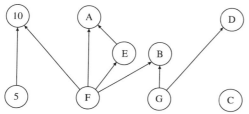

A, B, C를 제외한 빈칸에 적힌 수를 각각 D, E, F, G라고 하자.

F는 10의 약수이고 원 안에는 2에서 10까지의 자연수가 적혀 있으므로 F는 2이다.

10을 제외한 2의 배수는 4, 6, 8이고, A는 E와 F의 공배수이다. 즉, A는 8이고, E는 4이며, B는 6이다.

6의 약수는 1, 2, 3, 6이므로 G는 3이고, D는 3의 배수이므로 9이며, 남은 7은 C이다.

따라서 A ~ C에 해당하는 수의 합은 $8+6+7=21$이다.

05

정답 ④

게임 규칙과 결과를 토대로 경우의 수를 따져보면 다음과 같다.

라운드	벌칙 제외	총 퀴즈 개수(개)
3	A	15
4	B	19
5	C	21
	D	
	C	22
	E	
	D	22
	E	

ㄴ. 총 22개의 퀴즈가 출제되었다면, E가 정답을 맞혀 벌칙에서 제외된 것이다.

ㄷ. 게임이 종료될 때까지 총 21개의 퀴즈가 출제되었다면 C, D가 벌칙에서 제외된 경우로 5라운드에서 E에게는 정답을 맞힐 기회가 주어지지 않았다. 따라서 퀴즈를 푸는 순서가 벌칙을 받을 사람 선정에 영향을 미친다.

[오답분석]

ㄱ. 5라운드까지 4명의 참가자가 벌칙에서 제외되었으므로 정답을 맞힌 퀴즈는 8개, 벌칙을 받을 사람은 5라운드까지 정답을 맞힌 퀴즈는 0개나 1개이므로 정답을 맞힌 퀴즈는 8개나 9개이다.

대표기출유형 05 | 기출응용문제

01

정답 ②

• (가) 강제 연상법 : 각종 힌트에서 강제적으로 연결 지어서 발상하는 방법이다.
• (나) 자유 연상법 : 어떤 생각에서 다른 생각을 떠올리는 작용을 통해 어떤 주제에서 생각나는 것을 열거해 나가는 방법이다.
• (다) 비교 발상법 : 주제가 본질적으로 닮은 것을 힌트로 하여 새로운 아이디어를 얻는 방법이다.

02

정답 ⑤

창의적 사고는 선천적으로 타고 날 수도 있지만, 후천적 노력에 의해 개발이 가능하기 때문에 조언으로 적절하지 않다.

[오답분석]

① 창의적인 사고는 창의력 교육훈련을 통해 후천적 노력에 의해서도 개발이 가능하다.
② 새로운 경험을 찾아 나서는 사람은 적극적이고, 모험심과 호기심 등을 가진 사람으로 창의력 교육훈련에 필요한 요소를 가지고 있는 사람이다.
③ 창의력은 본인 스스로 자신의 틀에서 벗어나도록 노력하는 것으로, 통상적인 사고가 아니라 기발하고 독창적인 것을 말한다.
④ 창의적 사고는 전문지식보다 자신의 경험 및 기존의 정보를 특정한 요구 조건에 맞추거나 유용하도록 새롭게 조합시킨 것이다.

03

정답 ④

분석적 사고
- 성과 지향의 문제 : 기대하는 결과를 명시하고 효과적으로 달성하는 방법을 사전에 구상하고 실행에 옮긴다.
- 가설 지향의 문제 : 현상 및 원인분석 전에 지식과 경험을 바탕으로 일의 과정이나 결과, 결론을 가정한 다음 검증 후 사실일 경우 다음 단계의 일을 수행한다.
- 사실 지향의 문제 : 일상 업무에서 일어나는 상식, 편견을 타파하여 사고와 행동을 객관적 사실로부터 시작한다.

04

정답 ②

창의적 사고를 개발하는 방법
- 자유 연상법 : 어떤 생각에서 다른 생각을 계속해서 떠올리는 작용을 통해 어떤 주제에서 생각나는 것을 계속해서 열거해 나가는 방법 예 브레인스토밍
- 강제 연상법 : 각종 힌트에서 강제적으로 연결지어서 발상하는 방법 예 체크리스트
- 비교 발상법 : 주제와 본질적으로 닮은 것을 힌트로 하여 새로운 아이디어를 얻는 방법 예 NM법, Synetics

05

정답 ③

설득은 논쟁이 아니라 논증을 통해 더욱 정교해지며, 공감을 필요로 한다. 나의 주장을 다른 사람에게 이해시켜 납득시키고 그 사람이 내가 원하는 행동을 하게 만드는 것이며, 이해는 머리로 하고 납득은 머리와 가슴이 동시에 공감되는 것을 말하고 이 공감은 논리적 사고가 기본이 된다. 따라서 ③은 상대방이 했던 이야기를 이해하도록 노력하면서 공감하려는 태도가 보이므로 설득에 해당한다.

[오답분석]
① 상대가 말하는 것을 잘 알 수 없어 구체적인 사례를 들어 이해하려는 것으로, 논리적 사고 구성요소 중 '구체적인 생각'에 해당한다.
② 상대의 생각을 모두 부정하지 않고, 상황에 따른 생각을 이해함으로써 새로운 지식이 생길 가능성이 있으므로 논리적 사고 구성요소 중 '타인에 대한 이해'에 해당한다.
④ 상대 주장에 대한 이해가 부족하다는 것을 인식해 상대의 논리를 구조화하려는 것으로, 논리적 사고 구성요소 중 '상대 논리의 구조화'에 해당한다.
⑤ 상대방의 말한 내용이 명확하게 이해가 안 되어 먼저 자신이 생각하여 이해하도록 노력하는 것으로, 논리적 사고 구성요소 중 '생각하는 습관'에 해당한다.

01

- (가) 허수아비 공격의 오류 : 상대가 의도하지 않은 것을 강조하거나 허점을 비판하여 자신의 주장을 내세운다.
- (나) 성급한 일반화의 오류 : 적절한 증거가 부족함에도 불구하고 몇몇 사례만을 토대로 성급하게 결론을 내린다.
- (다) 대중에 호소하는 오류 : 타당한 논거를 제시하지 않고 많은 사람들이 그렇게 생각하거나 행동한다는 것을 논거로 제시한다.

[오답분석]
- 인신공격의 오류 : 상대방의 주장이 아닌 상대방을 공격하여 논박한다.
- 애매성의 오류 : 여러 가지 의미로 해석될 수 있는 용어를 사용하여 혼란을 일으킨다.
- 무지의 오류 : 상대가 자신의 주장을 입증하지 못함을 근거로 상대를 반박한다.

02

후광효과는 대상에 대한 긍정적 또는 부정적인 측면으로 인해 그와 무관한 영역에 대해서도 같은 시각으로 평가하는 오류이다.

[오답분석]
① 근접효과 : 평가표상 위치에 근접하거나 평가시점과 근접한 평가요소로 인해 평가 결과가 유사하게 나타나는 논리적 오류이다.
② 초두효과 : 먼저 인지한 정보가 이후 접하는 정보보다 더 큰 영향력을 끼치는 현상이다.
③ 최신효과 : 최근에 인지한 정보가 그보다 이전에 접한 정보보다 더 큰 영향력을 끼치는 현상이다.
⑤ 현저성 효과 : 가장 눈에 들어오고 특징적인 정보에서 받은 인상만으로 대상을 판단하는 논리적 오류이다.

04 | 자원관리능력

대표기출유형 01 | 기출응용문제

01

정답 ③

A씨가 쓸 수 있는 항공료는 최대 450,000원이다. 항공료 지원율을 반영해 실제 비용을 계산하면 다음과 같다.
- 중국 : $130,000 \times 2 \times 2 \times 0.9 = 468,000$원
- 일본 : $125,000 \times 2 \times 2 \times 0.7 = 350,000$원
- 싱가포르 : $180,000 \times 2 \times 2 \times 0.65 = 468,000$원

따라서 A씨는 일본 여행만 가능하며, 8월 3 ~ 4일은 휴가가 불가능하다고 하였으므로 A씨가 선택할 여행기간은 16 ~ 19일이다.

02

정답 ①

두 번째 조건에서 경유지는 서울보다 +1시간, 출장지는 경유지보다 −2시간이므로 서울과 −1시간 차이다.
김대리가 서울에서 경유지를 거쳐 출장지까지 가는 과정을 서울 시각 기준으로 정리하면 다음과 같다.
5일 오후 1시 35분 서울 출발
→ 오후 1시 35분+3시간 45분=오후 5시 20분 경유지 도착
→ 오후 5시 20분+3시간 50분(대기시간)=오후 9시 10분 경유지 출발
→ 오후 9시 10분+9시간 25분=6일 오전 6시 35분 출장지 도착
따라서 출장지에 도착했을 때 현지 시각은 서울보다 1시간 느리므로 오전 5시 35분이다.

03

정답 ④

공정별 순서는 $\begin{matrix} A \to B \\ D \to E \end{matrix} \searrow \begin{matrix} \\ \nearrow \end{matrix} C \to F$ 이고, C공정을 시작하기 전에 B공정과 E공정이 선행되어야 하는데 B공정까지 끝나려면 4시간
이 소요되고 E공정까지 끝나려면 3시간이 소요된다. 선행작업이 완료되어야 이후 작업을 할 수 있으므로 C공정을 진행하기 위해서
는 최소 4시간이 걸린다. 따라서 완제품은 F공정이 완료된 후 생산되므로 첫 번째 완제품 생산의 소요시간은 9시간이다.

04

정답 ③

대화 내용을 살펴보면 A과장은 패스트푸드점, B대리는 화장실, C주임은 은행, K사원은 편의점을 이용한다. 이는 동시에 이루어지
는 일이므로 가장 오래 걸리는 일의 시간만 고려하면 된다. 은행이 30분으로 가장 오래 걸리므로 17:20에 모두 모이게 된다. 따라서
17:00, 17:15에 출발하는 버스는 이용하지 못하며, 17:30에 출발하는 버스는 잔여석이 부족하여 이용하지 못한다. 따라서 17:45
에 출발하는 버스를 탈 수 있고, 가장 빠른 서울 도착 예정시각은 19:45이다.

01

정답 ⑤

• 6월 8일

출장지는 A시이므로 출장수당은 10,000원이고, 교통비는 20,000원이다. 그러나 관용차량을 사용했으므로 교통비에서 10,000원이 차감된다. 즉, 6월 8일의 출장여비는 10,000+(20,000−10,000)=20,000원이다.

• 6월 16일

출장지는 S시이므로 출장수당은 20,000원이고, 교통비는 30,000원이다. 그러나 출장 시작 시각이 14시이므로 10,000원이 차감된다. 즉, 6월 16일의 출장여비는 (20,000−10,000)+30,000=40,000원이다.

• 6월 19일

출장지는 B시이므로 출장비는 20,000원이고, 교통비는 30,000원이다. 이때 업무추진비를 사용했으므로 10,000원이 차감된다. 즉, 6월 19일의 출장여비는 (20,000−10,000)+30,000=40,000원이다.

따라서 K사원이 6월 출장여비로 받을 수 있는 총액은 20,000+40,000+40,000=100,000원이다.

02

정답 ④

흥민이가 베트남 현금 1,670만 동을 환전하기 위해 필요한 한국 돈은 수수료를 제외하고 1,670만 동×483원/만 동=806,610원이다. 우대사항에서 50만 원 이상 환전 시 70만 원까지 수수료가 0.4%로 낮아진다. 70만 원의 수수료는 0.4%가 적용되고 나머지는 0.5%가 적용되어 총수수료를 구하면 700,000×0.004+(806,610−700,000)×0.005=2,800+533.05≒3,330원이다.

따라서 흥민이가 원하는 금액을 환전하기 위해서 필요한 총금액은 806,610+3,330=809,940원임을 알 수 있다.

03

정답 ④

1일 평균임금을 x원이라 놓고 퇴직금 산정공식을 이용하여 계산하면 다음과 같다.

1,900만=[30x×(5×365)]÷365

→ 1,900만=150x

∴ x≒13만(∵ 천의 자리에서 올림)

따라서 1일 평균임금이 13만 원이므로 K씨의 평균 연봉을 계산하면 13만×365=4,745만 원이다.

04

정답 ②

장바구니에서 선택된 상품의 총액을 구하면 다음과 같다.

선택	상품	수량	단가	금액
☑	완도 김	⊟ 2 ⊞	2,300원	4,600원
☑	냉동 블루베리	⊟ 1 ⊞	6,900원	6,900원
☐	김치	⊟ 3 ⊞	2,500원	0원
☑	느타리버섯	⊟ 1 ⊞	5,000원	5,000원
☐	냉동 만두	⊟ 2 ⊞	7,000원	0원
☑	토마토	⊟ 2 ⊞	8,500원	17,000원
총액				33,500원

중복이 불가한 상품 총액의 10% 할인 쿠폰을 적용하였을 때의 금액과 중복이 가능한 배송비 무료 쿠폰과 K카드 사용 시 2% 할인 쿠폰을 중복하여 적용하였을 때의 금액을 비교해야 한다.

• 상품 총액의 10% 할인 쿠폰 적용

(33,500×0.9)+3,000=33,150원

• 배송비 무료 쿠폰과 K카드 사용 시 2% 할인 쿠폰을 중복 적용

33,500×0.98=32,830원

따라서 배송비 무료 쿠폰과 K카드 사용 시 2% 할인 쿠폰을 중복 적용했을 때 32,830원으로 가장 저렴하다.

01

3L의 폐수에는 P균이 $3 \times 400 = 1,200$mL, Q균이 $3 \times 200 = 600$mL 포함되어 있다. 실험을 거치면서 폐수 3L에 남아 있는 P균과 Q균의 변화는 다음과 같다.

구분	P균	Q균
공정 1	$1,200 \times 0.6 = 720$mL	$600 \times 1.3 = 780$mL
공정 2	$720 \times \dfrac{2}{5} = 288$mL	$780 \times \dfrac{1}{3} = 260$mL
공정 3	$288 \times 0.8 = 230.4$mL	$260 \times 0.5 = 130$mL
공정 2	$230.4 \times \dfrac{2}{5} ≒ 92.2$mL	$130 \times \dfrac{1}{3} ≒ 43.3$mL

따라서 실험을 모두 마쳤을 때 3L의 폐수에 남아 있는 P균은 92.2mL, Q균은 43.3mL이다.

02

두 번째 조건에서 총구매금액이 30만 원 이상이면 총금액에서 5%를 할인해 주므로 한 벌당 가격이 $300,000 \div 50 = 6,000$원 이상인 품목은 할인적용이 들어간다. 업체별 품목 금액을 보면 모든 품목이 6,000원 이상이므로 5% 할인 적용대상이다. 따라서 모든 품목에 할인이 적용되어 정가로 비교가 가능하다.
세 번째 조건에서 차순위 품목이 1순위 품목보다 총금액이 20% 이상 저렴한 경우 차순위를 선택한다고 했으므로 한 벌당 가격으로 계산하면 1순위인 카라 티셔츠의 20% 할인된 가격은 $8,000 \times 0.8 = 6,400$원이다. 정가가 6,400원 이하 품목은 A업체의 티셔츠이므로 팀장은 1순위인 카라 티셔츠보다 2순위인 A업체의 티셔츠를 구입할 것이다.

03

사진별로 개수에 따른 총용량을 구하면 다음과 같다.
• 반명함 : $150 \times 8,000 = 1,200,000$KB $= 1,200$MB
• 신분증 : $180 \times 6,000 = 1,080,000$KB $= 1,080$MB
• 여권 : $200 \times 7,500 = 1,500,000$KB $= 1,500$MB
• 단체사진 : $250 \times 5,000 = 1,250,000$KB $= 1,250$MB
모든 사진의 총용량을 더하면 $1,200 + 1,080 + 1,500 + 1,250 = 5,030$MB이다.
5,030MB는 5.030GB이므로 필요한 USB 최소 용량은 5GB이다.

04

각 과제의 최종 점수를 구하기 전에 항목별로 최하위 점수가 부여된 과제는 제외하므로, 중요도에서 최하위 점수가 부여된 B, 긴급도에서 최하위 점수가 부여된 D, 적용도에서 최하위 점수가 부여된 E를 제외한다. 남은 두 과제에 대하여 주어진 조건에 따라 최종 점수를 구하면 다음과 같다. 이때 가중치는 별도로 부여되므로 추가 계산한다.
• A : $(84 + 92 + 96) + (84 \times 0.3) + (92 \times 0.2) + (96 \times 0.1) = 325.2$점
• C : $(95 + 85 + 91) + (95 \times 0.3) + (85 \times 0.2) + (91 \times 0.1) = 325.6$점
따라서 최종 점수가 높은 C를 가장 먼저 수행해야 한다.

01

㉠ 각 팀장이 매긴 순위에 대한 가중치는 모두 동일하다고 했으므로 1, 2, 3, 4순위의 가중치를 각각 4, 3, 2, 1점으로 정해 4명의 면접점수를 산정하면 다음과 같다.
- 갑 : 2+4+1+2=9점
- 을 : 4+3+4+1=12점
- 병 : 1+1+3+4=9점
- 정 : 3+2+2+3=10점

면접점수가 높은 을, 정 중 1명이 입사를 포기하면 갑, 병 중 1명이 채용된다. 갑과 병의 면접점수는 9점으로 동점이지만 조건에 따라 인사팀장이 부여한 순위가 높은 갑을 채용하게 된다.

㉢ 경영관리팀장이 갑과 병의 순위를 바꿨을 때, 4명의 면접점수를 산정하면 다음과 같다.
- 갑 : 2+1+1+2=6점
- 을 : 4+3+4+1=12점
- 병 : 1+4+3+4=12점
- 정 : 3+2+2+3=10점

즉, 을과 병이 채용되므로 정은 채용되지 못한다.

[오답분석]

㉡ 인사팀장이 을과 정의 순위를 바꿨을 때, 4명의 면접점수를 산정하면 다음과 같다.
- 갑 : 2+4+1+2=9점
- 을 : 3+3+4+1=11점
- 병 : 1+1+3+4=9점
- 정 : 4+2+2+3=11점

즉, 을과 정이 채용되므로 갑은 채용되지 못한다.

02

B동에 사는 변학도 씨는 매주 월, 화 오전 8시부터 오후 3시까지 하는 카페 아르바이트로 화 ~ 금 오전 9시 30분부터 오후 12시까지 진행되는 '그래픽 편집 달인되기'를 수강할 수 없다.

03

성과급 기준표를 토대로 A ~ E교사에 대한 성과급 배점을 정리하면 다음과 같다.

구분	주당 수업시간	수업 공개 유무	담임 유무	업무 곤란도	호봉	합계
A교사	14점	–	10점	20점	30점	74점
B교사	20점	–	5점	20점	30점	75점
C교사	18점	5점	5점	30점	20점	78점
D교사	14점	10점	10점	30점	15점	79점
E교사	16점	10점	5점	20점	25점	76점

따라서 D교사가 79점으로 가장 높은 배점을 받게 된다.

05 | 조직이해능력

대표기출유형 01   기출응용문제

01

정답 ①

• ㉠ 원가우위 : 원가절감을 통해 해당 산업에서 우위를 점하는 전략이다.
• ㉡ 차별화 : 조직이 생산품이나 서비스를 차별화하여 고객에게 가치가 있고 독특하게 인식되도록 하는 전략이다.
• ㉢ 집중화 : 한정된 시장을 원가우위나 차별화 전략을 사용하여 집중적으로 공략하는 전략이다.

02

정답 ④

내부 벤치마킹은 같은 기업 내의 다른 지역이나 타 부서, 국가 간 유사한 활용을 비교 대상으로 한다.

[오답분석]
① 다각화된 우량기업을 대상으로 할 경우 효과가 크다.
②·⑤ 경쟁적 벤치마킹에 대한 설명이다.
③ 글로벌 벤치마킹에 대한 설명이다.

03

정답 ④

전략 목표를 먼저 설정하고 환경을 분석해야 한다.

04

정답 ⑤

㉠은 집중화 전략, ㉡은 원가우위 전략, ㉢은 차별화 전략에 해당한다.

05

정답 ⑤

제품의 질은 우수하나 브랜드의 저가 이미지 때문에 매출이 좋지 않은 것이므로 선입견을 제외하고 제품의 우수성을 증명할 수 있는 블라인드 테스트를 통해 인정을 받는다. 그리고 그 결과를 홍보의 수단으로 사용하는 것이 적절하다.

06

정답 ③

일 년에 한두 권밖에 안 팔리는 책일지라도 이러한 책들의 매출이 모이고 모이면 베스트셀러 못지않은 수익을 낼 수 있다.

01

조직체계 구성요소 중 규칙 및 규정은 조직의 목표나 전략에 따라 수립되며, 조직 구성원들의 활동범위를 제약하고 일관성을 부여하는 기능을 한다. 인사규정·총무규정·회계규정 등이 이에 해당한다.

오답분석

① 경영자 : 조직의 전략, 관리 및 운영활동을 주관하며, 조직 구성원들과의 의사결정을 통해 조직이 나아갈 방향을 제시하고 조직의 유지와 발전에 대해 책임을 지는 사람이다.

② 조직 목표 : 조직이 달성하려는 장래의 상태로, 대기업, 정부부처, 종교단체를 비롯하여 심지어 작은 가게도 달성하고자 하는 목표를 가지고 있다. 조직의 목표는 미래지향적이지만 현재 조직행동의 방향을 결정하는 역할을 한다.

③ 조직 문화 : 조직이 지속되면서 조직 구성원들 간의 생활양식이나 가치를 서로 공유하게 되는 것을 말한다. 이는 조직 구성원들의 사고와 행동에 영향을 미치며 일체감과 정체성을 부여하고 조직이 안정적으로 유지되게 한다.

④ 조직 구조 : 조직 내의 부문 사이에 형성된 관계로 조직 목표를 달성하기 위한 조직 구성원들의 상호작용을 보여준다.

02

조직이 생존하기 위해서는 급변하는 환경에 적응하여야 한다. 이를 위해서는 원칙이 확립되어 있고 고지식한 기계적 조직보다는 운영이 유연한 유기적 조직이 더 적합하다.

오답분석

① 대규모 조직은 소규모 조직과는 다른 조직 구조를 갖게 된다. 대규모 조직은 소규모 조직에 비해 업무가 전문화, 분화되어 있고 많은 규칙과 규정이 존재하게 된다.

② 조직 구조 결정요인으로는 크게 전략, 규모, 기술, 환경이 있다. 전략은 조직의 목적을 달성하기 위하여 수립한 계획으로 조직이 자원을 배분하고 경쟁적 우위를 달성하기 위한 주요 방침이며, 기술은 조직이 투입요소를 산출물로 전환시키는 지식, 기계, 절차 등을 의미한다. 또한 조직은 환경의 변화에 적절하게 대응하기 위해 환경에 따라 조직의 구조를 다르게 조작한다.

③ 조직 활동의 결과에 따라 조직의 성과와 만족이 결정되며, 그 수준은 조직 구성원들의 개인적 성향과 조직 문화의 차이에 따라 달라진다.

⑤ 조직 구조의 결정 요인 중 하나인 기술은 조직이 투입요소를 산출물로 전환시키는 지식, 기계, 절차 등을 의미한다. 소량생산기술을 가진 조직은 유기적 조직 구조를, 대량생산기술을 가진 조직은 기계적 조직 구조를 가진다.

03

조직 문화는 구성원 개개인의 개성을 인정하고 그 다양성을 강화하기보다는 구성원들의 행동을 통제하는 기능을 한다. 즉, 구성원을 획일화·사회화시킨다.

04

조직 목표의 기능
• 조직이 존재하는 정당성과 합법성 제공
• 조직이 나아갈 방향 제시
• 조직 구성원 의사결정의 기준
• 조직 구성원 행동수행의 동기유발
• 수행평가의 기준
• 조직설계의 기준

05

정답 ①

조직 변화의 과정
1. 환경 변화 인지
2. 조직 변화 방향 수립
3. 조직 변화 실행
4. 변화 결과 평가

06

정답 ③

오답분석
• B : 사장 직속으로 4개의 본부가 있다는 설명은 옳지만, 인사를 전담하고 있는 본부는 없으므로 적절하지 않다.
• C : 감사실이 분리되어 있다는 설명은 옳지만, 사장 직속이 아니므로 적절하지 않다.

대표기출유형 03 기출응용문제

01

정답 ⑤

비품은 기관의 비품이나 차량 등을 관리하는 총무지원실에 신청해야 하며, 교육 일정은 사내 직원의 교육 업무를 담당하는 인사혁신실에서 확인해야 한다.

오답분석
기획조정실은 전반적인 조직 경영과 조직 문화 형성, 예산 업무, 이사회, 국회 협력 업무, 법무 관련 업무를 담당한다.

02

정답 ⑤

우선순위를 파악하기 위해서는 먼저 중요도와 긴급성을 파악해야 한다. 즉, 중요도와 긴급성이 높은 일부터 처리해야 하는 것이다. 그러므로 업무 리스트 중에서 가장 먼저 해야 할 일은 내일 있을 당직 근무자 명단 확인이다. 그다음 경영1팀의 비품 주문, 신입사원 면접 날짜 확인, 인사총무팀 회식 장소 예약 확인, K기관 창립 기념일 행사 준비 순으로 진행하면 된다.

03

정답 ③

ㄱ. 최수영 상무이사가 결재한 것은 대결이다. 대결은 결재권자가 출장, 휴가, 기타 사유로 상당기간 부재중일 때 긴급한 문서를 처리하고자 할 경우에는 결재권자의 차하위 직위의 결재를 받아 시행하는 것을 말한다.
ㄴ. 대결 시에는 기안문의 결재란 중 대결한 자의 란에 '대결'을 표시하고 서명 또는 날인한다.
ㄹ. 대결의 경우 원결재자가 문서의 시행 이후 결재하며 이를 후결이라 하며, 전결 사항은 전결권자에게 책임과 권한이 위임되었으므로 중요한 사항이라면 원결재자에게 보고하는 데 그친다.

담당	과장	부장	상무이사	전무이사
아무개	최경옥	김석호	대결 최수영	전결

04

정답 ③

③은 인사부의 담당 업무이다. 기획부는 경영계획 및 전략 수립, 전사기획업무 종합 및 조정, 중·장기 사업계획의 종합 및 조정 등을 한다.

05

정답 ④

'(가) 비서실 방문'은 브로슈어 인쇄를 위해 미리 파일을 받아야 하므로 '(라) 인쇄소 방문'보다 먼저 이루어져야 한다. '(나) 회의실, 마이크 체크'는 내일 오전 '(마) 업무보고' 전에 준비해야 할 사항이다. 또한 '(다) 케이터링 서비스 예약'은 내일 오후 3시 팀장 회의를 위해 준비하는 것이므로 24시간 전인 오늘 오후 3시 이전에 실시하여야 한다. 따라서 업무순서를 정리하면 (다) – (가) – (라) – (나) – (마)가 되는데, 이때 (다)가 (가)보다 먼저 이루어져야 하는 이유는 현재 시각이 오후 2시 50분이기 때문이다. 비서실 까지 가는 데 걸리는 시간이 15분이므로 비서실에 갔다 오면 오후 3시가 지난다. 그러므로 케이터링 서비스 예약을 먼저 하는 것이 적절하다.

대표기출유형 04 기출응용문제

01

정답 ④

싱가포르는 중국계(74.1%), 말레이계(13.4%), 인도계(9.2%), 기타(3.3%)의 다민족 국가로, 그에 맞는 비즈니스 에티켓을 지켜야 한다. 말레이계, 인도계 등은 이성끼리 악수를 하지 않는 편이며, 싱가포르 현지인은 시간관념이 매우 철저하므로 약속 시간을 엄수하고 일을 진행하기 전 먼저 약속을 잡는 것이 바람직하다.

02

정답 ④

소금이나 후추 등이 다른 사람 손에 거치면 좋지 않다는 풍습을 볼 때, 소금과 후추가 필요할 때는 웨이터를 부르는 것보다 자신이 직접 가져오는 것이 적절한 행동이다.

06 | 대인관계능력

대표기출유형 01 | 기출응용문제

01

정답 ②

대인관계능력이란 직장생활에서 협조적인 관계를 유지하고, 조직 구성원들에게 도움을 줄 수 있으며, 조직 내부 및 외부의 갈등을 원만히 해결하고 고객의 요구를 충족시킬 수 있는 능력이다.
• A : 신입사원의 잘한 점을 칭찬하지 않고 못한 점만을 과장하여 지적한 점은 신입사원의 사기를 저하할 수 있고, 신입사원과 보이지 않는 벽이 생길 수 있으므로 좋은 대인관계능력이라고 할 수 없다.
• F : 인간관계를 형성할 때 가장 중요한 요소는 무엇을 말하느냐, 어떻게 행동하느냐보다 개인의 사람됨이다. 만약 그 사람의 말이나 행동이 깊은 내면에서가 아니라 피상적인 인간관계 기법이나 테크닉에서 나온다면, 상대방도 곧 그 사람의 이중성을 감지하게 된다. 따라서 효과적인 상호의존성을 위해 필요한 상호신뢰와 교감, 관계를 만들거나 유지할 수 없게 된다.

02

정답 ⑤

ㄷ. 객관적 평가를 위해 계획단계에서 설정한 평가 지표에 따라 판단하는 것이므로 적절하다.
ㄹ. 개방적 의사소통은 조직 목표의 개선에 도움이 되므로 팀을 수평적 구조로 재구성하는 것은 적절하다.

[오답분석]
ㄱ. 책임소재를 명확히 하는 것은 좋으나, 조직 목표의 개선을 위해서는 절차보다 결과에 초점을 맞추어야 한다. 따라서 절차상의 하자 제거를 우선시하는 것은 적절하지 않다.
ㄴ. 내부 의견이 일치하지 않는 경우 단순히 주관적 판단인 부서장의 의견을 따르기보다는 의견수렴을 통해 합리적이고 건설적으로 해결하여야 한다.

03

정답 ④

ㄴ・ㄹ K부서는 빠른 실천과 피드백을 위해 개개인의 재량을 확대시키고자 한다. 이를 위해서는 결재 단계를 간소화하여 개인적 책임을 강조하고, 통제를 제한하는 자율 유형의 팀워크를 적용하는 것이 적합하다.

팀워크의 유형
• 협력 유형 : 구성원 간 협력과 시너지 효과를 강조한다.
• 통제 유형 : 일관성과 전체적 조직 차원에서의 조망을 강조한다.
• 자율 유형 : 개인적 책임과 제한된 통제, 제한된 조망을 강조한다.

04

정답 ③

K사의 사례는 팀워크의 중요성과 주의할 점을 보여주고, A병원의 사례는 공통된 비전으로 인한 팀워크의 성공을 보여준다. 두 사례 모두 팀워크에 대한 내용이지만, 개인 간의 차이를 중시해야 한다는 내용은 언급되지 않았다.

01

정답 ①

변화에 저항하는 직원들을 이끌기 위해서는 주관적인 자세보다는 객관적인 자세로 업무에 임할 수 있도록 해야 한다. 변화를 수행하는 것이 힘들더라도 변화가 필요한 이유를 직원들이 명확히 알도록 해야 하며, 변화의 유익성을 밝힐 수 있는 객관적인 수치 및 사례를 직원들에게 직접 확인시킬 필요가 있다.

> **변화에 저항하는 직원들을 이끄는 방법**
> • 개방적인 분위기를 조성한다.
> • 객관적인 자세를 유지한다.
> • 구성원의 감정을 세심하게 살핀다.
> • 변화의 긍정적인 면을 강조한다.
> • 변화에 적응할 시간을 준다.

02

정답 ②

조직을 관리하는 대표는 리더(Leader)와 관리자(Manager)로 나눌 수 있다. 이때 '무엇을 할까'를 생각하면서 적극적으로 움직이는 사람이 리더이고, 처해 있는 상황에 대처하기 위해 '어떻게 할까'를 생각하는 사람이 관리자이다.

03

정답 ②

서번트 리더십은 다른 사람을 섬기는 사람이 리더가 될 수 있다는 이론으로, 로버트 그린리프(Robert K. Greenleaf)가 처음 제시하였다. 인재를 가장 중요한 자원으로 보았으며, 봉사를 통해 구성원을 현명하면서도 자율적인 사람이 되게 하는 것을 리더의 역할로 보고 있다.

오답분석
① 슈퍼 리더십 : 구성원 개인의 능력을 중요시하여 인재를 영입하고 육성하는 것에 집중하며, 리더가 구성원의 능력을 발현할 수 있게 하는 리더십이다.
③ 지시적 리더십 : 조직 구성원에게 해야 할 일과 따라야 할 일을 지시하는 유형의 리더십이다.
④ 변혁적 리더십 : 리더가 조직 구성원의 사기를 고양시키기 위해 미래의 비전과 집단의 사명감을 강조하고, 이를 통해 조직의 장기적 목표를 달성하려고 하는 리더십이다.
⑤ 파트너십 리더십 : 리더를 하나의 조직 구성원으로 보는 것으로, 집단의 모든 구성원이 결과에 대한 책임을 함께 가져야 한다고 보는 리더십이다.

04

정답 ④

현상을 유지하고 조직에 순응하려는 경향은 반임파워먼트 환경에서 나타나는 모습이다.

> **임파워먼트 환경의 특징**
> • 업무에 있어 도전적이고 흥미를 가지게 된다.
> • 학습과 성장의 기회가 될 수 있다.
> • 긍정적인 인간관계를 형성할 수 있다.
> • 개인들이 조직에 공헌하며 만족하는 느낌을 가질 수 있다.
> • 자신의 업무가 존중받고 있음을 느낄 수 있다.

05

정답 ⑤

• 형성기 : 리더가 단독으로 의사결정을 하며 구성원들을 이끄는 지시형의 리더십이 필요하다.
• 혼란기 : 리더가 사전에 구성원들에게 충분한 설명을 제공한 후 의사결정을 하는 코치형의 리더십이 필요하다.
• 규범화 : 리더와 구성원들이 공동으로 참여하여 의사를 결정하는 참여형의 리더십이 필요하다.
• 성취기 : 권한을 위임받은 구성원들이 의사결정을 하는 위임형 리더십이 필요하다.

06

정답 ④

관리자가 오늘에 초점을 맞춘다면, 리더는 내일에 초점을 맞춰야 한다.

07

정답 ⑤

수동형 사원은 자신의 능력과 노력을 조직으로부터 인정받지 못해 자신감이 떨어지는 모습을 보인다. 따라서 자신의 업무에 대해 자신감을 키워주는 것이 적절하다.

[오답분석]

① 리더는 팀원을 배제시키지 않고 팀 목표를 위해 팀원들이 자발적으로 업무에 참여하도록 노력해야 한다.
② 적절한 보상이 없다고 느끼는 소외형 사원에게 팀에 대한 협조의 조건으로 보상을 제시하는 것은 적절하지 않다.
③ 순응형 사원에 대해서는 그들의 잠재력 개발을 통해 팀 발전을 위한 창의적인 모습을 갖도록 해야 한다.
④ 실무형 사원에 대해서는 징계를 통해 규정준수를 억지로 강조하는 모습보다는 의사소통을 통해 규정준수를 이해시키는 것이 적절하다.

대표기출유형 03 기출응용문제

01

정답 ②

모든 사람들은 거의 대부분의 문제에 대해 나름의 의견을 가지고 있다는 점을 인식하고 의견의 차이를 인정하는 것이 중요하다. 이러한 의견의 차이를 인정하고, 상호 간의 관점을 이해할 수 있게 됨으로써 갈등을 최소화할 수 있다.

02

정답 ①

갈등을 발견하고도 즉각적으로 다루지 않는다면 나중에는 팀 성공을 저해하는 장애물이 될 것이다. 그러나 갈등이 존재한다는 사실을 인정하고 즉각적으로 해결을 위한 조치를 취한다면 갈등을 해결하기 위한 하나의 기회로 전환할 수 있다.

03

정답 ③

ⓒ 갈등을 해결하려면 논쟁하고 싶은 유혹을 떨쳐내야 한다.
ⓒ 갈등을 해결하려면 어려운 문제는 피하지 말고 맞서야 한다.

04

K시는 문제를 해결하기 위한 방법을 제시했고, B시 역시 같은 목표를 위해 문제를 해결할 방법을 제시하여 서로 최선의 방법을 찾아 해결하였다. 이는 나도 이기고 너도 이기는 방법(Win – Win)으로 통합형에 해당하며, 통합형은 서로의 차이를 인정하고 배려하는 신뢰감과 공개적인 대화를 필요로 한다.

오답분석

① 경쟁형(Competing) : 나는 이기고 너는 지는 방법(I Win – You Lose)으로, 자신에 대한 관심은 높고 상대방에 대한 관심은 낮다.
② 수용형(Accommodating) : 나는 지고 너는 이기는 방법(I Lose – You Win)으로, 자신에 대한 관심은 낮고 상대방에 대한 관심은 높다.
④ 회피형(Avoiding) : 나도 지고 너도 지는 방법(I Lose – You Lose)으로, 자신과 상대방에 대한 관심이 모두 낮다.
⑤ 타협형(Compromising) : 서로가 타협적으로 주고받는 방식(Give and Take)으로, 자신에 대한 관심과 상대방에 대한 관심이 중간이다.

05

• 김대리 : 사업안의 내용과 관련 없는 조주임의 징계 여부를 언급하며 사업안을 비판하고 있다. 이는 지나치게 감정적인 논평으로, 조주임과의 갈등을 드러내고 있다.
• 안주임 : 김대리가 핵심을 이해하지 못한다는 점을 비난함으로써 갈등 관계를 드러내고 있다.
• 최대리 : 변주임과 김대리가 동문이라는 이유로 편을 가름으로써 갈등 관계를 드러내고 있다.
따라서 갈등 관계에 있는 사람은 김대리와 조주임, 안주임과 김대리, 최대리와 변주임으로, 박팀장을 제외한 총 5명이다.

06

동료에 대한 편견에서 생긴 적대적 감정은 불필요한 유형의 갈등일 뿐 해결이 불가능한 것은 아니다.

오답분석

① 절차 혹은 책임에 대한 인식의 불일치로 발생하는 갈등은 핵심 문제에 해당한다.
③ 욕망 혹은 가치의 차이에 의한 갈등은 서로에 대한 이해를 통해 해결할 수 있는 유형의 갈등이다.
④ 문제를 바라보는 시각의 차이에서 발생하는 갈등은 서로에 대한 이해 또는 관점의 전환을 통해 해결할 수 있는 유형의 갈등이다.
⑤ 상호 간에 인식하는 정보의 차이로 인해 발생하는 갈등은 불필요한 유형의 갈등이다.

대표기출유형 04 　기출응용문제

01

고객의 불만유형은 거만형, 의심형, 트집형, 빨리빨리형으로 4가지가 있다. 제시문의 고객은 제품의 기능에 대해 믿지 못하고 있으므로 의심형에 해당한다. 의심형에는 분명한 증거나 근거를 제시해 고객이 확신을 갖도록 유도하는 대처가 필요하다.

오답분석

① · ② 트집을 잡는 유형의 고객에게 적합한 방법으로, 이 외에도 '손님의 말씀이 맞습니다. 역시 손님께서 정확하십니다.' 하고 고객의 지적이 옳음을 표시한 후 '저도 그렇게 생각하고 있습니다만…' 하고 설득하는 것도 좋다.
④ · ⑤ 거만한 유형의 고객에게 적합한 방법으로, 이들에게는 정중하게 대하는 것이 가장 좋은 방법이다.

02

정답 ⑤

고객 불만 처리는 정확하고 최대한 신속하게 이루어져야 한다. 재발 방지 교육은 고객 보고 후 실시해도 무방하므로 신속하게 고객에게 상황을 보고하는 것이 우선이다.

[오답분석]
① 고객 보고 후 피드백이 이루어지면 고객 불만처리의 결과를 잘 파악할 수 있다.
② 불만 처리 과정을 고객에게 통보해 줌으로써 업체에 대한 고객의 신뢰도를 높일 수 있다.
③ 고객 불만 접수와 함께 진심어린 사과도 이루어져야 한다.
④ 고객 불만 접수 단계에서는 고객의 불만을 경청함으로써 불만 사항을 잘 파악하는 것이 중요하다.

03

정답 ④

기업의 제품이나 서비스의 불만족은 고객이탈로 이어질 수 있다.

04

정답 ⑤

서비스업에 종사하다 보면 난처한 요구를 하는 고객을 종종 만나기 마련이다. 특히 판매 가격이 정해져 있는 프랜차이즈 매장에서 '가격을 조금만 깎아 달라.'라는 고객의 요구는 매우 난감하다. 하지만 이러한 고객의 요구를 모두 들어주다 보면 더욱 곤란한 상황이 발생할 수 있다. 그러므로 고객에게 왜 가격을 깎아 줄 수 없는지 친절하게 설명하면서 불쾌하지 않도록 고객을 설득할 필요가 있다.

05

정답 ④

고부가가치 상품을 중심으로 설명하고 판매하는 것은 자신과 회사 등의 이익을 향상시키지만, 고객 만족도를 향상시키지는 않는다. 고객에게 필요한 것을 충족시켜야 고객의 만족도를 향상시키고, 지속적인 상품을 구매할 가능성이 커진다.

06

정답 ③

A사원과 통화 중인 고객은 고객의 불만표현 유형 중 하나인 빨리빨리형이다. 따라서 성격이 급하고, 확신 있는 말이 아니면 잘 믿지 못하는 모습을 보이고 있다. 이러한 경우 '글쎄요.', '아마'와 같은 애매한 표현은 고객의 불만을 더 높일 수 있다.

07

정답 ②

제시문의 빈칸에 들어갈 용어는 '고객접점 서비스'이다. 고객접점 서비스는 짧은 순간의 서비스를 통해 고객의 인상이 달라질 수 있으며, 이로 인해 서비스 직원의 첫인상은 매우 중요하다고 볼 수 있다. 따뜻한 미소와 친절한 한마디 역시 중요하지만, 서비스 직원의 용모와 복장은 친절한 서비스를 제공하기 전에 첫인상을 좌우하는 첫 번째 요소이므로 고객접점 서비스에서 중요하다.

01

정답 ⑤

K대리가 부서장의 신임을 받으려 노력하는 점을 볼 때, 사람의 호의를 쟁취하기 위한 '지식과 노력의 차원'의 협상 사례로 볼 수 있다. 즉, 지식과 노력의 차원에서 협상이란 승진, 돈, 안전, 자유, 사랑, 지위, 명예, 정의, 애정 등 우리가 얻고자 원하는 것을 어떻게 다른 사람들보다 더 우월한 지위를 점유하면서 얻을 수 있을 것인가 등에 대한 지식이며, 노력의 장으로 볼 수 있다.

02

정답 ①

- 협상 시작 : 소손녕과 서희는 기싸움 등을 하면서 협상의지를 서로 확인하였고, 협상을 시작하였다.
- 상호 이해 : 갈등문제의 진행상황과 현재의 상황을 점검하는 단계로, 정벌의 명분을 위해 소손녕은 고려가 신라 후예임을, 서희는 고구려의 후예임을 말하였다.
- 실질 이해 : 겉으로 주장하는 것과 실제로 원하는 것을 구분하여 실제로 원하는 것을 찾아내는 단계로, 서희는 거란이 송과 전쟁을 위해 후방을 안전하게 하려는 것을 원함을 파악하였다.
- 해결 대안 : 최선의 대안에 대해서 합의하고 선택하는 단계로, 서희는 상호 간에 국교를 위해 영토를 요구하였다.
- 합의 : 합의문을 작성하는 단계로, 두 나라는 화의 요청 및 철군, 고려의 영토 개척 동의를 합의하였다.

03

정답 ④

서희는 직접적으로 상대방의 요구를 거부하지 않았다. 원인과 이유를 말하고 우회하면서 그 요구를 받아들이기 위한 대안을 제시하였다.

04

정답 ⑤

- (A) : 상대방이 제시하는 것을 일방적으로 수용한다는 점에서 유화전략임을 알 수 있다.
- (B) : 자신의 이익을 극대화하기 위한 공격적 전략이라는 점에서 강압전략임을 알 수 있다.
- (C) : 협상을 피하거나 잠정적으로 중단한다는 점에서 회피전략임을 알 수 있다.
- (D) : 협상 참여자들이 협동과 통합으로 문제를 해결하고자 한다는 점에서 협력전략임을 알 수 있다.

07 | 정보능력

대표기출유형 01 | 기출응용문제

01

정답 ③

아르파네트(ARPANET)는 1969년 미국 국방부에서 군사적인 목적으로 개발한 인터넷의 모체로, 최초의 패킷 교환망이다.

02

정답 ③

오답분석

① P2P(Peer to Peer) : 기존의 서버와 클라이언트 개념이나 공급자와 소비자 개념에서 벗어나 개인 컴퓨터끼리 직접 연결하고 검색함으로써 모든 참여자가 공급자인 동시에 수요자가 되는 형태이다.
② 블록체인(Block Chain) : 누구나 열람할 수 있는 장부에 거래 내역을 투명하게 기록하고, 여러 대의 컴퓨터에 이를 복제해 저장하는 분산형 데이터 저장기술이다.
④ 딥 러닝(Deep Learning) : 컴퓨터가 여러 데이터를 이용해 마치 사람처럼 스스로 학습할 수 있게 하기 위해 인공 신경망(ANN; Artificial Neural Network)을 기반으로 구축한 기계 학습 기술을 의미한다.
⑤ AI(Artificial Intelligence) : 인간과 같이 사고하고, 생각하고, 학습하고, 판단하는 논리적인 방식을 사용하는 인간의 지능을 본 딴 컴퓨터 시스템을 말한다.

03

정답 ④

바이러스에 감염되는 경로로는 불법 무단 복제, 다른 사람들과 공동으로 사용하는 컴퓨터, 인터넷, 전자우편의 첨부파일 등이 있다.

바이러스를 예방할 수 있는 방법
• 다운로드한 파일이나 외부에서 가져온 파일은 반드시 바이러스 검사를 수행한 후에 사용한다.
• 전자우편을 통해 감염될 수 있으므로 발신자가 불분명한 전자우편은 열어보지 않고 삭제한다.
• 중요한 자료는 정기적으로 백업한다.
• 바이러스 예방 프로그램을 램(RAM)에 상주시킨다.
• 백신 프로그램의 시스템 감시 및 인터넷 감시 기능을 이용해서 바이러스를 사전에 검색한다.
• 백신 프로그램의 업데이트를 통해 주기적으로 바이러스 검사를 수행한다.

01

정답 ②

부서를 우선 기준으로 하며, 다음은 직위순으로 정렬되었다.

오답분석

㉠ 부서를 기준으로 오름차순으로 정렬되었다.
㉢ 성명을 기준으로 정렬되지 않았다.

02

정답 ⑤

RANK 함수에서 0은 내림차순, 1은 오름차순이다. 따라서 [F8] 셀의 '=RANK(D8,D4:D8,0)' 함수의 결괏값은 4이다.

03

정답 ④

WEEKDAY 함수는 일정 날짜의 요일을 나타내는 1에서 7까지의 수를 구하는 함수이다. WEEKDAY 함수의 두 번째 인수에 '1'을 입력하면 '일요일(1)~토요일(7)' 숫자로 표시되고, '2'를 입력하면 '월요일(1)~일요일(7)'로 표시되며, '3'을 입력하면 '월요일(0)~일요일(6)'로 표시된다.

04

정답 ①

SUM 함수는 인수들의 합을 구할 수 있다.
• [B12] : SUM(B2:B11)
• [C12] : SUM(C2:C11)

오답분석

② REPT : 텍스트를 지정한 횟수만큼 반복한다.
③ DSUM : 지정한 조건에 맞는 데이터베이스에서 필드 값들의 합을 구한다.
④ CHOOSE : 인수 목록 중에서 하나를 고른다.
⑤ AVERAGE : 인수들의 평균을 구한다.

05

정답 ⑤

• MAX : 최댓값을 구한다.
• MIN : 최솟값을 구한다.

01

정답 ⑤

바깥쪽 i−for문이 4번 반복되고 안쪽 j−for문이 6번 반복되므로 j−for문 안에 있는 문장은 총 24번 반복된다.

02

정답 ③

for 반복문은 i 값이 0부터 1씩 증가하면서 10보다 작을 때까지 수행하므로 i 값은 각 배열의 인덱스(0 ~ 9)를 가리키게 되고, num에는 i가 가리키는 배열 요소 값의 합이 저장된다. arr 배열의 크기는 10이고 초기 값들은 배열의 크기 10보다 작으므로 나머지 요소들은 0으로 초기화된다. 따라서 배열 arr는 {1, 2, 3, 4, 5, 0, 0, 0, 0, 0}으로 초기화되므로 이 요소들의 합 15와 num의 초기 값 10에 대한 합은 25이다.

08 | 기술능력

대표기출유형 01 | 기출응용문제

01

정답 ②

연구개발에 참가한 연구원과 엔지니어들이 그 기업을 떠나는 경우 기술과 지식의 손실이 크게 발생하는 점을 볼 때, 기술혁신은 새로운 지식과 경험의 축적으로 나타나는 지식 집약적인 활동으로 볼 수 있다.

기술혁신의 특성
• 기술혁신은 그 과정 자체가 매우 불확실하고 장기간의 시간을 필요로 한다.
• 기술혁신은 지식 집약적인 활동이다.
• 기술혁신 과정의 불확실성과 모호함은 기업 내에서 많은 논쟁과 갈등을 유발할 수 있다.
• 기술혁신은 조직의 경계를 넘나든다.

02

정답 ④

기술 발전에 있어 환경 보호를 추구하는 점을 볼 때, 제시문은 지속가능한 개발의 사례로 볼 수 있다. 지속가능한 개발은 경제 발전과 환경 보전의 양립을 위하여 새롭게 등장한 개념으로 볼 수 있으며, 미래세대가 그들의 필요를 충족시킬 수 있는 가능성을 손상시키지 않는 범위에서 현재 세대의 필요를 충족시키는 개발인 것이다.

[오답분석]
① 개발수입 : 기술이나 자금을 제3국에 제공하여 미개발자원 등을 개발하거나 제품화하여 수입하는 것을 말한다.
② 연구개발 : 자연과학기술에 대한 새로운 지식이나 원리를 탐색하고 해명하여 그 성과를 실용화하는 일을 말한다.
③ 조직개발 : 기업이 생산능률을 높이기 위하여 기업조직을 개혁하는 일을 말한다.
⑤ 개발독재 : 개발도상국에서 개발이라는 이름으로 행해지는 정치적 독재를 말한다.

03

정답 ①

하향식 기술선택은 중장기적인 목표를 설정하고, 이를 달성하기 위해 핵심 고객층 등에 제공하는 제품 및 서비스를 결정한다.

대표기출유형 02 기출응용문제

01

임펠러 날개깃이 피로 현상으로 인해 결함을 일으킬 수 있다고 하였기 때문에 기술적 원인에 해당된다. 기술적 원인에는 기계 설계 불량, 재료의 부적합, 생산 공정의 부적당, 정비·보존 불량 등이 해당된다.

오답분석

① 교육적 원인 : 안전 지식의 불충분, 안전 수칙의 오해, 경험이나 훈련의 불충분과 작업관리자의 작업 방법의 교육 불충분, 유해 위험 작업 교육 불충분 등
④ 불안전한 행동 : 위험 장소 접근, 안전장치 기능 제거, 보호 장비의 미착용 및 잘못 사용, 운전 중인 기계의 속도 조작, 기계·기구의 잘못된 사용, 위험물 취급 부주의, 불안전한 상태 방치, 불안전한 자세와 동작, 감독 및 연락 잘못 등
⑤ 작업 관리상 원인 : 안전 관리 조직의 결함, 안전 수칙 미제정, 작업 준비 불충분, 인원 배치 및 작업 지시 부적당 등

02

산업 재해의 예방대책 단계
1. 안전 관리 조직
2. 사실 발견
3. 원인 분석
4. 시정책 선정
5. 시정책 적용 및 뒤처리

03

'피재해자는 전기 관련 자격이 없었으며, 복장은 일반 안전화, 면장갑, 패딩점퍼를 착용한 상태였다.'라는 내용에서 불안전한 행동·상태, 작업 관리상 원인, 작업 준비 불충분이란 것을 확인할 수 있다. 그러나 기술적 원인은 제시문에서 찾을 수 없다.

오답분석

② 불안전한 상태 : 시설물 자체 결함, 전기 시설물의 누전, 구조물의 불안정, 소방기구의 미확보, 안전 보호 장치 결함, 복장·보호구의 결함, 시설물의 배치 및 장소 불량, 작업 환경 결함, 생산 공정의 결함, 경계 표시 설비의 결함 등이 있다.
③ 불안전한 행동 : 위험 장소 접근, 안전장치 기능 제거, 보호 장비의 미착용 및 잘못 사용, 운전 중인 기계의 속도 조작, 기계·기구의 잘못된 사용, 위험물 취급 부주의, 불안전한 상태 방치, 불안전한 자세와 동작, 감독 및 연락 잘못 등이 있다.
④ 작업 관리상 원인 : 안전 관리 조직의 결함, 안전 수칙 미제정, 작업 준비 불충분, 인원 배치 및 작업 지시 부적당 등이 있다.
⑤ 작업 준비 불충분 : 작업 관리상 원인 중 하나이며, 피재해자는 경첩의 높이가 높음에도 불구하고 작업 준비에 필요한 자재를 준비하지 않은 채 불안전한 자세로 일을 시작하였다.

01

제품설명서 중 A/S 신청 전 확인 사항을 보면 기능이 작동하지 않을 경우 수도필터가 막혔거나 착좌센서 오류가 원인이라고 제시되어 있다. 따라서 B씨로부터 접수받은 현상(문제점)의 원인을 파악하려면 수도필터의 청결 상태를 확인하거나 비데의 착좌센서의 오류 여부를 확인해야 한다. 따라서 ②가 가장 적절하다.

02

01번의 문제에서 확인한 사항(원인)은 '수도필터의 청결 상태'이다. 이때 수도필터의 청결 상태가 원인이 되는 또 다른 현상(문제점)으로는 수압이 약해지는 것이 있다. 따라서 ①이 가장 적절하다.

03

결과가 가장 큰 값을 구해야 하므로 최대한 큰 수가 있는 구간으로 이동해야 하며, 세 번째 조건에 따라 총 10번의 이동이 가능하다. 반복 이동으로 가장 커질 수 있는 구간은 D−E구간이지만 음수가 있으므로 왕복 2번을 이동하여 값을 양수로 만들어야 한다. D−E구간에서 4번 이동하고 마지막에 E−F구간 1번 이동하는 것을 제외하면 출발점인 A에서 D−E구간을 왕복하기 전까지 총 5번을 이동할 수 있다. D−E구간으로 가기 전 가장 큰 값은 C에서 E로 가는 것이므로 C−E−D−E−D−E−F로 이동한다. 또한 출발점인 A에서 C까지 4번 이동하려면 A−B−B−B−C밖에 없다.
따라서 A−B−B−B−C−E−D−E−D−E−F 순서로 이동한다.
∴ $1 \times 2 \times 2 \times 2 \times 3 \times (-2) \times 3 \times (-2) \times 3 \times 1 = 864$

04

A−B−C−D−E−D−C−D−E−F : $100 \times 1 \times 2 \times 2 \times 3 \times (-2) \times 1 \times 2 \times 3 \times 1 = -14,400$

오답분석

① A−B−B−C−E−D−E−D−E−F : $100 \times 1 \times 2 \times 2 \times 3 \times (-2) \times 3 \times (-2) \times 3 \times 1 = 43,200$
② A−B−B−E−D−C−E−C−E−F : $100 \times 1 \times 2 \times 2 \times (-2) \times 1 \times 3 \times (-1) \times 3 \times 1 = 7,200$
④ A−B−C−D−E−D−E−D−E−F : $100 \times 1 \times 2 \times 2 \times 3 \times (-2) \times 3 \times (-2) \times 3 \times 1 = 43,200$
⑤ A−B−E−D−C−E−C−D−E−F : $100 \times 1 \times 2 \times (-2) \times 1 \times 3 \times (-1) \times 2 \times 3 \times 1 = 7,200$

05

주행 알고리즘에 따른 로봇의 이동 경로를 그림으로 나타내면 다음과 같다.

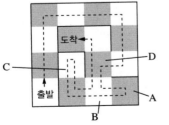

따라서 A에서 B, C에서 D로 이동할 때는 보조명령을 통해 이동했으며, 그 외의 구간은 주명령을 통해 이동했음을 알 수 있다.

PART 2

최종점검 모의고사

최종점검 모의고사

01 의사소통능력

01	02	03	04	05	06	07	08	09	10	11	12	13	14	15					
③	③	①	④	④	②	①	②	⑤	②	①	②	③	④	②					

01 어휘

정답 ③

• ㉠ : 뒤의 문장에서는 국가의 통제하에 박물관이 설립된 유럽과 달리 미국은 민간 차원에서 박물관이 설립되었다고 이야기하므로 '반면'이 적절하다.
• ㉡ : 뒤의 문장에서는 19세기 중후반에 설립된 박물관들과 더불어 해당 시기에 전문 박물관이 급진적으로 증가하였다는 내용이 이어지므로 '또한'이 적절하다.

02 문서 내용 이해

정답 ③

제시문에 따르면 플레밍은 전구의 내부가 탄화되어 효율이 떨어지는 '에디슨 효과'의 해결책을 찾기 위해 연구를 진행하였고, 연구에서 발견한 원리를 바탕으로 2극 진공관을 발명하였다. 따라서 제시문을 통해 에디슨이 발명한 전구의 문제점은 알 수 있지만, 플레밍의 '2극 진공관 발명 과정의 문제점'은 알 수 없다.

03 문서 작성

정답 ①

• 기획서 : 적극적으로 아이디어를 내고 기획해 하나의 프로젝트를 문서 형태로 만들고, 상대방에게 기획의 내용을 전달하여 기획을 시행하도록 설득하는 문서이다.
• 상품소개서 : 제품의 특징과 활용도에 대해 세부적으로 언급하는 문서이다.

04 빈칸 삽입

정답 ④

제시문에서 합통과 추통은 참도 있지만 오류도 있다고 말하고 있다. 빈칸 뒤의 문장에서 더욱 많으면 맞지 않은 경우가 있기 때문이라는 이유를 제시하고 있으므로, 빈칸에는 합통 또는 추통으로 유추하는 것에 위험이 많다고 말하는 ④가 가장 적절하다.

05 내용 추론

정답 ④

제시문에 따르면 신약 개발의 전문가가 되기 위해서는 해당 분야에서 오랫동안 연구한 경험이 필요하므로 석사나 박사 학위를 취득하는 것이 유리하다고 하였다. 그러나 석사나 박사 학위가 신약 개발 전문가가 되는 데 도움을 준다는 것일 뿐이므로 반드시 필요한 필수 조건인지는 알 수 없다. 따라서 ④는 제시문을 통해 추론할 수 없다.

06 한자성어

'청출어람(靑出於藍)'은 '푸른색은 쪽에서 나왔지만 쪽빛보다 더 푸르다.'라는 뜻으로, 제자가 스승보다 더 나음을 비유적으로 이르는 한자성어이다.

[오답분석]

① 갑남을녀(甲男乙女) : '갑이라는 남자와 을이라는 여자'라는 뜻으로, 신분이나 이름이 알려지지 아니한 그저 평범한 사람들을 이르는 한자성어이다.
③ 온고지신(溫故知新) : '옛것을 익히고 그것을 미루어서 새것을 안다.'라는 뜻으로, 과거 전통과 역사가 바탕이 된 후에 새로운 지식이 습득되어야 제대로 된 앎이 될 수 있음을 이르는 한자성어이다.
④ 타산지석(他山之石) : '다른 산의 돌'이라는 뜻으로, 다른 사람의 하찮은 언행이라도 자기의 지덕을 닦는 데 도움이 됨을 비유적으로 이르는 한자성어이다.
⑤ 오월동주(吳越同舟) : 서로 적의를 품은 사람들이 한자리에 있게 된 경우나 서로 협력하여야 하는 상황을 비유적으로 이르는 한자성어이다.

07 문서 수정

'자기가 마땅히 하여야 할 맡은 바 직책이나 임무'를 뜻하는 단어는 '역활'이 아니라 '역할(役割)'이다.

08 문서 내용 이해

국내 바이오헬스의 전체 기술력은 바이오헬스 분야에서 최고 기술을 보유하고 있는 미국 대비 78% 수준으로 약 3.8년의 기술격차를 보인다. 이는 기술격차를 줄이는 데 필요한 시간을 나타내는 것이므로 미국이 우리나라보다 3.8년 앞서 투자를 시작했다는 의미로 볼 수 없다. 따라서 미국이 우리나라보다 3년 이상 앞서 투자했다는 내용은 적절하지 않다.

09 어휘

• 회사 앞 사거리의 신호등이 고장 나 큰 교통 (혼잡)이 일어났다.
• 급격한 과학기술의 발달은 가치관의 (혼란 / 혼돈)을 가져오기도 한다.
• 학급에 비슷한 이름의 학생이 많아 선생님은 가끔 학생의 이름을 (혼동)할 때가 있다.
• 정부의 개혁은 실패했고 나라는 정치적 (혼란 / 혼돈) 상태에 빠졌다.

• 혼미(昏迷) : 의식이 흐림 또는 그런 상태

[오답분석]

① 혼동(混同) : 구별하지 못하고 뒤섞어서 생각함
② 혼돈(混沌) : 마구 뒤섞여 있어 갈피를 잡을 수 없음. 또는 그런 상태
③ 혼잡(混雜) : 여럿이 한데 뒤섞이어 어수선함
④ 혼란(混亂) : 뒤죽박죽이 되어 어지럽고 질서가 없음

10 문서 내용 이해

사물인터넷(IoT)의 발달로 센서의 사용 또한 크게 늘고 있다.

[오답분석]
① 기계적 진동원은 움직이는 인체, 자동차, 진동 구조물, 물이나 공기의 흐름에 의한 진동을 모두 포함한다.
③ 인체의 작은 움직임(주파수 2 ∼ 5Hz)도 스마트폰이나 웨어러블(안경, 시계, 의복 등과 같이 신체에 착용하는 제품) 기기들의 전기 에너지원으로 사용될 수 있다.
④ 교체 및 충전식 전기 화학 배터리는 수명이 짧다는 특징을 갖고 있다.
⑤ 전자기력 기반은 패러데이의 유도법칙을 이용하여 전기를 생산하며, 낮은 주파수의 기계적 에너지를 전기에너지로 변환하는 매우 효율적인 방법이다.

11 맞춤법
정답 ①

'나뉘다'는 '나누다'의 피동형이다. 피동을 만드는 접사인 '−어지다'를 결합할 경우 이중피동이 되기 때문에 옳은 표현은 '나뉘어'이다.

12 어휘
정답 ②

제시문의 '문제'와 ②는 '논쟁, 논의, 연구 따위의 대상이 되는 것'의 의미이다.

[오답분석]
①·③ 해결하기 어렵거나 난처한 대상. 또는 그런 일
④ 귀찮은 일이나 말썽
⑤ 해답을 요구하는 물음

13 글의 주제
정답 ③

제시문의 두 번째 문단에서 지구의 내부가 지각, 상부 맨틀, 하부 맨틀, 외핵, 내핵으로 이루어진 층상 구조라고 밝히고 있고, 지구 내부의 구조를 중심으로 자연 현상을 설명하고 있으므로 글의 핵심 내용으로 가장 적절한 것은 ③이다.

14 내용 추론
정답 ④

과학과 사법 체계가 '자연'이라는 큰 테두리에 종속된 개념이라는 주장은 몇 가지 새로운 분야가 동등한 위치로 합쳐져서 시너지 효과를 낳는 '융합, 컨버전스'와는 다른 차원의 주제이다. 나머지는 과학기술과 법이 융합된 새로운 패러다임의 주제이다.

15 문단 나열
정답 ②

(가) 문단에서는 전자 상거래 시장에서 소셜 커머스 열풍이 불고 있다는 내용을 소개하며 국내 소셜 커머스 현황을 제시하고 있고, (다) 문단은 소셜 커머스가 주로 SNS를 이용해 공동 구매자를 모으는 것에서 그 명칭이 유래되었다고 언급하고 있다. 또한 (나) 문단은 소셜 쇼핑과 개인화된 쇼핑 등 소셜 커머스의 유형과 향후 전망을 제시하고 있다. 따라서 (가) − (다) − (나) 순서로 나열해야 한다.

62 • 과학기술분야 정부출연연구기관(정출연) 통합편

01	02	03	04	05	06	07	08	09	10	11	12	13	14	15					
②	①	④	③	③	③	③	①	⑤	③	①	①	③	②	③					

01 자료 이해

정답 ②

전체 수출액 중 로봇 부품이 차지하는 비율은 2023년에 $1,007 \div 9,336 \times 100 ≒ 10.8\%$에서 2024년에 $1,072 \div 10,984 \times 100 ≒ 9.8\%$로 감소하였다.

오답분석

① 연도별 제조용 로봇의 수출 비중은 다음과 같다.
- 2020년 : $5,965 \div 7,376 \times 100 ≒ 80.9\%$
- 2021년 : $6,313 \div 7,464 \times 100 ≒ 84.6\%$
- 2022년 : $6,768 \div 8,159 \times 100 ≒ 83\%$
- 2023년 : $6,806 \div 9,336 \times 100 ≒ 72.9\%$
- 2024년 : $8,860 \div 10,984 \times 100 ≒ 80.7\%$

따라서 비중이 가장 높은 해는 2021년이다.

③ 2024년 국내 로봇 업체 전체 수출액은 10,984억 원으로, 처음으로 1조 원을 돌파하였다.

④ 2024년 연구개발 설비 투자 금액은 생산 설비의 투자 금액보다 $1,334억-1,275억=59억$ 원 더 많다.

⑤ 2020 ~ 2023년까지 생산 설비 투자 금액이 매년 가장 많았으므로 투자 비중이 가장 높다.

02 응용 수리

정답 ①

A사원의 분당 타이핑 속도는 100자/분이고, B사원의 분당 타이핑 속도는 150자/분이다.

타이핑 글자 수는 타이핑 속도와 걸린 시간의 곱이 되므로 다음 식이 성립한다.

$15,000=[(100자/분) \times (걸린 시간)]+[(150자/분) \times (걸린 시간)]$

→ $15,000=(250자/분) \times (걸린 시간)$

∴ (걸린 시간)=60분

따라서 2명이 동시에 15,000자 분량의 원고를 치면 1시간이 걸린다.

03 자료 이해

정답 ④

일반회사직 종사자는 '1시간 이상 3시간 미만'이라고 응답한 비율이 45%로 가장 높지만, 자영업직 종사자는 '1시간 미만'이라고 응답한 비율이 36%로 가장 높으므로 옳지 않다.

오답분석

① 제시된 자료를 통해 알 수 있다.

② 교육에 종사하는 사람은 공교육직과 사교육직을 합친 $2,800+2,500=5,300$명이다. 따라서 전체 응답자 중 $\frac{5,300}{20,000} \times 100=$ 26.5%이므로 27% 미만이다.

③ 연구직 종사자와 의료직 종사자의 응답 비율의 차는 다음과 같다.
- 1시간 미만 : $69-52=17\%p$
- 1시간 이상 3시간 미만 : $5-1=4\%p$
- 3시간 이상 5시간 미만 : $7-2=5\%p$
- 5시간 이상 : $41-23=18\%p$

따라서 차이가 가장 큰 응답 시간은 '5시간 이상'이다.

⑤ 공교육직 종사자와 교육 외 공무직 종사자의 응답 비율이 높은 순서대로 나열하면 다음과 같다.
  • 공교육직 : 5시간 이상 – 3시간 이상 5시간 미만 – 1시간 이상 3시간 미만 – 1시간 미만
  • 교육 외 공무직 : 1시간 미만 – 1시간 이상 3시간 미만 – 3시간 이상 5시간 미만 – 5시간 이상
  따라서 이 추이는 반대이다.

04 자료 이해   정답 ③

'5시간 이상'이라고 응답한 교육 외 공무직 종사자의 응답 비율은 18%이므로 연구직 종사자의 응답 비율인 23%보다 낮다. 그러나 응답자 수는 교육 외 공무직 종사자가 $3,800 \times 0.18 = 684$명이고, 연구직 종사자가 $2,700 \times 0.23 = 621$명이므로 교육 외 공무직 종사자의 응답자 수가 더 많다.

오답분석

㉠ 전체 응답자 중 공교육직 종사자가 차지하는 비율은 $\dfrac{2,800}{20,000} \times 100 = 14\%$이고, 연구직 종사자가 차지하는 비율은 $\dfrac{2,700}{20,000} \times 100 = 13.5\%$이다. 따라서 $14 - 13.5 = 0.5\%$p 더 높다.

㉡ 공교육직 종사자의 응답 비율이 가장 높은 시간은 '5시간 이상'으로 그 응답자 수는 $2,800 \times 0.45 = 1,260$명이고, 사교육직 종사자의 응답 비율이 가장 높은 시간은 '1시간 미만'으로 그 응답자 수는 $2,500 \times 0.36 = 900$명이다. 따라서 $1,260 \div 900 = 1.4$배이다.

05 자료 변환   정답 ③

연도별 영업이익과 영업이익률을 정리하면 다음과 같다.

(단위 : 억 원)

구분	2020년	2021년	2022년	2023년	2024년
매출액	1,485	1,630	1,410	1,860	2,055
매출원가	1,360	1,515	1,280	1,675	1,810
판관비	30	34	41	62	38
영업이익	95	81	89	123	207
영업이익률	6.4%	5.0%	6.3%	6.6%	10.1%

따라서 이를 나타낸 그래프로 옳은 것은 ③이다.

06 자료 이해   정답 ③

ㄱ. 2023년 연구개발비가 전년 대비 감소한 국가는 한국, 독일, 영국, 미국 4개이다.

ㄷ. 전년 대비 2021년 한국, 중국, 독일의 연구개발비 증가율을 구하면 다음과 같다.
  • 한국 : $\dfrac{33,684 - 28,641}{28,641} \times 100 \fallingdotseq 17.6\%$
  • 중국 : $\dfrac{48,771 - 37,664}{37,664} \times 100 \fallingdotseq 29.5\%$
  • 독일 : $\dfrac{84,148 - 73,737}{73,737} \times 100 \fallingdotseq 14.1\%$
  따라서 중국, 한국, 독일 순서로 증가율이 높다.

오답분석

ㄴ. 2019년 대비 2023년 연구개발비가 2배 이상 증가한 국가가 없는 반면, 중국이 2.5배 이상 증가하였으므로 증가율이 가장 높다는 것을 알 수 있다. 따라서 증가율이 가장 높은 국가는 중국이고, 영국이 $\dfrac{40,291 - 39,421}{39,421} \times 100 \fallingdotseq 2.2\%$로 가장 낮다.

07

정답 ③

- 한국의 응용연구비 : $29,703 \times 0.2 = 5,940.6$백만 달러
- 미국의 개발연구비 : $401,576 \times 0.6 = 240,945.6$백만 달러

따라서 2023년 미국의 개발연구비는 한국의 응용연구비의 $240,945.6 \div 5,940.6 ≒ 40.6$배이다.

08 자료 이해

정답 ①

프랑스가 기초연구비 비율이 가장 높고, 응용연구비 비율도 가장 높다.

오답분석

ㄴ. 개발연구비 비율이 가장 높은 국가는 중국이고, 가장 낮은 국가는 프랑스이다. 그 비율 차이는 약 $82 - 35 = 47\%$p이다. 기초연구비 비율이 가장 높은 국가는 프랑스이고, 가장 낮은 국가는 중국이다. 그 비율 차이는 약 $25 - 5 = 20\%$p이다. 따라서 개발연구비의 비율 차이가 더 크다.

ㄷ. 기초연구비 비율이 두 번째로 높은 국가는 한국으로, 개발연구비 비율은 세 번째로 높다.

09 그래프

정답 ⑤

오답분석

① 점 그래프 : 종축과 횡축에 2개의 요소를 두고, 보고자 하는 것이 어떤 위치에 있는지 확인할 때 사용한다.
② 선 그래프 : 꺾은선 그래프라고도 하며, 시간에 따라 지속적으로 변화하는 것을 기록할 때 편리하다. 조사하지 않은 중간 값도 대략 예측할 수 있다.
③ 막대 그래프 : 세로 또는 가로 막대로 사물의 양을 나타내며, 크고 작음을 한눈에 볼 수 있기 때문에 편리하다.
④ 층별 그래프 : 합계와 각 부분의 크기를 백분율 또는 실수로 나타내고, 시간적 변화를 볼 때 사용한다.

10 응용 수리

정답 ③

1시간 동안 큰 호스로 부을 수 있는 물의 양은 $100 \div 0.5 = 200$L이다.

물통에 물이 가득 차는 데 걸리는 시간을 x시간이라고 하면 다음 식이 성립한다.

$(200 + 50) \times x = 100$

$\rightarrow x = \dfrac{100}{250}$

$\therefore x = \dfrac{2}{5}$

따라서 $\dfrac{2}{5} = \dfrac{24}{60}$ 시간이므로 물통에 물이 가득 차는 데 24분이 걸린다.

11 수열 규칙

정답 ①

제시된 수열은 홀수 항은 3씩 나누고, 짝수 항은 9씩 더하는 수열이다.

따라서 ( )$= -9 \div 3 = -3$이다.

12 응용 수리

정답 ①

지혜와 주헌이가 함께 걸어간 거리는 $150 \times 30 = 4,500$m이고, 집에서 회사까지의 거리는 $150 \times 50 = 7,500$m이다. 따라서 지혜가 집에 가는 데 걸린 시간은 $150 \times 30 \div 300 = 15$분이고, 다시 회사까지 가는 데 걸린 시간은 $150 \times 50 \div 300 = 25$분이다. 따라서 주헌이가 회사에 도착하는 데 걸린 시간은 20분이고, 지혜가 걸린 시간은 40분이므로 지혜는 주헌이가 도착하고 20분 후에 회사에 도착한다.

13 자료 계산 　　　　　　　　　　　　　　　　　　　　　　　　　　　　　　　　　　　정답 ③

첫 번째 조건에 따르면 국가연구개발 사업비가 2022년부터 2024년까지 매년 증가한 항목은 A와 D이다. 따라서 사회질서 및 안전 분야는 A 또는 D이다.

두 번째 조건에 따르면 2023 ～ 2024년 국가연구개발 사업비가 우주개발 및 탐사 분야와 환경 분야의 국가연구개발 사업비의 합의 2배보다 컸던 항목은 A이다. 그러므로 A가 국방 분야이고, D가 사회질서 및 안전 분야이다.

네 번째 조건은 C와 B가 에너지 또는 지구개발 및 탐사 분야에 해당되는 것만 추론할 수 있다.

세 번째 조건에 따르면 2022년과 2024년에 지구개발 및 탐사 분야와 우주개발 및 탐사 분야의 국가연구개발 사업비의 합은 에너지 분야의 사업비보다 작다고 했다. 지구개발 및 탐사 분야를 C로 가정하면 각각 $5,041+3,256=8,297$억 원, $5,069+3,043=8,112$억 원이 되고, 나머지 에너지 분야를 B라고 가정하면 각각 $15,311$억 원, $11,911$억 원이 된다. 그러므로 B가 에너지 분야이고, C가 지구개발 및 탐사 분야이다.

따라서 B는 에너지 분야, D는 사회질서 및 안전 분야이다.

14 자료 이해 　　　　　　　　　　　　　　　　　　　　　　　　　　　　　　　　　　　정답 ②

$2,970,974\times0.4=1,188,389.6<1,345,897$이므로 40% 이상이다.

[오답분석]
① 투자지출액이 가장 많은 분야는 $3,767,561$백만 원인 폐수관리이다.
③ $1,438,272\times0.7=1,006,790.4>987,942$이므로 70% 미만이다.
④ 부산물 수입이 10% 미만인 분야는 8개이며, 보조금이 10% 미만인 분야는 7개이다.
⑤ 환경보호 관련 지출액이 가장 많은 분야는 35.2%인 폐수관리이고, 수입액이 가장 많은 분야는 61.1%인 폐기물관리이다.

15 자료 변환 　　　　　　　　　　　　　　　　　　　　　　　　　　　　　　　　　　　정답 ③

판매 비중이 큰 순서대로 판매사 4곳을 나열하면 D사, W사, S사, K사 순이다.

이 중 상위 3개사(D사, W사, S사)의 판매액 합계는 전체 판매액인 4조 3천억 원의 40%인 $43,000\times0.4=17,200$억 원이다.

따라서 D사, W사, S사의 판매액 합계가 $9,100+6,800+1,300=17,200$억 원인 ③이 옳다.

[오답분석]
① D사, W사, S사의 판매액 합계가 전체의 40% 미만을 차지한다.
②·④·⑤ D사, W사, S사의 판매액 합계가 전체의 40%를 초과한다.

01	02	03	04	05	06	07	08	09	10	11	12	13	14	15					
①	③	③	③	②	④	③	⑤	⑤	①	④	③	②	②	②					

01   명제 추론

정답 ①

주어진 조건에 따라 넣어야 할 재료를 순서대로 정리하면 다음과 같다.

첫 번째	두 번째	세 번째	네 번째	다섯 번째	여섯 번째	일곱 번째
바	다	마	나	사	라	가

따라서 두 번째로 넣어야 할 재료는 '다'이다.

02   명제 추론

정답 ③

두 번째 조건에 따라 회장실의 위치를 기준으로 각 팀의 위치를 정리하면 다음과 같다.

• A가 회장실인 경우

세 번째 조건에 의해 회장실 맞은편인 E는 응접실이다. 네 번째 조건에 의해 B는 재무회계팀이고, F는 홍보팀이다. 다섯 번째 조건에 의해 G는 법무팀이고, 일곱 번째 조건에 의해 C는 탕비실이다. 여섯 번째 조건에 의해 H는 연구개발팀이므로 남은 D가 인사팀이다.

• E가 회장실인 경우

세 번째 조건에 의해 회장실 맞은편인 A는 응접실이다. 네 번째 조건에 의해 F는 재무회계팀이고, B는 홍보팀이다. 다섯 번째 조건에 의해 C는 법무팀이고, 일곱 번째 조건에 의해 G는 탕비실이다. 여섯 번째 조건에 의해 H는 연구개발팀이므로 남은 D가 인사팀이다.

따라서 모든 경우에서 인사팀의 위치는 D이다.

03   창의적 사고

정답 ③

문제해결을 위한 방법으로는 소프트 어프로치, 하드 어프로치, 퍼실리테이션(Facilitation)이 있다. 그중 마케팅 부장은 연구소 소장과 기획팀 부장 사이에서 의사결정에 서로 공감할 수 있도록 도와주는 일을 하고 있다. 또한 상대의 입장에서 공감하며, 서로 타협점을 좁혀 생산적인 결과를 도출할 수 있도록 대화를 하고 있다. 따라서 마케팅 부장이 취하는 문제해결 방법은 퍼실리테이션이다.

오답분석

① 창의적 사고 : 당면한 문제를 해결하기 위해 이미 알고 있는 경험과 지식을 해체하여 다시 새로운 정보로 결합함으로써 가치 있고 참신한 아이디어를 산출하는 사고이다.
② 비판적 사고 : 어떤 주제나 주장 등에 대해 적극적으로 분석하고 종합하며 평가하는 능동적인 사고로, 어떤 논증, 추론, 증거, 가치를 표현한 사례를 타당한 것으로 받아들일 것인지 결정을 내릴 때 요구되는 사고력이다.
④ 하드 어프로치 : 다른 문화적 토양을 가지고 있는 구성원을 가정하고, 서로의 생각을 직설적으로 주장하며 논쟁이나 협상을 하는 방법으로, 사실과 원칙에 근거한 토론이다.
⑤ 소프트 어프로치 : 대부분의 기업에서 볼 수 있는 전형적인 스타일로 조직 구성원들은 같은 문화적 토양으로 가지고 이심전심으로 서로를 이해하려고 하며, 직접적인 표현보다 무언가를 시사하거나 암시를 통한 의사전달로 문제를 해결하는 방법이다.

04 창의적 사고 정답 ③

K회사는 기존 커피믹스가 잘 팔리고 있어 새로운 것에 도전하지 않는 것으로 보인다. 또한 기존에 가지고 있는 커피를 기준으로 틀에 갇혀 블랙커피 커피믹스는 만들기 어렵다는 부정적인 시선으로 보고 있기 때문에 '발상의 전환'이 필요하다.

오답분석
① 전략적 사고 : 지금 당면하고 있는 문제와 해결 방법에만 국한되어 있지 않고, 상위 시스템 및 다른 문제와 관련이 있는지 생각하는 것이다.
② 분석적 사고 : 전체를 각각의 요소로 나누어 그 요소의 의미를 도출한 다음 우선순위를 부여하고 구체적인 문제해결 방법을 실행하는 것이다.
④ 성과지향 사고 : 분석적 사고 중 기대하는 결과를 명시하고, 효과적으로 달성하는 방법을 사전에 구상하고 실행에 옮기는 것이다.
⑤ 내·외부자원의 효과적 활용 : 문제해결 시 기술·재료·방법·사람 등 필요한 자원 확보 계획을 수립하고, 내·외부자원을 활용하는 것이다.

05 자료 해석 정답 ②

실현가능성에서 10점을 받아 선정 대상에서 제외된 병을 제외한 나머지 연구팀의 평가항목별 점수를 합산하면 다음과 같다.
• 갑 : $18+25+22+16=81$점
• 을 : $16+27+21+15=79$점
• 정 : $17+22+25+16=80$점
따라서 연구팀으로 선정될 팀은 81점으로 계획 점수가 가장 높은 갑이다.

06 자료 해석 정답 ④

05번에서 연구팀으로 선정된 팀은 갑이며, 갑은 81점이므로 B등급에 해당한다. 그러므로 갑이 지원받을 연구비는 3,500만 원이다. 또한 B등급에 해당하는 인건비를 계산하면 $(900×1)+(700×4)+(450×4)=5,500$만 원이다. 따라서 연구과제 수행팀으로 선정된 갑이 지원받을 연구비와 연구팀 인건비의 합은 3,500만+5,500만=9,000만 원이다.

07 자료 해석 정답 ③

A ~ E인턴 중에 소비자들의 불만을 접수해서 처리하는 업무를 맡기기에 가장 적합한 인턴은 C인턴이다. 이는 잘 흥분하지 않으며, 일처리가 신속하고 정확하다고 명시되어 있으며, 직업선호 유형은 'CR'로 관습형·현실형에 해당한다. 따라서 현실적이며 보수적이고 변화를 좋아하지 않는 유형으로, 소비자들의 불만을 들어도 감정적으로 대응하지 않을 성격인 C인턴이 가장 적합하다.

08 명제 추론 정답 ⑤

주어진 조건에 따라 사장은 어느 한 면에 앉아 있다고 가정하고 A, B, C부서의 임원들의 자리 배치를 고려하면 다음과 같다.

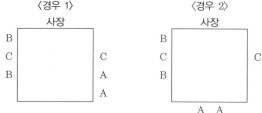

• A : C부서의 한 임원은 경우 1과 같이 A부서 임원과 함께 앉아 있을 수도 있다.
• B : 경우 2를 통해 모든 면에 앉아 있는 경우도 있다는 것을 알 수 있다.
따라서 A, B 모두 옳은지 틀린지 판단할 수 없다.

09 논리적 오류

정답 ⑤

제한된 증거를 가지고 결론을 도출하는 '성급한 일반화의 오류'의 사례로 볼 수 있다.

[오답분석]
① 인신공격의 오류의 사례로, 기획서 내용을 반박하면서 이와 무관한 S사원의 성격을 근거로 사용하여 발생하는 오류이다.
② 권위에 호소하는 오류의 사례로, 도서 디자인과 무관한 인사부 최부장의 견해를 신뢰하여 발생하는 오류이다.
③ 대중에 호소하는 오류의 사례로, 대마초 허용에 많은 사람들이 찬성했다는 이유만으로 대마초와 관련된 의약개발 투자를 주장하여 발생하는 오류이다.
④ 대중에 호소하는 오류의 사례로, 소비자의 80%가 사용하고 있다는 점과 세탁기의 성능은 논리적으로 연결되지 않는다.

10 명제 추론

정답 ①

• 연구개발팀이 이어달리기에 참가하지 않은 경우
연구개발팀과 디자인팀은 동시에 같은 종목에 참가하지 않았으므로 연구개발팀이 이어달리기에 참가하지 않았다면 디자인팀이 족구에 참가하므로 연구개발팀은 족구에 참가하지 않고 남은 2종목에 반드시 참가해야 한다. 이때 총무팀이 모든 종목에 참가하더라도 고객지원팀과 법무팀은 항상 동시에 참가하므로 총무팀이 참가한 종목이 4팀인 종목은 존재할 수 없다.

구분	홍보팀	총무팀	연구개발팀	고객지원팀	법무팀	디자인팀
이어달리기	○	○	×	○	○	○
족구	○	–	×	–	–	○
X	○	–	○	–	–	×
Y	○	–	○	–	–	×

• 연구개발팀이 이어달리기에 참가한 경우
연구개발팀이 이어달리기에 참가하면 디자인팀이 족구팀에 참가하므로 족구에 참가하지 않고 남은 2종목 중 한 종목에 참가한다. 남은 1종목는 반드시 참가하지 않으며 연구개발팀이 참가하지 않은 종목에서 디자인팀이 참가하지 않고 고객지원팀, 법무팀이 참가하면 총무팀이 참가하는 종목 중 참가하는 팀이 4팀인 종목이 나올 수 있다.

구분	홍보팀	총무팀	연구개발팀	고객지원팀	법무팀	디자인팀
이어달리기	○	–	○	○	○	×
족구	○	–	×	–	–	○
X	○	–	○	–	–	×
Y	○	○	×	○	○	×

구분	홍보팀	총무팀	연구개발팀	고객지원팀	법무팀	디자인팀
이어달리기	○	○	○	○	○	×
족구	○	–	×	–	–	○
X	○	○	×	○	○	×
Y	○	–	○	–	–	×

따라서 참가하는 종목이 가장 적은 팀은 족구만 참가하는 디자인팀이다.

[오답분석]
② 법무팀은 모든 종목에 참가할 수 있다.
③ 고객지원팀은 족구에 참가하지 않을 수 있다.
④ 주어진 조건을 모두 만족하는 경우는 2가지이며, 둘 다 연구개발팀과 디자인팀이 동시에 참가하지 않는 경우이다.
⑤ 족구와 남은 2종목에서 총무팀과 법무팀이 동시에 참가하지 않는 종목이 있을 수 있다.

11 SWOT 분석

ESG 경영 관련 정책 홍보를 강화하는 것은 산업단지 관리 주체인 한국산업단지공단 등 또는 다양한 환경 부문 계획을 세워 추진하고 있는 K시가 정책 홍보를 통해 ESG 경영에 대한 산업단지 입주 기업들의 이해도를 높임으로써 ESG 경영의 실천 동기를 부여해 ESG 경영에 동력을 제공하려는 전략이므로 ST전략에 해당한다.

오답분석

㉠ 산업단지를 관리하는 주체가 엄연히 존재하며 K시 지역에 지산학 협력 거버넌스가 구축되었다는 강점(S)을 기반으로 다른 지자체의 ESG 정책 추진, 정부의 ESG 정책과 관련법 제정 등을 기회(O)로 활용해 K시에서 ESG 관련 조례를 제정하는 SO전략이다.

㉡ 한국산업단지공단의 강한 ESG 경영 의지, K시에서 추진하고 있는 다양한 환경 부문 계획이라는 강점(S)을 살려 가중되고 있는 ESG 경영에 대한 기업의 부담이라는 위협(T)을 해소할 수 있도록 기업이 ESG 관련 정보와 정책을 공유하게 하는 ESG 관련 포털 운영하는 ST전략이다.

㉢ 국내·외 ESG 트렌드의 부상, ESG 관련 정부의 정책과 관련법 제정 등의 기회(O)를 활용해 산업단지 입주 업체의 낮은 ESG 인식 수준과 준비도라는 약점(W)을 극복할 수 있도록 ESG 자가진단 및 컨설팅 지원을 제공하는 WO전략이다.

㉣ ESG 경영의 복잡성(T)과 차별화 부족 문제(T)를 줄이고 산업단지 입주 업체의 영세성과 ESG 선도기업의 부재라는 약점(W)을 극복할 수 있도록 K시에서 ESG 기본계획을 수립해 ESG 선도기업으로서의 공공기관 ESG 경영평가를 실시하는 등 K시와 공공기관이 ESG 경영을 선도하는 WT전략이다.

12 자료 해석

갑 ~ 무의 성과급 점수의 총합을 구하면 다음과 같다.
- 갑 : $(56×0.3)+(82×0.4)+(67×0.06)+(20×0.04)+(92×0.2)=16.8+32.8+4.02+0.8+18.4=72.82$점
- 을 : $(70×0.3)+(43×0.4)+(67×0.06)+(100×0.04)+(88×0.2)=21+17.2+4.02+4+17.6=63.82$점
- 병 : $(81×0.3)+(73×0.4)+(100×0.06)+(40×0.04)+(63×0.2)=24.3+29.2+6+1.6+12.6=73.7$점
- 정 : $(67×0.3)+(55×0.4)+(33×0.06)+(100×0.04)+(95×0.2)=20.1+22+1.98+4+19=67.08$점
- 무 : $(75×0.3)+(60×0.4)+(67×0.06)+(70×0.04)+(85×0.2)=22.5+24+4.02+2.8+17=70.32$점

따라서 성과급 점수의 총합이 가장 높은 사람은 73.7점인 병이다.

13 자료 해석

변경된 기준에 따라 갑 ~ 무의 성과급 점수의 총합과 그에 따른 지급액을 구하면 다음과 같다.
- 갑 : $(56×0.3)+(82×0.4)+(92×0.3)=16.8+32.8+27.6=77.2$점 → 180만+10만(∵ 자격증)=190만 원
- 을 : $(70×0.3)+(43×0.4)+(88×0.3)=21+17.2+26.4=64.6$점 → 110만+10만(∵ 자격증)=120만 원
- 병 : $(81×0.3)+(73×0.4)+(63×0.3)=24.3+29.2+18.9=72.4$점 → 150만+10만(∵ 자격증)=160만 원
- 정 : $(67×0.3)+(55×0.4)+(95×0.3)=20.1+22+28.5=70.6$점 → 150만 원
- 무 : $(75×0.3)+(60×0.4)+(85×0.3)=22.5+24+25.5=72$점 → 150만+10만(∵ 자격증)=160만 원

따라서 성과급을 가장 많이 받는 사람은 갑이고, 갑의 지급액은 190만 원이다.

14 규칙 적용

분류코드에서 알 수 있는 정보를 순서대로 나열하면 다음과 같다.
- 발송코드(c4) : 충청지역에서 발송
- 배송코드(304) : 경북지역으로 배송
- 보관코드(HP) : 고가품
- 운송코드(115) : 15톤 트럭으로 배송
- 서비스코드(01) : 당일 배송 서비스 상품

따라서 옳지 않은 것은 ②이다.

15 규칙 적용

정답 ②

제품 A의 분류코드는 수도권인 경기도에서 발송되었으므로 a1, 울산지역으로 배송되므로 062, 냉동 보관이 필요하므로 FZ, 5톤 트럭으로 운송되므로 105, 배송일을 7월 7일로 지정하였으므로 02로 구성된 'a1062FZ10502'이다.

04 자원관리능력

01	02	03	04	05	06	07	08	09	10	11	12	13	14	15				
①	③	②	④	③	⑤	③	⑤	⑤	①	④	①	④	②	②				

PART 2

01 비용 계산

정답 ①

1분기 예산서 중 간접비는 '마'뿐이다. 따라서 간접비의 총액은 7,500,000원이다.
- 직접비 : 재료비, 원료와 장비, 시설비, 여행(출장) 및 잡비, 인건비 등
- 간접비 : 보험료, 건물관리비, 광고비, 통신비, 공과금, 사무 비품비 등

02 품목 확정

정답 ③

제시된 자료에서 재배 가능 최저 온도는 0℃, 최고 온도는 55℃이다. 0℃에서 55℃까지 5℃씩 나누어 온도별 재배 가능 식물과 온도별 상품가치의 합을 구하면 다음과 같다. 이때 최고 온도는 55℃이지만 35℃ 이상인 것은 C식물밖에 없으므로, 35℃까지만 체크하면 된다.
- 온도별 재배 가능 식물

온도(℃)	0	5	10	15	20	25	30	35 이상
식물	A	A, B	A, B	A, B, D, E	A, D, E	C, D, E	C, D	C

따라서 가장 많은 식물을 재배할 수 있는 온도는 15℃이다.
- 온도별 상품가치

온도(℃)	0	5	10	15	20	25	30	35 이상
상품가치(원)	10,000	35,000	35,000	85,000	60,000	100,000	65,000	50,000

따라서 상품가치의 총합이 가장 큰 온도는 25℃이다.

03 비용 계산

정답 ②

먼저 공급지 Y에서 수요지 A로 수송비 5만 원에 100톤을 공급한다(500만 원). 다음은 X → D로 5만 원에 20톤을 공급하고(100만 원), X → C로 6만 원에 50톤을 공급한다(300만 원). 마지막으로 공급지 Z에서 수요지 B로 수송비 7만 원에 80톤을 공급한다(560만 원). 따라서 최소 수송비의 합은 500만+100만+300만+560만=1,460만 원이다.

04 인원 선발

정답 ④

A ~ E의 조건별 점수를 구하면 다음과 같다.

구분	직위	직종	근속연수	부양가족 수	주택 유무	합계
A	3점	5점	3점	–	10점	21점
B	1점	10점	1점	4점	10점	26점
C	4점	10점	4점	4점	–	22점
D	2점	3점	1점	6점	10점	22점
E	5점	5점	5점	6점	–	21점

C과장과 D주임은 동점이므로 부양가족 수가 더 많은 D주임이 우선순위를 가진다. 따라서 가장 높은 점수인 B사원과 D주임이 사택을 제공받을 수 있다.

05 품목 확정

정답 ③

매출 순이익은 [(판매 가격)−(생산 단가)]×(판매량)이므로 메뉴별 매출 순이익을 계산하면 다음과 같다.

메뉴	예상 월간 판매량(개)	생산 단가(원)	판매 가격(원)	매출 순이익(원)
A	500	3,500	4,000	$(4,000-3,500)\times500=250,000$
B	300	5,500	6,000	$(6,000-5,500)\times300=150,000$
C	400	4,000	5,000	$(5,000-4,000)\times400=400,000$
D	200	6,000	7,000	$(7,000-6,000)\times200=200,000$
E	150	3,000	5,000	$(5,000-3,000)\times150=300,000$

따라서 매출 순이익이 가장 높은 C를 메인 메뉴로 선택할 것이다.

06 비용 계산

정답 ⑤

현수막의 기본 크기는 $1m\times3m=3m^2$이고, 가격은 5,000원으로 $1m^2$당 3,000원의 추가비용이 든다. 팀장이 추가로 요청한 현수막을 살펴보면 '$3m\times8m$' 2개, '$1m\times4m$' 1개이다.

- $3m\times8m=24m^2$ 크기의 현수막 제작 비용 : $5,000+[(24-3)\times3,000]=68,000$원
- $1m\times4m=4m^2$ 크기의 현수막 제작 비용 : $5,000+[(4-3)\times3,000]=8,000$원

따라서 현수막 제작 총비용은 $(68,000\times2)+8,000=144,000$원이다.

07 인원 선발

정답 ③

A ~ E의 성과급 점수를 계산해 보면 다음과 같다.

- A대리 : $(85\times0.5)+(90\times0.5)=87.5$점
- B과장 : $(100\times0.3)+(85\times0.1)+(80\times0.6)=86.5$점
- C사원 : $(95\times0.6)+(85\times0.4)=91$점
- D차장 : $(80\times0.2)+(90\times0.3)+(85\times0.5)=85.5$점
- E과장 : $(100\times0.3)+(85\times0.1)+(80\times0.6)=86.5$점

따라서 성과급 점수가 90점 이상인 S등급에 해당하는 사람은 C사원이다.

08   비용 계산

10잔 이상의 음료 또는 디저트를 구매하면 음료 2잔을 무료로 제공받을 수 있다. 커피를 못 마시는 2명을 위해 NON – COFFEE 종류 중 4,500원 이하의 가격인 그린티라테 2잔을 무료로 제공받고, 나머지 10명 중 4명은 가장 저렴한 아메리카노를 주문하면 $3,500 \times 4 = 14,000$원이다. 이때 2인에 1개씩 음료에 곁들일 디저트를 주문한다고 했으므로 나머지 6명은 베이글과 아메리카노 세트를 시키고 10% 할인을 받으면 $7,000 \times 0.9 \times 6 = 37,800$원이다. 따라서 총금액은 $14,000 + 37,800 = 51,800$원이므로 잔액은 $240,000 - 51,800 = 188,200$원이다.

09   품목 확정

정답 ⑤

회전 대응 보관의 원칙은 입·출하의 빈도가 높은 품목을 출입구 가까운 곳에 보관하는 것을 말한다.

오답분석

① 통로 대면의 원칙 : 물품의 창고 내 입고와 출고를 용이하게 하고, 창고 내의 원활한 흐름과 활성화를 위하여 물품을 통로에 면하여 보관한다.
② 중량 특성의 원칙 : 물품의 중량에 대응하여 보관 장소나 고저를 결정하는 것으로, 무거운 물품일수록 출구와 가까운 하층부에 보관한다.
③ 선입 선출의 원칙 : 먼저 보관한 물품을 먼저 출고하는 원칙으로, 일반적으로 상품의 수명 주기가 짧은 경우 적용한다.
④ 네트워크 보관의 원칙 : 물품 정리 및 이동 거리의 최소화를 지원하는 방식으로, 출하 품목의 연대적 출고가 예상되는 제품을 한데 모아 정리하고 보관한다.

10   인원 선발

정답 ①

K기관의 국제 포럼 참석 가능 인원은 다음과 같다.

이름	요일	시간	총 참석 시간(시간)
김인영	월	10:00 ~ 18:00	10
	금	17:00 ~ 20:00	
나지환	월	10:00 ~ 20:00	9
	화, 목, 금	17:00 ~ 20:00	
민도희	화	10:00 ~ 20:00	17
	수	17:00 ~ 20:00	
	목	10:00 ~ 18:00	
구지엽	월, 금	10:00 ~ 20:00	7
임영우	목, 금	10:00 ~ 14:00	0
채연승	수, 목	10:00 ~ 18:00	7

'5G와 재택근무' 프로그램 일정은 월, 목, 금 17:00 ~ 20:00이므로 참석 가능한 사람은 김인영 – 금요일, 나지환 – 월·목·금요일 이다. 구지엽은 경력이 길어 금요일 1 ~ 2타임 프로그램에 참여한다. 따라서 나지환을 월요일에 배정할 수 있다.

제1회 최종점검 모의고사 • 73

한 주 동안 국제 포럼에 참석한 사람의 일정은 다음과 같다.

타임	시간	월	화	수	목	금
1 타임	10:00 ~ 14:00 (4)	스마트팩토리 패러다임 (김인영)	직업윤리와 의사소통 (민도희)	스마트팩토리 패러다임 (채연승)	직업윤리와 의사소통 (민도희)	스마트팩토리 패러다임 (구지엽)
2 타임	14:0 ~ 17:00 (3)	나노 기술의 활용 사례 (김인영)	나노 기술의 활용 사례 (민도희)	나노 기술의 활용 사례 (채연승)	직장에 필요한 젠더감수성 (민도희)	직장에 필요한 젠더감수성 (구지엽)
3 타임	17:00 ~ 20:00 (3)	5G와 재택근무 (나지환)	인공지능과 딥러닝 (나지환)	인공지능과 딥러닝 (민도희)	5G와 재택근무 (나지환)	5G와 재택근무 (김인영)

따라서 국제 포럼에 참석한 사람의 총 참석 시간은 김인영 10시간, 나지환 9시간, 민도희 17시간, 구지엽 7시간, 채연승 7시간이다.

민도희의 국제 포럼에 참석하는 시간은 총 17시간이므로 모든 참석 가능 인원 중에 가장 많다.

오답분석

② '직업윤리와 의사소통' 프로그램에 참석하게 되는 사람은 민도희 1명이다.

③ 임영우는 국제 포럼에 참석하지 못한다.

④ 구지엽의 경력이 9년이라면 나지환보다 경력이 앞서게 되어 3타임 프로그램 중에서는 월요일에 열리는 '5G와 재택근무'에 참석하게 된다.

⑤ 국제 포럼 참석자 중에서 같은 프로그램에 2번 이상 참석하게 된 사람은 나지환과 민도희 2명이다.

25, 26일은 예측농도가 '약간 나쁨', '보통'이므로 첫째 날과 둘째 날 예측농도 조건에 맞는다. 워크숍 마지막 날인 27일은 토요일도 가능하다는 조건에 부합하며, 예측농도 또한 '나쁨'이지만 따로 제한하고 있는 조건이 없으므로 가능하다.

오답분석

① 1일(첫째 날)은 미세먼지 예측농도가 '매우 나쁨'이고, 2일(둘째 날)은 '나쁨'으로 조건에 맞지 않는다.

② 8 ~ 9일의 미세먼지 예측농도는 적절하지만 매달 2, 4주 수요일마다 기획회의가 있으므로 10일인 수요일은 불가능하다.

③ 17일(첫째 날)은 미세먼지 예측농도가 '나쁨'으로 조건에 맞지 않으며, 19일에 우수성과팀 시상식이 있기 때문에 적절하지 않다.

⑤ 29 ~ 31일은 중국 현지에서 열리는 콘퍼런스에 참여해야 하므로 적절하지 않다.

14 품목 확정

보관 방식에 따라 원재료를 입고 순서대로 보관할 때 필요한 상자 개수는 다음과 같다.

원재료	입고 일시	무게(kg)	필요 상자 개수(개)
ⓐ	2025.03.26 09:00	5	1
ⓑ	2025.03.26 10:12	7	
ⓒ	2025.03.26 13:15	4	2
ⓑ	2025.03.26 14:19	6	
ⓒ	2025.03.26 15:20	8	3
ⓐ	2025.03.26 15:30	6	
ⓐ	2025.03.26 16:14	2	4
ⓒ	2025.03.26 16:49	3	
ⓐ	2025.03.26 17:02	5	5
ⓑ	2025.03.26 17:04	4	
ⓒ	2025.03.26 19:04	8	6
ⓑ	2025.03.26 21:49	5	7

따라서 필요한 상자는 총 7개이다.

15 품목 확정

보관 방식에 따라 원재료를 무게 순으로 보관할 때 필요한 상자 개수는 다음과 같다.

원재료	무게(kg)	필요 상자 개수(개)
ⓒ	8	1
ⓒ	8	2
ⓑ	7	3
ⓑ	6	4
ⓐ	6	
ⓐ	5	5
ⓐ	5	
ⓑ	5	6
ⓒ	4	
ⓑ	4	7
ⓒ	3	
ⓐ	2	

따라서 4번째 상자에는 ⓐ, ⓑ가 있다.

01	02	03	04	05	06	07	08	09	10	11	12	13	14	15				
③	③	③	①	②	②	⑤	③	③	⑤	④	③	③	①	③				

01 경영 전략　　　　　　　　　　　　　　　　　　　　정답 ③

빽다방은 경쟁사에 비해 비교적 저렴한 가격과 소비자들에게 인정받을 수 있는 맛을 통해 경쟁이 치열한 레드오션의 카페 시장에서 성공할 수 있었다.

오답분석

㉠ 카카오는 문자메시지(SMS)가 시장을 독점하고 있을 때, 데이터 기반의 메신저 카카오톡 앱을 제공하며 새로운 시장을 개척하였다.
㉡ 위니아는 국내 가전제품 시장에서 김치냉장고 딤채의 개발을 통해 새로운 냉장고 시장을 개척하였다.
㉢ 해태제과는 기존의 과자 시장에서 맛볼 수 없었던 새로운 맛의 허니버터칩을 개발하여 새로운 과자 시장을 개척하였다.
㉣ 롯데제과는 기존의 껌 시장에서 발상의 전환을 통해 치아 건강에 좋은 새로운 껌을 만들었다.

> **오션 전략**
> • 레드오션 전략 : 이미 잘 알려져 있어서 경쟁이 매우 치열한 특정 산업 내의 기존 시장에서 경쟁을 통해 이익을 창출하는 경영 전략이다.
> • 블루오션 전략 : 경쟁이 없는 새로운 시장을 창출하려는 경영 전략이다.
> • 퍼플오션 전략 : 완전히 새로운 분야를 개척하는 블루오션 상품보다 기존의 익숙한 레드오션 상품에서 발상의 전환을 통해 조금 다른 상품을 만드는 경영 전략이다.

02 국제 동향　　　　　　　　　　　　　　　　　　　　정답 ③

오답분석

㉠ 미국 바이어와 악수할 때 눈이나 얼굴을 보는 것은 좋은 행동이지만, 손끝만 살짝 잡아서는 안 되며, 오른손으로 상대방의 오른손을 잠시 힘주어서 잡아야 한다.
㉡ 이라크 사람들은 시간약속을 할 때 정각에 나오지 않는 편이며, 상대방이 으레 기다려 줄 것으로 생각하므로 좀 더 여유를 가지고 기다리는 인내심이 필요하다.
㉢ 수프를 먹을 때는 몸 쪽에서 바깥쪽으로 숟가락을 사용한다.
㉥ 빵은 수프를 먹고 난 후부터 디저트를 먹을 때까지 먹는다.

03 업무 종류　　　　　　　　　　　　　　　　　　　　정답 ③

자료에 따르면 홈페이지 운영 등은 정보사업팀에서 하므로 ③은 적절하지 않다.

오답분석

① 감사실을 두어 감사, 부패방지 및 지도점검을 하게 하였다.
② 1개의 실(감사실)과 11개의 팀으로 구성되어 있다.
④ 예산기획과 경영평가는 전략기획팀에서 관리한다.
⑤ 경영평가(전략기획팀), 성과평가(인재개발팀), 품질평가(평가관리팀) 등은 각각 다른 팀에서 담당한다.

04 업무 종류　　　　　　　　　　　　　　　　　　　　정답 ①

자료를 통해 품질평가 관련 민원은 평가관리팀이 담당하고 있다는 것을 알 수 있다.

05 조직 구조

정답 ②

조직은 목적을 가지고 있어야 하고, 구조가 있으며, 목적을 달성하기 위해 구성원들은 서로 협동적인 노력을 하고, 외부 환경과 긴밀한 관계를 가지고 있어야 한다. 따라서 야구장에 모인 관중들은 동일한 목적만 가지고 있을 뿐 구조를 갖춘 조직으로 볼 수 없다.

06 경영 전략

정답 ②

마이클 포터(Michael E. Porter)의 본원적 경쟁 전략
- 원가우위 전략 : 원가절감을 통해 해당 산업에서 우위를 점하는 전략으로, 대량생산을 통해 단위 원가를 낮추거나 새로운 생산기술을 개발할 필요가 있다. 1970년대 우리나라의 섬유업체나 신발업체, 가발업체 등이 미국시장에 진출할 때 취한 전략이 해당한다.
- 차별화 전략 : 조직이 생산품이나 서비스를 차별화하여 고객에게 가치가 있고 독특하게 인식되도록 하는 전략이다. 연구개발이나 광고를 통하여 기술, 품질, 서비스, 브랜드 이미지를 개선할 필요가 있다.
- 집중화 전략 : 특정 시장이나 고객에게 한정된 전략이다. 원가우위 전략이나 차별화 전략이 산업 전체를 대상으로 하는 반면, 집중화 전략은 특정 산업을 대상으로 한다. 즉, 경쟁조직들이 소홀히 하고 있는 한정된 시장을 원가우위나 차별화 전략을 써서 집중적으로 공략하는 방법이다.

07 업무 종류

정답 ⑤

시스템 오류 확인 및 시스템 개선 업무는 고객지원팀이 아닌 시스템개발팀이 담당하는 업무이다.

08 조직 구조

정답 ③

사내 봉사 동아리이기 때문에 공식이 아닌 비공식조직에 해당한다. 비공식조직의 특징에는 인간관계에 따라 형성된 자발적인 조직, 내면적·비가시적, 비제도적, 감정적, 사적 목적 추구, 부분적 질서를 위한 활동 등이 있다.

09 업무 종류

정답 ③

계약과정에서 연구자와의 협의를 통해 예산계획서상 예산을 10% 이내의 범위에서 감액할 수 있으므로 감액 가능한 최대 금액은 6,000만 원의 10%인 600만 원까지이다.

10 업무 종류

정답 ⑤

예산집행 조정, 통제 및 결산 총괄 등 예산과 관련된 업무는 자산팀(ⓒ)이 아닌 예산팀(ⓐ)이 담당하는 업무이다. 자산팀은 물품 구매와 장비·시설물 관리 등의 업무를 담당한다.

11 업무 종류

정답 ④

전문자격 시험의 출제정보를 관리하는 시스템의 구축·운영 업무는 정보화사업팀이 담당하는 업무로, 개인정보 보안과 관련된 업무를 담당하는 정보보안전담반의 업무로는 적절하지 않다.

12 국제 동향

정답 ③

미국에서는 악수를 할 때 상대의 눈이나 얼굴을 봐야 한다. 눈을 피하는 태도를 진실하지 않은 것으로 보기 때문이다. 상대방과 시선을 마주보며 대화하는 것을 실례라고 생각하는 나라는 아프리카이다.

13 경영 전략

정답 ③

①・②・④・⑤는 전략과제에서 도출할 수 있는 추진방향이지만, ③은 문제점에 대한 언급이기 때문에 추진방향으로 적절하지 않다.

14 경영 전략

정답 ①

제시문의 빈칸 ㉠은 '오픈 이노베이션(개방형 혁신)'이다. 이는 기업이 필요로 하는 기술과 아이디어 등을 외부에서 받고, 이를 내부 자원과 공유하여 새로운 제품이나 서비스를 만들어 내는 것을 말한다. 반면, ①은 폐쇄형 R&D에 대한 설명으로, 공정 혁신이나 연구개발(R&D)의 대부분을 자체적으로 해결하는 형태이다.

15 경영 전략

정답 ③

제시문의 빈칸 ㉡은 '브레인스토밍'이다. 이는 여러 명이 1가지의 문제를 놓고 아이디어를 비판 없이 제시하여 그중에서 최선책을 도출하는 방법이다. 아이디어의 질보다 양을 추구하며, 도출된 모든 아이디어들을 결합하여 해결책을 마련한다.

---

06 대인관계능력

01	02	03	04	05	06	07	08	09	10	11	12	13	14	15					
⑤	③	①	①	②	②	②	④	④	①	②	①	⑤	⑤	②					

01 협상 전략

정답 ⑤

ㄷ. 결과보다 상대방과의 관계를 중시하는 전략은 유화전략이다. 하지만 재무팀은 회피전략을 취하고 있다.
ㄹ. 운영팀은 재무팀에서 제시하는 상한선을 준수하지 않고 있으므로 협력전략을 취하고 있다고 볼 수 없다.

오답분석
ㄱ. 재무팀은 아무 의견을 내지 않는 무행동전략을 통해 회피전략을 취하고 있다.
ㄴ. 운영팀은 자신들의 의견을 관철시키려고 하는 강압전략을 사용하고 있다. 강압전략은 양보하는 성격의 유화전략에 비해 양자 간 합의도출이 어려운 전략이다.

02 팀워크

정답 ③

시험 준비는 각자 자신의 성적을 위한 것으로, 팀워크의 특징인 공동의 목적을 위한 것으로 보기 어렵다. 또한 상호관계성을 가지고 협력하는 업무로 보기 어려우므로 팀워크의 사례로 적절하지 않다.

03 협상 전략

제시문의 협상 당사자들은 서로에 대한 정보를 많이 공유하고 있고, 서로에 대해 신뢰가 많이 쌓여 있어 우호적 인간관계를 유지하고 있는 상황이므로 협력전략이 가장 적절하다. 협력전략에는 Win – Win 전략 등이 있다.

[오답분석]

② 유화전략 : 결과보다는 상대방과의 인간관계 유지를 선호하는 경우로, 상대방과의 충돌을 피해 자신의 이익보다는 상대방의 이익을 고려하는 경우에 필요한 전략이다. 단기적으로는 자신이 손해를 보지만, 장기적 관점에서는 이익이 되는 Lose – Win 전략이 해당한다.

③ㆍ⑤ 회피전략ㆍ무행동전략 : 자신이 얻게 되는 결과나 인간관계 모두에 관심이 없어 협상의 가치가 매우 낮은 경우에 필요한 전략으로, 상대방에게 심리적 압박감을 주어 필요한 것을 얻어내려고 하는 경우나 협상 이외의 방법으로 쟁점이 해결될 경우 쓰인다.

④ 경쟁전략 : 인간관계를 중요하게 여기지 않고, 자신의 이익을 극대화하려는 경우 쓰이는 전략이다. 상대방에 비해 자신의 힘이 강한 경우나 상대방과의 인간관계가 나쁘고 신뢰가 전혀 없는 경우에 쓰인다.

04 고객 서비스

제시된 자료에는 고객 만족도 조사에 대한 평균치 계산에 대한 내용이 포함되어 있지 않다. 고객만족도 조사의 목적에는 전체적 경향 파악, 고객에 대한 개별대응 및 고객과의 관계 유지 파악, 평가목적, 개선 목적 등이 있다.

05 고객 서비스

집단심층면접은 주로 소비자 면접 전용 장소에 6 ~ 12명의 소비자들을 모아놓고 조사하고자 하는 주제에 대해 서로 토론하도록 하는 방법이다. 이는 일반면접법에 비해 30분 ~ 1시간 정도의 비교적 긴 시간이 소요된다.

06 리더십

K주임은 조직에 대해 명령과 계획이 빈번하게 변경되고, 리더와 부하 간에 비인간적인 풍토가 만연하다고 생각하는 실무형 멤버십 유형에 해당한다. 이는 조직의 운영방침에 민감하고, 규정과 규칙에 따라 행동한다. 동료 및 리더는 이러한 유형에 대해 개인의 이익을 극대화하기 위한 흥정에 능하며, 적당한 열의와 평범한 수완으로 업무를 수행한다고 평가한다. 반면, 업무 수행에 있어 감독이 필수적이라는 판단은 수동형 멤버십 유형에 해당한다.

07 갈등 관리

회식자리에서의 농담은 자신의 생각보다 받아들이는 사람이 어떻게 받아들이는지가 중요하다. 상사가 자신의 기분이 상할 수 있는 농담을 들었을 때, 회식과 같이 화기애애한 자리를 갑자기 냉각시킬 수는 없으므로 그 자리에서만 수용해 줄 수도 있는 것이다. 따라서 본인이 실수했다고 느낄 때는 바로 사과하는 것이 적절하다.

08 고객 서비스

불만족 고객 중 빨리빨리 유형을 상대할 경우 여러 가지 일을 신속하게 처리하는 모습을 보이면 응대하기 쉽다.

09   리더십

정답 ④

(라)는 파트너십 유형의 리더십으로, 팀장과 팀원들이 성과 및 결과에 대한 책임을 공유한다.

오답분석

- (가) 변혁적 유형의 리더십 : 리더는 변화를 위해 새로운 비전을 조직 구성원들에게 제시한다.
- (나) 독재자 유형의 리더십 : 리더는 부하직원들에게 신뢰와 충성을 강조하고, 저항하는 직원을 과감하게 해고하려고 한다.
- (다) 민주주의 유형의 리더십 : 리더는 그룹에 정보를 잘 전달하려고 노력하고, 전체 그룹의 구성원 모두를 목표 방향 설정에 참여하게 함으로써 구성원들에게 확신을 심어 주려고 노력한다.
- (마) 위임적 유형의 리더십 : 리더는 자신의 활동을 다른 사람에게 분배하려고 한다. 조직 구성원들이 특히 잘 훈련된 경우나 리더의 지시에 순응하는 경우에 잘 적용되는 리더십이다.

10   리더십

정답 ①

㉠·㉡ (가)에서 박팀장은 변혁적 리더의 모습을 보여 주었다.

오답분석

㉢·㉣ 독재자 리더의 특징이다.

변혁적 리더의 특징

카리스마	조직에 명확한 비전을 제시하고, 구성원들에게 그 비전을 쉽게 전달할 수 있다.
풍부한 칭찬	구성원이나 팀이 직무를 완벽히 수행했을 때 칭찬을 아끼지 않는다.
존경심과 충성심	개개인에게 시간을 할애하여 그들 스스로 중요한 존재임을 깨닫게 하고, 존경심과 충성심을 불어넣는다.
자기 확신	뛰어난 사업수완과 어떠한 의사결정이 조직에 긍정적으로 영향을 미치는지 예견할 수 있는 능력을 지니고 있다.
감화	구성원들이 도저히 해낼 수 없다고 생각하는 일들을 팀원들로 하여금 할 수 있도록 자극을 주고 도움을 주는 일을 수행한다.

11   팀워크

정답 ②

효과적인 팀의 구성원들은 서로 직접적이고 솔직하게 대화한다. 이를 통해 팀원들은 상대방으로부터 조언을 구하고, 상대방의 말을 충분히 고려하며, 아이디어를 적극적으로 활용하게 된다.

오답분석

① 팀워크는 개인주의가 아닌 공동의 목적을 달성하기 위해 상호 관계성을 가지고 서로 협력하는 것이다.
③ 팀워크에서는 강한 자신감을 통해 팀원들 간의 사기를 높일 필요가 있다.
④ 어떤 팀에서든 의견의 불일치는 발생하며, 효과적인 팀워크는 이러한 갈등을 개방적으로 다루어 해결한다.
⑤ 효과적인 팀은 절차, 방침 등을 명확하게 규정한 잘 짜여진 조직에서 시작된다. 따라서 팀워크를 위해서는 조직에 대한 이해가 무엇보다 필요하다.

12   팀워크

정답 ①

효과적인 팀의 특징
- 팀의 사명과 목표를 명확하게 기술한다.
- 창조적으로 운영된다.
- 결과에 초점을 맞춘다.
- 역할과 책임을 명료화시킨다.
- 조직화가 잘 되어 있다.
- 개인의 강점을 활용한다.
- 팀 풍토를 발전시킨다.
- 팀 자체의 효과성을 평가한다.
- 객관적인 결정을 내린다.
- 개방적으로 의사소통한다.
- 의견의 불일치를 건설적으로 해결한다.
- 리더십 역량을 공유하며 구성원 상호 간에 지원을 아끼지 않는다.

13   협상 전략

정답 ⑤

[오답분석]
①·② 강압전략에 대한 설명이다.
③ 유화전략에 대한 설명이다.
④ 회피전략에 대한 설명이다.

협상 전략의 구분

협력전략	나도 잘되고 상대도 잘되기를 추구하는 전략으로, 협상 참여자들이 협동과 통합으로 문제를 해결하고자 하는 가장 효과적이며 협력적인 전략이다.
유화전략	양보·순응·화해·수용·굴복전략으로, 상대방이 제시하는 것을 일방적으로 수용하여 협상의 가능성을 높이려는 전략이다. 결과보다는 상대방과의 인간관계 유지를 선호하여 상대방과 충돌을 피하고자 할 때 사용할 수 있다.
회피전략	협상을 피하거나 잠정적으로 중단하거나 철수하는 전략이다. 시간과 노력을 투자할 필요가 없을 정도로 협상의 가치가 낮거나 협상을 중단하고자 하여 상대방을 심리적 압박감을 주어 필요한 양보를 얻어내고자 할 경우 또는 협상 이외의 방법으로 쟁점해결을 위한 대안이 존재할 경우에 사용할 수 있다.
강압전략	자신이 상대방보다 힘에 있어서 우위를 점유하고 있을 때 자신의 이익을 극대화하기 위한 공격적 전략으로, 일방적인 의사소통으로 일방적인 양보를 받아낸다. 합의도출이 어렵거나 상대방에 비해 자신의 힘이 강하고, 상대방과의 인간관계가 나쁘고, 상대방에 대한 신뢰가 전혀 없을 때, 자신의 실질적 결과를 극대화하고자 할 때 사용될 수 있다.

14 협상 전략

정답 ⑤

K기관의 임원들은 자신들의 우월한 지위를 점유하면서 협상하고자 하지 않고, 신뢰에 기반을 둔 협력적인 전략을 세우기로 하였다. 따라서 지식과 노력 차원은 나타나지 않았다.

협상의 차원

교섭 차원	선호가 서로 다른 협상 당사자들이 합의에 도달하기 위해 공동으로 의사 결정하는 과정이다.
갈등해결 차원	갈등관계에 있는 이해당사자들이 대화를 통해서 갈등을 해결하고자 하는 상호작용 과정이다.
의사소통 차원	이해당사자들이 자신들의 욕구를 충족시키기 위해 상대방으로부터 최선의 것을 얻어내려고 상대방을 설득하는 커뮤니케이션 과정이다.
의사결정 차원	둘 이상의 이해당사자들이 여러 대안들 가운데서 이해당사자들 모두가 수용 가능한 대안을 찾기 위한 의사결정 과정이다.
지식과 노력 차원	우리가 얻고자 하는 것을 가진 사람의 호의를 얻어내기 위해 우월한 지위를 점유하면서 얻을 수 있을 것인가 등에 대한 지식이자 노력이다.

15 갈등 관리

정답 ②

제시문에 따르면 갈등 관리를 통해 내부 집단끼리 서로의 목표를 달성하여 만족시키기를 원하고 있고, 갈등 당사자들은 적정한 수준에서의 변화와 과도하지 않은 요구조건을 서로 원하고 있다. 따라서 이와 같은 사례에서 유추할 수 있는 갈등 관리에 대해 바르게 설명하고 있는 사람은 은영, 권철이다.

07 정보능력

01	02	03	04	05	06	07	08	09	10	11	12	13	14	15				
⑤	⑤	③	⑤	③	③	④	⑤	⑤	②	②	③	②	②	③				

01 정보 이해

정답 ⑤

색인이란 주요 키워드나 주제어를 소장하고 있는 정보원을 관리하는 방법으로, 정보를 찾을 때 쓸 수 있는 키워드인 색인어와 색인어의 출처인 위치 정보로 구성한 것이다. 요리연구가 K씨는 요리의 주재료를 키워드로 하여 출처와 함께 정보를 기록하였다.

[오답분석]
① 목록 : 정보에서 중요한 항목을 찾아 기술한 후 정리한 것이다.
② 목차 : 책이나 서류 따위에서 항목 제목과 해당 쪽 번호를 차례대로 적은 목록으로, 그 내용을 간략하게 알거나 쉽게 찾아 볼 수 있게 한 것이다.
③ 분류 : 유사한 정보끼리 모아 체계화하여 정리한 것이다.
④ 초록 : 논문 등 글의 앞부분에서 그 요지를 간략히 설명해 놓은 것이다.

02 정보 이해

정답 ⑤

금융거래 시 신용카드 번호와 같은 금융정보 등을 저장할 경우 암호화하여 저장하고, 되도록 PC방이나 공용 컴퓨터와 같은 개방 환경을 이용하지 않도록 해야 한다.

03 엑셀 함수

정답 ③

「=C6×D6」은 특수문자가 포함된 잘못된 수식으로 사용할 수 없다.

04 엑셀 함수

정답 ⑤

[E5:E8] 셀을 범위로 선택할 경우 우측 상단에서 평균·개수·합계를 확인할 수 있다.

05 엑셀 함수

정답 ③

오답분석

①·②·④ 합계를 구하는 방법으로 옳다.
⑤ 자동합계 기능을 가진 단축키이다.

06 엑셀 함수

정답 ③

VLOOKUP 함수는 「=VLOOKUP(첫 번째 열에서 찾으려는 값, 찾을 값과 결과로 추출할 값들이 포함된 데이터 범위, 값이 입력된 열의 열 번호, 일치 기준)」로 구성된다. 찾으려는 값은 [B2]가 되어야 하며, 추출할 값들이 포함된 데이터 범위는 [E2:F8]이고, 자동 채우기 핸들을 이용하여 사원들의 교육점수를 구해야 하므로 '[$E$2:$F$8]'과 같이 절대참조가 되어야 한다. 그리고 값이 입력된 열의 열 번호는 [E2:F8] 범위에서 2번째 열이 값이 입력된 열이므로 '2'가 되어야 하며, 정확히 일치해야 하는 값을 찾아야 하므로 FALSE 또는 '0'이 들어가야 한다. 따라서 (A)에 입력할 수식은 ③이다.

07 프로그램 언어(코딩)

정답 ④

1부터 100까지의 값은 변수 x에 저장한다. 1, 2, 3, …에서 초기 값은 1이고, 최종 값은 100이며, 증분값은 1씩 증가시키면 된다. 즉, 1부터 100까지를 덧셈하려면 99단계를 반복 수행해야 하므로 결과는 5050이 된다.

08 정보 이해

정답 ⑤

프린터는 한 대의 PC에 여러 대의 프린터를 로컬로 설치할 수 있다. 여러 대의 프린터를 설치하더라도 소프트웨어가 올바르게 설치되어 있다면 프린터 간 충돌이나 오작동이 발생하지는 않는다.

09 엑셀 함수

정답 ⑤

AVERAGE로 평균을 구하고, 올림은 「=ROUNDUP(수, 자릿수)」로 구할 수 있다. 자릿수는 소수점 이하 숫자를 기준으로 하여 일의 자릿수는 0, 십의 자릿수는 −1, 백의 자릿수는 −2, 천의 자릿수는 −3으로 표시한다. 따라서 ⑤가 옳은 함수식이다.

10 엑셀 함수

정답 ②

엑셀에서 곱하기는 '*'로 쓰므로 ②가 옳다.

11 엑셀 함수

정답 ②

오답분석

①·③ AVERAGE 함수는 평균을 구할 때 쓰는 함수이다.

12 정보 이해

지식이란 어떤 특정한 목적을 달성하기 위해 과학적으로 구체화된 정보가 아닌 추상화된 정보를 뜻한다.

> **자료, 정보, 지식의 정의**
> • 자료 : 정보 작성을 위하여 필요한 데이터를 말하는 것으로, '아직 특정의 목적에 대하여 평가되지 않은 상태의 숫자나 문자들의 단순한 나열'을 뜻한다.
> • 정보 : 자료를 일정한 프로그램에 따라 컴퓨터가 처리·가공함으로써 '특정한 목적을 달성하는 데 필요하거나 유의미한 자료'를 뜻한다.
> • 지식 : '어떤 특정한 목적을 달성하기 위해 과학적 또는 이론적으로 추상화되거나 정립된 정보들 간의 관계를 통해 얻은 일반화된 가치 있는 정보'를 뜻한다. 어떤 대상에 대하여 원리적·통일적으로 조직되어 객관적 타당성을 요구할 수 있는 판단의 체계를 제시한다.

13 정보 이해

정답 ②

정보 검색은 여러 곳에 분산되어 있는 수많은 정보 중에서 특정 목적에 적합한 정보만을 신속하고 정확하게 찾아내어 수집·분류·축적하는 과정이다. 그 단계는 '검색주제 선정 → 정보원 선택 → 검색식 작성 → 결과 출력' 순서이다.

14 엑셀 함수

정답 ②

MOD 함수를 통해 「=MOD(숫자, 2)=1」이면 홀수이고, 「=MOD(숫자, 2)=0」이면 짝수인 것과 같이 홀수와 짝수를 구분할 수 있다. 또한 ROW 함수는 현재 위치한 '행'의 번호를, COLUMN 함수는 현재 위치한 '열'의 번호를 출력한다. 따라서 대화상자에 입력할 수식은 ②이다.

15 프로그램 언어(코딩)

정답 ③

서식지정자 lf는 double형 실수형 값을 표시할 때 쓰이며, %.2lf의 .2는 소수점 둘째 자리까지 표시한다는 의미이다. 따라서 해당 프로그램의 실행 결과는 11.30이다.

84 • 과학기술분야 정부출연연구기관(정출연) 통합편

01	02	03	04	05	06	07	08	09	10	11	12	13	14	15					
②	⑤	②	③	①	②	⑤	②	②	⑤	②	④	③	③	②					

01 　기술 이해

정답　②

이용자들의 화상을 염려하여 화상 방지 시스템을 개발했다는 점을 볼 때, 기술이 필요한 이유를 설명하는 노와이(Know – why)의 사례로 적절하다.

02 　기술 적용

정답　⑤

ⓒ 전기장판은 저온으로 낮춰 사용해야 고온으로 사용할 때보다 자기장이 50% 줄어든다. 고온으로 사용하다가 저온으로 낮춰 사용하는 것이 전자파를 줄일 수 있다는 내용은 가이드라인에서 확인할 수 없으므로 적절하지 않다.
ⓔ 시중에서 판매하는 전자파 차단 필터는 효과가 없다고 했으므로 적절하지 않다.

03 　산업 재해

정답　②

A역 에스컬레이터 역주행 사고는 모터 감속기의 노후화 등의 마모로 인한 것이라 추정하였으며, 이에 대해 정밀 감식을 진행할 예정이므로 사고예방대책 원리의 '평가 및 분석' 단계에 해당된다.

04 　산업 재해

정답　③

제시문에 따르면 승객들의 에스컬레이터에서 걷거나 뛰는 행위로 인해 부품에 이상이 생겨 사고로 이어졌다. 이는 반복적이고 지속적인 충격하중으로 인한 부품 이상을 사전에 충분히 점검 및 정비하지 않아 발생한 사고이므로 기계에 의한 물적 요인으로 볼 수 있다.

05 　기술 이해

정답　①

제시된 사례는 컴퓨터 프로세서가 시간이 지나면서 성능이 월등히 높아진다는 것을 보여주고 있다. 따라서 네트워크 혁명의 3가지 법칙 중 무어의 법칙에 가장 부합하는 사례이다.

[오답분석]

② 길더의 법칙 : 광섬유 대역폭이 12개월마다 3개씩 증가한다는 이론이다.
⑤ 메라비언의 법칙 : 대화에서 시각과 청각 이미지가 중요하다는 이론으로, 시각 55%, 청각 38%, 언어 7% 정도의 비율이라고 주장하였다.

> **네트워크 혁명의 3가지 법칙**
> • 무어의 법칙 : 인텔의 설립자 고든 무어가 처음으로 주장한 것으로, 컴퓨터의 반도체 성능이 18개월마다 2배씩 증가한다는 법칙이다.
> • 메트칼피의 법칙 : 근거리 통신망 이더넷의 창시자 로버트 메트칼피가 주장한 것으로, 네트워크의 가치는 사용자 수의 제곱에 비례한다는 법칙이다.
> • 카오의 법칙 : 법칙경영 컨설턴트 존 카오가 주장한 것으로, 창조성은 네트워크에 접속되어 있는 다양성에 지수함수로 비례한다는 법칙이다.

PART 2

06 기술 이해

사생활과 위치 정보가 노출된 것은 네트워크의 역기능 중 정보기술을 이용한 감시에 해당한다. 이는 원격으로 온라인 침투가 용이하고 누구나 접근 가능한 네트워크의 개방시스템적인 속성에 원인이 있다.

07 기술 이해

정답 ⑤

네트워크의 속성
• 사회적이기 때문에 사용자 관계 및 연결이 중요하다.
• 개방시스템이기 때문에 접목과 확장이 쉽고, 역기능이 발생하는 근본적인 원인을 제공하기도 한다.
• 유기적이기 때문에 사용자의 요구에 부합되게 발전을 거듭한다.

08 산업 재해

정답 ②

근로자가 업무에 관계되는 건설물, 설비, 원재료, 가스, 증기, 분진 등에 의하거나 직업과 관련된 기타 업무에 의하여 사망 또는 부상하거나 질병에 걸리게 되는 것을 산업 재해로 정의하고 있다. 따라서 휴가 중에 일어난 사고는 업무와 무관하므로 산업 재해가 아니다.

09 기술 이해

정답 ②

제품 매뉴얼은 제품의 설계상 결함이나 위험 요소를 대변해서는 안 된다.

10 기술 이해

정답 ⑤

제시문은 기술의 S곡선에 대한 설명이다. 이는 기술이 등장하고 처음에는 완만히 향상되다가 일정 수준이 되면 급격히 향상되고, 한계가 오면서 다시 완만해지다가 이후 다시 발전할 수 없는 상태가 되는 모양이 S자 곡선의 모양과 닮았다고 붙여진 용어이다.

[오답분석]
① 기술경영 : 과학기술과 경영 원리를 결합하여 실무 능력을 갖춘 전문 인력을 양성하는 프로그램이다.
② 빅3 법칙 : 분야별 빅3 기업들이 시장의 70 ~ 90%를 장악한다는 경험 법칙이다.
③ 바그너 법칙 : 경제가 성장할수록 국민총생산(GNP)에서 공공지출의 비중이 높아진다는 법칙이다.
④ 생산비의 법칙 : 완전경쟁에서 가격·한계비용·평균비용이 일치함으로써 균형상태에 도달한다는 법칙이다.

11 기술 이해

정답 ②

지속가능한 기술은 이용 가능한 자원과 에너지를 고려하고, 자원의 사용과 그것이 재생산되는 비율의 조화를 추구하며, 자원의 질을 생각하고, 자원이 생산적인 방식으로 사용되는가에 주의를 기울이는 기술이라고 할 수 있다. 즉, 지속가능한 기술은 되도록 태양 에너지와 같이 고갈되지 않는 자연 에너지를 활용하며, 낭비적인 소비 형태를 지양하고, 기술적 효용만이 아닌 환경효용(Eco – Efficiency)을 추구하는 것이다. ㉠·㉡·㉣은 낭비적인 소비 형태를 지양하고, 환경효용도 추구하므로 지속가능한 기술의 사례로 볼 수 있다.

[오답분석]
㉢·㉤ 환경효용이 아닌 생산수단의 체계를 인간에게 유용하도록 발전시키는 사례로, 기술발전에 해당한다.

86 • 과학기술분야 정부출연연구기관(정출연) 통합편

12　기술 이해

문화 및 제도적인 차이에 대한 내용을 통해 글로벌 벤치마킹에 대한 설명임을 알 수 있다.

오답분석

① 내부 벤치마킹 : 같은 기업 내의 다른 지역, 타 부서, 국가 간의 유사한 활용을 비교 대상으로 한다. 자료 수집이 용이하며, 다각화된 우량기업의 경우 효과가 크다. 반면, 관점이 제한적일 수 있고, 편중된 내부 시각에 대한 우려가 있다는 단점을 가지고 있다.

② 경쟁적 벤치마킹 : 동일 업종에서 고객을 직접적으로 공유하는 경쟁기업을 대상으로 한다. 경영성과와 관련된 정보 입수가 가능하며, 업무 / 기술에 대한 비교가 가능하다. 반면, 윤리적인 문제가 발생할 소지가 있으며, 대상의 적대적 태도로 인해 자료 수집이 어렵다는 단점이 있다.

③ 간접적 벤치마킹 : 벤치마킹을 수행 방식에 따라 분류한 것으로, 인터넷 및 문서 형태의 자료를 통해서 간접적으로 수행하는 방법이다.

⑤ 비경쟁적 벤치마킹 : 제품, 서비스 및 프로세스의 단위 분야에 있어 가장 우수한 실무를 보이는 비경쟁적 기업 내의 유사 분야를 대상으로 하는 방법이다. 이 방법은 혁신적인 아이디어의 창출 가능성이 높은 반면, 다른 환경의 사례를 가공하지 않고 적용할 경우 효과를 보지 못할 가능성이 높은 단점이 있다.

13　기술 적용

에밀리의 수평이 맞지 않으면 제품의 진동에 의해 소음이 발생된다. 따라서 진동에 의한 소음이 발생하면 수평을 맞추어야 한다.

14　기술 적용

건조처리 전에 지저분하게 음식물 속에서 이물질을 골라낼 필요가 없으며, 완전 건조 후 이물질을 편하게 골라내면 된다.

15　기술 적용

사용설명서에 따르면 에밀리가 작동되지 않는 경우는 음식물이 건조기 상단의 'MAX'라고 표기된 선을 넘긴 경우임을 알 수 있다. 따라서 음식물 양을 줄이는 것이 적절하다.

최종점검 모의고사

01 의사소통능력

01	02	03	04	05	06	07	08	09	10	11	12	13	14	15					
⑤	④	②	①	⑤	③	③	③	④	②	③	③	②	②	①					

01 글의 제목
정답 ⑤

제시문은 4차 산업혁명으로 인한 노동 수요 감소로 인해 나타날 수 있는 문제점으로 대공황에 대한 위험성을 설명하는 반면, 긍정적인 시각으로 노동 수요 감소를 통해 인간적인 삶의 향유가 이루어질 수 있다고 설명하고 있다. 따라서 4차 산업혁명의 밝은 미래와 어두운 미래를 나타내는 ⑤가 제시문의 제목으로 가장 적절하다.

02 문서 작성
정답 ④

㉠ 1개의 사안은 한 장의 용지에 작성하는 것이 원칙이다.
㉢ 첨부자료는 반드시 필요한 내용만 첨부하여 산만하지 않게 하여야 한다.
㉣ 금액, 수량, 일자의 경우 정확하게 기재하여야 한다.

03 어휘
정답 ②

빈칸 앞에서는 사회적 문제가 되고 있는 딥페이크의 악용 사례에 대해 이야기하고 있으나, 빈칸 뒤에서는 딥페이크 기술을 유용하게 사용하고 있는 이스라엘 기업의 사례를 이야기하고 있다. 따라서 빈칸에는 어떤 일에 대하여 앞에서 말한 측면과 다른 측면을 언급할 때 사용하는 접속사인 '한편'이 들어가는 것이 가장 적절하다.

04 문서 내용 이해
정답 ①

제시문은 자원의 상대성에 대한 내용으로, 유럽과 신대륙 간 필요한 자원의 가치에 따라 교환이 일어나고 있는 상황을 설명하고 있다.

오답분석
②·⑤ 자원의 유한성에 대한 설명이다.
③ 자원의 가변성에 대한 설명이다.
④ 자원의 희소성에 대한 설명이다.

05 문서 수정
정답 ⑤

㉤의 '오히려'는 '앞의 내용과 반대가 되거나 다르게'라는 뜻이므로 적절하지 않다. 또한 전환의 의미를 나타내는 '그런데'도 적절하지 않다. 따라서 '앞에서 말한 일이 뒤에서 말할 일의 원인, 이유, 근거가 됨'을 나타내는 접속사인 '그러므로, 따라서' 등으로 수정해야 한다.

① ㉠은 앞의 문장의 내용을 불필요하게 반복하고 있으므로 삭제해야 한다.
② ㉡은 제시문의 통일성을 위해 '연구원'으로 통일하는 것이 적절하다.
③ ㉢은 제시문의 흐름을 방해하고 통일성을 해치므로 삭제해야 한다.
④ ㉣을 포함한 문장에서 서술어 '당황하다'의 사전적 의미는 '놀라거나 다급하여 어찌할 바를 모르다.'이다. 따라서 ㉣과 '당황하다'
는 의미상 어울리지 않으므로 ㉣을 삭제해야 한다.

06 문단 나열   정답 ③

제시문은 우리의 단일 민족에 대한 의문을 제기하며 이에 대한 근거를 들어 우리는 단일 민족이 아닐 수도 있다는 것을 주장하고
있다. 따라서 (나) 단일 민족에 대한 의문 제기 → (다) 단일 민족이 아닐 수도 있다는 근거 제시 → (가) 이것이 증명하는 사실
→ (라) 단일 민족이 아닐 수도 있다는 또 다른 근거 제시의 순서로 나열해야 한다.

07 문서 내용 이해   정답 ③

제시문에 따르면 수전해 기술을 포함해 친환경적인 방법으로 수소를 생산하고 효과적으로 저장하는 기술에 2021년에는 33억 원을
지원했다. 앞으로 6년 동안 총 253억 원을 투입할 예정이다.

① 그린수소의 생산은 수전해 없이는 불가능하다.
② 국내 연구기관들은 수전해 셀 구성 재료의 저가화와 고효율, 고내구성 등 기계적·안정적 측면에서 실용화 연구 중심으로 적극적
으로 검토하고, 기업들은 MW급 대용량 전해조 시스템 개발과 투자비를 현저히 낮출 수 있는 기술 개발에 노력해야 한다.
④ 우리나라는 수전해 기술 관련 연구개발 역사가 짧고 아직 관련 시장이 크지 않기 때문에 국산 수전해 설비의 효율이 경쟁국에
비해 낮고 핵심 소재 기술도 부족한 실정이다.
⑤ 우리나라는 국내 그린수소 생산을 위한 지리적인 제약 요인으로 2030년부터는 해외 그린수소 수입이 불가피한 상황이다. 따라
서 다른 나라와 기술교류 및 해외 공동 사업 등을 적극적으로 추진해야 한다.

08 속담   정답 ③

제시문의 밑줄 친 부분, 즉 '여성에 대한 부정적인 고정관념'과 관련 있는 속담이 아닌 것은 ③이다. '미꾸라지 한 마리가 온 물을
흐린다.'는 '한 사람이 저지른 악행 탓에 그 사람의 속한 단체나 가족 자체의 이미지를 수치스럽게 만든다.'라는 뜻이다.

① '날이 샜다고 울어야 할 수탉이 제구실을 못하고 대신 암탉이 울면 집안이 망한다.'라는 뜻으로, 가정에서 아내가 남편을 제쳐
놓고 떠들고 간섭하면 집안일이 잘 안 된다는 말이다.
② 여자의 운명은 남편에게 매인 것이나 다름없다는 말이다.
④ 여자는 집 안에서 살림이나 하고 사는 것이 가장 행복한 것임을 비유적으로 이르는 말이다.
⑤ '딸을 둔 어머니는 중매쟁이가 되다시피 하여야 딸을 시집보낼 수 있다.'라는 뜻으로, 과년한 딸을 가진 어머니는 딸을 시집보내기
위해서 누구보다 애쓰고 뛰어야 한다는 말이다.

09 문서 내용 이해   정답 ④

원자력 관련 기술은 10대 핵심기술에서 제외되었다.

① 한국은 석탄 발전과 제조업의 비중이 높은데 이들 모두 탄소 배출량이 많다.
② 현재는 탄소중립 기술의 수준이 상대적으로 낮기 때문에 기존 기술보다 경제성이 떨어진다. 따라서 이를 위한 인센티브 제도를
마련할 계획이다.
③ 규제자유특구를 11개에서 2025년까지 20개로 확대할 예정이다.
⑤ 대형풍력의 국산화를 통해 5.5MW급에서 2030년까지 15MW급으로 늘릴 예정이다.

10 비판

정답 ②

제시문은 기계화·정보화의 긍정적인 측면보다는 부정적인 측면을 부각시키고 있다. 따라서 기계화·정보화가 인간의 삶의 질 개선에 기여하고 있음을 경시한다고 지적할 수 있다.

11 내용 추론

정답 ③

제시문의 논지는 인간과 자연의 진정한 조화이다. 따라서 자연과 공존하는 삶을 언급한 ③이 제시문에 대해 추론한 반응으로 가장 적절하다.

12 어휘

정답 ③

제시문의 '빠지다'와 ③은 '차례를 거르거나 일정하게 들어 있어야 할 곳에 들어 있지 아니하다.'의 의미이다.

[오답분석]
① 박힌 물건이 제자리에서 나오다.
② 남이나 다른 것에 비해 뒤떨어지거나 모자라다.
④ 살이 여위다.
⑤ 어떤 일이나 모임에 참여하지 아니하다.

13 빈칸 삽입

정답 ②

빈칸 앞에서는 예술작품에 담겨있는 작가의 의도를 강조하며, 독자가 예술작품을 해석하고 이해하는 활동은 예술적 가치, 즉 작가의 의도가 담긴 작품에서 파생된 2차적인 활동일 뿐이라고 이야기하고 있다. 따라서 독자의 작품 해석에 있어 작가의 의도와 작품을 왜곡하지 않아야 한다는 ②가 빈칸에 들어갈 내용으로 가장 적절하다.

[오답분석]
① 작품에 포함된 작가의 권위를 인정해야 한다는 것일 뿐, 작가의 권위와 작품 해석의 다양성은 서로 관련이 없다.
③ 작품 해석에 있어 작품 제작 당시의 시대적·문화적 배경을 고려해야 한다는 내용은 언급하고 있지 않다.
④·⑤ 두 번째 문단에 따르면 예술은 독자의 해석으로 완성되는 것이 아니며, 작품을 해석해 줄 독자가 없어도 예술은 그 자체로 가치가 있다.

14 내용 추론

정답 ②

제시문에 따르면 똑같은 일을 똑같은 노력으로 했을 때 돈을 많이 받으면 과도한 보상을 받아 부담을 느낀다. 반면, 보상을 적게 받으면 충분히 받지 못했다고 느끼므로 만족하지 못한다. 따라서 공평한 대우를 받을 때 더 행복함을 느낀다는 것을 추론할 수 있다.

15 어휘

정답 ①

제시문에 따르면 인공지능은 컴퓨터가 인간과 같이 인간의 지능 활동을 수행하는 것을 의미한다. 따라서 ㉠에는 '다른 것을 본뜨거나 본받음'을 뜻하는 '모방(模倣)'이 적절하다.
• 창조(創造) : 전에 없던 것을 처음으로 만듦

[오답분석]
㉡ 응용(應用) : 어떤 이론이나 이미 얻은 지식을 구체적인 개개의 사례나 다른 분야의 일에 적용하여 이용함
㉢ 비약적(飛躍的) : 지위나 수준 따위가 갑자기 빠른 속도로 높아지거나 향상되는 것
㉣ 관련(關聯) : 둘 이상의 사람, 사물, 현상 따위가 서로 관계를 맺어 매여 있음. 또는 그 관계
㉤ 시도(試圖) : 어떤 것을 이루어 보려고 계획하거나 행동함

01	02	03	04	05	06	07	08	09	10	11	12	13	14	15					
④	②	①	②	①	⑤	①	①	①	④	⑤	⑤	④	⑤	③					

01 자료 이해

정답 ④

영업원 및 판매 관련직의 구직 대비 취업률은 $(733 \div 3,083) \times 100 = 23.8\%$로 25% 이하이다.

오답분석

① 법률·경찰·소방·교도 관련직과 미용·숙박·여행·오락·스포츠 관련직 2개가 해당한다.
② 금융보험 관련직 1개가 해당한다.
③ 기계 관련직의 구직 대비 취업률이 $(345 \div 1,110) \times 100 = 31.1\%$로 가장 높다.
⑤ 제시된 자료를 통해 알 수 있다.

02 응용 수리

정답 ②

전체 일의 양을 1이라고 가정하면 A연구원과 K연구원이 하루에 할 수 있는 일의 양은 각각 $\dfrac{1}{8}$, $\dfrac{1}{14}$ 이다.

처음 이틀과 보고서 제출 전 이틀 총 4일은 같이 연구하고, 나머지는 K연구원 혼자 연구하였다고 하였으므로 K연구원 혼자 연구하는 기간을 x일이라 하면 다음 식이 성립한다.

$4 \times \left(\dfrac{1}{8} + \dfrac{1}{14} \right) + \dfrac{x}{14} = 1$

$\rightarrow \dfrac{1}{2} + \dfrac{2}{7} + \dfrac{x}{14} = 1$

$\rightarrow 7 + 4 + x = 14$

$\therefore x = 3$

따라서 K연구원이 혼자 3일 동안 연구하므로 보고서를 제출할 때까지 $3 + 4 = 7$일이 걸렸다.

03 자료 이해

정답 ①

월평균소득이 가장 높은 직업군은 전문직(450만 원)이지만, 월평균지출이 가장 높은 직업군은 자영업(346.5만 원)이다.

오답분석

② 월평균지출 중 저축의 비중은 기술직이 20%이고, 일반회사직이 5%이므로 기술직이 일반회사직의 4배이다.
③ 자영업의 지출 중 주거와 외식·식자재가 차지하는 비율은 $25 + 27.5 = 52.5\%$로 절반 이상이다.
④ 연구직이 지출 중 자기계발에 사용하는 비율은 30.5%로, 다른 직업군 대비 그 비중이 가장 높다.
⑤ 일반회사직과 공무직의 월평균소득 대비 월평균지출이 차지하는 비율을 구하면 다음과 같다.

• 일반회사직 : $\dfrac{3,230,000}{3,800,000} \times 100 = 85\%$

• 공무직 : $\dfrac{2,700,000}{3,600,000} \times 100 = 75\%$

따라서 일반회사직이 공무직보다 $85 - 75 = 10\%p$ 더 높다.

04   자료 이해

일반회사직은 월평균지출 중 의류·미용이 27.5%로 가장 많은 비중을 차지하고, 전문직 역시 의류·미용이 17.5%로 가장 많은 비중을 차지한다.

오답분석

① 전문직의 월평균지출은 월평균소득의 $\dfrac{3,330,000}{4,500,000} \times 100 = 74\%$이다.

③ 전문직을 제외한 타 직업군의 월평균지출 중 교통이 차지하는 비중은 자영업(7%), 공무직(5%), 연구직(5.5%), 기술직(7.5%)의 경우 10% 미만이지만, 일반회사직은 10%이다.

④ 월평균지출 중 문화생활이 차지하는 비율이 큰 순서대로 나열하면 일반회사직(15%), 공무직(12%), 전문직(7%), 자영업(5.5%), 연구직(5%), 기술직(2.5%) 순이다.

⑤ 월평균지출이 가장 높은 직업군은 자영업(346.5만 원)이고, 월평균지출이 가장 낮은 직업군은 공무직(270만 원)이다. 그 차이는 346.5만$-$270만$=$76.5만 원이다. 반면, 월평균소득이 가장 높은 직업군은 전문직(450만 원)이고, 월평균소득이 가장 낮은 직업군은 연구직(350만 원)이다. 그 차이는 450만$-$350만$=$100만 원이다. 따라서 지출액 차이는 소득액 차이의 $\dfrac{765,000}{1,000,000} \times 100 = 76.5\%$이다.

05   자료 계산

2023년 3개 기관의 전반적 만족도의 합은 $6.9 + 6.7 + 7.6 = 21.2$이고, 2024년 3개 기관의 임금과 수입 만족도의 합은 $5.1 + 4.8 + 4.8 = 14.7$이다. 따라서 2023년 3개 기관의 전반적 만족도의 합은 2024년 3개 기관의 임금과 수입 만족도의 합의 $\dfrac{21.2}{14.7} \fallingdotseq 1.4$배이다.

06   자료 이해

전년 대비 2024년에 기업, 공공연구기관의 임금과 수입 만족도는 증가하였으나, 대학의 임금과 수입 만족도는 감소했으므로 옳지 않은 설명이다.

오답분석

① 2023년, 2024년 모두 현 직장에 대한 전반적 만족도는 대학 유형에서 가장 높다.

② 2024년 근무시간 만족도는 공공연구기관과 대학의 만족도가 6.2로 동일하다.

③ 사내 분위기에서 2023년과 2024년 공공연구기관의 만족도는 5.8로 동일하다.

④ 전년 대비 2024년 근무시간의 직장 유형별 감소율은 다음과 같다.

- 기업 : $\dfrac{6.5 - 6.1}{6.5} \times 100 \fallingdotseq 6.2\%$

- 공공연구기관 : $\dfrac{7.1 - 6.2}{7.1} \times 100 \fallingdotseq 12.7\%$

- 대학 : $\dfrac{7.3 - 6.2}{7.3} \times 100 \fallingdotseq 15.1\%$

따라서 대학 유형이 가장 크다.

07   자료 변환

오답분석

② 자료보다 2018년 영아의 수치가 낮다.

③ 자료보다 2019년 영아의 수치가 높다.

④ 자료보다 2022년 유아의 수치가 낮다.

⑤ 자료보다 2024년 유아의 수치가 높다.

08   자료 이해

정답   ①

국방부의 국가연구개발사업 집행 금액의 비중은 0.2%로 그대로이지만, 2023년이 2022년보다 금액이 증가하였으므로 2023년의 총 집행 금액이 더 많음을 알 수 있다.

오답분석

② 2024년 보건복지부의 국가연구개발사업 집행 금액은 2022년 대비 $\dfrac{5,191-4,508}{4,508}\times100≒15.2\%$ 증가하였다.

③ 한 해 동안 집행한 국가연구개발사업 금액이 가장 많은 부처는 2023년과 2024년 모두 미래창조과학부로 동일하다.
④ 해양수산부의 국가연구개발사업 집행 금액은 2022년부터 2024년까지 매년 환경부의 2배에 미치지 못하였다.
⑤ 산업통상자원부와 농림축산식품부의 집행 금액은 모두 2023년에 전년 대비 증가하였고, 2024년에는 전년 대비 감소하였다.

09   자료 이해

정답   ①

2020년 이후 지방의 국가연구개발사업 집행 금액이 대전광역시를 추월한 첫해는 2022년이다. 이때 수도권의 국가연구개발사업 집행 금액의 비중은 40.2%이므로 40% 이상이다.

오답분석

ㄴ. 2024년에 전년 대비 문화체육관광부의 경우 $\dfrac{821-772}{772}\times100≒6.3\%$, 지방의 경우 $\dfrac{63,190-60,452}{60,452}\times100≒4.5\%$ 증가하였다.

ㄷ. 수도권의 국가연구개발사업 집행 금액은 2023년에 2020년 대비 $\dfrac{66,771-64,635}{64,635}\times100≒3.3\%$ 증가하였다.

10   응용 수리

정답   ④

평지의 거리를 $x$km라고 하고, 평지에서 언덕 꼭대기까지의 거리를 $y$km라고 하면 다음 식이 성립한다.

$\dfrac{x}{4}+\dfrac{y}{3}+\dfrac{y}{6}+\dfrac{x}{4}=6$

$\rightarrow \dfrac{x}{2}+\dfrac{y}{2}=6$

$\therefore x+y=12$

따라서 철수가 걸은 거리는 평지와 언덕 꼭대기를 왕복한 거리이므로 $12\times2=24$km이다.

11   그래프

정답   ⑤

꺾은선 그래프는 시간의 흐름에 따라 변하는 모습을 나타내는 데 많이 쓰인다. 따라서 날씨 변화, 에너지 사용 증가율, 물가의 변화 등을 나타내는 데 적절하다.

오답분석

①·② 원 그래프·띠 그래프 : 전체를 100%로 놓고 그에 대한 부분의 비율을 나타내는 데 많이 쓰인다. 따라서 각각의 항목이 차지하는 비중이 어느 정도인지를 나타내거나 중요도와 우선순위를 고려해야 할 자료에 적절하다.
③ 막대 그래프 : 크거나 작거나 많거나 적은 것을 한눈에 비교하여 읽는 데 적절하다.
④ 그림 그래프 : 지역이나 위치에 따라 수량의 많고 적음을 한눈에 알 수 있기 때문에 크기를 쉽게 비교할 필요성이 있는 자료에 적절하다.

12   자료 변환

정답   ⑤

4월 전월 대비 수출액은 감소했고, 5월 전월 대비 수출액은 증가했는데, 반대로 나타나 있다.

13 자료 이해

국가별 산업이 부담하는 연구비는 다음과 같다.
- 일본 : $707+81,161+458=82,326$억 엔
- 미국 : $145,000+2,300=147,300$억 엔
- 독일 : $393+34,771+575=35,739$억 엔
- 프랑스 : $52+11,867+58=11,977$억 엔
- 영국 : $472+16,799+322=17,593$억 엔

그리고 이 중 산업 조직이 사용하는 비율은 다음과 같다.

- 일본 : $\dfrac{81,161}{82,326}\times100 ≒ 98.6\%$

- 미국 : $\dfrac{145,000}{147,300}\times100 ≒ 98.4\%$

- 독일 : $\dfrac{34,771}{35,739}\times100 ≒ 97.3\%$

- 프랑스 : $\dfrac{11,867}{11,977}\times100 ≒ 99.1\%$

- 영국 : $\dfrac{16,799}{17,593}\times100 ≒ 95.5\%$

따라서 가장 높은 비율로 사용하는 국가는 프랑스이다.

오답분석

① 독일 정부가 부담하는 연구비는 $6,590+4,526+7,115=18,231$억 엔이고, 미국은 $33,400+71,300+28,860=133,560$억 엔이므로 약 $\dfrac{1}{7}$ 이다.

② 정부 부담 연구비 중에서 산업 조직의 사용 비율이 가장 높은 국가는 미국이다.

③ 정부가 부담하는 연구비는 일본이 $20,776$억 엔, 미국이 $133,560$억 엔, 독일이 $18,231$억 엔, 프랑스가 $15,297$억 엔, 영국이 $12,388$억 엔이다. 이 중 정부 조직이 사용하는 비율은 일본이 약 42.5%, 미국이 약 25%, 독일이 약 36.1%, 프랑스가 약 47.2%, 영국이 약 34.5%이다. 따라서 가장 높은 비율로 사용하는 국가는 프랑스이다.

⑤ 미국의 대학 조직이 사용하는 연구비는 일본의 대학 조직이 사용하는 연구비의 $\dfrac{28,860+2,300}{10,921+458}=\dfrac{31,160}{11,379} ≒ 2.7$배이다.

14 수열 규칙

제시된 수열은 앞의 항에 $\times1+1^2$, $\times2+2^2$, $\times3+3^2$, $\times4+4^2$, …인 수열이다.
따라서 (　)$=8\times3+3^2=33$이다.

15 응용 수리

어떤 물통을 가득 채웠을 때 물의 양을 1이라 하면 A, B관이 1분 동안 채울 수 있는 물의 양은 각각 $\dfrac{1}{10}$, $\dfrac{1}{15}$ 이다.

B관의 물을 트는 시간을 x분이라 하면 다음 식이 성립한다.

$\dfrac{1}{10}\times4+\dfrac{1}{15}\times x=1$

$\rightarrow \dfrac{1}{15}x=\dfrac{3}{5}$

$\therefore x=9$

따라서 B관은 9분 동안 물을 틀어야 한다.

01	02	03	04	05	06	07	08	09	10	11	12	13	14	15					
①	⑤	⑤	③	②	②	②	①	①	③	④	③	⑤	①	②					

01   문제 유형

정답 ①

- ㉠·㉢ 현재 직면하고 있으면서 해결 방법을 찾기 위해 고민하는 발생형 문제에 해당한다.
- ㉡·㉣ 현재 상황은 문제가 아니지만, 상황 개선을 통해 효율을 높일 수 있는 탐색형 문제에 해당한다.
- ㉤·㉥ 새로운 과제나 목표를 설정함에 따라 발생할 수 있는 설정형 문제에 해당한다.

02   논리적 오류

정답 ⑤

놀이공원에서 놀이기구는 못 타고 기다리다 걷기만 했다는 1가지 경험으로 모든 놀이공원에 대한 부정적 평가를 한 것은 성급한 일반화의 오류를 범한 것이다.

[오답분석]
① 인신공격의 오류 : 주장의 내용이 아닌 화자 자체를 비난함으로써 주장을 비판하는 오류이다.
② 복합 질문의 오류 : 2가지 이상의 질문을 하나의 질문에 욱여넣음으로써 상대방이 '예' 또는 '아니오'로 대답 시 공격의 여지를 남기는 오류이다.
③ 순환 논증의 오류 : 주장이 참일 때 낼 수 있는 결론으로 주장에 대한 근거를 내세움으로써 발생하는 오류이다.
④ 허수아비 공격의 오류 : 상대방의 입장을 곡해하여 주장을 비판하는 오류이다.

03   SWOT 분석

정답 ⑤

㉢ 이미 우수한 연구개발 인재를 확보한 것이 강점이므로, 추가로 우수한 연구원을 채용하는 것은 WO전략으로 적절하지 않다. 기회인 예산을 확보하면 약점인 전력 효율성이나 국민적 인식 저조를 해결하기 위한 전략을 세워야 한다.
㉣ 세계의 신재생에너지 연구(O)와 전력 효율성 개선(W)을 활용하므로, WT전략이 아닌 WO전략에 대한 내용이다. WT전략이 되기 위해서는 위협인 높은 초기 비용에 대한 전략이 나와야 한다.

04   창의적 사고

정답 ③

논리적 사고를 구성하는 5가지 요소
- 설득 : 자신이 함께 일을 진행하는 상대와 의논하고 설득해 나가는 가운데 자신이 깨닫지 못했던 새로운 가치를 발견할 수 있다.
- 생각하는 습관 : 논리적 사고에 있어서 가장 기본이 되는 것으로, 특정한 문제에 대해서만 생각하는 것이 아니라 일상적인 대화, 신문의 사설 등 어디서 어떤 것을 접하든지 늘 생각하는 습관을 들여야 한다.
- 구체적인 생각 : 상대가 말하는 것을 잘 알 수 없을 때에는 구체적으로 생각해 보아야 한다.
- 타인에 대한 이해 : 상대의 주장에 반론을 제시할 때에는 상대 주장의 전부를 부정하지 않는 것이 좋으며, 동시에 상대의 인격을 부정해서는 안 된다.
- 상대 논리의 구조화 : 자신의 논리로만 생각하면 독선에 빠지기 쉬우므로 상대의 논리를 구조화하여 약점을 찾고, 자신의 생각을 재구축하는 것이 필요하다.

PART 2

05 자료 해석

주어진 기준에 따라 연구원들에 대한 정보를 정리하면 다음과 같다.

구분	학위	성과점수	종합기여도	총 성과급
A연구원	석사	$(75 \times 60\%) + (85 \times 40\%) + (2 \times 3) - 1 = 84$점	B등급	$240 \times 0.35 = 84$만 원
B연구원	박사	$(80 \times 60\%) + (80 \times 40\%) + (1 \times 3) = 83$점	B등급	$300 \times 0.35 = 105$만 원
C연구원	석사	$(65 \times 60\%) + (85 \times 40\%) + 2 = 75$점	C등급	$240 \times 0.25 = 60$만 원
D연구원	학사	$(90 \times 60\%) + (75 \times 40\%) = 84$점	B등급	$200 \times 0.35 = 70$만 원
E연구원	학사	$(75 \times 60\%) + (60 \times 40\%) + (3 \times 3) + 1 = 79$점	C등급	$200 \times 0.25 = 50$만 원

따라서 가장 많은 성과급을 지급받을 연구원은 105만 원인 B연구원이다.

06 자료 해석

포상수여 기준에 따라 협력사별 포상점수를 구하면 다음과 같다.

(단위 : 점)

구분	기술개선점수		실용화점수	경영점수	성실점수	합계
	출원점수	등록점수				
A사	10	20	15	15	20	80
B사	5	10	5	20	10	50
C사	15	15	15	15	10	70
D사	5	10	30	10	20	75
E사	10	15	25	20	0	70

따라서 포상점수가 가장 높은 A사와 D사가 선정된다.

07 자료 해석

변경된 포상수여 기준에 따라 협력사별 포상점수를 구하면 다음과 같다.

(단위 : 점)

구분	기술개선점수		실용화점수	경영점수	성실점수	합계
	출원점수	등록점수				
A사	15	10	15	15	20	75
B사	15	5	5	20	15	60
C사	20	5	15	15	15	70
D사	10	5	30	10	20	75
E사	20	5	25	20	10	80

포상점수가 가장 높은 업체는 E사이며, A사와 D사가 75점으로 동점이다. 따라서 A사와 D사 중 기술개선점수가 더 높은 업체는 A사이므로 최종적으로 A사와 E사가 선정된다.

08 규칙 적용

의류 종류 코드에서 'OP(원피스)'를 'OT(티셔츠)'로 수정해야 하므로 ①의 생산 코드를 'OTGR - 230124 - 475ccc'로 수정해야 한다.

[오답분석]

㉠ 스커트는 'OH', 붉은색은 'RD', 제조일은 '22120', 창원은 '753', 수량은 'aaa'이므로 ③의 생산 코드는 'OHRD - 221204 - 753aaa'로 옳다.

㉢ 원피스는 'OP', 푸른색은 'BL', 제조일은 '220705', 창원은 '753', 수량은 'aba'이므로 ⑤의 생산 코드는 'OPBL - 220705 - 753aba'로 옳다.

㉣ 납품일(2023년 7월 23일) 전날에 생산했으므로 생산날짜는 2023년 7월 22일이다. 따라서 ②의 생산 코드는 'OJWH - 230722 - 935baa'로 옳다.

㉤ 티셔츠의 생산 코드는 ④와 같이 'OTYL - 230430 - 869aab'로 옳으며, 스커트의 생산 코드는 'OHYL - 230430 - 869aab'이다.

09 명제 추론

주어진 조건에 따라 배정된 객실을 정리하면 다음과 같다.

301호	302호	303호	304호
C, D, F사원(영업팀) / H사원(홍보팀)			
201호	202호	203호	204호
G사원(홍보팀)	사용 불가	G사원(홍보팀)	
101호	102호	103호	104호
I사원	A사원(영업팀) / B, E사원(홍보팀)		

먼저 주어진 조건에 따르면 A, C, D, F사원은 영업팀이며, B, E, G, H사원은 홍보팀임을 알 수 있다.

만약 H사원이 2층에 묵는다면 G사원이 1층에 묵어야 하는데, 그렇게 되면 영업팀 A사원과 홍보팀 B, E사원이 한 층을 쓸 수 없다. 따라서 H사원은 3층에 묵어야 하고, G사원은 2층에 묵어야 하므로 홍보팀 G사원은 항상 2층에 묵는다.

[오답분석]

② 주어진 조건만으로는 I사원의 소속팀을 확인할 수 없으므로 워크숍에 참석한 영업팀 사원의 수는 정확히 알 수 없다.

③ 주어진 조건만으로는 C사원이 사용하는 객실 호수와 2층 객실을 사용하는 G사원의 객실 호수를 정확히 알 수 없다.

④ 1층 객실을 사용하는 A, B, E, I사원을 제외한 C, D, F, G, H사원은 객실에 가기 위해 반드시 엘리베이터를 이용해야 한다. 이들 중 C, D, F사원은 영업팀이므로 영업팀의 수가 더 많다.

⑤ E사원은 1층의 숙소를 사용하므로 엘리베이터를 이용할 필요가 없다.

10 명제 추론

D팀은 파란색을 선택하였으므로 보라색을 사용하지 않고, B팀과 C팀도 보라색을 사용한 적이 있으므로 A팀이 보라색을 선택한다. B팀은 빨간색을 사용한 적이 있고, 파란색과 보라색은 사용할 수 없으므로 노란색을 선택한다. C팀은 남은 빨간색을 선택한다.

A팀	B팀	C팀	D팀
보라색	노란색	빨간색	파란색

따라서 항상 참인 것은 ③이다.

[오답분석]

①·②·⑤ 주어진 조건만으로는 판단하기 어렵다.

④ A팀의 상징색은 보라색이다.

11 　자료 해석　　　　　　　　　　　　　　　　　　　　　　　　　정답 ④

유채 – 추출(5점) – 에스테르화(5점) – 바이오디젤(에스테르)은 $(30,000 \times 5) + (30,000 \times 5) = 300,000$원이다.

오답분석

① 보리 – 당화(10점) – 알코올발효(3점) – 바이오알코올(에탄올) ： $(40,000 \times 10) + (20,000 \times 3) = 460,000$원
② 나무 – 효소당화(7점) – 알코올발효(3점) – 바이오알코올(에탄올) ： $(30,000 \times 7) + (20,000 \times 3) = 270,000$원
③ 콩 – 혐기발효(6점) – 가스 ： $30,000 \times 6 = 180,000$원
⑤ 옥수수 – 당화(10점) – 알코올발효(3점) – 바이오알코올(에탄올) ： $(40,000 \times 10) + (20,000 \times 3) = 460,000$원

12 　자료 해석　　　　　　　　　　　　　　　　　　　　　　　　　정답 ③

섬유소 식물체(나무, 볏짚 등)로 공정을 달리할 경우 에탄올, 열, 전기 등 다양한 바이오매스 에너지를 생산할 수 있으므로 ③은 적절하지 않다.

13 　명제 추론　　　　　　　　　　　　　　　　　　　　　　　　　정답 ⑤

• 첫 번째 조건에 따라 인재개발원을 방문한다.
• 네 번째 조건에 따라 경영지원처는 방문하지 않는다.
• 세 번째 조건에 따라 전력기반센터는 방문하지 않는다.
• 여섯 번째 조건에 따라 설비진단처와 ICT인프라처는 반드시 방문한다.
• 두 번째 조건의 대우에 따라 생활연구원은 방문하지 않는다.
• 다섯 번째 조건에 따라 자재검사처는 방문하지 않는다.

따라서 K연구원은 인재개발원, 설비진단처, ICT인프라처는 방문한다. 그리고 경영지원처, 전력기반센터, 생활연구원, 자재검사처는 방문하지 않는다.

14 　SWOT 분석　　　　　　　　　　　　　　　　　　　　　　　　정답 ①

㉠ K광역시는 인접한 A시와 상하수도, 신재생에너지 등 환경・에너지 부문 인프라를 공동 이용할 수 있는 등 환경 분야의 상생 가능성이 높다. 따라서 약점(W)을 개선하는 전략이 아니라 기회(O)를 활용하는 전략에 해당한다.
㉡ K광역시는 시민과 함께하고 시민이 이끌어가는 시민 거버넌스 공감대가 확산되고 있다. 따라서 위협(T)으로 인한 피해를 최소화하는 전략이 아니라 기회(O)를 활용해 친환경 도시의 구현을 도모하는 전략에 해당한다.

오답분석

㉢ K광역시는 3,000만 그루 나무 심기 완료로 산림 및 녹지 공간이 확대되었다. 따라서 강점(S)을 토대로 나무와 숲을 이용한 건강 치유 시스템 구축을 도모하는 전략에 해당한다.
㉣ K광역시는 지리적으로 통과 차량이 많고, 시내 교통량 또한 많으므로 대기 오염이 문제가 됨을 짐작할 수 있다. 따라서 약점(W)을 보완함으로써 대기 환경 개선을 도모하는 전략에 해당한다.
㉤ K광역시는 화석연료의 고갈 위기와 가격 상승 등에 의해 에너지 부족 및 에너지 수요 체계에 악영향 발생 가능성이 농후하다. 따라서 위협(T)에 대응해 화석연료의 사용으로 예상되는 최소화하는 전략에 해당한다.

15 　규칙 적용　　　　　　　　　　　　　　　　　　　　　　　　　정답 ②

먼저 16진법으로 표현된 수를 10진법으로 변환하여야 한다.
• $43 = 4 \times 16 + 3 = 67$
• $41 = 4 \times 16 + 1 = 65$
• $54 = 5 \times 16 + 4 = 84$
변환된 수를 아스키 코드표를 이용하여 해독하면 67＝C, 65＝A, 84＝T임을 확인할 수 있다. 따라서 철수가 장미에게 보낸 문자의 의미는 'CAT'이다.

01	02	03	04	05	06	07	08	09	10	11	12	13	14	15					
④	③	②	②	③	⑤	②	③	①	④	①	③	③	④	①					

01 비용 계산

 정답 ④

첫 번째 지원 계획을 보면 지원금을 받는 연구회의 구성원은 6명 이상 9명 미만이므로 A연구회와 E연구회는 제외한다.
나머지 B, C, D연구회의 총지원금을 구하면 다음과 같다.
- B연구회 : 1,500천+(100천×6)=2,100천 원
- C연구회 : [1,500천+(120천×8)]×1.3=3,198천 원
- D연구회 : 2,000천+(100천×7)=2,700천 원

따라서 두 번째로 많은 지원금을 받는 연구회는 D연구회이며, 그 금액은 2,700천 원이다.

02 품목 확정

 정답 ③

10월 22일 중간보고에는 보고자인 K대리를 포함해 A팀장, B주임, C주임, D사원까지 총 5명이 참석하므로 K대리는 5인 이상을 수용할 수 있는 세미나실을 대여해야 한다. 그런데 '호텔 아뜰리에'는 보수공사로 인해 4인실만 이용 가능하며, '대전 베일리쉬'의 세미나실은 4인실이므로 '호텔 아뜰리에'와 '대전 베일리쉬'는 고려하지 않는다. 나머지 호텔들의 총비용을 계산하면 다음과 같다.

구분	총비용
글래드 대전	(78,000×2)+48,000=204,000원
스카이뷰 호텔	(80,000×0.9×2)+50,000=194,000원
이데아 호텔	(85,000×0.95×2)+30,000=191,500원
대전 하운드	(80,000×2)+(80,000×0.6)=208,000원

'글래드 대전'과 '대전 하운드'의 경우 예산범위인 200,000원을 초과한다. 따라서 K대리가 예약 가능한 호텔은 '스카이뷰 호텔'과 '이데아 호텔'이다.

03 품목 확정

정답 ②

- 본부에서 36개월 동안 연구원으로 근무 → 0.03×36=1.08점
- 지역본부에서 24개월 근무 → 0.015×24=0.36점
- 특수지에서 12개월 동안 파견 근무(지역본부 근무경력과 중복되어 절반만 인정) → 0.02×12÷2=0.12점
- 본부로 복귀 후 현재까지 총 23개월 근무 → 0.03×23=0.69점
- 현재 팀장(과장) 업무 수행 중
  - 내부평가결과 최상위 10% 총 12회 → 0.012×12=0.144점
  - 내부평가결과 차상위 10% 총 6회 → 0.01×6=0.06점
  - 금상 2회, 은상 1회, 동상 1회 수상
    → (0.25×2)+(0.15×1)+(0.1×1)=0.75점 → 0.5점(∵ 인정 범위)
  - 시행결과평가 탁월 2회, 우수 1회
    → (0.25×2)+(0.15×1)=0.65점 → 0.5점(∵ 인정 범위)

따라서 H과장의 가점은 1.08+0.36+0.12+0.69+0.144+0.06+0.5+0.5=3.454점이다.

04 비용 계산 정답 ②

X산지와 Y산지의 배추의 재배원가에 대하여 각 유통 과정에 따른 가격을 계산하면 다음과 같다.

구분	X산지	Y산지
재배원가	1,000원	1,500원
산지 → 경매인	1,000×(1+0.2)=1,200원	1,500×(1+0.1)=1,650원
경매인 → 도매상인	1,200×(1+0.25)=1,500원	1,650×(1+0.1)=1,815원
도매상인 → 마트	1,500×(1+0.3)=1,950원	1,815×(1+0.1)=1,996.5≒1,997원

따라서 X산지에서 재배한 배추를 선택해야 하며, 최종적으로 K마트에서 배추 한 포기당 얻는 수익은 3,000−1,950=1,050원이다.

05 품목 확정 정답 ③

과목별 의무 교육이수 시간은 다음과 같다.

구분	글로벌 경영	해외사무영어	국제회계
의무 교육이수 시간	$\dfrac{15점}{1점/h}=15시간$	$\dfrac{60점}{1점/h}=60시간$	$\dfrac{20점}{2점/h}=10시간$

지금까지 A과장이 이수한 시간을 계산하면 글로벌 경영과 국제회계의 초과 이수 시간은 2+14=16시간이며, 해외사무영어의 부족한 시간은 10시간이다. 초과 이수 시간을 점수로 환산하여 부족한 해외사무영어 점수 10점에 16×0.2=3.2점을 제외하면 6.8점이 부족하다. 따라서 의무 교육이수 기준에 미달인 과목은 해외사무영어이며, 부족한 점수는 6.8점이다.

06 시간 계획 정답 ⑤

배송업자 담당자가 외출 중이어서 상황을 확인하기 어려웠지만, 기다리지 않고 여기저기로 연락을 취했다.

오답분석
① 평소 닥쳐서 일을 처리하는 습관이 있는 김대리는 미리 준비하지 않았던 미팅 자료를 만들려고 하였으나, 미팅 시간이 거의 남지 않은 상황이었다.
② OA기기 최신기종 카달로그 대신 "그 표지가 파란 것."이라는 불완전한 정보를 제공해 안사원이 알아듣지 못했기 때문에 10분이나 시간을 낭비했다.
③ 김대리는 기한이 있는 우선순위인 배송 상황을 미리 확인하지 않았고, 클레임 전화가 걸려 왔을 때는 배송업자 담당자가 외출 중이어서 상황을 확인하기 어려운 상태였다.
④ K회사 미팅 자료를 미리 준비하지 않아서 미팅 시간에 늦게 되었다.

07 시간 계획 정답 ②

제시문의 밑줄 친 ㉠은 평소 닥쳐서 일을 처리하는 습관이다. 따라서 이는 업무의 완성도보다 기한만 지키면 된다고 생각하는 지우의 사고방식과 유사하다.

08 인원 선발 정답 ③

배치의 3가지 유형
• 양적 배치 : 작업량과 조업도, 여유 또는 부족 인원을 감안하여 소요인원을 결정하고 배치하는 것이다.
• 질적 배치 : 적재적소주의에 따른 배치이다.
• 적성 배치 : 팀원의 적성 및 흥미에 따라 배치하는 것이다.

09 품목 확정

화상회의 진행 시각(한국 기준 오후 4시 ~ 오후 5시)을 각국 현지 시각으로 변환하면 다음과 같다.
- 파키스탄 지사(−4시간) : 오후 12시 ~ 오후 1시는 점심시간이므로, 회의에 참석 불가능하다.
- 불가리아 지사 (−6시간) : 오전 10시 ~ 오전 11시이므로, 회의에 참석 가능하다.
- 호주 지사(+1시간) : 오후 5시 ~ 오후 6시이므로, 회의에 참석 가능하다.
- 영국 지사(−8시간) : 오전 8시 ~ 오전 9시이므로, 회의에 참석 가능하다(시차는 −9시간이지만, 서머타임을 적용한다).
- 싱가포르 지사(−1시간) : 오후 3시 ~ 오후 4시이므로, 회의에 참석 가능하다.

따라서 파키스탄 지사는 화상회의에 참석할 수 없다.

10 비용 계산

전자제품의 경우 관세와 부가세가 모두 동일하며, 전자제품의 가격이 다른 가격보다 월등하게 높기 때문에 대소비교는 전자제품만 비교해도 된다. 이 중 A의 TV와 B의 노트북은 가격이 동일하기 때문에 굳이 계산할 필요가 없고, TV와 노트북을 제외한 휴대폰과 카메라만 비교하면 된다. B의 카메라가 A의 휴대폰보다 비싸기 때문에 B가 더 많은 관세를 낸다.

구분	전자제품	전자제품 외
A	TV(110만), 휴대폰(60만)	화장품(5만), 스포츠용 헬멧(10만)
B	노트북(110만), 카메라(80만)	책(10만), 신발(10만)

B가 내야 할 세금을 계산해 보면 우선 카메라와 노트북의 관세율은 18%로, 190만×0.18=34.2만 원이다. 이때 노트북은 100만 원을 초과하므로 특별과세 110만×0.5=55만 원이 더 과세된다. 나머지 품목들의 세금은 책이 10만×0.1=1만 원, 신발이 10만×0.23=2.3만 원이다. 따라서 B가 내야 할 관세 총액은 34.2만+55만+1만+2.3만=92.5만 원이다.

11 품목 확정

물품의 분실이란 실질적으로 분실하여 다시 구입해야 하는 경제적 손실을 의미하는 것으로, K씨의 경우 물건이 집에 있지만 찾지 못하는 경우에 해당하므로 분실로 보기는 어렵다.

오답분석
② K씨가 커피머신을 제대로 보관하지 않았기 때문에 그로 인해 물품이 훼손되는 경우가 발생하였다.
③ K씨는 지금 당장 필요하지 않음에도 구입했으므로 이는 목적 없는 구매에 해당한다.
④ K씨는 물품을 정리하였다기보다 창고에 쌓아 두었으므로 이는 정리하지 않고 보관한 경우로 볼 수 있다.
⑤ K씨는 물건을 아무렇게나 보관하였기 때문에 그 보관 장소를 파악하지 못해 다시 그 물건이 필요하게 된 상황임에도 찾는 데 어려움을 겪고 그만큼 시간도 지체하였다.

12 비용 계산

자기계발 과목에 따라 해당되는 지원 금액과 신청 인원은 다음과 같다.

구분	영어회화	컴퓨터 활용능력	세무회계
지원 금액	7만×0.5=3.5만 원	5만×0.4=2만 원	6만×0.8=4.8만 원
신청 인원	3명	3명	3명

따라서 교육 프로그램마다 3명씩 지원했으므로 총교육비는 (35,000+20,000+48,000)×3=309,000원이다.

13 인원 선발

K회사의 대표이사는 좋은 직원 덕분에 빠르게 제품을 개발하고 회사가 급성장할 수 있었다고 언급하며 사람을 잘 뽑은 것이 첫 번째, 두 번째, 세 번째 이유라고 말한다. 따라서 급성장의 모든 원인을 인적자원의 중요성에 두고 있다.

14 인원 선발 정답 ④

오답분석
① K회사는 인재를 잘 뽑는 것을 가장 중요하게 생각하고 있다.
②·⑤ K회사는 직급에 상관없이 성과에 따라 인센티브를 제공하였으며, 틀에 얽매인 사고방식을 타파하기 위해 자유로운 분위기를 유지하고 있다.
③ K회사는 직원 1명을 뽑더라도 계약직으로 쓰지 않아 신분이 보장되고 안정적으로 근무할 수 있게 했다.

15 시간 계획 정답 ①

조건에 따라 자동차를 대여할 수 없는 날을 표시하면 다음과 같다.

일	월	화	수	목	금	토
	1	2 × 짝수 날 점검	3	4 × 짝수 날 점검	5	6 × 짝수 날 점검
7	8	9 × 업무	10 × 업무	11 × 설 연휴	12 × 설 연휴	13 × 설 연휴
14	15 × 출장	16 × 출장	17	18	19	20
21	22	23	24 × B 대여	25 × B 대여	26 × B 대여	27
28						

따라서 K자동차를 대여할 수 있는 날은 주말을 포함한 18 ~ 20일, 19 ~ 21일, 20 ~ 22일, 21 ~ 23일이므로 수요일(17일)은 자동차를 대여할 수 없다.

01	02	03	04	05	06	07	08	09	10	11	12	13	14	15					
②	④	⑤	③	③	①	⑤	④	④	③	⑤	⑤	③	④	④					

01 조직 구조

정답 ②

업무의 내용이 유사하고 관련성이 있는 업무들을 결합해서 구분한 것으로, 기능별 조직 구조의 형태로 볼 수 있다.

02 업무 종류

정답 ④

교육 홍보물의 교육내용은 연구개발의 성공을 보장하는 R&D 기획서 작성과 R&D 기획서 작성 및 사업화 연계이므로 K사원이 속한 부서의 업무는 R&D 연구 기획과 사업 연계이다. 따라서 장비 활용 지원은 해당 부서의 수행업무로 적절하지 않다.

03 업무 종류

정답 ⑤

교육을 바탕으로 기획서를 작성하여 성과를 내는 것은 교육의 효과성으로, 교육을 받은 회사 또는 사람의 역량이 가장 중요하다. 홍보물과 관련이 적은 성과에 대한 내용은 K사원이 대답하기 어려운 질문이다.

04 국제 동향

정답 ③

인도의 전통적인 인사법은 턱 아래에 두 손을 모으고 고개를 숙이는 것으로, 이외에도 보편적인 악수를 통해 인사할 수 있다. 그러나 여성의 경우 먼저 악수를 청할 시에만 악수할 수 있으므로 유의해야 한다. 인도인의 대부분이 힌두교도이며, 힌두교는 남녀의 공공연한 접촉을 금지하고 있기 때문이다.

05 경영 전략

정답 ③

원가우위 전략은 원가절감을 통해 해당 산업에서 우위를 점하는 전략으로, 이를 위해서는 대량생산을 통해 단위 원가를 낮추거나 새로운 생산기술을 개발할 필요가 있다. 따라서 ⑤에는 '원가우위 전략', ⓒ에는 '증대'가 들어가야 한다.

06 조직 구조

정답 ①

조직의 변화에 있어서 실현 가능성과 구체성은 중요한 요소이다.

[오답분석]
② 조직의 변화는 조직에 영향을 주는 환경의 변화를 인지하는 것에서부터 시작된다. 영향이 있는 변화들로 한정하지 않으면 지나치게 방대한 요소를 고려하게 되어 비효율이 발생한다.
③ 조직 구성원들이 현실에 안주하고 변화를 기피하는 경향이 강할수록 환경 변화를 인지하지 못한다.
④ 변화를 실행하려는 조직은 기존 규정을 개정해서라도 환경에 적응하여야 한다.
⑤ 조직의 변화는 '환경 변화 인지 – 조직 변화 방향 수립 – 조직 변화 실행 – 변화 결과 평가' 순으로 이루어진다.

07 업무 종류

정답 ⑤

오답분석

①·② 전결권자는 상무이다.

③·④ 대표이사의 결재가 필수이다(전결 사항이 아님).

08 업무 종류

정답 ④

교육 내용은 R&D 정책, 사업 제안서, 지식 재산권 등 모두 R&D 사업과 관련된다. 따라서 기상산업 R&D 사업관리를 총괄하는 산업연구지원실이 제시된 교육 내용과 가장 관련이 높은 부서이다.

09 업무 종류

정답 ④

항만기상관측장비 유지보수·관리 용역에 대한 입찰이기 때문에 기상관측장비 구매·유지보수 관련 업무를 수행하는 장비사업팀과 가장 관련이 높다.

10 조직 구조

정답 ③

마케팅기획본부는 해외마케팅기획팀과 마케팅기획팀으로 구성된다고 했으므로 적절하지 않다.

오답분석

①·② 마케팅본부의 마케팅기획팀과 해외사업본부의 해외마케팅기획팀을 통합해 마케팅기획본부가 신설된다고 했으므로 적절하다.

④ 해외사업본부의 해외사업 1팀과 해외사업 2팀을 해외영업팀으로 통합하고 마케팅본부로 이동한다고 했으므로 적절하다.

⑤ 구매·총무팀에서 구매팀과 총무팀이 분리되고 총무팀과 재경팀을 통합 후 재무팀이 신설된다고 했으므로 적절하다.

11 국제 동향

정답 ⑤

새로운 사회환경을 접할 때는 개방적 태도를 갖는 동시에 자신의 정체성을 유지하도록 해야 한다.

12 업무 종류

정답 ⑤

메모에 의해 A대리가 가장 먼저 해야 할 일은 K팀장이 요청한 자료를 메일로 전송하는 것이다. 그 다음 PPT 자료를 전송해야 한다. 그리고 점심 예약전화는 오전 10시 이전에 처리해야 하고, 오전 내에 거래처 미팅날짜 변경 전화를 해야 한다.

13 경영 전략

정답 ③

사례 1은 집중화 전략에 대한 사례이다. 집중화 전략의 결과는 특정 목표에 대해 차별화되거나 낮은 원가를 실현할 수 있는데, 예를 들면 그 지역의 공급자가 고객과의 제휴를 통해 낮은 원가 구조를 확보할 수 있다. 또한 특정 세분화된 시장이 목표가 되므로 다른 전략에 비해 상대적으로 비용이 적게 들고, 성공했을 경우 효과는 작지만 특정 세분시장에서의 이익을 확실하게 확보할 수 있다.

14　경영 전략

정답　④

사례 2는 비용우위 전략과 차별화 전략을 동시에 적용한 사례이다. 토요타는 JIT 시스템을 통해 비용을 낮추는 원가 우위 전략을 취함과 동시에 기존 JIT 시스템을 현재 상황에 맞게 변형한 차별화 전략을 추구하고 있다. 따라서 비용우위 전략과 차별화 전략을 동시에 추구하고 있는 ©·@과 관련이 있다.

[오답분석]
③ 비용우위 전략에 해당한다.
© 집중화 전략에 해당한다.

15　경영 전략

정답　④

• ③ 레드오션 : 이미 잘 알려져 있어서 경쟁이 매우 치열한 시장, 즉 기존의 모든 산업을 말한다. 산업의 경계가 이미 정해져 있고 경쟁자 수도 많기 때문에 같은 목표와 같은 고객을 가지고 치열하게 경쟁한다.
• © 블루오션 : 현재 존재하지 않거나 잘 알려져 있지 않아 경쟁자가 없는 유망한 시장을 말한다. 시장 수요가 경쟁이 아니라 창조에 의해 얻어지며, 높은 수익과 빠른 성장을 가능하게 하는 엄청난 기회가 존재한다.
• © 퍼플오션 : 치열한 경쟁 시장과 경쟁자가 없는 시장을 합친 것으로, 기존의 레드오션에서 발상의 전환을 통하여 새로운 가치의 시장을 만드는 경영 전략을 말한다.

06　대인관계능력

01	02	03	04	05	06	07	08	09	10	11	12	13	14	15					
④	⑤	②	②	⑤	②	③	④	①	②	③	⑤	④	③	④					

01　팀워크

정답　④

내부에서 팀원 간의 갈등이 발생한 경우 다른 팀원이 제3자로서 개입하여 이를 중재하고, 내부에서 갈등을 해결하여야 한다. 당사자에게 해결을 맡긴 채 회피하는 것은 옳지 않으며, 갈등 상황은 시간이 지남에 따라 더욱 악화되어 팀워크를 방해할 가능성이 커진다.

팀워크의 활성화 방안
• 동료 피드백 장려하기
• 갈등을 해결하기
• 창의력 조성을 위해 협력하기
• 참여적으로 의사결정하기
• 좋은 결정 내리기
• 구성원 동참 장려하기

02　협상 전략

정답　⑤

협상 전략 수립, 협상 환경 분석 등은 협상 전 단계에서 이루어진다.

03 갈등 관리

ㄱ. Win – Win 전략은 긍정적인 접근 방식으로서 당사자들의 입장을 명확히 하고, 해결책 등을 생각한다.
ㄷ. 상대가 드러내지 않은 관심사에도 집중하여 연구하는 것이 필요하다.

04 협상 전략

사회적 입증 전략이란 사람은 과학적 이론보다 자신의 동료나 이웃의 말이나 행동에 의해서 쉽게 설득된다는 전략이다.

오답분석

① 희소성 해결 전략 : 인적, 물적 자원 등의 희소성을 해결하는 것이 협상과정상의 갈등 해결에 용이하다는 것이다.
③ 헌신과 일관성 전략 : 협상 당사자가 기대하는 바에 일관성 있게 헌신적으로 부응하여 행동하게 되면 협상과정상의 갈등 해결이 용이하다는 것이다.
④ 호혜 관계 형성 전략 : 협상 당사자 간에 어떤 혜택들을 주고받은 관계가 형성되어 있으면 그 협상과정상의 갈등 해결에 용이하다는 것이다.
⑤ See – Feel – Change 전략 : 시각화하고 직접 보게 하여 이해시키고(See), 스스로가 느끼게 하여 감동시키며(Feel), 이를 통해 상대방을 변화시켜(Change) 설득에 성공한다는 전략이다.

05 팀워크

반복적인 업무로 지친 팀원들에게 새로운 업무의 기회를 부여하는 것은 팀원들에게 동기를 부여할 수 있는 효과적인 방법이다. 팀원들은 매일 해 왔던 업무와 전혀 다른 일을 처리하면서 새로운 도전이 주는 자극과 스릴감을 가지게 될 것이며, 나아가 자신의 능력을 인정받았다는 뿌듯함과 성취감을 느낄 수 있다.

오답분석

① 칭찬과 격려는 팀원들에게 동기를 부여하는 긍정적 강화법으로 볼 수 있다.
② 지속적인 교육은 팀원들에게 성장의 기회를 제공하는 방법이다.
③ 코칭은 문제를 함께 살피고 지원하며, 지도 및 격려하는 활동을 말한다.
④ 자신의 책임을 전가하는 팀원들에게 필요한 방법이다.

06 팀워크

K기업의 대외홍보팀은 최근 팀원 간의 마찰과 갈등이 수차례 발생하고 있다고 하였으므로 의견 불일치 및 마찰이 일어나는 격동기에 해당한다.

팀의 발전 단계

형성기	• 서로 낯선 단계 • 팀보다는 개별적 · 개인적 성향이 강하고, 서로의 행동에 신중하고 친절함 • 팀 리더에 의존하는 경향이 있음 • 다음 단계로 향하는 동안 팀원끼리 서로 간에 알아가려는 노력을 함
격동기	• 개인 간의 성격 파악이 되어 자기 의견을 말하기 시작함 • 의견 충돌이 잦고, 상대에 대한 비판적인 자세가 나타남
규범기	• 하나의 팀으로 인식 되어 팀 의식이 시작되는 단계 • 팀원 간의 이해가 안정화됨 • 팀의 문제해결에 집중함
해지기	• 프로젝트 수행이 완료되고 팀을 해체하는 단계 • 프로젝트를 수행하면서 겪었던 성공과 실패 등을 정리하고 평가를 수행함

07 팀워크

ⓒ 연우진 대리는 팀의 갈등 원인이 자기중심적인 이기적인 팀원들 때문이라고 하였다. 팀원들이 팀보다는 모두 개인성과에 집중하여 경쟁하느라 서로가 서로를 경계하고 협업이 발생하지 않는다고 하였다.
ⓒ 김성주 사원은 팀의 갈등 원인이 조직의 정체성 때문이라고 하였다. 팀원들이 팀의 목표에 대해 이해하지 못해서 역할 분담과 책임 분담도 잘 되지 않아 갈등이 발생할 수밖에 없다며, 조직에 대한 이해 부족을 팀워크의 저해 요소로 꼽았다.

08 리더십

정형권 대리는 팀이 자신의 아이디어를 원치 않고, 노력과 공헌을 해도 아무런 소용과 보상이 없다는 조직에 대한 자신의 느낌을 말하는 수동형 멤버십에 해당한다.

멤버십 유형의 구분

구분	자아상	동료 및 리더의 시각	조직에 대한 자신의 느낌
소외형	• 자립적인 사람 • 일부러 반대의견을 제시함 • 조직의 양심	• 냉소적임 • 부정적임 • 고집이 셈	• 자신을 인정해주지 않음 • 적절한 보상이 없음 • 불공정하고 문제가 있음
순응형	• 기쁜 마음으로 과업을 수행함 • 팀플레이를 함 • 리더나 조직을 믿고 헌신함	• 아이디어가 없음 • 인기 없는 일은 하지 않음 • 조직을 위해 자신과 가족의 요구를 양보함	• 기존 질서를 따르는 것이 중요함 • 리더의 의견을 거스르는 것은 어려운 일임 • 획일적인 태도 및 행동에 익숙함
실무형	• 조직의 운영방침에 민감함 • 사건을 균형 잡힌 시각으로 봄 • 규정과 규칙에 따라 행동함	• 개인의 이익을 극대화하기 위한 흥정에 능함 • 적당한 열의와 평범한 수완으로 업무 수행	• 규정준수를 강조함 • 명령과 계획의 빈번한 변경 • 리더와 부하 간의 비인간적 풍토
수동형	• 판단, 사고를 리더에게 의존함 • 지시가 있어야 행동함	• 지시를 받지 않고 스스로 하는 일이 없음 • 제 몫을 하지 못함 • 업무 수행에는 감독이 필요함	• 조직이 나의 아이디어를 원치 않음 • 노력과 공헌을 해도 아무 소용이 없음 • 리더는 항상 자기 마음대로 함
주도형	• 우리가 추구하는 유형, 모범형 • 독립적·혁신적 사고 • 적극적 참여와 실천		

09 팀워크

최선우 팀장이 2025년 팀의 비전과 목표를 팀원들에게 공유하고 숙지하도록 하는 것은 팀의 사명과 목표를 명확하게 기술하는 ㉠에 해당한다.

10 갈등 관리

갈등해결 방법에서 명심해야 할 점 9가지 중 적절하지 않은 행동은 '어려운 문제는 피하도록 한다.', '사람들과 눈을 자주 마주치지 않도록 한다.' 2가지이다. 어려운 문제를 피하는 것은 갈등 증폭의 원인이 될 수 있기 때문에 어려운 문제는 피하지 말고 맞서 바로 해결하는 것이 중요하다. 또한 사람들과 눈을 자주 마주치는 것은 갈등해결에 있어 상대방에게 신뢰감과 존중감을 줄 수 있기 때문에 사람들과 눈을 자주 마주쳐야 한다.

11 고객 서비스 정답 ③

고객 불만 처리 프로세스 중 '해결약속' 단계에서는 고객이 불만을 느낀 상황에 대해 관심과 공감을 보이며, 문제의 빠른 해결을 약속해야 한다.

> **고객 불만 처리 프로세스 8단계**
> 1. 경청
>   - 고객의 항의에 경청하고 끝까지 듣는다.
>   - 선입관을 버리고 문제를 파악한다.
> 2. 감사와 공감표시
>   - 일부러 시간을 내서 해결의 기회를 준 것에 감사를 표시한다.
>   - 고객의 항의에 공감을 표시한다.
> 3. 사과
>   - 고객의 이야기를 듣고 문제점에 대한 인정과 잘못된 부분에 대해 사과한다.
> 4. 해결약속
>   - 고객이 불만을 느낀 상황에 대해 관심과 공감을 보이며, 문제의 빠른 해결을 약속한다.
> 5. 정보파악
>   - 문제해결을 위해 꼭 필요한 질문만 하여 정보를 얻는다.
>   - 최선의 해결방법을 찾기 어려우면 고객에게 어떻게 해 주면 만족스러운지를 묻는다.
> 6. 신속처리
>   - 잘못된 부분을 신속하게 시정한다.
> 7. 처리확인과 사과
>   - 불만처리 후 고객에게 처리 결과에 만족하는지를 물어본다.
> 8. 피드백
>   - 고객 불만 사례를 회사 및 전 직원에게 알려 다시는 동일한 문제가 발생하지 않도록 한다.

12 갈등 관리 정답 ⑤

C팀장은 A팀원과 B팀원의 의견을 모두 듣고, 근본적인 문제를 해결하였음을 확인할 수 있다. 이는 Win – Win 관리법에 해당되며, 갈등과 관련된 모든 사람으로부터 의견을 받고자 노력해 문제의 본질적인 해결책을 찾는 방법으로 볼 수 있다. 즉, 일상에서 벌어지는 갈등을 피하거나 타협으로 예방하는 것이 아닌 문제를 근본적으로 해결하여 서로가 원하는 바를 모두 얻을 수 있는 갈등 관리법이다.

13 고객 서비스 정답 ④

제품 및 서비스가 복잡해지고 시장이 다양해짐에 따라 고객만족도를 정확히 측정하기 위해서는 먼저 조사 분야와 대상을 명확히 정의해야 한다. 또한 조사의 목적이 고객에 대한 개별대응이나 고객과의 관계를 파악하기 위한 것이라면 조사 대상을 임의로 선택해서는 안 되며, 중요한 고객을 우선 선택해야 한다.

14 리더십 정답 ③

'썩은 사과의 법칙'에 따르면 먼저 A사원에게 문제 상황과 기대하는 바를 분명히 전한 뒤 스스로 변화할 기회를 주어야 한다.

15

정답 ④

스스로 하는 일이 없고, 제 몫의 업무를 제대로 수행하지 못하는 A사원은 수동형에 가깝다고 볼 수 있다.

멤버십 유형의 구분

구분	자아상	동료 및 리더의 시각	조직에 대한 자신의 느낌
소외형	• 자립적인 사람 • 일부러 반대의견을 제시함 • 조직의 양심	• 냉소적임 • 부정적임 • 고집이 셈	• 자신을 인정해주지 않음 • 적절한 보상이 없음 • 불공정하고 문제가 있음
순응형	• 기쁜 마음으로 과업을 수행함 • 팀플레이를 함 • 리더나 조직을 믿고 헌신함	• 아이디어가 없음 • 인기 없는 일은 하지 않음 • 조직을 위해 자신과 가족의 요구를 양보함	• 기존 질서를 따르는 것이 중요함 • 리더의 의견을 거스르는 것은 어려운 일임 • 획일적인 태도 및 행동에 익숙함
실무형	• 조직의 운영방침에 민감함 • 사건을 균형 잡힌 시각으로 봄 • 규정과 규칙에 따라 행동함	• 개인의 이익을 극대화하기 위한 흥정에 능함 • 적당한 열의와 평범한 수완으로 업무 수행	• 규정준수를 강조함 • 명령과 계획의 빈번한 변경 • 리더와 부하 간의 비인간적 풍토
수동형	• 판단, 사고를 리더에게 의존함 • 지시가 있어야 행동함	• 지시를 받지 않고 스스로 하는 일이 없음 • 제 몫을 하지 못함 • 업무 수행에는 감독이 필요함	• 조직이 나의 아이디어를 원치 않음 • 노력과 공헌을 해도 아무 소용이 없음 • 리더는 항상 자기 마음대로 함
주도형	• 우리가 추구하는 유형, 모범형 • 독립적 · 혁신적 사고 • 적극적 참여와 실천		

---

07 정보능력

01	02	03	04	05	06	07	08	09	10	11	12	13	14	15			
④	③	②	④	②	②	③	②	①	④	④	②	④	③	②			

01 정보 이해

정답 ④

1차 자료는 원래의 연구 성과가 기록된 자료로서 단행본, 학술지와 학술지 논문, 학술회의자료, 연구보고서, 학위논문, 특허정보, 표준 및 규격자료, 레터, 출판 전 배포자료, 신문, 잡지, 웹 정보자원 등이 해당한다. 2차 자료는 이러한 1차 자료를 압축하여 정리한 것으로서 사전, 백과사전, 편람, 연감, 서지데이터베이스 등이 해당된다.
여기서 연감이란 어떤 분야에 대해 한 해 동안 일어난 경과 · 사건 · 통계 등을 수록하여 일 년에 한 번씩 간행하는 정기간행물을 뜻하므로, 정기간행물은 1차 자료에 해당하지 않는다.

02 정보 이해

정답 ③

프레젠테이션(Presentation)이란 청중에게 회사에서 사용하는 회의록이나 보고서, 제품 선전이나 홍보 자료, 의사결정에 필요한 자료 등을 문자, 그림, 동영상, 애니메이션, 음향 등으로 작성한 슬라이드를 이용하여 목적을 보다 효과적으로 전달하는 프로그램을 말한다.

03 정보 이해

4차 산업혁명이란 사물인터넷, 인공지능, 빅데이터, 블록체인 등 정보통신기술의 '융합'으로 새로운 서비스와 산업이 창출되는 차세대 혁명이다. 또한 4차 산업혁명은 2016년 1월 세계경제포럼(WEF; World Economic Forum)에서 클라우스 슈밥 회장이 사용하면서 전 세계에 영향을 미쳤다.
- 융합 : 다른 종류의 것이 녹아서 서로 구별이 없게 하나로 합하여지거나 그렇게 만듦. 또는 그런 일

[오답분석]
- 복합 : 두 가지 이상이 하나로 합침. 또는 두 가지 이상을 하나로 합침
- 집합 : 특정 조건에 맞는 원소들의 모임
- IMD : 국제경영개발대학원

04 정보 이해
정답 ④

하이퍼텍스트의 자료의 구조는 링크에 의해서 무작위로 이동 가능하다. 즉, 비순차적인 구조를 갖는다.

05 엑셀 함수
정답 ②

RANK 함수는 「=RANK(순위를 구하려는 수, 목록의 배열 또는 셀 주소, 순위를 정할 방법을 지정하는 수)」이므로 「=RANK(C5,C2:C6)」가 옳다.

06 엑셀 함수
정답 ②

RANK 함수는 범위에서 특정 데이터의 순위를 구할 때 사용하는 함수이다. RANK 함수의 형식은 「=RANK(인수, 범위, 논리값)」인데, 논리값의 경우 0이면 내림차순, 1이면 오름차순으로 나타나게 된다. 발전량이 가장 높은 곳부터 순위를 매기려면 내림차순으로 나타내야 하므로 (B) 셀에 입력해야 할 함수는 「=RANK(F5,$F$5:$F$12,0)」이다.

07 정보 이해
정답 ③

정보원(Sources)은 필요한 정보를 수집할 수 있는 원천으로, 1차 자료와 2차 자료로 구분한다. 1차 자료는 원래의 연구 성과가 기록된 자료를 말하며, 단행본, 학술지와 학술지 논문, 학술회의자료, 연구보고서, 학위논문, 특허정보, 표준 및 규격자료, 레터, 출판 전 배포자료, 신문, 잡지, 웹 정보자원 등이 있다.

08 정보 이해
정답 ②

정보 관리란 수집된 다양한 형태의 정보를 어떤 문제해결이나 결론 도출에 사용하기 쉬운 형태로 바꾸는 일이다. 이는 사용 목적을 명확히 설명해야 하는 목적성, 쉽게 작업할 수 있어야 하는 용이성, 즉시 사용할 수 있어야 하는 유용성 3가지 원칙을 따라야 한다.

09 프로그램 언어(코딩)
정답 ①

'strlen'은 문자열의 공백을 포함한 글자 수를 출력하는 함수이고, 'Wn'은 줄 바꿈 명령어이다. 이때 'Wn'은 글자 수를 출력하는 함수에 포함되지 않았다. 따라서 "hello world"의 공백을 포함한 문자 수는 11이므로 프로그램을 실행하면 11을 출력한다.

110 • 과학기술분야 정부출연연구기관(정출연) 통합편

10 　엑셀 함수

[사용자 지정 형식은 양수, 음수, 0, 텍스트 4개의 구역으로 구성되며, 각 구역은 세미콜론(;)으로 구분된다. 즉, '양수서식;음수서식;0서식;텍스트서식'으로 정리될 수 있다. 양수는 파란색으로, 음수는 빨간색으로 표현해야 하기 때문에 양수서식에는 [파랑], 음수서식에는 [빨강]을 입력해야 한다. 그리고 표시결과가 그대로 나타나야 하기 때문에 양수는 서식에 '+' 기호를 제외하며, 음수는 서식에 '-' 기호를 붙인다.

[오답분석]
① 양수가 빨간색, 음수가 파란색으로 표현되며, 음수의 경우 '-' 기호도 사라진다.
② 음수에 '-' 기호가 표현되지 않는다.
③ 양수가 빨간색, 음수가 파란색으로 표현된다.
⑤ 양수에 '+' 기호가 표현된다.

11 　엑셀 함수

정답 ④

LARGE 함수는 데이터 집합에서 n번째로 큰 값을 구하는 함수이다. 따라서 「=LARGE(D2:D9,2)」를 입력하면 [D2:D9] 범위에서 두 번째로 큰 값 20,000이 산출된다.

[오답분석]
① MID 함수 : 문자열의 지정 위치에서 문자를 지정한 개수만큼 돌려주는 함수이다.
② MIN 함수 : 최솟값을 구하는 함수이다.
③ MAX 함수 : 최댓값을 구하는 함수이다.
⑤ INDEX 함수 : 범위 내에서 값이나 참조 영역을 구하는 함수이다.

12 　엑셀 함수

정답 ②

SUMIF 함수는 주어진 조건에 의해 지정된 셀들의 합을 구하는 함수이며, 「=SUMIF(조건 범위,조건,계산할 범위)」로 구성된다. 따라서 「=SUMIF(A2:A9,A2,C2:C9)」를 입력하면 계산할 범위 [C2:C9] 안에서 [A2:A9] 범위 안의 조건인 [A2](의류)로 지정된 셀들의 합인 42가 산출된다.

[오답분석]
① COUNTIF 함수 : 지정한 범위 내에서 조건에 맞는 셀의 개수를 구하는 함수이다.
③·④ VLOOKUP 함수·HLOOKUP 함수 : 배열의 첫 열 / 행에서 값을 검색하여 지정한 열 / 행의 같은 행 / 열에서 데이터를 돌려주는 찾기 / 참조함수이다.
⑤ AVERAGEIF 함수 : 주어진 조건에 따라 지정되는 셀의 평균을 구하는 함수이다.

13 　정보 이해

정답 ④

[오답분석]
①·②·③ 자료에 대한 설명이다.
⑤ 정보에 대한 설명이다.

자료·정보·지식의 정의

자료	정보 작성을 위하여 필요한 데이터로, '아직 특정 목적에 대하여 평가되지 않은 상태의 숫자나 문자들의 단순한 나열'을 뜻한다.
정보	자료를 일정한 프로그램에 따라 컴퓨터가 처리·가공함으로써 '특정한 목적을 달성하는 데 필요하거나 유의미한 자료'를 뜻한다.
지식	'어떤 특정한 목적을 달성하기 위해 과학적·이론적으로 추상화되거나 정립된 정보들 간의 관계를 통해 얻은 일반화된 가치 있는 정보'를 뜻하며, 어떤 대상에 대하여 원리적·통일적으로 조직되어 객관적 타당성을 요구할 수 있는 판단의 체계를 제시한다.

제2회 최종점검 모의고사 · 111

주요 키워드나 주제어를 가지고 정보를 관리하는 방식은 색인을 활용한 정보 관리이다. 색인은 정보를 찾을 때 쓸 수 있는 키워드인 색인어와 색인어의 출처인 위치정보로 구성된다.

15 프로그램 언어(코딩)   정답 ②

실행과정은 다음과 같다.
- main( ) 함수 : scanf("%d", &n); 키보드로 3 입력받음(문제에서 제시) n=3

  num=(int*)malloc(sizeof(int) * n); num

[0]	[1]	[2]

  a(n,num) 함수호출 a(3,num)

  배열이름이자 시작주소
- void a (int n, int *num) {

  for (int i=0; i < n; i++) 0부터 2까지 1씩 증가

  scanf("%d", &(num[i])); 키보드 2, 1, 4 입력받아 num 배열에 저장

  } num

2	1	4
[0]	[1]	[2]

- main( ) 함수 : b(n,num) 함수호출 b(3,num)
- void b(int n, int ,lt) {

  int a, b;

  for (a=0; a < n−1; a++) 0부터 2까지 1씩 증가

  for (b=a+1; b < n; b++) 1부터 2까지 1씩 증가

  if (lt[a] > lt[b]) c (it+a , lt+b) ;

  비교 : > 오름차순을 의미, 크면 c 함수 호출

2	1	4
lt[0]	lt[1]	lt[2]
lt+0	lt+1	lt+2

- void c(int *a, int *b) {int t;t=*a; *a=*b; *b=t; a와 b 교환(실제 정렬이 되는 부분)}
- main( ) 함수 : 배열에 있는 값 출력하고 종료(오름차순이므로 1 2 4 출력)

01	02	03	04	05	06	07	08	09	10	11	12	13	14	15					
①	③	②	④	①	⑤	③	④	②	②	④	③	④	②	③					

01 기술 이해   정답 ①

제시문은 모기 박멸에 효과적일 것으로 여겨졌던 DDT의 실패와 DDT의 위험성을 설명하고 있다. 따라서 이에 대한 내용으로 ①이 가장 적절하다.

02 기술 이해   정답 ③

네트워크 기반 로봇은 환경이나 음성 인식 등 로봇의 핵심 기능을 통신 네트워크로 연결하여 하드웨어 구성이 단순하고, 일상생활에 필요한 다양한 정보와 서비스를 제공하여 독립형 로봇보다 훨씬 다양한 기능을 갖추고 있다.

03 기술 이해   정답 ②

블루투스(Bluetooth)는 주로 10m 안팎의 초단거리에서 저전력 무선 연결이 필요할 때 쓰는 근거리 무선 기술 표준으로, 휴대기기를 서로 연결해 정보를 교환한다. 따라서 공간정보의 활용과는 무관하다.

04 산업 재해   정답 ④

산업 재해의 예방대책 단계
1. 안전 관리 조직
2. 사실 발견
3. 원인 분석
4. 시정책 선정
5. 시정책 적응 및 뒤처리

05 기술 적용   정답 ①

두께 100 ~ 160micron 사이의 코팅지를 사용할 수 있으므로 120micron 코팅지는 사용할 수 있다.

[오답분석]
② 사용 완료 후 1 ~ 2시간 정도 열을 충분히 식힌 후에 이동 및 보관해야 한다.
③ 코팅지는 코팅기를 통과하며 기기 뒷면 코팅 배출구에서 나오고, 임의로 코팅지를 잡아 당기면 안 된다.
④ 스위치를 'ON'으로 놓고 3 ~ 5분 정도 예열해야 하며, 예열 표시등이 파란불에서 빨간불로 바뀌고 코팅을 할 수 있다.
⑤ 코팅지는 봉합된 부분부터 코팅 투입구에 넣어야 한다.

06 기술 적용   정답 ⑤

코팅지가 기기에 걸렸을 경우 앞면의 스위치를 'OFF'로 돌려 전원을 차단시킨 다음 기기 뒷면에 있는 'REMOVE' 스위치를 화살표 방향으로 밀면서 코팅 서류를 조심스럽게 당겨 뽑아야 한다.

07   기술 적용

정답 ③

접착액이 다량으로 붙어 있는 경우는 기기에 코팅 필름이 들어가지 않을 때의 원인에 해당한다.

08   기술 이해

정답 ④

전기산업기사, 건축산업기사, 정보처리산업기사 등의 자격 기술은 구체적 직무수행능력 형태를 의미하는 기술의 협의의 개념으로 볼 수 있다.

오답분석

① 사회는 기술 개발에 영향을 준다는 점을 볼 때, 산업혁명과 같은 사회적 요인은 기술 개발에 영향을 주었다고 볼 수 있다.
② 로봇은 인간의 능력을 확장시키기 위한 하드웨어로 볼 수 있으며, 기술은 이러한 하드웨어와 그것의 활용을 뜻한다.
③ 컴퓨터의 발전으로 개인이 정보를 효율적으로 활용하고 관리하게 됨으로써 현명한 의사결정이 가능해졌음을 알 수 있다.
⑤ 기술은 하드웨어를 생산하는 과정이며, 하드웨어는 소프트웨어에 대비되는 용어로서 건물, 도로, 교량, 전자장비 등 인간이 만들어 낸 모든 물질적 창조물을 뜻한다.

09   산업 재해

정답 ②

K씨가 공황장애를 진단받은 원인은 엘리베이터의 고장(시설물 결함)으로 인한 것이므로 이는 산업 재해 중 기술적 원인으로 볼 수 있다.

오답분석

① 교육적 원인 : 산업 재해가 안전 지식이나 경험, 작업방법 등에 대해 충분히 교육이 이루어지지지 않아 발생한 것이어야 한다.
③ 불안전한 상태 : 시설물이 구조적으로 불안정하거나 충분한 안전장치를 갖추지 못하는 등의 이유로 인해 산업 재해가 발생한 것이어야 한다.
④ 불안전한 행동 : 재해당사자가 위험 장소에 접근했거나, 안전장치 기능을 제거했거나, 보호 장비를 미착용 또는 잘못된 착용을 하는 등의 행위를 함으로써 산업 재해가 발생한 것이어야 한다.
⑤ 작업 관리상 원인 : 산업 재해가 안전 관리 조직의 결함 또는 안전 수칙이나 작업 준비의 불충분 및 인원 배치가 부적당한 이유로 인해 발생한 것이어야 한다.

10   기술 적용

정답 ②

Index 뒤의 문자 SHAWTY와 File 뒤의 문자 CRISPR에서 일치하는 알파벳의 개수를 확인하면 'S' 1개만 일치하는 것을 알 수 있다. 따라서 판단 기준에 따라 Final Code는 'Atur'이다.

11   기술 적용

정답 ④

아이를 혼자 두지 않고, 항상 벨트를 채워야 한다는 것은 유아용 식탁 의자의 장소 선정 시 고려해야 할 사항보다 사용 시 주의해야 할 사항으로 적절하다.

12   기술 적용

정답 ③

연마 세제나 용제는 유아용 식탁 의자를 손상시킬 수 있으므로 사용하지 않는다.

13   기술 이해

정답 ④

(라)의 경우 추측성 내용으로 작성되었음을 알 수 있다. 매뉴얼에 따르면 추측성 내용의 서술은 금물이다. 추측성 서술은 문장을 애매모호하게 만들 뿐만 아니라 사용자에게 사고를 유발해 신체적 · 재산적 손실을 줄 수 있다.

14   기술 이해

정답 ②

상향식 기술선택은 기술자들로 하여금 자율적으로 기술을 선택하게 함으로써 기술자들의 흥미를 유발할 수 있고, 이를 통해 그들의 창의적인 아이디어를 활용할 수 있는 장점이 있다.

[오답분석]

① 상향식 기술선택은 기술자들로 하여금 자율적으로 기술을 선택하게 함으로써 시장에서 불리한 기술이 선택될 수 있다.
③ 상향식 기술선택은 기술자들이 자신의 과학기술 전문 분야에 대한 지식과 흥미만을 고려하여 기술을 선택하게 함으로써 시장의 고객들이 요구하는 제품이나 서비스를 개발하는 데 부적합한 기술이 선택될 수 있다.
④ 하향식 기술선택은 먼저 기업이 직면하고 있는 외부환경과 기업의 보유 자원에 대한 분석을 통해 기업의 중장기적인 사업목표를 설정하고, 이를 달성하기 위해 확보해야 하는 핵심고객층과 그들에게 제공하고자 하는 제품과 서비스를 결정한다.
⑤ 하향식 기술선택은 기술에 대한 체계적인 분석을 한 후 기업이 획득해야 하는 대상기술과 목표기술수준을 결정한다.

15   산업 재해

정답 ③

제시문은 공공연해진 야근 문화와 이로 인한 과로사에 대한 내용으로, 산업 재해의 기본적 원인 중 작업 관리상 원인에 속한다. 작업 관리상 원인에는 안전 관리 조직의 결함, 안전 수칙 미지정, 작업 준비 불충분, 인원 배치 및 작업 지시 부적당 등이 있다.

[오답분석]

① 충분하지 못한 OJT는 산업 재해의 기본적 원인 중 교육적 원인이지만, 제시문에 나타난 산업 재해의 원인으로는 적절하지 않다.
② 작업 내용 미저장 및 하드웨어 미점검은 산업 재해의 직접적 원인 중 불안전한 행동에 속하며 야근을 초래할 수 있지만, 제시문에 나타난 산업 재해의 원인으로는 적절하지 않다.
④ 시설물 자체 결함 및 복장·보호구의 결함은 산업 재해의 직접적 원인 중 불안전한 상태에 속하지만, 제시문에 나타난 산업 재해의 원인으로는 적절하지 않다.
⑤ 노후화된 기기의 오작동으로 인한 작업 속도 저하는 산업 재해의 기본적 원인 중 기술적 원인에 속한다. 기기의 문제로 작업 속도가 저하되면 야근을 초래할 수 있지만, 제시문에 나타난 산업 재해의 원인으로는 적절하지 않다.

인생은 빨리 달리는 자가 승리하는 시합이 아니다.

– 다산 정약용 –

과학기술분야 정부출연연구기관(정출연) 통합필기전형 답안카드

1	① ② ③ ④ ⑤	21	① ② ③ ④ ⑤	41	① ② ③ ④ ⑤	61	① ② ③ ④ ⑤
2	① ② ③ ④ ⑤	22	① ② ③ ④ ⑤	42	① ② ③ ④ ⑤	62	① ② ③ ④ ⑤
3	① ② ③ ④ ⑤	23	① ② ③ ④ ⑤	43	① ② ③ ④ ⑤	63	① ② ③ ④ ⑤
4	① ② ③ ④ ⑤	24	① ② ③ ④ ⑤	44	① ② ③ ④ ⑤	64	① ② ③ ④ ⑤
5	① ② ③ ④ ⑤	25	① ② ③ ④ ⑤	45	① ② ③ ④ ⑤	65	① ② ③ ④ ⑤
6	① ② ③ ④ ⑤	26	① ② ③ ④ ⑤	46	① ② ③ ④ ⑤	66	① ② ③ ④ ⑤
7	① ② ③ ④ ⑤	27	① ② ③ ④ ⑤	47	① ② ③ ④ ⑤	67	① ② ③ ④ ⑤
8	① ② ③ ④ ⑤	28	① ② ③ ④ ⑤	48	① ② ③ ④ ⑤	68	① ② ③ ④ ⑤
9	① ② ③ ④ ⑤	29	① ② ③ ④ ⑤	49	① ② ③ ④ ⑤	69	① ② ③ ④ ⑤
10	① ② ③ ④ ⑤	30	① ② ③ ④ ⑤	50	① ② ③ ④ ⑤	70	① ② ③ ④ ⑤
11	① ② ③ ④ ⑤	31	① ② ③ ④ ⑤	51	① ② ③ ④ ⑤	71	① ② ③ ④ ⑤
12	① ② ③ ④ ⑤	32	① ② ③ ④ ⑤	52	① ② ③ ④ ⑤	72	① ② ③ ④ ⑤
13	① ② ③ ④ ⑤	33	① ② ③ ④ ⑤	53	① ② ③ ④ ⑤	73	① ② ③ ④ ⑤
14	① ② ③ ④ ⑤	34	① ② ③ ④ ⑤	54	① ② ③ ④ ⑤	74	① ② ③ ④ ⑤
15	① ② ③ ④ ⑤	35	① ② ③ ④ ⑤	55	① ② ③ ④ ⑤	75	① ② ③ ④ ⑤
16	① ② ③ ④ ⑤	36	① ② ③ ④ ⑤	56	① ② ③ ④ ⑤		
17	① ② ③ ④ ⑤	37	① ② ③ ④ ⑤	57	① ② ③ ④ ⑤		
18	① ② ③ ④ ⑤	38	① ② ③ ④ ⑤	58	① ② ③ ④ ⑤		
19	① ② ③ ④ ⑤	39	① ② ③ ④ ⑤	59	① ② ③ ④ ⑤		
20	① ② ③ ④ ⑤	40	① ② ③ ④ ⑤	60	① ② ③ ④ ⑤		

※ 본 답안카드는 마킹연습용 모의 답안카드입니다.

과학기술분야 정부출연연구기관(정출연) 통합필기전형 답안카드

1	①	②	③	④	⑤	21	①	②	③	④	⑤	41	①	②	③	④	⑤	61	①	②	③	④	⑤
2	①	②	③	④	⑤	22	①	②	③	④	⑤	42	①	②	③	④	⑤	62	①	②	③	④	⑤
3	①	②	③	④	⑤	23	①	②	③	④	⑤	43	①	②	③	④	⑤	63	①	②	③	④	⑤
4	①	②	③	④	⑤	24	①	②	③	④	⑤	44	①	②	③	④	⑤	64	①	②	③	④	⑤
5	①	②	③	④	⑤	25	①	②	③	④	⑤	45	①	②	③	④	⑤	65	①	②	③	④	⑤
6	①	②	③	④	⑤	26	①	②	③	④	⑤	46	①	②	③	④	⑤	66	①	②	③	④	⑤
7	①	②	③	④	⑤	27	①	②	③	④	⑤	47	①	②	③	④	⑤	67	①	②	③	④	⑤
8	①	②	③	④	⑤	28	①	②	③	④	⑤	48	①	②	③	④	⑤	68	①	②	③	④	⑤
9	①	②	③	④	⑤	29	①	②	③	④	⑤	49	①	②	③	④	⑤	69	①	②	③	④	⑤
10	①	②	③	④	⑤	30	①	②	③	④	⑤	50	①	②	③	④	⑤	70	①	②	③	④	⑤
11	①	②	③	④	⑤	31	①	②	③	④	⑤	51	①	②	③	④	⑤	71	①	②	③	④	⑤
12	①	②	③	④	⑤	32	①	②	③	④	⑤	52	①	②	③	④	⑤	72	①	②	③	④	⑤
13	①	②	③	④	⑤	33	①	②	③	④	⑤	53	①	②	③	④	⑤	73	①	②	③	④	⑤
14	①	②	③	④	⑤	34	①	②	③	④	⑤	54	①	②	③	④	⑤	74	①	②	③	④	⑤
15	①	②	③	④	⑤	35	①	②	③	④	⑤	55	①	②	③	④	⑤	75	①	②	③	④	⑤
16	①	②	③	④	⑤	36	①	②	③	④	⑤	56	①	②	③	④	⑤						
17	①	②	③	④	⑤	37	①	②	③	④	⑤	57	①	②	③	④	⑤						
18	①	②	③	④	⑤	38	①	②	③	④	⑤	58	①	②	③	④	⑤						
19	①	②	③	④	⑤	39	①	②	③	④	⑤	59	①	②	③	④	⑤						
20	①	②	③	④	⑤	40	①	②	③	④	⑤	60	①	②	③	④	⑤						

※ 본 답안지는 마킹연습용 모의답안지입니다.

성 명

지원 분야

문제지 형별기재란
Ⓐ
Ⓑ
( )형

수 험 번 호
⓪ ① ② ③ ④ ⑤ ⑥ ⑦ ⑧ ⑨
⓪ ① ② ③ ④ ⑤ ⑥ ⑦ ⑧ ⑨
⓪ ① ② ③ ④ ⑤ ⑥ ⑦ ⑧ ⑨
⓪ ① ② ③ ④ ⑤ ⑥ ⑦ ⑧ ⑨
⓪ ① ② ③ ④ ⑤ ⑥ ⑦ ⑧ ⑨
⓪ ① ② ③ ④ ⑤ ⑥ ⑦ ⑧ ⑨
⓪ ① ② ③ ④ ⑤ ⑥ ⑦ ⑧ ⑨

감독위원 확인
인

시대에듀 과학기술분야 정부출연연구기관(정출연) 통합편 NCS + 최종점검 모의고사 4회 + 무료NCS특강

초 판 발 행	2025년 04월 15일 (인쇄 2025년 03월 31일)
발 행 인	박영일
책 임 편 집	이해욱
편 저	SDC(Sidae Data Center)
편 집 진 행	김재희
표지디자인	조혜령
편집디자인	양혜련 · 장성복
발 행 처	(주)시대고시기획
출 판 등 록	제 10-1521호
주 소	서울시 마포구 큰우물로 75 [도화동 538 성지 B/D] 9F
전 화	1600-3600
팩 스	02-701-8823
홈 페 이 지	www.sdedu.co.kr

I S B N	979-11-383-8995-2 (13320)
정 가	25,000원

최신 출제경향 전면 반영

과학기술분야
정부출연
연구기관 정출연
통합편
NCS + 최종점검 모의고사 4회

NEXT STEP

시대에듀가 합격을 준비하는
당신에게 제안합니다.

성공의 기회
시대에듀를 잡으십시오.

시대에듀

기회란 포착되어 활용되기 전에는 기회인지조차 알 수 없는 것이다.

- 마크 트웨인 -